中国工业经济学会
CHINA SOCIETY OF INDUSTRIAL ECONOMICS

中国工业经济学会
CHINA SOCIETY OF INDUSTRIAL ECONOMICS

中国式现代化的实现路径

中国工业经济学会2023年年会优秀论文集

主编◎史丹　肖兴志

经济管理出版社
ECONOMY & MANAGEMENT PUBLISHING HOUSE

图书在版编目（CIP）数据

中国式现代化的实现路径 ：中国工业经济学会 2023
年年会优秀论文集 / 史丹，肖兴志主编. -- 北京 ：经
济管理出版社，2024. -- ISBN 978-7-5096-9836-5

Ⅰ. F42-53

中国国家版本馆 CIP 数据核字第 2024VY0799 号

责任编辑：谢　妙
责任印制：张莉琼
责任校对：王淑卿　蔡晓臻

出版发行：经济管理出版社
　　　　　（北京市海淀区北蜂窝 8 号中雅大厦 A 座 11 层　100038）
网　　　址：www.E-mp.com.cn
电　　　话：(010) 51915602
印　　　刷：唐山玺诚印务有限公司
经　　　销：新华书店
开　　　本：880mm×1230mm/16
印　　　张：25.75
字　　　数：751 千字
版　　　次：2024 年 7 月第 1 版　　2024 年 7 月第 1 次印刷
书　　　号：ISBN 978-7-5096-9836-5
定　　　价：198.00 元

目　录

• 开放与区域经济 •

• 企业管理 •

产业经济

产业链韧性测度的理论框架、
多学科方法与应用*

肖兴志　王振宇　李少林

[摘要] 产业链韧性测度是识别"断链"风险和维护产业链安全稳定的现实抓手，成为新时代应对、把握和引领大变局亟待解决的热点问题。本文在分析产业链韧性测度现实需求的基础上，从产业链韧性测度的理论基础、方法类型、应用步骤三个方面对现有研究进行述评。首先，围绕恢复、抵抗、适应与变革四大能力追溯概念界定、内涵特征和学科交叉的理论起源；其次，系统梳理了以核心变量法、综合评价法及投入产出法为代表的产业链韧性评价方法，剖析了各自的优点与相对不足；最后，全面厘清了"冲击识别—结构分析—韧性评价"框架下的韧性测度理论与方法应用。本文认为，产业链韧性测度方法的选取及应用应高度重视学科交叉的应用场景，廓清理论模型的适用条件，为测度和增强产业链韧性提供了多样化、稳健性的方法支撑。

[关键词] 产业链韧性；经济韧性；测度方法

一、引言

当前，全球经济不确定性增加，经济竞争由产业竞争演变为产业链竞争，技术"卡脖子"与产业"断链"成为威胁产业安全的主要因素。党的二十大报告强调，"着力提升产业链供应链韧性和安全水平"。锻铸产业链韧性、维护产业链安全成为构建新发展格局、实现中国经济高质量发展的迫切要求，以及推进中国式现代化进程亟待解决的时代任务。

锻铸产业链韧性来自维护产业安全的现实需求。在贸易保护主义抬头、产业"脱钩"风险上升的现实背景下，国家的产业安全水平受到严峻挑战。以往文献中不乏对产业安全的探讨，涉及农业产业安全、装备制造业安全、金融投资业安全、航运物流业安全、信息技术产业安全等多个领域（Christensen，2011；Klimek et al.，2015；Smith，2015；Huang et al.，2017；Nassar et al.，2020）。然而，这些研究多基于微观产业数据与静态视角，通过截面分析、网络分析等方法对产业的安全水平进行总体评价，缺乏对产业链风险抵御、恢复水平及代偿能力的动态考察。产业链韧性作为衡量产业安全水平的重要指标，能够对产业的风险应对过程进行直观量化，提升产业链韧性正成为维护产业安全发展的题中之义。早期的产业链韧性研究多承袭经济韧性的

---

* 本文原刊于《经济学动态》2024年第4期，有修改。

[作者简介] 肖兴志，东北财经大学产业组织与企业组织研究中心教授、博士生导师；王振宇，东北财经大学产业组织与企业组织研究中心博士研究生；李少林，东北财经大学产业组织与企业组织研究中心研究员。

[基金项目] 国家社会科学基金重大项目（23&ZD048）；国家自然科学基金面上项目（71873025）。

研究方法，从宏观层面选取代表性指标或者构建指标体系来表征韧性水平（Martin，2012；La-gravinese，2015），但是这一方法既不能反映产业链的网络结构，也无从刻画产业链节点的形态特征。在产业链韧性研究中，需要新的韧性测度方法，对产业链韧性进行合理、科学的测度。

就目前的产业链韧性研究而言，仍存在两大亟待突破的难点问题：第一，产业链概念界定模糊且尚未达成共识（Strunz，2012）。产业链、供应链、价值链是三个相异的概念，但是三者统一于生产销售所形成的循环流通体系之中，且渐成融合趋势（Hu and Zhang，2023）。第二，产业链韧性测度方法迥异且缺乏可比性。虽然已有文献中的韧性测度各具实证基础，但是背景不同、方法各异，从而所得结论难以横向比较（Barrett et al.，2021）。本文聚焦于产业链韧性理论内涵与测度方法的新进展，对产业链韧性测度理论的经典文献进行梳理和评价，分别介绍了核心变量法、综合评价法及投入产出法三类产业链韧性测度方法，并基于学科交叉视角将相关学科的韧性理论归纳于"冲击识别—结构分析—韧性评价"的三维韧性框架中，对产业链韧性的测度方法进行了拓展与补充，以期为后续的产业链韧性研究提供方法上的启示。

二、产业链韧性测度的理论基础

厘清产业链韧性的概念是科学测度产业链韧性的理论前提。产业链韧性由"产业链"和"韧性"两部分组成，前者作为产业经济学概念，已得到学者的广泛关注；后者作为物理学与工程学概念，逐步演进到生态学、心理学、管理学以及经济学中，已成为具有多重含义的跨学科名词（Hynes et al.，2022）。产业链韧性作为"产业链"与"韧性"的有机嫁接，在承袭二者的理论内涵的同时，又衍生出依赖于外生冲击情景的特殊内涵。

（一）产业链理论的内涵与辨析

产业链在含义上有"狭义"与"广义"之分，在形态上有"链条"与"网络"之别，同时可以反映产业发展的动态特征，反映不同产业的经济安全状况，故在进行产业链韧性的研究之前，有必要厘清产业链的概念与内涵。

1. 产业链的概念界定

产业链的思想起源于亚当·斯密的产业分工理论，但西方学者长久以来并未将其作为一个独立的经济学概念而进行系统的研究（Lin and Teng，2023）。在社会经济活动中，由于生产分工的存在，国民经济的各个产业部门之间形成了一种相互关联的链状结构。尽管随着生产环节不断增加，经济活动不断拓展，各个单一链条逐渐联系并形成相互交叠的网络结构，但是产业链中不同产业间相互关联的本质没有改变，产业链这一称谓沿用至今。随着研究不断深入，部分学者将产业链与供应链、价值链概念相融合，使产业链成为一个包含产品生产、商品流通及价值增值的广义概念（McNerney et al.，2013，2022）。随着产业链内涵的不断丰富，产业链类型逐步多样化，其动态特征也不断显现。

2. 产业链、供应链、价值链的联系与区别

广义产业链包含产品的价值增值路径与生产流通关系，研究产业链问题，也必然要考虑价值链、供应链的形态特征与影响。Oliver 和 Webber（1982）提出供应链管理概念，同产业链相比，供应链的研究视角更为微观，研究范围更为特定和局部。供应链研究主要关注于提高生产效率、降低库存成本、减少运输时间等方面，以确保产品能够高效流通，为市场提供持续的物质流动（Carter et al.，2015）。Porter（1985）提出价值链理论，并将价值链加入竞争策略的研

究中，完善了企业管理理论。价值链理论基于生产过程观，将生产系统视为投入产出过程，在此过程中生产转换方式影响成本与利润。在投入产出过程中，产业链节点的各个生产者对中间产品进行价值赋值，由此价值依托于中间产品进行传递，其增值路径逐渐生成价值链（Porter，1985；Kogut，1985）。各个公司的价值链组合成为价值体系，成为企业战略决策的重要依据。随着经济全球化与跨国公司的不断出现，价值链的概念拓展至全球范畴。Gereffi（1994）提出"全球商品链"（Global Commodity Chain，GCC），随后这一概念逐步演变为"全球价值链"（Global Value Chain，GVC）。全球价值链的兴起，极大地改变了全球的生产格局和贸易本质，加速了"链竞争"时代的到来。综上所述，产业链、供应链与价值链三者研究重点不同，各有侧重，但三者"由链及网"的发展特点使它们相互交织成为一个复杂网络系统，共同影响着产业链供应链的稳定与安全。

（二）韧性理论的溯源与演进

韧性在物理学、心理学、生态学、管理学与经济学等学科中的含义具有差异性，部分学者因其属于"模糊概念"（Fuzzy Concept）而对韧性研究保持犹豫态度（Pendall et al.，2010；Hassink，2010）。在百年未有之大变局下，如何提高经济系统韧性已经成为经济研究的重点问题，社会科学中韧性理论的含义与分析框架也在众多学者的推动下逐步明朗。

1. 韧性理论之溯源

韧性理论起源于物理、工程及材料科学领域，并逐步运用于生态学、心理学及经济学中，已形成一套多属性、多含义、多方法的理论体系。首先，要明确的是，物理学中的韧性（Toughness）同经济学中的韧性（Resilience）并非同属一词，物理学中的"弹性"同"Resilience"相对应。[①] 具体而言，当对固体材料施加外部载荷时，它往往会产生暂时的弹性形变或永久性的塑性形变。固体材料在弹性形变时可以吸收的最大能量称为弹性，而其在塑性形变时可以吸收的最大能量称为韧性。其次，生态韧性指在冲击作用下，生态系统在稳定状态转变的临界点（阈值）所能吸收的最大冲击与恢复能力（Meyer et al.，2018）。生态韧性试图刻画生态系统遭遇人为或自然因素冲击之时的抵抗力与恢复力，其核心在于多重平衡、阈值思想以及反馈机制。社会生态系统相关变量一旦超过对应阈值，就会导致系统反馈的改变，从而导致生态结构与系统功能发生变化（Lenton，2013；Olsson et al.，2015）。

由于在生态学韧性研究中经常涉及对区域经济复苏的探讨，部分学者尝试将此作为重点关注，由此产生经济韧性（Economic Resilience）的概念（Farber，1995；Perrings，1998）。起初，经济韧性承袭工程学与生态学两大基本观点，表征经济系统对冲击的抵抗能力与冲击之后的恢复能力（Rose and Liao，2005；Briguglio et al.，2009）。在2008年国际金融危机之后，如何恢复经济发展水平成为经济学研究的重要课题，经济韧性理论也得到了新的发展。

2. 韧性理论之演进

韧性是一个动态的"过程"而非静止的状态（Rose，2007），Martin和Sunley（2015）将区域经济韧性定义为地区经济承受市场、竞争和环境冲击并且进行恢复的过程。在必要时，遭受冲击的地区可通过对其经济结构、社会和制度安排进行变革，以维持原有的发展状态，或过渡到以更充分和更有效地利用其物质、人力和环境资源为特征的新的可持续发展道路。同时，Martin和Sunley（2015）提出了区域韧性过程的四维框架，即脆弱性（Vulnerability）、抵抗力（Resistance）、恢复力（Recovery）、稳健性（Robustness）。脆弱性是一个地区的企业和工人对不同类型冲击的敏感性；抵抗力指冲击对地区经济的初始影响；恢复力指恢复的程度与性质；稳健

---

① 在社会科学研究中，部分学者将"Resilience"译作"弹性"，实则与本文所指的"韧性"同义。

性反映该地区的公司、工人和机构如何调整和适应冲击。Grafton 等（2019）将后三者定义为"3R 指标"，并认定其为韧性管理决策过程中的重要标准。该文认为恢复力是一个值域为 0 到 1 的标准化测度，表示恢复所用的时间；抵抗力指系统在保持其特性的同时主动变化的能力；稳健性指系统在冲击发生后保持其特性并且不跨越不可逆状态阈值的概率。

韧性问题存在均衡分析（Equilibrium Analysis）与复杂适应性系统分析（Complex Adaptive Systems Analysis）两种分析框架（Pendall et al.，2010），无论是工程学韧性倡导的"单一均衡"还是生态学韧性倡导的"多重均衡"，两种观点都遵循均衡思想，但是社会系统常常处于非均衡状态，呈现出复杂的动态特征。对此，部分学者尝试利用动态观点评价韧性水平，先后提出适应性韧性（Adaptive Resilience）（或演化韧性，Evolutionary Resilience）与变革性韧性（Simmie and Martin，2010；Nosil et al.，2021）。同 Martin 和 Sunley（2015）的韧性思想一致，McCarthy 等（2017）从过程视角审视韧性概念，提出扰动之后的系统变动是一个对系统内个体变换、选择与保留的再组织过程。这一再组织过程具有演进特征，称为适应性韧性或演化韧性。然而，Anguelovski 等（2016）提出系统在不断适应冲击、循环演进的过程中，经常出现利益不一致问题，基于韧性目标出发进行的管理决策可能存在帕累托改进，由此产生"为谁而适应"的问题。为此，部分学者重新思考社会的多维度问题，以及原有韧性理论的局限性，借此提出变革性韧性（Transformative Resilience）。同适应性韧性预防和应对冲击的中短期调整行为不同，变革性韧性提倡从长期角度出发，以创新方法重新整合系统内部结构，打破并创造新的发展路径（Wolfram，2016；Bănică et al.，2020；Asadzadeh et al.，2022）。工程韧性、生态韧性、适应性韧性与变革性韧性四种韧性观点与方法统一于经济韧性之中，相互补充，使经济韧性理论日臻完善（Sutton and Arku，2022）。

（三）产业链韧性的理论内涵

"产业链韧性"一词由产业链与韧性嫁接而成，在承袭经济韧性分析方法的同时，又具备产业链韧性的独特内涵。本文通过文献梳理发现，部分研究对产业链韧性内涵的界定承袭了 Martin（2012）关于区域韧性的四维框架，包含抵御能力、恢复能力、再组织能力、更新能力四种基本内涵。而借鉴 Martin 和 Sunley（2020）、Asadzadeh 等（2022）等韧性理论的更新框架，产业链韧性应至少包含抵抗能力、恢复能力、适应能力与变革能力四层含义。

首先，产业链的抵抗能力体现为冲击发生时产业链的完整性状况，因为产业链具备网络结构，可以通过分析产业链节点（弧）拓扑特征的变动来判断产业链抵抗能力的强弱（McNerney et al.，2013；Xu et al.，2019）。同时，产业链的绩效表现同样可以反映其抵御冲击的能力，如行业就业人数变动（Di Tommaso et al.，2023）、企业生存状况（Behrens et al.，2020）以及产业链中供应商中断比例（Khanna et al.，2022）等。其次，产业链的恢复能力包含恢复时间与恢复质量两部分，恢复时间体现了产业链恢复的速度与活力，而通过比较冲击前后产业链的绩效指标可以评估产业链韧性的恢复质量。再次，产业链的适应能力体现在现有技术水平对产业链条连接方式与生产环节的改善与优化上，体现了产业链的局部调整能力。最后，产业链的变革能力涉及产业链中重大技术革新、制度与组织设计革新以及发展路径再选择、产业基础再造、产业安全等诸多问题。例如，在产业链的制度设计层面，Gong 等（2022）对浙江省系统化推行的产业链"链长制"建设予以介绍。"链长"主体在政府、"链主"主体在企业，二者协调配合，统筹内外部资源，集中力量在产业链薄弱环节进行重点突破，加速构建完整的产业链条。该举措提高了受冲击时期的产业链韧性，为深入融合全球生产网络的地区提升产业链韧性提供了实践经验。

然而，产业链韧性并不等同于经济韧性，学者在借鉴经济韧性研究的同时，应当注意到产业链韧性研究的特殊性。这类特殊性体现在：第一，相较于经济韧性，产业链韧性的研究视角更为微观。现有的经济韧性研究多基于区域经济发展的视角展开讨论，而产业链韧性基于产业视角，从特定行业内的生产活动、技术水平、组织稳定性等方面进行考量，常常与供应链韧性（Supply Chain Resilience）、组织韧性（Organizational Resilience）等微观领域的韧性研究相联系，并且渐具融合趋势（Grossman et al.，2023；Yu and Chen，2023）。第二，相较于经济韧性，产业链韧性更加注重"代偿"能力。"代偿"一词多见于医学研究领域，指代器官或者肌肉能够调整其功能和力量，以弥补受损部位的功能缺失，属于身体机能的一种自适应机制（van der Kruk et al.，2021）。对于产业链韧性研究而言，在外生冲击致使某个节点断裂的情形下，代偿机制能否发挥作用、产业链能否在较短时间内恢复畅通是检验产业链韧性水平的关键。第三，相较于经济韧性，产业链韧性更加重视不同节点的连接属性与网络特征。大量的产业链供应链相关研究也正是基于这一角度，利用投入产出模型、网络分析或者复杂系统科学方法捕捉产业链节点的属性，进而展开深入研究（Reisch et al.，2022；McNerney et al.，2022；Guo et al.，2023；Lin and Teng，2023；Song et al.，2023）。

三、产业链韧性测度方法

产业链韧性发轫于经济韧性，承袭经济韧性的研究方法，重点研究产业链在遭受外生冲击或内部扰动情形下的抵抗能力、恢复能力、演化能力与变革能力。本部分结合目前产业链韧性测度的主要研究成果，以核心变量法、综合评价法和投入产出法三类测度方法为主线，总结产业链韧性测度方法的前沿进展与关键问题。

（一）核心变量法

核心变量法是经济韧性研究中常见的测度方法，该方法通过选取单一的代表性变量构建相对变动率指标来捕捉韧性的动态特征，例如，Davies（2011）提出使用地区失业率变动来衡量经济韧性水平，Giannakis 和 Mamuneas（2022）利用劳均产出水平变动衡量区域韧性水平，Jiang等（2023）利用股票收益率衡量公司韧性水平等。部分产业链研究学者基于这一思想，将核心变量法运用于产业链韧性的评估中。

1. 核心变量法应用

就方法而言，目前学术界利用核心变量法进行韧性测度的研究基本沿用 Rose（2007）与 Martin（2012）的思路，并在此基础上加以完善。Rose（2007）较早提出了利用经济产出变动的相对偏离程度衡量韧性水平；Martin（2012）在此基础上将基于份额偏离思想的核心变量方法加以完善，提出使用局部变动率与整体变动率的比值表征韧性水平，并将该比值命名为"灵敏度指数"（Sensitivity Index）；Lagravinese（2015）、Martin 等（2016）对此加以改进，使韧性测度指标更能反映个体之间韧性的异质性。He 等（2021）提出了基于 Lagravinese（2015）韧性测度的简化算法，在不改变测度数值的情况下简化了计算程序。尽管后续学者基于该思想提出了多种韧性测度方法，但总体而言，Lagravinese（2015）、Martin 等（2016）等框架下的核心变量方法具体可以分成三步，即选择代表性指标、反事实计算以及构建相对灵敏度指数。

在应用层面，Uddin 等（2022）利用欧盟国家消费品行业经营数据，基于销量、库存、成本等指标相对变动比率构建行业灵敏度指标，对脱欧背景下的英国及其他欧盟国家消费品行业的产业链韧性水平予以测度。Di Tommaso 等（2023）将"产业韧性"（Industry Resilience）概念化，并利用美国劳工部劳工统计局就业数据，通过构建就业人数的相对变动指标，从抵抗能力与恢复能力角度测度了不同产业的韧性水平。Behrens 等（2020）指出产业韧性的本质在于企业的生存问题，该文将加拿大服装纺织业产业链韧性作为研究对象，借助企业的进入退出规模区分企业的生存状态，进而计算冲击之下的企业生存概率，并利用线性概率模型实证研究了企业的地理集聚对自身韧性水平的影响。Khanna 等（2022）基于新冠病毒感染疫情防控期间印度各地区封锁规模不一致的准自然实验情景，利用事件研究法探讨了封锁政策对产业链韧性的影响。该文基于印度税务机关的企业级日度交易数据，利用纳税人识别号、邮政编码以及电子运输单追踪产业链条的上下游关系，进而通过测度同一企业在不同时点的供应商进入退出情况识别供应商中断比率，以此衡量企业的冲击抵御能力与恢复能力。

2. 核心变量法评价

核心变量法的突出优点在于计算相对便捷，具备灵活性与可操作性，但是该方法同样具有较为明显的不足。第一，代表性指标只能从单一维度分析韧性水平，由于经济系统的复杂性，单一指标体系往往不能够全面反映经济韧性或产业链韧性的动态特征。第二，变量的反事实估计存在一定难度，并且反事实指标构建方法的合理性有待考量。现有韧性测度文献中对于反事实估计大致有三种处理方法：第一种方法是利用公开的预期值、冲击发生前的平均值抑或总体水平进行计算，该方法对代表性变量为 GDP 的情形尤为适用（Hu et al.，2022）。例如，Di Tommaso 等（2023）在假定经济处于稳态的条件下，通过计算冲击时点之前的综合增长率进而计算反事实的就业水平；He 等（2021）通过国家层面的变动率计算得出城市层面的变动水平，以此作为反事实变动水平。本文中反事实指标构建方法的核心假设为各个部分的反事实变动率同质，然而稳态增长的条件并不总是成立的，尤其是对于具体的、微观的产业链而言。第二种方法主要是通过估计结构参数进行反事实计算，如 Doran 和 Fingleton（2018）参照静态凡登定律，设立了美国都市统计区就业水平变动模型，利用 GMM-SL-SAR-RE 方法（Baltagi et al.，2014）识别结构参数，反事实模拟了 2008 年国际金融危机冲击后的就业水平，进而对城市经济韧性予以估计。该文在反事实计算过程中参照了 Martin 等（2016）地区产出增长率同质性假设，利用全国 GDP 增长率估计出反事实产出水平。第三种方法是通过网络节点的随机中断模拟外生冲击，进而估计出复杂网络或系统的反事实韧性水平，多见于利用网络分析或复杂系统建模方法进行韧性测度的研究中（Kim et al.，2015；Xu et al.，2019；König et al.，2022）。

（二）综合评价法

综合评价法是对复杂系统的多个指标进行总体评价方法的统称，该方法借助多准则决策分析工具处理与评价复杂决策问题，在韧性理论的相关研究中已经得到广泛运用（Briguglio et al.，2009；Bolson et al.，2022）。该方法因指标维度分类、指标选取以及权重分配等特征不同而产生多种方法，其中按照权重确定方法的不同可以分成两类：一类是主观赋权法，多数采取综合咨询评分确定权重，如综合指数法、模糊综合评判法、层次分析法、功效系数法等；另一类是客观赋权法，根据各指标间相关关系或各指标值变异程度来确定权数，如主成分分析法、因子分析法、TOPSIS、页面排序法等。

1. 指标维度与赋权方法

在运用综合评价方法测度产业链韧性之前，有两个问题值得研究者考虑，即指标维度与赋权方法。就韧性指标维度而言，尽管目前学术界尚无公认的产业链韧性指标体系，但是学者围绕产业链抵抗能力、恢复能力、适应能力等不同维度进行了有益的探讨。联合国粮农组织在官方层面制定了 RIMA 指标体系，用于衡量发展中国家农业产业链的发展韧性，并通过贫困分析技术网络（THINK-PA）研究农村家庭和弱势群体，就政策和干预措施提供证据和建议，以加强政府参与以及提升农业粮食体系转型中的韧性、包容性和影响力（Upton et al.，2022）。就韧性指标赋权方法而言，目前产业链韧性测度的综合评价多采用客观赋权方法，主要涉及熵权法、TOPSIS、灰色关联法以及页面排序法（PageRank）等。TOPSIS 由 Hwang 等（1993）提出，是多准则决策方法中常见的决策方法，其通过构造评价问题的正理想解和负理想解，比较对应指标同虚拟解的距离来对各评价对象进行排序。所谓正理想解是一个虚拟的最佳对象，其中每个指标值都是所有评价对象中对应指标的最优值，负理想解则反之。同 TOPSIS 密切相关的方法是灰色关联分析（Grey Relational Analysis，GRA），该方法通过计算各目标方案与理想解的灰色关联系数，进而得到各对象的灰色关联度，关联度越大其评价结果越好。在应用方面，Hu 和 Zhang（2023）基于协同理论构建了一个涵盖产业链、创新链、服务链的复合系统协同模型，并基于此设计了一个包含 6 个一级指标和 13 个二级细分指标的产业链整合体系，对产业发展的技术水平、创新成果转化、资源配置能力等特征进行综合评价。此外，PageRank 方法作为一种经典的综合评价方法，在产业链研究领域亦有所体现。PageRank 原本为网页排序的关键技术，表征网络页面的重要性水平依赖于其链接页面的数量与质量水平。在产业链研究中，链条节点的重要性可以表述为指向该点的其他节点重要性的加权组合，这与 PageRank 方法的核心内涵不谋而合。Klimek 等（2015）基于美国地质调查局在矿产商品摘要中提供的 71 种非燃料矿产资源目录，构建了关键矿产的全球产业链风险网络模型，并借助 PageRank 方法度量了产业链中各个国家节点的综合风险水平，为研究产业链韧性提供了有益的借鉴。

2. 综合评价法评价

综合评价法通过选取多维度指标进行组合，既实现了数据降维，又保留了原始的多维度信息，能够反映产业链韧性丰富的经济内涵，兼具应用性、系统性、拓展性与灵活性等多重优点（Huang et al.，2023）。但是，已有产业链韧性研究中的综合评价方法仍存在不足。第一，尽管综合指标法可以反映产业链韧性的多维度特征，但该方法在指标选择方面具有主观特点，这可能会导致部分指标选取缺乏权威性。第二，不同的评价方法依据的赋权算法不同，指标体系不同，由此导致评价结果难以进行横向比较，增加了产业链韧性测度的不确定性。第三，缺乏产业链的冲击内涵。产业链韧性问题源于外生冲击，是一个涉及抵御、恢复、更新以及变革的过程性概念，具有动态特征。而综合评价法更倾向于宏观层面静态水平的描述，对微观层面各个节点的抵御、反应能力等动态特征的刻画有所欠缺。第四，在经验研究中，复杂的指标体系更容易带来难以克服的内生性问题。

（三）投入产出法

近年来，随着各个行业、各个经济体之间投入产出数据的不断完善，投入产出分析方法也为韧性分析提供了新的路径。投入产出模型的特点在于研究者可通过数据跟踪经济流动，进而能够分析部门间、区域间的经济依赖关系。这一特点使其得到供应链、价值链以及生产网络研究学者的深入关注，并被逐步拓展到产业链的分析中。

1. 投入产出法应用

外生冲击以及冲击之后的风险传播深刻影响着产业链的韧性水平，Acemoglu 等（2012）探讨了微观冲击对宏观经济的重要影响与风险传播机制，揭示出生产网络拓扑结构对风险传播的影响，这一结论为基于投入产出结构的韧性评价方法提供了理论支持。投入产出分析能够以"产业关联"视角，分析不同产业之间的前向联系与后向联系，以此刻画经济增长与波动（McNerney et al.，2022；König et al.，2022）。Xu 等（2011）较早运用投入产出法测度经济韧性，本文通过不同产业部门之间的价值流动关系合成相对指标，并赋予其韧性含义。Diodato 和 Weterings（2015）将投入产出框架同劳动力动态相联系，并利用荷兰投入产出数据对韧性的根植性程度进行评价。该文将根植性定义为区域内各种经济活动通过供需关系相互联系的程度，主要对冲击之后的风险传播力度产生影响。Giannakis 和 Bruggeman（2017）将偏离—份额分析与投入产出分析相结合，对经济危机期间希腊的区域韧性进行评价。该文对韧性水平的界定方法同 Diodato 和 Weterings（2015）相一致，若经济危机期间区域就业人数下降幅度低于全国水平，则认定该区域具有韧性。Klimek 等（2019）将线性响应理论运用于投入产出模型，开发了一个具有预测能力的韧性分析框架，并利用世界投入产出数据库测度行业敏感性，以此表征产业韧性水平与国家经济韧性。该框架考虑了外生政策冲击对产业水平的影响，却无法刻画价格的动态特征，事实上，价格调整是市场主体在应对外生冲击时的一条重要途径。Han 和 Goetz（2019）利用区域就业的时间序列数据构造出经济韧性指标，并基于美国投入产出数据分别构造了行业以及县级层面的产业中心度指标，进而探讨经济危机期间产业韧性与投入产出结构的相关关系。He 等（2015，2017，2019）基于投入产出数据对能源韧性进行了系统分析，He 等（2019）通过构建多区域投入产出线性规划模型，从"压力测试"的角度定义韧性指标，实证分析了能源生产中断的系统性影响。Lin 和 Teng（2022）利用中国制造业行业投入产出数据，基于产业关联视角，结合结构路径分析方法验证了产业链结构是影响制造业经济与碳排放脱钩的重要因素。Lin 和 Teng（2023）基于产业链视角，利用中国非竞争性投入产出数据与 SPA 方法分析了产业链结构优化对能源消耗强度的影响，证明了产业协同与分工能够显著降低能源消耗强度，对能源依赖度高的部门效果更为明显。

2. 投入产出法评价

利用投入产出模型研究产业链韧性的突出优点在于能够准确反映不同生产环节、不同行业之间的产业关联状态与价值流动关系，能够对产业链的"链属性"进行精准刻画。然而，就产业链韧性研究而言，投入产出模型并非尽善尽美，同样具有诸多不足。其一，投入产出模型是均衡视角下的线性建模，而韧性分析更加重视灵活性的、非均衡性的冲击与反应（Rose and Krausmann，2013）。其二，投入产出数据颗粒度往往局限于国家、部门（行业）之间，在企业层级的产业链韧性分析中稍显逊色（Diem et al.，2022）。Gabaix（2011）基于"颗粒假说"指出，当企业规模分布呈现厚尾特征时，个别企业产生的特异性变动将会对总体变动产生重要影响。在风险冲击背景之下，产业链关键节点企业的韧性水平可能在产业链总体韧性水平中发挥重要作用，这对产业链韧性研究尤为关键。基于此，后续学者利用颗粒度更细的产业链供应链数据对生产网络进行建模，对企业层级网络节点的风险程度进行了科学度量，为测度产业链中微观节点的韧性水平提供了新的借鉴（Dhyne et al.，2021；Diem et al.，2022；Reisch et al.，2022）。与此同时，近年来投入产出分析作为一门独立的学科，理论体系逐渐完备，建模方法不断优化，投入产出数据也处于不断更新之中。Galbusera 和 Giannopoulos（2018）对投入产出模型与风险评估相关文献进行了系统梳理，详细阐释了基于投入产出模型进行产业链韧性评估的应用场景与方法，国内也有学者从生产网络、价值增值、贸易依存、产业关联、产业链价值嵌入等角度出发，利用投入产出数据研究产业链与产业发展问题，这些工作均为产业链韧性评价研究作出了有益的探讨。

四、学科交叉视域下的产业链韧性框架与拓展

尽管产业链韧性研究起步较晚，相关测度理论尚未成熟，但是经济韧性、供应链韧性及复杂系统韧性等相关韧性理论发展迅速，其韧性测度与分析的经典框架和前沿方法均具备一定的

迁移性。本部分结合管理科学、区域经济学、网络分析及复杂系统科学等学科的韧性理论,在学科交叉视域下,总结分析已有韧性理论的相关文献,并将其统一于"冲击识别—结构分析—韧性评价"的分析框架中,以期通过学科交叉视角探索可供产业链韧性研究借鉴的新方法。

(一)冲击识别

冲击识别是韧性分析的第一步,主要包括关于冲击类型的讨论与冲击时点的识别。对于前者而言,选取何种冲击因韧性分析的对象而异,不同类型的冲击对系统的影响也不尽相同;对于后者而言,科学识别冲击发生的时点是进行韧性评价的前提。

1. 冲击类型的讨论

产业链韧性理论源于风险控制与管理,关乎系统在风险来临之时的抵抗能力与风险过后的恢复、适应、变革能力,而冲击的类型关乎风险的性质与程度,决定了韧性分析的基本环境与具体方向。总体而言,冲击的类型可以分为自然因素与社会因素两类,在区域韧性的相关研究中,常常将自然灾害视为外生冲击,如洪水(Zhu et al.,2021)、矿难(Gnutzmann et al.,2020)、地震(Inoue and Todo,2019;Carvalho et al.,2021)、病害(Zurek et al.,2022)以及公共卫生事件(Hu et al.,2022;Wang et al.,2022;Elguellab,2023)等。在外生冲击的社会因素方面,更倾向于选取金融危机(DesJardine et al.,2019;Doran and Fingleton,2018;Simionescu and Schneider,2023)、债务危机(Liu and Varotto,2021)、贸易争端(Chen et al.,2022)、法律规制(Pichler et al.,2023)、地缘政治(Uddin et al.,2022;Laber et al.,2023)、政府保护(Grossman et al.,2023;Traiberman and Rotemberg,2023)等因素开展研究。同时,鉴于部分冲击并非一次性的,往往呈现出动态的、持续性特征。Jiang 等(2022)、Cheng 等(2022)将冲击划分瞬时冲击与累积冲击,对韧性评估方法赋予动态特征。在产业链韧性研究中,两种冲击类型兼而有之,自然灾害与社会因素所造成的外生冲击皆能够影响企业正常的生产活动,对产业链原材料运输、技术创新研发、中间品流通等环节产生影响。值得注意的是,在百年未有之大变局的时代背景下,原材料断供、技术封锁、贸易争端等社会性因素正成为影响产业链韧性的主要因素。

2. 冲击时点的识别

韧性体现了系统从冲击到恢复的过程观(Martin and Sunley,2015),产业链韧性研究自不例外,而这一过程之始正在于冲击时点的识别。对于冲击时点的识别问题,一方面,研究者可以依据相关事实确定冲击时点;另一方面,研究者可以通过数据特征自定冲击时点。对于前者而言,可将现实中的原材料断供、中间产品断供、技术封锁等事件作为产业链冲击时点进行分析;对于后者而言,目前此类方法在产业链韧性研究中尚无具体应用,多见于宏观经济韧性的研究中,但其冲击时点确定方法对产业链韧性研究仍具有借鉴意义。Soufi 等(2022)通过相邻两期时间序列数据的波动率设定冲击阈值算法,以此识别宏观经济指标变动趋势的转换时点。Di Tommaso 等(2023)的识别方法略有不同,其通过观察时间序列的形态特征进行识别,将指标由顶点开始下跌的时点定为冲击点,由最低点开始上升的时点定为恢复点。冲击时点识别的重要性在于该过程同绩效曲线方法密切联系,绩效曲线方法是一种低维系统中利用连续积分或者离散化数值积分评价韧性水平的方法,其积分区间的下限正是冲击发生的时点。关于绩效曲线方法的详细介绍将在下文"韧性评价"部分展开,在此不做赘述。此外,目前有部分产业链供应链韧性研究并不依赖于现实世界中冲击发生与否,而是基于产业韧性动态系统或是生产网络特征进行模拟冲击,进而利用反事实分析刻画产业链韧性水平(Kim et al.,2015;Xu et al.,2019;König et al.,2022),这些方法均具备一定的学科交叉特性,对产业链韧性测度具有一定的借鉴意义。

（二）结构分析

结构分析包括网络拓扑结构分析与系统动力分析，其目的在于厘清冲击传播的内部机制，大量的韧性理论前沿方法正聚焦于此。随着经济全球化与生产能力的快速提升，产业链逐步由单一链条发展为复杂的生产网络结构，从网络科学方法出发研究产业链的结构与韧性正成为新的发展方向，已超出传统经济学的分析范畴（Xu et al.，2011）。

1. 网络结构的分析与应用

复杂网络科学起源于物理学研究，研究内容主要包括识别网络性质、建立网络模型、分析网络行为与设计网络性能等方面（Watts and Strogatz，1998）。自网络科学兴起以来，关于网络结构的稳健性（鲁棒性）与脆弱性分析始终是该学科研究的重点之一，大量经典与前沿文献聚焦于此（Cohen et al.，2000；Callaway et al.，2000；Pasqualetti et al.，2020；Meena et al.，2023）。Albert 等（2000）通过设定"随机故障"与"蓄意攻击"两类冲击情景，客观比较了ER 随机图与 BA 无标度网络连通性对于不同冲击的稳健性表现，证明了无标度网络度分布的极端非均匀性增强了其应对节点随机故障时的稳健性，而这一特点对无标度网络应对蓄意攻击时的稳健性起到了负向效果，揭示了无标度网络模型的"阿喀琉斯之踵"（Achilles' Heel）。

在网络分析的经济理论层面，Atalay 等（2011）较早地利用美国 Compustat 数据，基于网络的入度水平构建了一个包含在位企业退出、幸存企业重组以及新企业进入三种动态的供应链网络模型，通过模拟冲击情景探讨供应链网络的抗风险水平。McNerney 等（2013）利用投入产出表数据与统计物理学方法构建与分析了 48 个经济体的生产网络结构，对网络的拓扑结构、流量规模分布、产业规模分布以及网络社区结构的基本性质进行了初步的探讨。网络的拓扑结构同韧性水平密切相关，如 Kim 等（2015）基于分块对角、无标度、集中式、对角式四种基本网络结构，探究了网络韧性同网络拓扑结构的相关关系。通过比较四种不同网络类型的拓扑特征，提出"节点度分布越接近幂律分布，网络结构越具备韧性"的结论。同时，在网络分析中，网络的耦合特征能够对网络系统的韧性与动力学行为产生重要影响，但是当前复杂网络科学中对其耦合特性常做出同质性假设，忽略了网络间耦合异质性特征的影响。Dong 等（2021）提出了一个模块化交互网络模型，用以研究不同属性的子网络间的异质性耦合关系，试图寻找使网络达到最优韧性水平的网络拓扑特征。作者利用 Zephyr M&A 数据库中企业级并购数据验证模型的有效性，从而为开放主义者与保护主义者在贸易开放过程中的"经济边界"争论提供合理的建议。Jiang 等（2022）提出一个由反应能力、抵抗能力、运转能力、恢复能力与演进能力组成的综合韧性理论框架，并且利用网络结构拓扑特征与动态贝叶斯网络方法测度韧性水平，同时利用仿真实验验证了该评价框架的有效性和通用性。在后续的发展中，网络分析方法不断突破学科边界，正逐步应用于产业链韧性问题之中。

在应用层面，已有多个学科尝试利用网络分析方法分析韧性问题。在交通网络研究方面，Xu 和 Zhang（2022）通过测算航运交通网络的度、互易性、最大连通片等拓扑特征测度了交通网络韧性。在创新网络研究方面，Ma（2022）从宏观与微观角度考察了城市创新网络结构，该文将城市创新网络韧性区分为系统韧性与节点韧性，前者使用节点的度分布与度相关指数进行韧性测度，后者使用自组织能力、节点传递性、多样性指标进行测度。在生产网络与供应链网络研究方面，Xu 等（2019）提出利用包含网络拓扑信息的多维非线性模型捕捉供应链网络的动态特征，同时基于 Marklines 数据库中的全球汽车产业供应链数据对其予以验证，发现网络的韧性水平对拓扑结构的变动高度敏感。Diem 等（2022）基于匈牙利中央银行增值税微观数据对生产网络进行建模，并基于此构建了企业层级的经济系统性风险测度方法，发现匈牙利 0.035% 的公司具有极高的经济系统性风险，如果任何一家公司违约，将影响约 23% 的国民经济产出水平，这证明了企业规模并不能解释其个体风险的大小，而企业在生产网络节点中的重要程度却与此直接相关，再次验证了"颗粒假说"（Gabaix，2011）。

然而，只有极少数国家能够提供增值税微观数据，在更多情形下，企业层级的供应链上下游关系需要通过间接推断得出。Reisch等（2022）利用移动电话运营商的电信数据对企业间关联信息予以识别，基于此推断真实的生产网络结构，并借鉴Diem等（2022）风险量化方法对系统性风险进行估计，进而识别出对供应链韧性具有重要作用的关键节点企业。该方法是基于微观调查数据、税务数据或银行交易数据进行产业链供应链研究的有效替代，使学者能够研究链条结构并实时监控经济系统性风险，为国家层面的生产网络提供了近似概览。Ialongo等（2022）利用荷兰银行商业客户账户数据，基于统计物理学中的最大熵原理构建了密度校正引力模型与条带校正引力模型，以此刻画企业级生产网络结构。相较于密度校正引力模型，条带校正引力模型更能刻画供应链中企业间的异质性关系，为风险冲击情境下的产业链供应链韧性研究提供了备选的建模方法。此外，鉴于机器学习方法在数据处理、降维与预测方面的强大能力，部分产业链供应链研究学者正尝试利用机器学习工具进行网络预测与重建（Brintrup et al.，2018；Kosasih and Brintrup，2022；Mungo et al.，2023）。Mungo等（2023）依据企业的财务、行业以及位置信息等维度的数据特征，利用机器学习方法对企业级生产网络展开预测。该方法主要关注链条节点之间是否存在连接，而非节点之间的交易数额，从而将网络重建工作转化为标准的分类问题，进而利用集成算法，便可以实现对链条的预测。基于Compustat、FactSet和厄瓜多尔公司级管理数据集的学习结果表明，该方法具有可靠的预测性能。Pichler等（2023）对基于微观数据建立生产网络（供应链网络）研究的时代背景、应用前景、数据安全以及备选方法进行了前瞻性论述，为产业链供应链的结构分析提供了新的参考。

2. 复杂系统结构的分析与应用

近年来，复杂系统科学的研究方法逐步运用于社会科学研究中，为产业链韧性问题提供了新的借鉴。其中，将网络分析同复杂系统建模相结合的方法成为韧性研究新的突破点，促进了人们对拓扑结构与动态系统耦合关系的理解（Moutsinas and Guo，2020）。在理论分析方面，Gao等（2016）注意到已有韧性模型缺乏对系统结构及其内部元素相互作用的分析，进而提出基于多维复杂系统模型的结构分析方法与测度框架。Moutsinas和Guo（2020）在Gao等（2016）研究的基础上，提出了评估复杂网络系统中的单个节点韧性的序贯平均场方法。该方法克服以往方法中对于微观节点韧性识别不足的缺点，将系统与节点的韧性函数作为扰动的函数，对拓扑测度与动态系统进行数学建模，为复杂系统中脆弱节点的识别与风险预测提供了新的借鉴。然而，Moutsinas和Guo（2020）的韧性识别方法基于所有系统信息已知的关键假设，没有考虑不确定性对系统和节点的影响。鉴于此，Zou等（2023）提出了基于任意多项式混沌方法评估单一节点韧性的理论模型。该韧性评价模型允许系统参数服从任意分布，克服了以往建模中不确定性缺失的问题，具有更广泛的应用场景。

就应用研究而言，众多研究应用复杂系统科学的方法，对宏观经济系统、供应链网络以及产业链网络等复杂系统进行解构与建模，继而通过动态模拟方法验证系统的韧性水平。在经济韧性方面，Duan等（2022）基于Gao等（2016）的多维网络韧性框架，结合Lotka-Volterra方法构建复杂系统模型，以此分析产业网络拓扑结构、外商直接投资以及汇率波动对经济韧性的影响。在供应链韧性方面，Inoue和Todo（2019）使用动态主体基建模型方法研究了供应链网络中的风险传递效应，证实了网络风险的间接效应远远小于直接效应。Larrea-Gallegos等（2022）同样提出使用动态主体基建模型方法进行供应链网络的可持续性、韧性与复杂性研究。在产业链韧性方面，König等（2022）通过建立动态随机微分方程系统，刻画了生产网络中企业进入退出动态与生存韧性特征，继而采用FactSet Revere Business Relationships数据库企业层级的生产关联数据，以及 Compustat Segments 和 Capital IQ 数据库的企业动态数据，对随机微分方程系统中的结构参数进行估计。基于产业链供应链回迁与中断情景的反事实分析结果表明，回迁政策限制供应关系，损害生产网络韧性，对产业链供应链安全造成负向影响，且这一影响随着生产网络的自适应性而扩大。Liu 等（2023）基于地缘政治风险与新能源汽车需求激增的背景，对钴产业链供应链的韧性与安全问题予以探讨。该文构建了一个含有价格、产能、供给、需求四个子系统的复杂系统，并用仿真模拟方法对"回收技术""库存""原材料替代"三种强链方法的有效性进行了讨论。

由上述讨论不难发现，在学科交叉视域之下进行产业链韧性研究具有显著的优势。系统科学中的网络分析、复杂系统建模、系统动力传播等领域发展迅速，为产业链网络与系统的结构分析提供了科学的理论指导。目前在学术界中，运用网络科学或复杂系统建模方法进行产业链韧性研究尚处于探索阶段，依然存在较大的研究空间。

（三）韧性评价

韧性评价包括评价维度与评价方法两部分，其中，韧性评价的维度涉及韧性水平的内涵界定与指标选取，而评价方法则关乎具体的测度模型，如核心变量法、综合评价法与绩效曲线法等。相较于已有的产业链韧性评价方法，管理学、生态学及城市规划学等学科中的韧性评价方法更为丰富，测度方式也更为合理，对产业链韧性评价具有重要的借鉴意义。

1. 基于运筹学方法的韧性评价

如前文所述，已有文献基于熵权法、TOPSIS、灰色关联分析、PageRank 等方法对产业链韧性测度进行了有益的探讨，但这些方法作为综合评价理论中的基础方法，存在众多不足。随着运筹学方法的不断发展，更新的多准则决策分析工具正逐步运用于韧性评价中。

在城市韧性与经济韧性方面，Xun 和 Yuan（2020）提出使用混合多属性 TOPSIS 方法测度城市韧性，其原因在于作者认为城市韧性评价是一个包含清晰指标与模糊指标的混合多属性群体决策问题，涵盖生态环境、市政设施、经济发展与社会发展等多个维度，普通的 TOPSIS 方法难以评价其中的模糊指标。该文将直觉模糊集理论同 TOPSIS 方法相结合，能够对韧性框架中的模糊性指标进行合理测度。Wang 等（2022）从抵抗力与恢复力角度出发，构建了包含经济绩效、社会凝聚力、公共卫生水平、政策支持和人口流动在内的五维城市韧性评价框架。该文以主观赋权与客观赋权相结合的方式，对层次分析法与熵权法所得权重进行组合优化，将所得组合权重运用到 TOPSIS 方法中，以此评价城市韧性。Liu 等（2023）将熵权法与耦合协调度模型相结合，对中国沿海 20 个主要城市的经济韧性水平进行测度，进而分析了海洋经济质量与城市韧性水平的协调关系，为以往单一的区域韧性测度方式开辟了新的路径。

除与 TOPSIS 相关的各种拓展方法外，VIKOR（VlseKriterijumska Optimizacija I Kompromisno Resenje）是另一种常用的多准则决策方法。相较于 TOPSIS 方法，VIKOR 方法考虑了决策者的主观偏好，其特点为将最大化的"群体效益"和最小化的"个体遗憾"相妥协，从而使该方法研究多属性决策问题时更加合理（Opricovic and Tzeng，2004）。Zhu 等（2021）基于城市韧性视角对长江三角洲流域城市的洪水灾害管理水平予以评估，其韧性测度框架包括洪水灾害发生前的抵抗能力、洪水过程中的应对能力以及洪水过后的恢复与适应能力。在指标选取方面，该文提出了指标选取过程中需要遵循的四个原则：可接受、可调整、可测度、可获得。所谓"可接受"即指标选取需符合评估框架的内涵逻辑；"可调整"即指该指标具有可调整性，足以适应所有城市的情况；"可测度"即该指标能够被合理量化；"可获得"即该指标数据的获取较为便捷。对于产业链韧性研究而言，这些日益更新的运筹学评价方法为产业链韧性评价提供了更多的方法选择，有助于从更加合理的维度优化韧性评价体系。

2. 基于绩效曲线法的韧性评价

绩效曲线法是韧性测度理论中的常见方法之一，该方法主要包括两部分：其一为选取代表性指标构建绩效曲线，其二为求解绩效曲线下方的绝对面积或相对面积以评价韧性水平。

在代表性指标的选取与构建部分，该方法常常与核心变量法、综合评价方法相联系。Soufi等（2022）构建了一个多维宏观经济韧性的量化框架，该框架选取了公共债务率、银行不良资产率、股票收益率、失业率、汇率等宏观经济指标作为测度经济韧性的核心变量。在测度方法上，该文首先利用核心变量方法测算出各个核心变量的相对变动比率，其次使用 DEA 方法将其组合为单一的经济绩效指标，最后利用绩效曲线法测算宏观经济的韧性损失水平。在求解绩效曲线积分的部分，不同的积分方法将产生不同的韧性含义。Li 等（2017）系统比较了多种基于几何意义的韧性测度方法，其中包括韧性损失水平、韧性水平、标准化韧性水平、动态标准化韧性水平等。同时，该文提出了固定时间间隔的韧性测度方法，该方法的突出优点在于将时间间隔固定之后，不同系统间得以横向比较，且更为重要的是该方法反映了系统在固定时间内的恢复能力。此外，除去基于传统均衡思想的韧性测度外，该方法也能够测度动态标准化韧性水平，利用实际绩效曲线与基准绩效曲线比值的积分测度韧性水平，一方面，更加符合系统的动态演进过程；另一方面，该方法实质是利用基准绩效水平将实际绩效水平标准化的过程。

在应用方面，Najarian 和 Lim（2019）提出了一种组合韧性方法，该韧性由吸收能力、适应能力与恢复能力三部分加权组成。Li 和 Zobel（2020）基于彭博供应链数据库的数据，利用仿真方法与回归分析刻画了供应链网络风险传播的"涟漪效应"。Ahmadian 等（2020）为刻画系统的主动变革能力，提出了多阶段韧性测度框架，即该方法假设冲击发生之后系统会选择合适的替代性方案以减小总体的损失水平，当绩效水平恢复到一定程度后，替代方案将劣于原有方案，故系统将重新回到原有路径，从而使系统韧性测度呈现阶段特征。该文对韧性的测度框架依旧采用积分形式，同时在绩效水平的构建方面考虑了供应链网络拓扑性质，提出了节点韧性与弧韧性。绩效曲线韧性评价法同样可运用于金融韧性测度中，Tang 等（2022）运用 TVP-VAR 模型导出脉冲响应函数，以此捕捉金融市场应对外生冲击的时变特征。该文关键之处在于其基于绩效曲线的韧性测度思想，运用脉冲响应函数构建出风险吸收强度与速度两维指标，以此作为金融市场的韧性测度，合理反映出金融市场面临资本市场冲击之时的抵御能力与恢复效率。

绩效曲线韧性评价方法作为韧性评价理论的经典方法，具有多重优点，适用多种评价环境。第一，该评价体系较为成熟，应用十分广泛。在实际测度过程中，该方法能够客观展现韧性的时变特征，区分韧性的抵抗能力、恢复能力，对瞬时韧性与累积韧性能够做出具有解释力的评价。第二，该评价方法具有良好的兼容与嫁接能力，适用于产业链韧性评价。产业链韧性的绩效表现水平可以采用诸如综合评价法、核心变量法等多种方法进行测度，从而将单一韧性测度方法向组合韧性测度方法进行拓展。然而，该方法依旧存在两大问题：第一，如何合理有效地衡量产业链韧性的绩效表现水平？尽管这一问题对产业链韧性评价具有重要意义，但是目前文献中缺乏对该问题的探讨。第二，绩效曲线法仍然属于低维韧性建模方法，相较于网络分析与复杂系统建模方法，该方法对于微观节点韧性水平的刻画仍有所欠缺。

五、简评与展望

产业链韧性研究作为产业经济学的新兴话题，存在众多困难与挑战。首先，可靠且完备的产业链数据是科学测度产业链韧性的前提条件。然而，在实际的产业链研究中，产业链数据缺失与数据低质已然成为研究的重要阻碍。其次，需要明确定位产业链韧性研究的适用场景。相较于传统的产业经济学问题，产业链韧性研究的核心差异在于其前提是存在外部冲击，但并非所有行业的产业链都具有冲击场景。对于某些新兴产业、高科技行业，往往由过去重大的冲击催生而来，存续期内经历的外生冲击较少，这对韧性识别提出了一定的挑战。再次，因技术水平、资源储备、产权结构、市场习惯、地缘政治等多重因素，不同产业在发展过程中呈现出不同特征，韧性水平波动的现实内涵也不尽相同。因此，如何在众多行业分类中识别重点产业链供应链成为一个关键的科学问题。最后，产业链之间面临的冲击既有共生性的，也有特定性的，甚至存在同一产业链同时面临多种冲击的情形。如何清晰识别冲击的时点、区分冲击的类型正成为产业链韧性研究的关键任务。

目前国内关于产业链韧性问题的研究仍然处于起步阶段，但国外关于韧性理论的成果较为丰硕，供应链韧性理论已成体系，故未来研究可在以下几个方面进行拓展：第一，探讨韧性理论的学科交叉。产业链韧性理论研究应密切关注复杂系统科学、数据科学等相关学科韧性理论的研究进展。一方面，产业链韧性理论的内涵不断丰富，经历了从一维的恢复能力、抵抗能力向多维的适应能力、变革能力的演进过程，这些含义已经超出了传统的产业组织理论的研究范畴，亟须开发新的规范化研究方法；另一方面，社会科学的研究方法正处于自模型驱动向数据驱动的变革之中，无论是宏观全产业链图谱还是微观特定行业产业链，都涉及大量的微观数据，而网络科学、数据科学等学科提供了诸多大数据识别、处理与分析的方法和工具。第二，夯实产业链韧性的学理基础。学理基础薄弱是产业链韧性理论研究的一大难题，尽管国内外已有大量的学者对产业链问题进行了理论探讨与实证研究，但是鲜有学者能够建立起完整的产业链韧性分析框架。同时，就韧性理论而言，其内涵丰富多样，且在不同的学科中存在较大的差距，诸多理论概念存在歧义，研究方法也不尽相同。就测度方法而言，这些经典与前沿文献中的韧性测度方法具有科学性，但在某些特殊情形下又存在一定的局限性。Martin 和 Sunley（2015）指出，社会和经济系统与生态和物理系统有着根本的不同，不能够照搬后者的韧性概念。上述分析表明，构建产业链韧性理论框架不能仅仅是对已有韧性理论的简单迁移，更需要深耕于产业组织理论，厚植于中国经济实践，同构建新发展格局相协调，同筑牢总体国家安全观相适应，以此为增强产业链韧性与提升安全水平提供理论支撑与测度方法。

参考文献

［1］Acemoglu D, et al. The Network Origins of Aggregate Fluctuations［J］. Econometrica, 2012, 80（5）: 1977-2016.

［2］Ahmadian N, et al. A Quantitative Approach for Assessment and Improvement of Network Resilience［J］. Reliability Engineering and System Safety, 2020, 200: 106977.

［3］Albert R, et al. Error and Attack Tolerance of Complex Networks［J］. Nature, 2000, 406（6794）: 378-382.

［4］Anguelovski I, et al. Equity Impacts of Urban Land Use Planning for Climate Adaptation: Critical Perspectives from the Global North and South［J］. Journal of Planning Education and Research, 2016, 36（3）: 333-348.

［5］Antràs P, De Gortari A. On the Geography of Global Value Chains［J］. Econometrica, 2020, 88（4）: 1553-1598.

［6］Asadzadeh A, et al. Urbanization, Migration, and the Challenges of Resilience Thinking in Urban planning: Insights from Two Contrasting Planning Systems in Germany and Iran［J］. Cities,

2022, 125: 103642.

[7] Atalay E, et al. Network Structure of Production [J]. Proceedings of the National Academy of Sciences, 2011, 108 (13): 5199-5202.

[8] Baltagi B H, et al. Estimating and Forecasting with a Dynamic Spatial Panel Data Model [J]. Oxford Bulletin of Economics and Statistics, 2014, 76 (1): 112-138.

[9] Barrett C, et al. A Scoping Review of the Development Resilience Literature: Theory, Methods and Evidence [J]. World Development, 2021, 146: 105612.

[10] Behrens K, et al. Are Clusters Resilient? Evidence from Canadian Textile Industries [J]. Journal of Economic Geography, 2020, 20 (1): 1-36.

[11] Bolson N, et al. Resilience Rankings and Trajectories of World's Countries [J]. Ecological Economics, 2022, 195: 107383.

[12] Briguglio L, et al. Economic Vulnerability and Resilience: Concepts and Measurements [J]. Oxford Development Studies, 2009, 37 (3): 229-247.

[13] Brintrup A, et al. Predicting Hidden Links in Supply Networks [J]. Complexity, 2018: 1-12.

[14] Bănică A, et al. Natural Disasters as a Development Opportunity: A Spatial Economic Resilience interpretation [J]. Review of Regional Research, 2020, 40: 223-249.

[15] Callaway D S, et al. Network Robustness and Fragility: Percolation on Random Graphs [J]. Physical Review Letters, 2000, 85 (25), 5468-5471.

[16] Carter C R, et al. Toward The theory of the Supply Chain [J]. Journal of Supply Chain Management, 2015, 51 (2): 89-97.

[17] Carvalho V M, et al. Supply Chain Disruptions: Evidence from the Great East Japan Earthquake [J]. Quarterly Journal of Economics, 2021, 136 (2): 1255-1321.

[18] Chen H, et al. The Reshoring Decision under Uncertainty in the Post-COVID-19 Era [J]. Journal of Business and Industrial Marketing, 2022, 37 (10): 2064-2074.

[19] Cheng Y, et al. Systems Resilience Assessments: A Review, Framework and Metrics [J]. International Journal of Production Research, 2022, 60 (2): 595-622.

[20] Christensen J F. Industrial Evolution through Complementary Convergence: The Case of IT Security [J]. Industrial and Corporate Change, 2011, 20 (1): 57-89.

[21] Cohen R, et al. Resilience of the Internet to Random Breakdowns [J]. Physical Review Letters, 2000, 85 (21): 4626-4628.

[22] Davies S. Regional Resilience in the 2008-2010 Downturn: Comparative Evidence from European Countries [J]. Cambridge Journal of Regions, Economy and Society, 2011, 4 (3): 369-382.

[23] DesJardine M, et al. Bouncing Back: Building Resilience Through Social and Environmental Practices in the Context of the 2008 Global Financial Crisis [J]. Journal of Management, 2019, 45 (4): 1434-1460.

[24] Dhyne E, et al. Trade and Domestic Production Networks [J]. The Review of Economic Studies, 2021, 88 (2): 643-668.

[25] Di Tommaso M R, et al. Conceptualizing and Measuring "Industry Resilience": Composite Indicators for Post Shock Industrial Policy Decision-Making [J]. Socio-Economic Planning Sciences, 2023, 85: 101448.

［26］ Diem C, et al. Quantifying Firm-Level Economic Systemic Risk from Nation-Wide Supply Networks ［J］. Scientific Reports, 2022, 12 (1)：No. 7719.

［27］ Diodato D, Weterings A B. The Resilience of Regional Labour Markets to Economic Shocks：Exploring the Role of Interactions among Firms and Workers ［J］. Journal of Economic Geography, 2015, 15 (4)：723-742.

［28］ Dong G, et al. Optimal Resilience of Modular Interacting Networks ［J］. Proceedings of the National Academy of Sciences, 2021, 118 (22)：e1922831118.

［29］ Doran J, Fingleton B. US Metropolitan Area Resilience：Insights from Dynamic Spatial Panel Estimation ［J］. Environment and Planning A：Economy and Space, 2018, 50 (1)：111-132.

［30］ Duan W, et al. Industrial Structure Conditions Economic Resilience ［J］. Technological Forecasting and Social Change, 2022, 183：121944.

［31］ Elguellab A, et al. A new Identification Method of Economic Large Shocks in the Input-Output Framework：Application to the COVID-19 ［J］. Journal of Economic Structures, 2023, 12 (1)：24.

［32］ Farber S. Economic Resilience and Economic Policy ［J］. Ecological Economics, 1995, 15 (2)：105-107.

［33］ Gabaix X. The Granular Origins of Aggregate Fluctuations ［J］. Econometrica, 2011, 79 (3)：733-772.

［34］ Galbusera L, Giannopoulos G. On Input-Output Economic Models in Disaster Impact Assessment ［J］. International Journal of Disaster Risk Reduction, 2018, 30：186-198.

［35］ Gao J, et al. Universal Resilience Patterns in Complex Networks ［J］. Nature, 2016, 530 (7590)：307-312.

［36］ Gereffi G. The Organization of Buyer-Driven Global Commodity Chains：How U. S. Retailers Shape Overseas Production Networks ［M］// Gereffi G, Korzeniewicz M. Commodity Chains and Global Capitalism. San Francisco：Praeger, 1994.

［37］ Giannakis E, Bruggeman A. Economic Crisis and Regional Resilience：Evidence from Greece ［J］. Papers in Regional Science, 2017, 96 (3)：451-476.

［38］ Giannakis E, Mamuneas T P. Labour Productivity and Regional Labour Markets Resilience in Europe ［J］. The Annals of Regional Science, 2022, 68 (3)：691-712.

［39］ Gnutzmann H, et al. Market Structure and Resilience：Evidence from Potash Mine Disasters ［J］. American Journal of Agricultural Economics, 2020, 102 (3)：911-933.

［40］ Gong H, et al. Strategic Coupling and Institutional Innovation in Times of Upheavals：The Industrial Chain Chief Model in Zhejiang, China ［J］. Cambridge Journal of Regions, Economy and Society, 2022, 15 (2)：279-303.

［41］ Grafton R Q, et al. Realizing Resilience for Decision-Making ［J］. Nature Sustainability, 2019, 2 (10)：907-913.

［42］ Grossman G M, et al. Supply Chain Resilience：Should Policy Promote International Diversification or Reshoring? ［J］. Journal of Political Economy, 2023, 131 (12)：3267-3540.

［43］ Han Y, Goetz S J. Predicting US County Economic Resilience from Industry Input-Output Accounts ［J］. Applied Economics, 2019, 51 (19)：2019-2028.

［44］ Hassink R. Regional Resilience：A Promising Concept to Explain Differences in Regional Economic Adaptability? ［J］. Cambridge Journal of Regions, Economy and Society, 2010, 3 (1)：45-58.

［45］ He C, et al. Do Not Put Eggs in One Basket: Related Variety and Export Resilience in the Post-Crisis Era ［J］. Industrial and Corporate Change, 2021, 30 (6): 1655-1676.

［46］ He P, et al. Energy Import Resilience with Input-Output Linear Programming Models ［J］. Energy Economics, 2015, 50: 215-226.

［47］ He P, et al. Energy-Economic Recovery Resilience with Input-Output Linear Programming Models ［J］. Energy Economics, 2017, 68: 177-191.

［48］ He P, et al. Energy-Economic Resilience with Multi-Region Input-Output Linear Programming Models ［J］. Energy Economics, 2019, 84: 104569.

［49］ Hu X, Zhang L. Research on the Integration Level Measurement and Optimization Path of Industrial Chain, Innovation Chain and Service Chain ［J］. Journal of Innovation and Knowledge, 2023, 8 (3): 100368.

［50］ Hu X, et al. What Matters for Regional Economic Resilience Amid COVID-19? Evidence from Cities in Northeast China ［J］. Cities, 2022, 120: 103440.

［51］ Huang H, et al. Concepts, Models, and Indicator Systems for Urban Safety Resilience: A Literature Review and an Exploration in China ［J］. Journal of Safety Science and Resilience, 2023, 4 (1): 30-42.

［52］ Huang J K, et al. The Prospects for China's Food Security and Imports: Will China Starve the World Via Imports? ［J］. Journal of Integrative Agriculture, 2017, 16 (12): 2933-2944.

［53］ Hwang C L, et al. A New Approach for Multiple Objective Decision Making ［J］. Computers and Operational Research, 1993, 20 (8): 889-899.

［54］ Hynes W, et al. Systemic Resilience in Economics ［J］. Nature Physics, 2022, 18 (4): 381-384.

［55］ Ialongo L N, et al. Reconstructing Firm-Level Interactions in the Dutch Input-Output Network from Production Constraints ［J］. Scientific Reports, 2022, 12 (1): No. 11847.

［56］ Inoue H, Todo Y. Firm-Level Propagation of Shocks through Supply-Chain Networks ［J］. Nature Sustainability, 2019, 2 (9): 841-847.

［57］ Jiang F, et al. Geographic Dispersion and Corporate Resilience during the COVID-19 Pandemic ［J］. International Review of Financial Analysis, 2023, 88: 102684.

［58］ Jiang S, et al. A Quantitative Framework for Network Resilience Evaluation Using Dynamic Bayesian Network ［J］. Computer Communications, 2022, 194: 387-398.

［59］ Khanna G, et al. Supply Chain Resilience: Evidence from Indian Firms ［R］. NBER Working Paper, No. 30689, 2022.

［60］ Kim Y, et al. Supply Network Disruption and Resilience: A Network Structural Perspective ［J］. Journal of Operations Management, 2015, 33: 43-59.

［61］ Klimek P, et al. Quantifying Economic Resilience from Input-Output Susceptibility to Improve Predictions of Economic Growth and Recovery ［J］. Nature Communications, 2019, 10 (1): No. 1677.

［62］ Klimek P, et al. Systemic Trade Risk of Critical Resources ［J］. Science Advances, 2015, 1 (10): e1500522.

［63］ Kogut B. Designing Global Strategies: Comparative and Competitive Value-Added chains ［J］. Sloan Management Review, 1985, 26 (4): 15-28.

［64］ Kosasih E E, Brintrup A. A Machine Learning Approach for Predicting Hidden Links in Supply Chain with Graph Neural Networks ［J］. International Journal of Production Research, 2022, 60 (17):

5380-5393.

［65］König M D, et al. Aggregate Fluctuations in Adaptive Production Networks ［J］. Proceedings of the National Academy of Sciences, 2022, 119 （38）: e2203730119.

［66］Laber M, et al. Shock Propagation from the Russia-Ukraine Conflict on International Multi-layer Food Production Network Determines Global Food Availability ［J］. Nature Food, 2023, 4: 508-517.

［67］Lagravinese R. Economic Crisis and Rising Gaps North-South: Evidence from the Italian Regions ［J］. Cambridge Journal of Regions, Economy and Society, 2015, 8 （2）: 331-342.

［68］Larrea-Gallegos G, et al. Sustainability, Resilience and Complexity in Supply Networks: A Literature Review and a Proposal for an Integrated Agent-Based Approach ［J］. Sustainable Production and Consumption, 2022, 30: 946-961.

［69］Lenton T M. Environmental Tipping Points ［J］. Annual Review of Environment and Resources, 2013, 38: 1-29.

［70］Li R, et al. A New Resilience Measure for Supply Chain Networks ［J］. Sustainability, 2017, 9 （1）: No. 144.

［71］Li Y, Zobel C W. Exploring Supply Chain Network Resilience in the Presence of the Ripple Effect ［J］. International Journal of Production Economics, 2020, 228: 107693.

［72］Lin B, Teng Y. Decoupling of Economic and Carbon Emission Linkages: Evidence from Manufacturing Industry Chains ［J］. Journal of Environmental Management, 2022, 322: 116081.

［73］Lin B, Teng Y. The Effect of Industrial Synergy and Division on Energy Intensity: From the Perspective of Industrial Chain ［J］. Energy, 2023, 283: 128487.

［74］Liu C, Varotto S. Is Small Beautiful? The Resilience of Small Banks during the European Debt Crisis ［J］. International Review of Financial Analysis, 2021, 76: 101793.

［75］Liu W, et al. Resilience Assessment of the Cobalt Supply Chain in China under the Impact of Electric Vehicles and Geopolitical Supply Risks ［J］. Resources Policy, 2023, 80: 103183.

［76］Liu Y, et al. Evolution of the Coupling Coordination between the Marine Economy and Urban Resilience of Major Coastal Cities in China ［J］. Marine Policy, 2023, 148: 105456.

［77］Ma H, et al. Towards Innovation Resilience through Urban Networks of Co-Invention: A Case Study of Cities in China ［J］. Frontiers in Earth Science, 2022, 10: 974219.

［78］Martin R, Sunley P. On the Notion of Regional Economic Resilience: Conceptualization and Explanation ［J］. Journal of Economic Geography, 2015, 15 （1）: 1-42.

［79］Martin R, Sunley P. Regional Economic Resilience: Evolution and Evaluation ［M］//Bristow G, Healy A. Handbook on Regional Economic Resilience. Cheltenham: Edward Elgar Publishing, 2020.

［80］Martin R, et al. How Regions React to Recessions: Resilience and the Role of Economic Structure ［J］. Regional Studies, 2016, 50 （4）: 561-585.

［81］Martin R. Regional Economic Resilience, Hysteresis and Recessionary shocks ［J］. Journal of Economic Geography, 2012, 12 （1）: 1-32.

［82］McCarthy I, P, et al. Adaptive Organizational Resilience: An Evolutionary Perspective ［J］. Current Opinion in Environmental Sustainability, 2017, 28: 33-40.

［83］McNerney J, et al. How Production Networks Amplify Economic Growth ［J］. Proceedings of the National Academy of Sciences, 2022, 119 （1）: e2106031118.

［84］ McNerney J, et al. Network Structure of Inter-Industry Flows ［J］. Physica A：Statistical Mechanics and its Applications, 2013, 392 （24）：6427-6441.

［85］ Meena C, et al. Emergent Stability in Complex Network Dynamics ［J］. Nature Physics, 2023：1-10.

［86］ Meyer K, et al. Quantifying Resilience to Recurrent Ecosystem Disturbances Using Flow-Kick Dynamics ［J］. Nature Sustainability, 2018, 1 （11）：671-678.

［87］ Moutsinas G, Guo W. Node-Level Resilience Loss in Dynamic Complex Networks ［J］. Scientific Reports, 2020, 10 （1）：No. 3599.

［88］ Mungo L, et al. Reconstructing Production Networks Using Machine Learning ［J］. Journal of Economic Dynamics and Control, 2023, 148：104607.

［89］ Najarian M, Lim G J. Design and Assessment Methodology for System Resilience Metrics ［J］. Risk Analysis, 2019, 39 （9）：1885-1898.

［90］ Nassar N T, et al. Evaluating the Mineral Commodity Supply Risk of the US Manufacturing Sector ［J］. Science Advances, 2020, 6 （8）：1-11.

［91］ Nosil P, et al. Biodiversity, Resilience and the Stability of Evolutionary Systems ［J］. Current Biology, 2021, 31 （19）：1149-1153.

［92］ Oliver R K, Webber M D. Supply Chain Management：Logistics Catches up with Strategy ［M］// Christopher M. Logistics：The Strategic Issues. London：Chapman and Hall, 1982.

［93］ Olsson L, et al. Why Resilience is Unappealing to Social Science：Theoretical and Empirical Investigations of the Scientific Use of Resilience ［J］. Science Advances, 2015, 1 （4）：e1400217.

［94］ Opricovic S, Tzeng G H. Compromise Solution by MCDM Methods：A Comparative Analysis of VIKOR and TOPSIS ［J］. European Journal of Operational Research, 2004, 156 （2）：445-455.

［95］ Pasqualetti F, et al. Fragility Limits Performance in Complex Networks ［J］. Scientific Reports, 2020, 10 （1）：No. 1774.

［96］ Pendall R, et al. Resilience and Regions：Building Understanding of the Metaphor ［J］. Cambridge Journal of Regions, Economy and Society, 2010, 3 （1）：71-84.

［97］ Perrings C. Resilience in the Dynamics of Economy-Environment systems ［J］. Environmental and Resource Economics, 1998, 11：503-520.

［98］ Pichler A, et al. Building an Alliance to Map Global Supply Networks ［J］. Science, 2023, 382 （6668）：270-272.

［99］ Porter M E. The Competitive Advantage：Creating and Sustaining Superior Performance ［M］. New York：Free Press, 1985.

［100］ Reisch T, et al. Monitoring Supply Networks from Mobile Phone Data for Estimating the Systemic Risk of an Economy ［J］. Scientific Reports, 2022, 12 （1）：13347.

［101］ Rose A, Krausmann E. An Economic Framework for the Development of a Resilience Index for Business Recovery ［J］. International Journal of Disaster Risk Reduction, 2013, 5：73-83.

［102］ Rose A, Liao S Y. Modeling Regional Economic Resilience to Disasters：A Computable General Equilibrium Analysis of Water Service Disruptions ［J］. Journal of Regional Science, 2005, 45 （1）：75-112.

［103］ Rose A. Economic Resilience to Natural and Man-Made Disasters：Multidisciplinary Origins and Contextual Dimensions ［J］. Environmental Hazards, 2007, 7 （4）：383-398.

［104］ Simmie J, Martin R. The Economic Resilience of Regions：Towards an Evolutionary Approach [J]. Cambridge Journal of Regions, Economy and Society, 2010, 3 (1): 27-43.

[105] Smith A. Economic (in) Security and Global Value Chains: The Dynamics of Industrial and Trade Integration in the Euro-Mediterranean Macro-Region [J]. Cambridge Journal of Regions, Economy and Society, 2015, 8 (3): 439-458.

[106] Song H, et al. Material Efficiency Strategies across the Industrial Chain to Secure Indium Availability for Global Carbon Neutrality [J]. Resources Policy, 2023, 85: 103895.

[107] Soufi H R, et al. A Quantitative Approach for Analysis of Macroeconomic Resilience Due to Socio-Economic Shocks [J]. Socio-Economic Planning Sciences, 2022, 79: 101101.

[108] Strunz S. Is Conceptual Vagueness an Asset? Arguments from Philosophy of Science Applied to the Concept of Resilience [J]. Ecological Economics, 2012, 76: 112-118.

[109] Sutton J, Arku G. Regional Economic Resilience: Towards a System Approach [J]. Regional Studies, Regional Science, 2022, 9 (1): 497-512.

[110] Tan J, et al. Industrial Structure or Agency: What Affects Regional Economic Resilience? Evidence from Resource-Based Cities in China [J]. Cities, 2020, 106: 102906.

[111] Tang C, et al. Financial Market Resilience and Financial Development: A Global Perspective [J]. Journal of International Financial Markets, Institutions and Money, 2022, 80: 101650.

[112] Traiberman S, Rotemberg M. Precautionary Protectionism [J]. Journal of International Economics, 2023, 145: 103836.

[113] Uddin M, et al. The Resilience of the British and European Goods Industry: Challenge of Brexit [J]. Industrial and Corporate Change, 2022, 31 (4): 934-954.

[114] Upton J, et al. Caveat Utilitor: A Comparative Assessment of Resilience Measurement Approaches [J]. Journal of Development Economics, 2022, 157: 102873.

[115] van der Kruk E, et al. Age-Related Compensation: Neuromusculoskeletal Capacity, Reserve and Movement Objectives [J]. Journal of Biomechanics, 2021, 122: 110385.

[116] Wang X, et al. The Spatiotemporal Evolution of COVID-19 in China and Its Impact on Urban Economic Resilience [J]. China Economic Review, 2022, 74: 101806.

[117] Watts D J, Strogatz S H. Collective Dynamics of 'Small-World' Networks [J]. Nature, 1998, 393 (6684): 440-442.

[118] Wolfram M. Conceptualizing Urban Transformative Capacity: A Framework for Research and Policy [J]. Cities, 2016, 51: 121-130.

[119] Xu G, Zhang X. Statistical Analysis of Resilience in an Air Transport Network [J]. Frontiers in Physics, 2022, 10: 969311

[120] Xu M, et al. Interconnectedness and Resilience of the US Economy [J]. Advances in Complex Systems, 2011, 14 (5): 649-672.

[121] Xu M, et al. Resiliency of Mutualistic Supplier-Manufacturer Networks [J]. Scientific Reports, 2019, 9 (1): 1-10.

[122] Xun X, Yuan Y. Research on the Urban Resilience Evaluation with Hybrid Multiple Attribute TOPSIS Method: An Example in China [J]. Natural Hazards, 2020, 103 (1): 557-577.

[123] Yu B, Chen L. Bibliometric Analysis of Research Literature on Industrial Chain Resilience [J]. Information and Knowledge Management, 2023, 4 (3): 40-50.

[124] Zhu S, et al. Enhancing Urban Flood Resilience: A Holistic Framework Incorporating Historic Worst Flood to Yangtze River Delta, China [J]. International Journal of Disaster Risk Reduction,

2021，61：102355.

［125］Zou M，et al. Uncertainty Quantification of Multi－scale Resilience in Networked Systems with Nonlinear Dynamics Using Arbitrary Polynomial Chaos ［J］. Scientific Reports，2023，13（1）：No. 488.

［126］Zurek M，et al. Food System Resilience：Concepts, Issues, and Challenges ［J］. Annual Review of Environment and Resources，2022，47：511－534.

竞争企业成立投入品合资企业的
反竞争效应与竞争政策

——以我国移动通信市场为例

于　左　刘　洋　关璧麟

[摘要] 竞争企业成立投入品合资企业产生的反竞争效应应引起关注。本文构建理论模型，证明了竞争企业成立投入品合资企业后，可联合控制投入品价格以提高合谋稳定性，维持产出品市场垄断高价，导致消费者福利水平降低。结合我国移动通信市场实际情况，发现竞争企业成立投入品合资企业后，相关市场出现涉嫌协同定价的行为，导致移动通信服务价格较高。同时，本文实证检验了投入品合资企业对协调定价的影响，发现投入品合资企业的成立对移动通信市场价格趋同具有显著正向影响。另外，本文对我国反垄断立法与执法以及促进移动通信市场竞争提出了建议。

[关键词] 投入品合资企业；反竞争效应；消费者福利；竞争政策

一、引言

投入品合资企业（Input Joint Ventures）是合资企业的一种，指的是两家或者多家企业合资成立投入品供应企业，下游企业通过对投入品的再加工，生产产成品。竞争企业成立合资企业可能会损害竞争。2020年，在沃达丰（Vodafone）和意大利电信（Telecom Italia，TIM）合资成立投入品合资企业——意大利无线基础设施（Infrastrutture Wireless Italiane，INWIT）案中，欧盟竞争委员会认为该投入品合资企业的成立将对意大利移动通信服务市场产生反竞争效应，并提出了一系列救济措施以规避可能的竞争损害。

2014年，我国移动通信市场上电信企业D1、电信企业D2、电信企业D3合资成立了公司U，之后由公司U统一对移动通信所用的信号塔、桅杆等无源基础设施进行建设和管理，不再由移动通信运营商自建和运营。无源基础设施是移动通信服务的关键投入品①，公司U是三家移动运营商组建的投入品合资企业。

《中华人民共和国国民经济和社会发展第十四个五年规划和2035年远景目标纲要》第二十

[作者简介] 于左，东北财经大学数字经济研究院院长、研究员；刘洋，东北财经大学产业组织与企业组织研究中心博士研究生；关璧麟，中国进出口银行，经济学博士。

[基金项目] "兴辽英才计划"文化名家暨"四个一批"领军人才项目（XLYC2210001）。

① 英国竞争和市场管理局在Cellnex收购CK Hutchison业务案的决议书中指出：无源基础设施指的是信号塔、桅杆、放置设备的建筑物等；有源设施指的是天线以及其他电子设备。无源基础设施是移动通信服务的关键投入品。

章第三节——"强化竞争政策基础地位"中指出，"坚持鼓励竞争、反对垄断，完善竞争政策框架，构建覆盖事前、事中、事后全环节的竞争政策实施机制……加大反垄断和反不正当竞争执法司法力度，防止资本无序扩张。推进能源、铁路、电信、公用事业等行业竞争性环节市场化改革，放开竞争性业务准入，进一步引入市场竞争机制，加强对自然垄断业务的监管"。国务院和电信行业主管部门也多次敦促电信运营商"提速降费"。公司 U 对无源基础设施统一建设和集中经营管理，在一定程度上避免了重复建设和资源浪费，但是否会产生反竞争效应？

关于成立合资企业对竞争的影响，一种观点认为，竞争企业成立合资企业会产生反竞争效应。Chen 和 Ross（2020）提出，当相关市场上增加一家由竞争对手组建的合资企业时，会弱化竞争，尤其当此合资企业为价格领导者时，将导致更高的产品价格，损害消费者福利，且当固定成本较低时，会增加竞争企业合谋的稳定性。Miller 和 Weinberg（2017）研究发现，两家啤酒供应商 MillerCoors 和 Anheuser-Busch 组建合资企业带来的协调效应导致了美国啤酒市场零售价格上涨，上涨幅度达 17%~18%，损害了消费者福利。Cooper 和 Ross（2009）提出竞争企业在另一个不相关市场成立合资企业产生的共同利益会促进企业在相关市场默契合谋，产生反竞争效应。另一种观点认为，竞争企业成立合资企业会促进竞争。Spencer 和 Raubitschek（1996）研究发现，在不完全竞争市场中，国内竞争者成立合资企业有助于降低外国供应商的价格，促进竞争。

关于投入品合资企业对竞争的影响，研究主要集中在研发合资领域。一种观点认为，竞争企业间成立研发等投入品合资企业促进合谋，产生反竞争效应。Martin（1996）提出竞争企业成立研发合资企业后，共同利益联系促进了企业在产出品市场默契合谋。Sovinsky（2022）实证研究发现，宽大政策实施后，研发合资企业数量减少，政策变化导致了计算机和半导体制造企业组建研发合资企业的概率平均下降了 41%，其中，电信企业下降了 34%，石油炼油企业下降了 33%，间接证明了企业成立研发合资企业促进了合谋。Miyagiwa（2009）认为竞争企业成立研发合资企业后，共享研发创新成果提高了企业的对称性，增加了总利润，促进了合谋。Carlton 和 Salop（1996）提出投入品合资企业可以通过制定排他性准入规则，提高投入品、产出品市场进入障碍，以拒绝投入品供给作为惩罚机制促进成员企业在产出品市场协调定价，损害消费者福利。另一种观点认为，在一定条件下，竞争企业成立研发合资企业会促进竞争。Bourreau 等（2016）提出寡头企业成立研发合资企业后，由于企业的产出品差异化水平降低，增强了企业在产出品市场的竞争。

现有文献中，竞争企业成立投入品合资企业是否会产生反竞争效应仍存在不同的观点，在认为会产生反竞争效应的研究中尚未考虑投入品定价水平对企业合谋的影响。与已有文献不同，本文主要基于三家竞争企业成立一家投入品合资企业的情况，考虑了一种通过调整投入品价格促进企业在产出品市场合谋的机制，并结合对我国移动通信市场现实案例的研究，提出了政策建议。

二、理论模型

假设有三家企业 D_i（$i=1$，2，3）在产出品市场竞争且产出品同质，企业 D_i 的产量为 q_i，销售价格为 p_i。线性逆需求函数为：$P=a-bQ$，其中 Q 是市场总产量。每个单位的产出品都需要一个单位的投入品，投入品合资企业成立之前，投入品由各企业自己生产（纵向一体化，VI），投入品合资企业成立之后，投入品由 D_i 公司拥有同等股份的投入品合资企业 U 独立生产（投入品合资，JV）。生产投入品的固定成本为 f，f≥0。假设生产投入品的边际成本是常数且为 0。

（一）未成立投入品合资企业

未成立投入品合资企业，D1、D2、D3 自己生产提供投入品，每家企业因生产投入品需要建设固定设施而产生固定成本 f。

1. 合谋动机

当每家企业采用纵向一体化经营模式时，企业能够同时生产投入品和产出品，此时产出品市场上有三家企业进行产量竞争。

在静态博弈产量竞争下，企业 Di 对产出品同时进行产量决策，企业 Di 的利润最大化约束函数为：

$$\pi_{Di} = (a - \sum bq_{Di})q_{Di} - f \quad (i=1, 2, 3) \tag{1}$$

利润函数一阶导数取零值求得利润最大化时的产量约束：

$$\frac{\partial \pi_{Di}}{\partial q_{Di}} = a - \sum bq_{Di} - bq_{Di} = 0$$

分别求一阶偏导后，联立三个方程式，可以解得竞争均衡时企业 Di 的最优产量决策（上标 * 表示竞争均衡情况，下同）分别为：

$$q^*_{D1\,VI} = q^*_{D2\,VI} = q^*_{D3\,VI} = a/(4b) \tag{2}$$

将竞争均衡产量代入需求函数可得市场均衡价格为：

$$p^*_{VI} = a - b\,q^*_{D1\,VI} - b\,q^*_{D2\,VI} - bq^*_{D3\,VI} = a/4 \tag{3}$$

将产量和价格代入式（1）的利润函数中，易得纵向一体化下企业 Di 在竞争均衡时利润值为：

$$\pi^*_{D1\,VI} = \pi^*_{D2\,VI} = \pi^*_{D3\,VI} = a^2/(16b) - f \tag{4}$$

如果三家企业合谋策略下的利润大于竞争均衡时的利润，那么企业就有合谋的动机。联合利润函数最大化时，企业合谋产量水平为（上标 c 表示合谋，下同）：$q^c_{D1\,VI} = q^c_{D2\,VI} = q^c_{D3\,VI} = a/(6b)$，进而可得三家企业合谋利润（$\pi^c_{Di\,VI} = a^2/(12b) - f$）均高于竞争均衡利润 $\pi^*_{Di\,VI}$，所以三家企业都有合谋动机，容易采取合谋策略。此时市场上产品价格水平为：

$$p^c_{VI} = a - b\,q^c_{D1\,VI} - bq^c_{D2\,VI} - bq^c_{D3\,VI} = a/2 \tag{5}$$

2. 合谋稳定性

企业可能有背叛合谋的动机。如果以"触发策略"，作为企业背叛合谋的惩罚策略，那么，δ 越大，企业越容易背叛；δ 越小，企业越容易维持合谋。当企业 D1 在某一期选择背叛合谋，当期企业 D2 和企业 D3 仍选择合谋产量水平时，企业 D1 的利润最大化函数为（上标 d 表示背离合谋，下同）：

$$\pi^d_{D1\,VI} = [-bq^d_{D1\,VI} + (2a/3)]q^d_{D1\,VI} - f \tag{6}$$

进而可得企业 D1 背叛合谋的最优产量决策为：

$$q^d_{D1\,VI} = a/(3b) \tag{7}$$

假设企业 D1 采取背叛合谋的策略，当期可获得的实际利润为 $\pi^d_{D1\,VI}$：

$$\pi^d_{D1\,VI} = a^2/(9b) - f \tag{8}$$

企业 D1 维持合谋稳定性的贴现因子为 $\delta_{1\,VI}$，则企业 D1 维持合谋时，$\delta_{1\,VI}$ 需要满足以下条件：

$$\frac{\pi^c_{D1\,VI}}{1 - \delta_{1\,VI}} > \pi^d_{D1\,VI} + \frac{\pi^*_{D1\,VI}\,\delta_{1\,VI}}{1 - \delta_{1\,VI}} \tag{9}$$

即 $\delta_{1VI} > \dfrac{\pi_{D1VI}^d - \pi_{D1VI}^c}{\pi_{D1VI}^d - \pi_{D1VI}^*} = \delta_{1LVI}$。其中，$\delta_{1LVI}$ 为企业 D1 维持合谋的临界贴现因子。将上述利润值代入临界贴现因子的计算式，可推算出企业 D1 维持合谋的临界贴现因子为 $\delta_{1LVI} = 4/7$。由于企业 D1、D2、D3 对称，企业 Di 维持合谋的临界贴现因子皆为 $\delta_{iLVI} = 4/7$。

（二）成立投入品合资企业

1. 合谋动机

假设三家企业 Di 共同合资成立投入品供给企业 U，并对 U 持相等的股份。企业 U 对投入品线性定价为 w 以获取最大利润。企业 U 的利润函数为 $\pi_U = w(q_{D1} + q_{D2} + q_{D3}) - f$。竞争情况下，投入品价格 w 取决于上游、下游两阶段博弈。

下游企业 D1、D2、D3 的利润为：

$$\pi_{Di} = (a - \sum bq_{Di} - w)q_{Di} + [w(\sum q_{Di}) - f]/3 \tag{10}$$

当利润最大化时，利润函数一阶导数等于零：

$$d\pi_{Di}/dq_{Di} = -\sum bq_{Di} - bq_{Di} + a - 2w/3 = 0 \tag{11}$$

联立可得均衡解（下标 JV 表示投入品合资）为：

$$q_{D1JV}^* = q_{D2JV}^* = q_{D3JV}^* = (3a - 2w)/(12b) \tag{12}$$

根据合资企业在第一阶段面临的利润函数，用 $\pi_U(w)$ 表示：

$$\pi_U(w) = w(q_{D1JV}^* + q_{D2JV}^* + q_{D2JV}^*) - f \tag{13}$$

将 $\pi_U(w)$ 极大化可以得到下游企业最偏好的投入价格 w_{JV}^*。

解得 w_{JV}^*：

$$w_{JV}^* = 3/(4a) \tag{14}$$

可进一步得到下游企业 D1、D2、D3 的均衡产量为：

$$q_{D1JV}^* = q_{D2JV}^* = q_{D3JV}^* = a/(8b) \tag{15}$$

根据需求函数可得下游市场价格：

$$p_{JV}^* = a - bq_{D1JV}^* - bq_{D2JV}^* - bq_{D3JV}^* = 5a/8 \tag{16}$$

进一步可得均衡利润为：

$$\pi_{D1JV}^* = \pi_{D2JV}^* = \pi_{D3JV}^* = 5a^2/(64b) - f/3 \tag{17}$$

当下游三家企业合谋时，投入品价格由下游企业根据联合利润最大化合谋定价，用 w_{JV}^c 表示。易求得三家企业合谋时的产量水平为：

$$q_{D1JV}^c = q_{D2JV}^c = q_{D3JV}^c = a/(6b) \tag{18}$$

合谋利润为：

$$\pi_{D1JV}^c = \pi_{D2JV}^c = \pi_{D3JV}^c = a^2/(12b) - f/3 \tag{19}$$

由于合谋利润大于均衡利润，企业有合谋动机。合谋时产出品价格水平为 $p_{JV}^c = a/2$。

2. 产出品市场合谋稳定性

当企业 D1 背叛时，背叛产量水平决策函数为：

$$\pi_{D1JV}^d = [-b q_{D1JV}^d + (2a/3) - w_{JV}^c]q_{D1JV}^d + w_{JV}^c[(q_{D1JV}^d + a/(3b)]/3 - f/3 \tag{20}$$

可得企业 D1 的背叛产量水平为：

$$q_{D1JV}^d = (a - w_{JV}^c)/(3b) \tag{21}$$

进一步可得背叛合谋将获得利润为：

$$\pi_{D1JV}^d = (a^2 - aw_{JV}^c - 3bf + w_{JV}^{c2})/(9b) \tag{22}$$

同理，按"触发策略"，可求得下游企业维持合谋时需要满足以下条件：

$$\frac{\pi^c_{D1_{JV}}}{1-\delta_{1JV}} > \pi^d_{D1_{JV}} + \frac{\pi^*_{D1_{JV}}\delta_{1JV}}{1-\delta_{1JV}} \tag{23}$$

简化得：

$$\delta_{1JV} > \frac{\pi^d_{D1_{JV}} - \pi^c_{D1_{JV}}}{\pi^d_{D1_{JV}} - \pi^*_{D1_{JV}}} = \delta_{1L_{JV}} \tag{24}$$

代入 $\pi^*_{D1_{JV}}$、$\pi^c_{D1_{JV}}$、$\pi^d_{D1_{JV}}$ 的值，可得：

$$\delta_{1L_{JV}} = \frac{16(a-2w^c_{JV})^2}{19a^2-64aw^c_{JV}+64\,w^c_{JV}{}^2} \tag{25}$$

3. 投入品合资企业促进合谋的机制

成立投入品合资企业，下游企业 D1、D2、D3 都持有企业 U 的非控股股权。当企业 D1、D2、D3 达成合谋后，三家企业中任意两家联合起来或三家全部联合起来都对 U 有控股权，可以控制企业 U 对投入品定价水平。假设企业合谋后，投入品价格定为 w^c_{JV}。根据式（22）可知，企业背叛合谋利润为 $\pi^d_{D1_{JV}} = (a^2-aw^c_{JV}-3bf+w^c_{JV}{}^2)/(9b)$，在 a、b、f 值保持不变时，$\pi^d_{D1_{JV}}$ 的大小只与 w^c_{JV} 有关。所以，企业可以通过控制 w^c_{JV} 的价格来降低企业背叛合谋的动机。将 $\pi^d_{D1_{JV}}$ 简化为函数 $y = a^2-aw^c_{JV}+w^c_{JV}{}^2$，$w^c_{JV}$ 与 y 值之间的大小关系和 w^c_{JV} 与 $\pi^d_{D1_{JV}}$ 之间的关系一致。根据函数 y 与 w^c_{JV} 的关系可知，当 a 值不变时，w^c_{JV} 值与 y 值的关系呈"U"形。所以当合谋达成后，只要企业将投入品价格调整在"U"形的低点，那么企业背叛合谋的利润就会降低，企业就不容易背叛合谋。

从维持合谋的最小临界贴现因子来看，由式（25）可知，投入品合资企业成立后，企业 Di 维持合谋的最小临界贴现因子为 $\delta_{1L_{JV}} = \frac{16(a-2w^c_{JV})^2}{19a^2-64aw^c_{JV}+64\,w^c_{JV}{}^2}$，同样当 a 值不变时，$\delta_{1L_{JV}}$ 大小只与 w^c_{JV} 的值有关，从函数式 $\delta_{1L_{JV}}$ 与 w^c_{JV} 的关系可知，当 a 值不变时，w^c_{JV} 值与 $\delta_{1L_{JV}}$ 的大小关系呈非单调关系。

所以，$\delta_{1L_{JV}}$ 大小因合谋后的上游投入品价格 w^c_{JV} 不同而不同。要探究 w^c_{JV} 的绝对值大小。进一步地，仍以 a 值为参照系，将式（25）进行简化，因为 w^c_{JV} 和 a 都为正数，假设 $w^c_{JV} = na(n>0)$，简化为 $\delta_{1L_{JV}} = \frac{16(2n-1)^2}{64n^2-64n+19}$，即简化为探究 n 取值大小与 $\delta_{1L_{JV}}$ 取值的关系，易得当 $\delta_{1L_{JV}} = 0$ 时，n 取值为 $\frac{1}{2}$。以 n 取值的 $\frac{1}{2}$ 为分界点，n 的大小和 $\delta_{1L_{JV}}$ 取值的关系仍为一边单调递减，另一边单调递增。当 $0 < \frac{w^c_{JV}}{a} < \frac{1}{2}$ 时，$\frac{w^c_{JV}}{a}$ 的值越大，临界贴现因子的值越小；当 $\frac{w^c_{JV}}{a} > \frac{1}{2}$ 时，$\frac{w^c_{JV}}{a}$ 的值越小，临界贴现因子的值越小；所以 $\frac{w^c_{JV}}{a}$ 越趋近于 $\frac{1}{2}$，临界贴现因子的值越小，合谋越稳定。

综上所述，可得出命题 1：

命题 1：未成立投入品合资企业和成立投入品合资企业，企业都有合谋动机。投入品合资企业成立后，企业有能力通过联合控制权来合谋制定投入品价格，降低企业背离合谋激励，提高合谋稳定性。

比较未成立投入品合资企业、成立投入品合资企业的合谋最小临界贴现因子的大小，如果存在 $\delta_{1L_{JV}} < \delta_{1L_{VI}}$，说明市场上存在三家企业的情况下，企业有成立投入品合资企业的动机，因为

可以更有利于企业维持合谋。根据 $\delta_{1LVI} = \dfrac{4}{7}$，容易解得满足 $\delta_{1LJV} < \delta_{1LVI}$ 的 w_{JV}^c 值的取值范围为 $\dfrac{1}{4} < \dfrac{w_{JV}^c}{a} < \dfrac{3}{4}$。所以投入品合资企业成立后，企业 D_i 可通过调整 w_{JV}^c 水平来降低企业背叛合谋的动机，以减小合谋最小临界贴现因子来达到提高合谋稳定性的目的，更有能力获取高额的合谋利润。

综上所述，可得出命题2：

命题2：成立投入品合资企业与未成立投入品合资企业的竞争情况相比，消费者福利水平降低。

未成立投入品合资企业，寡头竞争产出品市场均衡价格和总产量为 a/4、3a/(4b)。当成立投入品合资企业 U 且不存在产出品市场合谋时，产出品市场均衡价格和总产量为 5a/8、3a/(8b)。当成立投入品合资企业 U 且存在产出品市场合谋后，产出品价格和总产量分别为 a/2、a/(2b)。进而根据消费者剩余计算公式[$CS = (a-p)Q/2$]，易得每种情况下的消费者剩余分别为 $CS_{VI}^* = 9a^2/(32b)$、$CS_{JV}^* = 9a^2/(128b)$、$CS_{JV}^c = a^2/(8b)$。对比可知，可以看出 $CS_{VI}^* > CS_{JV}^*$，而且 $CS_{VI}^* > CS_{JV}^c$，所以投入品合资企业成立后，消费者福利水平降低。

三、案例讨论

（一）移动通信运营商成立投入品合资企业

2014 年，电信企业 D1、D2、D3 合资成立了公司 U，公司 U 成立后，不再由通信运营商自己提供发射无线信号塔、桅杆等无源基础设施，转由公司 U 统一供给。无源基础设施是移动通信服务的关键投入品，所以公司 U 属于通信运营商共同成立的投入品合资企业。合资企业成立之初，电信企业 D1、D2、D3 对公司 U 的持股比例分别为 40%、30.1% 和 29.9%。2018~2022 年，持股情况略有变动，D1、D2、D3 持有公司 U 的股权占比分别为 38%、28.1%、27.9%。每家运营商对公司 U 的持股比例都少于 50%，每家运营商对公司 U 不具有单独控制权，其中任意两家持股比例合计都超过 50%，任何两家联合起来则对公司 U 具有控制权，三家运营商持股比例合计达 94%，如图 1 所示。

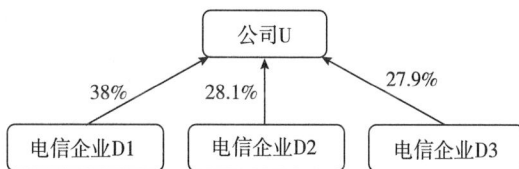

图 1　2018~2022 年电信运营商对投入品合资企业的持股情况

资料来源：笔者根据企业年报数据绘制。

（二）我国移动通信市场集中度较高

移动通信市场可细分为移动通信批发（接入）市场和移动通信零售市场。从移动通信批发（接入）市场看，2009 年至今，我国相关市场上只有三家运营商，分别是电信企业 D1、D2 和 D3，市场集中度较高。从移动通信零售市场看，2013 年，我国移动通信市场也只有三家运营商，仍为电信企业 D1、D2 和 D3，其市场份额依次为 69%、18%、13%。2014 年起，一些虚拟运营商进入市场，此时我国移动通信零售市场上运营商数量大于三家，但虚拟运营商市场份额较低。以 2020 年、2021 年为例，2020 年，我国移动通信市场总销售收入为 9268 亿元，电信企业 D1 在移动通信市场上的销售收入为 4940 亿元，电信企业 D2 为 1566 亿元，电信企业 D3 为 1756 亿元，计算可得三家运营的市场份额依次为 53.3%、16.9%、18.9%，市场上前三家运营商的市场份额总和为 89.1%，虚拟运营商市场份额总和仅为 10.9%；2021 年，移动通信业务市场总销售收入为 8891 亿元，电信企业 D1 的移动通信业务总销售收入为 5001 亿元，电信企业 D2 为 1641 亿元，电信企业 D3 为 1842 亿元，市场份额依次为 56.2%、18.4%、20.7%，市场上前三家运营商的市场份额总和为 95.3%，虚拟运营商市场份额总和仅为 4.7%（见表 1）。进而可计算出 2020 年、2021 年，我国移动通信零售市场的赫芬达尔指数（HHI）分别为 3484、3925。无论是移动通信批发（接入）市场还是移动通信零售市场，在投入品合资企业成立之前和之后，相关市场集中度皆较高。

表 1　2013 年、2020 年和 2021 年移动通信市场份额

年份	2013 年			2020 年			2021 年		
运营商	电信企业 D1	电信企业 D2	电信企业 D3	电信企业 D1	电信企业 D2	电信企业 D3	电信企业 D1	电信企业 D2	电信企业 D3
移动业务收入（亿元）	5908	1558	1138	4940	1566	1756	5001	1641	1842
市场份额（%）	69	18	13	53.3	16.9	18.9	56.2	18.4	20.7

资料来源：笔者根据各运营商年报数据整理。

（三）投入品合资企业成立后，电信运营商涉嫌协同定价

1. 投入品合资企业成立前，移动通信市场零售价格差异较大

以 2012 年三家运营商 3G 移动业务套餐（属于市场上主要的产品/服务）资费为例，三家运营商将移动通信业务主要分为两类：一是以通话为主（含国内通话分钟数较多）的套餐；二是以上网为主（含移动数据上网流量较多）的套餐。每家运营商对这两类套餐都设置了不同价格档位，且三家运营商在各个分类中的定价差别较大。

2012 年，电信企业 D1 第一类套餐分别有 68 元、88 元、188 元，各含 200 分钟国内通话、60MB 上网流量，400 分钟国内通话、60MB 上网流量，1200 分钟国内通话、60MB 上网流量。电信企业 D2 第一类套餐分别有 46 元、66 元、96 元、126 元、156 元、186 元，各含 120 分钟国内通话、40MB 上网流量，200 分钟国内通话、60MB 上网流量，450 分钟国内通话、80MB 上网流量，680 分钟国内通话、100MB 上网流量，920 分钟国内通话、120MB 上网流量，1180 分钟国内通话、150MB 上网流量。电信企业 D3 第一类套餐分别有 59 元、89 元、129 元、159 元、189 元，各含 160 分钟国内通话、60MB 上网流量，360 分钟国内通话、120MB 上网流量，660 分钟国内通话、120MB 上网流量，900 分钟国内通话、120MB 上网流量，1200 分钟国内通话、120MB 上网流量。

电信企业 D1 第二类套餐分别有 58 元、88 元、128 元，各含 50 分钟国内通话、200MB 上网流量，200 分钟国内通话、300MB 上网流量，420 分钟国内通话、400MB 上网流量。电信企业 D2 第二类套餐分别有 46 元、66 元、96 元、126 元、156 元、186 元，各含 50 分钟国内通话、150MB 上网流量，50 分钟国内通话、300MB 上网流量，240 分钟国内通话、300MB 上网流量，320 分钟国内通话、400MB 上网流量，420 分钟国内通话、500MB 上网流量，510 分钟国内通话、

650MB 上网流量。电信企业 D3 第二类套餐分别有 49 元、69 元、89 元、129 元、159 元、189 元，各含 100 分钟国内通话、200MB 上网流量，150 分钟国内通话、300MB 上网流量，240 分钟国内通话、400MB 上网流量，330 分钟国内通话、600MB 上网流量，450 分钟国内通话、750MB 上网流量，600 分钟国内通话、1GB 上网流量。由此可以看出，2012 年的移动通信服务零售市场，三家运营商所提供的 3G 移动业务产品价格差别较大，消费者有更多的选择（见表 2）。

表 2　2012 年电信运营商移动业务套餐资费比较

				电信企业 D1	电信企业 D2			电信企业 D3		
	套餐资费（元）	通话主叫分钟数（分钟）	上网流量（MB）	套餐资费（元）	通话主叫分钟数（分钟）	上网流量（MB）	套餐资费（元）	通话主叫分钟数（分钟）	上网流量（MB）	
国内语音通话为主	68	200	60	46	120	40	59	160	60	
				66	200	60	89	360	120	
	88	400	60	96	450	80	129	660	120	
				126	680	100	159	900	120	
	188	1200	60	156	920	120	189	1200	120	
				186	1180	150				
上网流量为主	58	50	200	46	50	150	49	100	200	
				66	50	300	69	150	300	
	88	200	300	96	240	300	89	240	400	
				126	320	400	129	330	600	
	128	420	400	156	420	500	159	450	750	
				186	510	650	189	600	1GB	

资料来源：笔者根据 2012 年三家运营商资费数据整理。

2. 投入品合资企业成立后，移动通信市场价格趋同

以 2022 年市场上主要产品（服务）为例，2022 年 9 月，三家运营商 4G 网络移动业务菜单设置相同，每家的套餐菜单都设置为 5 档，由低到高，分别包含 2GB 的无线上网流量和 100 分钟的免费通话时长、5GB 的无线上网流量和 200 分钟的免费通话时长、10GB 的无线上网流量和 200 分钟的免费通话时长、15GB 的无线上网流量和 300 分钟的免费通话时长、20GB 的无线上网流量和 400 分钟的免费通话时长。每家运营商对菜单中每个档的资费定价完全相同，价格皆为 29 元、39 元、59 元、79 元、99 元（见表 3）。

表 3　2022 年 9 月各电信运营商 4G 移动业务套餐资费对比

电信企业 D1			电信企业 D2			电信企业 D3		
资费套餐（元）	上网流量（GB）	国内通话（分钟）	资费套餐（元）	上网流量（GB）	国内通话（分钟）	资费套餐（元）	上网流量（GB）	国内通话（分钟）
29	2	100	29	2	100	29	2	100
39	5	200	39	5	200	39	5	200
59	10	200	59	10	200	59	10	200
79	15	300	79	15	300	79	15	300
99	20	400	99	20	400	99	20	400

资料来源：笔者根据各运营商官方应用软件数据整理。

对于 5G 网络移动业务资费，三家运营商的菜单设定和定价差别甚微。三家运营商将 5G 网络移动业务的菜单设定为 7 档。电信企业 D1 和电信企业 D2 的菜单完全相同，由低到高，分别包含 30GB 无线上网流量和 500 分钟免费通话时长，40GB 无线上网流量和 700 分钟免费通话时长，60GB 无线上网流量和 1000 分钟免费通话时长，80GB 无线上网流量和 1000 分钟免费通话时长，100GB 无线上网流量和 1500 分钟免费通话时长，150GB 无线上网流量和 2000 分钟免费通话时长，300GB 无线上网流量和 3000 分钟免费通话时长。电信企业 D3 只有第二档略有差别，设置为包含 40GB 无线上网流量和 800 分钟免费通话时长，其余档位设置和电信企业 D1、D2 相同。电信企业 D1 每个档位的定价依次为 128 元、158 元、198 元、238 元、298 元、398 元、598 元。电信企业 D2 的定价依次为 129 元、159 元、199 元、239 元、299 元、399 元、599 元。电信企业 D3 的定价依次为 129 元、169 元、199 元、239 元、299 元、399 元、599 元。电信企业 D2 和电信企业 D3 只有第二档略微不同，其他完全相同，而电信企业 D1 则普遍在电信企业 D2 和电信企业 D3 对应档次价格的基础上少 1 元（见表 4）。

表 4　2022 年 9 月各电信运营商 5G 移动业务套餐资费对比

电信企业 D1			电信企业 D2			电信企业 D3		
资费套餐（元）	上网流量（GB）	国内通话（分钟）	资费套餐（元）	上网流量（GB）	国内通话（分钟）	资费套餐（元）	上网流量（GB）	国内通话（分钟）
128	30	500	129	30	500	129	30	500
158	40	700	159	40	700	169	40	800
198	60	1000	199	60	1000	199	60	1000
238	80	1000	239	80	1000	239	80	1000
298	100	1500	299	100	1500	299	100	1500
398	150	2000	399	150	2000	399	150	2000
598	300	3000	599	300	3000	599	300	3000

资料来源：笔者根据各运营商官方应用软件数据整理。

三家运营商在定向套餐资费上定价趋同。2017 年起，三家运营商推出含定向流量①的电话卡套餐。例如，电信企业 D1 的"某宝藏卡""某京享卡""某潮玩卡""某爱奇艺星钻卡"业务、电信企业 D2 推出的"某大王卡"业务、电信企业 D3 的"某星卡"业务等，这些业务中通常包含指定移动端应用软件的免费流量。根据 2022 年 10 月在售的业务资费可知，电信企业 D1 定向卡中，月租费 29 元的含定向流量 30GB；月租费 39 元的含定向流量 30GB，通用流量 5GB；月租费 59 元的含定向流量 30GB，通用流量 10GB。电信企业 D2"某大王卡"有三个档位，月租 29 元含定向流量 30GB，通用流量 5GB；月租 39 元含定向流量 30GB，通用流量 10GB；月租费 59 元的含定向流量 30GB，通用流量 10GB，语言通话 300 分钟。电信企业 D3"某星卡"有三个档位，月租费 29 元含定向流量 30GB；月租费 39 元含定向流量 30GB，通用流量 5GB；月租费 59 元含定向流量 30GB，通用流量 15GB。从上述资费中可以看出，三家运营商在定向流量业务的定价基本相同，都是分 29 元、39 元和 59 元三个不同档位。每个档位都含定向流量 30GB。超出套餐的资费定价也完全相同，流量按 5 元/GB 收费，拨打电话按 0.1 元/分钟收费。仅每个档位额外赠送的通用流量和分钟数略有不同（见表 5）。

---

① 定向流量不同于通用流量，指的是限制应用软件使用的流量，而通用流量是没有任何使用限制的。

表5　2022年10月基础运营商在售定向流量资费套餐

运营商	定向业务名称	月租费（元）	定向流量（GB）	通用流量（GB）	语音（分钟）	套外资费
电信企业 D1	某宝藏卡	29	30	0	0	5元/GB；0.1元/分钟
	某宝藏卡/某潮玩卡	39	30	5	0	5元/GB；0.1元/分钟
	某潮玩卡/某爱奇艺星钻卡/某京享卡	59	30	10	80	5元/GB；0.1元/分钟
电信企业 D2	某大王卡	29	30	5	0	5元/GB；0.1元/分钟
	某大王卡	39	30	10	0	5元/GB；0.1元/分钟
	某大王卡	59	30	10	300	5元/GB；0.1元/分钟
电信企业 D3	某星卡	29	30	0	0	5元/GB；0.1元/分钟
	某星卡	39	30	5	0	5元/GB；0.1元/分钟
	某星卡	59	30	15	0	5元/GB；0.1元/分钟

资料来源：笔者根据各运营商官方应用软件数据整理。

（四）投入品合资企业成立后，运营商涉嫌协同阻碍携号转网

2019年工业和信息化部发布了《携号转网服务管理规定》（以下简称《规定》），用户可以依据规定向电信运营商提出申请，办理携号转网。《规定》要求电信运营商应为用户提供便捷的携号转网服务，明确服务办理条件和流程并向社会公开。然而，三家电信运营商都采取了类似的策略，阻碍用户转网。例如，2020年10月，电信企业D1西安分公司在未告知用户的情况下，对原捆绑协议已到期的用户自动延长合约捆绑期长达18年，导致用户无法携号转网。对于该行为，陕西省通信管理局认为该运营商无正当理由拒绝对用户提供携号转网服务违反了《规定》第九条第（一）款、《中华人民共和国电信条例》（以下简称《电信条例》）第四十条第（三）款规定，并依照《电信条例》第七十四条规定，给予警告、并处罚款5万元的行政处罚。①

《规定》发布后，电信企业D1还向其在网用户频繁拨打营销电话，未经用户同意擅自给用户绑定附加服务，如额外赠送流量等，并且未及时告知用户相关的绑定协议。②此种赠送附加服务往往包含与用户捆绑较长期的协议，以达到阻碍用户携号转网的目的。如果用户提出解除此类捆绑服务的申请，须花费较长时间并经过繁琐的程序完成解除，还须缴纳较高额度的违约金。类似的情况在电信企业D2和电信企业D3也同样出现。2022年6月，湖北省通信管理局对三家运营商分公司因无正当理由拒绝、阻止、拖延向用户提供携号转网服务，作出各罚款30万元的处罚。

三家电信运营商涉嫌协同阻碍携号转网的行为具有排除、限制竞争效果。原本携号转网政策可以减少用户跨网流动的成本，提高运营商竞争程度，但运营商涉嫌协同阻碍携号转网的行为，将用户本应减少的转网成本抵消了，导致携号转网政策对移动通信服务市场促进竞争的效果大打折扣。

（五）反竞争效应的表现及企业利润

1. 我国移动通信服务零售资费高

我国移动通信服务零售资费仍然较高，对比2022年部分发达国家主要移动通信运营商的5G

---

① 参见 https：//shxca.miit.gov.cn/xwzx/tzgg/art/2020/art_251217f52e7642c4a7495baad7abb581.html。

② 参见 http：//www.news.cn/politics/2021-11/15/c_1128063846.htm。

移动通信套餐资费：电信企业 D1 在通话时长 3000 分钟，数据流量 300GB 的档位上套餐资费为 598 元，此套餐档位为电信企业 D1 在 5G 移动通信组合套餐中的最高资费选择，电信企业 D1 无不限时长、不限流量的选择；电信企业 D2 与电信企业 D3 在 5G 移动通信组合套餐的最高档位资费为 599 元，套餐内含通话时长 3000 分钟，数据流量 300GB，也无不限时长、不限流量档位；对通话时长不限，数据流量不限的 5G 移动通信服务，美国 AT&T 每月收费为 413 元；韩国 KT 收费为每月 423 元；日本 KDDI 收费仅为每月 366 元（见表 6）。

表 6　2022 年，D1、D2、D3 与国外部分运营商 5G 移动通信组合套餐资费比较

AT&T			KT			KDDI		
价格	通话时长	流量	价格	通话时长	流量	价格	通话时长	流量
413 元	不限	不限	423 元	不限	不限	366 元	不限	不限
电信企业 D1			电信企业 D2			电信企业 D3		
价格	通话时长	流量	价格	通话时长	流量	价格	通话时长	流量
598 元	3000 分钟	300GB	599 元	3000 分钟	300GB	599 元	3000 分钟	300GB

注：资费价格按 2022 年 2 月 11 日汇率价格换算。

资料来源：D1、D2、D3 数据来源于企业 App，AT&T、KT、KDDI 数据来源于各企业网站。

2. 我国移动通信网络下载速度较慢

根据 2021 年维基百科中关于全球各个国家移动数据下载速率和宽带下载速率排名可知，2021 年我国 4G 移动网络下载速率平均值为 3.14 兆/秒，5G 移动网络下载速率平均值为 7.74 兆/秒，世界排名为 79 位。韩国下载速率全球排名第一位，4G 移动网络下载速率平均值为 46.18 兆/秒，5G 移动网络下载速率平均值为 382.24 兆/秒。澳大利亚下载速率全球排名第 13 位，4G 移动网络下载速率平均值为 20.46 兆/秒，5G 移动网络下载速率平均值为 114.11 兆/秒。德国下载速率全球排名第 15 位，4G 移动网络下载速率平均值为 19.59 兆/秒，5G 移动网络下载速率平均值为 93.41 兆/秒。日本下载速率全球排名第 17 位，4G 移动网络下载速率平均值为 18.32 兆/秒，5G 移动网络下载速率平均值为 86.71 兆/秒。法国下载速率全球排名第 19 位，4G 移动网络下载速率平均值为 17.91 兆/秒，5G 移动网络下载速率平均值为 86.73 兆/秒。美国、英国分别排名第 36 位和第 39 位（见表 7）。

表 7　2021 年部分国家移动网络下载速率排名　　　　　单位：兆/秒

国家	排名	速率（4G）	速率（5G）
韩国	1	46.18	382.24
澳大利亚	13	20.46	114.11
德国	15	19.59	93.41
日本	17	18.32	86.71
法国	19	17.91	86.73
美国	36	14.47	37.50
英国	39	13.32	91.20
中国	79	3.14	7.74

资料来源：https://en.wikipedia.org/wiki/List_of_countries_by_Internet_connection_speeds。

根据 Statista 数据库 2023 年统计的数据，[①] 在全球 5G 网络下载速率排名中，前 15 名的国家依次有韩国、新加坡、巴西、马来西亚、卡塔尔、印度、保加利亚、阿联酋、科威特、瑞典、丹麦、以色列、新西兰、挪威、克罗地亚，其下载速率分别为 432.5 兆/秒、376.8 兆/秒、346.4 兆/秒、322.7 兆/秒、312 兆/秒、301.6 兆/秒、300.4 兆/秒、298.4 兆/秒、284.9 兆/秒、274.6 兆/秒、273.4 兆/秒、261.3 兆/秒、251.6 兆/秒、244.9 兆/秒、239.3 兆/秒。

我国基础电信运营商营业利润率较高。2021 年，电信企业 D1 利润率达 88.78%、电信企业 D2 利润率达 90.58%、电信企业 D3 利润率达 93.08%，远高于一些发达国家和地区的主要电信运营商利润率。例如，2021 年，美国 AT&T 公司营业利润率为 52.77%，美国 Verizon 公司营业利润率为 57.86%；加拿大 Telus 公司营业利润率为 60.24%；日本 KDDI 公司营业利润率为 58.69%；韩国 KT 公司营业利润率为 63.11%；德国 Deutsche Telekom 营业利润率为 54.82%；法国 Orange 的营业利润率为 62.82%；英国 Vodafone 的营业利润率为 63.98%；澳大利亚 Telstra 的营业利润率为 63.59%；新加坡电信为 66.06%。2017~2021 年，我国三家电信运营商营业利润率明显高于以上国家的主要电信运营商（见表 8）。

表 8　2017~2021 年部分国家的电信运营商营业利润率（毛利率）比较　　　单位:%

国家	运营商	2017 年	2018 年	2019 年	2020 年	2021 年
中国	电信企业 D1	90.08	91.10	90.39	90.59	88.78
	电信企业 D2	90.34	90.53	90.96	91.23	90.58
	电信企业 D3	91.34	93.85	96.43	96.08	93.08
美国	AT&T	51.53	53.49	53.56	53.47	52.77
	Verizon	58.03	57.83	58.50	60.09	57.86
加拿大	Telus	55.82	54.95	58.51	60.24	60.24
日本	KDDI	55.26	54.88	54.63	57.42	58.69
韩国	KT	64.13	63.19	61.33	62.44	63.11
德国	Deutsche Telekom	51.39	50.33	54.72	56.93	54.82
法国	Orange	60.48	60.62	60.91	60.81	62.82
英国	Vodafone	48.64	51.09	52.35	66.48	63.98
澳大利亚	Telstra	72.43	71.27	68.15	64.62	63.59
新加坡	新加坡电信	85.72	70.34	66.61	65.99	66.06

资料来源：笔者根据 Osiris 数据整理。

四、实证分析

前文理论模型的主要结论是竞争企业成立投入品合资企业能够促进合谋。现在实证检验投入品合资企业成立后，是否促进了移动通信零售市场的价格协同。从已有的对合谋的实证研究来看，一些实证研究使用成本的变化来识别合谋行为（Baker and Bresnahan，1988；Weyl，2009）；一

---

① 参见 https://www.statista.com/statistics/1168435/average-5g-download-speed-in-selected-countries/。

些实证研究使用需求的变化识别合谋（Bresnahan，1982；Lau，1982）；还有一些根据市场的进入和退出识别合谋（Nevo，2001；Salvo，2010）。本文尝试用投入品合资企业成立这一变化来识别协同定价行为，使用我国移动通信市场投入品合资企业成立前后的价格数据集，检验投入品合资企业成立是否与价格协同相关。因为现有文献缺乏投入品合资企业与协调效应或合谋的实证研究，故而可借鉴已有的多市场接触与合谋的实证研究。例如，Bernheim 和 Whinston（1990）认为两家企业多市场接触有助于汇集所有产品市场的激励约束。也就是说，两家企业所在的相关市场重叠范围越广，合谋的好处就越大，偏离合谋的成本也就越高，这使合谋更容易维持。Evans 和 Kessides（1994）实证研究发现，美国航空市场的平均价格随着航空公司间多市场接触的程度提高而上涨。

价格差异检验的思路基于 Werden 和 Froeb（1994）的研究，他们认为企业合并会改变具有差异化产品的市场价格差异。具体地，产品价格之间的两两差异会因为合并或者合谋而减小。所以，如果投入品合资企业成立促进了合谋，那么运营商之间的价格差异应该会减小。

（一）模型与数据

本文选取了 2009~2022 年电信企业 D1、D2 和 D3 的移动通信服务的 Arpu 值（平均每个用户每月贡献的业务收入）的季度数据。Arpu 值表示运营商月均移动通信服务价格水平，该统计值不能反映具体产品或服务的绝对价格，但可以作为运营商涨价或降价策略的代理变量。从图2 中可以看出，三家运营商移动业务的 Arpu 值在 2015 年之前差异较大，没有规律地偏离均值水平，而在 2015 年以后，三家运营商移动业务的 Arpu 值波动趋势一致，价格水平趋同。

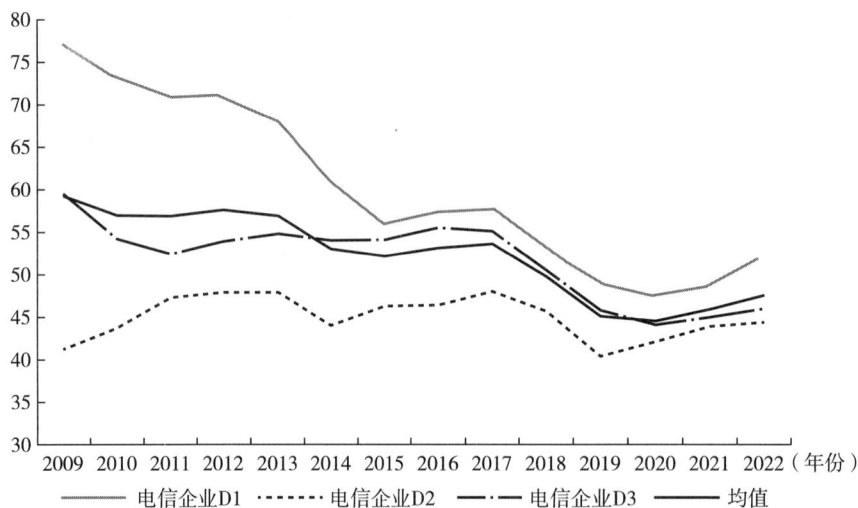

图2　2009~2022 年三家运营商移动业务的 Arpu 值及均值变化趋势

资料来源：笔者根据企业年报数据绘制。

（二）倾向得分匹配法

1. 基本模型

投入品合资企业成立不具有严格的外生性，会受到企业成本、市场集中度等其他因素的影响，所以选取倾向得分匹配法控制合资企业成立的自选择偏误（Rosenbaum and Rubin，1983），分析投入品合资企业对价格协同的影响，Logit 计量模型如下：

$$dev_i = \alpha + \beta JV_i + \theta X_i + \varepsilon_i \qquad (26)$$

其中，i 表示样本个体即电信运营商；dev 表示价格偏离均值水平的程度，由同时期的 Arpu 值偏离市场平均水平的绝对值求得；JV_i 为哑变量，代表运营商是否成立投入品合资企业（成立时取值为 1，否则为 0）；X_i 是影响价格的控制变量；ε_i 是误差项。本文数据主要来源于企业年报，变量描述性统计如表 9 所示。

表 9　主要变量描述性统计

变量名	变量说明与处理	均值	标准差	最小值	最大值
dev	价格协同程度，同时期的 Arpu 值偏离市场平均水平的绝对值	5.5297	4.5921	0.0333	18.4
num	用户数，取对数	10.4318	0.7212	8.2758	11.4823
lcost	人工成本，取对数	24.0979	0.6624	22.6175	25.4997

注：所有变量的观测样本均为 168 个，数据由笔者从各运营商年报文件中整理获得。

资料来源：笔者计算。

本文选取了用户数和人工成本作为协变量。用户数可代表企业的个体特征，参考 Ciliberto 等（2019）在分析代码共享对航空公司合谋影响的实证分析中，将乘客数量作为控制变量。人工成本既可以代表企业的个体特征，还能在一定程度上影响企业定价，因此本文将人工成本也作为一种协变量纳入分析。

2. 估计结果

为研究不同实验组参加投入品合资企业后，个体价格偏离均值的期望值，本文主要关注匹配后平均净效应的均值差异（平均处理效应，ATT）及其显著性。现采用核匹配、k 近邻匹配、卡尺内一对四匹配和半径卡尺匹配四种方法测算 ATT 的值，得到它们的平均处理效应分别为 -4.7662、-5.3797、-5.8525、-5.9578，且均在 1% 水平上显著。具体结果如表 10 所示。

表 10　参与投入品合资企业对于价格偏离的处理效应

匹配方法	处理组/控制组（在共同范围内）	处理组平均处理效应（ATT）	t 值
核匹配	52/46	-4.7662	-5.06***
k 近邻匹配	52/46	-5.3797	-5.24***
卡尺内一对四匹配	34/28	-5.8525	-4.51***
半径卡尺匹配	34/28	-5.9578	-4.83***

注：k 近邻匹配，令 k=4；卡尺范围选择，C=0.01；局部线性回归使用默认核函数与带宽；*、**、*** 分别表示在 10%、5%、1% 的水平下显著。

资料来源：笔者计算。

表 11 的平衡检验结果显示，对比匹配前后，匹配后的偏差减小幅度较大，并且 t 检验的结果都不显著。以上结果说明进行匹配后，处理组和控制组在特征变量上不再存在显著差异，通过了匹配平衡性的检验。

3. 投入品合资对价格协同的影响及稳健性检验

由上述实证结果可知，处理组平均处理效应（ATT）值为负数，且都在 1% 的水平上显著。说明投入品合资企业成立后，个体价格偏离均值水平的程度减弱。投入品合资企业成立后，个体价格偏离均值水平的程度显著变小，即个体间价格协同的程度显著增强。投入品合资企业的成

表 11　Logit 回归及平衡性检验的结果

特征变量	匹配样本	均值		偏差减小幅度（%）	t 检验	
		处理组	控制组		t	P>t
lcost	匹配前	24. 409	23. 617	93	9. 32	0. 000
	匹配后	24. 017	23. 961		0. 66	0. 508
num	匹配前	10. 651	10. 093	69. 8	5. 27	0. 000
	匹配后	10. 255	10. 423		−1. 15	0. 255

资料来源：笔者计算得到。

立对价格协同程度影响显著。最后使用马氏匹配检验方法检验上述结果是否具有稳健性，易得到此时平均处理效应（ATT）的值为 −3. 517，t 值为 −10. 12，t 值绝对值大于 2. 58，表示在 1% 的水平下显著。可以看出，无论是平均处理效应的估计值还是显著性，马氏匹配的结果与倾向得分匹配类似，说明了上述实证结果是稳健的。

五、结论与政策建议

竞争企业成立投入品合资企业后，竞争企业有合谋动机。竞争企业有能力通过对投入品合资企业的联合控股权来控制投入品价格水平以提高合谋的稳定性。通过分析国内移动通信市场的相关案例，发现竞争企业成立投入品合资企业后，在国内移动通信服务市场产生了反竞争效应。本文实证检验了竞争企业成立投入品合资企业之前和之后，运营商定价的变化，发现合资企业成立之后，运营商定价差异显著减小，价格协同显著提高。

基于上述研究结论，本文提出如下政策建议：一是完善我国反垄断立法，将竞争企业的合作行为，包括但不限于成立合资企业、达成战略联盟等，纳入反垄断立法予以规范，可借鉴美国、新加坡、欧盟等反垄断立法经验；二是加强反垄断执法，促进移动通信市场竞争；三是建议切断运营商与上游投入品供给企业间的持股联系，使运营商与投入品供给企业保持相互独立，使投入品供给企业能够公平、合理、无歧视地向下游电信运营商提供基础设施；四是放开通信服务市场和铁塔等基础设施市场准入，促进竞争。

参考文献

［1］Baker J B, Bresnahan T F. Estimating the Residual Demand Curve Facing a Single Firm ［J］. International Journal of Industrial Organization, 1988, 6（3）：283-300.

［2］Bernheim B D, Whinston M D. Multimarket Contact and Collusive Behavior ［J］. The RAND Journal of Economics, 1990, 21：1-26.

［3］Bourreau M, Dogan P, Manant M. Size of RJVs with Partial Cooperation in Product Development ［J］. International Journal of Industrial Organization, 2016, 46：77-106.

［4］Bresnahan T F. The Oligopoly Solution Concept is Identified ［J］. Economics Letters, 1982, 10（1-2）：87-92.

［5］Carlton D W, Salop S C. You Keep Knocking but You Can't Come in：Evaluating Restrictions on Access to Input Joint Ventures ［J］. Harvard Journal of Law and Technology, 1996, 9：319-352.

［6］Chen Z, Ross T W. Buffer Joint Ventures ［J］. International Journal of Industrial Organization, 2020, 73: 102613.

［7］Ciliberto F, Watkins E, Williams J W. Collusive Pricing Patterns in the US Airline Industry ［J］. International Journal of Industrial Organization, 2019, 62: 136-157.

［8］Cooper R W, Ross T W. Sustaining Cooperation with Joint Ventures ［J］. The Journal of Law, Economics and Organization, 2009, 25 (1): 31-54.

［9］Evans W N, Kessides I N. Living by the "Golden Rule": Multimarket Contact in the U. S. Airline Industry ［J］. Quarterly Journal of Economics, 1994, 109 (2): 341-366.

［10］Lau L J. On Identifying the Degree of Competitiveness from Industry Price and Output Data ［J］. Economics Letters, 1982, 10 (1-2): 93-99.

［11］Martin S. R&D Joint Ventures and Tacit Product Market Collusion ［J］. European Journal of Political Economy, 1996, 11 (4): 733-741.

［12］Miller N H, Weinberg M C. Understanding the Price Effects of the MillerCoors Joint Venture ［J］. Econometrica, 2017, 85 (6): 1763-1791.

［13］Miyagiwa K. Collusion and Research Joint Ventures ［J］. Journal of Industrial Economics, 2009, 57 (4): 768-784.

［14］Nevo A. Measuring Market Power in the Ready-to-Eat Cereal Industry ［J］. Econometrica, 2001, 69 (2): 307-342.

［15］Rosenbaum P R, Rubin D B. The Central Role of the Propensity Score in Observational Studies for Causal Effects ［J］. Biometrika, 1983, 70 (1): 41-55.

［16］Salvo A. Inferring Market Power under the Threat of Entry: The Case of the Brazilian Cement Industry ［J］. The RAND Journal of Economics, 2010, 41 (2): 326-350.

［17］Sovinsky M. Do Research Joint Ventures Serve a Collusive Function? ［J］. Journal of the European Economic Association, 2022, 20 (1): 430-475.

［18］Spencer B, Raubitschek R S. High-Cost Domestic Joint Ventures and International Competition: Do Domestic Firms Gain? ［J］. International Economic Review, 1996, 37 (2): 315-340.

［19］Werden G J, Froeb L M. The Effects of Mergers in Differentiated Products Industries: Logit Demand and Merger Policy ［J］. The Journal of Law, Economics, and Organization, 1994, 10 (2): 407-426.

［20］Weyl E G. Slutsky Meets Marschak: The First-Order Identification of Multi-Product Production ［J］. SSRN Electronic Journal, 2009: 1529110.

服务型制造技术创新与企业劳动要素市场势力[*]

——基于 BERT 语言模型微观层面的检验

诸竹君　谢然成　郭志芳　余　骁

[摘要] 降低企业劳动要素市场扭曲程度，提高劳动报酬是完善收入分配制度的有效路径，也是事关扩大内需战略有效实施的重要微观基础。本文以企业劳动要素市场势力切入，考察以服务型制造技术创新为代表的制造业产业融合发展对劳动要素市场配置效率的影响。本文将要素市场不完全竞争性和生产率异质性纳入理论框架，揭示了服务型制造技术创新通过要素替代效应、市场规模效应和搜寻摩擦效应对企业劳动要素市场势力的作用机制。基于人工智能领域前沿的 BERT 语言模型方法进行了数据挖掘，实证检验了企业层面服务型制造技术创新对劳动要素市场势力的影响。结果表明：总体方面，服务型制造技术创新通过正向的要素替代效应和市场规模效应显著强化了企业劳动要素市场势力；异质性方面，搜寻摩擦效应依生产率水平呈现负向调节作用，基期生产率水平更高的企业更倾向于降低工资减价以强化产品市场势力。进一步分析表明：完善劳动要素市场的信息流动、优化企业内部人力资本配置比例和结构转型等，是兼容技术创新与劳动报酬提升的有效举措。本文对制造强国背景下，探究实现全体人民共同富裕的有效路径具有一定的参考价值。

[关键词] 服务型制造；BERT 模型；工资减价；劳动收入份额

一、引言

改革开放特别是党的十八大以来，党中央持续推进扩大内需战略，党的二十大报告明确提出，把实施扩大内需战略同深化供给侧结构性改革有机结合起来，增强国内大循环内生动力和可靠性。《扩大内需战略规划纲要（2022—2035 年）》进一步指明了这一战略实施的重点任务之一是持续优化初次分配格局，坚持居民收入增长和经济增长基本同步、劳动报酬提高和劳动生产率提高基本同步。增加居民收入是实施扩大内需战略的重要基础，是推动全体人民共同富

　＊　本文原刊于《中国工业经济》2023 年第 12 期，有修改。

[作者简介] 诸竹君，浙江工商大学现代商贸研究中心、经济学院研究员、博士生导师；谢然成，浙江工商大学经济学院硕士研究生；郭志芳，浙江财经大学经济学院副教授；余骁，浙江工商大学统计与数学学院、统计数据工程技术与应用协同创新中心副教授。

[基金项目] 国家社会科学基金重大项目（22&ZD162）；国家自然科学基金面上项目（72173117）；浙江省社会科学基金重大项目（23QNYC11ZD）。

裕的必然要求（方福前，2023）。中国长期以来呈现相对较低的劳动收入份额问题，劳动者报酬在初次分配中占比相对较低。图 1 中数据表明，2000～2007 年，中国劳动收入份额由 0.4996 逐步降至 0.4595，2008 年后出现波动，2017 年恢复至 0.4957，然而与发达国家相比仍存在较大差距。[①] 同时，经验研究发现中国呈现"劳动报酬增长低于劳动生产率增长"的要素报酬困境问题（余淼杰和解恩泽，2023），即中国经济增长仍主要是要素成本驱动型，而非要素质量或者创新驱动型。一方面，这一问题降低了劳动者消费购买能力，制约了可支配收入增长对扩大内需战略的关键性支撑作用，不利于畅通以国内大循环为主体、国内国际双循环相互促进的新发展格局；另一方面，造成了收入分配格局恶化，使劳动要素在初次分配中占比逐步下降，不利于推进全体人民共同富裕（郭凯明等，2023）。新时代厘清劳动收入份额的决定机制，揭示微观层面劳动要素市场结构和生产率异质性对企业劳动要素市场势力的影响渠道，提供具有理论契合性的提高劳动报酬优化路径成为当前研究的热点问题。

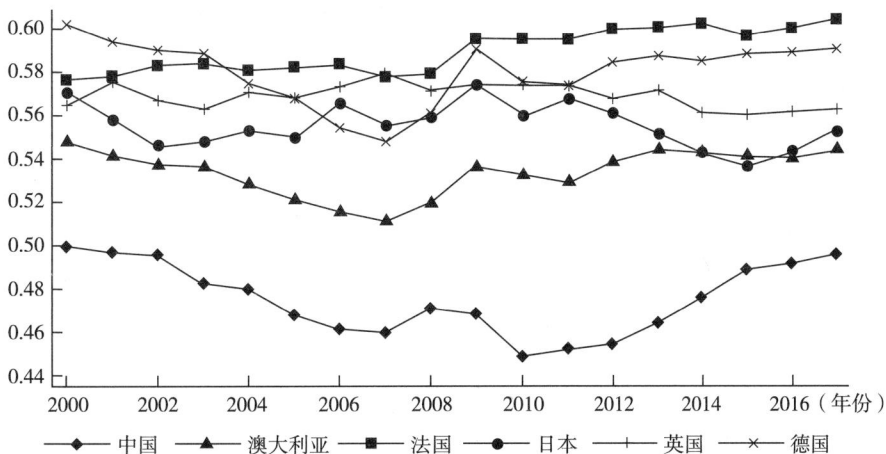

图 1　中国与发达国家劳动收入份额比较

资料来源：国家统计局、EU KLEMS 数据库。

现有文献主要从产业升级（周茂等，2018）、偏向型技术进步（黄先海和徐圣，2009）、贸易自由化（余淼杰和梁中华，2014）、市场集中度（Autor et al.，2020）和人工智能使用（郭凯明等，2023）等视角，分析了影响劳动收入份额的作用机制。上述文献多数条件下假定劳动要素市场完全竞争，从技术进步与制度变迁视角出发，揭示了劳动收入份额变动的决定机制，相对忽视了劳动要素市场不完全性和服务型制造技术创新对制造业劳动收入份额的潜在影响。服务型制造技术创新是制造业企业推动生产与服务深度融合，促进制造业价值链延伸的重要举措，也是刻画制造业服务型制造程度的可行代理变量。服务型制造技术创新是制造业企业服务型制造转型的重要领域和关键实施路径，刻画了企业内部服务要素的自主投入情况（祝树金等，2021）。现有研究表明，企业劳动要素市场势力是决定劳动收入份额的关键因素之一，其中，制造业企业受到的影响尤为突出（Brooks et al.，2021）。基于传统的要素市场理论，现有主流分析框架假设劳动要素市场完全竞争，劳动供给曲线具有完全弹性；企业是劳动要素市场的价格接受者，工资水平由劳动要素市场供给端外生决定，工资水平等于劳动要素的边际产值。基于

---

①　中国劳动收入份额来自国家统计局分省份年度数据，发达国家劳动收入份额来自 2019 年 11 月发布的 EU KLEMS 数据库。劳动收入份额是劳动者报酬与收入法生产总值的比值。

中国的实证检验发现完全弹性假设与经验事实相违背，以工业企业微观数据为样本的测算显示，中国制造业企业平均劳动边际产值超出工资水平的 3%，显著超过了印度制造业企业相应数值（1%）（Brooks et al.，2021）。在不完全竞争的劳动要素市场中，企业获得设定低于劳动边际产值工资水平的要素市场势力。要素市场的不完全竞争赋予企业实施工资减价（Markdown）[①]的潜在能力，造成了劳动要素市场资源配置扭曲与劳动要素回报下降。

为深入实施"制造强国"战略，《中华人民共和国国民经济和社会发展第十四个五年规划和2035 年远景目标纲要》提出，推动制造业优化升级，发展服务型制造新模式。中国经济呈现由工业型向服务型转型的趋势，[②]推动制造业等实体经济的服务型制造技术创新，是提升制造业附加值水平和保持制造业比重基本稳定的有效路径。服务型制造技术创新是制造业内部与生产性服务融合发展形成的专利产出，体现了制造业内部产业融合和产业分工升级的发展趋势。制造业企业通过实施服务型制造技术创新，提升服务要素在投入端和产出端中的比重，革新优化生产管理技术、运营组织形式和商业发展模式，从而提高企业生产效率和产品附加值（祝树金等，2021）。一方面，服务型制造作为新型要素投入制造业生产，改变了要素需求结构，扩大了劳动以外要素收入份额，降低了劳动要素收入初次分配占比（林淑君等，2022）。服务要素对劳动等传统生产要素产生了替代效应，降低了劳动要素市场供给弹性（Alvarez-Cuadrado et al.，2017），进而强化了企业劳动要素市场势力。另一方面，服务型制造提升了企业生产效率，高生产率企业通过设定更低的工资减价以雇用更多的劳动力，以此在产品市场中获取利润，在一定程度上弱化了企业劳动要素市场势力（Card，2022）。因此，制造业企业的服务型制造技术创新是否构成了微观层面劳动要素市场势力强化的重要因素之一，服务型制造对企业劳动要素市场势力的作用机制如何？上述问题仍缺乏具有统一框架的理论分析与实证检验，厘清这一问题将有助于揭示提高劳动要素报酬，进而促进共同富裕发展目标的关键微观机制，弥补现有文献对制造业转型影响劳动要素市场相关研究的不足。本文对扩展收入分配研究范畴具有重要的理论意义，对增强产业竞争力和推动制造强国战略具有一定现实意义。

为深入研究服务型制造技术创新对企业劳动要素市场势力的影响，本文构建了解释制造业企业服务型制造技术创新对工资减价影响的理论模型，实证检验了这一影响过程的方向与渠道。本文基于 Yeh 等（2022）和 Brooks 等（2021）的半参数估计方法，测算了 2000~2014 年的中国制造业企业工资减价。为刻画企业层面服务型制造发展程度，本文基于中国专利数据库，使用机器学习领域前沿的 BERT（Bidirectional Encoder Representation from Transformers）语言模型方法识别专利类别，以企业申请服务型制造相关专利衡量了服务型制造技术创新程度。本文实证研究表明，企业层面的服务型制造技术创新通过要素替代效应和市场规模效应强化了其劳动要素市场势力。异质性方面，搜寻摩擦效应依生产率对基准效应产生了调节作用，弱化了高生产率企业的劳动要素市场势力。实证结果在工具变量检验、倾向得分匹配-倍差法（PSM-DID）等一系列稳健性检验下仍然成立。在深入实施制造业服务型制造转型背景下，本文基于服务型制造技术创新视角分析了提高劳动报酬的有效优化路径。

与本文研究密切相关的文献主要有三类：第一类文献主要分析服务型制造的测算方法与产业结构转型的经济效应。区别于产业间的结构变动，服务型制造是指制造业内部生产环节投入或产出服务化的产业融合发展趋势。从现有文献来看，采用经济合作与发展组织（OECD）发布的世界投入产出数据库（WIOD）提供的完全消耗系数与直接消耗系数，是度量服务型制造水平

---

① 本文工资减价定义式：$\eta=$企业劳动边际产值/工资。即工资减价越高，企业劳动要素市场势力越大。

② 《中国服务型制造发展报告（2022）》数据显示，2021 年世界制造业企业服务收入占营业收入比重约为 30%，中国服务型制造示范企业的这一比重已达 48%。

的主要代理变量，即刻画行业层面服务要素的外部获取情况（刘斌等，2016）。这一方法将服务要素投入分为运输服务、研发设计服务、金融服务、电信服务等（刘斌和王乃嘉，2016；祝树金等，2021），便于研究服务要素投入的异质性情况，避免了人为划分的偏差。这一方法存在的主要缺陷是：投入产出数据测算的是产业链关联维度行业层面服务型制造程度，无法有效刻画企业层面内部的服务型制造程度，难以从微观层面检验服务型制造程度对企业劳动要素市场势力的影响。由于服务型制造作为要素投入的无形性和微观企业数据的局限性，从微观层面对服务型制造程度进行有效刻画成为经验研究的前沿方向。本文采用中国专利数据和人工智能领域前沿的 BERT 语言模型，识别微观层面与服务型制造相关的专利，探索性构造了制造业企业服务型制造技术创新代理变量，以此刻画制造业企业内部服务型制造的投入程度。关于服务型制造经济效应，相关研究分析了其对生产率（Grossman and Rossi - Hansberg，2008）、收入分配（Buera and Kaboski，2012；Kehrig and Vincent，2021）、资源配置效率（祝树金等，2021）、全球价值链（刘斌等，2016）等方面的影响。然而现有文献从产业内结构转型出发，对劳动要素市场势力的研究较为鲜见。区别于上述文献，本文重点分析了服务型制造技术创新对企业劳动要素市场势力的决定机制，扩展了制造业生产结构转型对收入分配格局的影响研究。

第二类文献重点研究劳动要素市场势力的决定机制。前沿研究中主要有两种方法刻画向上倾斜的劳动供给曲线：差异化工作偏好模型和搜寻摩擦模型（Card，2022）。在差异化工作偏好模型下，工人对工作的非工资特征偏好存在异质性，即假定工人的效用与工资和非工资特征偏好特征正相关，这赋予了企业设定工资减价的能力（Card et al.，2018）。工作偏好异质性忽略了劳动要素市场可能存在不完全信息这一条件。搜寻摩擦理论认为，在职工人会为了相对更好的工作环境等，承受相对较低的工资水平，同时雇主会将失业工人的工资减至最低水平（Burdett and Mortensen，1998），这为企业提供了设定低于工人边际劳动产出工资水平的市场势力，降低了特定企业的劳动力供给曲线弹性。Berger 等（2023）的反事实研究发现，在所有可观测具有劳动要素市场势力的企业中，消除非工资福利使工资减价降低了 1/3，消除搜寻摩擦使工资减价降低了 2/3，即企业的劳动要素市场势力很大程度上是由于不完全信息条件下搜寻摩擦效应导致的。本文结合上述两种观点，试图从产业组织理论与搜寻摩擦理论出发，深入研究服务型制造影响劳动要素市场的微观机制，揭示服务型制造对企业劳动要素市场势力的作用机制。

第三类文献聚焦于劳动要素市场势力的影响因素研究。相关文献揭示了企业特征、贸易自由化、产业集聚等相关因素，对企业劳动要素市场势力的关键性影响。Yeh 等（2022）通过美国制造业普查数据和制造业年度调查数据测算了企业工资减价水平，细致化分析了企业规模、企业年龄、全要素生产率和劳动力结构对劳动要素市场势力的影响。研究发现，随着企业规模和企业年龄的增加，工资减价水平随之提升，全要素生产率与工资减价之间呈先下降后上升的"U"形曲线关系，各行业低技能劳动力的工资减价水平普遍高于高技能劳动力。基于贸易视角的研究表明，中间品贸易自由化（Pham，2023；余淼杰和解恩泽，2023）、外商投资自由化（Lu et al.，2019）均会影响企业劳动要素市场势力。基于产业集聚的研究表明，宏观层面上行业市场集中度越高，劳动收入份额越低（Barkai，2017），微观层面上"超级明星"企业（Superstar Firms）对市场集中度的影响效应也证实了这一作用机制（Autor et al.，2020）。然而，上述文献忽视了制造业技术条件变动对劳动要素市场势力的潜在影响，从主要从事生产制造环节转向服务型制造成为制造业融合发展新趋势，投入端服务型制造技术创新成为推动制造业高质量发展的关键动力之一。本文在上述文献的基础上，以制造业投入端服务型制造技术创新这一重要视角出发，厘清这一技术创新通过优化企业内部服务要素投入，对劳动要素市场势力的作用方向和影响机制，提供了这一制造业发展新趋势对劳动要素市场潜在影响的经验证据。

结合现有前沿文献的发展方向和潜在不足，本文从微观层面识别服务型制造技术创新代理变量与提供统一理论框架等方面进行了边际扩展，可能的创新点如下：①理论方面，在 Card 等（2018）差异化需求模型基础上构建了扩展性的理论框架，揭示了服务型制造技术创新产出的中间投入通过要素替代效应、市场规模效应和搜寻摩擦效应，对企业劳动要素市场势力的影响机制。在完全信息条件下，服务型制造投入通过要素替代效应和市场规模效应对企业劳动要素市场势力产生了正向作用，降低了企业层面工资减价；在不完全信息条件下，本文引入搜寻摩擦效应揭示了不同生产率企业基准效应的异质性，即更高生产率企业倾向于降低企业工资减价，进而强化产品市场势力以实现利润最大化目标。②实证方面，本文基于服务型制造的政策内涵与经济含义，构造了刻画制造业企业内部实施服务型制造技术创新的契合性代理变量，有效刻画了制造业内部产业融合发展特征和投入服务化转型情况。基于机器学习领域前沿的 BERT 语言模型算法，利用专利摘要语义识别服务型制造相关的专利信息，构造了服务型制造技术创新指标。此外，本文基于前沿的结构式模型测算了企业劳动要素市场势力，较好地提供了中国制造业领域工资减价的分布特征。③政策方面，本文为提高中国劳动要素报酬水平提供了理论契合性的微观基础。一方面，厘清了制造业企业服务型制造技术创新是造成工资减价提高的重要因素之一，高生产率企业有助于削弱这一基准效应的影响；另一方面，完善人力资本匹配，加强市场资源配置，注重工业设计类和供应链管理类服务与制造业的融合，有助于降低劳动要素市场扭曲程度。

本文余下部分结构安排如下：第二部分构建服务型制造投入与工资减价的理论分析框架并提出研究假说；第三部分汇报数据来源、变量构造与特征性事实；第四部分提供服务型制造与企业工资减价因果关系和机制分析检验结果；第五部分将从劳动收入份额等扩展性视角出发，做进一步分析和异质性检验；第六部分是结论和政策含义。

二、理论框架与命题的提出

理论部分以完全信息条件为基准设定方式，构建了解释以服务型制造技术创新为代表的内部要素投入对企业工资减价影响的模型。在此基础上放松基准设定，考虑在不完全信息条件下搜寻摩擦依企业生产率对工资减价产生的调节效应。参考 Card 等（2018）对要素市场的设定方式，以工作岗位差异化模拟因劳动要素市场的不完全竞争性而向上倾斜的劳动供给曲线；在制造业企业内部环节方面存在研发（R&D）阶段和生产阶段，设定研发阶段产出的服务型制造技术创新以中间投入进入生产阶段。在一般均衡条件下，分析服务型制造技术创新对企业工资减价的影响方向与作用机制。

（一）劳动力偏好与要素供给

参考 Card 等（2018），假设行业 j 中企业 i 的代表性劳动者 n 具有以下效用函数[①]：

$$U_{nij} = lnv_{ij}(w_{ij}) + \gamma_{nij} \tag{1}$$

其中，U_{nij} 代表行业 j 企业 i 劳动者 n 异质性的工作偏好，w_{ij} 代表行业 j 企业 i 公布的工资水平，$lnv_{ij}(w_{ij})$ 代表劳动者从工资中获得的净效用。γ_{nij} 根据 I 型极值分布随机抽取[②]，其含义为由非工资性属性引起的劳动者 n 对企业 i 的特殊工作偏好，例如，企业地理距离与工作环境等。

[①] 这里设定类似于 Jha 和 Rodriguez-Lopez（2021），仅保留工资和工作异质性对劳动者效用的影响不考虑劳动力的技能结构和企业公共设施等其他因素。

[②] 分布函数为 $G(\gamma) = exp(-e^{-\gamma})$。

根据公布的工资水平，劳动者可以自由选择符合其效用最大化条件的公司提供劳动服务。劳动者具有以下形式的 Logit 选择概率（McFadden，1973）：

$$p_{ij} \equiv P\left(\underset{k\in\{1,\cdots,I\}}{argmax}\{u_{nij}\}=i\right)=\frac{\exp(\ln v_{ij}(w_{ij}))}{\sum_{k=1}^{I}\exp(\ln v_{kj}(w_{kj}))}=\frac{v_{ij}(w_{ij})}{\sum_{k=1}^{I}v_{kj}(w_{kj})} \tag{2}$$

因此，行业 j 中企业 i 面临的劳动供给曲线可由 $l_{ij}(w_{ij})=p_{ij}L$ 表示，其中 L 为总体就业人数，具体函数形式为：

$$l_{ij}(w_{ij})=\frac{v_{ij}(w_{ij})}{\sum_{k=1}^{I}v_{kj}(w_{kj})}L \tag{3}$$

（二）生产者行为

假定制造业企业生产中存在分工行为，制造业内部由研发（R&D）阶段和生产阶段两部分组成。企业劳动要素投入总量由研发部门人力资本（H_{ij}^R）和生产部门人力资本（H_{ij}^Y）组成，即 $l_{ij}=H_{ij}^R+H_{ij}^Y$，研发部门投入知识存量（A）和人力资本（H_{ij}^Y）产出服务型制造技术创新中间品（s_{ij}），生产部门投入要素为生产部门人力资本、实体中间品（g_{ij}）和服务型制造技术创新中间品。企业研发部门的生产函数形式为：

$$s_{ij}=A\left(H_{ij}^R\right)^\rho \tag{4}$$

其中，参数 ρ 满足 0<ρ<1，$\partial s_{ij}/\partial H_{ij}^R>0$，即研发部门人力资本投入对服务型制造技术创新存在边际生产率递减规律。生产部门的生产函数设定参考 Berger 等（2022），企业生产的可交易产品具有完全替代性，在完全竞争市场结构下，以价格 P 进行交易。企业根据生产函数生产 y 单位的净产出，这一生产函数基准设定采用增加值作为产出变量，同时可互换采用总产出作为替代性产出变量。本文将服务型制造技术创新产出的中间投入作为内部要素纳入生产函数，即制造业企业通过技术创新提升内部服务型制造投入水平。企业生产的基本决策环境为：制造业行业 j 中企业 i 的生产函数为柯布-道格拉斯（CD）形式，制造业企业投入要素为生产部门的人力资本（H_{ij}^Y）和中间品（m_{ij}），中间品分为实体中间品（g_{ij}）和研发部门产出的服务型制造技术创新中间品（s_{ij}），并以 CD 形式嵌套进入生产函数，φ_{ij} 为企业 i 的全要素生产率。生产部门的生产函数形式为：

$$y_{ij}=\varphi_{ij}(H_{ij}^Y)^\beta(g_{ij}^\alpha s_{ij}^{1-\alpha})^{1-\beta},\ \alpha,\ \beta\in(0,1) \tag{5}$$

企业利润最大化问题表示为：

$$\underset{l_{ij},m_{ij}}{max}y_{ij}-w_{ij}(H_{ij}^Y)H_{ij}^Y-p^m m_{ij} \tag{6}$$

其中，p^m 为基于实体中间品和服务型制造技术创新中间品加权的价格指数。企业根据利润最大化条件，优化调整劳动要素和其他要素投入配置情况，企业对生产部门人力资本和中间品需求的一阶条件为：

$$\beta\frac{y_{ij}}{H_{ij}^Y}=w_{ij}(H_{ij}^Y)+w'_{ij}(H_{ij}^Y)H_{ij}^Y,\ (1-\beta)\frac{y_{ij}}{m_{ij}}=p^m \tag{7}$$

将式（7）中关于中间品的需求代入式（6）中，可将企业利润最大化问题表示为：

$$\underset{l_{ij},m_{ij}}{max}R_{ij}(y_{ij})-w_{ij}(H_{ij}^Y)H_{ij}^Y-(1-\beta)\varphi_{ij}(H_{ij}^Y)^\beta(m_{ij})^{1-\beta} \tag{8}$$

根据利润最大化原则，求解一阶条件如下：

$$\frac{\partial R_{ij}}{\partial H_{ij}^Y}=w_{ij}(H_{ij}^Y)+w'_{ij}(H_{ij}^Y)H_{ij}^Y+\beta(1-\beta)\varphi_{ij}(H_{ij}^Y)^{\beta-1}(m_{ij})^{1-\beta}=w_{ij}\left(1+\frac{1}{\varepsilon_{ij}}\right)+\beta(1-\beta)\varphi_{ij}\left(\frac{m_{ij}}{H_{ij}^Y}\right)^{1-\beta} \tag{9}$$

其中，$\partial R_{ij}/\partial H_{ij}^Y$ 为劳动边际产值，$\varepsilon_{ij}=w_{ij}(H_{ij}^Y)/w'_{ij}(H_{ij}^Y)H_{ij}^Y$ 为行业 j 中企业 i 的劳动要素供

给弹性。

（三）一般均衡分析

企业工资减价（η_{ij}）为劳动边际产值与工资水平的比值，结合式（5）和式（9）可得以下关系式：

$$\eta_{ij} = \left(1 + \frac{1}{\varepsilon_{ij}}\right) + \beta\ (1-\beta)\ \frac{\varphi_{ij}}{w_{ij}}\left(\frac{g_{ij}^{\alpha}s_{ij}^{1-\alpha}}{H_{ij}^{Y}}\right)^{1-\beta} \tag{10}$$

结合企业在要素市场中面临的劳动供给函数，可以将企业的劳动供给弹性表示为：

$$\varepsilon_{ij} = \delta_{ij}(w_{ij})\ (1-\xi_{ij}) \tag{11}$$

其中，$\delta_{ij}(w_{ij}) = v'_{ij}(w_{ij})\ w_{ij}/v_{ij}(w_{ij})$ 为工资效用 $v_{ij}(w_{ij})$ 的弹性（Lu et al.，2019），$\xi_{ij} = l_{ij}/L$ 为企业 i 的就业份额。因此，式（9）可表达为以下形式：

$$\eta_{ij} = \underbrace{\left[1 + \frac{1}{\delta_{ij}(w_{ij})\ (1-\xi_{ij})}\right]}_{\text{市场规模效应}(+)} + \underbrace{\left[\beta(1-\beta)\kappa_{ij}\left(\frac{s_{ij}}{H_{ij}^{Y}}\right)^{(1-\alpha)(1-\beta)}\right]}_{\text{要素替代效应}(+)} \tag{12}$$

其中，$\kappa_{ij} = (\varphi_{ij}/w_{ij})\ (g_{ij}/H_{ij}^{Y})^{\alpha(1-\beta)}$。式（12）显示，当企业增加服务型制造技术创新所得中间品（s_{ij}）时，研发部门的人力资本投入（H_{ij}^{R}）增加，进而减少生产部门人力资本（H_{ij}^{Y}）投入，即 s_{ij}/H_{ij}^{Y} 下降。控制其他条件不变，$\partial\eta_{ij}/\partial(s_{ij}/H_{ij}^{Y})>0$、$\partial\eta_{ij}/\partial\xi_{ij}>0$，因此，服务型制造技术创新所得中间品通过要素替代效应和市场规模效应正向影响企业工资减价，强化了企业劳动要素市场势力。服务型制造投入占比越高、市场规模越大的企业工资减价水平越大。从经济学含义来看，要素替代效应是指：制造业企业服务型制造程度提升后，企业对服务要素投入需求逐步增长，降低了对劳动要素的需求规模，进而提升了企业工资减价水平，强化了企业劳动要素市场势力；市场规模效应是指：服务型制造技术创新作为一种为生产制造工序环节工艺流程优化，有助于企业降低生产成本与扩大市场规模，进而提高工资减价水平，强化企业的劳动要素市场势力。

为进一步分析服务型制造技术创新对企业劳动收入份额的影响，构建劳动收入份额（LS）与企业工资减价之间的关系。根据劳动收入份额的定义，LS 可表示为劳动收入占增加值的比重，可得式（13）：

$$LS_{ij} = \frac{w_{ij}l_{ij}}{Py_{ij}} = \frac{MRL_{ij}}{\eta_{ij}}\frac{l_{ij}}{Py_{ij}} \tag{13}$$

结合企业边际成本 $c_{ij} = \partial R_{ij}/\partial y_{ij}$ 和劳动边际产值的表达式，可作如下推导：

$$MRL_{ij} = \frac{\partial R_{ij}}{\partial y_{ij}}\frac{\partial y_{ij}}{\partial l_{ij}} = \frac{c_{ij}}{P}\left(\frac{\partial y_{ij}}{\partial l_{ij}}\frac{l_{ij}}{y_{ij}}\right)\frac{Py_{ij}}{l_{ij}} = \frac{\theta_{ij}^{l}}{\mu_{ij}}\frac{Py_{ij}}{l_{ij}} \tag{14}$$

式（14）中，c_{ij}、μ_{ij} 和 θ_{ij}^{l} 分别表示企业边际成本、成本加成和劳动产出弹性，其中，加成率刻画企业的产品市场势力。将式（14）代入式（13）中，可得劳动收入份额的数学表达式：

$$LS_{ij} = \frac{\theta_{ij}^{l}}{\eta_{ij}\mu_{ij}} \tag{15}$$

式（15）表明，制造业企业劳动收入份额与劳动产出弹性正相关，与加成率和工资减价负相关。假定企业产品的市场势力保持不变，在这一条件下，企业工资减价水平越高，即劳动要素市场势力越大，劳动收入份额越低。综上所述，本文提出：

命题1：总体方面，服务型制造技术创新通过正向的要素替代效应和市场规模效应提高了企业工资减价水平，强化了企业劳动要素市场势力。

命题2：企业工资减价提高会对企业劳动收入份额产生负向影响，其他条件不变，企业工资减价增加时，劳动收入份额相应地下降。

（四）不完全信息与搜寻摩擦效应

劳动经济学研究表明，差异化工作偏好和搜寻摩擦效应是解释企业劳动要素市场势力的关键因素（Card，2022）。以上通过理论模型分析了在完全信息条件下，服务型制造技术创新通过要素替代效应和市场规模效应增加了企业工资减价；在不完全信息条件下，服务型制造技术创新对企业工资减价的影响机制尚未明确。在信息不完全的情况下，搜寻摩擦效应是劳动要素市场固有的，存在于供给方和需求方效用差异与冲突基础上的，由于存在信息不对称降低了劳动要素需求和供给的匹配有效性。造成搜寻摩擦的主要原因是：①搜寻成本，劳动者通过职业搜寻明确工资分布，劳动者以最高工资与搜寻成本的差值最大化为目标，搜寻摩擦效应导致信息搜寻成本增加，进而导致失业率的上升（Mortensen and Pissarides，1999；Pissarides，2009），即由于存在这一成本降低了供给方和需求方的匹配有效性。②搜寻匹配效率，由于劳动供给方和需求方的信息不对称造成劳动要素供给和需求匹配效率的差异性。其中，搜寻成本存在显性成本和隐性成本，显性成本可以通过地区数字化、信息化水平降低。隐性成本包含劳动力对工资和非工资环境因素的需求，信息化不能直接降低这部分隐性成本，即使在通信技术发达的地区仍存在劳动要素流动的不完全（Schmutz and Sidibé，2019）。由于在劳动要素市场中需求方存在生产率异质性，即在高生产率企业中的劳动者会比低生产率企业中的劳动者产生更多的边际收入。在这种情况下，生产率更高的企业提供更高的工资，以此在均衡中获得更多的劳动要素（Burdett and Mortensen，1998）。

由于搜寻成本在数据中难以观测，本文参考 Lu 等（2019）的思路，以初始生产率水平作为对工资减价的调节变量，即提供相对更好环境和高工资报酬工作的企业具有相对更高的生产率水平，拥有较低生产率工作岗位的企业可能会设定更低的工资水平，拥有较高生产率工作岗位的企业可能会设定更高的工资水平。初始条件下较高生产率的企业通过设定更高工资水平，实现扩大从业人数与高质量就业匹配的效果，进而提升产品市场利润水平和市场势力。综上所述，在不完全信息条件下，搜寻摩擦效应表明初始生产率水平会对工资减价的总体正向影响产生负向调节效应，削弱服务型制造技术创新赋予企业劳动要素市场势力的强化作用。由于搜寻成本难以直接观测，本文后续实证分析中基于搜寻摩擦效应的理论内涵，主要检验生产率异质性对基准效应的调节作用。基于此，本文提出：

命题3：服务型制造技术创新对企业工资减价的搜寻摩擦效应受到企业生产率的调节作用，更高初始生产率的企业倾向于设定更高工资水平（较低的工资减价），更低初始生产率的企业倾向于设定更低工资水平（较高的工资减价）。

三、数据、变量与特征性事实

（一）数据来源

1. 中国工业企业数据库

本文汇总国家统计局维护的 2000~2014 年规模以上工业企业三大财务报表指标，对原始数据进行了以下筛选处理：①参考 Brandt 等（2012），采用序贯识别法生成新的企业识别代码，剔除资产总额、固定资产净值等主要财务指标缺失或违背一般公认会计准则的样本，删除就业人员数少于 8 人的样本等异常样本。②保留制造业企业样本（行业代码 13~43），将国民经济行业分类 4 位码统一为 2002 版，对工业总产值和工业增加值以 1998 年为基期的工业品出厂价格指数平减，对中间品投入以 1998 年为基期的工业品购进价格指数进行平减。③从 2008 年开始，中国工业企业数据库中缺失了增加值和中间品投入等估算生产函数的重要变量，参考寇宗来和刘学悦（2020）的方法补齐关键指标[①]，参考简泽和段永瑞（2012）采用永续盘存法计算资本存量。[②] 由于 2010 年的数据中存在较多关键指标缺失和不符合会计准则的数值，因此实证分析未采用 2010 年的数据。[③]

2. 中国专利数据库

本文的专利数据来源于国家知识产权局，包含 2000~2014 年向国家知识产权局申请并公开的所有专利数据以及专利具体的摘要信息。本文采用 BERT 方法筛选服务型制造相关专利，以对应专利所属企业名称与工业企业数据库横向匹配。

（二）变量构建与测算

1. 企业层面服务型制造技术创新指标构建（service）

本文的核心解释变量是企业层面服务型制造技术创新，用于刻画制造业企业内部服务型制造要素投入水平，根据中国专利数据库提供的摘要语句与 BERT 进行识别。主要依据在于：一方面，根据十五部门发布的《关于进一步促进服务型制造发展的指导意见》（以下简称《意见》）对服务型制造内涵的界定，服务型制造是一种新型制造模式，属于制造业内部生产管理流程的技术转型和创新应用。《意见》是以党的十九大以来关于推动先进制造业和现代服务业深度融合的战略方向作为指导，官方权威的关于制造业企业内部实施服务型制造新模式的界定标准。区别于现有文献中主要采用投入产出数据库的产业链关联的测算方法（刘斌和王乃嘉，2016；刘斌等，2016；祝树金等，2021），本文基于政策文件中对服务型制造的权威定义，聚焦制造业企业通过增加服务要素在投入和产出中的比重，创新优化生产组织形式、运营管理方式和商业发展模式的主要升级方向。采用服务型制造专利创新数据的衡量方法，刻画了企业内部服务型要素投入的发展程度。另一方面，通过专利数据度量企业技术创新水平受到学术界广泛认可和使用，相关研究使用企业专利申请代理人工智能使用和劳动节约型技术创新（Yang，2022；刘青和肖柏高，2023）。区别于高校等科研机构与个人申请的专利，工业企业申请的专利多数情况作为自身生产制造的要素投入。基于文件内容与文献惯例，本文采用服务型制造相关专利刻画技术创新，通过专利数据中的摘要信息加总统计获得。以微观层面服务型制造技术创新情况，作为企业内部实施服务型制造程度的代理变量。

基于《意见》对于服务型制造的分类以及工业和信息化部 2018 年《关于开展第二批服务型制造示范遴选工作的通知》（以下简称《通知》）对于服务型制造示范企业和项目的遴选标准，本文对服务型制造专利进行了定义及分类。其中，《意见》将服务型制造分为工业设计服务、定制化服务、供应链管理、共享制造、检验检测认证服务、全生命周期管理、总集成总承包、节

---

① 第一步根据 2004~2007 年工业企业数据计算各 4 位码行业的总劳动力成本/应付工资总额的平均值 a，再用其他年份企业的应付工资总额乘以对应行业系数 a 推算出它们的总劳动力成本；第二步估算企业的生产成本 = 总产出×（销售成本/销售收入）；第三步计算企业的中间投入合计 = 生产成本−总劳动力成本−本年折旧；第四步计算工业增加值 = 工业总产值−中间投入合计+本年应交增值税。

② 由于工业企业数据库中 2008~2010 年折旧率数据缺失，本文以企业上一年度折旧率代替。

③ 一方面，2010 年工业企业数据存在工业总产值、工资、中间品、资本等关键变量的严重缺失，无法实现生产函数估计和控制变量构建；另一方面，根据寇宗来和刘学悦（2020）的研究，2010 年工业企业数据无法同时通过相关必要检验条件，存在较大的统计偏差。

能环保服务和生产性金融服务 9 类;《通知》对服务型制造示范企业和项目的遴选标准主要聚焦于供应链管理、产品全生命周期管理、总集成总承包服务和信息增值服务 4 类。由于《意见》中的分类不包含信息增值服务,《通知》中的分类不包含工业设计服务,且两者分类存在一定的重叠。为确保分类具有可靠性、互斥性和完备性,本文结合上述标准对服务型制造相关专利重新进行了定义与分类:专利的目的在于为制造业提供服务,包括为研发创新过程提供的工业设计服务、为优化生产管理流程提供的供应链管理服务、为从研发设计到回收利用全过程提供服务的全生命周期管理,以及提供信息管理、信息安全、信息利用的信息增值服务。其中,本文所指的工业设计服务即《意见》中的工业设计服务。《意见》中的供应链管理、共享制造、总集成总承包和生产性金融服务的目的均为优化企业生产管理流程,本文所指的供应链管理包含了《意见》中的供应链管理、共享制造、总集成总承包和生产性金融服务。《意见》中的检验检测认证服务、全生命周期管理和节能环保服务的目的均为提升产品全生命周期服务水平,本文所指的全生命周期包含了《意见》中的检验检测认证服务、全生命周期管理和节能环保服务;本文的全生命周期管理包含了《意见》中的检验检测认证服务、全生命周期管理和节能环保服务。此外,本文所指信息增值服务即《通知》中的信息增值服务。服务型制造专利分类的具体内涵如表 1 所示。综上所述,本文采用工业和信息化部等制定的《意见》和《通知》构造的服务型制造技术创新变量具有以下合理性:①政策一致性,基于官方权威的服务型制造界定标准,聚焦制造业企业内部生产、运营和商业发展等转型升级,以内部服务要素投入情况作为主要观测标的,刻画了企业层面服务型制造新模式的实施程度;②文献契合性,区别于现有文献中采用行业和部门层面产业链关联的间接识别方法,本文以企业专利申请情况直接识别了微观层面服务型制造技术创新的发展程度。一方面,承接了现有文献中采用服务要素投入作为服务型制造发展程度刻画的基本思路;另一方面,在企业微观层面识别了服务型制造技术发展程度,更好地反映了制造业企业在生产组织形式、运营管理方式和商业发展模式方面的技术创新情况,弥补了基于投入产出表测算的微观数据缺失和技术创新遗漏的潜在问题。

表 1　专利分类及内涵

专利分类	内涵	《意见》归类
工业设计服务	提升制造业设计能力,以及创新设计理念、新技术、新工艺、新材料应用	工业设计服务
供应链管理	合理安排工厂布局,优化生产管理流程,提高资源整合能力	供应链管理、共享制造、总集成总承包、生产性金融服务
全生命周期管理	从研发设计、生产制造、安装调试到故障诊断、检验检测、回收利用的全链条服务	检验检测认证服务、全生命周期管理、节能环保服务
信息增值	综合利用 5G、互联网、人工智能、大数据等新一代信息技术,提供信息管理、信息安全、信息利用等信息价值增值服务	/

资料来源:根据《意见》和《通知》整合。以《意见》中服务型制造的 9 大分类作为基准。

完成上述工作后,本文对随机选取的 5000 条专利利用 BERT 分别尝试了 7∶3(70%训练,30%试验)、8∶2(80%训练,20%试验)和 9∶1(90%训练,10%试验)识别,结果显示,BERT 在样本内的预测准确度接近 100%,样本外的预测准确度达到 85%,高于 BERT 语言模型的平均预测准确率 82.1%。[①] 本文以人工识别结果为基准,选取机器识别结果精度最高且样本损

---

① 该数据来源于 BERT 官方说明手册:https://arxiv.org/pdf/1810.04805.pdf。

失量最低的一次实验对所有专利进行分类。基于此构建服务型制造代理变量：service = {pdum, lnpsum, lnpstock, pr, pl}。pdum 为服务型制造专利虚拟变量，取值为 0 或 1，检验服务型制造是否影响了企业工资减价；lnpsum 为当期（年）企业研发服务型制造专利数量加 1 的对数值，检验服务型制造规模流量的影响；lnpstock 为企业研发服务型制造专利存量加 1 的对数值，检验服务型制造技术创新规模存量的影响；前三者刻画了服务型制造技术创新的绝对水平，pr 和 pl 表示相对水平变量，分别为服务型制造专利占比和企业人均从业人员研发服务型制造专利数量，检验企业服务型制造强度的影响。

服务型制造技术创新指标的特征性事实分析。图 2 汇报了 2000~2014 年 2 位码制造业行业服务型制造专利申请总数情况。总体来看，各行业申请服务型制造专利差异明显，具有较好的样本波动性和行业特征。分行业来看，服务型制造专利申请较多的行业以技术密集型和资本密集型行业为主。其中，通信设备、计算机及其他电子设备制造业（行业代码 40）申请服务型制造专利总数最多，为 301669 件，其次是电器机械及器材制造业（行业代码 39）和通用设备制造业（行业代码 35），分别申请 241552 件和 159086 件服务型制造专利。专用设备制造业（行业代码 36）、交通运输设备制造业（行业代码 37）和化学原料及化学制品制造业（行业代码 26）申请服务型制造专利总数居中。服务型制造专利申请较少的行业以劳动密集型行业为主，例如，农副食品加工业（行业代码 13），皮革、毛皮、羽毛（绒）及其制品业（行业代码 19），家具制造业（行业代码 21）等。

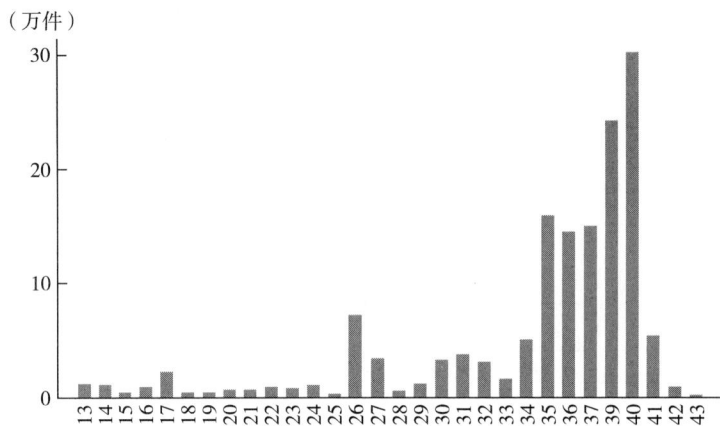

图 2　2000~2014 年 2 位码制造业行业服务型制造专利申请总数

资料来源：中国专利数据库。

2. 企业层面工资减价测算（η）

由于企业劳动要素边际生产率难以直接观测，需要采用结构式模型估计。现有文献有两种方式估计企业劳动要素市场势力：一是基于 Card 等（2018）测算劳动要素供给弹性（赵伟光和李凯，2020）；二是在不设定效用函数具体形式下，求解企业劳动边际产值与工资水平之比（Brooks et al.，2021；Yeh et al.，2022）。本文采用第二种方法估算中国工业企业工资减价，此时企业利润最大化问题可以表示为：

$$\max_{l_{it} \geq 0} R_{it}(l_{it}) - w_{it}(l_{it}) l_{it} \tag{16}$$

其中，w_{it} 和 l_{it} 分别为企业 i 在 t 年的工资水平和从业人数，$R_{it}(l_{it}) \equiv \mathrm{rev}(l_{it}; X^{*}_{-1,it}(l_{it}))$ 为除劳动要素外，其他要素投入处于最优情况下的企业收入水平，企业利润最大化的条件为：

$$R_{it}'(1^*) = \left[\frac{w_{it}'(1^*)1^*}{w_{it}(1^*)} + 1\right] w_{it}(1^*) = \left[\varepsilon_S^{-1}(1^*) + 1\right] w(1^*) \tag{17}$$

其中，ε_S^{-1} 为劳动供给弹性的倒数，1^* 为最优劳动要素投入。企业工资减价为劳动边际产值与企业工资支出的比值，工资减价的数学表达式为：

$$\eta_{it} \equiv \frac{R_{it}'(1^*)}{w_{it}(1^*)} = \varepsilon_{it}^{-1} + 1 \tag{18}$$

本文考虑利润最大化的对偶问题，即成本最小化问题，估计企业工资减价：

$$minw_{it}(l_{it}) l_{it},$$
$$s.t. F(l_{it}, X_{-1,it}^*; \varphi_{it}) \tag{19}$$

其中，F 表示企业的生产函数，φ_{it} 为企业 i 在 t 年的生产率，$X_{-1,it}^*$ 为除劳动力外的最优要素投入向量，λ_{it} 为拉格朗日乘子，代表企业边际生产成本。与拉格朗日乘子 λ_{it} 相关的最优化条件为：

$$\left[\frac{w_{it}'(l_{it})l_{it}}{w_{it}(l_{it})} + 1\right] = \lambda_{it} \cdot \frac{\dfrac{\partial F(l_{it}, X_{-1,it}^*; \omega_{it})}{\partial l_{it}}}{w_{it}(l_{it})} \tag{20}$$

其中，等式左侧等于劳动供给弹性倒数加 1，可得：

$$\left[\frac{w_{it}'(l_{it})l_{it}}{w_{it}(l_{it})} + 1\right] \equiv \varepsilon_{it}^{-1}(l_{it}) + 1$$
$$= \frac{\lambda_{it}}{P_{it}} \cdot \frac{\partial F(l_{it}, X_{-1,it}^*; \varphi_{it})}{\partial l_{it}} \frac{l_{it}}{Q_{it}} \frac{P_{it}Q_{it}}{w_{it}(l_{it})l_{it}}$$
$$\equiv \mu_{it}^{-1} \cdot \frac{\theta_{it}^1}{\alpha_{it}^1} \tag{21}$$

其中，μ_{it} 为加成率，θ_{it}^1 为劳动产出弹性，α_{it}^1 为劳动收入份额。企业工资减价表达式：

$$\eta_{it} = \mu_{it}^{-1} \cdot \frac{\theta_{it}^1}{\alpha_{it}^1} \tag{22}$$

由式（22）可知，企业工资减价等于以劳动为可变投入测算而得的加成率与以中间品为可变投入测算的加成率之比。其经济学含义在于，企业在产品市场和要素市场同时具有垄断势力，假定企业产品市场势力与要素市场势力不相关，可通过剔除企业产品市场势力的方法，获取企业的劳动要素市场势力。[1] 进一步根据 Brooks 等（2021）的方法，以三种不同方法测算企业加成率。[2] 其中，基于包含三次交互项的超越对数生产函数（De Loecker and Warzynski，2012）（DLW 法）测算而得的工资减价用于基准回归，基于柯布－道格拉斯生产函数（CD 法）和基于毛利率（CRS 法）测算的工资减价用于稳健性检验。[3] 此外，在这一测算框架下，以劳动为可变投入测算而得的加成率等于劳动要素投入产出弹性与劳动收入份额的比值，即在其他因素不变的条件下，企业工资减价越高，劳动收入份额越低。

工资减价特征性事实分析。图 3 汇报了 2 位码行业工资减价水平与平均工资水平的散点图。由拟合线可知，工资减价与平均工资呈现出明显的负相关关系，即提供相对较高平均工资企业

---

① 为剔除异常观测值，本文借鉴 Yeh 等（2022）的做法，删除工资减价小于 0 的企业样本，并对企业工资减价在前后 1% 水平进行缩尾处理。

② 生产函数估计与加成率测算的具体过程参见附录。

③ 2 位码行业层面不同方法测算的工资减价水平与投入要素产出弹性情况参见附录。

的工资减价水平相对较低。

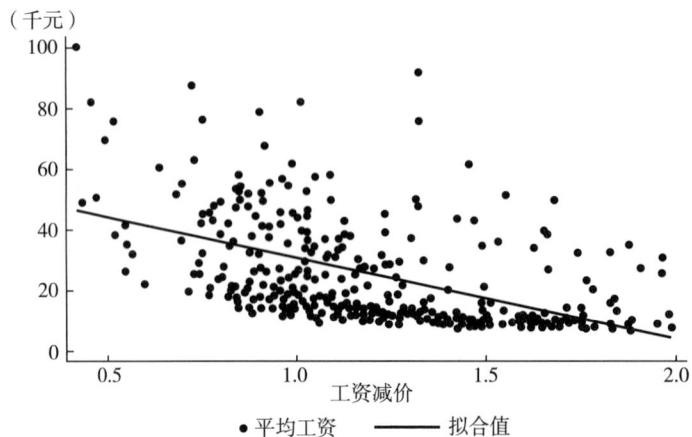

（千元）

图 3　2 位码行业工资减价与平均工资散点

资料来源：中国工业企业数据库。

3. 控制变量

参考 Lu 等（2019）、余淼杰和解恩泽（2023），本文选取以下影响工资减价的控制变量。企业层面控制变量主要包括：①企业年龄（lnage），以企业存续年限加 1 取对数作为代理变量。②国有企业虚拟变量（soe），以企业的登记注册类型识别，国有企业（110）、国有联营企业（141）和国有独资企业（151）界定为 1。③出口虚拟变量（expdum），根据工业企业数据库中出口交货值是否为正进行衡量。④从业人员对数值（lnemp），以企业年末从业人数对数值表示，控制企业规模的潜在影响。⑤企业工资对数（lnwage），以企业应付工资对数值表示。行业层面控制变量为行业竞争程度（hhi），以 4 位码行业主营业务收入计算的赫芬达尔指数衡量。本文仅对工资减价在前后 1% 水平进行缩尾处理。表 2 中汇报了主要变量的描述性统计情况。

表 2　主要变量的描述性统计

变量符号	变量名称	均值	标准差	最小值	最大值
pdum	服务型制造专利虚拟变量	0.0476	0.2129	0.0000	1.0000
lnpsum	服务型制造专利对数值	0.0766	0.3788	0.0000	9.7217
lnpstock	服务型制造专利存量对数值	0.1531	0.5724	0.0000	10.8818
pr	服务型制造专利占比	0.0476	0.2088	0.0000	1.0000
pl	人均服务型制造专利	0.0014	0.0375	0.0000	36.6828
η_dlw	工资减价（DLW 法）	1.1992	0.9504	0.0814	7.0389
η_crs	工资减价（CRS 法）	1.0118	1.1368	0.0947	7.3858
η_cd	工资减价（CD 法）	1.4413	1.4555	0.1446	8.2439
lnage	企业年龄对数	2.0132	0.7893	0.0000	6.7020
expdum	出口虚拟变量	0.4344	0.4957	0.0000	1.0000
lnemp	从业人员对数值	4.8890	1.1125	2.1972	12.3717
soe	国有企业虚拟变量	0.0412	0.1988	0.0000	1.0000
lnwage	企业工资对数	7.5664	1.4284	−5.4041	20.2135
hhi	行业竞争程度	0.0134	0.0272	0.0000	1.0000

四、计量模型与实证结果

（一）计量模型设定

这部分实证检验服务型制造技术创新对企业工资减价的影响程度与作用机制，构建的基准计量模型如下：

$$\ln\eta_{ijt}=\beta_0+\beta_1 service_{ijt}+Z'_{ijt}+Z'_{jt}+\gamma_i+\gamma_j+\gamma_t+\varepsilon_{ijt} \tag{23}$$

其中，被解释变量 $\ln\eta_{ijt}$ 包括以 DLW 法、CRS 法和 CD 法测算的企业工资减价对数值，服务型制造技术创新的主要代理变量 service＝｛pdum，ln psum，ln pstock，pr，pl｝，分别为服务型制造专利虚拟变量（pdum）、当期（年）企业申请服务型制造专利数量加一的对数值（lnpsum）、企业申请服务型制造专利存量加一的对数值（lnpstock）、服务型制造专利占总专利比值（pr）和人均从业人员申请服务型制造专利（pl）。Z'_{ijt} 为企业层面控制变量，包括企业年龄加一对数（lnage）、出口虚拟变量（expdum）、从业人员对数（lnemp）、国有企业虚拟变量（soe）和工资对数（lnwage），Z'_{jt} 为行业层面控制变量，选取 4 位码行业竞争程度（hhi）。此外，模型还控制了企业固定效应（γ_i）、行业固定效应（γ_j）和年份固定效应（γ_t），分别控制企业、行业和年份等相关因素对企业工资减价的影响。ε_{ijt} 为随机误差项，聚类在企业层面以避免可能的异方差和序列相关性问题。

（二）基准回归结果

表 3 汇报了服务型制造技术创新对企业工资减价影响的基准回归结果。第（1）～第（5）列汇报了对企业服务型制造水平代理变量的固定效应回归结果，均包含了控制变量和企业、年份、行业固定效应。第（1）列基于企业是否申请服务型专利虚拟变量（pdum）检验了其对企业工资减价对数值的影响，结果显示，pdum 系数显著为正，即服务型制造技术创新对企业的劳动要素市场势力产生正向影响，强化了企业的劳动要素市场势力。第（2）、第（3）列通过服务型制造专利申请绝对值（lnpsum、lnpstock）刻画了企业服务型制造规模情况，检验其对工资减价的影响。结果显示，服务型专利流量和存量均对企业工资减价产生显著正向影响。第（4）、第（5）列基于服务型制造专利申请相对值，分别从服务型制造专利占专利总数比值（pr）和单位从业人员申请专利数量（pl）检验了对企业工资减价的影响。服务型制造专利占专利总数比值系数在 1% 显著性水平上显著为正，单位从业人员申请专利数量系数不显著。因此，第（1）～第（5）列均证实，服务型制造技术创新的强化会增加企业的劳动要素市场势力。控制变量回归结果基本符合理论预期，企业年龄（age）、国有企业（soe）和应付工资（lnwage）对工资减价具有显著负向影响，企业出口行为（expdum）和从业人数（lnemp）对工资减价具有显著正向影响。基准回归结果说明了服务型制造技术创新总体上提高了企业工资减价水平，可能存在服务型制造技术创新对工资减价的要素替代效应和市场规模效应的正向作用。基准回归初步检验了服务型制造技术创新强化了制造业企业劳动要素市场势力，一方面有利于降低企业劳动要素成本；另一方面不利于劳动要素初次分配的收入占比，可能导致劳动报酬的下降和劳动收入份额的降低。

表 3　服务型制造技术创新对企业工资减价的影响

变量	(1) lnη	(2) lnη	(3) lnη	(4) lnη	(5) lnη
pdum	0.0291*** (0.0014)				
lnpsum		0.0205*** (0.0010)			
lnpstock			0.0226*** (0.0011)		
pr				0.0314*** (0.0015)	
pl					0.0583 (0.0870)
lnage	−0.0056*** (0.0014)	−0.0054*** (0.0014)	−0.0049*** (0.0014)	−0.0055*** (0.0014)	−0.0057*** (0.0014)
expdum	0.0177*** (0.0012)	0.0178*** (0.0012)	0.0180*** (0.0012)	0.0177*** (0.0012)	0.0177*** (0.0012)
lnemp	0.7011*** (0.0013)	0.7013*** (0.0013)	0.7017*** (0.0013)	0.7011*** (0.0013)	0.7012*** (0.0013)
soe	−0.0284*** (0.0056)	−0.0283*** (0.0056)	−0.0276*** (0.0056)	−0.0285*** (0.0056)	−0.0282*** (0.0056)
lnwage	−0.8364*** (0.0010)	−0.8367*** (0.0010)	−0.8375*** (0.0010)	−0.8365*** (0.0010)	−0.8359*** (0.0010)
hhi	−0.0537*** (0.0178)	−0.0533*** (0.0178)	−0.0494*** (0.0178)	−0.0536*** (0.0178)	−0.0542*** (0.0178)
常数项	2.7716*** (0.0079)	2.7725*** (0.0079)	2.7727*** (0.0079)	2.7718*** (0.0079)	2.7695*** (0.0079)
企业/行业/年份固定效应	是	是	是	是	是
观测值	1692804	1692804	1692804	1692804	1692804
调整后的 R^2	0.8380	0.8380	0.8380	0.8380	0.8379

注：*、**和***分别表示 10%、5%和 1%的显著性水平，括号内为聚类稳健标准误。以下各表同。

（三）内生性处理

本文的解释变量和被解释变量均处于企业层面，可能存在由遗漏变量和反向因果引致的内生性问题。由于可能存在的"样本选择"偏误影响，也会导致估计结果有偏。这部分采用工具变量检验和倾向得分匹配-倍差法（PSM-DID），缓解内生性问题对因果识别的影响。

1. 工具变量检验

一方面，企业、年份与行业层面相关特征变量可能通过影响服务型制造技术创新程度，进而作用至企业工资减价水平；另一方面，企业工资减价越高导致其利润水平越高，可能倾向于实施更高程度的服务型制造技术创新。上述潜在内生性问题影响下，基于固定效应回归的计量结果有偏。因此，这部分采用合适的工具变量缓解基准计量模型的内生性问题。本文基于最低工资政策和企业基期（2000 年）劳动要素占比构造工具变量：$ser\_iv_{ijt} = mw_{ct} \times lshare_{ij0}$。其中，$mw_{ct}$ 表示城市层面当期最低工资，$lshare_{ij0}$ 表示企业层面基期劳动要素占企业所在四位码行业的比重。其合理性在于：①外生性方面，最低工资政策外生于企业行为，且企业基期劳动要素占比是前定变量，满足外生性要求。②最低工资水平反映了企业劳动报酬的相对水平与影响强度，这一数值更高的企业更倾向于申请服务型制造相关专利，并以企业劳动要素占比刻画企业异质性，即工具变量具有相关性。表4汇报了工具变量的检验结果，奇数列汇报了第一阶段回归，结果显示工具变量对企业是否申请服务型制造专利、申请服务型制造专利数量和比例均在1%水平上显著为正，这表明工具变量具有相关性。表4中偶数列汇报了工具变量第二阶段的回归结果，结果表明，企业服务型制造技术创新对工资减价具有显著正向作用，与基准回归结果基本一致。除此之外，表4第（1）～第（4）列的K-P rk Wald F统计量表明不存在弱工具变量问题，K-P rk LM统计量均在1%水平上拒绝"识别不足"原假设，表明不存在工具变量识别不足的问题。

表4 工具变量检验结果

变量	（1） pdum	（2） $\ln\eta$	（3） lnpsum	（4） $\ln\eta$	（5） pr	（6） $\ln\eta$
ser_iv	0.0706*** (0.0037)		0.2003*** (0.0074)		0.0715*** (0.0036)	
pdum		0.3150*** (0.0798)				
lnpsum				0.1110*** (0.0279)		
pr						0.3109*** (0.0787)
控制变量		是		是		是
企业/行业/年份 固定效应		是		是		是
观测值	1458043	1458043	1458043	1458043	1458043	1458043
调整后的 R^2		0.6044		0.6140		0.6044
K-P rk Wald F		366.8877		733.1116		393.4983
K-P rk LM		363.2685***		711.7645***		389.3534***

2. 倾向得分匹配-倍差法

由于服务型制造技术创新并非随机行为，影响企业申请服务型制造专利的特征指标存在显著差异情况下，就可能会存在样本选择性问题，导致估计结果有偏。为解决这一内生性问题，本文采用参与服务型制造专利申请的事件分析法，控制样本选择性偏误。具体设计如下：①将样本内参与申请服务型制造专利的企业设置为初步处理组（treat=1），样本内一直未参与申请服务型制造专利的企业设置为控制组（treat=0）；②采用影响企业服务型制造专利申请的特征变量作为协变量，例如，企业出口行为（expdum）、从业人员对数值（lnemp）、中间品劳动比对数值（lnml）、工资对数值（lnwage）、工业产值对数值（lnoutput）和全要素生产率对数值（lntfp），通过1:1和1:3的最近邻匹配，在控制组企业中筛选与处理组企业具有相似特征的企业；③根据处理组企业在样本内开始申请服务型制造专利的时间设置时间虚拟变量，企业申请服务型制造专利基期之前设置为0（post=0），基期之后设置为1（post=1）。匹配完成之后，本文进行了协变量平衡性检验和核密度检验。① 检验结果显示，匹配之后处理组和控制组不存在显著差异。

---

① 协变量平衡性检验和核密度检验参见附录。

基于倾向得分匹配-倍差法的回归结果汇报在表5中，其中第（1）列为基于1∶1最近邻匹配的回归结果，第（2）列为基于1∶3最近邻匹配的回归结果。结果显示，treatpost系数在1%水平显著为正，即在控制样本选择性偏误之后，服务型制造技术创新对企业工资减价水平的效应显著为正，这与基准回归结果基本一致。

表5 倾向得分匹配-倍差法检验结果

变量	（1）	（2）
	$\ln\eta$	$\ln\eta$
treatpost	0.0270***	0.0329***
	（0.0024）	（0.0022）
控制变量	是	是
企业/行业/年份固定效应	是	是
观测值	336124	647217
调整后的 R^2	0.8377	0.8371

（四）稳健性检验

这部分通过替换被解释变量、替换解释变量、解释变量滞后阶、改变估计方法和更改样本期与统一统计口径检验基准回归结果的稳健性。

1. 替换被解释变量

本文采用不同生产函数设定方法测算的工资减价指标，进行稳健性检验。基准回归中采用DLW法测算工资减价，参考Brooks等（2021）的思路，以CRS法和CD法测算了工资减价替代性指标。附表5分别汇报了以CRS法和CD法测算的工资减价代理变量（pdum、lnpsum、pr）的回归，结果显示，核心解释变量的方向和显著性与表3基本一致，结果稳健成立。

2. 替换解释变量

本文以企业内部服务要素投入视角出发，以服务型制造技术创新作为企业服务型制造水平的刻画。一方面，服务型制造专利申请较多的行业为技术和资本密集型，存在基准回归结果可能由行业特征驱动这一潜在问题；另一方面，样本中可能存在少数专门从事专利研发并通过出售专利盈利的企业，即本文界定的服务型制造企业可能是通过购买这一类型专利实现转型，而并非由于服务要素投入导致。因此，这部分借鉴现有文献对服务型制造的刻画方法，以完全消耗系数与直接消耗系数①作为服务型制造代理变量（刘斌等，2016），检验行业层面服务型制造对工资减价的影响。以完全消耗系数（service_t）与直接消耗系数（service_d）作为服务型制造代理变量的回归结果显示，核心解释变量系数均显著为正，结果稳健成立。②

3. 解释变量滞后阶的检验

基准模型设定为企业当期服务型制造技术创新对工资减价的影响，一方面，服务型制造技术创新对工资减价的影响渠道可能存在"时滞"；另一方面，当期服务型制造技术创新对工资减价的影响可能存在由于反向因果引致的内生性问题。这部分采用解释变量滞后一阶检验其对企业劳动要素市场垄断势力的影响。附表7汇报了服务型制造技术创新代理变量滞后一阶（lpdum、llnpsum、llnpstock、lpr、lpl）对企业工资减价的影响。第（1）~第（4）列系数均在1%水

---

① 完全消耗系数与直接消耗系数数据来自2016年发布的世界投入产出数据（WIOD）。

② 回归结果参见附表6。

平上显著为正，第（5）列系数在 5% 水平上显著为正，与基准回归结果基本一致。因此，第（1）~第（5）列共同说明滞后一阶的服务型制造技术创新代理变量，对企业劳动要素市场势力的正向影响稳健存在。

4. 基于不同要素密集型行业的稳健性检验

由于基准回归中描述性统计部分显示，服务型制造申请专利较多的行业为技术和资本密集型，因此这部分将样本限制在非劳动密集型行业进行稳健性检验，以表明基准发现并非行业特征驱动。附表 8 汇报了非劳动密集型行业对工资减价的影响，其中，第（1）~第（4）列系数均在 1% 水平上显著为正，第（5）列系数不显著，这与基准回归结果一致，因此服务型制造技术创新对工资减价的正向作用在非劳动密集型行业中稳健成立。

5. 关键变量原值设定的检验

本文基准模型设定解释变量与被解释变量均为双对数形式，即服务型制造技术创新作用于企业劳动要素市场势力的弹性。由于本文刻画的服务型制造技术创新来源于专利数据，其原值是非负整数，采用加一取对数转换可能导致原值较小的值向上偏差导致结果出现错误（Cohn et al.，2022）。因此，这部分将服务型制造专利对数形式（lnpsum、lnpstock）和工资减价对数（lnη）替换成原值（psum、pstock、η），检验服务型制造技术创新对企业劳动要素市场势力的影响程度。此外，由于企业申请服务型专利数量存在较多 0 值，可能对估计结果产生影响，进一步删除未申请服务型制造专利的样本，仅保留有服务型制造专利申请的企业子样本进行回归。附表 9 第（1）、第（2）列汇报了服务型制造专利数量（psum）和存量（pstock）与企业工资减价的关系，第（3）、第（4）列汇报了服务型制造专利申请量为正的子样本回归结果。结果显示，回归系数均在 1% 水平上显著为正，与基准回归结果基本一致。因此，第（1）~第（4）列共同说明服务型制造技术创新对企业劳动要素市场势力的影响总体为正，不同估计方法下基准回归结果的方向与显著性保持稳健。

6. 更改样本期和统一统计口径

本文使用的中国工业企业数据库包括所有规模以上的工业企业相关指标，样本期为 2000~2014 年。估计企业工资减价所需要的中间品投入数据自 2008 年未被汇报，本文通过会计法则估算 2008 年之后的中间品投入，因此结果可能产生偏差。此外，在本文样本期内中国工业企业数据库对规模以上工业企业统计口径进行了调整，主营业务收入的标准 2011 年开始由 500 万元提高至 2000 万元。因此，本文对基准回归更改样本期和统一统计口径进行稳健性检验（祝树金等，2021）。附表 10 中第（1）~第（3）列汇报了 2000~2007 年服务型制造技术创新对企业工资减价的影响，解释变量系数的方向与显著性和基准回归基本一致。附表 10 第（4）~第（6）列汇报了基于统一统计口径的稳健性检验，这部分删除样本内主营业务收入低于 2000 万元的规模以上企业样本，检验服务型制造技术创新对企业工资减价的影响，解释变量系数的方向与显著性和基准回归均无差别，结果仍然稳健。

（五）机制检验

通过计量模型检验发现，制造业企业服务型制造技术创新强化了其在劳动要素市场的势力。可能的原因在于：一方面，在企业增加服务要素投入后，对劳动力等生产要素产生了替代作用，受到边际生产率递减规律作用的影响，劳动要素边际产出增加，进而提升了工资减价水平；另一方面，服务型制造技术创新作为一种为其他制造工序服务的工艺流程再造，有利于企业节约成本，提高生产率并扩大市场规模（刘斌和王乃嘉，2016），规模越大的企业在劳动要素市场上会拥有更大的势力。这部分主要对要素替代效应和市场规模效应进行实证检验，在此基础上，基于理论模型中对搜寻摩擦效应的分析，检验初始生产率水平对企业工资减价的调节效应。

1. 要素替代效应

理论部分分析了服务型制造技术创新通过中间品和资本品进入生产函数，对劳动要素形成了替代效应，进而提升了企业劳动要素市场势力。表6对这一渠道进行检验。选取服务型制造技术创新水平绝对值（lnpsum）和相对值（pr）作为核心解释变量，表6汇报了其对中间品劳动比的对数值（lnml）和资本劳动比对数值（lnkl）变动情况的影响。第（1）、第（2）列和第（4）、第（5）列说明，服务型制造技术创新水平显著提升了中间品劳动比和资本劳动比，即服务型制造技术创新显著促进了中间品和资本投入，抑制了劳动要素投入。第（3）列和第（6）列说明，中间品劳动比和资本劳动比上升显著提升了企业工资减价水平。在企业中间品劳动比和资本劳动比上升后，减少了企业生产与管理环节中的劳动要素市场需求，同时降低员工工资水平，增加劳动边际产值，进而增加了工资减价。因此，服务型制造技术创新通过促进中间品和资本对劳动力的替代提升企业劳动要素市场势力。

表6　要素替代效应检验结果

变量	（1）lnml	（2）lnml	（3）lnη	（4）lnkl	（5）lnkl	（6）lnη
lnpsum	0.0246***(0.0017)			0.0194***(0.0026)		
pr		0.0498***(0.0026)			0.0202***(0.0042)	
lnml			0.1380***(0.0013)			
lnkl						0.0026***(0.0004)
控制变量	是	是	是	是	是	是
企业/行业/年份固定效应	是	是	是	是	是	是
观测值	1692804	1692804	1692804	1649074	1649074	1649074
调整后的 R^2	0.7659	0.7660	0.8462	0.7137	0.7137	0.8385

2. 市场规模效应

这部分采用企业主营产品销售额对数值（lnsale）和企业总产值对数值（lnoutput）作为市场规模效应的代理变量，检验服务型制造技术创新通过提升企业市场规模进而提升工资减价渠道的成立性。表7汇报了市场规模效应的检验结果。其中，第（1）、第（2）列和第（4）、第（5）列结果显示，lnpsum 和 pr 的系数均显著为正，服务型制造技术创新显著提升了企业主营产品销售额和企业总产值，即服务型制造技术创新增加了企业规模。第（3）列和第（6）列说明，企业主营产品销售额对数和企业总产值对数上升显著提升了企业工资减价水平，即企业规模越大，其在劳动要素市场上的垄断势力越大，工资减价水平相对更高（Berger et al.，2022）。因此，第（1）~第（6）列共同说明，存在"服务型制造技术创新—企业规模—工资减价"的链式结构。表3、表6和表7共同说明了总体上服务型制造对企业工资减价的影响为正，即服务型制造技术创新程度提升，强化了企业工资减价水平。服务型制造技术创新对企业工资减价的影响存在正向的要素替代效应和市场规模效应，本文命题1成立。

表 7　市场规模效应检验结果

变量	（1） lnsale	（2） lnsale	（3） lnη	（4） lnoutput	（5） lnoutput	（6） lnη
lnpsum	0.0343*** (0.0014)			0.0430*** (0.0014)		
pr		0.0599*** (0.0021)			0.0684*** (0.0021)	
lnsale			0.2314*** (0.0013)			
lnoutput						0.3037*** (0.0014)
控制变量	是	是	是	是	是	是
企业/行业/年份固定效应	是	是	是	是	是	是
观测值	1692413	1692413	1692413	1692804	1692804	1692804
调整后的 R²	0.9109	0.9109	0.8541	0.9066	0.9066	0.8649

3. 搜寻摩擦效应

表 8 汇报了对搜寻摩擦效应中生产率调节效应的检验。由于不能直接观测搜寻匹配成本，这部分采用基期生产率作为调节变量，识别不完全信息条件下企业劳动要素市场势力变动的调节机制。服务型制造技术创新对企业工资减价的搜寻摩擦效应受到企业生产率的调节作用，这部分检验企业生产率对服务型制造技术创新与工资减价相关关系的调节方向及作用程度。第（1）、第（2）列汇报了基于由工业增加值与从业人员比值对数计算而得的劳动生产率（lp_1）的回归，结果显示，服务型制造技术创新代理变量与基期劳动生产率交互项（$lnpsumlp_1$、$prlp_1$）系数均显著为负，说明了更高生产率企业倾向于设定更高的工资水平（较低的 η），更低生产率企业倾向于设定更低的工资水平（较高的 η）。第（3）、第（4）列汇报了基于由 LP 法（Levinsohn and Petrin，2003）测算的基期全要素生产率（lp_2）的回归，第（5）、第（6）列汇报了基于 ACF 法（Ackerberg et al.，2015）调整的 LP 法测算的基期全要素生产率（lp_3）的回归，交互项系数方向和显著性不变，进一步证实了不同生产率测算方法的搜寻摩擦效应稳健性，本文命题 3 成立。

表 8　搜寻摩擦效应检验结果

变量	（1） lnη	（2） lnη	（3） lnη	（4） lnη	（5） lnη	（6） lnη
lnpsum	0.0040*** (0.0009)	0.0133*** (0.0010)	0.0133*** (0.0009)			
pr				0.0077*** (0.0013)	0.0170*** (0.0015)	0.0180*** (0.0014)
$lnpsumlp_1$	−0.0049*** (0.0012)					
lp_1	0.2357*** (0.0009)			0.2356*** (0.0009)		

续表

变量	（1） $\ln\eta$	（2） $\ln\eta$	（3） $\ln\eta$	（4） $\ln\eta$	（5） $\ln\eta$	（6） $\ln\eta$
$\ln psumlp_2$		−0.0448*** (0.0072)				
lp_2		1.5055*** (0.0134)			1.5060*** (0.0134)	
$\ln psumlp_3$			−0.0424*** (0.0054)			
lp_3			0.7704*** (0.0062)			0.7707*** (0.0062)
$prlp_1$				−0.0091*** (0.0019)		
$prlp_2$					−0.0547*** (0.0118)	
$prlp_3$						−0.0561*** (0.0088)
控制变量	是	是	是	是	是	是
企业/行业/年份固定效应	是	是	是	是	是	是
观测值	1641755	1643254	1640573	1641755	1643254	1640573
调整后的 R^2	0.8730	0.8701	0.8713	0.8730	0.8701	0.8713

五、进一步分析：提高劳动报酬优化路径分析

前文通过理论模型和实证检验分析了服务型制造技术创新对制造业企业劳动要素市场势力的作用方向与影响机制。理论分析和企业层面工资减价测算显示，制造业企业服务型制造技术创新提高了工资减价水平，进而导致劳动收入份额降低，这部分将对这一命题进行实证检验。进一步地，探究在有效推进制造业企业服务型制造技术创新下，如何通过降低企业劳动要素市场势力的方式提高劳动报酬，推动制造业转型升级与劳动报酬提升兼容发展，这部分提供了具有理论契合性的优化路径。

（一）劳动收入份额

为探究企业工资减价与劳动收入份额以及服务型制造与劳动收入份额之间的关系，这部分构建计量模型如下：

$$LS_{ijt} = \beta_0 + \beta_1 \ln\eta_{ijt} + Z'_{ijt} + Z'_{jt} + \gamma_i + \gamma_j + \gamma_t + \varepsilon_{ijt} \tag{24}$$

$$LS_{ijt} = \beta_0 + \beta_1 service_{ijt} + Z'_{ijt} + Z'_{jt} + \gamma_i + \gamma_j + \gamma_t + \varepsilon_{ijt} \tag{25}$$

其中，LS_{ijt} 为制造业行业 j 企业 i 在 t 期的劳动收入份额，以当期企业总劳动力成本与工业增加值比值的对数值刻画，模型均纳入了控制变量和企业、行业、年份固定效应。表 9 汇报了服务型制造技术创新对劳动收入份额的影响，第（1）列汇报了企业工资减价水平对劳动收入份

额的影响,结果显示,解释变量系数显著为负,即企业在劳动要素市场中的势力越大,其劳动收入份额越低,这与理论分析结果一致。第(2)~第(6)列分别汇报了基于专利数据刻画的不同服务型制造代理变量的回归,结果显示,解释变量系数均显著为负,即服务型制造专利绝对值和相对值均对劳动收入份额有显著负向作用。上述检验表明,制造业企业服务型制造技术创新通过强化劳动要素市场势力,降低了企业的劳动收入份额,进一步恶化了劳动要素在初次分配中的占比情况。本文命题2成立。

表9　服务型制造对劳动收入份额的影响

变量	(1) LS	(2) LS	(3) LS	(4) LS	(5) LS	(6) LS
lnη	-1.0523*** (0.0055)					
pdum		-0.0718*** (0.0053)				
lnpsum			-0.0709*** (0.0046)			
lnpstock				-0.0988*** (0.0057)		
pr					-0.0763*** (0.0055)	
pl						-1.3784*** (0.2343)
控制变量	是	是	是	是	是	是
企业/行业/年份固定效应	是	是	是	是	是	是
观测值	834086	834086	834086	834086	834086	834086
调整后的 R^2	0.7736	0.6845	0.6845	0.6846	0.6845	0.6844

(二)提高劳动报酬优化路径分析

机制检验部分分析了制造业企业服务型制造技术创新通过正向的"要素替代效应"和"市场规模效应"强化了企业在劳动要素市场中的势力。这部分基于这两种效应提供适当降低企业劳动要素市场势力,提高劳动报酬初次分配公平性的优化路径。在此基础上,分析不同类型的服务型制造技术创新对企业劳动要素市场势力的影响程度。

1. 基于人力资本匹配的优化路径

制造业企业实施服务型制造技术创新,增加中间品和资本等非劳动力生产要素投入,对劳动要素投入产生了替代效应,进而强化企业劳动要素市场势力。相关研究结果表明,随着新一代信息技术发展,工业机器人、人工智能等数字化技术快速影响制造业的劳动力需求结构,制造业企业降低对低技能劳动力的需求,提高对高技能劳动力的需求,实现人力资本的匹配(Acemoglu and Restrepo,2018c;Acemoglu et al.,2022b)。由于服务型制造技术创新不仅提供制造业企业生产、运输和管理过程中的优化服务,还提供基于研发设计和信息增值的相关技术服务。因此,制造业企业服务型制造技术创新可能会对从事一般体力工作和程序性工作的低技能劳动力产生替代作用,对从事研发设计和具有信息技术能力的高技能劳动力产生互补作用。

低技能劳动力的替代作用，减少了一般劳动要素市场需求，存在降低工资水平与增加劳动力边际产出的双重效应；高技能劳动力的互补作用，提高了人力资本的匹配，增加了人力资本市场需求，存在提高人力资本工资水平与降低人力资本边际产出的双重作用。

参考诸竹君等（2022）的方法，本文基于2008~2014年中国工业企业数据库和中国工业企业创新调查数据库匹配构建了研究生人员比例（yjsr）和高中级技术职称人员比例（gzjr）两种企业层面劳动力结构变量，[①] 分别从学历水平和技能层次方面作为刻画劳动力结构的代理变量。表10汇报了服务型制造技术创新通过人力资本匹配调节企业工资减价的结果。第（1）、第（2）列汇报了基于服务型制造专利数量（lnpsum）的回归，结果显示，服务型制造技术创新代理变量与基期劳动力结构变量交互项（lnpsumyjsr、lnpsumgzjr）系数显著为负，说明了制造业企业服务型制造技术创新通过雇佣更多的高技能劳动力减少了企业劳动要素市场势力。第（3）、第（4）列汇报了基于服务型制造专利比例（pr）的回归，交互项（pryjsr、prgzjr）系数同样显著为负。第（1）~第（4）列共同说明在企业服务型制造技术创新过程中，存在人力资本匹配对企业劳动要素市场势力的调节作用，雇佣更多高技能劳动力的企业劳动要素市场势力越低，可能进一步提高劳动收入份额来提高员工劳动收入报酬。

表10　人力资本匹配调节作用检验

变量	（1）	（2）	（3）	（4）
	$\ln\eta$	$\ln\eta$	$\ln\eta$	$\ln\eta$
lnpsum	0.0033 (0.0023)	0.0067*** (0.0012)		
pr			0.0066 (0.0048)	0.0119*** (0.0023)
lnpsumyjsr	-0.0036* (0.0019)			
yjsr	0.0065 (0.0044)		0.0080* (0.0045)	
lnpsumgzjr		-0.0042*** (0.0009)		
gzjr		0.0085*** (0.0016)		0.0089*** (0.0016)
pryjsr			-0.0103** (0.0041)	
prgzjr				-0.0092*** (0.0018)
控制变量	是	是	是	是
企业/行业/年份固定效应	是	是	是	是
观测值	36807	121410	36807	121410
调整后的 R^2	0.9060	0.9113	0.9060	0.9113

2. 基于市场特征的优化路径

在长期趋势中，劳动收入份额的下降与市场势力有关，用成本加成率衡量的产品市场势力

---

① yjsr=（硕士毕业人员+博士毕业人员）/企业从业人员合计，gzjr=高中级技术职称人员/企业从业人员合计。

越大，劳动收入份额越低（De Loecker et al., 2020）。根据本文的"市场规模效应"，制造业企业服务型制造技术创新通过增加企业市场规模强化企业劳动要素市场势力。因此，这部分主要探讨是否存在如市场制度环境等特定市场特征因素，会对企业劳动要素市场势力产生负向调节作用。本文使用市场化指数作为市场制度环境代理，分析总市场化指数和构成市场化指数的5类指标是否会影响服务型制造技术创新对企业工资减价的关系。①

　　表11汇报了市场特征调节作用的检验结果，其中，第（1）~第（6）列汇报了基于服务型制造专利数量（lnpsum）的回归。第（1）列是市场化指数对企业工资减价的调节作用检验，交互项（lnpsummarket）系数为负，作用不显著。第（2）~第（6）列分别是基于政府与市场的关系（zf）、非国有经济的发展（fgy）、产品市场的发育程度（cp）、要素市场的发育程度（ys）和市场中介组织发育和法律制度环境（zj）五类市场化指数的检验结果，其中，服务型制造与政府与市场的关系交互项（lnpsumzf）、与产品市场的发育程度交互项（lnpsumcp）显著为负，与要素市场的发育程度交互项（lnpsumys）、与市场中介组织发育和法律制度环境交互项（lnpsumzj）系数显著为正。这说明市场资源配置比例越高，劳动要素价格形成机制受外部市场决定程度更大，劳动要素价格与劳动生产率的关联性更高，企业服务型制造技术创新对工资减价的正向影响越弱。因此，可以通过加强完善市场资源配置，减少产品市场中的垄断势力以弱化企业的劳动要素市场势力，进而提高劳动报酬。

表 11　市场特征调节作用检验

变量	(1) $\ln\eta$	(2) $\ln\eta$	(3) $\ln\eta$	(4) $\ln\eta$	(5) $\ln\eta$	(6) $\ln\eta$
lnpsum	0.0267 ** (0.0133)	0.0768 *** (0.0122)	0.0366 *** (0.0126)	0.1875 *** (0.0188)	0.0028 (0.0073)	0.0007 (0.0058)
lnpsummarket	−0.0029 (0.0059)					
market	0.0900 *** (0.0082)					
lnpsumzf		−0.0256 *** (0.0055)				
zf		0.0373 *** (0.0068)				
lnpsumfgy			−0.0067 (0.0053)			
fgy			0.0766 *** (0.0050)			
lnpsumcp				−0.0762 *** (0.0085)		
cp				0.0297 *** (0.0064)		
lnpsumys					0.0077 ** (0.0031)	

---

　　① 参考樊纲等（2003），测算出省级层面2000~2014年政府与市场的关系、非国有经济的发展、产品市场的发育程度、要素市场的发育程度和市场中介组织发育和法律制度环境五类市场化指数。

续表

变量	（1） lnη	（2） lnη	（3） lnη	（4） lnη	（5） lnη	（6） lnη
ys					0.0199*** （0.0030）	
lnpsumzj						0.0093*** （0.0026）
zj						0.0230*** （0.0028）
控制变量	是	是	是	是	是	是
企业/行业/年份固定效应	是	是	是	是	是	是
观测值	1648553	1648553	1648553	1648553	1648553	1648553
调整后的 R²	0.8385	0.8385	0.8385	0.8385	0.8385	0.8385

3. 基于不同类型服务型制造技术创新的优化路径

由于服务型制造技术创新的类型存在差异性，其对企业劳动要素市场势力的影响程度可能存在异质性。为分析不同类型服务型制造专利的影响异质性，这部分结合《意见》《通知》对服务型制造的类型进行界定，汇总后将其分成工业设计服务、供应链管理、全生命周期管理和信息增值服务四个类别。与判断是否为服务型制造相关专利方法一致，同样采用 BERT 语言模型识别专利类别，① 最终获得工业设计类专利 38302 件，供应链管理类专利 625311 件，全生命周期管理类专利 661500 件，信息增值类专利 154346 件。表 12 汇报了 4 类服务型制造专利当期申请量对数值对企业工资减价的影响。其中，第（1）、第（2）列汇报了基于工业设计类和供应链管理类专利数量加一对数值（lngysj、lngyl）的回归，结果表明，lngysj 系数为正，lngyl 系数为负，二者系数均不显著，说明工业设计服务和供应链管理对企业劳动要素市场势力的促进作用不明显。第（3）、第（4）列汇报了基于全生命周期管理类和信息增值类专利数量加一对数值（lnqsmzq、lnxxzz）的回归，结果显示，全生命周期管理类和信息增值类技术创新的正向效应显著，即全生命周期管理和信息增值服务技术创新强化了企业的劳动要素市场势力。

表 12　基于服务型制造专利异质性的检验

变量	（1） lnη 工业设计	（2） lnη 供应链管理	（3） lnη 全生命周期管理	（4） lnη 信息增值
lngysj	0.0351 （0.0334）			
lngyl		−0.0023 （0.0032）		
lnqsmzq			0.0065* （0.0035）	

① 首先从已经被确定的服务型制造专利中随机选取 5000 条人工分类，然后通过 BERT 语言模型分类，分类同样取得了较好的效果，BERT 在样本内的预测准确度接近 100%，样本外的预测准确度达到 85% 以上。

变量	（1） lnη 工业设计	（2） lnη 供应链管理	（3） lnη 全生命周期管理	（4） lnη 信息增值
lnxxzz				0.1039** （0.0409）
控制变量	是	是	是	是
企业/行业/年份固定效应	是	是	是	是
观测值	761	34059	33437	727
调整后的 R^2	0.8685	0.8641	0.8552	0.8357

上述结果可能的经济学解释是：工业设计服务的内涵是研发创新，新产品和新技术的应用，企业需要增加高技能劳动力的使用。供应链管理包括运输、仓储、物流等生产管理过程的优化，企业需要增加从事这一类工作的一般劳动力的使用。因此，制造业企业申请这两者专利越多，人力资本匹配的作用越强，劳动替代效应的作用越弱，对工资减价的影响也就越弱。全生命周期管理类和信息增值类服务的增加，需要投入更多的中间品和资本品等非劳动力生产要素，且申请信息增值类专利的企业大多数来自电器和电子设备制造业。上述行业市场结构的垄断特征明显，企业市场集中度和占有率较高，因此可能通过强化劳动力替代效应和市场规模效应达到增强企业劳动要素市场势力的效果。

六、结论与政策含义

服务型制造是实体经济转型升级的新模式，也是提升制造业附加值水平和促进其高质量发展的重要路径。以服务型制造技术创新为代表的企业内部服务要素投入，对制造业企业工资减价水平具有正向影响，强化了企业劳动要素市场势力。本文基于差异化工作偏好理论和搜寻摩擦理论，构建了分析服务型制造技术创新对企业层面工资减价的统一框架，为提升劳动收入份额进而提升劳动报酬在初次分配中的比重，提供了契合性的优化路径。本文的主要结论是：①总体方面，基于 BERT 语言模型构建的服务型制造技术创新代理变量显著增加了中国制造业企业工资减价水平。②机制方面，服务型制造技术创新通过正向的要素替代效应和市场规模效应强化了企业劳动要素市场势力；高生产率企业通过弱化搜寻摩擦效应降低了企业劳动要素市场势力，呈现与基期生产率相关的负向调节效应。③服务型制造技术创新与劳动收入份额的关系表明，服务型制造技术创新显著降低了劳动收入份额，这主要是由服务型制造技术创新强化企业劳动要素市场势力造成的。④进一步分析表明，人力资本匹配和所在地市场化指数对服务型制造技术创新与工资减价的关系呈显著负向调节作用，基于不同类型服务型制造技术创新的异质性研究表明，工业设计类服务和供应链管理类服务对工资减价的正向影响不明显，全生命周期管理类服务和信息增值类服务对工资减价的正向效应显著。

本文的政策含义为：①全面深入地认识制造业企业内部结构转型的要素市场效应，构建顺生产率提升导向的工资增长机制。服务型制造技术创新提高了企业工资减价，亟须在推动产业结构升级的同时，合理规制日趋强化的企业劳动要素市场势力。应逐步加快专业化人才培养，优化要素市场营商环境，降低劳动要素市场的信息不完全性，提升服务型制造技术创新类企业生产率水平，探索实现劳动者收入与经济同步增长，劳动报酬与劳动生产率同步提高的政策机制。推进劳动生产率增长率纳入地区最低工资标准形成机制。②加快劳动要素结构转型，培育新时代技能型劳动者。有效提升劳动者技能，提高就业质量和收入水平，在促进劳动密集型产业向技术密集型产业转型升级的同时，削弱技术进步与资本深化对劳动要素的替代效应和挤出效应，形成人力资本提升和产业转型升级良性循环。鼓励开展岗位技能培训，探索与服务型制造技术创新配套的技能型人才培养新模式。高质量培育具有研发创新能力和数字信息技术的专业化人才，设立企业与高校等教学科研机构相结合的技能培训共享平台，设立本科层次职业教育新平台，建设服务型制造人才培养基地和博士后流动站，构建多层次人才培养体系与科研创新高地。③推进劳动要素市场化配置改革，优化制度环境赋能劳动要素报酬的正向作用。一方面，坚持市场决定要素报酬制度，优化劳动要素配置市场化改革。通过合理协调中间品和资本等生产要素的所有权和使用权，有效提升劳动要素资源配置效率，优化政府与市场的关系和产品市场的发育程度两大市场环境发展维度，建设全国统一的劳动要素市场；另一方面，发挥政府对要素市场运行的调节作用，形成放宽与监督有机结合。放宽劳动要素进入市场壁垒，畅通劳动要素有序流动；监督企业不合理地降低劳动报酬和限制竞业措施，加强对劳动要素市场的反垄断工作，完善最低工资标准的实施和支付保障制度的落实，维护要素市场公平竞争。④进一步健全劳动要素市场信息设施建设，大力提高制造业企业生产率水平。加强就业信息平台建设，推动数字经济与实体经济融合发展，为劳动者和企业提供对称的数据资源体系，以数字转型服务能力打破劳动要素市场壁垒，实现劳动要素的自由流动，减少劳动要素市场的搜寻摩擦，降低搜寻匹配成本。完善就业公共服务体系，鼓励和支持平台型企业构建就业供需信息公共服务平台，降低劳动要素市场信息不完全程度。重视企业生产率对劳动要素市场扭曲的优化作用，强化企业创新主体作用，鼓励企业增加研发投入，推动服务型制造的智能化和高端化发展，以高质量服务型制造技术创新促进制造业企业生产率提升。⑤完善服务型制造产业政策和研发政策体系，促进服务型制造产业集群发展。设立服务型制造中介服务机构，为制造业企业提供信息咨询、技能培训、解决方案等针对性服务。基于不同行业和地区遴选并发展具有示范作用的高新技术服务型制造企业，通过服务型制造区域发展战略和示范企业的带动作用，建立高新产业技术创新体系，优先以创新设计赋能制造业企业结构转型，提高供应链管理对企业生产率的促进作用，发挥战略性新兴产业等前沿领域的服务型制造技术创新与提高劳动报酬的多元功能，探索适应服务型制造技术创新的研发费用加计扣除政策。

参考文献

[1] 樊纲，王小鲁，张立文，等.中国各地区市场化相对进程报告 [J].经济研究，2003 (3)：9-18.

[2] 方福前.多措并举增加居民收入 [N].人民日报，2023-08-04.

[3] 郭凯明，王钰冰，龚六堂.劳动供给转变、有为政府作用与人工智能时代开启 [J].管理世界，2023 (6)：1-21.

[4] 黄先海，徐圣.中国劳动收入比重下降成因分析——基于劳动节约型技术进步的视角 [J].经济研究，2009 (7)：34-44.

[5] 简泽，段永瑞.企业异质性、竞争与全要素生产率的收敛 [J].管理世界，2012 (8)：15-29.

[6] 寇宗来，刘学悦.中国企业的专利行为：特征事实以及来自创新政策的影响 [J].经济研究，2020 (3)：83-99.

[7] 林淑君，郭凯明，龚六堂.产业结构调整、要素收入分配与共同富裕 [J].经济研究，

2022（7）：84-100.

［8］刘斌，王乃嘉.制造业投入服务化与企业出口的二元边际——基于中国微观企业数据的经验研究［J］.中国工业经济，2016（9）：59-74.

［9］刘斌，魏倩，吕越，祝坤福.制造业服务化与价值链升级［J］.经济研究，2016（3）：151-162.

［10］刘青，肖柏高.劳动力成本与劳动节约型技术创新——来自 AI 语言模型和专利文本的证据［J］.经济研究，2023（2）：74-90.

［11］余淼杰，解恩泽.中间投入贸易自由化与劳动力市场中企业市场势力研究［J］.数量经济技术经济研究，2023（5）：92-112.

［12］余淼杰，梁中华.贸易自由化与中国劳动收入份额——基于制造业贸易企业数据的实证分析［J］.管理世界，2014（7）：22-31.

［13］赵伟光，李凯.市场竞争不完全与企业内部工资差距——基于产品与劳动力市场融合视角的分析［J］.经济理论与经济管理，2020（4）：39-54.

［14］周茂，陆毅，李雨浓.地区产业升级与劳动收入份额：基于合成工具变量的估计［J］.经济研究，2018（11）：132-147.

［15］诸竹君，袁逸铭，焦嘉嘉.工业自动化与制造业创新行为［J］.中国工业经济，2022（7）：84-102.

［16］祝树金，罗彦，段文静.服务型制造、加成率分布与资源配置效率［J］.中国工业经济，2021（4）：62-80.

［17］Acemoglu D, Restrepo P. The Race between Man and Machine：Implications of Technology for Growth, Factor Shares, and Employment ［J］. American Economic Review, 2018, 108（6）：1488-1542.

［18］Acemoglu D, Guerrieri V. Capital Deepening and Nonbalanced Economic Growth ［J］. Journal of Political Economy, 2008, 116（3）：467-498.

［19］Acemoglu D, Autor D, Hazell J, Restrepo P. Artificial Intelligence and Jobs：Evidence from Online Vacancies ［J］. Journal of Labor Economics, 2022, 40（1）：293-340.

［20］Ackerberg D A, Caves K, Frazer G. Identification Properties of Recent Production Function Estimators ［J］. Econometrica, 2015, 83（6）：2411-2451.

［21］Alvarez-Cuadrado F, Van Long N, Poschke M. Capital-Labor Substitution, Structural Change and the Labor Income Share ［J］. Journal of Economic Dynamics and Control, 2018, 87（2）：206-231.

［22］Autor D, Dorn D, Katz L F, Patterson C, Van Reenen J. The Fall of the Labor Share and the Rise of Superstar Firms ［J］. Quarterly Journal of Economics, 2020, 135（2）：645-709.

［23］Barkai S. Declining Labor and Capital Shares ［J］. Journal of Finance, 2020, 75（5）：2421-2463.

［24］Berger D, Herkenhoff K, Kostøl A, Mongey S. An Anatomy of Monopsony：Search Frictions, Amenities and Bargaining in Concentrated Markets ［R］. NBER Working Paper, No. 31149, 2023.

［25］Berger D, Herkenhoff K, Mongey S. Labor Market Power ［J］. American Economic Review, 2022, 112（4）：1147-1193.

［26］Brandt L, Van Biesebroeck J, Zhang Y. Creative Accounting or Creative Destruction？Firm-Level Productivity Growth in Chinese Manufacturing ［J］. Journal of Development Economics,

2012, 97 (2): 339-351.

[27] Brooks W J, Kaboski J P, Li Y A, Qian W. Exploitation of Labor? Classical Monopsony Power and Labor's Share [J]. Journal of Development Economics, 2021, 150 (5): 102627.

[28] Buera F, Kaboski J. The Rise of the Service Economy [J]. American Economic Review, 2012, 102 (6): 2540-2569.

[29] Burdett K, Mortensen D. Wage Differentials, Employer Size, and Unemployment [J]. International Economic Review, 1998, 39 (2): 257-273.

[30] Card D, Cardoso A R, Heining J, Kline P. Firms and Labor Market Inequality: Evidence and Some Theory [J]. Journal of Labor Economics, 2018, 36 (1): 13-70.

[31] Card D. Who Set Your Wage? [J]. American Economic Review, 2022, 112 (4): 1075-1090.

[32] Cohn J B, Liu Z, Wardlaw M I. Count (and Count-Like) Data in Finance [J]. Journal of Financial Economics, 2022, 146 (2): 529-551.

[33] De Loecker J, Warzynski F. Markups and Firm-Level Export Status [J]. American Economic Review, 2012, 102 (6): 2437-2471.

[34] De Loecker J, Eeckhout J, Unger G. The Rise of Market Power and the Macroeconomic Implications [J]. Quarterly Journal of Economics, 2020, 135 (2): 561-644.

[35] Grossman G M, Rossi-Hansberg E. Trading Tasks: A Simple Theory of Offshoring [J]. American Economic Review, 2008, 98 (5): 1978-1997.

[36] Jha P, Rodriguez-Lopez A. Monopsonistic Labor Markets and International Trade [J]. European Economic Review, 2021, 140 (11): 103939.

[37] Kehrig M, Vincent N. The Micro-Level Anatomy of the Labor Share Decline [J]. Quarterly Journal of Economics, 2021, 136 (2): 1031-1087.

[38] Levinsohn J, Petrin A. Estimating Production Functions Using Inputs to Control for Unobservables [J]. Review of Economic Studies, 2003, 70 (2): 317-341.

[39] Lu Y, Sugita Y, Zhu L. Wage Markdowns and FDI Liberalization [R]. Hitotsubashi Institute for Advanced Study, Hitotsubashi University, 2019.

[40] McFadden D. Conditional Logit Analysis of Qualitative Choice Behavior [M]//Frontiers in Econometrics. New York: Academic Press, 1973.

[41] Mortensen D, Pissarides C. New Developments in Models of Search in the Labor Market [J]. Handbook of Labor Economics, 1999, 3: 2567-2627.

[42] Pham H. Trade Reform, Oligopsony, and Labor Market Distortion: Theory and Evidence [J]. Journal of International Economics, 2023, 144 (9): 103787.

[43] Pissarides C. The Unemployment Volatility Puzzle: Is Wage Stickiness the Answer? [J]. Econometrica, 2009, 77 (5): 1339-1369.

[44] Tjaden V, Wellschmied F. Quantifying the Contribution of Search to Wage Inequality [J]. American Economic Journal: Macroeconomics, 2014, 6 (1): 134-161.

[45] Yang C H. How Artificial Intelligence Technology Affects Productivity and Employment: Firm-Level Evidence from Taiwan [J]. Research Policy, 2022, 51 (6): 104536.

[46] Yeh C, Macaluso C, Hershbein B. Monopsony in the US Labor Market [J]. American Economic Review, 2022, 112 (7): 2099-2138.

附 录

附录1　BERT 语言模型

（1）算法流程。BERT（Bidirectional Encoder Representations from Transformers）是一种基于 Transformer 框架的预训练深度学习语言模型。结构如附图1所示：

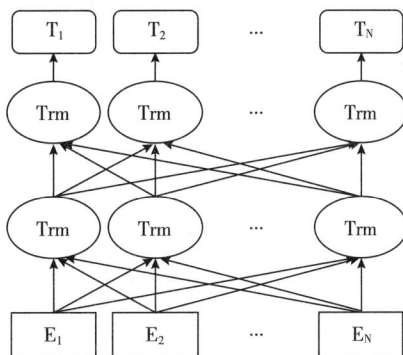

附图1　BERT 语言模型结构

参考 Sun 等（2019）的研究，以中文 BERT 预训练模型为例，附图1中的 $E_1 \sim E_N$ 表示在首尾分别添加［CLS］和［SEP］标记的中文字符，[①] 在依次经过12层或24层双向的 Transformer 编码器（一种基于自注意力机制的编码——解码器）后，即可得到文本字符语境化的向量表示。最底层的 Transformer 编码器其输入为字符向量、字符位置向量与句子片段向量之和。模型内每一层均由多头自注意力和前馈神经网络两部分构成，前者使编码器在给每个字符编码时，能关注到周围其他字符的信息，后者则主要用于增强模型的拟合能力。模型的每一层在经过相加与归一化操作后，生成的新字符向量将作为下一层编码器的输入。在完成上述一系列编码工作后，顶层编码器最后输出的向量 T_1 为整个句子的语义表征，而输出的 T_2-T_N 向量则分别是字符 E_2-E_N 语境化的向量表示。这些向量是后续文本分类、命名实体识别等工作的重要前置支撑。为增强语义表示的能力，BERT 模型使用两个新的无监督预测任务进行训练，分别是遮盖语言模型（Masked LM，MLM）和语句关联预测（Next Sentence Prediction，NSP）。MLM 主要用于学习词与词之间的关系，在训练过程中，中文语料中15%的字被随机选中，其中的80%被替换为特殊符号［MASK］，10%被随机替换为任意词汇，剩余10%保持原词汇不变。然后，模型根据句中的其他词汇，通过线性分类器对词汇进行预测。在语句关联预测中，模型通过选择若干句子对，预测两句的相邻概率。模型通过上述两个目标任务，能够较好地学习到文本中字词和句间的语义信息。

在上述 BERT 模型基础上，本文对服务型制造专利进行了学习识别。具体地，在综合考虑分类效果以及兼顾机器性能基础上，本文首先对详细的专利摘要文本进行字符截取，并用标签进行映射后载入分词器对文本数据进行分词，转换为所需格式后作为模型的输入源。本模型的训练总样本量为5000条各类专利的摘要信息，以 0.85：0.15 对样本进行训练集和验证集的划分。

---

① ［CLS］主要用于标识序列的开始，［SEP］则主要用于分隔两个句子。

在参数设置方面，本模型将学习率①设置为 0.00001 使其能够准确地找到最优参数并收敛，并通过设置权重衰减比率使权重保持在一个较小的范围，以防止模型过拟合而无法收敛。对于单次传递给模型用于训练的样本量（Batch Size），本文则根据相关文献以及多次试验调整，样本量设置为 32。进一步设定关于模型评判标准的一系列参数（包括精确度、准确率、F1 值、召回率的公式等），开始对训练集进行训练。最后，通过设置早停原则②，在获得综合模型损失率和准确率最优的模型参数后停止训练，并将该模型参数保存用于后续预测集使用。最终完成对服务型制造专利的识别。

（2）模型比较。在自然语言处理领域，BERT 模型出现之前较为主流的模型主要有 ELMo 模型（Embeddings from Language Models）和 GPT 1.0 模型（Generative Pre-Trained Transformer Models）。BERT 模型相较于这两者而言，在特征处理、预测精度、参数与样本规模等方面均有不同程度的提升。首先从语义特征③提取方面看，BERT 模型和 GPT 模型均使用 Transformer 特征处理器，而 ELMo 模型使用的则是长短期记忆网络。由于长短期记忆网络通常是逐字读取，虽然其处理顺序为先第一层从左往右读取文字，再第二层从右往左读取文字来实现语义预测，但这一处理方式并非真正意义上的双向处理。GPT 模型和 BERT 模型虽然均使用 Transformer 特征处理器，但是二者仍存在差别，前者使用的是从左往右的单向 Transformer，只能按照顺序进行语义识别，后者使用的则是双向 Transformer，能够从整段文字角度（前后文与上下文）进行语义学习，其对全文的理解更为全面准确，因此从训练效果与预测精度来看，BERT 模型显然更高。根据官方数据，在处理各类语言训练任务时，BERT 模型的平均准确率达到 82.1%，远高于 GPT 模型的 75.1% 和 ELMo 模型的 71%。此外，从允许的参数与样本规模看，BERT 模型和 GPT 模型所允许的参数个数与训练样本量远大于 ELMo 模型，可见 BERT 模型还能够有效处理大样本的语言模型。

附录 2　服务型制造专利示例

本文根据上述政策文件内容识别服务型制造相关专利，具体原则和主要逻辑如下：①基于工业设计服务的内涵，若专利摘要体现出提升制造业设计能力以及创新设计理念，新技术、新工艺、新材料应用，如出现"制备工艺"等中心词表述、"新型""最先进"等定语表述，界定属于工业设计服务专利。②基于供应链管理的内涵，若专利摘要表明该专利能够提高资源整合能力，优化生产管理流程，如"生产方法""管理系统""运输系统"等表述，界定属于供应链管理专利。③基于全生命周期管理的内涵，若专利摘要体现出产品从研发到回收过程的系统性解决方案，如出现"解决了（产品）……的问题""检验检测""回收利用"等表述，界定属于全生命周期管理专利。④基于信息增值服务的内涵，若专利摘要体现出该专利是利用新一代信息技术提供信息管理、信息安全、信息收集等服务，如出现"信息存储""网络安全""信息查询"等表述，界定属于信息增值服务专利。附表 1 列举了部分具有代表性的专利摘要及服务型制造判断分类依据，其中，第 1~第 8 号为服务型制造专利，第 9 号类似产品外观设计类的专利和第 10 号与制造业无关，均不属于服务型制造专利。需要注意的是，识别过程中仅凭关键词初次识别的服务型制造专利并不完全准确，人工二次识别过程中在检索了专利摘要关键词基础上，

---

① 深度学习模型中一般有两类参数：一类为通过数据学习和估计得到，称为模型参数；另一类为调优参数，即需要在模型训练前事先通过人工根据已有的经验来设定，不是通过系统学习得到，称为超参数。学习率（Learning Rate）作为深度学习中重要的超参数，它控制模型的学习进度，决定网络能否成功或者需要多久成功以找到全局最小值，从而得到全局最优解，也就是最优的模型参数。

② 即当模型的损失在验证集上不再下降，就视为模型在验证集上已经收敛，可以停止训练。

③ 主要包括语义特征提取能力、长距离特征捕获能力、任务综合特征抽取能力以及并行计算能力。

明确专利的功能和目的为服务要素投入性质，为后续 BERT 方法识别专利提供准确性保障。

附表 1　专利摘要筛选与分类示例

编号	专利摘要	服务型制造专利	分类	依据
1	本发明涉及液晶显示器制备工艺技术领域，公开了一种取向装置。……所以，上述取向装置提高了取向工艺的均一性	是	工业设计	制备工艺
2	含磷酚醛树脂，属新型化合物技术领域，是用苯酚类化合物、双酚类化合物与甲醛合成酚醛树脂，……可用于集成电路板以及半导体的封装材料使用	是	工业设计	新材料应用
3	本实用新型公开了一种带有伸缩踏板的斜巷人员运输系统，包括……本实用新型通过在链式输送机的牵引链条上设置伸缩踏板，通过伸缩踏板承载矿井人员，实现斜巷人员长距离输送，是一种安全高效斜巷人员运输设备	是	供应链管理	提高运输效率
4	本发明特别涉及一种新型蓄电池监测管理系统。……实现了蓄电池劣化状态的完全监控和故障预警	是	供应链管理	优化管理流程
5	本发明属于质量检验检测技术领域，尤其涉及提高产品质量检验正确性的信息化控制方法及控制系统。……本发明将检测需求部门的检测需求在质量检验管理平台内进行分类，利用待检测产品的标签二维码和/或样品的标签二维码的扫描获取检测任务的结果，提高质量检验的正确性	是	全生命周期管理	检测检测
6	本实用新型公开了一种焦粉回配装置，属于焦粉回配再利用技术领域，用于回收再利用焦化生产中产生的焦粉……其能够保护环境，提高经济效益，解决传统焦粉回收利用存在的技术缺陷	是	全生命周期管理	节能环保
7	本发明涉及一种信息存储与读取方法，采用一个文件对信息进行循环存储的方式……，这种循环存储的方式避免了文件存储量的无限增长和文件碎片的产生，而且通过校验保证了存储信息的正确性，同时基于信息文件备份，实现了系统掉电等故障情况下受损信息的有效恢复	是	信息增值	信息管理
8	本发明提供了一种接入认证方法、装置和系统。涉及通信技术领域；解决了现有认证方式降低网络安全性的问题。……本发明提供的技术方案适用于标识网，实现了基于 AID 的高安全性的接入认证	是	信息增值	信息安全
9	本外观设计产品名称为"手机"。本外观设计产品主要用作语音通信设备，也可兼用作掌上个人电子设备用于数据处理、播放音频或视频文件、浏览网页等其他用途。本外观设计的设计要点在于各视图所示的产品形状和构造。立体图为最能代表设计要点的图片	否	—	—
10	本发明公开了一种基于免费福利的营销方法，包括如下步骤：将被推广客户端或产品自身开展的优惠促销活动组合形成免费福利；……推广客户端的用户对免费福利收益进行提现或消费。本发明营销效果更好、用户粘性更好、推广性价比更高	否	—	—

资料来源：中国专利数据库。

附录 3　生产函数估计与加成率测算

变量构建与测算部分提供了企业工资减价水平的具体测算公式，其中企业加成率 μ_{it} 代表产品市场势力，可以通过 De Loecker 和 Warzynski（2012）（DLW 法）的方法测算企业加成率。此外，参考 Brooks 等（2021），通过 CD 法和 CRS 法也可测算企业加成率，本文采用三种方法测算中国工业企业加成率，其中基于 DLW 法测算而得的企业减价作为基准回归数据，基于 CD 法和 CRS 法测算的企业减价用于稳健性检验。

（1）DLW 法：$\dot{\mu}_{it}=\theta_{it}^X/\alpha_{it}^X$。其中，$\theta_{it}^X$ 表示企业某种投入要素 X 的产出弹性，α_{it}^X 表示该种投入要素的占企业总产出比重，该种投入要素需要企业可以充分调整，由于中国企业劳动力未能实现充分流动，因此本文选取中间品投入作为估计企业产出弹性的投入要素（Lu and Yu，2015）。使用包含三次交互项的超越对数生产函数进行参数估计：

$$Y_{it}=\beta_l l_{it}+\beta_k k_{it}+\beta_m m_{it}+\beta_{ll}(l_{it})^2+\beta_{kk}(k_{it})^2+\beta_{mm}(m_{it})^2+\beta_{lk}l_{it}k_{it}+\beta_{lm}l_{it}m_{it}+\beta_{km}k_{it}m_{it}+\beta_{lkm}l_{it}k_{it}m_{it}+\omega_{it}+\varepsilon_{it}$$
$$(A1)$$

其中，ω_{it} 和 ε_{it} 分别表示企业生产率和不可预期冲击的误差项。根据 Ackerberg 等（2015）（ACF 法）构造中间品投入需求函数，生产率可用中间品的反函数表示为：$\omega_{it}=f^{-1}(m_{it}，k_{it}，z_{it})$，其中，$z_{it}$ 包含企业出口状态等一些企业层面的特征变量。对式（A1）采用两步估计方法：第一步，采用生产率代理变量对模型进行估计，得到预期产量的估计值（$\hat{\psi}_{it}$）和第一步残差项（$\hat{\varepsilon}_{it}$）；第二步，假定生产率满足一阶马尔可夫性质：$\omega_{it}=g_t(\omega_{i,t-1})+\xi_{it}$，$\xi_{it}$ 表示异质性生产率冲击。使用 GMM 估计对式（A1）进行参数估计，得到待估参数向量 β，进而得到中间品和劳动要素的投入产出弹性估计值分别为：$\theta_{it}^m=\beta_m+2\beta_{mm}m_{it}+\beta_{lm}l_{it}+\beta_{km}k_{it}+\beta_{lkm}l_{it}k_{it}$，$\theta_{it}^l=\beta_l+2\beta_{ll}l_{it}+\beta_{lk}k_{it}+\beta_{lm}m_{it}+\beta_{lkm}k_{it}m_{it}$。

（2）CRS 法：以毛利率估计加成率，假定生产函数规模报酬不变，并且企业是投入要素的价格接受者，毛利率就是对加成率的有效估计。估计加成率的表达式为：

$$\mu_{it}=\frac{sales}{costs}=\frac{py}{q_k x_k+q_l x_l+q_m x_m}$$
$$(A2)$$

其中，py 为工业总产值，$q_l x_l$ 为总劳动力成本，$q_k x_k$ 为资本支出，$q_m x_m$ 为中间品合计。借鉴 Brooks 等（2021）的思路，销售额、总劳动力成本和中间品合计可以直接从数据中衡量。由于数据中并未直接提供资本支出变量，需要通过设定资本回报率测算资本支出：$R=r+\delta$。于中国而言，$r=0.10$，标准折旧率 $\delta=0.05$。

（3）CD 法：与 DLW 法不同之处在于，假定生产函数为 CD 形式，要素产出弹性固定不变，即 $\theta_{it}^M=\theta^M$，以此估算企业加成率。

附录 4　行业工资减价情况与投入要素产出弹性

附表 2　2 位码制造业行业工资减价情况（均值）

代码	行业名称	η_dlw	η_crs	η_cd
13	农副食品加工业	2.013	1.922	2.438
14	食品制造业	1.276	1.028	1.531
15	饮料制造业	1.409	1.134	1.674
16	烟草制品业	0.644	0.632	0.975
17	纺织业	1.201	0.857	1.318
18	纺织服装、鞋、帽制造业	0.941	0.489	0.857
19	皮革、毛皮、羽毛（绒）及其制品业	1.059	0.736	1.102
20	木材加工及木、竹、藤、棕、草制品业	1.382	0.992	1.577

代码	行业名称	η_dlw	η_crs	η_cd
21	家具制造业	1.097	0.724	1.175
22	造纸和纸制品业	1.279	0.946	1.470
23	印刷和记录媒介复制业	0.909	0.648	1.017
24	文教体育用品制造业	0.934	0.532	0.917
25	石油加工、炼焦及核燃料加工业	2.262	2.436	2.435
26	化学原料及化学制品制造业	1.438	1.373	1.853
27	医药制造业	1.108	0.951	1.433
28	化学纤维制造业	1.516	1.598	2.232
29	橡胶制品业	1.138	0.844	1.279
30	塑料制品业	1.218	0.934	1.401
31	非金属矿物制品业	1.235	0.942	1.387
32	黑色金属冶炼及压延加工业	1.539	1.793	2.293
33	有色金属冶炼及压延加工业	1.759	2.143	2.293
34	金属制品业	1.146	0.935	1.374
35	通用设备制造业	1.041	0.842	1.283
36	专用设备制造业	1.008	0.810	1.227
37	交通运输设备制造业	0.911	0.791	1.208
39	电气机械及器材制造业	1.035	0.963	1.412
40	通信设备、计算机及其他电子设备制造业	0.638	0.660	1.046
41	仪器仪表及文化、办公用机械制造业	0.808	0.612	0.974
42	工艺品及其他制造业	1.143	0.753	1.151
43	废弃资源和废旧材料回收加工业	2.108	2.222	2.489

注：制造业 2 位码行业代码与行业名称采用 2002 年标准（GB/T 4754—2002）。

附表3　2位码制造业行业投入要素产出弹性（均值）

代码	行业名称	θ^l	θ^m	θ^k
13	农副食品加工业	0.079	0.905	0.032
14	食品制造业	0.089	0.892	0.034
15	饮料制造业	0.09	0.889	0.037
16	烟草制品业	0.102	0.875	0.045
17	纺织业	0.092	0.891	0.033
18	纺织服装、鞋、帽制造业	0.113	0.868	0.034
19	皮革、毛皮、羽毛（绒）及其制品业	0.105	0.879	0.032
20	木材加工及木、竹、藤、棕、草制品业	0.085	0.900	0.031
21	家具制造业	0.093	0.891	0.032
22	造纸和纸制品业	0.084	0.899	0.033
23	印刷和记录媒介复制业	0.103	0.872	0.038
24	文教体育用品制造业	0.106	0.876	0.033
25	石油加工、炼焦及核燃料加工业	0.085	0.894	0.038

代码	行业名称	θ^l	θ^m	θ^k
26	化学原料及化学制品制造业	0.077	0.908	0.032
27	医药制造业	0.084	0.898	0.035
28	化学纤维制造业	0.065	0.922	0.031
29	橡胶制品业	0.094	0.888	0.034
30	塑料制品业	0.088	0.895	0.033
31	非金属矿物制品业	0.095	0.884	0.036
32	黑色金属冶炼及压延加工业	0.063	0.928	0.029
33	有色金属冶炼及压延加工业	0.069	0.918	0.03
34	金属制品业	0.085	0.899	0.031
35	通用设备制造业	0.084	0.901	0.031
36	专用设备制造业	0.091	0.892	0.034
37	交通运输设备制造业	0.08	0.906	0.031
39	电气机械及器材制造业	0.077	0.912	0.029
40	通信设备、计算机及其他电子设备制造业	0.068	0.925	0.028
41	仪器仪表及文化、办公用机械制造业	0.093	0.89	0.033
42	工艺品及其他制造业	0.108	0.872	0.034
43	废弃资源和废旧材料回收加工业	0.078	0.908	0.029

注：制造业2位码行业代码与行业名称采用2002年标准（GB/T 4754—2002）。

附录5 相关计量分析和稳健性检验结果

附表4 协变量平衡性检验

变量	匹配状态	处理组	控制组	偏差（%）	偏差下降（%）	T值	P值
expdum	匹配前	0.5254	0.3672	32.2	99.6	161.93	0.000
	匹配后	0.5254	0.5248	0.1		0.45	0.655
lnemp	匹配前	5.6722	5.0095	64.1	99.4	318.55	0.000
	匹配后	5.6719	5.6758	-0.4		-1.39	0.163
lnml	匹配前	5.3102	5.0561	27.3	99.4	128.98	0.000
	匹配后	5.3102	5.3117	-0.2		-0.65	0.518
lnwage	匹配前	8.6139	7.4974	86.3	100.0	436.48	0.000
	匹配后	8.6135	8.6139	-0.0		-0.13	0.897
lnoutput	匹配前	11.361	10.368	81.5	99.6	406.00	0.000
	匹配后	11.361	11.365	-0.4		-1.37	0.171
lntfp	匹配前	4.937	4.4234	54.2	99.8	257.91	0.000
	匹配后	4.9368	4.936	0.1		0.33	0.739

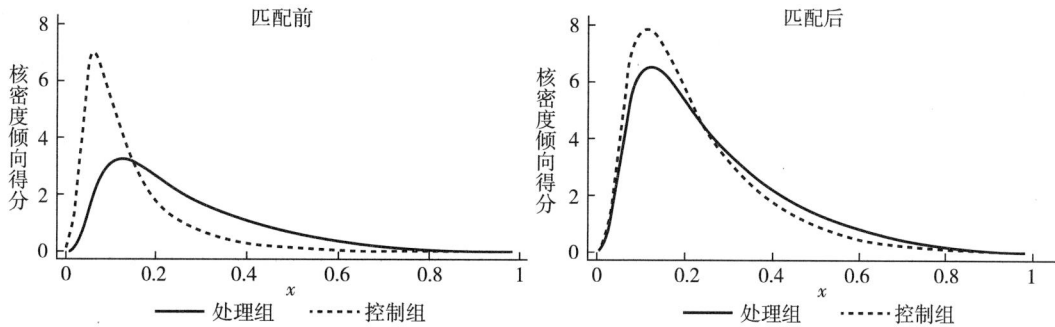

附图 2　匹配前后两组核密度检验

附表 5　替换被解释变量的稳健性检验

变量	(1) lnη_crs	(2) lnη_crs	(3) lnη_crs	(4) lnη_cd	(5) lnη_cd	(6) lnη_cd
pdum	0.0368 *** (0.0019)			0.0583 *** (0.0022)		
lnpsum		0.0195 *** (0.0013)			0.0384 *** (0.0015)	
pr			0.0393 *** (0.0020)			0.0631 *** (0.0023)
控制变量	是	是	是	是	是	是
企业/行业/年份固定效应	是	是	是	是	是	是
观测值	2676710	2676710	2676710	1672849	1672849	1672849
调整后的 R^2	0.7989	0.7989	0.7990	0.7831	0.7831	0.7831

附表 6　替换解释变量的稳健性检验

变量	(1) lnη	(2) lnη
service_t	0.0717 *** (0.0132)	
service_d		0.0289 *** (0.0089)
控制变量	是	是
企业/行业/年份固定效应	是	是
观测值	1592705	1592705
调整后的 R^2	0.8376	0.8376

附表 7　基于服务型制造技术创新滞后阶的稳健性检验

变量	(1) lnη	(2) lnη	(3) lnη	(4) lnη	(5) lnη
lpdum	0.0230 *** (0.0014)				

变量	（1） lnη	（2） lnη	（3） lnη	（4） lnη	（5） lnη
llnpsum		0.0178*** （0.0009）			
llnpstock			0.0170*** （0.0011）		
lpr				0.0248*** （0.0015）	
lpl					0.1039* （0.0626）
控制变量	是	是	是	是	是
企业/行业/年份固定效应	是	是	是	是	是
观测值	1633772	1633772	1633772	1633772	1633772
调整后的 R^2	0.8392	0.8392	0.8393	0.8392	0.8392

附表8　基于非劳动密集型行业的稳健性检验

变量	（1） lnη	（2） lnη	（3） lnη	（4） lnη	（5） lnη
pdum	0.0314*** （0.0017）				
lnpsum		0.0212*** （0.0011）			
lnpstock			0.0259*** （0.0014）		
pr				0.0336*** （0.0018）	
pl					0.0478 （0.0893）
控制变量	是	是	是	是	是
企业/行业/年份固定效应	是	是	是	是	是
观测值	820875	820875	820875	820875	820875
调整后的 R^2	0.8394	0.8394	0.8395	0.8394	0.8393

附表9　关键变量原值设定的稳健性检验

变量	（1） η	（2） η	（3） lnη	（4） lnη
	转换对数模型		子样本回归	
psum	0.0032*** （0.0006）			
pstock		0.0014*** （0.0002）		

续表

变量	（1） η	（2） η	（3） lnη	（4） lnη
	转换对数模型		子样本回归	
lnpsum			0.0136 *** （0.0011）	
lnpstock				0.0259 *** （0.0024）
控制变量	是	是	是	是
企业/行业/年份固定效应	是	是	是	是
观测值	1692804	1692804	190807	190807
调整后的 R²	0.7714	0.7714	0.8624	0.8625

附表 10　更改样本期和统一统计口径的稳健性检验

变量	（1） lnη	（2） lnη	（3） lnη	（4） lnη	（5） lnη	（6） lnη
	更改样本期			统一统计口径		
pdum	0.0195 *** （0.0026）			0.0293 *** （0.0015）		
lnpsum		0.0159 *** （0.0023）			0.0231 *** （0.0010）	
pr			0.0209 *** （0.0027）			0.0318 *** （0.0015）
控制变量	是	是	是	是	是	是
企业/行业/年份固定效应	是	是	是	是	是	是
观测值	942468	942468	942468	1120392	1120392	1120392
调整后的 R²	0.8178	0.8178	0.8178	0.8580	0.8580	0.8580

经济不确定性、风险转移机制与债务违约非对称性

王　胜　赵浩权　肖浩钰

[摘要] 在不确定性高企的外部环境下，降低企业债务违约风险、实现"稳增长"与"防风险"的均衡是避免发生系统性风险的重要保障。本文构建了包含企业内生风险转移机制的一般均衡模型，研究了银企间信息不对称导致的债务违约风险增加，进而产生的信贷资源错配问题。本文提供了经济不确定性冲击对企业债务违约风险非对称影响的经验证据，验证了其中的信息不对称渠道。模型数值模拟分析发现，由于更严重的信息不对称问题，中小企业追求收益的过程中会因投资项目高风险、高收益的特征导致债务违约率提高，在不确定性冲击下这种内生风险转移机制会产生"风险加速器"式的影响，导致企业间债务违约风险非对称性变化与信贷资源错配。政策仿真模拟结果显示，在风险转移机制下，相关政策应当从信贷供给角度出发缓解信息不对称问题，实施担保政策在显著降低宏观经济波动的同时能有效减少企业债务违约行为，改善信贷资源错配，避免发生系统性金融风险。实证检验发现，中小企业在面临不确定性冲击时违约风险更高，信息不对称问题则会放大这一影响，这验证了风险转移机制下不确定性冲击对企业债务违约的非对称性影响。

[关键词] 不确定性冲击；风险转移；债务违约；信息不对称；信贷资源错配

一、引言

自 2008 年国际金融危机以来，经济不确定性与宏观经济运行之间的联系成为学术界一大研究热点，相关领域国内外已有大量的研究成果（Bloom，2009；张玉鹏和王茜，2016；Born and Pfeifer，2017）。经济不确定性指蕴含在经济金融体系中的风险，2015 年召开的中央经济工作会议强调防范化解金融风险，党的十九大将防范和化解重大风险工作提到了更为重要的历史高度，党的二十大也强调"强化金融稳定保障体系，依法将各类金融活动全部纳入监管，守住不发生系统性风险底线"。伴随全球贸易受阻和俄乌冲突等事件，中国面临的经济不确定性高企，对中国企业融资、生产投资等经济行为的影响不容小觑。中小企业受到外部负面冲击的影响往往更强（Bernanke et al.，1999），而中国的中小企业市场份额较大且发展事关国计民生大局，国务

[作者简介] 王胜，武汉大学经济与管理学院教授、博士生导师；赵浩权，武汉大学经济与管理学院博士研究生；肖浩钰，武汉大学经济与管理学院硕士研究生。

院、工业和信息化部近年多次发布相关政策措施持续推进优质中小企业梯度培育工作。① 因此从企业行为的微观视角出发，理解不确定性对大型企业与中小企业之间的异质性影响以及对宏观经济作用的传导机制对相关政策制定具有重要意义。

大部分研究认为经济不确定性会提高企业的融资成本（Francis et al.，2014；Waisman et al.，2015），同时由于银行在不确定性提高时的"自我保险"动机增强导致银行信贷供给下降（Valencia，2017），不确定性从价量两方面提高了企业的融资约束。学术界普遍认为，企业与外部投资者之间的信息不对称是导致企业融资约束的重要原因之一（Fazarri et al.，1988；Kaplan and Zingales，1997）。Boissay 等（2016）研究发现，当银行无法准确观测企业的异质性生产率时，信息不对称会导致企业借贷的道德风险问题。在金融市场不完美的情况下，不确定性会导致因代理成本上升和信息不对称程度加剧而增加违约风险进而提高企业面临的外部融资成本（Gilchrist et al.，2014）。

面对经济不确定性冲击，中小企业受到的负面影响往往更严重，宋全云等（2019）研究发现不确定性的提升对小微企业、私营企业等企业的银行贷款成本影响更为明显。而这可能是因为中小企业相对大型企业存在更严重的信息不对称问题，银行为尽可能避免出现违约而对中小企业要求更高的融资溢价。在不确定性提高时，银行出于自身安全经营的考虑会提高贷款利率并且降低贷款供给。Stiglitz 和 Weis（1981）认为风险更高的借款人更愿意支付更高的利率借款，可能高融资成本会激励借款人将资金投入高风险的投资项目中以收回融资成本，同时出现逆向选择和道德风险问题。这一过程中乐观的借款人可能会更看重投资项目的收益而低估其失败的概率，因此更愿意与贷款人签订合同以获得项目融资（Manove and Padilla，1999），导致企业杠杆率进一步提升。根据代理理论，较高的企业杠杆率促使管理者更有动机选择高风险的投资项目，增加了代理成本（何瑛和张大伟，2015）。黄少卿等（2022）发现在这样的机制下，效率更高的中小企业产生了更严重的道德风险问题，进而加剧企业部门之间的信贷错配。然而本身就融资难、融资贵的中小企业抗风险能力较差，在外部不确定性高企的环境中更难获取银行的贷款支持，无疑会使其面临更加严峻的生存危机，这导致其更容易出现债务违约的情况，因此银行要求的融资溢价进一步提升，从而陷入恶性循环。因此在当今不确定性高企的环境下，制定相关政策精准扶持中小企业，降低信贷资源错配程度具有重要的现实意义。

本文首先构建了一个具有内生风险转移机制的一般均衡模型，从信息不对称的视角分析了经济不确定性对企业的融资与债务违约非对称性影响的内在机制。模型考虑了高风险的借款者在不确定性提升时投资决策变化的内在机制，由于存在更严重的银企间信息不对称问题，中小企业在制定投资决策时会内生地将额外风险转移给银行，此风险转移机制导致了不确定性冲击下企业间债务违约风险的非对称性变化，并进而带来部门间的信贷资源错配问题。最后，本文提供了中小企业在经济不确定性冲击下出现更高债务违约风险的经验证据，并且验证了其中的信息不对称渠道。

相关领域已有不少文献研究企业信息不对称问题与融资约束（姜付秀等，2016；屈文洲等，2011）或债务违约的关系（平新乔和杨慕云，2008；尹志超和甘犁，2011；钱龙，2015），但大多是在微观层面进行的实证分析，少有文献在一般均衡框架下对其内在机制进行系统分析。有

---

① 2021 年 11 月，国务院促进中小企业发展工作领导小组办公室印发《为"专精特新"中小企业办实事清单》《提升中小企业竞争力若干措施》，为专精特新中小企业发展排忧解难。2021 年 12 月，工业和信息化部等十九个部门联合印发《"十四五"促进中小企业发展规划》，将构建企业梯度培育体系、提升企业创新能力和专业化水平等作为"十四五"中小企业工作重点。2022 年 6 月 1 日，工业和信息化部印发《优质中小企业梯度培育管理暂行办法》，提出培育创新型中小企业、专精特新中小企业、专精特新"小巨人"企业共三个层次的优质中小企业梯队，制定了公平公正的评价与认定程序，建立了优质中小企业动态管理和培育扶持工作机制。

些学者尝试将相关问题纳入理论模型进行研究，例如，杜群阳等（2022）考虑了银企间的异质性信息不对称问题导致的资源错配，但其并未刻画实际投资项目中"高风险、高收益"并存的特征；黄少卿等（2022）从信息不对称、道德风险和银行信贷错配角度进行了理论推导和实证检验，但是分析主要针对企业的生产率，没有考虑到企业违约行为与风险问题；王义中等（2023）研究了不确定性冲击在不同风险水平企业之间的影响差异以及造成的信贷资源错配问题，但是其理论模型中并未充分刻画异质性企业风险差异的内在形成机制。

相较既有文献，本文的边际贡献有：第一，构建了包含内生风险转移机制的理论模型，其源于银企之间的信息不对称，导致外部冲击对企业间债务违约风险产生非对称影响，且通过实证验证了该核心机制。其中，企业家内生的风险转移机制与Baek（2020）不同，其追求高风险投资项目的动机来源于高收益并存的特点，导致经济风险积聚的机制更贴近现实。第二，通过对单部门模型的分析，本文发现了在企业家风险转移机制下的"风险加速器"。在拓展的两部门模型下，风险加速器效应有效解释了小企业在负向外部冲击下受影响更大的内在机理，分别从供应端和需求端说明了信贷资源错配的形成机制。第三，通过政策的仿真模拟，进一步验证了缓解银企信息不对称程度和提高中小企业抗风险能力对宏观经济稳定的重要性，为相关扶持政策提供了方向。

二、理论模型

基于Bernanke等（1999，以下简称BGG）和Christiano等（2014，以下简称CMR）的金融加速器框架，本文构建了一个包含代表性家庭、企业家、银行等多部门动态随机一般均衡模型。金融摩擦主要集中于企业家部门，源于企业家和银行之间债务合同中的委托代理问题，企业家的违约行为迫使银行进行项目清算，其清算成本会带来资源损失。其中，参考Baek（2020）的模式，模型的一个关键特点在于企业家在面对外部风险时的内生风险转移渠道，企业家通过有成本的努力行为在高风险、高收益项目与低风险、低收益项目之间进行权衡以最大化自身预期收益，带来内生的资产组合，进而导致风险分布的内生化，这一风险转移过程是激励相容的。

银企间的信息不对称体现在企业家的风险转移机制，银行事前无法观测到企业家的努力行为，企业家投资项目的内生选择会导致更严重的道德风险问题：企业家拿到贷款后可能倾向于投资高风险项目，将债务违约率上升的风险转移到银行，导致银行预期收益下滑。笔者首先构建单部门模型以检验风险转移机制如何驱动经济波动，之后拓展到两部门企业模型，纳入了异质性的金融摩擦，进一步研究该渠道所造成的企业间非对称影响与信贷资源错配问题。模型各部门之间的联系如图1所示。

（一）单部门模型

在单部门模型中，假设只有一种类型的企业家并具备上述的风险转移机制，在两种异质性项目之间进行收益与风险的权衡，该模型用于检验外部冲击如何通过风险转移机制驱动经济动态。

1. 代表性家庭

假设家庭部门完全同质，代表性家庭通过存款利息与工资获取收入，选择消费 C_t、储蓄 D_t 与劳动 L_t 以实现预期贴现效用最大化，其效用函数形式如下：

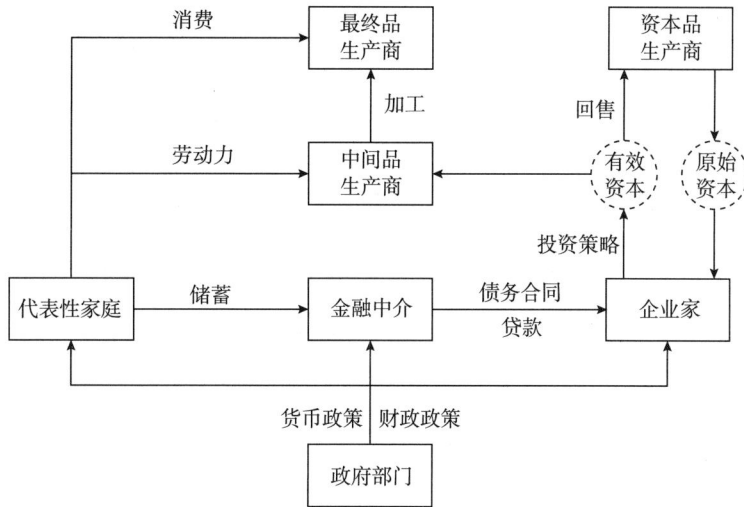

图1 模型框架

$$E_0 \sum_{t=0}^{\infty} \beta^t \left[\ln(C_t - vC_{t-1}) - \phi_l \frac{1}{1+\eta} \int_0^1 L_{it}^{1+\eta} di \right] \tag{1}$$

其中，β 表示家庭部门的贴现因子，v 表示家庭部门的消费惯性，ϕ_l 表示劳动偏好，L_{it} 表示大部分家庭提供的异质性劳动，η 表示 Frisch 替代弹性的倒数。家庭的预算约束式为：

$$P_t C_t + D_t = D_{t-1} R_{t-1} + \int_0^1 W_{it} L_{it} + \Pi_t \tag{2}$$

其中，D_t 与 R_t 分别表示存款与存款利率，W_{it} 表示个体 i 的名义工资，Π_t 表示生产部门获得的利润，最后转移支付给家庭部门；工资设定参考 Calvo 黏性形式，每一期的工资只有 $1-\theta^w$ 的概率进行调整；W_t 表示总工资指数，L_t 表示劳动供给的 CES 加总形式。

2. 企业家部门

与 BGG、CMR 金融加速器框架一致，假设企业家通过在银行获得的贷款 B_t 和自身净值 N_t 购买原始资本 K_t，在制定投资决策后经过一个事后的特质性有效资本转换率冲击 ω 将其转换为有效资本 ωK_t，最后将有效资本出售给中间品厂商用于生产并获取资本收益。其中，有效资本转换率 ω 为一个随机变量，假设其服从对数正态分布：$\log(\omega) \sim N(\mu, \sigma)$，标准差 σ 即经济金融系统中的风险冲击或不确定性冲击。在债务合同之下，企业家的外部融资溢价与杠杆率呈正相关，不确定性冲击会带来企业家违约率提高，其净值会随项目预期收益下滑而收缩。同时因外部风险提升，银行因此会要求更高的贷款利率水平，导致企业家外部融资溢价上升，这会使企业家净值进一步下滑，产生信贷紧缩与投资产出衰退加大的金融加速器效应。

学术界基于 BGG、CMR 金融加速器框架的分析较多，但其中很少有文献考虑到风险分布的内生化[①]，Baek（2020）尝试构建了内生风险转移渠道，考虑了企业家对"好项目"和"坏项目"的权衡选择，但是其收益与风险负相关的设定与实际中大多数情况不符。本文模型与相关文献设定不同的地方在于，企业家在制定投资决策时面临两类预期收益和风险存在异质性的资本项目，即"低风险低收益项目"（以下简称低风险项目）与"高风险高收益项目"（以下简称高风险项目），高风险项目的预期收益更高，但是相应地需要承担更高的失败风险，导致其违约

---

① Christiano 等（2014）在最后提到"Understanding these endogenous components is an important task for future research"，强调了风险内生化的重要性。

概率更高，这种设定更加贴合实际。

然而，受到有限责任保护的企业家在项目违约时不需要额外付出违约成本，仅是项目被银行清算，收益为 0。因此追求自身收益最大化的企业家就有动机在制定投资决策时更多地选择期望收益更高的高风险项目，会付出更多努力在投资项目选择中甄别出符合自身偏好的项目，从而增加自身拿到高风险项目的概率，提高总体期望收益。这样的努力行为是有成本的，因此企业家需要在高风险项目带来的更高期望收益与努力行为带来的成本之间进行权衡。

在每一期，企业家通过自身净值与在银行获得的贷款购买原始资本：

$$Q_t K_t = N_t + B_t \tag{3}$$

其中，Q_t 为资本品价格。在购买原始资本后，企业家通过项目投资决策隐含的有效资本转换率将原始资本 K_t 转换为有效资本 ωK_t。企业家投资项目存在低风险与高风险项目之分，其各自的有效资本转化率满足不同的分布：$\omega^L \sim F^L(\omega)$，$\omega^H \sim F^H(\omega)$。低风险项目的期望转换率为 1，标准差为 σ，高风险项目的区别在于其有效资本转换率期望更高（期望值为 a，$a>1$），但是拥有更高的风险，即横截面标准差较高（$b\sigma$，$b>1$）。具体而言：

$$\log(\omega^L) \sim N\left(-\frac{1}{2}\sigma^2, \sigma^2\right), \quad \log(\omega^H) \sim N\left[-\frac{1}{2}(b\sigma)^2 + \log(a), (b\sigma)^2\right]$$

企业家通过努力行为 e_t 提高拿到高风险项目的概率 $p(e_t)$，使最终有效资本转换率的分布为两类项目的加权平均，实现项目期望收益与风险内生决定于企业家的努力行为：

$$F_t(\omega) = p(e_t)F_t^H(\omega) + (1-p(e_t))F_t^L(\omega)$$

在与银行签订债务合同时，银行与企业家约定一个合同利率，在项目结算后企业家需要按照合同利率偿还债务本息。因此对于企业家而言，存在一个有效资本转换率的门槛值 $\bar{\omega}$：

$$\bar{\omega}_{t+1} R_{t+1}^k Q_t K_t = B_t Z_{t+1} \tag{4}$$

其中，Z_t 为合同利率。当最终的转换率 $\omega < \bar{\omega}$ 时，企业家的资本项目收益不足以偿还债务而选择违约；当 $\omega \geq \bar{\omega}$ 时，企业家可以正常偿还债务并获取剩余的收益作为利润。因此，企业家的期望收益为：

$$\int_{\bar{\omega}_{t+1}}^{\infty} (\omega R_{t+1}^k Q_t K_t - Z_{t+1} B_t) dF(\omega) - c(e_t) Q_t K_t \tag{5}$$

式（5）第一部分为当企业家所获取的资本项目期望利润，表示不违约情况下项目期望收益减去偿还的债务本息。第二部分中 $c(e_t)$ 为企业家为提高拿到高风险项目概率所付出的努力成本，努力成本作为企业家总资产的一部分，会降低期望收益。将式（4）代入式（5）可将期望收益改写为：

$$R_{t+1}^k Q_t K_t \left[\int_{\bar{\omega}_{t+1}}^{\infty} (\omega - \bar{\omega}_{t+1}) dF(\omega)\right] - c(e_t) Q_t K_t$$

为简化设定，参考 Baek（2020）设定概率函数为努力行为的一次函数，成本为其二次函数 $p(e_t) = \chi e_t$，$c(e_t) = e_t^2 / 2$。同时令：

$$o(\bar{\omega}_{t+1}) = \int_0^{\bar{\omega}_{t+1}} (\bar{\omega}_{t+1} - \omega) dF(\omega)$$

其表示因为企业家违约行为而带来的银行收益损失份额，那么企业家的期望收益可以改写为：

$$Q_t K_t \left\{\left[(\chi e_t)a + (1-\chi e_t)\right]R_{t+1}^k - \bar{\omega}_{t+1}R_{t+1}^k + o(\bar{\omega}_{t+1})R_{t+1}^k - e_t^2/2\right\} \tag{6}$$

与有效资本转换率 ω 类似，银行同样无法观测到企业家的努力行为，因此企业家可以在不受债务合同约束的情况下最大化自身期望收益决定努力水平 e_t，得到其函数：

$$\chi R_{t+1}^k(a-1) + \chi R_{t+1}^k \left[o^H(\bar{\omega}_{t+1}) - o^L(\bar{\omega}_{t+1})\right] \geq e_t \tag{7}$$

式（7）为 e_t 的激励相容约束，左边为一单位努力行为的收益，右边为一单位努力行为的成本。其中左边第一部分代表一单位努力行为带来的高风险项目概率提升所产生的两类项目期望收益之差，第二部分中 $o^H(\bar{\omega}_{t+1})$、$o^L(\bar{\omega}_{t+1})$ 可以理解为企业家所持有的高风险项目与低风险项目的看跌期权。由于 $o(\bar{\omega}_{t+1})$ 为企业家违约行为而带来的银行收益损失份额，且高风险项目的违约概率以及违约时银行损失更高，因此高风险项目的看跌期权价值更高。企业家一单位努力行为提高了拿到高风险项目的概率，因此其持有的看跌期权组合的价值相应地提高，提高了企业家的预期收益水平。

通过式（7），可以推导出企业家努力行为与外部不确定性冲击的关系，即当高风险项目的违约率 $F^H(\bar{\omega})<0.5$ 时：

$$\frac{\partial[o^H(\bar{\omega})-o^L(\bar{\omega})]}{\partial\sigma}>0, \quad \frac{\partial[o^H(\bar{\omega})-o^L(\bar{\omega})]}{\partial\bar{\omega}}>0 \tag{8}$$

由式（7）、式（8）可知，当不确定性冲击 σ 提升时，企业家会提高自身的努力水平，在制定投资决策时会选择更多高风险项目。从这里可以看出，经济不确定性增大将产生更严重的道德风险问题：不确定性提高时，融资成本上升的预期会激励企业家追求高风险项目的高收益以补偿不确定性提高时自身的期望收益损失，这导致更多的风险被转移到银行，此风险转移机制会带来企业家债务违约率进一步提升，导致经济中风险加速提升。同时式（8）两个结果隐含着 σ、$\bar{\omega}$、e 三者的正相关关系，因此两个结果会彼此促进，带来努力行为进一步提升，不确定性冲击会加速经济中的风险累积，产生了类似金融加速器的效果。

企业家从资本生产商处购买原始资本，其收益来自被中间品生产商租借有效资本的租金以及当期未折旧的有效资本的回售，因此其实际资本收益可获得有效资本转化率的加成：

$$[(\chi e_t)a+(1-\chi e_t)]E_t(R^k_{t+1})=[(\chi e_t)a+(1-\chi e_t)]E_t\left(\frac{r^k_{t+1}+Q_{t+1}(1-\delta)}{Q_t}\right) \tag{9}$$

在企业家出售有效资本获取资本项目收益之后，每一期会有 $1-\gamma$ 比例的企业家退出，同时会有相同数量的新企业家进入，同时新进入的企业家每一期会收到来自家庭的转移支付 w^e 作为启动资金，其净值积累过程为：

$$N_{t+1}=\frac{\gamma}{\pi_t}\left[\int_{\bar{\omega}_{t+1}}^{\infty}(\omega R^k_{t+1}Q_tK_t-Z_{t+1}B_t)dF(\omega)-c(e_t)Q_tK_t\right]+w^e \tag{10}$$

3. 银行部门

银行与企业家签订债务合同，在企业家正常偿还债务本息时可按照合同利率拿到贷款收益，但是当企业家违约时，资本项目由银行清算，并代替企业家收取所有项目收益，但这一过程会由于有成本的资本项目清算产生一定的收益损失，这一损失比例记为 μ。因此，企业家的违约行为会降低银行的预期收益，对于银行而言需要在考虑企业家的违约概率时，保证贷款预期收益不低于无风险投资收益：

$$[1-F_t(\bar{\omega}_{t+1})]Z_{t+1}B_t+(1-\mu)\int_0^{\bar{\omega}_{t+1}}\omega R^k_{t+1}Q_tK_tdF(\omega)\geq R_tB_t \tag{11}$$

式（11）左边第一部分为企业家不违约时银行的预期收益，这种情况下银行可以正常拿到债务合同中签订的贷款本息。第二部分是在企业家违约时，银行代替企业家获得资本项目收益扣除清算成本的部分，其中 μ 为银行对资本项目进行核查清算的成本比例。该式右边为将这些贷款用于无风险投资获取的收益，贷款的期望收益应当不低于无风险投资收益，此式即为债务合同条件。从式（11）可以看出，银行预期企业家违约率提升时会提高贷款利率，由式（5）可知，这会降低企业家的期望收益进而导致其通过追求高风险项目以弥补损失，因此银行安全经营的行为反而导致了更高的风险。

设定企业家杠杆率 $L_t = \dfrac{Q_t K_t}{N_t}$，若令 $G_t(\overline{\omega}_{t+1}) = \int_0^{\overline{\omega}_{t+1}} \omega dF(\omega)$，债务合同条件为：

$$\overline{\omega}_{t+1} - o(\overline{\omega}_{t+1}) - \mu G_t(\overline{\omega}_{t+1}) = \frac{L_t - 1}{L_t} \frac{R_t}{R_{t+1}^k} \tag{12}$$

因此，企业家需要在激励相容约束式（7）与债务合同约束式（12）的约束条件下选择违约门槛 $\overline{\omega}_{t+1}$、杠杆率 L_t 与努力行为 e_t 以最大化自身预期利润。参考 BGG 的设定，违约成本与债务规模之比反映了企业家的外部融资溢价水平：

$$premium_t = \mu \int_0^{\overline{\omega}_{t+1}} \omega R_{t+1}^k Q_t K_t dF(\omega) / B_t$$

4. 资本品生产商

资本品生产商每期通过回购企业家上一期未折旧的有效资本品，进行投资以生产新的资本品再次卖给企业家部门。参考 Christiano 等（2010）的设定，投资品形成过程中存在一个二次调整成本，资本积累方程如下：

$$K_{t+1} = \left[(\chi e_t) a + (1 - \chi e_t) \right] (1 - \delta) K_t + \left[1 - \frac{\kappa}{2} \left(\frac{I_t}{I_{t-1}} - 1 \right)^2 \right] I_t \tag{13}$$

资本品生产商解决利润最大化问题：

$$maxE_0 \sum_{t=0}^{\infty} \Lambda_{0,t} Q_t \left[1 - \frac{\kappa}{2} \left(\frac{I_t}{I_{t-1}} - 1 \right)^2 \right] I_t - I_t$$

其中，$\Lambda_{0,t}$ 为主观贴现因子，得到资本品生产商的一阶条件：

$$1 = Q_t \left[1 - \frac{\kappa}{2} \left(\frac{I_t}{I_{t-1}} - 1 \right)^2 - \kappa \frac{I_t}{I_{t-1}} \left(\frac{I_t}{I_{t-1}} - 1 \right) \right] + \beta \frac{\lambda_{t+1}}{\lambda_t} Q_{t+1} \kappa \left(\frac{I_{t+1}}{I_t} \right)^2 \left(\frac{I_{t+1}}{I_t} - 1 \right) \tag{14}$$

5. 最终品生产商

假设经济中存在一个完全竞争的最终品生产商，从中间品生产商处购买具有一定差异性的中间品 $Y_t(h)$ 进行打包，通过常数替代弹性（CES）形式生产函数得到最终品：

$$Y_t = \left[\int_0^1 Y_t(h)^{\frac{\sigma_p - 1}{\sigma_p}} \right]^{\frac{\sigma_p}{\sigma_p - 1}}$$

其中，σ_p 表示不同中间品的替代弹性。最终品厂商解决利润最大化问题可以得到中间品 $Y_t(h)$ 的需求函数，最终品出清可以得到总价格指数，分别为：

$$Y_t(h) = \left[\frac{P_t(h)}{P_t} \right]^{-\sigma_p} Y_t, \quad P_t = \left[\int_0^1 P_t(h)^{1-\sigma_p} \right]^{\frac{1}{1-\sigma_p}}$$

6. 中间品生产商

假设中间品生产商以实际工资率 w_t 在家庭部门雇佣劳动力，并以资本租金率 r_t^k 在企业家部门租借有效资本用于生产，采用 Cobb-Douglas 形式的生产函数：

$$Y_t(h) = A_t K_{t-1}(h)^\alpha L_t(h)^{1-\alpha} \tag{15}$$

需要注意的是，中间品生产商采用的是企业家的有效资本 ωK_{t-1}，因此考虑到两类资本项目最终的期望有效资本转换率，最终生产过程用到的资本品生产要素需要乘以一个有效转化乘数，即为原生资本的 $(\chi e_{t-1})a + (1 - \chi e_{t-1})$ 倍。这里 Baek（2020）为简化模型的考虑设定最终劳动供给与有效产出均经过同样大小的有效转化乘数转化得到，但是本文认为企业家的资本投资行为与劳动力市场并没有直接关联，有效转化乘数仅与用于生产投资的有效资本有关。因为有效转化乘数为两类项目的加权平均期望收益，所以以高风险项目的高期望收益能够提高经济的有效产出，定义有效产出为：

$$Y_t^e(h) = A_t \{ [(\chi e_{t-1}) a + (1-\chi e_{t-1})] K_{t-1}(h) \}^\alpha L_t(h)^{1-\alpha} = [(\chi e_{t-1}) a + (1-\chi e_{t-1})]^\alpha Y_t(h) \qquad (16)$$

在给定实际工资率 w_t 和资本租金率 r_t^k 下，中间品厂商解决成本最小化问题，得到两类生产要素的关系 $\alpha w_t L_t = (1-\alpha) r_t^k K_{t-1}$ 与实际边际成本 $mc_t = 1/A_t(w_t/(1-\alpha))^{1-\alpha}(r_t^k/\alpha)^\alpha$。

此外，为了考虑名义刚性的存在，假设垄断竞争的中间品生产商定价策略满足 Calvo（1983）交错定价机制，即每期任一生产商有 θ^p 概率无法调整价格，$1-\theta^p$ 概率可以将价格设定为最大化利润的最优定价 $P_t(h) = P_t^*$。同时，为了消除稳态下的垄断扭曲，假定政府对生产商的边际成本给予 $\tau = 1/\sigma$ 的补贴，因此其利润函数为：

$$E_t \sum_{k=0}^\infty (\beta\theta^p)^k \Lambda_{t,t+k} \{ Y_{t+k}(h) [P_t(h) - (1-\tau) MC_{t+k}(h)] \}$$

其中，$\Lambda_{t,t+k} = u'(C_{t+k})/u'(C_t)$，在给定中间品需求的情况下求利润最大化问题可以得到最优定价：

$$P_t^* = \frac{\sigma_p}{\sigma_p - 1} \frac{E_t \sum_{k=0}^\infty (\beta\theta^p)^k \lambda_{t+k}(1-\tau) mc_{t+k} P_{t+k}^{\sigma_p} Y_{t+k}}{E_t \sum_{k=0}^\infty (\beta\theta^p)^k \lambda_{t+k} P_{t+k}^{\sigma_p-1} Y_{t+k}}$$

由于所有可以调整价格的中间品生产商会制定相同的最优价格，那么由价格定义可以得到 $P_t^{1-\sigma} = (1-\theta^p) P_t^{*1-\sigma_p} + \theta^p P_{t-1}^{1-\sigma_p}$。

7. 政府部门

本文假定中央银行根据 Taylor 规则制定标准的货币政策，即基准利率盯住通货膨胀与实际有效产出缺口：

$$\frac{R_t}{R} = \left(\frac{R_{t-1}}{R}\right)^{\rho_r} \left(\frac{\pi_t}{\pi}\right)^{(1-\rho_r)\phi_\pi} \left(\frac{GDP_t}{GDP}\right)^{(1-\rho_r)\phi_y} \qquad (17)$$

8. 市场出清

最终品市场出清条件为：

$$C_t + I_t + G_t + \mu G_t(\overline{\omega}_{t+1}) R_t^k Q_{t-1} K_{t-1} = Y_t^e \qquad (18)$$

其中，$\mu G_t(\overline{\omega}_{t+1}) R_t^k Q_{t-1} K_{t-1}$ 为企业家违约行为造成的资源损失，在企业家通过提高努力水平来扩大高风险项目份额后，会因为高风险项目的高期望收益提高最终有效资本转换率，带来更高水平的投资、产出增长，但也会因为风险提升导致违约率提高，并且增加经济中的资源损失。参考 CMR，因企业家违约产生的清算成本作为金融摩擦中的资源消耗，并不进入实际生产总值的结算中，定义实际有效产出为 $GDP_t = C_t + I_t + G_t$。

（二）两部门模型

在单部门模型中只有一种类型的企业家，此类企业家是偏好风险的，在制定投资决策时会更偏好于预期收益更高的高风险项目而轻视高风险带来的高违约率。在实际情况中，并不是所有的企业家都符合这样的设定，因为信息公开、监管政策或者希望维持商业信誉等原因，部分企业家相对更加厌恶风险，会偏向于长期的平稳增长。对于此类企业家而言，相比于高收益而言，更重要的是防风险和稳增长。因此在进行资本项目投资时，此类企业家并不会追求高风险项目。

本文在两部门模型中假设有两类企业家，分别掌控大企业和小企业①，其中大企业由于自身规模较大、受监管约束较多、承担政策目标等原因更倾向于防风险，因此投资组合中没有高风

---

① 为与两部门理论模型以及实证分析中的虚拟变量 Smallfirm 的设定对应，本文后续分析部分将中小企业简称为"小企业"。

险项目。在实际情形中，小企业更多的是成长率较高、资本结构调整较快但更容易出现违约情况的企业，此类企业投资决策较灵活，短期内追求高收益以尽快进行资本积累，在实际中更倾向于选择高风险项目。

假设经济中垄断竞争的中间品生产商为一个测度为 1 的连续统，参考 BGG，中间品生产商汇总大企业、小企业各自产出的中间品 $Y_t^b(h)$、$Y_t^s(h)$ 打包形成 $Y_t(h)$：

$$Y_t(h) = \left[\omega^{\frac{1}{\varepsilon}} Y_t^b(h)^{\frac{\varepsilon-1}{\varepsilon}} + (1-\omega)^{\frac{1}{\varepsilon}} Y_t^s(h)^{\frac{\varepsilon-1}{\varepsilon}} \right]^{\frac{\varepsilon}{\varepsilon-1}}$$

其中，ω 为大企业的产出份额，ε 为大企业与小企业中间品的替代弹性。中间品厂商解决利润最大化问题得到两类中间品的需求：

$$Y_t^b(h) = \omega \left[\frac{P_t^p(h)}{P_t(h)} \right]^{-\varepsilon} Y_t(h) , \quad Y_t^s(h) = (1-\omega) \left[\frac{P_t^s(h)}{P_t(h)} \right]^{-\varepsilon} Y_t(h)$$

同时中间品市场出清得到中间品总价格计算式：

$$P_t(h) = \left[\omega (P_t^p(h))^{1-\varepsilon} + (1-\omega)(P_t^s(h))^{1-\varepsilon} \right]^{\frac{1}{1-\varepsilon}}$$

此外，家庭会向两类企业各自提供劳动供给，效用函数（1）变为：

$$E_0 \sum_{t=0}^{\infty} \beta^t \left[\ln(C_t - vC_{t-1}) - \phi_l^b \frac{1}{1+\eta} \int_0^1 L_{it}^{b\,1+\eta} di - \phi_l^s \frac{1}{1+\eta} \int_0^1 L_{it}^{s\,1+\eta} di \right]$$

同时预算约束与市场出清变为：

$$P_t C_t + D_t = D_{t-1} R_{t-1} + \int_0^1 W_{it}^b L_{it}^b + \int_0^1 W_{it}^s L_{it}^s + \Pi_t$$

$$C_t + I_t^b + I_t^s + G_t + \Xi_t^b + \Xi_t^s = \left\{ \omega + (1-\omega) \left[(\chi e_t) a + (1-\chi e_t) \right]^{\alpha_s \frac{\varepsilon-1}{\varepsilon}} \right\}^{\frac{\varepsilon}{\varepsilon-1}} Y_t = Y_t^e$$

其中，$\Xi_t^b = \mu^b R_t^{kb} Q_{t-1}^b K_{t-1}^b \int_0^{\bar{\omega}_{t+1}^b} \omega dF^L(\omega)$、$\Xi_t^s = \mu^s R_t^{ks} Q_{t-1}^s K_{t-1}^s \int_0^{\bar{\omega}_{t+1}^s} \omega dF(\omega)$ 分别为大企业与小企业因违约产生的清算成本，因此去除资源损失后的实际有效产出为：

$$GDP_t = C_t + I_t^b + I_t^s + G_t = Y_t^e - \Xi_t^b - \Xi_t^s$$

三、参数校准

对于大部分标准设定中的结构性参数设定在学术界已达成一定共识，本文根据前人研究成果以及实际数据，采取校准的方式对所有涉及稳态的结构参数进行估计，所有数据调整为每一期对应一个季度，具体情况见表 1。

表 1　参数校准

参数	含义	取值	参数	含义	取值
单部门模型			两部门模型		
β	家庭主观贴现因子	0.996	ε	大小企业中间品替代弹性	3
η	劳动供给弹性倒数	2	ω	大企业产出份额	0.45
v	家庭消费惯性	0.7	α^b	大企业资本产出弹性	0.55
μ	项目清算成本	0.0956	α^s	小企业资本产出弹性	0.5
w^e	企业家转移支付	0.1	μ^b	大企业项目清算成本	0.0963

参数	含义	取值	参数	含义	取值
	单部门模型			两部门模型	
a	高低风险项目期望收益比	1.01	μ^s	小企业项目清算成本	0.1645
b	高低风险项目标准差比	2	γ^b	大企业存活率	0.9881
γ	企业家存活率	0.985	γ^s	小企业存活率	0.9784
χ_e	高风险项目比例	0.150	χ_e	小企业高风险项目比例	0.5395

关于单部门模型的结构参数，根据 2015 年 10 月至 2021 年 4 月一年期人民币定期存款年度利率为 1.50%，对应季度数据校准家庭部门贴现因子，设定为 $\beta=0.996$。按照大部分文献常规取值，将 Frisch 劳动供给弹性倒数设定为 $\eta=2$，将资本折旧率设定为 $\delta=0.025$，设定 $\sigma_p=11$ 代表稳态时中间品厂商的价格加成为 10%，设定 $\theta^p=\theta^w=0.75$ 代表中间品厂商设定的价格以及工人工资平均每年进行一次调整。参考郭豫媚等（2016）将消费惯性参数设定为 $v=0.7$，参考孟宪春等（2018）将生产函数中资本产出弹性校准为 $\alpha=0.5$。在金融加速器框架中，参考 BGG 设定 $R^k=(R^4+0.02)^{1/4}$ 代表企业家的年度资本收益率利差为 2%。本文通过稳态下企业家的违约率对风险值 σ 与违约阈值 ϖ 进行校准，根据中国银监会（现为国家金融监督管理总局）公布的 2011 年第一季度至 2022 年第二季度的商业银行不良贷款率的数据，样本区间内商业银行平均季度不良贷款率为 1.5%。由于模型中的违约情形为商业银行确认无法收回本息的情况，因此其中次级贷款、可疑贷款和损失贷款分别按照其最高贷款损失概率 50%、75%、100% 进行加权平均，得到的季度平均贷款损失率为 1.024%，因此设定稳态违约率 $F(\varpi)=0.01$ 代表季度违约率为 1% 左右，这高于 CMR、BGG 设定的 0.56%、0.75%，与本文模型中包含高风险项目导致违约率提升相符。关于企业家平均杠杆率 K/N，国内外相关文献校准均在 1.5 上下，因此本文选取平均水平进行校准。参考王立勇和徐晓莉（2018）设定新企业家收到来自家庭的转移支付为 $w^e=0.1$。关于两类资本项目的差异，Baek（2020）中设定 $a=0.995$、$b=1.5165$，代表的是"好项目"与"坏项目"的差异。本文模型设定不同，为了体现两类项目的差异，设定 $a=1.01$、$b=2$ 代表高风险项目的季度期望收益率比低风险项目高 1%，但是需要承担两倍的不确定性。经校准后计算得到项目清算成本 $\mu=0.0956$，企业家存活率 $\gamma=0.985$，这个结果与 CMR 基本一致。校准后得到高风险项目的稳态违约率为 6.53%，低风险项目违约率为 0.03%，企业家持有高风险项目的比例为 15.0%。

关于两部门模型的结构参数，参考 Chang 等（2019）设定两类企业中间品替代弹性 $\varepsilon=3$，大企业的产出份额 $\omega=0.45$，参考江振龙等（2021）设定大企业为资本密集型企业，其资本产出弹性为 0.55。在金融加速器框架中，参考王文甫等（2014）将大企业与小企业的稳态杠杆率分别校准为 1.66 和 1.33。同时，因为大企业的资本边际生产率 r^{kb} 较低，对应其资本收益率 R^{kb} 较低，参考 Baek（2020）设定大企业资本收益率利差为 1.2%，对应小企业为 2.65% 以使加权平均利差为 2%。大企业没有高风险项目，不存在风险转移机制，参考 CMR 设定大企业的季度违约率为 0.56%，由于高风险项目的存在，小企业的违约率更高，设定为 1.36% 以保证两类企业平均违约率与银保监会平均贷款损失率数据 1.024% 对应。经校准后计算得到的大企业项目清算成本为 $\mu^b=0.0963$，小企业资本项目相对更难核查，其清算成本更高，为 $\mu^s=0.1645$。大企业与小企业的存活率分别为 $\gamma^b=0.9881$ 与 $\gamma^s=0.9784$，这与 Baek（2020）的结果很接近，小企业的存活率相对更低也对应其资本项目隐含风险更高。稳态下小企业的高风险项目违约率为 2.52%，低风险项目违约率为 0.007%，持有高风险项目的比例为 53.95%。

四、数值模拟

（一）单部门模型的"风险加速器"效应

本部分先考虑单部门模型，即经济中只有一种类型的企业家，该类企业家在进行资本投资决策时会在高风险项目与低风险项目之间进行权衡，通过有成本的努力行为提高自身拿到高风险项目的概率以提高预期资本收益，但同时也使经济中的风险积聚，造成企业家的违约率提升，银行为降低违约损失会提高融资溢价要求，这进一步激励企业家追求高风险投资项目，导致宏观经济暴露在更高不确定性的外部环境中。

CMR 分析了来自有效资本转化率分布中横截面标准差变动对应的不确定性冲击的重要性，其通过金融加速器效应会放大金融部门风险对宏观经济的影响。由式（8）可知，正向的不确定性冲击会提高企业家的努力行为，使企业家的投资组合中包含了更多的高风险项目，由于高风险项目本身具有更高的违约率，且受不确定性冲击影响更大，因此企业家的风险转移机制会放大不确定性冲击在金融部门的影响。

图 2 显示了在不确定性冲击下宏观经济实体部门与金融部门的脉冲响应，其中"违约损失占比"表示银行清算成本占实际有效产出的比例。纵轴表示各变量偏离自身稳态的百分比，代表比例或概率的变量（企业家杠杆率、违约损失占比、外部融资溢价、违约率）表示波动的水平值。图 2 中实线代表基准情形，即企业家存在风险转移机制，努力行为会随外部冲击发生变化，

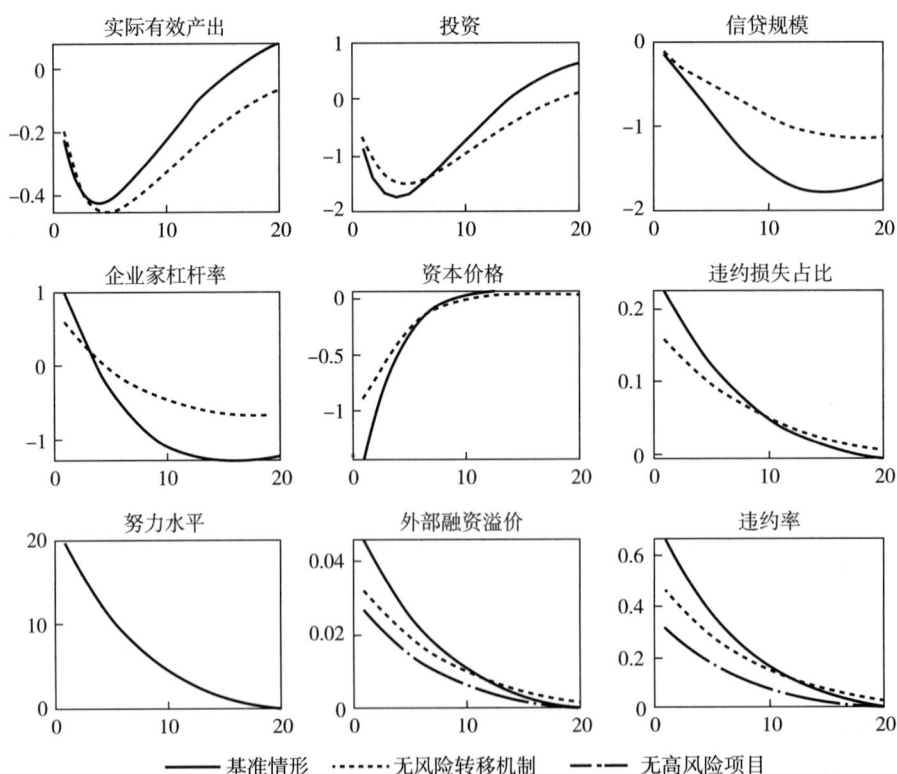

图 2　单部门模型不确定性冲击下的脉冲响应

进而改变自身投资项目组合；虚线对应的"无风险转移机制"代表相对基准情形企业家努力行为维持不变的情况，在这种情形下企业家的努力行为成本为零，式（7）的激励相容约束不再存在，企业家的投资组合不再变化，高风险项目的比例固定，模拟情形的参数设置和变量稳态与基准情形保持一致。另外，在对外部融资溢价和企业家违约率的模拟中，本文增加了"无高风险项目"情形，该情形与其他情形具有相同的风险稳态以保证不确定性冲击的大小一致，但是企业家投资项目组合中只有低风险项目。

在"无风险转移机制"下，由于努力行为成本为 0 且不再提高拿到高风险项目的概率，企业家不再面临激励相容约束，同时也不存在风险转移渠道，努力水平和投资组合中高风险项目比例维持在基准水平。在这种情形下，企业家部门与宏观经济会出现 BGG、CMR 中金融加速器式的反应：不确定性冲击提高了企业家的违约阈值，导致其违约概率提升，由式（5）可知，这会降低企业家的预期收益，导致其净值水平下降，杠杆率提升。此外，根据式（4）、式（11），面对更高的违约率，银行的清算成本提升，导致其预期收益下滑，银行会提高合同贷款利率，这增加了企业家的融资成本并导致企业家购买原始资本的需求下降，进而带来信贷紧缩并驱动了投资的下滑。企业家的投资下滑导致资本价格下跌，由式（10）可得这会进一步降低企业家的净值，提高杠杆率。信贷紧缩与投资下滑驱动有效产出下跌，在金融加速器机制下，不确定性冲击会放大对实体经济与金融部门的影响。

在基准情形下，不确定性冲击导致银行对企业的预期违约率提升，从而提高了融资溢价要求，融资成本上升与预期收益下降激励企业家追求高风险项目。随着企业家努力水平的提高，其投资组合中高风险项目比例提升，导致金融部门受到不确定性冲击的影响进一步扩大：相比于"无风险转移机制"，企业家的违约率与杠杆率进一步提升，随着银行要求的贷款利率进一步提高，企业家面临更高的外部融资溢价水平。融资成本的进一步提升降低了企业家信贷与购买原始资本的需求，导致信贷规模与资本价格进一步下滑，在违约率进一步提升的情况下，经济中的资源损失提升，违约损失比例进一步扩大，金融摩擦程度加强。

值得注意的是，与传统金融加速器的动态不同，在风险转移机制下，虽然不确定性冲击对金融部门造成了更大的影响，但是实体经济中的投资水平并没有相应地产生更严重的下滑：相比于其他变量，观测期内两种情形投资水平的跌幅接近，且基准情形下投资在后期恢复得更快。这是因为风险转移机制下高风险项目比例提升对原始资本的需求同时有替代效应和收入效应两方面的影响：一方面，替代效应源于高风险项目的高违约率，这导致银行对企业家要求的融资溢价提升，更高的融资成本降低了企业家的资本需求；另一方面，收入效应源于高风险项目的高期望资本收益率，由式（9）可知，高风险项目比例的提升会提高企业家的预期资本收益率，这又提高了企业家的资本需求。在两种效应的叠加下，企业家对资本的需求变化较小，相对于"无风险转移机制"的情形，前期替代效应占优，投资有更高水平的下滑，但后期收入效应占优，投资水平快速回升。在投资的驱动下，实际有效产出的衰退没有进一步加速，并且由式（16）可知，高风险项目带来加权平均有效资本转换率的提升，在一定程度上缓解了有效产出的下滑。

由此可以看出，在本文风险转移机制下，投资与产出的动态与 Baek（2020）中不确定性冲击带来"进一步加速"的宏观经济波动有着明显差异：企业家追求高风险项目的努力行为通过风险转移机制加速了经济不确定性对金融部门的影响，但是对实体部门的投资规模和实际有效产出波动并无明显"加速"效果。这本质上是高风险项目"高风险与高收益并存"的特性带来的，一方面其更高的风险放大了不确定性冲击的影响，加速了金融部门的冲击反应；另一方面其更高的预期有效资本转换率与资本收益率在一定程度上降了实体部门的冲击反应。这样一来，风险转移机制对宏观经济面临外部不确定性冲击时的反应有重要的意义：实际上，如果经济中存在一定数量的追求高风险、高回报的企业家，风险转移机制会显著提升外部风险对其融资、投资行为的影响，该类企业家将面临更高的外部融资溢价水平，导致融资规模大幅下滑并且违约率大大提高，面临的融资环境明显恶化。然而这样的放大影响从实体经济中加总的投资产出规模上看却难以体现，对产出缺口做出反应的货币政策不能及时对企业家的融资环境变化做出反应，若相关政策只锚定企业家最终生产投资行为而忽视其内部面临外部冲击时"风险加速器"式的反应，将会使风险加速累积，导致宏观经济处于更加危险的不确定性环境中。

从图2可以看到，银行面对信息不对称提高贷款利率的安全经营行为反而导致本金更加难以收回，企业家的风险转移机制产生了"风险加速器"式的反应，若一部分企业家对高风险项目没有额外偏好即没有风险转移机制，不确定性冲击对其影响会减弱；而从图2中可以看到，若企业家不存在对高风险项目的偏好，不确定性冲击对其融资溢价和风险积累的影响会进一步下降。本文接下来的部分将模型扩展为两部门模型，具体分析当经济中存在两类异质的企业家时的外部冲击反应。

（二）两部门模型

本部分设定两类企业家：小企业的企业家自身规模较小，出于追求快速成长的目的在投资决策中倾向于高风险项目；大企业的企业家由于自身规模较大，出于稳风险的目的在进行资本投资决策时不考虑高风险项目。

1. 不确定性冲击

图3显示了两部门模型中不确定性冲击下两类企业主要变量的脉冲响应。不确定性冲击对两类企业均产生了金融加速器式的不利影响，其中大企业受到的影响较小，部分原因是大企业的投资组合中不存在高风险项目，低风险项目受不确定性冲击影响较小，因此大企业受到不确定性冲击后违约率提升较少，银行对其要求的融资溢价提升较低，而大企业本身的融资成本就更低，

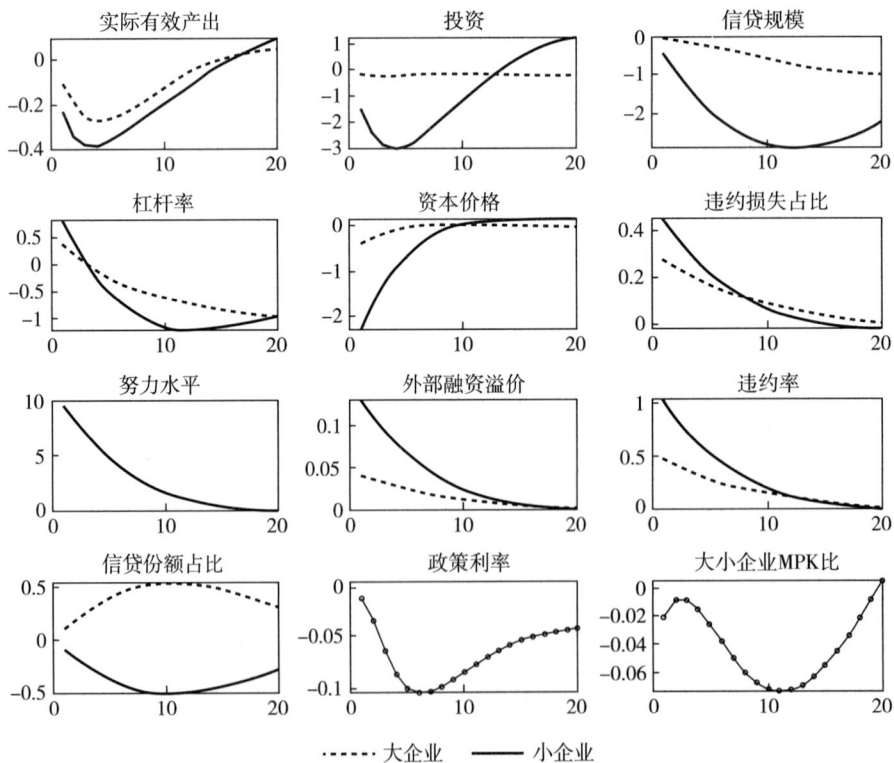

图 3　两部门模型不确定性冲击下的脉冲响应

因此在不确定性冲击下的外部融资环境波动较小。相比之下，小企业的融资环境明显恶化：在风险转移机制下，小企业的努力水平提高带来其投资组合中高风险项目比例提升，导致其违约率大幅提升，因此银行会更大幅度地提升对其要求的溢价水平。

在风险加速器机制下，虽然高风险项目对资本需求存在收入效应，但是小企业的投资水平与资本价格跌幅仍然远超过大企业，这是因为在两部门模型中，高风险项目还存在对供给端的影响：由式（11）可知，违约概率 $F_t(\overline{\omega}_{t+1})$ 会降低银行的预期收益，因此银行会更倾向于贷款给违约率更低的大企业，这导致小企业拿到的贷款份额持续下降，加上更高的外部融资溢价水平，在供给端与需求端的共同影响下，小企业的资本需求大幅降低，带来资本价格与投资水平更高幅度的下滑。同时由于政策利率对经济的加总产出缺口做出反应而随之下降，但是在两类企业面临不同融资溢价的情况下，这使大企业在融资环境中处于更加有利的地位。虽然在高风险项目的收益加成下，小企业的实际有效产出跌幅与大企业差距较小，但是银行在两类企业之间的信贷资源错配加重了小企业受到的不利影响。随着分配给大企业的信贷份额不断提高，其与小企业的资本边际产出（MPK）之比不断下降，反映了信贷资源错配会提高不确定性冲击对实体经济的危害。

2. 紧缩性货币政策冲击

从 2022 年 3 月开始，美联储结束了降息后接近两年的零利率下限政策，启动了高频且迅猛的加息步伐。而美国货币政策是全球货币政策的缩影，美联储长期的加息政策也对中国的货币政策产生了紧缩性压力。图 4 反映了紧缩性货币政策冲击下的宏观经济反应。

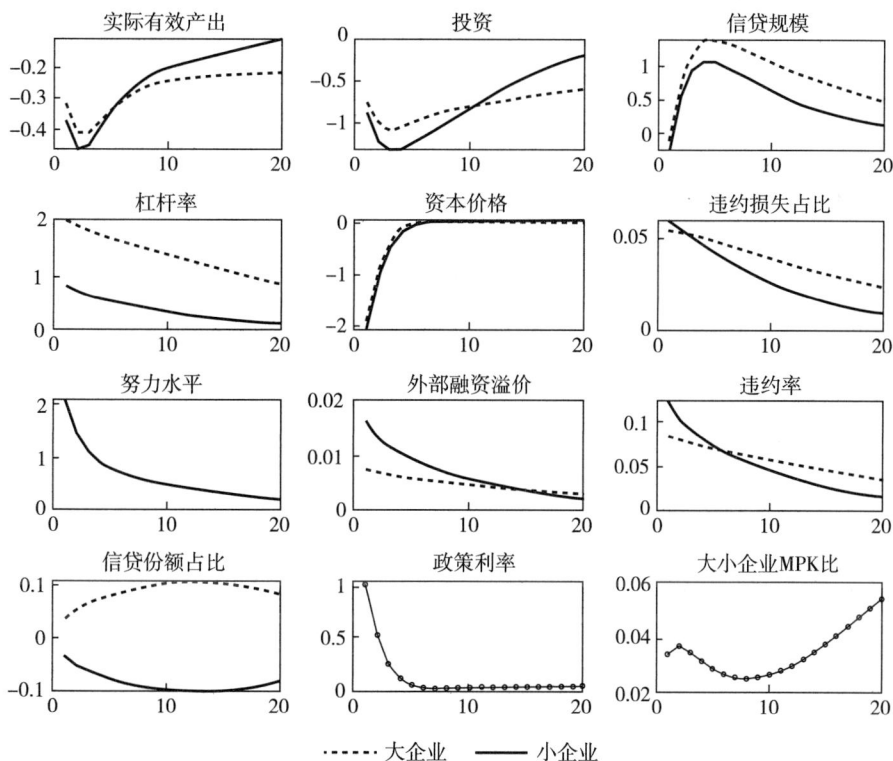

图 4　两部门模型货币政策冲击下的脉冲响应

紧缩性货币政策冲击作为负面冲击产生了与不确定性冲击类似的宏观经济反应，导致实际有效产出与投资均出现下滑，政策利率的提高也直接提高了企业的融资成本，企业家购买原始资本的需求下降驱动了资本价格的下跌并通过式（10）进一步降低企业家的净值，提高杠杆率，企业家的违约率随杠杆率提高而上升。由前文可知，这会导致银行要求更高的融资溢价，产生金融加速器式的影响，造成宏观经济更严重的衰退。得益于更高的政策利率带来的存款需求增加，企业的信贷规模并未出现大幅下跌。

小企业的风险转移机制仍然发挥了作用，在更差的投资环境中，小企业通过提升自身的努力水平增加了投资项目中高风险项目的比率，从而提高了自身的期望收益，在冲击后小企业的产出与投资相比于大企业更快地回归到稳态水平。但这一风险转移机制也导致小企业出现了更高的违约率，因此其外部融资溢价相比大企业也上升了更高的水平。

3. 企业家存活率冲击

实际上，经济不确定性冲击对企业的影响往往不只是债务违约，还可能影响企业尤其是小企业的存活概率。根据国家市场监督管理总局的数据，2021年全国企业和个体户注销1328.8万户。重大风险冲击除大幅降低企业投资项目收益外，还可能导致企业破产倒闭，在模型中可体现为企业家的存活率下降。图5反映了企业家存活率在负向冲击下的宏观经济反应。

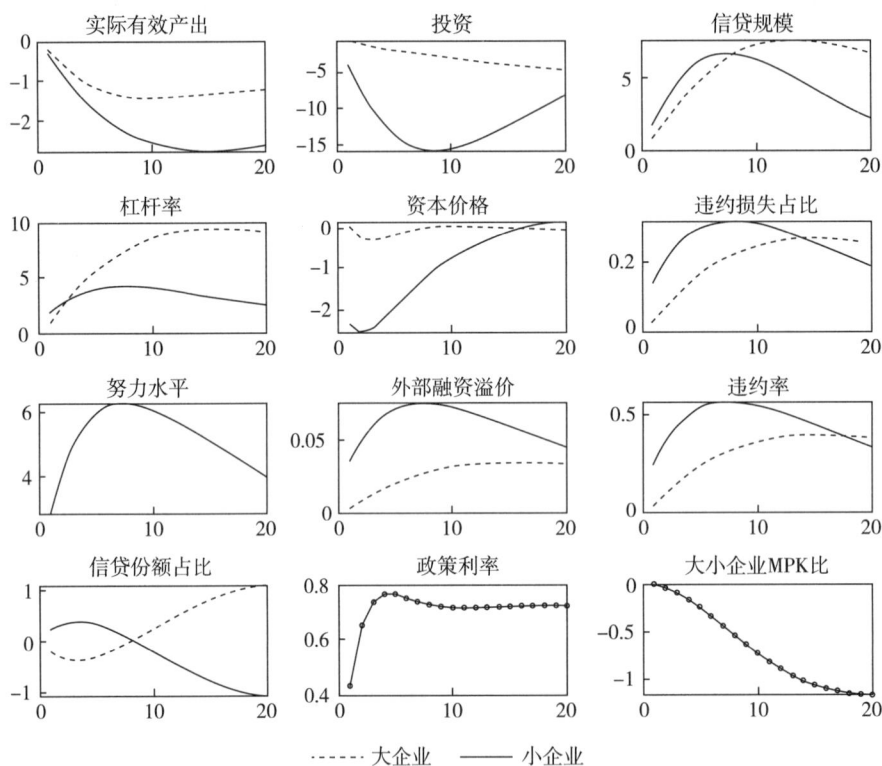

图 5　两部门模型企业家存活率冲击下的脉冲响应

由式（10）可知，负向的企业家存活率冲击会降低企业家总体净值积累，提高企业家整体的杠杆率，从图5可以看出其产生了与不确定性冲击类似的经济反应。企业家杠杆率的提升导致了其违约率的提高，进一步带来外部融资溢价的提升，降低了企业家的资本需求，带来资本价格的下跌。相比于产出，投资的下跌更为明显，因为企业家总净值的缩减通过式（3）直接降低了其对原始资本的购买，即使信贷规模有所增加，投资仍然在净值积累缩减的情况下大幅下滑。这在小企业中表现得尤为明显，在观测期内投资下滑超过15%。

与前两类冲击类似，小企业在负向冲击下通过提高努力水平以获取更多的高风险投资项目，进而提升自身的预期资本收益，这一风险转移行为也进一步提高了小企业的违约率。因此，银行对小企业要求更高的融资溢价，融资成本的提高导致小企业对原始资本的需求相对大企业下降得更多，表现为其资本品价格下跌幅度更高，进而导致小企业的投资与产出下滑得更加严重。

（三）政策仿真模拟

前文的分析结果表明，在不确定性冲击等负向冲击下，企业家的净值下跌、外部融资溢价提高等会受金融加速器机制扩大冲击的影响，导致债务违约率进一步提高，经济衰退更加严重。而追求高风险、高收益的小企业在内生风险转移机制下，不确定性冲击会因"风险加速器"进一步提高其违约率，注重借款人质量的银行也会相应进一步提高融资溢价要求，导致小企业融资难、融资贵的信贷环境雪上加霜，同时银行信贷资源向大企业进一步倾斜也会导致信贷资源错配的问题，这样的现象不利于金融系统的健康运行。小企业风险加速的现象也提高了现实中企业破产倒闭与银行坏账的比率，增加系统性金融风险发生的概率。

鉴于此，为降低不确定性提高对宏观经济的负面影响以及避免出现系统性金融风险，本部分考虑政府针对小企业的借贷行为，分别从信贷供给和信贷需求两个角度对不确定性冲击下的损失进行补贴，具体考虑政府担保政策与债务补贴政策。

1. 政府担保政策

信贷供给方的银行在借贷行为中的损失来源于企业债务违约，此部分违约债务无法按照合同利率收回本息，并且对企业投资项目清算存在清算成本。因此，第一类政策考虑政府为小企业提供担保，即在小企业违约率提升时替银行补偿部分债务违约损失。

企业债务违约时银行会对接手企业的投资项目并清算投资收益，由于清算成本的比例较小，大小企业的清算成本比例均未超过20%，银行面临违约的主要损失并非清算成本，而是企业违约部分的债务无法按照债务合同的账面利率 Z_t 甚至无风险利率 R_t 收回债务本息，因为企业违约时其投资项目平均收益本身较低，即使是无成本地获取资本收益也与无风险投资的收益相差较大。基于此，本文设定政府对小企业实施的担保政策具体表现为债务合同约束式（11）的变化：

$$G_t^g+[\,1-F_t(\overline{\omega}_{t+1})\,]Z_{t+1}B_t+(1-\mu)\int_0^{\overline{\omega}_{t+1}}\omega R_{t+1}^k Q_t K_t dF(\omega)\geqslant R_t B_t \tag{19}$$

其中，$G_t^g=l^{guarantee}[\,F_t(\overline{\omega}_{t+1})-F(\overline{\omega})\,]R_t B_t$ 代表政府在小企业违约率提高时对多违约部分的债务按照无风险利率补偿银行的部分损失，作为对小企业的债务进行担保；$l^{guarantee}$ 为担保力度。从式（19）可以看出政府担保政策对银行损失的补偿会放松债务合同约束，进而降低小企业的违约门槛 $\overline{\omega}_t$，带来违约率的降低。

2. 债务补贴政策

信贷需求方的企业家在借贷行为中的损失来源于银行对其违约率的考量而提高的融资成本，进而导致企业出现信贷紧缩，以及宏观经济产出与投资下滑。因此，第二类政策考虑政府为小企业提供债务补贴，即在小企业违约率提升、信贷紧缩时为其补充政府信贷，且此部分信贷只需要以相比合同利率 Z_t 较低的无风险利率 R_t 偿还，这样既从量上补充了企业损失的信贷资源，又从价上降低了企业的融资成本。因此企业的资产负债表变为：

$$Q_t K_t=N_t+B_t+B_t^g \tag{20}$$

其中，$B_t^g=\kappa^g(B_t-B)$ 代表政府对小企业提供的债务补贴，κ^g 代表补贴力度。由于此部分的债务只需要以无风险利率偿还，因此小企业的违约门槛决定变为：

$$\overline{\omega}_{t+1}R_{t+1}^k Q_t K_t=B_t Z_t+R_t B_t^g \tag{21}$$

经转化后，债务合同约束式（11）变为：

$$[1-F_t(\overline{\omega}_{t+1})]Z_{t+1}B_t+(1-\mu)\int_0^{\overline{\omega}_{t+1}}\omega R_{t+1}^k Q_t K_t dF(\omega)\geq R_t B_t+[1-F_t(\overline{\omega}_{t+1})B_t^g] \quad (22)$$

从式（22）可以看出，债务补贴政策相当于降低了小企业所需偿还的债务总量或者面临的融资成本，这在一定程度上放松了债务合同约束。

为检验政府担保政策与债务补贴政策的政策效果，此部分模拟了和前文大小一致的不确定性冲击下的脉冲响应。其中，两类政策参数分别取值为 $l^{guarantee}=0.3$ 与 $\kappa^g=-0.5$，代表政府担保政策中，当不确定性上升导致企业违约率提高时，政府补偿30%的银行违约损失；债务补贴政策中，当不确定性上升导致企业信贷紧缩时，政府为小企业提供50%信贷补贴。图6显示了不确定性冲击下两类企业主要变量的脉冲响应，其中实线的"基准情形"代表没有政策调控下的宏观经济反应，圈线与虚线分别代表前文介绍的政府担保政策与债务补贴政策调控下的宏观经济反应。

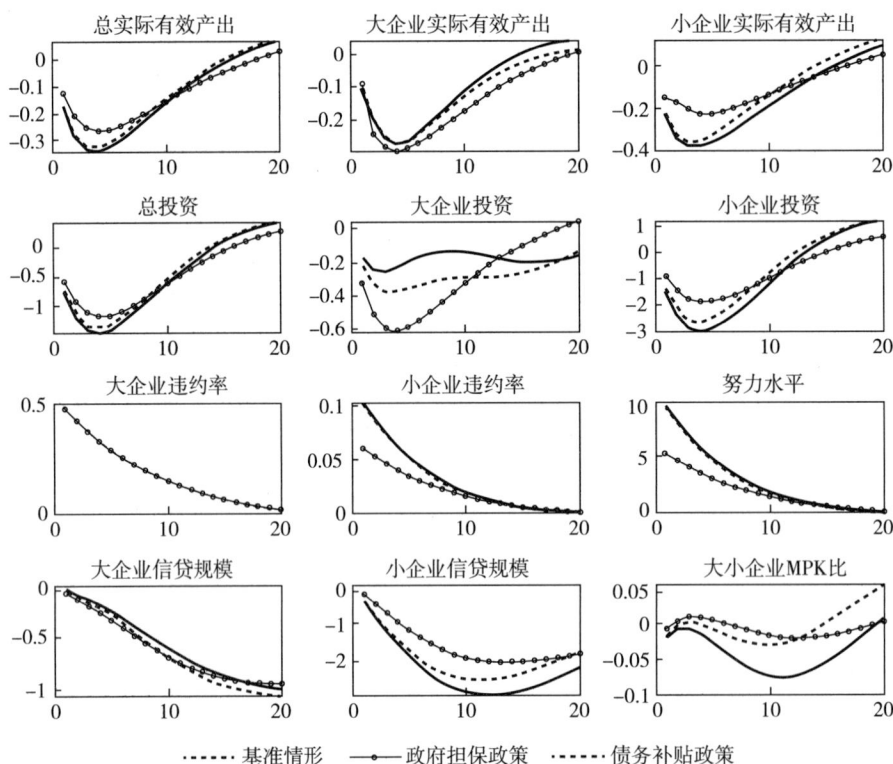

图6 不确定性冲击下两类政策的影响

从图6可以看到，政府担保政策和债务补贴政策分别从信贷供给方和需求方的角度改善了信贷环境，在对大企业信贷规模影响较小的情况下缓解了小企业的信贷紧缩，也因此在不确定性上升的投资环境下大大降低了小企业的投资跌幅，小企业对原始资本的需求提升缓解了其实际有效产出的下跌。大企业的情况正好相反，在不确定性水平上升的冲击下，两类政策都在一定程度上抑制了信贷资源向大企业倾斜，其结果是导致大企业的投资、实际有效产出进一步下跌。这有效降低了信贷资源错配的程度，大小企业的资本边际产出（MPK）之比得到明显提升，说明资本在两类企业之间的分配扭曲得到改善。信贷资源转移后，在两类企业投资产出的共同变化下，宏观经济整体的衰退得到缓解，投资与产出的波动下降。

对比政府担保政策与债务补贴政策的调控效果，可以看到即使是在政策力度更大的情况下

（债务补贴 50% 的信贷，担保补偿 30% 的银行损失），债务补贴政策的调控效果仍然不如政府担保政策。提供债务补贴不仅在提振产出投资方面效果甚微，还导致大小企业 MPK 之比提高到超出稳态水平，即降低了小企业的资本利用效率。更重要的是，提供债务补贴并没有缓解银企之间的信息不对称水平，小企业追求高风险项目的努力水平几乎没有下降，相应地在不确定性冲击下小企业的违约率提升仍然与基准情形下接近。银行面临不确定性上升时的违约损失并没有明显变化，因此小企业依然会面临较高的外部融资溢价，此时对小企业的债务补贴如同饮鸩止渴一般治标不治本，经济中的风险加速问题并没有得到缓解。

而在政府担保政策下，对小企业债务的担保补偿了银行在违约情形下的部分损失，有效降低了银行"自我保险"动机下对小企业要求的融资溢价，这也在金融加速器的正循环下有效降低了小企业的违约门槛和违约概率，最终表现为小企业追求高风险项目的努力水平相比基准情形下降了一半，有效降低了信息不对称程度并在大企业基本不变的情况下明显降低了小企业的违约概率。综合作用下，政府担保政策更大程度上缓解了宏观经济的衰退。可见在不确定性上升的情况下，政策制定并非需要在信贷紧缩时简单地提供补贴，而更应该从债务违约本身出发，降低信贷供给方的违约损失，这样既能有效缓解了宏观经济衰退，也能降低银企之间的信息不对称水平，有效减少企业债务违约的出现，实现宏观经济金融系统有效稳定地运行。

3. 政策有效前沿

前文从脉冲效应角度分析了政府担保与债务补贴两种政策在经济不确定性冲击下对于宏观经济的政策效应，发现政府担保政策因其有效降低了银企间信息不对称水平，对宏观经济波动的调控效果更优。除熨平外部冲击的影响外，为了进一步衡量两类政策与货币政策协调的有效空间，此部分对不同政策组合在经济不确定性冲击下的社会福利效应进行量化。

因为本文重点分析不确定环境下经济金融系统的稳定性，等价消费补偿的福利测算方法难以评估政策对稳定金融系统、降低危机发生概率方面的贡献。基于此，本文参考 Iacoviello（2005）的政策有效前沿方法评估不同政策与货币政策协调下对经济金融系统稳定运行的政策效果。如前文所述，企业的违约风险 $F_t(\overline{\omega}_t)$ 是货币当局权衡"稳增长"和"防风险"不容小觑的部分，因此设定损失函数如下：

$\min[\omega \text{var}(x_{1,t}) + (1-\omega) \text{var}(x_{2,t})]$，其中 $x_{1,t}, x_{2,t} \in \{\tilde{Y}_t, \tilde{\pi}_t, \tilde{F}_t(\overline{\omega}_t)\}$

其中，$\text{var}(x_{1,t})$ 和 $\text{var}(x_{2,t})$ 分别代表货币当局所关注的宏观经济指标（产出、通胀和企业违约率）的无条件方差，ω 为对变量 $x_{1,t}$ 施加的权重。给定权重、政策参数初值和取值范围后，通过最小化损失函数可以得到不同政策组合下的最优政策参数和对应关注变量的波动率，再通过设定权重 ω 取值从 0 到 1 循环计算，可以绘制出不同权重下两个变量的波动率关系，即对应的政策有效前沿。[①]

图 7 显示了单一货币政策以及货币政策与政府担保、债务补贴政策搭配的政策有效前沿，三张子图分别为央行关注的产出与通胀、产出与违约率、通胀与违约率波动三种情形。可以看出，无论是哪一组锚定目标，两类政策与货币政策搭配的前沿曲线都更接近原点，说明政策协调能够促进更低的经济波动。其中，债务补贴政策协调的前沿曲线与单一货币政策接近，而政府担保的前沿曲线与二者相距较远，也进一步体现出在稳定经济波动的政策空间上，政府担保政策表现得更优。此外，当货币当局关注企业违约率时，政府担保政策表现出明显的政策优势，下面两张子图中，三条曲线在产出、通胀波动的纵轴上差异不大，但是在违约率波动的横轴上，政府担保政策的调整能在产出、通胀波动接近时，将企业违约率波动控制在接近另外两者一半

---

① 参考 Iacoviello（2005），本文设定不同政策的政策参数初值为校准值，且取值范围有限，分别为：$\phi_y \in (0, 3)$，$\phi_\pi \in (1, 3)$，$l^{\text{guarantee}} \in (0, 1)$，$\kappa^g \in (-1, 0)$。

的水平上。这体现出政府担保政策因从信息不对称角度抑制了"风险加速器"，从而减少了企业债务违约的政策优势。无论从脉冲效应还是政策有效前沿看，政府担保政策都更能有助于缓解不确定性冲击下宏观经济波动，实现"稳增长"和"防风险"之间更有效的均衡。

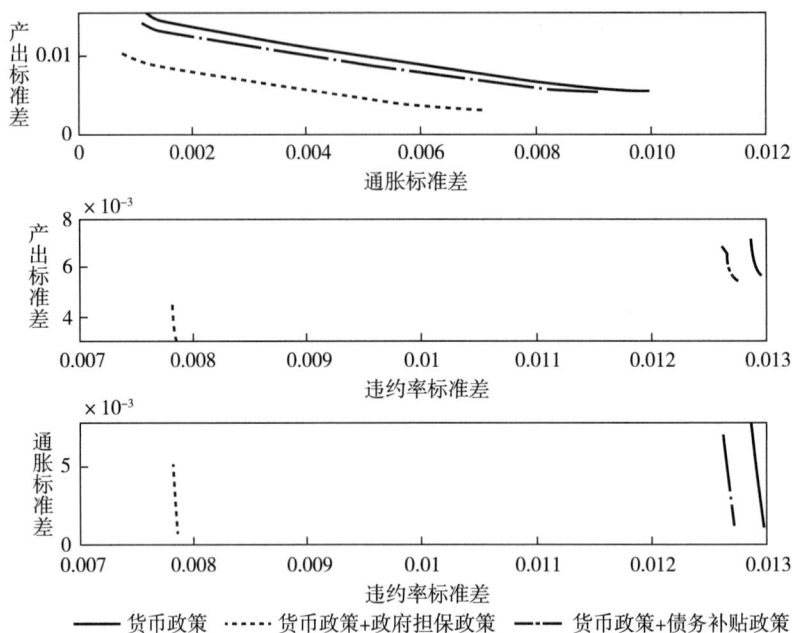

图 7 两类政策与货币政策协调的政策有效前沿

五、经济不确定性对企业债务违约非对称影响的经验证据

前文研究重点在于面临经济不确定性冲击时企业债务违约机制的非对称影响，由理论机制分析，这可能是小企业相对于大型企业存在更严重的信息不对称问题导致的，因此为验证企业在经济不确定性冲击下债务违约的非对称影响以及其中的信息不对称渠道，本文提出两点假说：

假说 1：在面临经济不确定性冲击时，小企业更可能出现债务违约情况，即债务违约风险提高更多。

假说 2：小企业面临不确定性冲击时违约风险更高，可能是因为小企业有更严重的信息不对称问题，银行出于对借款人质量的考虑提高了贷款成本，导致小企业追求高风险投资项目进而陷入风险提升的恶性循环中。

（一）模型设计

此部分主要通过两个阶段进行实证研究。首先，我们检验在经济不确定性冲击的影响下，企业规模是否对其债务违约概率有显著影响，即相较于大企业，在经济不确定性增大时，小企业的违约风险是否上升得更多。在回归设计中，识别作为宏观变量的经济不确定性对微观主体的影响存在内生性挑战，本文参考近年来广泛运用的方法，引入截面维度的异质性提高对经济不确定性冲击微观影响的识别效力（Nakamura and Steinsson，2018；Verner and Gyöngyösi，2020），即同样的经济不确定性冲击，会因为企业规模或企业所有权性质而对不同企业产生不同作用，借此可有效地识别出经济不确定性冲击对不同类型企业的异质性影响。

参考王义中等（2023），使用小企业与经济不确定性交乘项 $\text{Smallfirm}_i \times \text{uncertainty}_t$ 对企业债务违约概率 $\text{EDP}_{i,t}$ 进行面板回归，同时参考葛新宇等（2021）在回归中加入时间固定效应以完全吸收潜在的宏观加总变量的影响。具体模型如下：

$$\text{EDP}_{i,t} = \beta_0 + \beta_1 \text{Smallfirm}_i \times \text{uncertainty}_t + \gamma \text{Controls}_{i,t} + \alpha_j + \eta_t + \varepsilon_{i,t} \tag{23}$$

其中，Smallfirm_i 为虚拟变量，企业为小企业取值为 1，否则为 0；在基准回归中，采用企业规模的中位数界定，企业规模在中位数以下即为小企业，反之为大企业；α_j 和 η_t 分别为行业固定效应和时间固定效应；当 $\beta_1 > 0$ 时可验证假说 1，即小企业在面临经济不确定性冲击时会出现更高的债务违约风险。

之后为验证企业信息不对称程度对此机制的促进作用，参考孟庆斌等（2019）、贾秀彦等（2022）的做法，按信息不对称水平对样本进行分组回归，若 β_1 随着信息不对称程度的增加而增加，则可验证假说 2，即对于信息不对称问题更严重的小企业而言，经济不确定性对其债务违约风险影响更高。

（二）变量构建与定义

1. 违约概率代理变量的指标（EDP）

基于 Merton DD 模型估算违约概率的方法无法被中国准确使用（孟庆斌等，2019），因此本文参考丁志国等（2021）、Bharath 和 Shumway（2008）构建简化的企业违约风险代理变量。$\text{EDP}_{i,t} = \text{normcdf}(-\text{DD}_{i,t})$ 代表基于 Bharath 和 Shumway（2008）的方法计算的企业债务违约概率，$\text{DD}_{i,t}$ 代表违约距离，具体计算方式为：

$$\text{DD}_{i,t} = \frac{\log\left(\frac{\text{Equity}_{i,t} + \text{Debt}_{i,t}}{\text{Debt}_{i,t}}\right) + (r_{i,t-1} - 0.5\sigma_{Vi,t}^2) T_{i,t}}{\sigma_{Vi,t} \times \sqrt{T_{i,t}}}$$

其中，$\text{Equity}_{i,t}$ 为企业权益的市场价值，由当年末流通股数量和当期股票价格乘积表示；$\text{Debt}_{i,t}$ 为企业债务的账面价值，为年末流动负债和 0.5 倍非流动负债之和；$r_{i,t-1}$ 为企业上一期的年度股票收益率；$\sigma_{Vi,t}$ 为企业资产波动因子，具体为：

$$\sigma_{Vi,t} = \frac{\text{Equity}_{i,t}}{\text{Equity}_{i,t} + \text{Debt}_{i,t}} \times \sigma_{Ei,t} + \frac{\text{Debt}_{i,t}}{\text{Equity}_{i,t} + \text{Debt}_{i,t}}(0.05 + 0.25\sigma_{Ei,t})$$

其中，$\sigma_{Ei,t}$ 为股票回报的波动性，由上一年月度股票收益率估计得到；$T_{i,t}$ 通常取值为 1 年。对违约距离的计算结果按照正态分布求累计分布，可以得到简化的企业违约概率，其服从正态分布，取值为 0~1。

2. 企业信息不对称水平的指标（IA）

李志军和王善平（2011）验证了信息披露质量可以作为银企间信息不对称程度的代理变量，李志生等（2017）发现分析师预测偏差与预测分歧可以代表企业的信息披露质量，分歧与偏差越小的企业的信息不对称程度越低。因此，本文参照参考李志生等（2017）、孟庆斌等（2019）、贾秀彦等（2022）的做法，利用分析师盈利预测偏差和分析师盈利预测分歧来衡量企业信息不对称程度。

分析师对企业年度盈利预测的预测偏差 Aerror 和分歧 Dispersion 分别为：

$$\text{Aerror1}_{i,t} = \left| \frac{1}{N_{i,t}} \sum_{j=1}^{N_{i,t}} \text{FEPS}_{i,t,j} - \text{AEPS}_{i,t} \right| / P_{i,t}$$

$$\text{Aerror2}_{i,t} = \frac{1}{N_{i,t}} \sum_{j=1}^{N_{i,t}} \left| \text{FEPS}_{i,t,j} - \text{AEPS}_{i,t} \right| / P_{i,t}$$

$$Dispersion_{i,t} = \sqrt{\frac{1}{N_{i,t}} \sum_{j=1}^{N_{i,t}} (FEPS_{i,t,j} - mean\_FEPS_{i,t})^2}$$

其中，$Aerror1_{i,t}$ 和 $Aerror2_{i,t}$ 分别为两类度量分析师对企业 i 在第 t 年度的盈利预测偏差指标；$Dispersion_{i,t}$ 为分析师对企业 i 在第 t 年度的盈利预测分歧指标；$FEPS_{i,t,j}$ 为分析师 j 对企业 i 在第 t 年度每股盈余的预测值；$AEPS_{i,t}$ 为企业 i 在第 t 年度每股盈余的实际值；$N_{i,t}$ 为第 t 年度对企业 i 进行盈利预测的分析师人数；$P_{i,t}$ 为企业 i 在第 t 年度最后一个交易日的收盘价。

3. 经济不确定性指标（uncertainty）

关于经济不确定性指标的计算，条件方差相比无条件方差更好，因为其包含了历史信息集（Talavera et al.，2012），因此本文参考王义中等（2023）、王义中和宋敏（2014）、Baum 等（2006）的做法，利用 GDP 季度数据估计广义自回归条件异方差模型 GARCH（1,1）得到季度经济不确定性水平，再平均得到年度指标。

4. 控制变量（Controls）

控制变量的选取参考贾秀彦等（2022）、丁志国等（2021）、孟庆斌等（2019）的做法，设置如下控制变量：企业产权性质（soe）：是否为国有企业；企业规模（lnsize）：期末总资产的自然对数；资产杠杆（lev）：期末总负债与总资产之比；盈利能力（roe）：期末净利润与权益总额之比；企业成长性（growth）：营业收入增长率；现金流量（cf）：经营活动产生的现金流净额与上一年度总资产比值；第一大股东持股比例（first）：第一大股东持股比例；独立董事占比（independ）：独立董事人数与董事会人数百分比；企业年龄（lnage）：企业成立年限对数。

（三）数据来源与处理

本文选取 2005～2022 年中国 A 股上市公司数据，数据来自国泰安数据库（CSMAR），宏观数据来自国家统计局。参考丁志国等（2021）、孟庆斌等（2019）的数据处理方法，对数据进行如下处理：①删除 ST、PT 记录的上市公司；②剔除金融业企业；③剔除退市企业；④剔除数据缺失的样本；⑤剔除上市不满 2 年的样本；⑥对连续变量进行 1% 和 99% 的缩尾处理。

（四）经验结果

1. 描述性统计

模型的主要变量的描述性统计如表 2 所示。其中，企业债务违约风险（EDP）的平均值为 0.04，中位数、第 75 分位数均为 0，与其他文献一致（孟庆斌等，2019），从数据上看，中国上市公司的债务违约风险普遍较低。经济不确定性水平（uncertainty）在样本期内的波动较大，平均值为 0.10，标准差达到 0.18，最小值与最大值分别为 0.00 与 0.61。这主要源于样本期包括了 2008 年全球金融危机及 2020 年新冠病毒感染疫情之后的数据。

表 2 主要变量的描述性统计

变量	观测值	均值	标准差	最小值	第25分位	中位数	第75分位	最大值
EDP	36974	0.04	0.16	0.00	0.00	0.00	0.00	1.00
Smallfirm	36974	0.50	0.50	0.00	0.00	0.50	1.00	1.00
soe	36974	0.42	0.49	0.00	0.00	0.00	1.00	1.00
uncertainty	36974	0.10	0.18	0.00	0.00	0.01	0.06	0.61
lnsize	36974	22.15	1.37	12.31	21.21	21.97	22.90	28.64
lev	36974	0.45	0.21	0.06	0.29	0.45	0.60	0.98

续表

变量	观测值	均值	标准差	最小值	第25分位	中位数	第75分位	最大值
roe	36972	0.05	0.16	−0.95	0.03	0.07	0.12	0.42
cf	36974	0.06	0.09	−0.21	0.01	0.05	0.10	0.34
growth	36974	0.18	0.43	−0.59	−0.02	0.11	0.28	2.82
first	36974	0.35	0.15	0.09	0.23	0.32	0.45	0.74
independ	36974	0.37	0.05	0.30	0.33	0.33	0.43	0.57
lnage	36974	2.78	0.40	0.00	2.56	2.83	3.04	4.14
Aerror1	22887	0.04	0.11	0.00	0.01	0.02	0.04	10.50
Aerror2	22402	0.04	0.12	0.00	0.01	0.02	0.04	10.50
Dispersion	20576	0.14	0.21	0.00	0.05	0.09	0.16	7.99

2. 经济不确定性对企业债务违约风险的非对称影响

此部分首先采用式（23）考察在经济不确定性冲击的影响下，企业规模是否对其债务违约概率有显著影响。被解释变量为企业债务违约概率（EDP），关键解释变量为企业规模虚拟变量与经济不确定性的交乘项（Smallfirm×uncertainty）。具体回归结果如表3所示。

表3 企业规模与经济不确定性下的债务违约风险

EDP	(1)	(2)	(3)	(4)
Smallfirm×uncertainty	0.035 ***	0.064 ***	0.064 ***	0.071 ***
	(6.07)	(11.07)	(10.10)	(12.86)
soe		−0.004 *		−0.010 ***
		(−1.71)		(−3.95)
lnsize		0.015 ***	0.029 ***	0.016 ***
		(8.26)	(9.95)	(11.79)
lev		0.203 ***	0.161 ***	0.162 ***
		(26.67)	(14.63)	(22.82)
roe		−0.049 ***	−0.037 ***	−0.045 ***
		(−5.10)	(−3.70)	(−4.99)
cf		0.009	0.009	−0.017
		(0.76)	(0.71)	(−1.57)
growth		−0.013 ***	−0.010 ***	−0.007 ***
		(−5.93)	(−4.70)	(−3.49)
first		0.057 ***	0.055 ***	0.038 ***
		(7.50)	(3.18)	(5.14)
independ		−0.012	0.051 *	0.022
		0.009	0.009	−0.017
lnage		−0.034 ***	−0.056 ***	−0.014 ***
		(−10.80)	(−4.26)	(−3.93)
constant	0.212 ***	−0.298 ***	−0.393 ***	−0.192 ***
	(21.10)	(−7.38)	(−6.16)	(−6.41)
N	36974	36972	36972	36972
R^2	0.084	0.106	0.163	0.189
firm	否	否	是	否

EDP	（1）	（2）	（3）	（4）
industry	否	否	否	是
year	是	否	是	是

注：列（1）控制了年度固定效应但未加入控制变量，列（2）控制了 Smallfirm 和 uncertainty；括号内的值为 t 统计量，所有回归系数的标准误均在企业层面做了聚类处理；＊表示 p<0.1，＊＊表示 p<0.05，＊＊＊表示 p<0.01；下表同。

从表3可以看到，无论是否控制行业或年度固定效应，企业规模虚拟变量与经济不确定性交乘项（Smallfirm×uncertainty）的系数都显著为正，加入企业层面的控制变量后系数提升。这说明在经济不确定性上升时，小企业发生债务违约的概率提升更多，这验证了假说1。小企业因自身资产规模小、流动性较差与抗风险能力弱等原因，在受到经济不确定性冲击影响且遭受亏损时，更容易出现资不抵债的情况，进而导致债务违约的发生。

而站在银行的角度考虑，在不确定性上升期间，给小企业的贷款有更高的概率成为不良贷款，出于"自我保险"的动机将降低对小企业的贷款配给，并且提高贷款利率，导致小企业处于雪上加霜的融资环境中，加大了信贷资源的错配程度。

3. 信息不对称程度对企业债务违约概率的边际贡献

进一步地，本文基于三种企业信息不对称水平指标对假说2进行验证，即企业信息不对称程度越高，在经济不确定性冲击下债务违约概率越高。参考孟庆斌等（2019）、贾秀彦等（2022）的做法，以分析师对企业年度盈利预测的预测偏差与预测分歧指标代表企业信息不对称程度，按照样本分为信息不对称程度低、中、高三组进行分组检验，低和高两组的具体结果如表4所示。

表4 信息不对称程度分组的回归结果

EDP	Aerror1		Aerror2		Dispersion	
	低	高	低	高	低	高
Smallfirm×uncertainty	0.021＊＊＊	0.112＊＊＊	0.024＊＊＊	0.117＊＊＊	0.069＊＊＊	0.085＊＊＊
	（2.64）	（8.16）	（2.90）	（8.72）	（6.56）	（7.64）
constant	−0.285＊＊＊	−0.659＊＊＊	−0.282＊＊＊	−0.653＊＊＊	−0.287＊＊＊	−0.273＊＊＊
	（−6.24）	（−10.02）	（−6.62）	（−10.20）	（−5.06）	（−4.16）
控制变量	控制	控制	控制	控制	控制	控制
年度和行业	控制	控制	控制	控制	控制	控制
N	7585	7584	7551	7551	7139	7139
R^2	0.142	0.218	0.161	0.215	0.168	0.215

从表4可以看到，无论以哪种指标衡量，分组回归的关键解释变量系数都显著为正。这说明无论企业信息不对称程度高或低，小企业在经济不确定性冲击下的债务违约率都提升得更多。即使小企业信息披露质量较高即信息不对称水平较低，面临不确定性冲击的抗风险能力仍然不如大企业。而当分析师预测偏差较大或者分歧较高即企业信息不对称程度较高时，企业规模虚拟变量与经济不确定性的交乘项系数更大。这说明不确定性冲击对信息不对称水平较高的小企业影响更大，其更可能出现债务违约的情况，从而验证了本文假说2的信息不对称渠道。

信息不对称渠道喻示着小企业在贷款过程中可能存在更严重的道德风险问题：银行得知小企业在不确定性冲击下更可能出现违约的事实后，出于"自我保险"的动机会对小企业要求更高的融资溢价，这会促使小企业从事更高风险的投资项目以换取更高的期望收益来收回融资成本。这一过程将导致小企业的债务违约率进一步提升，使其陷入风险加剧与融资困境的恶性循环中，检验的结果验证了前文的理论分析。

（五）稳健性检验

本文结果对小企业和经济不确定性变量的敏感度较高，因此本部分考虑更换"小企业"虚拟变量（Smallfirm）和经济不确定性（uncertainty）的衡量标准来进行稳健性检验。

1. 改变小企业界定标准

鉴于中国的小企业主要为非国有企业，且非国有企业在抗风险能力和融资环境方面与国有企业存在差距，因此考虑将非国有企业作为界定标准，同时将资产规模排在样本后1/4的企业确认为小企业，以及将虚拟变量替换为企业规模连续变量 lnsize 进行检验。所得结果如表5所示。

表5　更换小企业虚拟变量的回归结果

EDP	（1）	（2）	（3）	（4）
Smallfirm×uncertainty	0.071*** (12.86)			
nosoe×uncertainty		0.038*** (6.24)		
Smallfirm1×uncertainty			0.070*** (11.32)	
lnsize×uncertainty				-0.032*** (-9.10)
constant	-0.192*** (-6.41)	-0.140*** (-4.96)	-0.173*** (-5.95)	-0.184*** (-6.28)
控制变量	控制	控制	控制	控制
行业和年份	控制	控制	控制	控制
N	36972	36972	36972	36972
R^2	0.189	0.187	0.188	0.189

从表5可以看到，无论以资产规模中位数之下或第25分位数以下还是以非国有企业界定小企业，关键解释变量的系数均显著为正。同时企业规模连续变量交乘项显著为负，说明企业规模越小，在不确定性冲击下的违约率上升越多。回归结果均通过稳健性检验。

2. 微观经济不确定性

前文用到的经济不确定性指标（uncertainty）为宏观层面的经济不确定性，本文参考刘蕴霆和朱彦顿（2023）采用主成分分析法所测度的中国微观经济不确定性指数（MU1，MU6）替换经济不确定性指标进行检验，所得结果如表6所示。从表6可以看到，无论是采用宏观层面还是微观层面的经济不确定性，关键交乘项的系数都显著为正，所得结果均通过了稳健性检验。

表6　更换经济不确定性指标的回归结果

EDP	（1）	（2）	（3）
Smallfirm×uncertainty	0.071*** (12.86)		

EDP	(1)	(2)	(3)
Smallfirm×MU1		0.024*** (4.99)	
Smallfirm×MU6			0.015*** (4.95)
constant	−0.192*** (−6.41)	−0.262*** (−6.25)	−0.264*** (−6.24)
控制变量	控制	控制	控制
行业和年份	控制	控制	控制
N	36972	35479	35479
R^2	0.189	0.190	0.190

六、结论

本文构建了具有内生风险转移机制的一般均衡模型，从银企间信息不对称的视角考察了企业在经济不确定性冲击下的债务违约非对称影响机制。模型分析发现：①企业对投资项目高收益的追求会因其高风险高收益并存的特征导致债务违约概率提高，而经济不确定性将放大这一影响。银行出于"自我保险"的动机注重借款人的质量，对企业要求更高的融资溢价将导致信息不对称问题加重，其在恶性循环下的"风险加速器"效应使经济中风险快速积聚。②在两部门模型中，小企业因为对高风险高收益投资项目的偏好与银行之间存在更严重的信息不对称问题，银行出于对债务违约的考虑对两类企业要求不同水平的融资溢价，这会导致小企业在不确定性冲击下受到的负面影响加剧，违约率也进一步上升。在供给端和需求端的共同作用下，小企业信贷份额不断下降，导致更严重的信贷资源错配问题。紧缩性货币政策冲击和企业家存活率冲击等负向冲击也产生了类似的影响。③为验证相关理论机制，本文提供了经济不确定性对企业债务违约非对称影响的经验证据，并验证了其中的信息不对称渠道，在不同的稳健性检验下结论依然成立。

在经济不确定性水平高企、企业违约风险提升较快的背景下，本文提出以下两点政策建议：①进一步完善企业信息披露政策体系，保证信息披露的真实、准确、完整、及时、公平，充分利用信用信息共享与大数据开发应用，打破"数据壁垒"和"信息孤岛"，降低银企间信息不对称水平，在金融机构与中小企业之间架起一座"信息金桥"，不仅能提高银行的贷款质量，也能有效缓解中小企业融资难、融资贵的问题。②根据政策模拟结果，当受到不确定性提高等外部冲击影响时，相关政策不应只是简单考虑缓解企业的融资困境，而应从问题的源头出发，通过降低银企之间的信息不对称水平、缓解风险转移机制进而有效减少企业债务违约行为。通过更有效的扶持政策减少企业"追风逐利"的现象，不仅能充分缓解中小企业融资约束、降低债务违约风险，也能降低宏观经济波动。从信息不对称角度出发，避免中小企业陷入风险加速的恶性循环中，在不确定性冲击下杜绝风险积聚情形的出现，才能防范不发生系统性金融风险，实现宏观经济在"稳增长"与"防风险"之间的均衡。

参考文献

[1] 丁志国，丁垣竹，金龙.违约边界与效率缺口：企业债务违约风险识别 [J].中国工业经济，2021（4）：175-192.

[2] 杜群阳，周方兴，战明华.信息不对称、资源配置效率与经济周期波动 [J].中国工业经济，2022（4）：61-79.

[3] 葛新宇，庄嘉莉，刘岩.贸易政策不确定性如何影响商业银行风险——对企业经营渠道的检验 [J].中国工业经济，2021（8）：133-151.

[4] 郭豫媚，郭俊杰，肖争艳.利率双轨制下中国最优货币政策研究 [J].经济学动态，2016（3）：31-42.

[5] 何瑛，张大伟.管理者特质、负债融资与企业价值 [J].会计研究，2015（8）：65-72+97.

[6] 黄少卿，俞锦祥，许志伟.杠杆率与企业生产率：基于信贷误配的视角 [J].中国工业经济，2022（9）：159-177.

[7] 贾秀彦，吴君凤.资本市场开放能够降低企业债务违约风险吗？：基于"沪深港通"交易制度的经验证据 [J].世界经济研究，2022（12）：73-87+133-134.

[8] 江振龙.破解中小企业融资难题的货币政策选择与宏观经济稳定 [J].国际金融研究，2021（4）：23-32.

[9] 姜付秀，石贝贝，马云飙.信息发布者的财务经历与企业融资约束 [J].经济研究，2016，51（6）：83-97.

[10] 李志军，王善平.货币政策、信息披露质量与公司债务融资 [J].会计研究，2011（10）：56-62+97.

[11] 李志生，李好，马伟力，林秉旋.融资融券交易的信息治理效应 [J].经济研究，2017，52（11）：150-164.

[12] 刘蕴霆，朱彦顿.中国经济微观不确定性的测度及效应研究 [J].经济学动态，2023（1）：35-53.

[13] 孟庆斌，侯粲然，鲁冰.企业创新与违约风险 [J].世界经济，2019，42（10）：169-192.

[14] 孟宪春，张屹山，李天宇.有效调控房地产市场的最优宏观审慎政策与经济"脱虚向实" [J].中国工业经济，2018（6）：81-97.

[15] 平新乔，杨慕云.信贷市场信息不对称的实证研究——来自中国国有商业银行的证据 [J].金融研究，2009（3）：1-18.

[16] 钱龙.信息不对称与中小企业信贷风险缓释机制研究 [J].金融研究，2015（10）：115-132.

[17] 屈文洲，谢雅璐，叶玉妹.信息不对称、融资约束与投资—现金流敏感性——基于市场微观结构理论的实证研究 [J].经济研究，2011，46（6）：105-117.

[18] 宋全云，李晓，钱龙.经济政策不确定性与企业贷款成本 [J].金融研究，2019（7）：57-75.

[19] 王立勇，徐晓莉.纳入企业异质性与金融摩擦特征的政府支出乘数研究 [J].经济研究，2018，53（8）：100-115.

[20] 王文甫，明娟，岳超云.企业规模、地方政府干预与产能过剩 [J].管理世界，2014（10）：17-36+46.

［21］王义中，宋敏.经济不确定性、资金需求与公司投资［J］.经济研究，2014，49（2）：4-17.

［22］王义中，郑博文，邬介然.不确定性冲击、信贷资源错配与货币财政政策效果［J］.世界经济，2023，46（2）：3-30.

［23］尹志超，甘犁.信息不对称、企业异质性与信贷风险［J］.经济研究，2011，46（9）：121-132.

［24］张玉鹏，王茜.政策不确定性的非线性宏观经济效应及其影响机制研究［J］.财贸经济，2016（4）：116-133.

［25］Baek S. Uncertainty, Incentives, and Misallocation［J］. Journal of Money Credit and Banking, 2020, 52（7）：1821-1851.

［26］Baum C F, Caglayan M, Ozkan N, Talavera O. The Impact of Macroeconomic Uncertainty on Non-financial Firms Demand for Equity［J］. Review of Financial Economics, 2006, 15：289-304.

［27］Bernanke B S, Gertler M, Gilchrist S. The Financial Accelerator in a Quantitative Busienss Cycle Framework［J］. Handbook of Macroeconomics, 1999, 21：1341-1390.

［28］Bharath S T, Shumway T. Forecasting Default with the Merton Distance to Default Model［J］. The Review of Financial Studies, 2008, 21（3）：1339-1369.

［29］Bloom N. The Impact of Uncertainty Shocks［J］. Econometrica, 2009, 77（3）：623-685.

［30］Boissay F, Collard F, Smets F. Booms and Banking Crises［J］. Journal of Political Economy, 2016, 124（2）：489-538.

［31］Born B, Pfeifer J. Uncertainty-Driven Business Cycles：Assessing the Markup Channel［R］. CESifo Working paper, No. 6303, 2017.

［32］Chang C, Liu Z, Spiegel M M, Zhang J. Reserve Requirements amd Optimal Chinese Stabilization Policy［J］. Jounral of Monetary Economics, 2019, 103：33-51.

［33］Christiano L J, Trabandt M, Walentin K. DSGE Models for Monetary Policy Analysis［J］. Handbook of Monetary Economics, 2010, 3：285-367.

［34］Christiano L J, Motto R, Rostagno M. Risk Shocks［J］. America Economic Review, 2014, 104（1）：27-65.

［35］Fazarri S, Hubbard R, Petersen B. Financing Constraints and Corporate Investment［R］. NBER Working paper, No. w2387, 1988.

［36］Francis B B, Hasan I, Zhu Y. Political Uncertainty and Bank loan Contracting［J］. Journal of Empirical Finance, 2014, 29：281-286.

［37］Gilchrist S, Sim J, Zakrajsek E. Uncertainty, Financial Frictions, and Investment Dynamics［R］. NBER Working Paper, No. w20038, 2014.

［38］Iacoviello M. House Prices, Borrowing Constraints, and Monetary Policy in the Business Cycle［J］. American Economic Review, 2005, 95（3）：739-764.

［39］Kaplan N, Zingales L. Do Investment-Cash Flow Sentivities Provide Useful Measures of Financing Constraints?［J］. Quarterly Journal of Economics, 1997, 115：707-712.

［40］Manove M, Padilla A J. Banking（consevatively）with Optimists［J］. Journal of Economics, 1999, 30：324-350.

［41］Nakamura E, Steinsson J. Identification in Macroeconomics［J］. Journal of Economic Perspectives, 2018, 32（3）：59-86.

[42] Stiglitz J, Weiss A. Credit Rationing in Markets with Imperfect Information [J]. America Economic Review, 1981, 71（3）：393-410.

[43] Talavera O, Tsapin A, Zholud O. Macroeconomic Uncertainty and Bank Lending：The case of Ukraine [J]. Economic Systems, 2012, 36：279-293.

[44] Valencia F. Aggregate Uncertainty and the Supply of Credit [J]. Journal of Banking and Finance, 2017, 81：150-165.

[45] Verner E, Gyöngyösi G. Household Debt Revaluation and the Real Economy：Evidence from a Foreign Currency Debt Crisis [J]. American Economic Review, 2020, 110（9）：2667-2702.

[46] Waisman M, Ye P, Zhu Y. The Effect of Political Uncertainty on the Cost of Corporate Debt [J]. Journal of Financial Stability, 2015, 16：106-117.

产业结构政策能否促进企业绿色创新

王　海　郭冠宇　尹俊雅

[摘要] 作为促进产业结构调整的主要政策工具，产业结构政策能否激励企业绿色创新有待明确。本文在收集、整理中国《产业结构调整指导目录》的基础上，利用上市公司绿色专利数据对这一问题进行多维度的实证检验。研究发现，产业结构政策实施有利于企业实现绿色创新发展，表现为企业绿色专利申请数量显著提高。机制分析发现，在外部创新资源维度，产业结构政策实施在给予企业更多税收优惠的同时，缓解了企业融资约束程度，从而弱化了企业绿色创新面临的资源约束难题；在内部经营环境维度，产业结构政策实施可以通过改善企业经营绩效、优化生产效率来激发企业开展绿色创新的内在动力。异质性结果表明，产业结构政策实施的绿色创新效应在东部地区、污染型行业及非国有企业中表现得更为明显。

[关键词] 产业结构调整；产业结构政策；绿色创新

一、引言

面对经济社会发展同生态环境保护间的突出矛盾，党的二十大报告提出"统筹产业结构调整、污染治理、生态保护"，重点强调了产业结构调整在推进生态文明建设、实现经济绿色转型中所具有的突出作用。鉴于以往工业发展中存在的高污染、高能耗和高排放等问题，《国务院关于印发2030年前碳达峰行动方案的通知》强调，要在"优化产业结构，加快退出落后产能"的同时、"加快传统产业绿色低碳改造"，并"引导企业主动适应绿色低碳发展要求……提升绿色创新水平"。《"十四五"工业绿色发展规划》同样指出，"推进产业结构高端化转型"需要"推动传统行业绿色低碳发展"。那么，是否能够通过产业结构调整来引领工业企业绿色技术变革、实现绿色创新发展？针对这一问题的讨论具有重要的政策内涵与迫切的现实意义。

产业结构调整具有促进产业升级、技术进步与可持续发展等多重目标。对此，中国政府一直以产业结构政策为抓手来优化资源配置，推动经济增长方式发生转变。如《国务院关于发布实施〈促进产业结构调整暂行规定〉的决定》就要求国家发展改革委会同有关部门制定《产业结构调整指导目录》，由此来加强和改善宏观调控、切实推进地区产业结构优化升级。在政策落实过程中，政府会依据产业结构政策文件在不同产业实施差异性的指导计划，以此促使资源在

[作者简介] 王海，浙江工商大学经济学院教授；郭冠宇，上海财经大学公共经济与管理学院博士研究生；尹俊雅，浙江工商大学泰隆金融学院讲师。

[基金项目] 国家自然科学基金面上项目（72173118）；国家自然科学基金青年项目（71803176）。

产业间及产业内部流动配置。因此，产业结构政策等在为企业提供各类资源和市场信息的同时，还有助于引导企业投资方向、调动企业投资积极性，从而激发企业绿色创新活力（Rodrik，2014；Harrison et al.，2017；李晓萍等，2019；Xie et al.，2022）。

但从中国实践来看，产业结构政策的有效性在很大程度上依赖于政府的判断和预测是否符合经济发展预期（江小涓，1991；江飞涛和李晓萍，2010）。考虑到绿色技术本身具有高风险和高度不确定性等特征，运用产业结构政策来刺激企业开展绿色创新活动很可能因不符合市场需求而存在失败的风险（李晓萍等，2019）。与此同时，产业结构政策等产业政策可能会扭曲企业的激励机制（张维迎，2017）。如黎文靖和郑曼妮（2016）就发现企业在政策激励下通常会做出迎合政府政策和监管的行为，由此骗取政策优惠（安同良等，2009；Chen et al.，2021）。综合来看，能否利用产业结构政策来促进企业绿色创新发展亟待清晰且准确的评价。更为重要的是，习近平总书记在中央经济工作会议中表示要继续"优化产业政策实施方式，狠抓传统产业改造升级……在落实碳达峰碳中和目标任务过程中锻造新的产业竞争优势"。但如何优化产业政策实施方式，却是摆在政策制定者和学者面前的一个急迫的难题。

为回答这一问题，本文在手工收集、整理中国《产业结构调整指导目录》政策文件的基础上，结合上市公司绿色专利数据实证检验产业结构政策实施对企业绿色创新的影响。研究发现，产业结构政策实施提升了企业绿色创新数量。较之现有研究，本文的边际贡献如下：①本文以绿色创新为切入点全面讨论产业结构政策带来的环境绩效及作用机理。文章结论能对关于产业政策的研究文献形成重要补充，弥补了现有文献缺乏关注产业政策环境绩效的潜在不足，也可为现阶段中国实现经济发展方式转变及经济增长动力变革提供经验支持。②本文在全面识别上市公司所属四位数行业代码的基础上，利用《产业结构调整指导目录》构建产业结构政策的量化指标，进一步丰富了产业政策的识别策略、拓宽了产业政策的研究框架。③相应结论有助于中国政府把握"有为政府"和"有效市场"的实践边界，既响应了习近平总书记在中央经济工作会议提出关于"优化产业政策实施方式"的精神号召，以此全面深化产业政策体系的完善转型，也可为党的二十大报告关于"统筹产业结构调整、污染治理、生态保护"提供必要的经验证据和政策注脚。

二、理论分析

作为推进产业结构调整的主要政策手段，产业结构政策对生产工艺、产品和装备在环境方面的表现也有所兼顾。伴随着产业结构政策出台，政策执行者通常会依据政策文件出台财政扶持、信贷支持和税收减免等措施来优化资源配置，由此加强对投资项目的审批、核准及备案，引导企业开展生产和投资活动。在此背景下，较之政策限制或淘汰行业，产业结构政策实施将明显降低政策鼓励行业的市场准入门槛，从而在吸引大量社会资本的同时，带动政策鼓励行业发展。这也将增强企业面临的竞争压力，压缩在位企业的生存空间，从而迫使企业通过绿色创新来提高市场竞争力，建立新的利润增长点。对于企业而言，宏观政策导向是企业制定生产经营决策时首要考虑的问题。面对产业结构政策释放的市场信号，企业将实施绿色可持续发展战略、推出绿色创新项目。具体地，以目录指导为主要实施方式的产业结构政策明确了产业结构调整工作中需要重点鼓励或限制淘汰的产业产品、生产工艺及生产设备。政策范围的清晰界定不仅有助于政策实施者有针对性地开展相关工作，也将降低企业等市场主体的政策搜寻成本，进而减少企业绿色创新活动面临的不确定性。因此产业结构政策实施或将强化企业对绿色技术的重视程度，促使企业更多开展绿色创新活动。

进一步结合产业结构调整工作的内涵来看，能否同时达成鼓励发展先进生产能力、限制和淘汰落后生产能力等目标是切实推进产业结构优化升级的必然要求。对此，中国政府在顶层设计过程中通常会赋予产业结构政策多元化的政策目标。以《产业结构调整指导目录》为例，其鼓励类目录详细规定了重点发展的技术、产品和工艺，限制类和淘汰类目录则指出了需要改造或淘汰落后的技术、产品与工艺。不同导向的指导目录对企业绿色创新发展的影响可能存在差异。①鼓励类目录的目标在于鼓励和支持有利于产业结构升级的关键技术、装备及产品。面对绿色技术研发的高风险、高投入、不确定性等特征，鼓励类目录实施能够为相关企业带来税收减免和信贷支持等一系列政策优惠。这类政府支持既有助于缓解企业的资源约束，也将向企业释放积极利好的市场信号（王海和尹俊雅，2021），进而引导企业攻坚绿色创新项目。②限制类目录禁止新建投资落后的生产能力、装备及产品，并允许金融机构按信贷原则对企业改造升级给予信贷支持。理论上企业在限制类目录的指引下也将加大绿色技术研发力度。但需注意的是，限制类目录还要求政策执行者根据产业结构优化的要求，并遵循优胜劣汰的原则实行分类指导。这可能会致使金融机构在发放信贷过程中考虑企业环保绩效，降低了企业的信贷可得性（Xiao and Wang，2020；陆菁等，2021）。资金约束抑制了企业绿色创新的内在激励，从而不利于企业绿色创新能力提升。③淘汰类目录旨在通过强制性的行政手段来禁止企业生产、销售或使用对资源环境造成破坏的工艺技术、装备及产品。为达成这一目标，地方政府通常会采取行政措施来强制关停未执行政策规定的企业，并要求金融机构停止各类金融授信。因而这类企业表现出较弱的绿色创新动力。

本文认为产业结构政策实施会改变企业面临的内外部环境，既可能通过影响企业获得财政补贴、税收优惠和融资约束等路径来调整外部资源配置，也可能对企业内部生产经营决策及状况产生影响。第一，产业结构政策将通过环保补贴效应带动企业绿色创新发展。产业政策能够引导财政资金流向，从而达到促进产业发展的理想目标（韩超等，2016；王海和尹俊雅，2021）。伴随着产业结构政策实施，地方政府将结合其政策要求运用环保补贴来分散企业面临的不确定性风险，进而激励企业开展绿色创新活动。一方面，作为重要的政府扶持手段，环保补贴能够纾解企业的融资约束难题，从而在降低企业研发投资成本的同时，增强企业绿色创新动力（Acemoglu et al.，2012；李青原和肖泽华，2020）；另一方面，当创新主体开展绿色创新活动并向市场推广时，其分享的创新知识会被其他主体模仿学习，进而侵占原创新主体的利益。这就使得企业不愿向外界公开项目技术和市场前景等信息，由此加大了企业和外部投资者间的信息不对称程度，从而不利于企业进行外部融资。而环保补贴能够释放出基于政府信用的技术认证和监管认证双重信号，促使金融机构等资金供给方加大对企业的绿色创新资金支持（郭玥，2018）。基于此，产业结构政策实施可能通过增加环保补贴来降低企业的绿色创新成本，从而提振企业绿色创新信心。

第二，产业结构政策将通过税收优惠效应推动企业绿色创新发展。现有研究表明税收优惠扶持是影响企业绿色创新的重要因素（张冬洋等，2021）。一方面，税收优惠直接降低了企业税负，并通过研发费用抵扣等方式间接降低企业绿色创新的边际成本（林洲钰等，2013），在一定程度上削弱了企业开展绿色创新活动的成本负担；另一方面，税收优惠能够弥补企业绿色创新活动的正外部性损失，并提升了研发项目的实际回报率，从而缓解绿色创新活动面临的市场失灵问题（Hall and Van Reenen，2000）。此外，税收优惠还将拓宽企业的内部现金流，减少企业创新活动的现金流出量（余明桂等，2016），由此在增强企业内源性融资能力的同时，激发企业绿色创新活力。在此背景下，如何切实减少企业税负痛感对于激励企业绿色创新至关重要。而产业结构政策实施或将使得地方政府出台税收优惠等措施（王海和尹俊雅，2021）。

第三，产业结构政策将通过融资约束效应促进企业绿色创新发展。不同于其他投资项目，绿色创新项目因本身投入大和风险高等特征更容易受到资金可得性的影响。在面临严重外部融资约束的情况下，企业或因资金不足存在绿色创新"乏力"现象（Acemoglu et al.，2012）。而产业结构政策能够改变信贷资源配置来扶持发展受政策鼓励的行业。一方面，中国政府会放松产业结构政策所鼓励行业的信贷限制，要求银行等金融机构按照信贷原则提供信贷支持。在此背景下，企业将更容易通过银行等金融机构的信贷审批，进而缓解绿色技术研发过程中面临的融资约束问题。另一方面，产业结构政策还将进一步通过影响行业经济前景预期来改善企业所处的融资环境（姜国华和饶品贵，2011）。社会资本在政策利好信号刺激下会竞相涌入政策鼓励行业，融资渠道的拓宽也将促使企业加大对绿色创新的资金投入力度。因此，产业结构政策实施能够缓解企业融资约束问题，由此形成对企业绿色创新的正向激励。

企业能否实现绿色转型不仅依赖于外部环境的政策支持，还取决于生产效率水平等在内的企业自身要素（雷玉桃和孙菁靖，2021）。而产业结构政策等产业政策实施带来的市场利好信号和各类社会资源有助于企业获得成本优势，从而在改善企业绩效状况的同时，提升企业生产效率（李贲和吴利华，2018；于明超和谭阳，2022）。经营绩效与生产效率的改善将进一步优化企业资金状况、增强企业经营信心，促使企业开展更为符合市场导向的绿色创新活动来巩固自身竞争优势。因此，产业结构政策实施还可能通过优化企业的生产经营状况来促使企业制定绿色可持续发展战略，推动实现绿色创新发展。

三、研究设计

（一）数据来源与处理过程

在实证分析过程中，本文选取《产业结构调整指导目录》作为政策文本进行分析，并选用2007~2018年沪深A股上市公司的数据作为研究样本。其中，对数据做出如下处理：①剔除ST和期间退市的样本；②剔除主要财务数据缺失的样本；③保留主要财务数据不存在缺失情况的样本；④为避免异常值对回归结果的稳健性造成影响，本文还对相关连续变量进行1%层面的缩尾处理。原始数据来自国泰安数据库（CSMAR）和中国研究数据服务平台（CNRDS）。

（二）指标选取与说明

1. 解释变量选取与测度

本文参照殷华方等（2006）、韩超等（2018）以及苏丹妮和盛斌（2021）关于外资政策的研究，分别赋值存在鼓励、允许、限制和淘汰条目的行业3、0、-1和-2，通过汇总的方式得到行业鼓励程度 induslevel。

$$\text{induslevel}_{jt} = \sum_{j} b_j \times \text{catalogue}_{jt} \tag{1}$$

其中，j 和 t 分别表示行业和年份；b_j 为鼓励、允许、限制和淘汰行业的赋值系数；catalogue 则指代鼓励（encourage）、允许（permit）、限制（restrict）和淘汰（eliminate）行业。本文定义若行业出现在鼓励类目录中，则定义 encourage 为1，否则为0；若行业出现在限制类目录中，则定义 restrict 为1，否则为0；若行业出现在淘汰类目录中，则定义 eliminate 为1，否则为0；若行业没有在上述三类行业中出现，则该行业为允许类行业，定义 permit 为1，否则为 0。

2. 被解释变量选取与测度

借鉴齐绍洲等（2018）、徐佳和崔静波（2020）的研究，本文利用上市公司母公司及其子公司的绿色专利申请数据衡量企业绿色创新情况（lgreenpatent）。本文在基准回归中仅考虑单独申请的绿色专利数量。

3. 控制变量选取与测度

本文将"五年规划"所提及重点支持产业（cenplan、proplan）以及企业层面的变量作为控制变量，包括企业规模（size_emp），以当年企业员工数的对数衡量；企业年龄（age），以企业所在年份与成立年份之差获取；资本结构（leverage），用企业总负债与总资产的比值表征；流动比率（liquid），以企业流动资产与流动负债的比值衡量；固定资产比率（fixasset），以企业固定资产净额与总资产的比值定义；资本密集度（capinten），以企业总资产占营业收入的比重量化；盈利能力（roa），通过企业净利润占总资产的比重得到；现金量（cash），用企业货币资金占总资产的比值表征；两职合一（dual），董事长和总经理两职合一为 1，否则为 0；股权集中程度（top10），表现为企业前十大股东持股比例。主要变量的描述性统计如表 1 所示。

表 1 主要变量的描述性统计

变量	样本量	平均值	标准差	最小值	最大值
induslevel	17888	1.3313	1.4766	−3.0000	3.0000
lgreenpatent	17888	0.7170	1.0549	0.0000	4.3041
cenplan	17888	0.6754	0.4682	0.0000	1.0000
proplan	17888	0.7084	0.4545	0.0000	1.0000
size_emp	17888	7.7310	1.1653	5.3181	10.9774
age	17888	15.0831	5.4526	3.0000	29.0000
leverage	17888	0.4065	0.2009	0.0479	0.8710
liquid	17888	2.6303	2.9357	0.3115	18.7470
fixasset	17888	0.2546	0.1552	0.0205	0.7146
capinten	17888	2.1300	1.3914	0.4319	8.8400
roa	17888	0.0426	0.0546	−0.1708	0.1967
cash	17888	0.1875	0.1383	0.0154	0.6752
dual	17888	0.2648	0.4412	0.0000	1.0000
top10	17888	0.5945	0.1515	0.2296	0.9056

（三）实证模型

为验证产业结构政策对企业绿色创新的影响，本文构建如下计量模型：

$$lgreenpatent_{ijt} = \alpha + \beta induslevel_{jt} + \lambda X_{it} + \gamma_i + \varphi_t + e_{ijt} \tag{2}$$

其中，i 为企业，t 为时间，j 为行业；被解释变量为企业绿色创新水平；核心解释变量为产业鼓励程度（induslevel）。X_{it} 为控制变量；本文还对企业固定效应以及时间固定效应加以控制，并使用稳健标准误进行估计。

四、回归结果

（一）基准回归结果

本文在整理《产业结构调整指导目录》政策文件的基础上，以产业鼓励程度（induslevel）为解释变量，企业绿色专利申请数量（lgreenpatent）为被解释变量展开回归分析。表 2 第（1）~第（3）列结果表明，产业结构政策实施有助于企业实现绿色创新发展，表现为产业鼓励程度越大、企业绿色专利申请数量越多，且这一影响通过统计水平 5% 的显著性检验。

表 2　基准回归结果

变量	lgreenpatent		
	（1）	（2）	（3）
induslevel	0.0246** (0.0098)	0.0247** (0.0098)	0.0230** (0.0095)
常数项	0.6835*** (0.0138)	0.6377*** (0.0230)	−1.5825*** (0.3974)
控制变量	否	是	是
企业固定效应	是	是	是
时间固定效应	是	是	是
N	17801	17801	17801
R^2	0.6939	0.6940	0.7058

注：***、**、* 分别表示参数的估计值在 1%、5%、10% 的统计水平上显著，括号内为相应标准误。

（二）机制分析

1. 治污决策与环保补助

从波特假说理论的视角来看，环保产业政策调控下的企业存在两种截然不同的选择（王海等，2019）。一方面，企业可能主动缴纳更多排污费、抑或加大污染治理投入来迎合环保产业政策要求。但这种以治理污染为主要目标的资金支出显然会挤占企业的创新投入，从而不利于企业开展绿色创新活动。另一方面，企业也可能通过改进生产方式、增加创新投入等手段提升自身绿色创新水平，以此实现自身的绿色转型。在此背景下，考察企业战略决策是否偏向污染治理有利于厘清产业结构政策的影响逻辑。本文在收集企业排污费支出数据的基础上，利用排污费（lpollufee、pofeera）共同衡量企业污染治理决策，其数值越大意味着企业偏向于污染治理决策。以上述变量作为被解释变量的回归结果在表 3 第（1）、第（2）列给出。结果发现，产业结构政策实施对企业排污费支出的影响在统计上并不显著。考虑到排污费支出并不能完全代表企业污染治理支出，文章在整理汇总企业排污费、绿化费和环境恢复治理费等环保费用（lgrfee、feerat），将其作为被解释变量重新展开分析。表 3 第（3）、第（4）列结果显示，伴随着产业结构政策实施，企业环保费用的变化并不明显。

进一步地，企业绿色创新活动通常需要较为充裕的资源作为支撑，但现实中广泛存在的资源约束等问题却直接制约了企业绿色创新积极性。那么，产业结构政策实施是否有助于企业获取环保专项补贴，由此在拓宽企业资金来源渠道的同时，激励企业实现绿色创新发展。为验证这一现象，本文以企业环保补助（lgresub、subratio）衡量企业的环保补贴获得情况，数值越大意味着环保补贴力度越强。并将其作为被解释变量纳入回归模型展开分析。表3第（5）、第（6）列表明产业结构政策并未显著提升企业环保补贴力度。一个可能的原因是，中国政府会依据产业结构政策来制定财政支持等保障政策，由此扩大环保补贴的覆盖面、激励企业实现绿色创新发展。但受到财政资源有限的制约，企业在经营发展过程中可能难以享有普遍性的政府补助支持。因而产业结构政策实施对企业环保补贴的影响并不明显。

表3　产业结构政策的机制分析：治污决策与环保补助

变量	（1） lpollufee	（2） pofeera	（3） lgrfee	（4） feerat	（5） lgresub	（6） subratio
induslevel	−0.0184 （0.0416）	0.0001 （0.0066）	−0.0013 （0.0358）	0.0024 （0.0060）	−0.0435 （0.0448）	0.0027 （0.0125）
常数项	13.1870*** （5.1009）	0.6149** （0.2913）	13.2163*** （4.5979）	0.5174 （0.4220）	6.8406*** （2.5909）	−0.2398 （0.3104）
控制变量	是	是	是	是	是	是
"五年规划"政策	是	是	是	是	是	是
企业固定效应	是	是	是	是	是	是
时间固定效应	是	是	是	是	是	是
N	1856	1856	2643	2643	4387	4387
R^2	0.8129	0.7333	0.8205	0.7497	0.6898	0.5744

注：***、**、*分别表示参数的估计值在1%、5%、10%的统计水平上显著，括号内为相应标准误。

2. 税收优惠与融资约束

作为政府经济管理与经济调控的重要手段，中国政府将依据产业结构政策制定税收优惠和金融授信等保障政策，引导社会资源流入相应行业。这也将缓解企业面临的资源约束问题，激励企业制定绿色发展战略、开展绿色创新活动。为验证这一渠道，本文重点围绕税收优惠和融资约束两个方面展开分析。在财税支持方面，本文分别以企业税负（realetr、tax）共同衡量企业面临的税收优惠，其数值越小意味着企业税收负担越轻。在融资约束层面，本文利用利息支出（rz）和SA指数（saindex）衡量企业融资约束状况（Hadlock and Pierce，2010；鞠晓生等，2013；王海等，2020），数值越大意味着企业的融资约束状况越严重。基于此，本文将上述变量作为被解释变量纳入实证模型进行回归，以期探索产业结构政策效果的潜在机制。相应结果如表4所示。结果表明，产业结构政策实施不仅显著降低了企业面临的税收负担，也明显地缓解了企业面临的融资约束问题。一方面，伴随着产业结构政策出台，政策执行者通常会选择减轻符合政策鼓励导向企业的税收负担。这在一定程度上能够增加企业的营运资本、拓宽企业的现金流（王海和尹俊雅，2021），从而带动企业增加绿色研发投入。另一方面，对绿色创新项目而言，其不仅具备投入高、风险大、周期长等特征，还面临着双重外部性问题。企业或因资金不足存在绿色创新"乏力"现象（Acemoglu et al.，2012）。而在产业结构政策的要求下，金融机构需要按照"分类指导、区别对待"的原则发放信贷，对符合政策鼓励导向的项目给予信贷支持。因此企业将具有更为充裕的资金，从而加大绿色创新项目的研发投入。

表 4　产业结构政策的机制分析：税收优惠与融资约束

变量	(1)	(2)	(3)	(4)
	realetr	tax	rz	saindex
induslevel	−0.0248* (0.0142)	−0.0016** (0.0006)	0.0342** (0.0135)	−0.0023** (0.0010)
常数项	−0.1296 (0.6941)	0.0096 (0.0293)	−2.1759*** (0.4660)	−3.6227*** (0.0332)
控制变量	是	是	是	是
"五年规划"政策	是	是	是	是
企业固定效应	是	是	是	是
时间固定效应	是	是	是	是
N	17768	16456	10059	17801
R^2	0.0926	0.6336	0.8094	0.9669

注：***、**、* 分别表示参数的估计值在 1%、5%、10%的统计水平上显著，括号内为相应标准误。

3. 业绩改善与效率优化

前文就产业结构政策的影响渠道做了一定分析，但仍缺乏对企业自身特征因素的考虑。考虑到企业生产经营状况可能会干扰其绿色创新决策，本文进一步分析产业结构政策调控背景下，企业经营绩效与生产效率方面的动态反应是否会对其绿色创新产生影响。本文主要利用营业收入（income）、利润状况（profit）、劳动生产率（productivity）进行分析。在此基础上本文将上述机制变量引入回归模型展开分析。相应结果如表 5 所示。一方面，产业结构政策实施将显著改善企业的营业收入与利润状况［见表 5 第（1）、第（2）列］。伴随着产业结构政策的实施，受政策鼓励导向影响的企业将享受一系列政策优惠，从而在更好把握业务发展方向的同时，改善自身经营绩效。这将增强企业经营信心，促使企业研发符合市场前景的绿色技术来巩固自身优势。另一方面，产业结构政策将有利于提高企业劳动生产率［见表 5 第（3）列］。这是因为，产业结构政策会通过优化审批流程、加强信贷支持等手段改变受鼓励产业内的资源配置情况，由此激励企业实现扩张发展。同时，产业结构政策实施也将显著降低企业研发活动所面临的市场不确定性，优化企业要素状况（尹俊雅和王海，2020），最终激励企业向绿色发展转型。

表 5　产业结构政策的机制分析：业绩改善与效率优化

变量	(1)	(2)	(3)
	income	profit	productivity
induslevel	0.0207*** (0.0055)	0.0204** (0.0099)	0.0251*** (0.0055)
常数项	16.9232*** (0.2021)	12.4582*** (0.3859)	17.2218*** (0.2100)
控制变量	是	是	是
"五年规划"政策	是	是	是
企业固定效应	是	是	是
时间固定效应	是	是	是

续表

变量	（1） income	（2） profit	（3） productivity
N	17801	16268	17801
R^2	0.9655	0.8956	0.8801

注：***、**、*分别表示参数的估计值在1%、5%、10%的统计水平上显著，括号内为相应标准误。

五、稳健性讨论

（一）替换被解释变量再检验

为避免因量化方式不同造成变量间关系的错误解读，本文还采用以下几种方式重新量化被解释变量展开检验：利用企业是否申请绿色专利的虚拟变量进行分析，若企业当年度申请绿色专利则赋值 greenpadum 为1，否则为0；文章还利用上市公司母公司及子公司单独申请和联合申请的绿色专利数量总和（lgreentotal），以及上市公司母公司、子公司、联营公司和合营公司单独申请的绿色专利数量（lgreenpat_cor）作为被解释变量；考虑到创新项目具有周期长等特征，文章结合 Cornaggia 等（2015）的研究分别生成企业当期与未来一期、当期与未来两期绿色专利申请数量总和（lgreenpat1、lgreenpat2）识别企业绿色创新发展情况。基于上述不同量化方式的回归结果如表6所示，相应结论证实了前文分析的稳健性。

表6　替换被解释变量再检验

变量	green_nin 行业趋势 （1）	greenpadum 离散变量 （2）	lgreentotal 联合申请 （3）	lgreenpat_cor 集团合计 （4）	lgreenpatent1 当期与未来一期 （5）	lgreenpatent2 当期与未来两期 （6）
induslevel	0.6039** （0.2733）	0.0119** （0.0056）	0.0196* （0.0102）	0.0240** （0.0100）	0.0389*** （0.0116）	0.0407*** （0.0120）
常数项	-10.7614 （22.5097）	-0.4093** （0.1756）	-2.0585*** （0.4028）	-1.3411*** （0.3838）	-1.4278*** （0.5005）	-0.9722* （0.5830）
控制变量	是	是	是	是	是	是
"五年规划"政策	是	是	是	是	是	是
企业固定效应	是	是	是	是	是	是
时间固定效应	是	是	是	是	是	是
N	17801	17801	17801	17801	14873	12544
R^2	0.6183	0.5205	0.7394	0.7162	0.7862	0.8358

注：***、**、*分别表示参数的估计值在1%、5%、10%的统计水平上显著，括号内为相应标准误。

（二）替换解释变量再检验

基准回归分析主要采用赋值汇总的方式设定解释变量，本文进一步通过反向赋值汇总的方法量化产业结构政策，得到产业抑制程度（negindus），以此作为解释变量展开分析。表 7 结果表明产业抑制程度越高，企业绿色创新专利申请量越少。这也侧面印证了前文得到的研究结论。

表 7　替换解释变量再检验

变量	lgreenpatent
negindus	−0.0230 ** （0.0095）
常数项	−1.5825 *** （0.3974）
控制变量	是
"五年规划" 政策	是
企业固定效应	是
时间固定效应	是
N	17801
R²	0.7058

（三）剔除样本再检验

前文分析表明产业结构政策实施有助于企业实现绿色创新发展，但这一影响或将受到其他事件的干扰而并不稳健。①本文在基准回归中主要选用工业行业样本展开分析。结合现实来看，推动制造业高质量发展在中国经济管理工作中占据了重要地位。相较于制造业行业，非制造业行业可能受政策调控的影响较弱。因此，本文仅围绕制造业行业样本进行回归，相应结果如表 8 第（1）列所示。②在样本期间发生的金融危机事件可能会引致企业经营不善等问题，这将抑制企业开展绿色创新活动的积极性，从而对本文结论形成干扰。为此文章通过剔除 2008 年、2009 年数据重新展开分析，回归结果在表 8 第（2）列给出。③就上市公司本身而言，其可能因为特别处理、破产退市等原因而表现出数据不连续特征。因此文章进一步保留连续存在 5 年及以上的观测值，以期更为稳健地考察产业结构政策对企业绿色创新的影响。相应结果如表 8 第（3）列所示。④产业结构政策在降低行业进入门槛等方面的优势也可能使得相应绿色创新水平较高的企业涌入政策利好行业，从而对本文结论产生干扰。为此本文仅保留 2005 年前成立的企业样本重新估计结果。相应结果在表 8 第（4）列给出。产业结构政策实施对企业绿色创新的影响依旧显著为正，证实了结论稳健性。

表 8　剔除样本再检验

变量	lgreenpatent			
	制造业	金融危机	连续样本	政策首次出台
	（1）	（2）	（3）	（4）
induslevel	0.0273 *** （0.0100）	0.0245 ** （0.0122）	0.0227 ** （0.0095）	0.0241 ** （0.0097）
常数项	−1.6885 *** （0.4044）	−1.6427 *** （0.4217）	−1.6629 *** （0.3967）	−1.6810 *** （0.4600）
控制变量	是	是	是	是

变量	lgreenpatent			
	制造业	金融危机	连续样本	政策首次出台
	（1）	（2）	（3）	（4）
"五年规划"政策	是	是	是	是
企业固定效应	是	是	是	是
时间固定效应	是	是	是	是
N	16279	16003	15592	16029
R^2	0.7111	0.7197	0.7017	0.7005

注：***、**、*分别表示参数的估计值在1%、5%、10%的统计水平上显著，括号内为相应标准误。

（四）排除环境规制政策的检验

关于前文结论的另一个潜在担忧是，产业结构政策实施对企业绿色创新的促进作用可能包含环境规制政策的影响。具体来说，为缓解地区环境压力、推动经济绿色发展，长期以来中国政府制定了涵盖治理空气污染和水污染等在内的一系列环境规制政策。现有研究表明这些环境规制政策不仅能够降低污染水平，也将带来激励企业绿色创新等外溢效果（王海和尹俊雅，2016；齐绍洲等，2018）。忽视这种同时期并行的环境规制政策可能会使得研究结论存在偏差。因此文章重点围绕环境约束、环境司法、侧重空气污染、侧重水污染四重维度收集、整理了可能影响企业绿色创新的环境规制政策。具体包含低碳城市试点政策（ditan）、环保法庭设立情况（grcourt）、环境权益交易制度（paiwu）、河长制政策（rivercity）。若企业所在地区当年及以后实行上述政策，则赋值相应变量为1，否则为0。基于此，将上述变量纳入实证模型重新回归展开分析。表9结果显示，考虑同时期环境规制政策影响后的解释变量（induslevel）影响系数依旧显著为正，这也证实了文章结论的可信性。

表9　排除环境规制政策的检验

变量	lgreenpatent				
	低碳城市	环保法庭	排污权交易	河长制	环境规制政策
	（1）	（2）	（3）	（4）	（5）
induslevel	0.0230**	0.0237**	0.0228**	0.0231**	0.0234**
	（0.0095）	（0.0095）	（0.0095）	（0.0095）	（0.0095）
ditan	0.0536***				0.0468**
	（0.0188）				（0.0189）
grcourt		0.0815***			0.0765***
		（0.0204）			（0.0205）
paiwu			0.0427		0.0469
			（0.0447）		（0.0446）
rivercity				−0.0044	−0.0051
				（0.0177）	（0.0177）
常数项	−1.6172***	−1.5758***	−1.5994***	−1.5768***	−1.6185***
	（0.3991）	（0.3959）	（0.3978）	（0.3980）	（0.3983）
控制变量	是	是	是	是	是

变量	lgreenpatent				
	低碳城市	环保法庭	排污权交易	河长制	环境规制政策
	（1）	（2）	（3）	（4）	（5）
"五年规划"政策	是	是	是	是	是
企业固定效应	是	是	是	是	是
时间固定效应	是	是	是	是	是
N	17801	17801	17801	17801	17801
R^2	0.7059	0.7061	0.7058	0.7058	0.7063

注：***、**、*分别表示参数的估计值在1%、5%、10%的统计水平上显著，括号内为相应标准误。

尽管上述方法能在一定程度上排除相应环境规制政策的影响，但现实中还可能存在诸多环境规制政策。因此本文还将从以下两个视角重新进行检验，以期更为稳健地识别产业结构政策对企业绿色创新的影响。一方面，党的十八大以来，把生态文明建设放在突出地位，成为中国政府工作的重中之重，打赢蓝天保卫战更是打好污染防治攻坚战的首要任务。鉴于此，本文计算出上市公司注册地周边20千米范围内的国控空气监测站点数量（envdis20），以及上市公司注册地与周边国控空气监测站点的最近距离（mindis1）。将其作为上市公司面临的环境监管压力代理变量，以此纳入实证模型展开回归。与此同时，本文还将上市公司注册地PM2.5浓度作为控制变量加入回归，侧面表征地区的环境监管力度。相应结果如表10第（1）、第（2）列所示。另一方面，中国环境规制政策大多以行政区划为单位来实施（陈登科，2020）。因此，本文借鉴陈登科（2020）的研究，通过控制环境规制政策实施层级的固定效应来进一步排除环境规制政策的潜在影响，具体加入省份时间固定效应、省份与时间趋势或时间趋势平方向的交互项。相应的结果汇报在表10第（3）、第（4）列中，回归结果依旧稳健。

表10 排除其他事件再检验

变量	lgreenpatent			
	空气监测站	城市雾霾	省年固定	省年趋势
	（1）	（2）	（3）	（4）
induslevel	0.0229**	0.0248**	0.0218**	0.0215**
	（0.0096）	（0.0097）	（0.0097）	（0.0096）
envdis20	−0.0022			
	（0.0061）			
mindis1	−0.0510***			
	（0.0194）			
pm		0.0010		
		（0.0015）		
常数项	−1.4834***	−1.4767***	−1.5771***	−1.5759***
	（0.4004）	（0.5137）	（0.4053）	（0.4239）
控制变量	是	是	是	是
"五年规划"政策	是	是	是	是
企业固定效应	是	是	是	是
时间固定效应	是	是	否	是

续表

变量	lgreenpatent			
	空气监测站	城市雾霾	省年固定	省年趋势
	（1）	（2）	（3）	（4）
省份时间联合固定效应	否	否	是	否
省份×时间/时间^2	否	否	否	是
N	17801	13211	17801	17801
R^2	0.7059	0.7100	0.7136	0.7101

注：＊＊＊、＊＊、＊分别表示参数的估计值在1%、5%、10%的统计水平上显著，括号内为相应标准误。

六、异质性讨论

（一）地区特征异质性

作为实现经济增长方式变革的重要支撑，绿色创新已成为中国推进生态文明建设、推动经济高质量发展的关键力量。但考虑到不同地区在资源禀赋状况和政策倾斜力度等方面有所不同，企业在绿色创新方面投入的资源及重视程度可能存在差异，最终使得产业结构政策对企业绿色创新发展的影响存在明显地区异质性。为验证这一猜想，本文根据企业注册地址将样本划分为东部地区以及中西部地区，并以此展开分样本回归分析。表11结果表明较之于中西部地区，产业结构政策实施有助于东部地区企业开展绿色创新活动。针对这一结果，一方面，相较于中西部地区，东部地区具有较高的经济发展基础和人力资本水平，且其地方政府往往会在企业技术创新方面给予充足资金支持。这将有利于企业优化资源配置、加大绿色创新力度。另一方面，与东部地区不同的是，中西部地区的发展模式可能仍然以粗放型为主，由此表现出偏"重"的产业结构形态。因而企业缺乏开展绿色创新活动的激励。

表11　地区差异

变量	lgreenpatent	
	（1）	（2）
induslevel	0.0466＊＊＊	−0.0109
	（0.0122）	（0.0151）
常数项	−1.8432＊＊＊	1.3750
	（0.4298）	（1.0968）
控制变量	是	是
"五年规划"政策	是	是
企业固定效应	是	是
时间固定效应	是	是
N	12182	5613
R^2	0.7132	0.6915

注：＊＊＊、＊＊、＊分别表示参数的估计值在1%、5%、10%的统计水平上显著，括号内为相应标准误。

（二）行业污染特征异质性

尽管产业结构政策在执行中对所有企业具有均等效力，但不同行业在政策影响下将采取差异化的应对措施（余壮雄等，2020）。且考虑到不同行业本身污染排放行为存在较大差异，产业结构政策对企业绿色创新的影响可能存在明显的行业差异。对此本文借鉴 Tanaka 等（2014）、Cai 等（2016）和齐绍洲等（2018）的研究，在区分空气污染型行业和非空气污染型行业的基础上展开分析。表 12 实证结果表明，较之非空气污染型行业企业，产业结构政策显著促进了空气污染型行业企业的绿色创新活动。一方面，政策执行者可能会偏向于关注污染物排放量较大的污染型行业，忽视对非空气污染型行业的引导或管控，最终带来不同行业之间的差异影响；另一方面，对于企业自身而言，空气污染型行业企业或因面临更大的转型压力而在宏观政策导向的指引下提高研发力度、开展绿色创新活动。

表 12 行业污染特征

变量	lgreenpatent			
	空气污染型	非空气污染型	空气污染型	非空气污染型
	（1）	（2）	（3）	（4）
induslevel	0.0495***	0.0107	0.0390**	0.0145
	(0.0186)	(0.0116)	(0.0166)	(0.0123)
常数项	−1.3422	−1.6589***	−2.2234***	−1.5164***
	(0.9865)	(0.4320)	(0.5786)	(0.4809)
控制变量	是	是	是	是
"五年规划"政策	是	是	是	是
企业固定效应	是	是	是	是
时间固定效应	是	是	是	是
N	3432	14363	4219	13576
R^2	0.6595	0.7193	0.6454	0.7246

注：***、**、*分别表示参数的估计值在 1%、5%、10%的统计水平上显著，括号内为相应标准误。

七、研究结论与政策启示

牢固树立和践行"绿水青山就是金山银山"的生态理念是推动绿色发展，促进人与自然和谐共生的重要前提。正因如此，以往以牺牲环境为代价来换取经济增长的粗放型发展模式亟待转型，能否利用产业结构政策这一政策手段来统筹产业结构调整与生态文明建设逐渐成为社会各界关注的重点议题。对此，本文在手工收集、整理《产业结构调整指导目录》政策文件的基础上，围绕企业绿色创新状况全面且系统地回答了这一问题。结论发现，产业结构政策实施提升了企业的绿色创新水平。机制分析发现，这一影响通过税收优惠效应、融资约束效应、业绩改善效应与效率优化效应得以实现。较之其他企业，产业结构政策的绿色创新效应在东部地区企业、污染型行业企业和非国有企业中更为明显。

本文关于产业结构政策绿色创新效应的研究结论既响应了党的二十大报告关于"统筹产业

结构调整、污染治理、生态保护"的精神号召，也为中国如何实现碳达峰、碳中和这一重大战略任务提供了重要理论支撑。①宏观政策导向是企业生产经营决策的重要参考。中国政府应当深化产业政策体系设计，通过突出产业结构政策的"绿色化"倾向来对企业绿色创新形成正向激励。因此，决策者和制定者还需进一步优化调整政策导向，在细化政策条目的产品品种和参数的同时，加强对政策效果的事中监管与事后评估，从而有针对性、有时效性地矫正政策实施偏差。并在加大对企业绿色创新支持力度的同时，从而全面推进生态文明建设。②伴随着中国经济步入新常态，加快发展方式绿色转型逐渐成为协同推进经济高质量发展和生态环境高水平保护的重要抓手。作为绿色创新的市场主体，企业需要构建全面的绿色发展与管理体系，据此积极调整自身发展战略，从而实现绿色创新发展。而中国政府应当适当关注企业在绿色转型过程中面临的资源约束难题。一方面，结合经济发展形势深入推进绿色财税体制改革，既要加大对减污降碳等绿色清洁技术研发的财政支持力度，也要给予企业更大的绿色税收优惠力度。从而充分发挥绿色财税对企业绿色创新等环境行为的引导与调节作用。另一方面，从经济可持续发展全局出发建立健全绿色金融体系，鼓励探索发展绿色信贷、绿色债券、绿色发展基金等绿色金融产品，由此拓宽企业的绿色融资渠道。得益于产业结构政策实施带来的政策红利，企业还应重点关注并改善自身的业务经营模式，在享受财税和土地等相关政策优惠的同时，积极引导研发资金流向绿色创新项目。通过绿色创新来抢占绿色市场、建立领先优势，从而形成绿色发展的正向循环。与此同时，企业还需转变以往以高污染、高排放为主要特征的粗放型发展模式，通过优化内部资源配置来提升自身生产经营效率，最终为企业实现绿色创新提供良好基础。③发挥产业结构调整对绿色发展的助推作用需要"下好全国一盘棋"，地方政府需要贯彻落实产业结构政策要求，在限制淘汰落后产能的同时，积极鼓励先进产业和企业实现绿色可持续发展。但就本文关于地区、行业及企业层面的异质性结果而言，中央政府可以适当允许地方政府在不违背整体产业结构调整战略的情况下，根据地区禀赋差异、产业发展现状及企业资源储备等因素制定相应产业结构调整规划，有选择、有期限地实现地区产业结构的优化升级。依托这种以点带面、有所侧重的发展战略与政策思路"因地制宜"出台激励性政策措施来激发相应企业的绿色创新意识。

参考文献

［1］安同良，周绍东，皮建才. R&D 补贴对中国企业自主创新的激励效应［J］. 经济研究，2009（10）：87-98+120.

［2］白雪洁，孟辉. 新兴产业、政策支持与激励约束缺失——以新能源汽车产业为例［J］. 经济学家，2018（1）：50-60.

［3］陈登科. 贸易壁垒下降与环境污染改善——来自中国企业污染数据的新证据［J］. 经济研究，2020（12）：98-114.

［4］郭玥. 政府创新补助的信号传递机制与企业创新［J］. 中国工业经济，2018（9）：98-116.

［5］韩超，朱鹏洲，王震. 外资产业准入政策对企业全要素生产率的溢出效应——逆全球化思潮下吸引外商投资政策再思考［J］. 财经问题研究，2018（7）：30-37.

［6］江飞涛，李晓萍. 直接干预市场与限制竞争：中国产业政策的取向与根本缺陷［J］. 中国工业经济，2010（9）：26-36.

［7］江小涓. 论我国产业结构政策的实效和调整机制的转变［J］. 经济研究，1991（2）：9-15+68.

［8］鞠晓生，卢荻，虞义华. 融资约束、营运资本管理与企业创新可持续性［J］. 经济研究，

2013（1）：5-17.

[9] 雷玉桃，孙菁靖.节能消费激励政策能否引领制造企业绿色转型？[J].产业经济研究，2021（3）：17-30+56.

[10] 黎文靖，李耀淘.产业政策激励了公司投资吗[J].中国工业经济，2014（5）：122-134.

[11] 黎文靖，郑曼妮.实质性创新还是策略性创新？——宏观产业政策对微观企业创新的影响[J].经济研究，2016（4）：60-73.

[12] 李贲，吴利华.开发区设立与企业成长：异质性与机制研究[J].中国工业经济，2018（4）：79-97.

[13] 李青原，肖泽华.异质性环境规制工具与企业绿色创新激励——来自上市企业绿色专利的证据[J].经济研究，2020（9）：192-208.

[14] 李晓萍，张亿军，江飞涛.绿色产业政策：理论演进与中国实践[J].财经研究，2019（8）：4-27.

[15] 林洲钰，林汉川，邓兴华.所得税改革与中国企业技术创新[J].中国工业经济，2013（3）：111-123.

[16] 卢现祥，许晶.企业所有制结构与区域工业污染——基于我国2003~2009年的省级面板数据研究[J].中南财经政法大学学报，2012（1）：78-83+143-144.

[17] 陆菁，鄢云，王韬璇.绿色信贷政策的微观效应研究——基于技术创新与资源再配置的视角[J].中国工业经济，2021（1）：174-192.

[18] 齐绍洲，林屾，崔静波.环境权益交易市场能否诱发绿色创新？——基于我国上市公司绿色专利数据的证据[J].经济研究，2018（12）：129-143.

[19] 苏丹妮，盛斌.服务业外资开放如何影响企业环境绩效——来自中国的经验[J].中国工业经济，2021（6）：61-79.

[20] 孙浦阳，蒋为，陈惟.外资自由化、技术距离与中国企业出口——基于上下游产业关联视角[J].管理世界，2015（11）：53-69.

[21] 陶锋，赵锦瑜，周浩.环境规制实现了绿色技术创新的"增量提质"吗——来自环保目标责任制的证据[J].中国工业经济，2021（2）：136-154.

[22] 王海，尹俊雅.波特理论研究动态：理论进展与中国实践[J].产业经济评论（山东大学），2016（4）：179-195.

[23] 王海，尹俊雅.地方产业政策与行业创新发展——来自新能源汽车产业政策文本的经验证据[J].财经研究，2021，47（5）：64-78.

[24] 王海，尹俊雅，陈周婷.政府驻地迁移对企业融资约束的影响[J].经济社会体制比较，2020（2）：11-21.

[25] 王海，尹俊雅，李卓.开征环保税会影响企业TFP吗——基于排污费征收力度的实证检验[J].财贸研究，2019（6）：87-98.

[26] 徐佳，崔静波.低碳城市和企业绿色技术创新[J].中国工业经济，2020（12）：178-196.

[27] 杨汝岱.中国制造业企业全要素生产率研究[J].经济研究，2015（2）：61-74.

[28] 杨瑞龙，侯方宇.产业政策的有效性边界——基于不完全契约的视角[J].管理世界，2019（10）：82-94+219-220.

[29] 殷华方，潘镇，鲁明泓.中国外商直接投资产业政策测量和有效性研究：1979~2003[J].管理世界，2006（7）：34-45+171-172.

［30］尹俊雅，王海.高新区政策的技术追赶效应——基于内外资企业 TFP 差距的分析 ［J］.经济学动态，2020（11）：115-130.

［31］余明桂，范蕊，钟慧洁.中国产业政策与企业技术创新［J］.中国工业经济，2016 （12）：5-22.

［32］余壮雄，陈婕，董洁妙.通往低碳经济之路：产业规划的视角［J］.经济研究，2020 （5）：116-132.

［33］张维迎.产业政策争论背后的经济学问题［J］.学术界，2017（2）：28-32.

［34］张璇，刘贝贝，汪婷，李春涛.信贷寻租、融资约束与企业创新［J］.经济研究， 2017（5）：161-174.

［35］郑洁，付才辉.企业自生能力与环境污染：新结构经济学视角［J］.经济评论，2020 （1）：49-70.

［36］Acemoglu D，Aghion P，Bursztyn L，Hemous D. The Environment and Directed Technical Change ［J］. American Economic Review，2012，102（1）：131-166.

［37］Arnold J M，Javorcik B S，Mattoo A. Does Services Liberalization Benefit Manufacturing Firms? ［J］. Journal of International Economics，2011，85（1）：136-146.

［38］Autor D H，Dorn D，Hanson G H. The China Syndrome：Local Labor Market Effects of Import Competition in the United States ［J］. American Economic Review，2013，103（6）：2121- 2168.

［39］Belenzon S，Patacconi A. Innovation and Firm Value：An Investigation of the Changing Role of Patents，1985-2007 ［J］. Research Policy，2013，42（8）：1496-1510.

［40］Cai H B，Chen Y Y，Gong Q. Polluting Thy Neighbor：Unintended Consequences of China's Pollution Reduction Mandates ［J］. Journal of Environmental Economics and Management， 2016，76：86-104.

［41］Chari A，Liu E M，Wang S Y，Wang Y X. Property Rights，Land Misallocation，and Agricultural Efficiency in China ［J］. Review of Economic Studies，2021，88（4）：1831-1862.

［42］Chen Z，Liu Z K，Serrato J C S，Xu D Y. Notching R&D Investment with Corporate Income Tax Cuts in China ［J］. American Economic Review，2021，111（7）：2065-2100.

［43］Cornaggia J，Mao Y F，Tian X，Wolfe B. Does Banking Competition Affect Innovation? ［J］. Journal of Financial Economics，2015，115（1）：189-209.

［44］Hadlock C J，Pierce J R. New Evidence on Measuring Financial Constraints：Moving Beyond the KZ Index ［J］. Review of Financial Studies，2010，23（5）：1909-1940.

［45］Hall B，Reenen J V. How Effective Are Fiscal Incentives for R&D? A Review of the Evidence ［J］. Research Policy，2000，29（4）：449-469.

［46］Harrison A，Martin L A，Nataraj S. Green Industrial Policy in Emerging Markets ［J］. Annual Review of Resource Economics，2017，9（1）：253-274.

［47］Johnson D K N，Lybecker K M. Does Distance Matter Less Now? The Changing Role of Geography in Biotechnology Innovation ［J］. Review of Industrial Organization，2012，40（1）：21-35.

［48］Krueger A O. The Political Economy of the Rent-Seeking Society ［J］. American Economic Review，1974，64（3）：291-303.

［49］Lall S. Reinventing Industrial Strategy：The Role of Government Policy in Building Industrial Competitiveness ［J］. Annals of Economics and Finance，2003，14（2）：785-829.

［50］Lu Y，Tao Z G，Zhu L M. Identifying FDI Spillovers ［J］. Journal of International Economics，2017，107：75-90.

[51] Pack H，Saggi K. Is There a Case for Industrial Policy? A Critical Survey [J]. World Bank Research Observer，2006，21（2）：267-297.

[52] Rodrik D. Green Industrial Policy [J]. Oxford Review of Economic Policy，2014，30（3）：469-491.

[53] Rodrik D. Industrial Policy for the Twenty-First Century [R]. CEPR Discussion Papers，2004.

[54] Tanaka S，Yin W，Jefferson H. Environmental Regulation and Industrial Performance：Evidence from China [R]. Tufts University Working Paper，2014.

[55] Xiao H，Wang K M. Does Environmental Labeling Exacerbate Heavily Polluting Firms' Financial Constraints? Evidence from China [J]. China Journal of Accounting Research，2020，13（2）：147-174.

数字经济

人工智能、岗位结构变迁与服务型制造[*]

潘　珊　郭凯明

[摘要] 近年来，中国制造业内部生产岗位就业比重下降、服务岗位就业比重上升，呈现出服务型制造快速发展的岗位结构变迁趋势，是制造业高端化、智能化、绿色化发展的重要动力和典型表现。本文提出岗位结构变迁是全球主要经济体在人均国内生产总值稳定增长过程中普遍经历的共性规律，有望为中国推进新型工业化和建设制造强国增添新的动能，而作为推动新一轮科技革命和产业变革的战略性通用技术，人工智能将成为中国加快岗位结构变迁和服务型制造发展的新的基础性力量。本文由此建立了一个包含人工智能技术和岗位异质性的动态一般均衡模型，刻画了岗位结构变迁的内生过程。本文发现，在人工智能技术偏向生产岗位且生产岗位和服务岗位的替代弹性较低时，人工智能技术会在制造业内部推动由生产转向服务的岗位结构变迁，进而提高服务型制造比重，并由此提升制造业相对劳动生产率、稳定制造业实际产出比重。促进产业内不同岗位深度融合、加大人工智能技术研发力度、降低岗位之间劳动力流动壁垒，都可以有效推动岗位结构变迁和产业结构转型升级。本文从宏观经济结构层面展示了人工智能技术影响岗位结构变迁和产业结构转型的理论机制，并就如何以人工智能技术创新促进服务型制造发展和现代化产业体系建设提出了政策建议。

[关键词] 人工智能；岗位结构变迁；服务型制造；产业结构转型

一、引言

党的二十大报告提出，要"坚持把发展经济的着力点放在实体经济上，推进新型工业化，加快建设制造强国、质量强国、航天强国、交通强国、网络强国、数字中国"。作为实体经济的基础和大国经济的"压舱石"，制造业在新发展阶段实现转型升级、由大转强，将为中国建设现代化产业体系和实现高质量发展提供有力支撑。《中华人民共和国国民经济和社会发展第十四个五年规划和 2035 年远景目标纲要》明确提出，要"深入实施智能制造和绿色制造工程，发展服务型制造新模式，推动制造业高端化智能化绿色化"。在新一代人工智能技术方兴未艾、蓬勃发展的时代背景下，中国应如何顺应技术革命和产业变革特征，通过促进服务型制造发展推动产业结构转型升级和现代化产业体系建设，是本文要研究的主要问题。

---

* 本文原刊于《中国工业经济》2024 年第 4 期，有修改。

[作者简介] 潘珊，暨南大学产业经济研究院副研究员；郭凯明，中山大学岭南学院教授。

作为制造与服务融合发展的新型产业形态，服务型制造是制造业转型升级的重要方向。从企业内部来看，典型制造业企业的经营活动除包括加工制造等传统生产型活动，还包括研发、设计、物流、分销、安装、维修售后等服务性质的活动。因此，制造业本身就包含服务活动。如果用企业员工的岗位结构来刻画企业不同的生产经营活动，那么岗位结构的变迁也可以代表企业生产模式和业态的转变。跨国数据表明，伴随着经济增长，包括中国在内的很多经济体都经历了显著的岗位结构变迁，呈现出生产岗位比重下降、服务岗位比重上升的新趋势，其中制造业内部的岗位结构变化更为明显。制造业内部由生产转向服务的岗位结构变迁正是服务型制造的典型表现和重要动力之一。到底是什么因素推动了岗位结构变迁？这一进程又会对产业结构转型和制造业升级带来怎样的影响？

在过去的十多年里，人工智能技术快速发展，显著改变了传统的生产方式，在制造业和服务业发展中都得到了广泛应用，成为引领新一代科技革命和产业变革的战略性技术，有望推动中国岗位结构变迁和服务型制造发展。工业机器人近十年在中国工业生产中的应用日益深入，2011~2017年平均每年增速高达30%。关于人工智能对于生产的影响尚无定论，一部分学者认为人工智能技术会引发机器替代劳动力，造成失业（Frey and Osborne，2017；王永钦和董雯，2020）。也有一些学者认为人工智能对劳动力需求的影响是结构性的，对就业的影响存在明显的异质性特征，对不同群体就业具有不对称效应（Acemoglu and Autor，2011；孙早和侯玉琳，2019；余玲铮等，2021；王林辉等，2023；陈岑等，2023；何小钢和刘叩明，2023；尹志锋等，2023）。人工智能作为改进劳动生产效率的辅助性工具，在许多情况下，劳动力并不会完全失业，而是换了工作（麦肯锡，2017）。中国上市企业数据表明，中国在过去十几年经历了明显的岗位结构变迁趋势。从宏观产业层面看，制造业企业中生产岗位的就业比重在下降，服务岗位的就业比重在上升。从微观企业层面看，实证结果表明在制造业企业子样本中，人工智能技术对于企业内生产岗位的就业比重有显著负向影响。与此同时，上市企业中存续的制造业企业的员工总数非但没有减少，反而以年均4%的速度增长，在制造业企业内部，生产岗位员工比重在下降，服务岗位员工比重在上升。可见，人工智能发展并不必然完全替代劳动力，可能偏向性地带来生产环节技术进步，提高了生产岗位劳动生产率，进而促使劳动力由生产岗位转移到服务岗位，推动了岗位结构变迁，促进了服务型制造的发展。

基于以上考虑，为了分析人工智能影响岗位结构变迁和产业结构转型的内在机制，本文建立了一个引入人工智能和岗位异质性的多部门动态一般均衡模型，其中，生产岗位劳动力和服务岗位劳动力采用常替代弹性形式复合形成部门的劳动投入，人工智能技术通过研发投入内生积累，有偏向性地影响不同岗位的劳动扩展型技术。和现有模型相比，本文突出了人工智能技术的外溢性和偏向性特征。人工智能通过外溢性的特征，可以提高所有岗位和所有产业的劳动生产率，又通过岗位偏向性的特征，有偏地提高了生产岗位的相对劳动生产率。本文发现，在一定条件下，人工智能技术水平的提高会导致生产岗位比重下降、服务岗位比重上升的岗位结构变迁，提高服务型制造比重。同时，人工智能也会提升制造业的相对劳动生产率、保持制造业实际产出比重稳定，实现制造业的转型升级。本文通过理论分析和数值模拟展示了人工智能技术推动岗位结构变迁以及制造业转型升级的经济机制，并基于研究结论为中国发展服务型制造，加快建设制造强国提出针对性的政策建议。

本文发展了人工智能领域的相关研究。目前已有大量文献从微观个体层面探究人工智能对就业的异质性影响，还有一部分文献研究人工智能对宏观经济的影响，包括产业结构升级、收入分配、技能溢价、生产率等方面（Acemoglu and Restrepo，2018；Aghion et al.，2019；郭凯明，2019；陈彦斌等，2019；郭凯明和王钰冰，2022；郭凯明等，2023）。李晓华（2021）发现人工智能、工业互联网等新一代数字技术使制造业在加工制造能力等方面显著增强，为服务型制造的发展扫平了障碍。但这些文献还没有深入讨论人工智能对服务型制造发展的经济机制，本文以宏观视角构建了包含人工智能和岗位异质性的理论模型，深入研究人工智能对岗位结构变迁和产业结构转型的影响，丰富了人工智能领域的研究视角。

本文拓展了产业结构转型的相关研究。传统的解释结构转型的理论关注供给侧技术进步和资本深化以及需求侧偏好的影响（Kongsamut et al.，2001；Ngai and Pissarides，2007；Acemoglu and Guerrieri，2008）。还有一些研究强调国际贸易、政府作用和投资的影响（Dekle and Vandenbrouke，2012；Uy et al.，2013；Herrendorf et al.，2018；Sposi，2019；Guo et al.，2021）。但这些研究都是基于产业层面的，没有考虑到产业内部的岗位异质性。近几年开始有学者关注了岗位结构变迁（Aum et al.，2018；Bárány and Siegel，2020；Duernecker and Herrendorf，2022），他们发现了与岗位相关的技术进步是推动岗位结构变迁的重要因素。但是这些研究并未引入人工智能技术，也没有基于中国的数据进行深入的定量分析。本文从人工智能的视角出发探讨了人工智能技术对于岗位结构变迁以及制造业转型升级的影响，并结合中国经济特征做了定量检验，为推动中国发展服务型制造奠定了理论基础。

二、特征事实

岗位结构变迁是指企业内劳动力由生产岗位向服务岗位转移的趋势，表现为生产岗位的就业比重下降、服务岗位的就业比重上升。这种趋势不仅体现在经济总体的生产岗位和服务岗位的结构变化，也体现在不同部门（企业）内部岗位结构的变化。

关于岗位结构的数据，Integrated Public Use Microdata Series（IPUMS）International 提供的人口普查数据中包含关于个体就业的部门和岗位的信息，IPUMS 将原始数据进行整合处理后使不同年份、不同国家的数据具有可比性。本文参考 Duernecker 和 Herrendorf（2022）的做法将个体就业分别划分至生产/服务部门及生产/服务岗位。图 1 是包括中国在内的全球 30 个经济体的不同岗位的就业比重与人均 GDP 对数值的散点图。从总体岗位结构的数据来看，伴随着一个经济体人均 GDP 的提高，生产岗位的就业比重显著下降，服务岗位的就业比重逐渐上升，展现出岗位结构变迁的趋势。

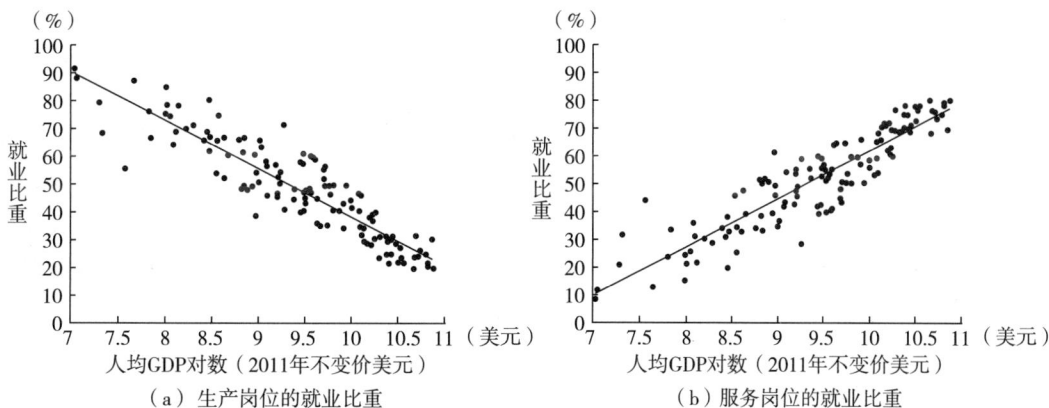

图 1　全球不同经济体的岗位结构与人均 GDP 对数值的关系

资料来源：岗位结构数据来自 IPUMS，人均 GDP 数据来自 Maddison Project Database 2020。图 2、图 3 同。

图 2 分别为生产部门和服务部门的岗位结构与人均 GDP 对数值的关系。平均而言，伴随着经济增长，生产部门和服务部门都呈现出劳动力由生产岗位向服务岗位转移的趋势，并且生产部门的岗位结构变化幅度大于服务部门。由此可见，对于不同发展程度的经济体，生产部门的岗位结构差异巨大，欠发达国家的生产部门中绝大多数的劳动力都集中在生产岗位，而发达国家中只有 50%左右的劳动力保留在生产岗位。

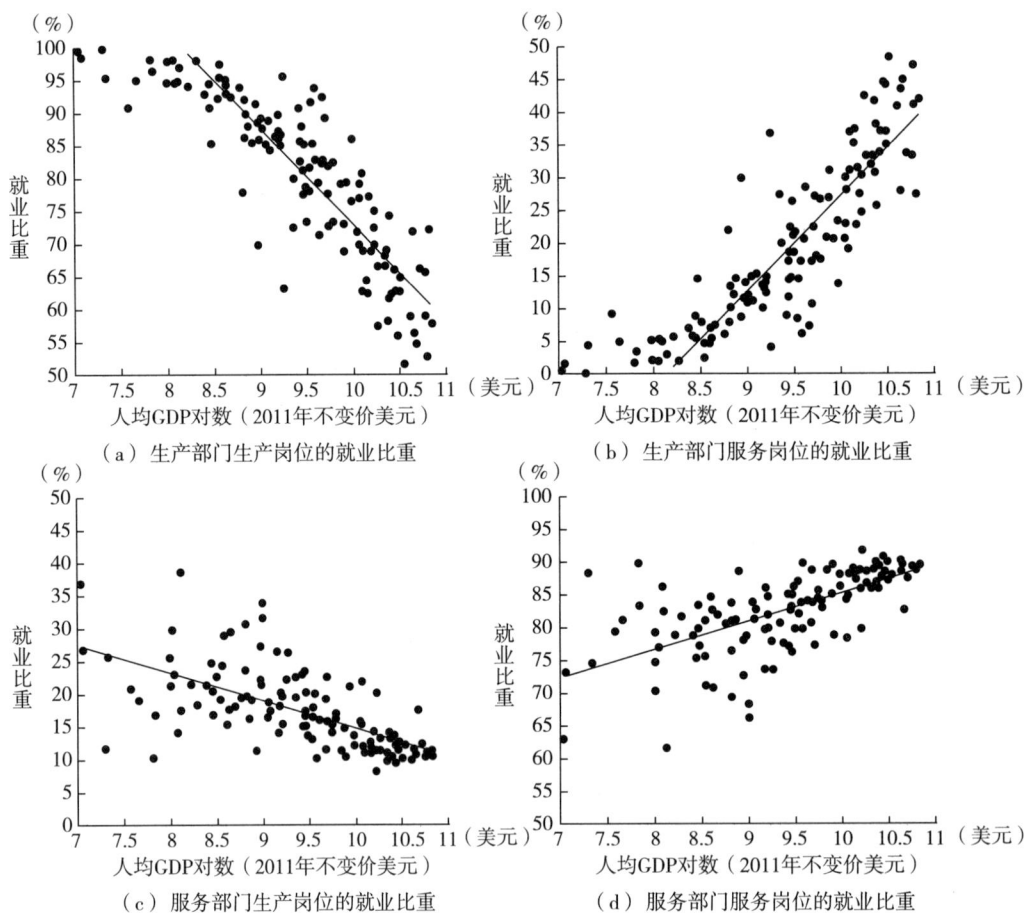

（a）生产部门生产岗位的就业比重　　　　　　（b）生产部门服务岗位的就业比重

（c）服务部门生产岗位的就业比重　　　　　　（d）服务部门服务岗位的就业比重

图 2　全球不同经济体生产部门和服务部门的岗位结构与人均 GDP 对数值的关系

图 3 为部分国家总体岗位结构随时间的变化趋势。可以看到，国家的经济发展水平不同，初始生产岗位的就业比重存在较大差异，但都出现了岗位结构变迁的趋势，生产岗位的就业比重不同程度地下降了 20%~40%。目前，美国、法国、加拿大等发达国家的生产岗位就业比重已经下降到 20%左右。

中国也呈现出相似的岗位结构变迁的趋势。由于难以获得全国层面细化至就业岗位的连续人口普查数据，而中国 A 股上市企业数据从 2011 年开始披露企业人员的岗位构成，因此本文选用了 2011~2022 年的 A 股上市企业数据为样本，并对数据进行一定的处理。[①] 图 4 为中国不同岗位就业比重的变化趋势，这十年间，中国上市企业中生产岗位的就业比重逐渐下降，服务岗位的就业比重逐渐上升。其中，生产岗位就业比重由 52.5%下降到 45.4%，服务岗位就业比重

———————————

① 服务业中的生产岗位主要是指企业本身或者子公司有一部分生产业务。

（%）

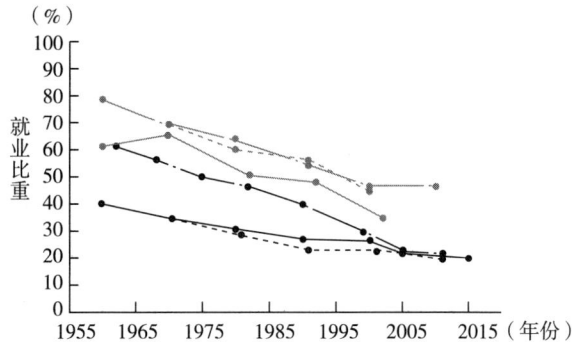

（a）生产岗位就业比重

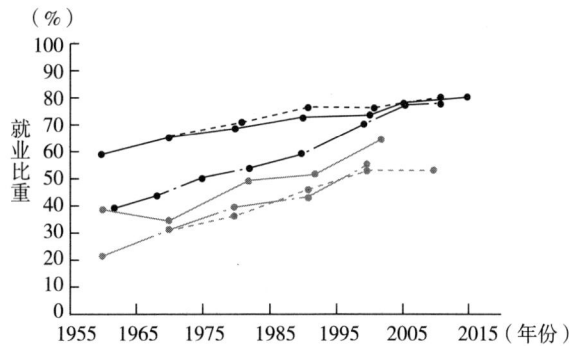

（%）

（b）服务岗位就业比重

— 美国　— 法国　···· 加拿大
— 智利　— 巴西　···· 马来西亚

图 3　部分国家的岗位结构演化趋势

由 47.5%增加至 54.6%，服务岗位的就业比重从 2012 年开始超过了生产岗位。值得注意的是，中国的岗位结构变迁自 2016 年开始出现了大幅放缓甚至停滞，本文在后面会做进一步的讨论。

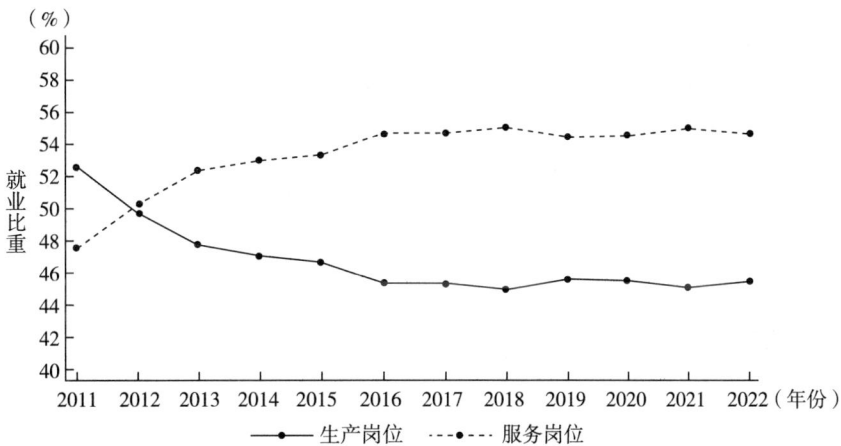

（%）

— 生产岗位　···· 服务岗位

图 4　中国 A 股上市企业中岗位结构的演化趋势

资料来源：岗位结构数据来自中国 A 股上市企业数据。图 5、图 6 同。

图 5 给出了中国制造业和服务业内部岗位结构的变化趋势。总体来看，制造业内部岗位结构的变迁更为明显，制造业内部生产岗位的就业比重由 66.6%下降到 60.2%，服务岗位的就业

比重由 33.4% 增加至 39.8%，岗位结构初步呈现出"服务型制造"的趋势。服务业内部的生产岗位就业比重有所下降，但是岗位结构变化波动较大，趋势性没有制造业明显。

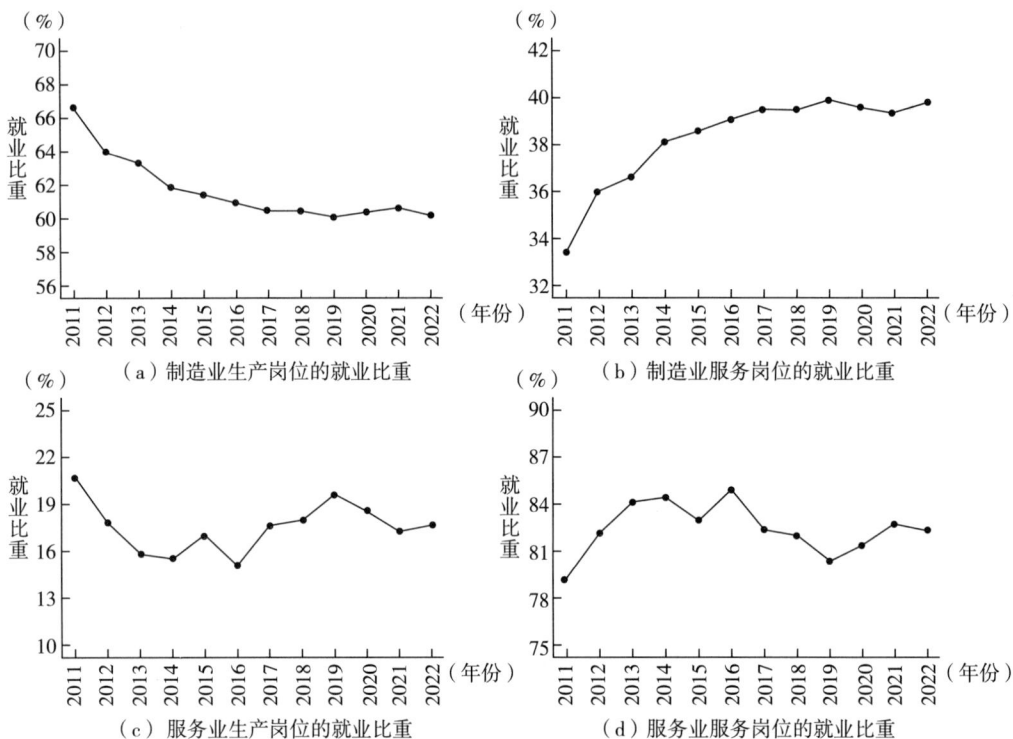

图 5　中国制造业和服务业内部岗位结构的演化趋势

进一步地，本文发现岗位结构变迁的趋势在人工智能技术嵌入更广泛且深入的大型制造业企业中显得尤为突出。图 6 是三一重工和潍柴动力两个代表性制造业企业最近十几年的岗位结构变化趋势。三一重工和潍柴动力在新一轮科技浪潮中大力推进数字化转型，深入融合人工智能技术，实现智能化生产流程。2011~2022 年，三一重工的生产岗位就业比重由 59.1% 下降到 39.3%，服务岗位的就业比重由 40.9% 提高至 60.7%；潍柴动力的生产岗位就业比重由 74.5% 下降到 55.1%，服务岗位就业比重由 25.5% 上升到 44.9%。

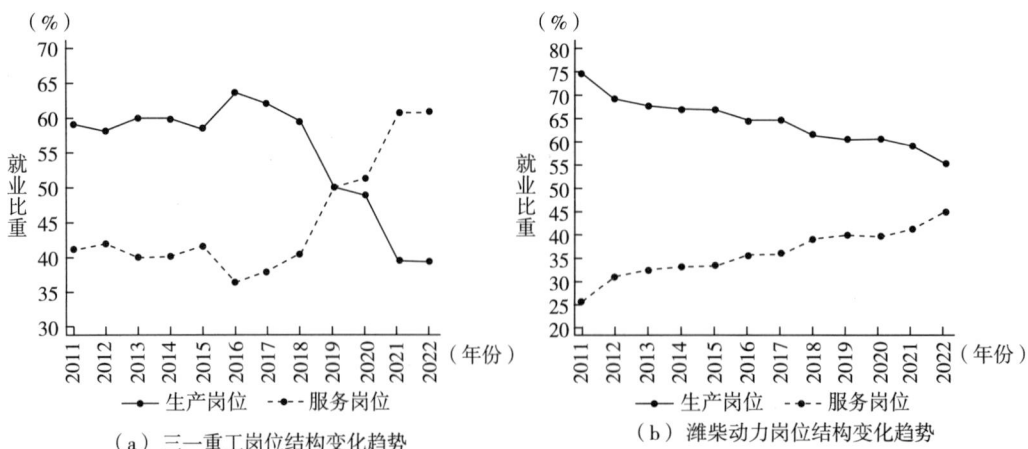

图 6　代表性上市制造企业岗位结构的演化趋势

综上所述，跨国调查数据显示不同经济发展水平的国家之间，岗位结构的差异较大。随着人均 GDP 的提高，不同经济体呈现出岗位结构变迁的事实，这一趋势在制造业和服务业内部同样存在。近十年来，中国同样出现了劳动力由生产岗位向服务岗位转移的趋势，并且在制造业企业内部，这种岗位结构变迁的趋势更为明显。那些经济发展更好、应用人工智能技术更深入的国家和企业，岗位结构变迁的幅度也更大。

三、模型框架

这一部分在 Duernecker 和 Herrendorf（2022）模型框架中引入人工智能技术，构建了一个包含人工智能和岗位结构变迁的多部门动态一般均衡模型。在供给方面，模型考虑了异质性的劳动投入，人工智能技术通过影响岗位扩展型技术来改变岗位和产业的劳动力结构。在需求方面，模型区分了消费、投资和研发投入的产业来源构成的差异性。

用下标 $t \in \{0, 1, 2, \cdots\}$ 表示时期。生产部门分为制造业和服务业，分别由一个代表性企业在完全竞争市场下租用资本和雇佣劳动进行生产，下文用 $J \in \{G, S\}$ 分别代表制造业和服务业，用 $j \in \{g, s\}$ 分别代表生产岗位和服务岗位。

两个产业部门均采用 Cobb-Douglas 的生产函数形式：

$$Y_{Jt} = K_{Jt}^{\theta} L_{Jt}^{1-\theta} \tag{1}$$

其中，$\theta \in （0, 1）$ 表示产业 J 的资本收入份额。[①] L_{Jt} 是来自生产岗位和服务岗位的复合劳动力，采用常替代弹性函数形式：

$$L_{Jt} = \left[(\alpha_J)^{1/\sigma_J} (A_{gt} N_{Jgt})^{(\sigma_J-1)/\sigma_J} + (1-\alpha_J)^{1/\sigma_J} (A_{st} N_{Jst})^{(\sigma_J-1)/\sigma_J} \right]^{\sigma_J/(\sigma_J-1)} \tag{2}$$

其中，N_{Jjt} 表示产业 J 雇佣的岗位 j 的劳动力，参数 $\alpha_J \in （0, 1）$ 为常数，衡量产业 J 的复合劳动力中来自生产岗位的权重，$\sigma_J > 0$ 表示生产岗位和服务岗位之间的替代弹性。A_{jt} 表示岗位 j 的劳动扩展型技术，进一步假设：

$$A_{gt} = B_g M_t^{\gamma_g}, \quad A_{st} = B_s M_t^{\gamma_s} \tag{3}$$

其中，参数 $B_j > 0$，衡量了与岗位相关的传统技术进步，M_t 表示人工智能通用技术，$\gamma_j > 0$ 为常数，衡量人工智能技术对两类岗位的影响程度。如果 $\gamma_g \neq \gamma_s$，那么人工智能技术对于不同岗位的影响就是有偏的。注意到参数 B_j 和 γ_j 的下标均为 j，表明这里的岗位扩展型技术 A_{jt} 是与岗位相关，而非与产业相关。

用 P_{Jt}、r_t 和 w_{Jjt} 分别表示产出价格、资本租金和劳动工资，企业利润最大化问题的一阶最优性条件为：

$$r_t = \theta P_{Jt} Y_{Jt} / K_{Jt} \tag{4}$$

$$w_{Jgt} = (1-\theta) P_{Jt} K_{Jt}^{\theta} L_{Jt}^{-\theta} L_{Jt}^{1/\sigma_J} \alpha_J^{1/\sigma_J} A_{gt}^{(\sigma_J-1)/\sigma_J} N_{Jgt}^{-1/\sigma_J} \tag{5}$$

$$w_{Jst} = (1-\theta) P_{Jt} K_{Jt}^{\theta} L_{Jt}^{-\theta} L_{Jt}^{1/\sigma_J} (1-\alpha_J)^{1/\sigma_J} A_{st}^{(\sigma_J-1)/\sigma_J} N_{Jst}^{-1/\sigma_J} \tag{6}$$

投资品部门由一个代表性企业在完全竞争市场中使用制造业和服务业的产出作为中间品生产投资品，其生产技术采用常替代弹性函数形式：

$$I_t = \left[\omega_I^{1/\varepsilon_I} I_{Gt}^{(\varepsilon_I-1)/\varepsilon_I} + (1-\omega_I)^{1/\varepsilon_I} I_{St}^{(\varepsilon_I-1)/\varepsilon_I} \right]^{\varepsilon_I/(\varepsilon_I-1)} \tag{7}$$

---

① 为了突出岗位劳动力结构变迁的影响，弱化资本深化对于不同产业的差异性影响，在基准模型中设定制造业和服务业的资本收入份额相等。在相关统计数据中，中国的制造业和服务业的资本收入份额也几乎相等。

其中，I_t 表示投资品，I_{Jt} 表示在生产投资品过程中投入的来自产业 J 的产出，参数 $\omega_I \in (0, 1)$ 为常数，参数 $\varepsilon_I \in (0, 1)$ 为常数，表示两个产业的产出在生产投资品中的替代弹性。求解投资品生产企业利润最大化问题，可以得到：

$$\frac{P_{Gt}I_{Gt}}{P_{St}I_{St}} = \frac{\omega_I}{1-\omega_I}\left(\frac{P_{Gt}}{P_{St}}\right)^{1-\varepsilon_I} \tag{8}$$

投资品 I_t 的价格满足：$P_{It} = \left[\omega_I P_{Gt}^{1-\varepsilon_I} + (1-\omega_I) P_{St}^{1-\varepsilon_I}\right]^{1/(1-\varepsilon_I)}$。家庭部门由一个代表性家庭刻画，其一生效用函数形式为：

$$\sum_{t=0}^{\infty} \beta^t \log(C_t)$$

其中，参数 $\beta \in (0, 1)$ 为常数，表示贴现因子，C_t 是即期效用，由在两个产业产品上的消费复合而成，满足：

$$C_t = \left[\omega_C^{1/\varepsilon_C} C_{Gt}^{(\varepsilon_C-1)/\varepsilon_C} + (1-\omega_C)^{1/\varepsilon_C} C_{St}^{(\varepsilon_C-1)/\varepsilon_C}\right]^{\varepsilon_C/(\varepsilon_C-1)} \tag{9}$$

其中，C_{Jt} 表示用于消费的两个产业的产出，参数 $\omega_C \in (0, 1)$ 为常数，参数 $\varepsilon_C \in (0, 1)$ 为常数，表示两个产业的产出在消费中的替代弹性。

需求部门由一个代表性家庭刻画。该家庭每一期持有资本 K_t 和一单位劳动力 N_t，获得资本租金 $r_t K_t$ 和劳动收入 w_t。家庭将收入的一部分用于人工智能技术研发 T_t，剩余部分用于消费和投资，投资提高了家庭持有的资本数量。于是，家庭预算约束满足：

$$P_{Gt}C_{Gt} + P_{St}C_{St} + P_{It}I_t = r_t K_t + w_t - T_t \tag{10}$$

$$K_{t+1} = (1-\delta_k) K_t + I_t \tag{11}$$

其中，$\delta_k \in (0, 1)$ 表示资本折旧率。求解家庭效用最大化问题，得到消费结构满足：

$$\frac{P_{Gt}C_{Gt}}{P_{St}C_{St}} = \frac{\omega_C}{1-\omega_C}\left(\frac{P_{Gt}}{P_{St}}\right)^{1-\varepsilon_C} \tag{12}$$

复合消费品 C_t 的价格满足：$P_{Ct} = \left[\omega_C P_{Gt}^{1-\varepsilon_C} + (1-\omega_C) P_{St}^{1-\varepsilon_C}\right]^{1/(1-\varepsilon_C)}$，以及欧拉方程：

$$\frac{C_{t+1}}{\beta C_t} = \frac{P_{Ct}}{P_{Ct+1}} \frac{r_{t+1} + P_{It+1} (1-\delta_K)}{P_{It}} \tag{13}$$

人工智能技术研发投入 T_t 用于在两个产业产出上的支出 H_{Jt}，即：

$$T_t = P_{Gt}H_{Gt} + P_{St}H_{St} \tag{14}$$

在两个产业产出上的支出可以形成新的人工智能技术 H_t，形式上满足：

$$H_t = \left[\omega_H^{1/\varepsilon_H} H_{Gt}^{(\varepsilon_H-1)/\varepsilon_H} + (1-\omega_H)^{1/\varepsilon_H} H_{St}^{(\varepsilon_H-1)/\varepsilon_H}\right]^{\varepsilon_H/(\varepsilon_H-1)} \tag{15}$$

其中，参数 $\omega_H \in (0, 1)$ 为常数，参数 $\varepsilon_H \in (0, 1)$ 为常数，表示两个产业的产出在人工智能技术研发中的替代弹性，求解其成本最小化问题，可以得到：

$$\frac{P_{Gt}H_{Gt}}{P_{St}H_{St}} = \frac{\omega_H}{1-\omega_H}\left(\frac{P_{Gt}}{P_{St}}\right)^{1-\varepsilon_H} \tag{16}$$

新增人工智能技术 H_t 的价格满足：$P_{Ht} = \left[\omega_H P_{Gt}^{1-\varepsilon_H} + (1-\omega_H) P_{St}^{1-\varepsilon_H}\right]^{1/(1-\varepsilon_H)}$。

新增人工智能技术提高了下一期的人工智能技术水平，即：

$$M_{t+1} = (1-\delta_M) M_t + H_t \tag{17}$$

其中，参数 $\delta_M \in (0, 1)$ 代表人工智能技术的更新换代率。人工智能技术水平 M_t 又会对不同岗位的劳动力产生有偏的影响，如式（3）所示。

产品市场和要素市场的出清条件满足：

$$Y_{Jt} = C_{Jt} + I_{Jt} + H_{Jt} \tag{18}$$

$$K_t = K_{Gt} + K_{St} \tag{19}$$

$$N_{Jt} = N_{Jgt} + N_{Jst}, \quad N_{jt} = N_{Gjt} + N_{Sjt} \tag{20}$$

$$N_{Gt} + N_{St} = N_{gt} + N_{st} = N_t = 1 \tag{21}$$

四、理论分析

下面深入分析人工智能技术对于岗位结构和产业结构的影响。首先，定义制造业和服务业的就业比重分别为：

$$X_t = \frac{N_{Gt}}{N_t}, \quad 1 - X_t = \frac{N_{St}}{N_t} \tag{22}$$

定义总的生产岗位和服务岗位的就业比重分别为：

$$x_t = \frac{N_{gt}}{N_t}, \quad 1 - x_t = \frac{N_{st}}{N_t} \tag{23}$$

定义制造业和服务业内生产岗位和服务岗位的就业比重分别为：

$$x_{Jt} = \frac{N_{Jgt}}{N_{Jt}}, \quad 1 - x_{Jt} = \frac{N_{Jst}}{N_{Jt}}, \quad J \in \{G, S\} \tag{24}$$

假设劳动力可以在不同岗位和部门之间自由流动，联立式（5）及式（6）得到：

$$\frac{x_{Jt}}{1 - x_{Jt}} = \frac{\alpha_J}{1 - \alpha_J} \left(\frac{B_g}{B_s} M_t^{\gamma_g - \gamma_s} \right)^{\sigma_J - 1} \tag{25}$$

给定人工智能技术水平 M_t，式（25）决定了静态均衡下的产业 J 中的岗位结构。对 M_t 进行比较静态分析，得到：

$$\frac{dlogx_{Jt}}{dlogM_t} = (1 - x_{Jt})(\sigma_J - 1)(\gamma_g - \gamma_s) \tag{26}$$

因此，人工智能对于岗位结构的影响取决于不同岗位劳动力之间的替代弹性以及人工智能技术的偏向性。虽然人工智能对就业的总体影响尚未定论，但大部分学者均认同人工智能带来的技术进步存在偏向性，人工智能更倾向于提高程序性、重复性常规任务的技术进步（Ge et al.，2021；Duernecker and Herrendorf，2022；王林辉等，2022；陈岑等，2023）。因此，在引入人工智能的初期阶段，人工智能技术对于生产岗位的影响大于服务岗位，即 $\gamma_g > \gamma_s$。进一步地，如果不同岗位之间的互补协同作用大于替代作用，即岗位替代弹性 $\sigma_J < 1$，那么人工智能技术的提高会带来产业内的生产岗位比重下降，服务岗位比重上升；反之亦然。

结论1：如果人工智能技术偏向生产岗位且生产岗位和服务岗位之间的替代弹性较低，那么随着人工智能技术水平的提高，制造业和服务业内会出现岗位结构变迁，即产业内的生产岗位比重下降、服务岗位比重上升。对于总体经济而言，生产岗位所占比重也会下降，服务岗位所占比重也会上升。

结论1的经济机制类似 Ngai 和 Pissarides（2007），如果产业内生产岗位和服务岗位之间的替代弹性小于1，那么劳动力会转移到增长更慢的岗位。由于人工智能技术是更偏向生产岗位的，导致生产岗位的劳动扩展型技术增长更快，生产岗位的产出更高，由此导致了产业内劳动力由生产岗位转移到服务岗位。由于岗位结构变迁同时发生在制造业和服务业中，总体来看，生产岗位的比重会下降，服务岗位的比重会上升。根据式（26），生产岗位和服务岗位之间的替代弹性 σ_J 越小、人工智能技术的偏向性差异（$\gamma_g - \gamma_s$）越大，那么人工智能对于岗位结构的影响越大，劳动力在不同岗位之间的转移幅度也越大。

为了直观展示人工智能技术对产业层面劳动力结构的影响，进一步对需求侧和供给侧进行简化。[①] 为此，做出假设1：$\omega_C = \omega_I = \omega_H = \omega$，$\varepsilon_C = \varepsilon_I = \varepsilon_H = \varepsilon$，即在需求侧，制造业的权重均相等，替代弹性也相等。因此，由式（8）、式（12）、式（16），无论产出中多少比例用于消费、投资和人工智能研发，都不会影响制造业和服务业的相对比重，此时有：

$$\frac{P_{Gt}Y_{Gt}}{P_{St}Y_{St}} = \frac{\omega}{1-\omega}\left(\frac{P_{Gt}}{P_{st}}\right)^{1-\varepsilon} \tag{27}$$

进一步做出假设2：$\sigma_G = \sigma_S = \sigma$，即在供给侧忽略不同产业内部岗位之间替代弹性的差异。那么，经过推导整理可得：

$$\frac{X}{1-X} = \frac{\omega}{1-\omega}\left(\frac{1-\alpha_G+\alpha_G\left(B_g/B_s M_t^{\gamma_g-\gamma_s}\right)^{\sigma-1}}{1-\alpha_S+\alpha_S\left(B_g/B_s M_t^{\gamma_g-\gamma_s}\right)^{\sigma-1}}\right)^{(\varepsilon-1)(1-\theta)/(\sigma-1)} \tag{28}$$

式（28）两边同时取自然对数后全微分可得，$\frac{d\log X_t}{d\log M_t} \propto (\gamma_g-\gamma_s)(\alpha_G-\alpha_S)(\varepsilon-1)$。文献里一致的结论是消费和投资中不同产业之间的替代弹性接近于0（Herrendorf et al.，2018；Guo et al.，2021），也就是说制造业和服务业之间是难以替代的，即$\varepsilon<1$。如果制造业的复合劳动力中生产岗位的权重大于服务业中的生产岗位权重，即$\alpha_G>\alpha_S$，那么人工智能技术的提高会降低制造业的就业比重，增加服务业的就业比重，即出现了产业结构转型；反之亦然。

结论2：如果人工智能技术更偏向生产岗位、制造业和服务业之间替代弹性较低，且制造业中生产岗位的权重高于服务业，那么随着人工智能技术水平的提高，会出现产业结构转型，即制造业的就业比重下降，服务业的就业比重上升。

由结论2可知，从产业层面来看，如果制造业中生产岗位权重更大，那么人工智能对生产岗位的偏向性将带来制造业整体生产效率的更快提高，由于制造业和服务业是互补的，那么随着岗位结构的变迁，制造业整体的就业比重也在下降。因此在包含岗位结构变迁的模型中，依然可以得到产业层面的结构转型过程，即劳动力由制造业部门转移到服务业部门。

进一步计算制造业和服务业的相对劳动生产率和实际产出，得到：

$$\frac{Y_{Gt}/N_{Gt}}{Y_{St}/N_{St}} = \left(\frac{1-\alpha_G+\alpha_G\left(B_g/B_s M_t^{\gamma_g-\gamma_s}\right)^{\sigma-1}}{1-\alpha_S+\alpha_S\left(B_g/B_s M_t^{\gamma_g-\gamma_s}\right)^{\sigma-1}}\right)^{(1-\theta)/(\sigma-1)} \tag{29}$$

上式两边同时取自然对数后全微分可得$\dfrac{d\log\left(\dfrac{Y_{Gt}/N_{Gt}}{Y_{St}/N_{St}}\right)}{d\log M_t} \propto (\gamma_g-\gamma_s)(\alpha_G-\alpha_S)$。如果人工智能技术偏向生产岗位，且制造业中生产岗位的权重高于服务业，那么制造业相对服务业的劳动生产率会随着人工智能技术水平积累而提高；反之亦然。关于制造业和服务业的实际产出比：

$$\frac{Y_{Gt}}{Y_{St}} = \left(\frac{\omega}{1-\omega}\right)^{1/(1-\varepsilon)}\left(\frac{X}{1-X}\right)^{-\varepsilon/(1-\varepsilon)} \tag{30}$$

根据结论2，如果制造业和服务业之间的替代弹性较低，且制造业中生产岗位的权重高于服务业，那么人工智能的岗位偏向性将带来制造业实际产出比重的增加；反之亦然。

结论3：如果人工智能技术更偏向生产岗位且制造业中生产岗位的权重高于服务业，那么随

[①] 可以证明，参数简化与否并不会改变模型定性的结论，为了直观展示模型的理论机制，并给出定性结论，这里做了一系列的参数简化。值得说明的是，后面的数值模拟中并未采用简化参数相同的假设，在附录中给出了重要参数的敏感性分析，以进一步验证模型的定性结论。

着人工智能技术水平的提高，制造业相对服务业的劳动生产率会上升。进一步地，如果制造业和服务业的替代弹性较小，那么制造业的实际产出比重也会增加，即实现了制造业的转型升级。

这是因为人工智能促进了生产岗位的效率提升，而制造业中生产岗位的权重高于服务业，从而带动了制造业整体劳动生产率的更快提升。虽然产业结构转型下制造业的就业比重在下降，但是制造业与服务业的替代弹性较小，导致制造业劳动生产率上升的幅度更大，总体来看，制造业的实际产出比重仍然会随着人工智能技术水平的积累而增加。结论3表明人工智能技术的岗位偏向性进一步促进了制造业劳动生产率的提高，并保持了制造业实际产出比重的稳定，实现了制造业在人工智能时代的转型升级。

五、数值模拟

（一）参数选取

下面通过数值模拟定量分析人工智能技术对于岗位结构变迁和产业结构转型的影响。取模型1期为1年，主要关注30期的经济。由于中国上市企业岗位结构的信息从2011年开始披露，设定模型第1期对应2011年，下面通过校准参数使模型在第1期得到的结果拟合2011年的中国上市企业的岗位结构特征。在供给侧方面，取制造业和服务业中资本收入份额 θ 为0.5，把劳动供给总数固定在1，初始资本和人工智能水平也设定为1，资本的折旧率设定为0.1，人工智能的折旧率设定为0，这是文献中常用的取值。不失一般性地，在基准模型中设定参数 $\gamma_g = 1$ 和 $\gamma_s = 0.75$，来模拟人工智能技术初期更偏向生产岗位的情形，后面在敏感性分析中将进一步提高 γ_s 的取值来模拟人工智能技术对服务岗位的影响逐渐加强的情形。制造业和服务业的复合劳动力中生产岗位的权重参数 α_G 和 α_S 根据式（25）来校准，利用2011年中国上市企业中制造业和服务业的生产岗位和服务岗位的就业比重数据，校准后得到 $\alpha_G = 0.666$ 和 $\alpha_S = 0.207$。岗位之间的替代弹性 σ 通过回归的方法来校准，根据理论推导，如果不同产业的岗位之间的替代弹性 σ 相等，则有：

$$\frac{1-x_{Gt}}{1-x_{St}} = \frac{1-\alpha_G}{1-\alpha_S}\left(\frac{Y_{Gt}/N_{Gt}}{Y_{St}/N_{St}}\right)^{\frac{1-\sigma}{1-\theta}} \tag{31}$$

将式（31）两边取对数，用2011~2022年上市企业数据中"实际营业收入/员工人数"来表示等式右边的劳动生产率，等式左边为制造业和服务业的服务岗位份额之比，通过OLS回归，得到回归系数为0.58，那么岗位之间的替代弹性 $\sigma = 0.71 < 1$。因此，中国企业内生产岗位和服务岗位的替代弹性小于1，符合前文结论1~3中的前提假设。最后，校准参数 B_g 和 B_s 使模型第12期的岗位结构特征尽量拟合2022年的中国上市企业的岗位结构数据。

在需求侧，Herrendorf等（2018）、郭凯明等（2020）的研究表明，消费和投资中不同产业增加值的替代弹性均接近于0，即制造业和服务业在需求侧是难以相互替代的。因此，设定基准模型中制造业和服务业在消费、投资和人工智能研发中的替代弹性取值为 $\varepsilon_C = \varepsilon_I = \varepsilon_H = 0.01$。假设在基准模型中消费和人工智能研发中不同产业的权重取值为 $\omega_C = \omega_H = 0.5$，而投资的产业来源构成中制造业的权重会更高一些，校准 ω_I 使制造业的就业比重尽量拟合中国实际数据，取 $\omega_I = 0.9$。为了分离出人工智能对岗位结构和产业结构的影响，部分控制住投资率变动带来的资本深化的影响。本文在模拟时并未使用欧拉方程将投资率内生化，而是采用固定外生投资率的模拟方法。设定经济总投资率 $s = s_I + s_H = (P_I I + P_H H)/(P_G Y_G + P_S Y_S)$ 为0.4，设定人工智能技术研发的投资率 $s_H = (P_G H_G + P_S H_S)/(P_G Y_G + P_S Y_S)$ 为0.01。

（二）基准结果

图7给出了基准模型的数值模拟结果。伴随着经济动态演化，人工智能技术不断提高。从产业结构来看，制造业的就业比重略有下降；从岗位结构来看，总体生产岗位的就业比重显著下降，制造业中生产岗位的就业比重也持续下降，制造业和服务业的劳动生产率之比逐步提升，制造业的实际产出比重稳中有升。这些趋势印证了结论1~3，伴随着人工智能技术进步，产业层面和岗位层面都发生了结构转型，人工智能促进了劳动力由生产岗位转移到服务岗位、由制造业转移到服务业，岗位结构变迁带来了制造业劳动生产率的更快提高，保持了制造业实际产出比重的稳定，实现了制造业的转型升级。

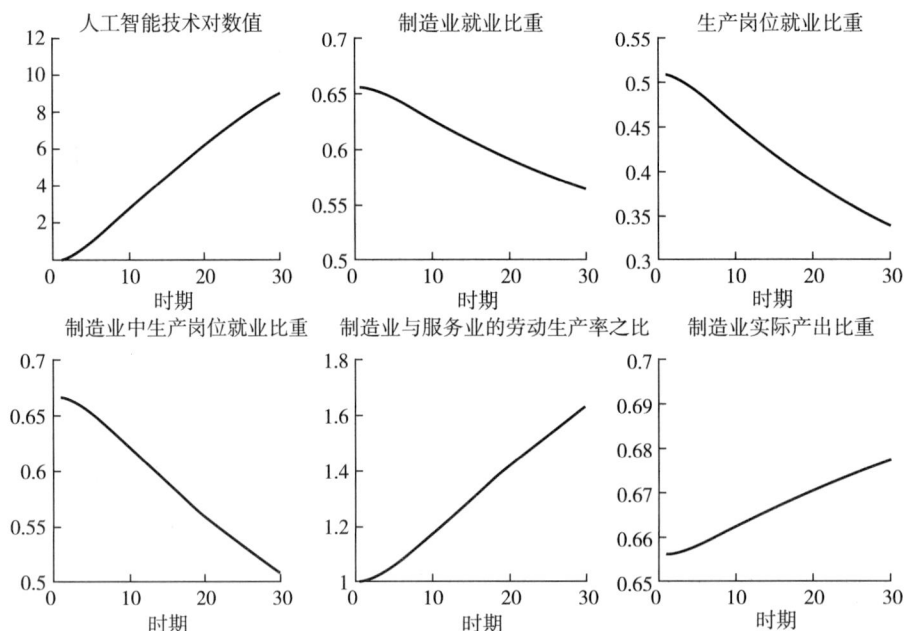

图7　基准模型的模拟结果

表1汇报了模型主要变量在2011年（第1期）和2022年（第12期）数值模拟结果和现实数据①的对比。从表1来看，总体而言，模型主要变量较好地拟合了现实数据。其中，制造业和服务业内的岗位结构变化几乎与现实数据一致。在加总的产业结构和岗位结构方面，模型的模拟结果与现实数据略有差异，但下降的趋势和幅度是类似的。

表1　模型主要变量的数值模拟结果与现实数据对比

主要变量	模型		现实数据	
	2011年	2022年	2011年	2022年
制造业中生产岗位就业比重 x_G	0.666	0.607	0.666	0.602

---

① 现实数据主要是指基于A股上市企业的制造业企业和服务业企业的汇总数据，制造业中生产岗位就业比重为"所有制造业企业中生产岗位的员工人数/制造业企业全部员工人数"，制造业就业比重为"制造业企业的员工人数/（制造业企业员工人数+服务业企业员工人数）"。

续表

主要变量	模型		现实数据	
	2011 年	2022 年	2011 年	2022 年
服务业中生产岗位就业比重 x_S	0.207	0.168	0.207	0.176
制造业就业比重 X	0.656	0.619	0.638	0.591
生产岗位就业比重 x	0.508	0.439	0.525	0.454

表 2 汇报了模型主要变量在第 1 期到第 30 期的变化，在基准模型中，人工智能技术水平的对数增加了 9.095，制造业内生产岗位的就业比重下降了 0.158（变化率为 23.7%），制造业的就业比重下降了 0.093（变化率为 14.2%），总体生产岗位就业比重下降了 0.170（变化率为 33.5%），制造业与服务业的劳动生产率之比上升了 0.628（变化率为 62.8%），制造业的实际产出比重上升了 0.021（变化率为 3.2%）。由此可见，在基准模型中，人工智能技术进步带来的岗位结构变迁幅度大于产业结构变迁幅度，制造业内生产岗位的就业比重持续下降，制造业相对服务业劳动生产率的提升达到了 62.8%，制造业的实际产出比重保持了基本稳定，制造业转型升级效果显著。

表 2　不同参数取值下主要变量的变化

	人工智能技术对数变化	制造业内生产岗位就业比重	制造业就业比重	总体生产岗位就业比重	制造业与服务业的劳动生产率之比	制造业的实际产出比重
基准模型	9.095	−0.158	−0.093	−0.170	0.628	0.021
敏感性分析Ⅰ：岗位替代弹性变化						
σ_G（σ_S）= 0.6	9.031	−0.219	−0.089	−0.213	0.594	0.020
σ_G（σ_S）= 0.55	9.003	−0.246	−0.087	−0.232	0.578	0.020
敏感性分析Ⅱ：人工智能偏向性程度变化						
γ_s = 0.9	10.726	−0.072	−0.045	−0.083	0.271	0.010
γ_s = 1	12.088	0	0	0	0	0
敏感性分析Ⅲ：投资率变化						
s_H = 0.02	11.541	−0.203	−0.116	−0.211	0.826	0.027
s_H = 0.05	14.866	−0.262	−0.146	−0.260	1.105	0.033

注：表中变量变化是指第 1 期到第 30 期该变量取值的变化。

（三）敏感性分析

本小节对如下几个重要参数进行敏感性分析。首先，改变不同岗位劳动力之间的替代弹性 σ。Duernecker 和 Herrendorf（2022）对美国经济中不同岗位的替代弹性的校准取值为 0.56，这里本文将 σ 取值从 0.71 分别调整到 0.6 和 0.55，来模拟岗位职责分工越来越明晰，不同岗位之间互补协同性增强的趋势。图 8 和表 2 汇报了此时的模拟结果，总体来看，不同 σ 的取值并不改变模型主要变量的变化趋势，定性结论不变。根据式（25），如果岗位之间替代弹性 σ 越小，那么人工智能技术对岗位结构的影响机制将放大，岗位结构的变化会越明显。图 8 印证了理论分析的结果，σ 取值越低，总体生产岗位的就业比重以及制造业内生产岗位就业比重下降得越多。从数值上看，当 σ 取 0.6 和 0.55 时，总体生产岗位就业比重分别下降 0.213 和 0.232，制造业内生产岗位就业比重将分别下降 0.219 和 0.246。由此可见，随着产业内不同岗位之间互补性的增强，岗位结构变迁幅度会明显加大。岗位之间替代弹性对产业结构的影响很小，即不同 σ 的取值对制造业就业比重、制造业的相对劳动生产率以及制造业实际产出比重的影响较小。

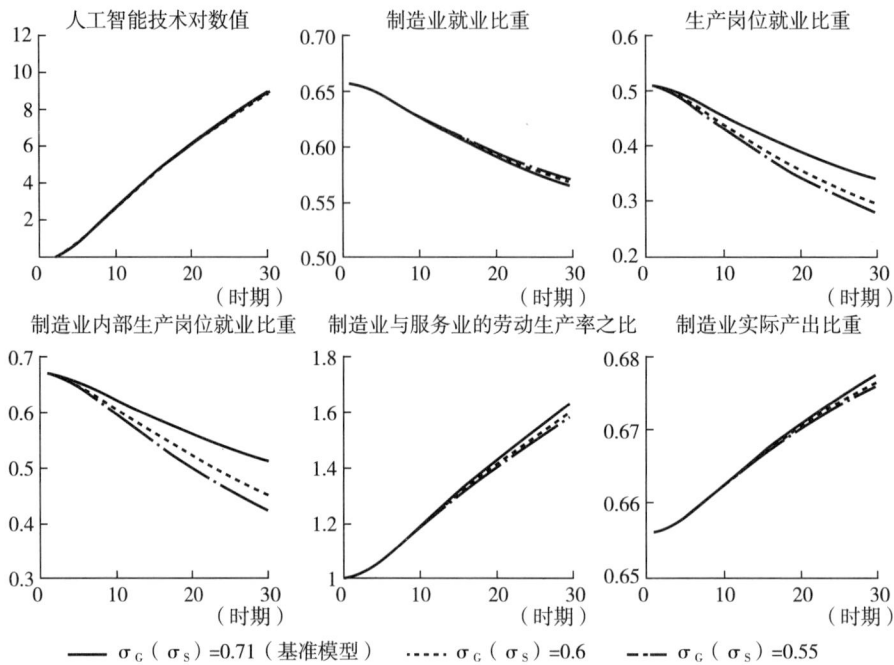

图8　岗位替代弹性参数不同取值下的模拟结果

其次，改变人工智能的岗位偏向性参数 γ_s。在基准模型中本文取 γ_s 为 0.75，这里逐步将 γ_s 提高到 0.9 和 1，来模拟人工智能技术升级后对服务岗位的偏向性影响逐渐提高的情形。根据理论部分的分析，如果人工智能对两个岗位的偏向性影响差异（$\gamma_g - \gamma_s$）缩小，那么岗位结构和产业结构的转型幅度将有所下降。图9和表2汇报了此时的模拟结果，当 γ_s 取值为 0.9 时，制造业内生产岗位就业比重下降了 0.072，制造业就业比重下降了 0.045，总体生产岗位就业比重下降了 0.083，岗位结构和产业结构变化幅度明显小于基准模型。当 γ_s 取值为 1 时，此时 $\gamma_g = \gamma_s$，虽然人工智能技术水平仍会提高，但由于人工智能对两个岗位的影响是无偏的，人工智能技术的提高将无法改变岗位结构和产业结构。

近年来，随着大数据、云计算、大语言模型（LLM）等技术的应用，人工智能的应用领域逐渐渗透到服务岗位，如白领、科研人员、新兴平台经济下的服务岗位等，缩小了与生产岗位的技术偏向性差距。如图9所示，人工智能的岗位偏向性差距缩小会带动服务业相对劳动生产率的提高。因此，随着人工智能技术进步，制造业和服务业劳动生产率的差距不断减小，在一定程度上缓解了"鲍莫尔成本病"。

最后，改变人工智能技术研发的投资率 s_H。提高人工智能技术研发投资率后，人工智能技术水平得到直接的积累，岗位结构和产业结构的变化也会更大。由图10和表2可知，当人工智能技术研发投资率 s_H 由 0.01 分别增加到 0.02 和 0.05 时，各个主要变量的变化幅度会更大。制造业内生产岗位的就业比重分别下降了 0.203 和 0.262，制造业的就业比重分别下降了 0.116 和 0.146，总体生产岗位的就业比重分别下降了 0.211 和 0.260，制造业与服务业的劳动生产率之比分别提高了 0.826 和 1.105。因此，提高人工智能技术研发的投资率可以带来更显著的岗位结构变迁和产业结构转型，大幅度提高制造业的相对劳动生产率。

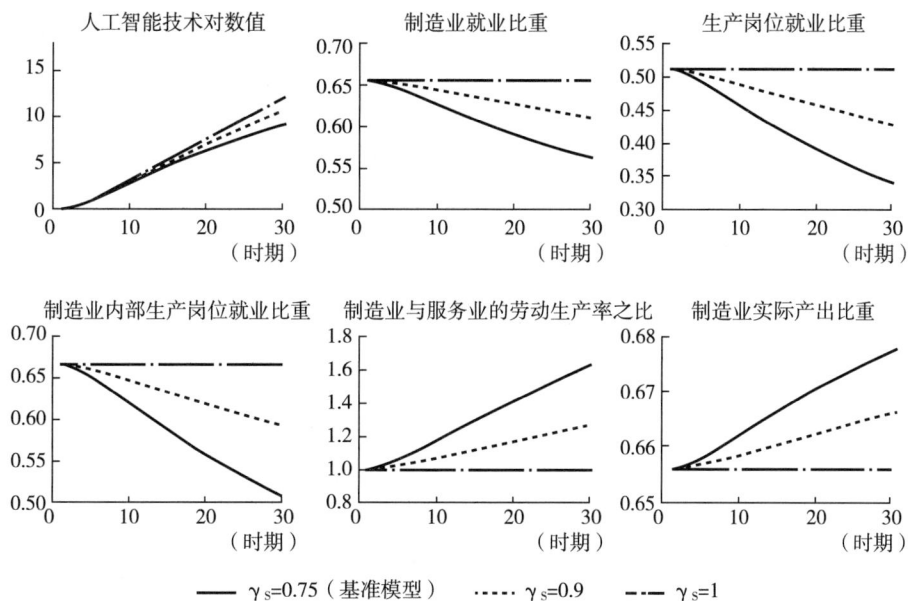

图 9 人工智能岗位偏向性参数不同取值下的模拟结果

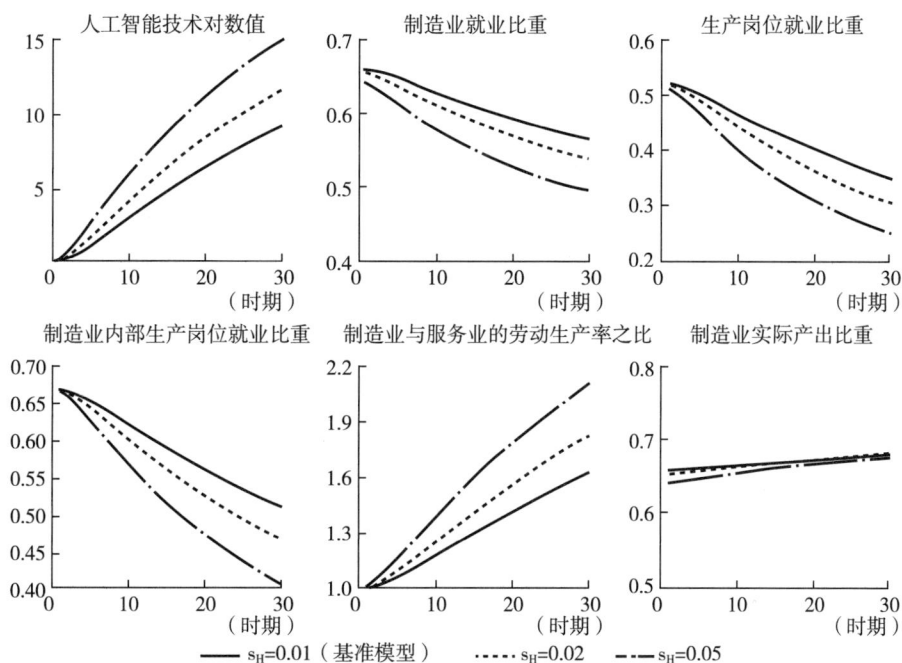

图 10 人工智能研发投资率参数不同取值下的模拟结果

此外，本文还做了其他参数的敏感性分析，如改变了需求侧的权重参数 ω_C、ω_I、ω_H 和替代弹性 ε_C、ε_I、ε_H 的取值，但是定量上需求侧机制对岗位结构变迁的影响有限，数值模拟的结果与基准模型差别很小。

综上分析，数值模拟的结果验证了理论分析的结论。在一定范围内改变参数取值，并不影响模型主要变量的定性趋势。促进产业内不同岗位深度融合、加大人工智能研发投资率都可以进一步推动岗位结构变迁和产业结构转型。由于技术偏向性的参数是通过人工智能呈指数级影响岗位结构变迁和产业结构转型，因此，人工智能技术对服务岗位影响的增强会大幅放缓岗位结构的变迁，这也许是造成中国 2016 年之后岗位结构变化停滞的重要因素之一。

六、进一步讨论

基准模型中的劳动力可以在不同岗位和不同部门之间自由流动，在这一部分，引入岗位或部门的工资摩擦因子来刻画劳动力流动成本，以考察劳动力市场摩擦的定量影响。

（一）不同岗位之间存在劳动力流动成本

由于不同岗位所需技能不同，劳动力在不同岗位之间的转移需要一定的培训成本，这意味着劳动力在不同岗位之间存在流动成本。近几年国家统计局公布全国规模以上企业五类岗位就业人员的平均工资，其中，生产制造及有关人员的工资是所有人员工资水平的 77%。这里假设服务岗位的工资是生产岗位的 λ 倍，[①] 即 $w_{st} = \lambda w_{gt}$，$\lambda \geq 1$。这里 λ 就衡量了劳动力在不同岗位之间的流动成本。那么，决定岗位结构的式（25）变为：

$$\frac{x_{Jt}}{1-x_{Jt}} = \lambda^{\sigma} \frac{\alpha_J}{1-\alpha_J} \left(\frac{B_g}{B_s} M_t^{\gamma_g - \gamma_s} \right)^{\sigma_J - 1} \tag{32}$$

定义 $\widetilde{N}_{Jt} = N_{Jgt} + \lambda N_{Jst}$，$J \in \{ G，S \}$，那么决定部门劳动力结构的式（28）变为：

$$\frac{\widetilde{N}_{Gt}}{\widetilde{N}_{St}} = \frac{\omega}{1-\omega} \left(\frac{1-\alpha_G + \lambda^{\sigma-1} \alpha_G (B_g / B_s M_t^{\gamma_g - \gamma_s})^{\sigma-1}}{1-\alpha_S + \lambda^{\sigma-1} \alpha_S (B_g / B_s M_t^{\gamma_g - \gamma_s})^{\sigma-1}} \right)^{(\varepsilon-1)(1-\theta)/(\sigma-1)}$$

$$= \frac{X_t x_{Gt} + \lambda X_t (1-x_{Gt})}{(1-X_t) x_{St} + \lambda (1-X_t) (1-x_{St})} \tag{33}$$

由式（32）可知，岗位间劳动力流动成本 λ 越大，劳动力越难从生产岗位转移到服务岗位，岗位结构变迁也越慢。由式（33），λ 同样会影响不同产业部门的劳动力结构。当然这里还要综合考虑人工智能技术水平 M_t 对岗位结构变迁的影响，下面通过数值模拟来定量展示岗位间劳动力流动成本 λ 对于岗位结构、产业结构以及相对劳动生产率的影响。

图 11 分别展示了 λ 取值为 1、1.3 和 1.5 的数值模拟结果，来模拟岗位间劳动力流动成本越来越大的情形。可以看到，在同一 λ 取值下，人工智能技术的岗位偏向性推动了岗位结构变迁和产业结构转型，结论 1~3 仍成立。而在同一时期，λ 取值越大，总体以及部门内部的生产岗位的就业比重越高，制造业部门的就业比重也略高，表明岗位结构变迁和产业结构转型进程越慢，并且 λ 对制造业内部的岗位结构变迁影响更大。

因此，如果劳动力无法在不同岗位之间自由流动，虽然并不会改变岗位结构和产业结构的转型趋势，但是岗位间劳动力流动成本越大，岗位结构变迁和产业结构转型越慢。反过来看，如果政府通过加强针对不同岗位的技能培训，促进劳动力由生产岗位顺利转向服务岗位，那么随着劳动力在不同岗位之间流动性的提高，可以推动岗位结构变迁和制造业转型升级。从定量结果看，如果 λ 下降 1/3，那么每一时期制造业内部生产岗位的就业比重可以下降 0.06~0.07，总体生产岗位就业比重可以下降 0.05~0.07，这一数值相当于中国过去十几年的岗位结构变迁的幅度。因此，减少岗位流动障碍，提高员工岗位转移灵活度可以有效推动岗位结构变迁和制造业转型升级。

---

① 中国上市企业数据没有披露不同岗位的工资数据，从 IPUMS 中美国的数据可以得出，无论是生产部门还是服务部门，生产岗位的平均工资都低于服务岗位。

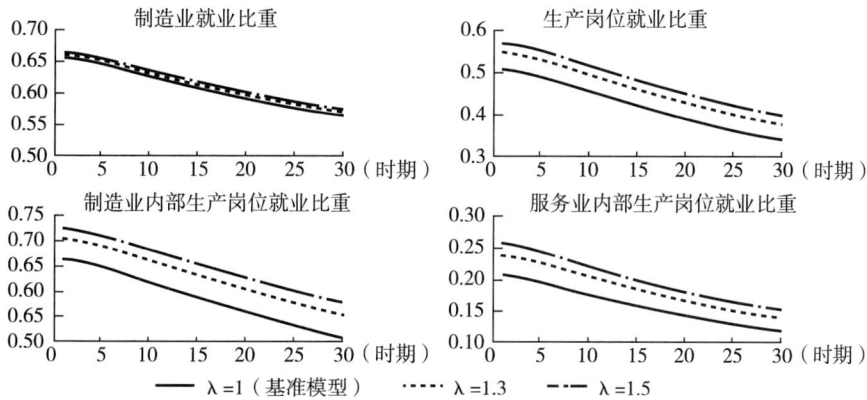

制造业就业比重　　　　　　　　生产岗位就业比重

制造业内部生产岗位就业比重　　　服务业内部生产岗位就业比重

λ =1（基准模型）　　　…… λ =1.3　　　—·— λ =1.5

图 11　岗位间劳动力流动成本不同取值下的模拟结果

（二）不同部门之间存在劳动力流动成本

如果劳动力在不同部门之间无法自由流动，即部门间存在劳动力流动成本。根据中国上市企业数据整理可得，最近十几年服务业部门的平均薪酬水平是制造业部门的 1.2~1.8 倍。假设服务业的工资是制造业的 η 倍，即 $w_{St}=\eta w_{Gt}$，$\eta \geqslant 1$。η 就衡量了部门间的劳动力流动成本。由于 η 并不会影响部门内的岗位结构，所以基准模型中的式（25）没有变化，但是部门劳动力结构决定方程式（28）将变为：

$$\frac{X_t}{1-X_t}=\eta^{\varepsilon}\frac{\omega}{1-\omega}\left(\frac{1-\alpha_G+\alpha_G\left(B_g/B_s M_t^{\gamma_g-\gamma_s}\right)^{\sigma-1}}{1-\alpha_S+\alpha_S\left(B_g/B_s M_t^{\gamma_g-\gamma_s}\right)^{\sigma-1}}\right)^{(\varepsilon-1)(1-\theta)/(\sigma-1)} \tag{34}$$

根据上式，部门间劳动力流动成本 η 会改变部门的劳动力结构，图 12 展示了部门间劳动力流动成本 η 分别增加到 1.5 和 2 的模拟结果。同样地，定量上 η 并不会改变岗位结构和产业结构的转型趋势。在同一时期，η 取值越高，制造业的劳动力越难转移到服务业，导致制造业的就业比重越高，产业结构转型越慢；而不同 η 取值下的岗位结构趋势线几乎重合。因此，在定量上，部门间劳动力流动成本会阻碍产业结构转型，而对岗位结构变迁影响较小。

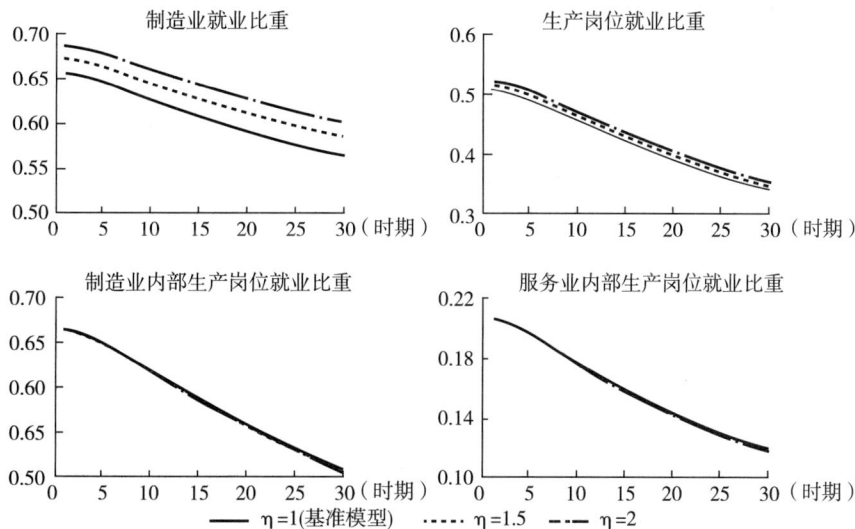

制造业就业比重　　　　　　　　生产岗位就业比重

制造业内部生产岗位就业比重　　　服务业内部生产岗位就业比重

η =1(基准模型)　　　…… η =1.5　　　—·— η =2

图 12　部门间劳动力流动成本不同取值下的模拟结果

综上所述，如果劳动力市场存在壁垒，并不会改变岗位结构变迁和产业结构转型的方向和趋势，基准模型下的结论仍然成立，但是不同类型的壁垒影响有差异。岗位之间的流动壁垒将阻碍岗位结构变迁和产业结构转型升级，岗位间劳动力流动成本越大，总体以及部门内部的生产岗位比重越高，岗位结构变迁越慢；而部门之间的流动壁垒从定量上来看，对产业结构转型有一定的影响，而对岗位结构的影响十分有限。

七、结论和启示

伴随着人工智能时代的到来，中国的制造业内出现了劳动力由生产岗位转向服务岗位的岗位结构变迁。基于一系列特征事实，本文构建了一个包含人工智能和岗位异质性的一般均衡模型，分析了人工智能技术对于岗位结构变迁以及制造业转型升级的影响。研究结论如下：

第一，如果人工智能技术偏向生产岗位且生产岗位和服务岗位之间的替代弹性较低，那么人工智能技术水平的提高将促使劳动力由生产岗位转向服务岗位，即推动了部门内部和经济总体的岗位结构变迁。如果制造业和服务业之间替代弹性较低，且制造业中生产岗位的权重高于服务业，那么人工智能的岗位偏向性会导致制造业的就业比重下降，服务业的就业比重上升，即同样会带来产业结构转型。

第二，如果人工智能技术更偏向生产岗位且制造业中生产岗位的权重高于服务业，那么随着人工智能技术水平的提高，制造业相对服务业的劳动生产率会上升。虽然制造业的就业比重会下降，但是由于岗位结构变迁带来制造业劳动生产率的更大幅度提高，使制造业的实际产出比重可以保持稳定，实现制造业的转型升级。

第三，稳健性分析表明，促进产业内不同岗位深度融合、加大人工智能研发投资率，都可以进一步推动岗位结构变迁和产业结构转型，并保持制造业实际产出比重的稳定。随着人工智能技术对服务岗位的影响加强，人工智能的岗位偏向性差异会减弱，岗位结构变迁和产业结构转型也将有所减缓，服务业相对制造业的劳动生产率会提高，这在一定程度上缓解"鲍莫尔成本病"。

第四，如果劳动力市场存在壁垒，并不会改变岗位结构变迁和产业结构转型的方向和趋势。降低岗位之间的流动壁垒将推进服务型制造的发展，加快实现制造业的转型升级，而部门之间的流动壁垒对岗位结构变迁的影响十分有限。

中国服务型制造方兴未艾、快速发展，岗位结构变迁有着较大的发展空间，这是拓展制造业盈利空间、打造新的竞争优势的重要途径，有利于巩固提升中国制造在全球产业链中的地位，有利于畅通经济循环、构建现代化产业体系。本文为在人工智能时代促进岗位结构变迁和产业结构转型提供了理论依据，并以此为加快制造业转型升级提出如下几点政策建议：

第一，更大力度支持通用人工智能技术研发，全面加强数字基础设施建设。以大模型为代表的通用人工智能技术是人工智能技术创新发展的一个重要方向，它可以应用于多场景和多领域。本文模型中的人工智能技术具有通用性，可以被各个产业采用，是通用人工智能技术的典型特征。本文建议：一方面，充分发挥举国体制优势持续加大对人工智能通用大模型的研发投资力度，形成自主可控的大模型完整技术体系；另一方面，有步骤、有重点地推进数字基础设施建设，对于关键的基础设施，如5G基站、数据中心和云计算中心等，应适当超前部署，为未来的深度应用提供前期基础。

第二，持续深化劳动力市场化改革，有效缓解结构性就业矛盾。本文发现劳动力在不同岗位和部门之间的流动壁垒会阻碍岗位结构变迁和产业结构转型。本文建议：一方面，深化劳动力市场化改革，继续推进户籍制度改革，消除劳动力市场的分割和地区封锁，打破行业垄断，促进劳动力市场的一体化发展；另一方面，不断完善岗位技能培训体系，大力支持劳动力在岗、转岗技能培训活动，提高劳动力向新岗位转移的能力，培养一批适应不同岗位的"多面手"，以有效缓解结构性就业矛盾。

第三，加快企业"上云用数赋智"行动，以数字化转型促进岗位深度融合。本文发现提高生产岗位和服务岗位的融合将进一步有效推动岗位结构变迁和服务型制造发展。而不明晰的岗位分工将导致不同岗位之间难以形成有效互补，不利于人力资本的高效利用。本文建议：一方面，推行普惠性"上云用数赋智"服务，以专项资金、金融扶持形式鼓励平台为中小微企业提供云计算、大数据、人工智能等技术，开展研发设计、经营管理、生产加工、物流售后等核心业务环节的数字化转型；另一方面，以企业数字化转型为基础，鼓励企业应用数字技术和数字系统推进企业人力资源管理体系的改革和完善，以数字化的手段厘清企业各岗位的职责边界，实现劳动力和岗位的精准匹配，促进不同岗位的深度融合。

第四，加大对服务型制造企业政策支持力度，推动数字经济和实体经济深度融合。本文发现人工智能有望成为推动企业发展服务型制造的有力抓手，利用人工智能等新技术来培育服务型制造企业可以为扎实推动数字经济和实体经济的融合提供可靠路径。本文建议：一方面，鼓励产业集群内制造业龙头企业进入服务型制造领域，深化与产业链上下游企业和供应链网络各主体的合作，打造面向特定制造领域、围绕产业链的服务型制造网络；另一方面，可以通过实施产业引导政策的方式设立专项资金，对转型为服务型制造的企业提供资金支持，以及为企业提供一定期限的税收减免或优惠，促进制造业企业向服务型制造转型发展。

参考文献

［1］陈岑，张彩云，周云波.信息技术、常规任务劳动力与工资极化［J］.世界经济，2023（1）：95-120.

［2］陈彦斌，林晨，陈小亮.人工智能、老龄化与经济增长［J］.经济研究，2019，54（7）：47-63.

［3］郭凯明.人工智能发展、产业结构转型升级与劳动收入份额变动［J］.管理世界，2019，35（7）：60-77+202-203.

［4］郭凯明，潘珊，颜色.新型基础设施投资与产业结构转型升级［J］.中国工业经济，2020（3）：63-80.

［5］郭凯明，王钰冰.人工智能技术方向、时间配置结构转型与人类劳动变革远景［J］.中国工业经济，2022（12）：33-51.

［6］郭凯明，王钰冰，龚六堂.劳动供给转变、有为政府作用与人工智能时代开启［J］.管理世界，2023（6）：1-21.

［7］何小钢，刘叩明.机器人、工作任务与就业极化效应——来自中国工业企业的证据［J］.数量经济技术经济研究，2023，40（4）：52-71.

［8］李晓华.数字技术推动下的服务型制造创新发展［J］.改革，2021（10）：72-83.

［9］孙早，侯玉琳.工业智能化如何重塑劳动力就业结构［J］.中国工业经济，2019（5）：61-79.

［10］王林辉，胡晟明，董直庆.人工智能技术、任务属性与职业可替代风险：来自微观层面的经验证据［J］.管理世界，2022，38（7）：60-79.

［11］王林辉，钱圆圆，宋冬林，董直庆.机器人应用的岗位转换效应及就业敏感性群体特

征——来自微观个体层面的经验证据［J］.经济研究，2023，58（7）：69-85.

［12］王永钦，董雯.机器人的兴起如何影响中国劳动力市场？——来自制造业上市公司的证据［J］.经济研究，2020，55（10）：159-175.

［13］尹志锋，曹爱家，郭家宝，郭冬梅.基于专利数据的人工智能就业效应研究——来自中关村企业的微观证据［J］.中国工业经济，2023（5）：137-154.

［14］余玲铮，魏下海，孙中伟，吴春秀.工业机器人、工作任务与非常规能力溢价——来自制造业"企业—工人"匹配调查的证据［J］.管理世界，2021，37（1）：4+47-59.

［15］Acemoglu D，Autor D. Skills，Tasks and Technologies：Implications for Employment and Earnings［J］. Handbook of Labor Economics，2011，4：1043-1171.

［16］Acemoglu D，Guerrieri V. Capital Deepening and Non-Balanced Economic Growth［J］. Journal of Political Economy，2008，116（3）：467-498.

［17］Acemoglu D，Restrepo P. The Race between Man and Machine：Implications of Technology for Growth，Factor Shares，and Employment［J］. American Economic Review，2018，108（6）：1488-1542.

［18］Aghion P，Jones B F，Jones C I. Artificial Intelligence and Economic Growth［M］//The Economics of Artificial Intelligence：An Agenda. Chicago：University of Chicago Press，2019.

［19］Aum S，Lee S Y T，Shin Y. Computerizing Industries and Routinizing Jobs：Explaining Trends in Aggregate Productivity［J］. Journal of Monetary Economics，2018，97：1-21.

［20］Bárány Z L，Siegel C. Biased Technological Change and Employment Reallocation［J］. Labour Economics，2020，67：101930.

［21］Dekle R，Vandenbroucke G. A Quantitative Analysis of China's Structural Transformation［J］. Journal of Economic Dynamics and Control，2012，36（1）：119-135.

［22］Duernecker G，Herrendorf B. Structural Transformation of Occupation Employment［J］. Economica，2022，89（356）：789-814.

［23］Frey C B，Osborne M A. The Future of Employment：How Susceptible Are Jobs to Computerisation？［J］. Technological Forecasting and Social Change，2017，114：254-280.

［24］Ge P，Sun W，Zhao Z. Employment Structure in China From 1990 to 2015［J］. Journal of Economic Behavior and Organization，2021，185：168-190.

［25］Guo K，Hang J，Yan S. Servicification of Investment and Structural Transformation：The Case of China［J］. China Economic Review，2021，67：101621.

［26］Herrendorf B，Rogerson R，Valentinyi A. Structural Change in Investment and Consumption：A Unified Approach［R］. National Bureau of Economic Research，2018.

［27］Kongsamut P，Rebelo S，Xie D. Beyond Balanced Growth［J］. The Review of Economic Studies，2001，68（4）：869-882.

［28］Ngai L R，Pissarides C A. Structural Change in A Multisector Model of Growth［J］. American Economic Review，2007，97（1）：429-443.

［29］Sposi M. Evolving Comparative Advantage，Sectoral Linkages，and Structural Change［J］. Journal of Monetary Economics，2019，103：75-87.

［30］Uy T，Yi K M，Zhang J. Structural Change in An Open Economy［J］. Journal of Monetary Economics，2013，60（6）：667-682.

数据规模、数据范围与平台并购[*]

刘玉斌　张贵娟　徐洪海

[摘要] 数据是数字平台的核心资产，并购是平台企业获取数据的重要途径。但是，涉及相同业务的同业并购与涉及不同业务的跨界并购获得的数据类型及其在平台内或平台间的交互作用程度存在差异，明确它们如何影响平台企业市场绩效是优化数据驱动型并购策略需要解决的关键问题。本文以广告主导平台为研究对象，通过构建 Hotelling 两阶段博弈模型分析同业并购与跨界并购对平台企业市场绩效的影响，利用 2009～2021 年上市的广告主导平台企业相关数据进行实证检验，并对百度公司的搜索引擎业务进行案例分析。研究发现："数据规模经济"主导的同业并购和"数据范围经济"主导的跨界并购均有利于提升平台企业市场绩效；由于同类数据更易融合并形成"数据规模网络效应"，同业并购对平台企业市场绩效的提升作用更为明显。本文深入揭示了数据驱动型平台并购如何影响市场绩效的内在经济逻辑，为平台企业如何基于数据规模、数据范围和数据网络效应选择并购策略提供了参考依据。

[关键词] 平台并购；数据规模；数据范围；数据网络效应；市场绩效

一、引言

数字平台作为现代经济社会运行不可或缺的数字基础设施，以此为载体的用户活动所生成的海量数据已成为平台企业的核心资产。近年来，党中央高度重视数据在推进经济社会发展中的地位和作用，习近平总书记多次强调"要构建以数据为关键要素的数字经济"。数据要素重要性的逐步凸显对平台企业经营决策产生了显著影响，为扩大市场规模、布局未来发展，平台企业通过收购或兼并其他平台以获取数据资源的"数据驱动型并购"（Data-Driven Mergers）现象愈加普遍（王磊，2022）。此类并购的共同特征是并购双方均拥有大量用户数据、数据产品与数据处理能力，数据在合并中发挥了重要作用（卢均晓，2021；唐浩丹和蒋殿春，2021；Chen et al.，2022）。数据在平台并购中引发的关联问题也渐渐引起重视，例如，2014 年 Facebook 收购 WhatsApp、2017 年 Microsoft 收购 LinkedIn、2021 年 Google 收购 Fitbit 等典型的数据驱动型并购在近几年引起有关国家或地区监管机构的高度关注。与此同时，随着市场竞争加剧和需求饱

---

[*] 本文原刊于《数量经济技术经济研究》2024 年第 3 期，有修改。

[作者简介] 刘玉斌，天津财经大学商学院教授、博士生导师；张贵娟，安徽财经大学国际经济贸易学院讲师；徐洪海，南京财经大学国际经贸学院讲师、硕士生导师。

[基金项目] 国家自然科学基金青年项目（72103085）。

和，平台竞争的焦点逐渐由增量用户竞争转向存量用户竞争，并购模式逐渐由同业务领域的"同业并购"丰富为涉及不同业务领域的"跨界并购"。数据驱动型并购确实是平台企业获得快速扩张和技术升级的重要战略手段，但是不同并购模式获得的数据类型及其产生的经济效应具有一定差异，并购数据是否得到有效整合和管理是平台企业能否切实提升竞争优势和市场绩效面临的关键问题。

理论上，同业并购和跨界并购可在不同程度上获取数据规模和数据范围，前者主要从横向上扩大数据规模（Prüfer and Schottmüller，2021），获取数据规模经济；而后者则主要从纵向上扩深数据范围（Morto et al.，2019），获取数据范围经济。在此基础上，利用平台内或平台间用户数据的交互作用追踪和分析消费者行为与偏好，改进算法推荐系统并提供个性化服务，还可以吸引更多用户携带数据加入平台，形成"数据网络效应"并获得数据网络经济（唐要家等，2022）。实际上，不同并购模式下平台间的数据网络效应有所不同：同业并购涉及的产品与服务具有弱替代关系，数据融合难度通常较低，数据网络效应较强；跨界并购涉及的产品或服务具有强互补关系（乔岳和张兴文，2016；Gautie and Lamesch，2021；Argentesi et al.，2021），数据融合难度通常较高，数据网络效应较低。那么，平台企业实施数据规模经济主导的同业并购和数据范围经济主导的跨界并购是否均有益于提升其市场绩效，二者之间又有何种差异？厘清这些问题，不仅有助于平台企业优化数据驱动型并购策略选择，更好地利用数据规模和数据范围来改善市场绩效；同时也有益于深刻理解数据驱动型平台并购的经济动因和内在逻辑，更合理地制定规范平台并购交易的公共政策。

并购是一个经典的经济学议题。传统经济中的并购研究相对比较成熟，大部分研究认为并购可以通过增强市场势力（蒋冠宏，2021）、获取规模经济与协同效应、提高生产率与利润率（蒋冠宏，2022）、驱动企业创新（任曙明等，2017；陈爱贞和张鹏飞，2019）等方面提升企业市场绩效。而在数字经济下，新的经济特征和商业模式提出许多新的研究问题。关于平台并购的研究以同类平台并购居多，主要是基于双边市场理论分析平台两边用户的交互作用（即交叉网络外部性或称平台内网络外部性）对平台定价和利润等方面的影响（谢运博和陈宏民，2018；Farronato et al.，2020；华忆昕等，2020）。对于平台跨界并购也有少量研究，同样是从用户数量或类别角度来分析不同平台间用户交互作用（即平台间网络外部性）的经济效应（Kim，2012；吴绪亮和刘雅甜，2017；荣帅等，2018；杨丽，2018；鲁彦和曲创，2019；王法涛，2019；李世杰和何元，2023）。此外，还有部分研究开始从动态角度关注初创平台并购对创新的影响（Cunningham et al.，2021；Rizzo，2021；Prado and Bauer，2022；李三希等，2022）。

除了扩增平台用户，获得数据资源逐渐成为平台并购的重要目的，但是对于并购数据如何发挥作用以及会产生怎样影响效果的研究还明显不够充分。一方面，数据驱动型平台并购的经济效应尚未有一致的研究结论：有一些研究认为隐私保护、网络安全等因素将抬高数据驱动型并购的价格或成本（Goldfarb and Tucker，2011；Kox et al.，2017；Lambrecht and Tucker，2017），以及数据跨境流动限制（马述忠等，2023）和反垄断审查（Stucke and Grunes，2016；卢均晓，2021；王磊，2022）等公共政策对数据驱动型并购交易的制约，数据资产及其运营所面临的多维度、跨国界、严处罚法律监管和并购风险将不利于平台企业市场绩效；当然，也有研究认为数据作为生产要素可以提升平台定向广告效果，从而增加平台收益（Gautier and Lamesch，2021；De Corniere and Taylor，2021；Chen et al.，2022）。另一方面，受限于平台企业数据可获得性，数据驱动型平台并购的研究方法仍局限于案例分析与理论研究，如针对GAFAM等大型数字平台并购规模与并购策略进行案例分析（Parker et al.，2021；Gautier and Lamesch，2021），以及构建数理模型对数据驱动型平台并购的竞争效应与福利效应进行理论分析（Condorelli and Padilla，2020；De Corniere and Taylor，2021；Motta and Peitz，2021；Katz，2021；

Chen et al., 2022；Bergemann and Bonatti, 2022)，还缺乏一定的实证检验。

鉴于此，本文在对平台企业数据驱动型并购的特征事实与经济学逻辑进行基本分析的基础上，通过构建两阶段 Hotelling 模型从数据规模与数据范围两个层面分别探究同业并购与跨界并购对平台利润的影响，据此收集相关数据进行实证分析与案例研究验证理论假说，继而为平台企业的数据驱动型并购策略选择及公共政策完善提出相关意见。本文可能的边际贡献在于：第一，基于双边市场理论框架分析数据驱动型平台并购的市场绩效，丰富了平台并购的经济学研究内容。既有关于平台并购研究多是围绕用户及用户之间交互影响展开分析，对数据这一核心要素在平台并购分析中的重要作用还缺乏深入讨论。第二，基于数据规模经济、数据范围经济及数据网络效应更完整地揭示了同业并购，特别是跨界并购的根本动因与经济学本质。既有研究关注同业并购问题较多，而对数字经济领域跨界并购现象的研究还有所不足。第三，收集整理数据驱动型平台并购事件及广告收益等财务数据，通过实证分析和案例研究验证数据驱动型并购的市场绩效结果以及不同并购模式的差异。既有相关研究方法多以理论模型和案例分析为主，受数据局限性少有实证研究，本文为数据驱动型平台并购的市场绩效影响提供了更充足的经验证据。

二、特征事实与经济学分析

（一）数据驱动型平台并购特征事实

数字平台经济领域的企业并购活动非常活跃。CVSource 统计数据显示，自 2008 年以来全球数字平台并购数量显著增加，并购交易总金额也持续增长。其中，大型数字平台企业的并购交易相当频繁。根据美国国会研究服务局的研究报告，在过去 20 年中，Facebook 收购了至少 63 家公司，Alphabet 收购了至少 260 家公司，Amazon 至少收购了 100 家公司，Apple 至少收购了 120 家公司，Microsoft 收购了 167 家公司；[①] 英国竞争和市场管理局的研究报告称，GAFAM 五大巨头平台企业在过去十年间共进行了 400 多起并购交易；[②] 国内企查查的统计数据也显示，中国数字平台企业并购交易达 542 起。[③] 每项平台并购几乎都会涉及数据问题，随着数据要素在平台企业经营中发挥的作用越来越重要，获取目标平台的数据、数据处理能力和数据产品也逐渐成为平台企业实施并购的主要目的。根据波士顿咨询集团的统计，2017 年全球数据驱动型并购交易总金额达 6580 亿美元，为 2010 年的 2420 亿美元的 2.7 倍，占全球并购交易总金额的 24%。[④] 其中，相较于同业并购，跨界并购更为普遍（见表 12），交易规模占平台并购交易的 2/3，跨界并购已成为数字平台的关键竞争策略。然而，并购并不一定会带来持续的竞争优势。曾经占据主导地位的雅虎收购了至少 114 家企业，[⑤] 但这些并购并未使其在搜索领域保持领先谷歌的市场地

---

① 《数字市场的兼并与收购》（*Mergers and Acquisitions in Digital Markets*），2021 年 3 月 30 日。网址：https://fas.org/sgp/crs/misc/R46739.pdf。

② 《解锁数字竞争》（*Unlocking Digital Competition：Report of the Digital Competition Expert Panel*），2019 年 3 月 13 日。网址：https://www.gov.uk/government/collections/digital-competition-expert-panel。

③ 企查查创投数据库。网址：https://www.qcc.com/web/project/invest-org/application/classify。

④ 《破解数字并购的密码》（*Cracking the Code of Digital M&A*），2019 年 2 月 12 日。网址：https://www.bcg.com/publications/2019/cracking-code-digital-m-and-a。

⑤ 维基百科：《雅虎并购名单》（*List of mergers and acquisitions by Yahoo!*），2020 年 10 月 24 日。网址：https://en.wikipedia.org/wiki/List_of_mergers_and_acquisitions_by_Yahoo!。

位，最终仍难免退市。因此，平台企业频繁实施数据驱动型并购（尤其是跨界并购）背景下，其对市场绩效的影响效应和逻辑亟待厘清。

（二）数据驱动型并购的经济分析

数据驱动型并购是平台企业占领市场、获取用户数据最快速和直接的方式（唐要家和唐春晖，2021）。不同的并购模式（同业并购或跨界并购）可以在不同维度上扩展平台企业的数字资源。如图1所示，同业并购主要意味着数据规模的扩大，业务类型相同或相似的平台企业并购可以汇集彼此具有一定替代性的同类数据，扩大数据规模。例如，以社交社区为核心业务的"腾讯"同业并购社交社区平台"Kakao"与"Academia"，可以扩增社交通信等同类用户数据。跨界并购主要意味着数据范围的扩深，分属不同业务类型的平台企业并购可以汇集具有互补性的不同数据类别，丰富数据范围，完善用户画像。例如，腾讯跨界并购本地生活平台"58 同城"、在线旅游平台"同程艺龙"、电子商务平台"唯品会"、网络直播平台"虎牙"与搜索引擎平台"搜狗"，可以扩增求职信息、位置轨迹、购物交易、浏览记录与搜索历史等社交类之外的其他类型用户数据。数据规模和数据范围的积累及其在平台双边用户之间的交互影响（数据网络效应）可以进一步形成数据规模经济、数据范围经济与数据网络效应，这是数字平台企业实施数据驱动型并购的基本逻辑。

	用户1	用户2	用户3	用户4	用户5	用户6	……	
基本信息	–	张三	–	–	李四			
浏览记录	–	X_{22}	–	X_{24}	–	–		
搜索历史	X_{31}	–	–	–	–	–		
购物交易		X_{42}	–			–		
位置轨迹	X_{51}	–	–	数据稀疏	–	X_{56}		数据范围
社交通信	X_{61}	X_{62}	X_{63}	–	–	–		
医疗记录	–	–	X_{73}	X_{74}	X_{75}	–		
求职信息	X_{81}	–	X_{83}	–	–	–		
收听记录	–	X_{91}	X_{92}	–	X_{93}	–		
……	……	……	……	……	……	……	……	

数据规模

图1 数据规模与数据范围维度

注：图中"–"代表该项数据缺失，表示数据具有"稀疏性"。

1. 数据规模经济

数据规模经济是一种供给方规模产生的经济性，意指数据规模横向扩宽所带来的成本降低或收益上升。通过同业并购，数据规模扩大可以实现基于数据"非竞争性"的规模收益（Jones and Tonetti，2020；唐要家等，2022），从推动平台企业基于数据的算法能力跃升（王超贤等，2022）、深入追踪和分析用户行为偏好（韩春霖，2018）、提升定向广告精准度并实现精准化个性营销（江小涓，2017）、提高平台服务质量与产品创新能力（侯泽敏和綦勇，2022）或优化企业决策（McAfee and Brynjolfsson，2012；Grover et al.，2018；Hagiu and Wright，2020）等方面提升平台企业收益。另外，数据兼具"零边际成本"特性（Martens，2016；Prüfer and Schottmüller，2021），并购平台之间数据的共享使用和规模扩大也将降低企业提供产品或服务（如广告服务）、研发新产品或进入新市场的边际成本（梁博文，2021）。

2. 数据范围经济

数据范围经济是一种供给方范围产生的经济性，指数据范围纵向扩深所带来的成本降低或收益上升。平台企业通过跨界并购聚合多种类别的互补性用户数据，多维互补数据集之间通过聚合、交叉验证产生溢出效应（Morton et al.，2019），使得单个平台复合数据集的分析比多个平台单数据集分析的成本总和更低（Martens，2016；Crémer et al.，2019）。数据丰富的平台企业可以较低成本进入其他市场和扩展平台生态（Prüfer and Schottmüller，2021）。来自其他领域和业务的数据可克服新市场用户冷启动问题，推断用户之间更普遍的偏好和新的相似关系，创造额外的用户—产品关系，从而提高新用户定向广告准确性（Krämer et al.，2020）。与此同时，原市场与新市场两种不同类型数据的组合将进一步提高平台定向广告的效果（Elkahky et al.，2015），新业务与原业务的整合也可降低用户搜索成本（Bagwell，2007；Belleflamme and Peitz，2018）。

3. 数据网络效应

数据网络效应主要是需求方（相对于平台供给方而言）规模或范围产生的经济性，指数据规模和数据范围扩增对平台两边用户效用带来的提升。数据网络效应是一种超级报酬递增机制，它来源于生产端和交易端两个维度上报酬递增机制的交互叠加（Gregory et al.，2021，2022；Clough and Wu，2022）。正如 Lerner（2014）与 Bourreau 等（2017）所言，数据网络效应是"用户反馈环"（User Feedback Loop）和"货币化反馈环"（Monetization Feedback Loop）自我加强和相互强化的结果，前者是指平台用户规模、用户数据、服务质量之间的正反馈循环；后者是指平台用户规模、用户数据、定向广告、广告商、服务质量之间的正反馈循环。换言之，数据网络效应由数据的数量和类别所驱动，涉及数据"4V"特性中的"大量"和"多样"特征（丰澜，2021），前者为"数据规模网络效应"，后者为"数据范围网络效应"，数据网络效应的存在将极大地推高数据报酬递增区间（王超贤等，2022）。但正如前文所言，同业并购与跨界并购平台间的数据网络效应可能存在差异，需要廓清其对不同并购模式的市场绩效差异化效果。

（三）双边市场分析框架

数字平台是数字经济的典型企业组织形式，它连接着两边用户市场，通过匹配两边用户需求和制定合理的价格结构来促成更大的交易量。这种双边市场模式的核心经济特征是平台两边用户之间存在交叉网络外部性，即一边用户效用取决于另一边用户数量。考虑到交叉网络外部性的作用，平台企业通常会对一边用户制定较低的甚至是免费的价格来吸引该边用户加入和使用平台产品或服务，进而据此吸引另一边用户并对其收取较高价格以获得最大化利润（Rochet and Tirole，2003；Evans，2003；Armstrong，2006）。例如，在图 2 所示的"广告主导平台"[①]中，平台、消费者和广告商是双边市场交易主体，平台企业一般会通过免费提供搜索引擎、社交网络、门户资讯和电子邮箱等服务来吸引消费者，利用其携带数据制作更精准有效的定向广告（Rutt，2012；Johnson，2013；Graef，2015；Bourreau et al.，2017；Kox et al.，2017），进而吸引广告商加入并收取广告费（Saattvic，2018）。当然，消费者数量增加会提高广告商使用平台的效用，而广告商数量增加则可能降低消费者使用平台的效用，即广告往往会产生负的交叉网络外部性（曲创和刘重阳，2019）。

[①] 本文的"广告主导平台"概念引用了于立（2020，2022）的提法，Filistrucchi 等（2010，2014）称其为"非交易类平台"。此类平台的主要特征是：定价模式为单边收费（对消费者采取免费模式），广告费是其主要收入来源。如谷歌（搜索引擎）、微信（社交网络）、搜狐（门户资讯）、网易邮箱（电子邮箱）等都属于该类平台，普遍存在于现实市场之中。本文的实证研究部分主要针对此四类业务平台企业展开数据搜集与整理。

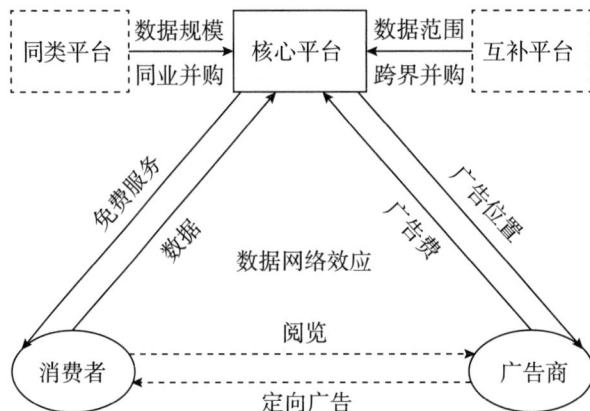

图2　广告主导平台双边市场结构与分析框架

从数据的产生、流动和使用角度看，消费者数据可以转化为定向广告（Rutt，2012；Johnson，2013；Bourreau et al.，2017；Kox et al.，2017）。平台的消费者也是"数据生产者"（陈剑和张晨钰，2019），平台收集和使用这些数据来定制广告信息（Evans，2008），向消费者推送个性化产品或服务（江小涓，2017；Fast et al.，2021）。换言之，用户是以其数据换取"免费"服务，广告商基于平台加工处理的数据发送定向广告促进与消费者的匹配交易，平台为广告商提供广告位置并向其收取广告费来获得收益。消费者数据"规模"和"范围"的扩大，将提升平台定向广告精准度，增加平台与广告商收入（Graef，2015）。事实上，交易性数据交换已成为数字市场上的新货币，平台通过收集用户行为的新数据提高自身对于广告商的价值（Newman，2014）。本文将在双边市场框架下，综合考虑用户和数据之间的交互作用，分析数据驱动型并购对平台企业市场绩效的影响。

三、理论分析与研究假说

根据前文分析框架和经济分析，考虑到实证分析相关数据可获得性，此部分以广告主导平台为例，通过构建两阶段博弈模型来分析数据规模经济主导的平台同业并购与数据范围经济主导的平台跨界并购对市场绩效的影响，为后文实证分析与案例研究提供理论基础和研究假说。如图3所示，这里考虑两个双寡头平台市场的情形，两阶段博弈次序为：阶段1，平台不实施数据驱动型并购，在当前数据条件下确定广告价格，平台两边用户决定是否加入平台；阶段2，平台实施数据驱动型并购，实行数据规模经济主导的同业并购或数据范围经济主导的跨界并购，决定新的广告价格，双边用户决定是否加入平台。

（一）基准情形：不实施数据驱动型并购

假设市场Ⅰ中存在两个竞争平台 i（i＝A，B）进行 Hotelling 价格竞争，分别位于线段 [0，1] 的两端。平台 i 两边用户组1（消费者）和用户组2（广告商）数量分别为 n_1^i 和 n_2^i，它们均为单归属，均匀分布在线段区间上。假设 V 为平台 i 两边用户初始效用，令其足够大以使市场完全覆盖。用户组1和用户组2到平台的单位交通成本分别为 t_1 和 t_2，t_1、t_2 也代表平台差异程度和双边市场的竞争程度。假设数据是消费者加入和使用平台产生的副产品，每个消费者产生

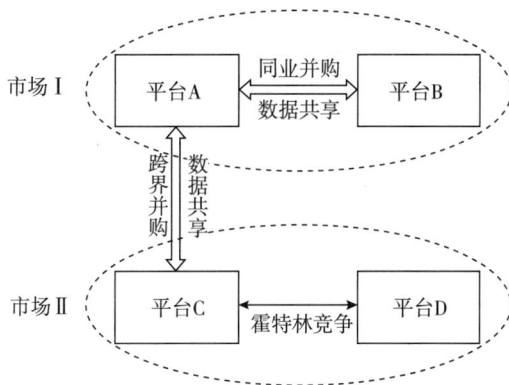

图3　数据驱动型同业并购与跨界并购博弈结构

1单位数据。平台利用收集的消费者数据为广告商投放定向广告（每个广告商仅投放1单位广告），并向其收取广告费p_2^i。消费者可以数据换取免费平台服务，但要浏览平台向其投放的广告。假设所有消费者均为广告厌恶型，即平台投放的广告会对其带来负效用，令广告商对消费者的交叉网络外部性系数为α_1。消费者使用平台会对广告商带来正效用，令消费者对广告商的交叉网络外部性系数为α_2。据此，可得平台两边用户（消费者和广告商）的效用函数分别为：

$$U_1^i = V - \alpha_1 n_2^i - t_1 n_1^i, \quad U_2^i = V + \alpha_2 n_1^i - t_2 n_2^i - p_2^i \tag{1}$$

为便于分析并不失一般化，将平台两边用户数量标准化为1。那么，将$n_1^A + n_1^B = 1$，$n_2^A + n_2^B = 1$，$U_1^A = U_1^B$，$U_2^A = U_2^B$分别代入式（1），可得平台i两边用户数量的隐性表达式分别为：

$$n_1^i = \frac{1}{2} + \frac{1}{2} \frac{(p_2^i - p_2^j)\alpha_1}{\alpha_1\alpha_2 + t_1 t_2}, \quad n_2^i = \frac{1}{2} - \frac{1}{2} \frac{(p_2^i - p_2^j)t_1}{\alpha_1\alpha_2 + t_1 t_2} \tag{2}$$

平台为消费者免费提供服务，其收入主要来自为广告商投放广告收取的广告费。为分析简便，假设平台企业的边际成本与固定成本均为0。那么，平台i的利润函数为$\pi^i = p_2^i n_2^i$。

在对称均衡中，平台A与平台B对广告商收取相同的价格，即$P_2^A = P_2^B = P_2$。将式（2）代入平台i的利润函数，并对p_2^i求导可得均衡价格为$P_2 = t_2 + \alpha_1\alpha_2/t_1$。再将均衡价格代入式（2）即可得到均衡状态下平台A与平台B均分市场，即每组用户的均衡数量均为1/2。继而，可得每个平台的利润均为$\prod^i = (t_1 t_2 + \alpha_1\alpha_2)/2t_1$。

（二）数据规模经济主导的平台同业并购

假设市场I中平台A与平台B合并为同一平台集团进行联合经营，它们依然提供差异化服务且独立运营，但在同一平台集团内部可以共享数据，并为并购双方带来数据优势。假设n^i为平台i所获得额外数量的消费者数据，假定新增数据规模对平台用户效用影响的数据规模网络外部性系数为$\alpha \in (0, 1)$，[①]则αn^i代表数据驱动平台同业并购给消费者和广告商带来的效用增量，如个性化服务或内容的提供以及定投广告的精准度提高（Chen et al., 2022）。那么，此时平台i上消费者与广告商的效用函数分别为：

$$U_1^i = V - \alpha_1 n_2^i - t_1 n_1^i + \alpha n^i, \quad U_2^i = V + \alpha_2 n_1^i - t_2 n_2^i - p_2^i + \alpha n^i \tag{3}$$

---

① 此处的模型设定考虑的是数据规模网络外部性双边对称的情形，双边非对称情形的模型结论与此一致。为比较简便但不失一般性地展示理论分析结果，关于双边非对称情形的模型推演和分析详见附录。另外，考虑到具有负面价值的数据资源可能会阻止平台企业并购的发生，因此本文假定数据规模网络外部性为正，暂不考虑负的数据规模网络外部性的情况。下文对数据范围网络外部性的分析也进行同样处理，在此不再赘述。

平台实施同业并购后，平台集团经营目的是实现联合利润最大化，而非单个平台利润最大化。即平台集团通过选择价格组合（p_2^A，p_2^B）以最大化联合利润，其目标函数为：

$$\max\ (\pi^{A+B}=\pi^A+\pi^B)=\max\ (p_2^A n_2^A+p_2^B n_2^B) \tag{4}$$

联合经营能够内部化每个平台定价所产生的外部性，平台集团无须担心过高定价所导致的用户流失和利润受损，因此可以制定完全攫取消费者剩余的价格。在对称均衡下，必然会有 $N_1^A=N_1^B=1/2$，$N_2^A=N_2^B=1/2$。将其代入式（3），可以得到 $V+\alpha_2/2-t_2/2-p_2^i+\alpha N^i\geq0$。非常直观地，可以得到平台实施同业并购后的均衡价格为：

$$P_2^A=P_2^B=V+\frac{\alpha_2-t_2}{2}+\alpha N^i \tag{5}$$

将均衡价格和数量代入式（4），即可得到均衡时平台集团的利润为：

$$\prod{}^{A+B}=V+(\alpha_2-t_2)/2+\alpha N^i \tag{6}$$

比较未实施数据驱动型并购与实施数据驱动型同业并购两种情形下平台的利润可得：

$$\Delta\prod{}^A=\frac{V}{2}+\frac{\alpha_2-t_2}{4}+\frac{\alpha N^i}{2}-\frac{t_1 t_2+\alpha_1\alpha_2}{2t_1} \tag{7}$$

根据基准情形 $U_2^A=U_2^B\geq0$，即 $V/2+(\alpha_2-t_2)/4\geq(t_1 t_2+\alpha_1\alpha_2)/2t_1$，可以得到 $\Delta\prod{}^A\geq\alpha N^i/2>0$，平台实施数据规模经济主导的同业并购可以提高自身利润。又 $\partial\Delta\prod{}^A/\partial\alpha>0$，$\partial\Delta\prod{}^A/\partial N^i>0$，$\Delta\prod{}^A$ 与数据规模网络外部性 α、数据规模 N^i 正相关。即平台同业并购增加数据规模可以提升其利润水平，而且数据规模越大，并购平台利润提升越多；数据规模产生的网络效应（即"数据规模网络效应"）越大则利润提高幅度越大。基于此，结合前述分析，本文提出假设1：

H1a：数字平台实施同业并购有利于提升其市场绩效。

H1b：数字平台同业并购通过增加数据规模提升其市场绩效。

（三）数据范围经济主导的平台跨界并购

不同于由数据规模经济主导的平台并购主要发生同一行业或市场之中，由数据范围经济主导的平台并购则主要发生在不同行业或市场之间。与基准情形类似，假设在另一市场 II（与市场 I 分属不同行业）中存在两个具有竞争关系的平台 j（j=C，D）进行 Hotelling 价格竞争。它们的两边用户数量分别为 n_1^j 与 n_2^j，每组用户总数标准化为1。同样地，平台 j 为消费者免费提供服务，向广告商收取的广告费为 p_2^j。其他参数设定同基准情形。

现假设市场 I 中的平台 A 和市场 II 中的平台 C 实行跨界并购，二者在并购后可以共享数据。此时，参与跨界并购的平台 C 可以获得更大的数据范围 n^j，参考 Kim（2012）、吴绪亮和刘雅甜（2017）及鲁彦和曲创（2019）对"平台间网络外部性"的参数设定并结合平台间数据的交互作用，假设新数据与原数据之间存在的数据范围网络外部性系数为 $\beta\in(0,1)$；而未参与跨界并购的平台 D 没有获得新的数据类型。因此，平台 D 两边用户的效用函数与基准情形中平台 A 和 B 两边用户的效用函数相同，平台 C 两边用户的效用函数较基准情形已然发生改变。平台 C 与平台 D 之间无差异消费者和广告商满足：

$$V-\alpha_1 n_2^C-t_1 n_1^C+\beta n^j=V-\alpha_1 n_2^D-t_1 n_1^D \tag{8}$$

$$V+\alpha_2 n_1^C-t_2 n_2^C-p_2^C+\beta n^j=V+\alpha_2 n_1^D-t_2 n_2^D-p_2^D \tag{9}$$

将 $n_1^C+n_1^D=1$ 和 $n_2^C+n_2^D=1$ 代入式（8）和式（9），可以得到：

$$n_1^C=\frac{1}{2}+\frac{\beta n^j+(1-2n_2^C)\alpha_1}{2t_1},\ n_2^C=\frac{1}{2}+\frac{-p_2^C+p_2^D(1-2n_1^C)\alpha_2+\beta n^j}{2t_2} \tag{10}$$

由此可以得到平台 C 两边用户数量的隐性表达式为：

$$n_1^C = \frac{1}{2} + \frac{\beta n^j (t_2 - \alpha_1) + \alpha_1 (p_2^C - p_2^D)}{2 (\alpha_1 \alpha_2 + t_1 t_2)}, \quad n_2^C = \frac{1}{2} + \frac{\beta n^j (\alpha_2 + t_1) t_1 + (p_2^D - p_2^C) t_1}{2 (\alpha_1 \alpha_2 + t_1 t_2)} \tag{11}$$

由于跨界并购后平台 C 的数据范围增加及其与平台 A 之间的数据范围网络外部性作用改变了平台 C 与平台 D 之间的对称性，因而本阶段的博弈模型不存在对称的均衡解。将平台 C 的利润函数 $\pi^C = p_2^C n_2^C$ 对 p_2^C 求导，平台 D 的利润函数 $\pi^D = p_2^D n_2^D$ 对 p_2^D 求导，可得平台 C 和平台 D 的价格反应函数分别为：

$$p_2^C = \frac{\alpha_1 \alpha_2 + p_2^D t_1 + t_1 t_2 + \beta n^j (\alpha_2 + t_1)}{2t_1}, \quad p_2^D = \frac{\alpha_1 \alpha_2 + p_2^C t_1 + t_1 t_2 - \beta n^j (\alpha_2 + t_1)}{2t_1} \tag{12}$$

由此可以得到，均衡时平台 C 与平台 D 对广告商收取的广告费分别为：

$$P_2^C = t_2 + \frac{\alpha_1 \alpha_2}{t_1} + \frac{\beta N^j (\alpha_2 + t_1)}{3t_1}, \quad P_2^D = t_2 + \frac{\alpha_1 \alpha_2}{t_1} - \frac{\beta N^j (\alpha_2 + t_1)}{3t_1} \tag{13}$$

将 P_2^C、P_2^D 代入式（11），并根据 $n_1^C + n_1^D = 1$ 和 $n_2^C + n_2^D = 1$ 可以得到，均衡时平台两边消费者与广告商的用户数量分别为：

$$N_1^C = \frac{1}{2} - \frac{\beta N^j [\alpha_1 t_1 - (2\alpha_1 \alpha_2 + 3t_1 t_2)]}{6t_1 (t_1 t_2 + \alpha_1 \alpha_2)}, \quad N_1^D = \frac{1}{2} + \frac{\beta N^j [\alpha_1 t_1 - (2\alpha_1 \alpha_2 + 3t_1 t_2)]}{6t_1 (t_1 t_2 + \alpha_1 \alpha_2)} \tag{14}$$

$$N_2^C = \frac{1}{2} + \frac{\beta N^j (\alpha_2 + t_1)}{6 (t_1 t_2 + \alpha_1 \alpha_2)}, \quad N_2^D = \frac{1}{2} - \frac{\beta N^j (\alpha_2 + t_1)}{6 (t_1 t_2 + \alpha_1 \alpha_2)} \tag{15}$$

继而可得，平台 C 的均衡利润为：

$$\prod^C = \frac{\alpha_1 \alpha_2 + t_1 t_2}{2t_1} + \frac{(\beta N^j)^2 (\alpha_2 + t_1)^2}{18t_1 (\alpha_1 \alpha_2 + t_1 t_2)} + \frac{\beta N^j (\alpha_2 + t_1)}{3t_1} \tag{16}$$

在实施跨界并购前，平台 C 的利润相当于基准情形的平台 A。那么，比较可得平台 C 跨界并购前后的利润之差为：

$$\Delta \prod^C = \frac{(\beta N^j)^2 (\alpha_2 + t_1)^2}{18t_1 (\alpha_1 \alpha_2 + t_1 t_2)} + \frac{\beta N^j (\alpha_2 + t_1)}{3t_1} \tag{17}$$

由于 $\alpha_1 \alpha_2 + t_1 t_2 > 0$，$t_1 > 0$，$t_1 + \alpha_2 > 0$，$\beta > 0$，$N^j > 0$，对于平台 C 而言，明显可以看出 $\Delta \prod^C > 0$，即平台实施数据范围经济主导的跨界并购可以提高自身利润。又 $\partial \Delta \prod^C / \partial \beta > 0$，$\partial \Delta \prod^C / \partial N^j > 0$，$\Delta \prod^C$ 与数据范围网络外部性 β、数据范围 N^j 正相关。即平台实施跨界并购可以提升并购平台利润水平，而且数据范围越宽泛，并购平台利润提升越多；数据范围产生的网络效应（即"数据范围网络效应"）越大则并购平台利润递增区间越高。基于此，结合前述分析，本文提出假设 2：

H2a：数字平台实施跨界并购有利于提升其市场绩效。

H2b：数字平台跨界并购通过增加数据范围提升其市场绩效。

（四）平台同业并购与跨界并购比较分析

基于上述理论分析，由于数据规模、数据范围及数据网络效应的作用，数据驱动型同业并购与跨界并购均有利于提升平台企业市场绩效，但是何种并购模式的提升作用更加明显？为进一步探究该问题，比较数据驱动型同业并购与跨界并购的均衡平台利润可得：

$$\Delta \prod = \frac{V}{2} + \frac{(\alpha_2 - t_2)}{4} + \frac{\alpha N^i}{2} - \left(\frac{\alpha_1 \alpha_2 + t_1 t_2}{2t_1} + \frac{(\beta N^j)^2 (\alpha_2 + t_1)^2}{18t_1 (\alpha_1 \alpha_2 + t_1 t_2)} + \frac{\beta N^j (\alpha_2 + t_1)}{3t_1} \right) \geqslant$$

$$\frac{\alpha N^i}{2} - \left[\frac{(\beta N^j)^2 (\alpha_2 + t_1)^2}{18t_1 (\alpha_1 \alpha_2 + t_1 t_2)} + \frac{\beta N^j (\alpha_2 + t_1)}{3t_1} \right] \tag{18}$$

由式（18）可知，当 $\alpha N^i > (\beta N^j)^2 (\alpha_2+t_1)^2/9t_1(\alpha_1\alpha_2+t_1t_2)+2\beta N^j(\alpha_2+t_1)/3t_1$ 时，有 $\Delta\prod>0$；而当 $\alpha N^i < (\beta N^j)^2(\alpha_2+t_1)^2/9t_1(\alpha_1\alpha_2+t_1t_2)+2\beta N^j(\alpha_2+t_1)/3t_1$ 时，则有 $\Delta\prod<0$。显然，$(\beta N^j)^2(\alpha_2+t_1)^2/9t_1(\alpha_1\alpha_2+t_1t_2)+2\beta N^j(\alpha_2+t_1)/3t_1$ 恒为正。由此可知，当数据规模经济（αN^i）比较明显时，平台同业并购即能比跨界并购获得更高的利润。结合前文理论所述，考虑到同业并购平台间数据融合难度较低且数据规模网络效应较强，因而本文提出假设 3：

H3：数字平台实施数据规模经济驱动的同业并购比数据范围驱动的跨界并购更有利于提升其市场绩效。

四、实证策略与结果分析

（一）研究设计

1. 数据与变量

基于上述博弈模型分析的理论假说，考虑到数据的可得性和完整性，本文以上市的"广告主导平台"为研究对象，以面板数据形式收集了其 2009~2021 年的相关数据，并对主要连续性企业数据做 1% 的缩尾处理，以排除异常值影响。并购数据来自 BVD（Zephyr）和投中（CVSource）数据库，其他财务数据来自万得（Wind）数据库，部分缺失数据来自公司年报等手工整理。最终获得 81 家广告主导平台企业，共 703 个观测值。

（1）被解释变量：平台广告收益（Adv）。鉴于本文研究对象为广告主导平台，本文以 Wind 数据库中"互联网企业"为样本搜索起点，对其中的沪深京股、港股和美股公司逐一筛查，判定其是否控制广告主导平台。对于此类平台，广告收入是其主要收益来源，因而本文将其作为考察数据驱动型并购对平台企业市场绩效影响的核心指标。考虑到平台广告收入并未公开详细的数据集，本文将 Wind 数据库作为数据采集平台，逐一查看每个平台企业于考察期内的主营构成，根据产品、行业等分类信息，手工搜集整理得到所有样本平台企业不同年度关于广告收益的全量面板数据，并对其作自然对数处理。

（2）核心解释变量：数据驱动型并购（MA）。基于 Wind 数据库中筛选确定的广告主导平台，本文在 Zephyr 和 CVSource 并购数据库中对这些平台企业的并购事件进行搜索、匹配与整合。为保持数据的完整性和稳健性，本文采取如下标准选择数据样本：①剔除并购方为 ST、*ST 样本；②选取交易状态为"Completed"与"Assume Completed"的并购样本；③剔除并购方为互联网金融行业样本；④剔除股份回购与关联交易样本；⑤剔除被并购方为传统制造、企业服务、建筑施工、传媒出版等以线下业务为主的非数字平台企业并购样本，以保证选择样本中并购双方均拥有大量用户数据、数据产品与数据处理能力；⑥同一平台企业发生多次并购，以并购金额最大的并购事件为准（翟进步等，2011；杜传忠与郭树龙，2012；王喆和蒋殿春，2021）。并购金额反映了并购双方各自的信息占有和议价能力，决定了并购方能够从目标平台所获得的剩余水平（任曙明等，2017），并购金额越大则目标平台的数据资源对并购方而言价值越高。高额的并购事件对市场绩效的影响较大而便于观测，且并购信息更完整而便于研究。考虑到后续并购发生率不同，在下文中以并购频率替换解释变量进行稳健性检验。为进一步区分数据驱动型并购模式，本文参考 CVSource"互联网"行业分类，依据"核心平台服务"对并购双方逐一进行平台分类，并依次查询易观千帆数据库中样本平台企业所有 App 行业分类或领域分类，判断并购实施之前主并平台是否具有目标平台的核心业务：若是，为同业并购；否则，为跨界并购。

基于此，本文以数据驱动型并购组别虚拟变量与并购实施时间虚拟变量的交互项（Group×Post）表征数据驱动型并购（MA）。具体而言，本文将发生数据驱动型并购的平台企业 Group 设置为 1，作为处理组；将未发生数据驱动型并购的平台企业设置为 0，作为对照组。数据驱动型并购前后的时间虚拟变量 Post 分别设置为 0 和 1。由于不同平台企业发生数据驱动型并购的时间并不相同，其时间虚拟变量并不完全一致。对于数据驱动型并购模式（MA_Cross），本文将处理组中同业并购设置为 1，跨界并购与对照组均设置为 0。

（3）控制变量（Controls）。考虑到诸多企业层面因素可能影响平台广告收益，本文控制了以下变量：平台规模（Scale，平台企业员工总数的对数）；管理费用率（Manage，管理费用与营业收入之比）；销售费用率（Sale，销售费用与营业收入之比）；股权集中度（Share，第一大股东持股比例）；平台企业资产（Assets，总资产的对数）；平台经营时间（Age，成立年龄）。

2. 模型设定

本文将平台企业数据驱动型并购类比为一项"准自然实验"，由于数据驱动型并购是平台企业内部决策，可能存在内生性问题。为此，本文借鉴 Stiebale（2016，2018）的研究方法，采用倾向得分匹配与双重差分（PSM-DID）相结合的方法，并考虑个体固定效应与时间固定效应，缓解因选择性偏差和不随时间变化的遗漏变量而产生的内生性问题。

由于数据驱动型并购时间的不一致性，观测期间内不同年份处理组的 MA 互不相同。为此，本文构建如下多时点双重差分模型，允许每个参与数据驱动型并购的平台企业都有各自的并购实施年份。

$$Adv_{i,t} = \alpha + \beta MA_{i,t} + \sum_{j=1}^{n} \gamma_j Controls_{i,t} + \lambda_i + v_t + \varepsilon_{i,t} \tag{19}$$

其中，$Adv_{i,t}$ 表示第 i 个平台企业第 t 年的广告收益；$MA_{i,t} = Group_{i,t} \times Post_{i,t}$ 表示第 i 个平台企业第 t 年是否实施数据驱动型并购；$Controls_{i,t}$ 为平台企业 i 随时间 t 变化的可观测控制变量；γ_j 表示各控制变量估计系数；λ_i 表示平台企业 i 不随时间变化的个体效应；v_t 表示时间固定效应；$\varepsilon_{i,t}$ 表示扰动项。估计系数 β 衡量了平台广告收益在数据驱动型同业并购与跨界并购前后的平均差异。

3. 描述性统计

表 1 汇报了按并购模式划分的平台企业各变量的均值比较。平台企业并购与否在各变量间存在明显差异，实施数据驱动型并购的平台企业广告收益优势明显。由此可见，很有可能存在因自选择而产生的内生性问题，说明对处理组与对照组进行匹配十分必要。

表 1 平台企业变量描述性统计：均值

变量	未并购平台企业	同业并购平台企业	跨界并购平台企业
Adv	17.766	19.941	19.517
MA	0.000	0.0000	0.000
Scale	5.249	7.178	7.064
Manage	26.951	14.861	22.062
Sale	24.054	16.080	19.892
Share	42.696	18.509	33.293
Assets	18.756	21.350	21.070

变量	未并购平台企业	同业并购平台企业	跨界并购平台企业
Age	10.385	10.083	10.920

注：数据驱动型同业并购与跨界并购平台企业的数据取自并购发生前。

（二）实证结果

1. 匹配的平衡性检验

本文选择平台规模、管理费用率、销售费用率、股权集中度、平台资产与平台经营时间作为协变量，根据不同被解释变量分组对实施数据驱动型并购的处理组进行半径匹配，匹配对象为样本期内未实施数据驱动型并购的上市广告主导平台企业。为保证匹配质量和实证结果的有效性，对匹配后的处理组和对照组进行必要检验。平衡性检验结果见表2，T检验结果显示在1%的显著性水平上，处理组和对照组在匹配变量上均无系统差异，且标准偏差均在经验临界值20%以内，说明倾向得分匹配结果有效，能够较好地控制数据驱动型并购样本的内生性。

表2　匹配的平衡性检验结果

变量	匹配过程	处理组均值	对照组均值	标准偏差（%）	T检验（p值）
Scale	匹配前	7.223	5.249	114.600	0.000
	匹配后	6.702	6.749	-2.700	0.682
Manage	匹配前	19.227	26.951	-38.500	0.000
	匹配后	20.075	22.574	-12.500	0.050
Sale	匹配前	19.463	24.054	-21.300	0.004
	匹配后	20.265	19.277	4.600	0.425
Share	匹配前	34.002	42.696	-38.400	0.000
	匹配后	36.484	38.024	-6.800	0.337
Assets	匹配前	21.693	18.755	112.700	0.000
	匹配后	20.876	20.636	9.200	0.157
Age	匹配前	13.392	10.385	40.000	0.000
	匹配后	12.878	13.827	-12.600	0.114

2. 结果分析

本文借鉴陈爱贞和张鹏飞（2019）的研究方法和研究思路，采用PSM-DID方法研究数据驱动型同业并购与跨界并购对平台企业市场绩效的影响，并以多重差分法检验同业并购与跨界并购两种模式的影响差异。表3汇报了PSM-DID方法的估计结果。可以看出，数据驱动型同业并购与跨界并购两种并购模式对平台广告收益（市场绩效）均具有显著正效应，验证了H1a与H2a。

表3　双重差分倾向得分匹配结果

变量	平台同业并购 (1)	平台跨界并购 (2)
MA	0.387 ** (0.192)	0.348 *** (0.102)

变量	平台同业并购 (1)	平台跨界并购 (2)
Scale	0.191 ** (0.085)	0.235 *** (0.078)
Manage	−0.013 *** (0.002)	−0.012 *** (0.002)
Sale	−0.004 (0.003)	0.002 (0.002)
Share	0.004 (0.004)	0.011 *** (0.004)
Assets	0.776 *** (0.064)	0.489 *** (0.052)
Age	0.185 ** (0.088)	0.109 (0.094)
_cons	0.204 (1.559)	5.827 *** (1.435)
企业固定	是	是
年份固定	是	是
样本量	294	568
调整后的 R^2 值	0.946	0.936

注：括号内为标准误；***、** 和 * 分别表示1%、5%和10%的显著性水平；下表同。

表4汇报了多重差分检验结果。由第（1）列同样可以看到，数据驱动型并购对平台广告收益的影响在1%的水平上显著为正。为进一步研究不同数据驱动型并购模式对平台企业市场绩效的影响差异，本文借鉴陈爱贞和张鹏飞（2019）的研究方法，引入同业并购的虚拟变量 MA_Cross 做三重差分。由第（2）列可知，同业并购相较于跨界并购对提升平台企业市场绩效的作用效果更强，验证了理论 H3。相比较而言，同业并购主要涉及具有相同业务的平台，它们之间的数据迁移、数据融合与数据管理的难度较低，由此带来的数据网络效应更容易提升平台企业市场绩效；而跨界并购往往涉及具有不同业务的平台，虽然此类并购可能容易获得数据范围经济，但在数据迁移、数据融合和数据管理上难度较高，不容易顺利地形成数据网络效应，因而对提升平台企业市场绩效的作用相对较弱。

表4　多重差分检验结果

变量	双重差分 (1)	三重差分 (2)
MA	0.349 *** (0.099)	0.299 *** (0.103)
MA_Cross		0.357 * (0.214)
Scale	0.229 *** (0.075)	0.236 *** (0.075)

变量	双重差分 （1）	三重差分 （2）
Manage	−0.013 *** （0.002）	−0.013 *** （0.002）
Sale	0.002 （0.002）	0.002 （0.002）
Share	0.008 ** （0.004）	0.007 ** （0.004）
Assets	0.496 *** （0.051）	0.490 *** （0.051）
Age	0.100 （0.096）	0.097 （0.096）
_cons	5.921 *** （1.461）	6.102 *** （1.463）
企业固定	是	是
年份固定	是	是
样本量	628	628
调整后的 R^2 值	0.933	0.933

（三）稳健性检验

（1）平行趋势与动态效应检验。采用多时点 DID 模型必须满足平行趋势假定，即实施数据驱动型并购的处理组与未实施数据驱动型并购的对照组在并购实施之前的变化趋势保持一致。由于各个平台企业发生数据驱动型并购的时间不同，需要为每个平台企业设定数据驱动型并购实施的相对时间值虚拟变量。

时间虚拟变量为各平台企业数据驱动型并购前 n 年、当年和后 n 年的观测值，非数据驱动型并购平台企业的虚拟变量均为 0。由于 −4 期之前与 5 期之后样本量较少，因而将其分别归并至 −4 期与 5 期，并剔除 −1 期以避免多重共线性。根据平行趋势检验结果显示，数据驱动型并购实施前的相对时间虚拟变量系数均不显著，这表明在平台并购之前，处理组与对照组在广告收益上无显著差异，即符合平行趋势假设。在动态效应方面，图 4 结果表明，在并购当期影响系数并不显著，数据驱动型并购对平台企业市场绩效的影响效应存在一定"时间滞后性"，平台企业需要一定时间整合数据资源，并利用新增数据规模、数据范围与数据网络效应提升广告收益。之后 5 期，数据驱动型并购对市场绩效的影响系数显著为正并不断提升，说明数据驱动型并购对数字平台的市场绩效具有显著的提升作用。

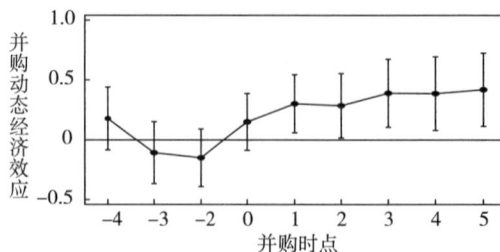

图4　平行趋势与动态效应检验

（2）基于模型设定的检验。本文首先使用近邻匹配方法替代半径匹配方法进行稳健性检验，如表5第（1）、第（2）列所示。同时针对将面板数据转化为截面数据进行处理存在"自匹配"问题，本文使用逐年PSM匹配样本，如表5第（3）、第（4）列所示。表5报告了更换不同匹配方法下的多时点DID回归结果。结果显示，两种匹配方法下MA系数均显著为正，表明数据驱动型同业并购与跨界并购对平台企业市场绩效的提升效果是稳健的。

表5 基于模型设定的稳健性检验

变量	近邻匹配		逐年匹配	
	平台同业并购	平台跨界并购	平台同业并购	平台跨界并购
	（1）	（2）	（3）	（4）
MA	0.719***	0.209*	0.752**	0.429***
	(0.193)	(0.112)	(0.310)	(0.162)
控制变量	是	是	是	是
企业固定	是	是	是	是
年份固定	是	是	是	是
样本量	229	401	153	277
调整后的 R^2 值	0.957	0.944	0.926	0.932

（3）更改变量测度方式。①替换解释变量。考虑到数字平台企业在数据驱动型并购频率或强度方面存在差异（林发勤和吕雨桐，2022），本文整理了每家数字平台企业每个观测年度实施的数据驱动型并购频率（MA_Scale），以此替换解释变量，估计结果如表6第（1）列所示，数据驱动型并购频率显著正向影响平台企业市场绩效，一定程度上表明基准回归结果具有稳健性。②更换被解释变量。本文以广告收入与营业收入之比作为被解释变量再次进行回归分析，表6第（2）列结果显示MA的系数在1%水平上显著为正，与基准回归结果基本一致。

表6 更改变量测度方式检验结果

变量	替换解释变量：并购频率	替换被解释变量：广告收入占比
	（1）	（2）
MA_Scale	0.023*	
	(0.012)	
MA		0.104***
		(0.030)
控制变量	是	是
企业固定	是	是
年份固定	是	是
样本量	703	628
调整后的 R^2 值	0.952	0.694

（4）安慰剂检验。尽管本文在基准回归中已对较多企业特征变量进行了控制，但仍有可能存在一些非观测的企业特征因素使得数据驱动型并购的估计结果受到影响，因而进行如下安慰剂检验。本文模型为多时点DID，每个平台企业数据驱动型并购的时点不同，需要同时随机生成

伪处理组虚拟变量 Group^{ran} 和伪数据驱动型并购冲击虚拟变量 Post^{ran}，即为每个样本对象随机抽取样本期作为其数据驱动型并购时间。为此，参照白俊红等（2022）与林发勤和吕雨桐（2022），本文构造伪数据驱动型并购对 81 个样本平台企业的 500 次随机冲击，每次随机抽取 49 个平台企业作为处理组，并购时点随机指定，得到 500 组 MA^{ran}（即 Group^{ran}×Post^{ran}）。图 5 为 500 个 β_1^{ran} 的核密度及其 p 值分布。可以看出，随机处理生成的 β_1^{ran} 主要集中于 0 附近，且 p 值大多高于 0.1。这表明本文的估计结果并未受到其他潜在因素的明显影响，结果具有稳健性。

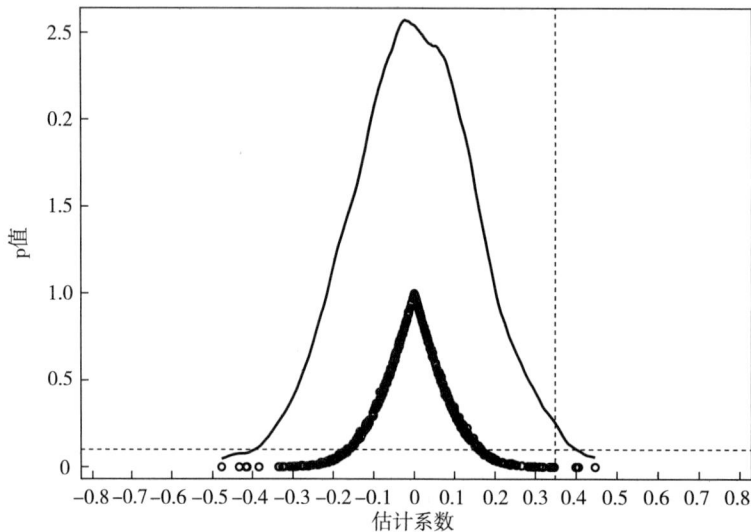

图 5　随机处理后的系数估计值分布

（5）多时点 DID 异质性处理效应检验。多时点 DID 模型可能会存在"异质性处理效应"而导致估计偏误（De Chaisemartin and D'Haultfoeuille，2020；Baker et al.，2022）。为此，参考相关文献，本文使用 twowayfeweights 命令对基准回归模型进行再次检验，所得到的异质性处理稳健性指标越接近于 1，估计结果越稳健；越接近于 0，结果越不稳健。结果显示，在所有 222 个权重中，182 个权重为正，40 个权重为负，异质性处理稳健性指标约为 1.86，一定程度上表明异质性处理效应对本文的估计结果并无实质性影响，结果具有稳健性。

（6）内生性问题处理。本文采取三种方式进行内生性检验：①Heckman 两阶段模型。第一阶段构造平台企业是否进行数据驱动型并购的 Probit 模型，并在第二阶段中将计算出的 IMR 作为控制变量引入式（19）进行回归估计。结果如表 7 Panel A 中第（1）列所示，解释变量 MA 的系数在 1% 的水平上显著为正，表明数据驱动型并购提升了平台企业市场绩效，基准回归结果在控制样本选择偏差可能带来的内生性问题之后依然成立。②动态面板广义矩估计法。本文使用差分 GMM 将被解释变量的滞后项（L. Adv）作为工具变量缓解潜在的内生性问题。表 7 Panel A 第（2）列结果表明，在 1% 的水平上，被解释变量的一阶滞后显著为正，即数据驱动型并购显著正向影响平台企业市场绩效，基准回归结果稳健可靠。进一步地，本文计算出 Arellano-Bond 估计量，结果显示扰动项的差分存在一阶自相关，不存在二阶自相关，使用差分 GMM 方法进行估计的结果稳健可信。③工具变量法。平台企业数据驱动型并购决策可能会受到之前年度行业并购规模的影响，但之前年度行业并购规模较难直接影响某一数字平台企业的广告收益。因此，借鉴万筱雯和杨波（2022），依据前述平台分类（即搜索引擎、社交网络、门户资讯与电子邮箱类平台），本文以主并平台（上市）所在行业前三年并购规模的平均值作为工具变量，并采用 2SLS 进行回归估计，结果如表 7 中 Panel B 第（1）、（2）列所示，一阶段与二阶段均显著为正，Anderson LM 统计量 P 值为 0.005，拒绝了工具变量识别不足假设。进一步地，为克服弱工具变量问题，本文参考方颖和赵扬（2011）、Combes 等（2019）、刘修岩等（2019），使用对弱工具变量更不敏感的 LIML（有限信息最大似然估计值）再次回归，发现 LIML 与 2SLS 估计值并无明显差异。说明在考虑内生性问题后，数据驱动型并购提升平台企业市场绩效的结论依然成立。

表7　内生性检验结果

Panel A：Heckman 两阶段与差分 GMM

变量	Heckman 两阶段 （1）	差分 GMM （2）
MA	0. 427 *** (0. 126)	0. 158 *** (0. 023)
L. Adv		0. 545 *** (0. 017)
IMR	−0. 830 (1. 314)	
控制变量	是	是
企业固定	是	是
年份固定	是	是
样本量	394	480
调整后的 R^2 值	0. 921	

Panel B：工具变量法

变量	2SLS		LIML	
	一阶段 （1）	二阶段 （2）	一阶段 （3）	二阶段 （4）
MA_Scale	0. 007 *** (0. 028)		0. 007 *** (0. 028)	
MA		2. 440 ** (1. 206)		2. 440 ** (1. 206)
控制变量	是	是	是	是
企业固定	是	是	是	是
个体固定	是	是	是	是
样本量	628	628	628	628
调整后的 R^2 值	0. 67	−0. 374	0. 67	−0. 374

（四）机制检验：数据规模经济与数据范围经济

为进一步打开数据驱动型并购影响平台企业市场绩效的"黑箱"，本文构建如下中介效应模型，检验数据规模经济与数据范围经济在数据驱动型并购与平台企业市场绩效之间的机制作用。

$$\text{Med}_{i, t} = \alpha + \delta \text{MA}_{i, t} + \sum_{j=1}^{n} \gamma_j \text{Controls}_{i, t} + \lambda_i + v_t + \varepsilon_{i, t} \tag{20}$$

$$\text{Adv}_{i, t} = \alpha + \vartheta \text{MA}_{i, t} + \rho \text{Med}_{i, t} + \sum_{j=1}^{n} \gamma_j \text{Controls}_{i, t} + \lambda_i + v_t + \varepsilon_{i, t} \tag{21}$$

其中，$Med_{i,t}$ 为机制变量，依次采用数据规模（Ias）与数据范围（Divhhi）两个变量进行替换，其他变量含义与前文一致。ϑ 为直接效应，$\delta \times \rho$ 为中介效应。若 δ 和 ρ 均显著，则认为存在中介效应；若 δ 和 ρ 至少有一个不显著，则采用 Bootstrap 法检验 $\delta \times \rho$ 在 90% 的置信区间中是否包括 0。若不包括 0，则认为存在中介效应；反之，则不存在中介效应（温忠麟和叶宝娟，2014）。

1. 数据规模经济

前文理论分析表明，平台并购通过增加数据规模而有利于数字平台企业市场绩效。数据资源属于无形资产范畴已得到学术界和实务界广泛认同（Gupta 和 Lehmann，2003）。数字平台企业财务报表显示，并购方会将目标平台的用户及其数据确认为无形资产①，并且数字平台的软件著作、网站、App、微信公众号、专利等知识产权均为数字平台的数字基础设施，贯穿于数据采集、数据存储、数据处理与数据应用阶段。因此，并购后无形资产越多，说明目标平台数据规模越大。借鉴陈爱贞和张鹏飞（2019）、蒋冠宏（2021）和唐要家等（2022）的研究，本文采用无形资产的对数表征数据规模，针对同业并购样本检验其机制效应是否存在。回归结果如表 8 中第（1）、第（2）列所示，第（1）列变量 MA 对 Ias 的影响系数在 5% 水平上显著为正，且第（2）列数据驱动型并购 MA 系数与无形资产 Ias 系数均显著为正。表明同业并购可以通过增加数据规模促进数字平台企业市场绩效，验证了 H1b。数字平台企业通过数据驱动型同业并购提升数据规模，实现数据规模经济而提高平台收益。

2. 数据范围经济

该部分验证数据驱动型并购是否会通过扩展数据范围而提升数字平台企业市场绩效。基于数字平台企业数据的可获得性，借鉴杨兴全等（2018）、杜传忠和张远（2021），本文引入赫芬达尔指数（Divhhi）度量数据范围，该指数反映了数字平台企业的产品多样性或业务类型多样性，决定了数字平台企业通过多种产品或业务可能获得的数据范围。赫芬达尔指数计算公式为 $Divhhi = 1 - \sum P_i^2$，$P_i =$ 数字平台企业第 i 类主营业务收入/主营业务收入总额，Divhhi 越大，企业多元化程度越高，该数据来源于 Wind 数据库中的主营构成。以跨界并购为样本，表 8 中第（3）、第（4）列即为数据范围经济的机制效应检验，第（3）列的回归结果表明数据驱动型跨界并购对数字平台企业数据范围提升并不显著，Bootstrap 法检验 $\delta \times \rho$ 在 90% 的置信区间中包括 0。这表明对广告主导平台而言，数据范围经济的机制作用表现不明显，H2b 未得到验证。出现该结果的主要原因可能在于：一方面，正如前文所言，跨界并购平台间数据迁移、数据融合与数据管理难度较大而数据网络效应较弱，可能致使数据范围经济作用有限；另一方面，平台经济领域跨界并购数据合并趋于强监管态势，如欧盟 2020 年《数字市场法案》明确提出限制"守门人"平台实施数据集中（如不能随意将不同业务数据进行合并使用等）以及利用"杠杆传导"效应；美国 2020 年《数字市场竞争调查》针对 Amazon 通过收购与其主业相关的其他市场上的企业来扩充其用户数据库的行为，要求限制支配性平台业务范围；中国 2021 年《互联网平台落实主体责任指南（征求意见稿）》明确规定"未经用户同意，互联网平台经营者不得将经由平台服务所获取的个人数据与来自自身其他服务或第三方服务的个人数据合并使用"。出于金融和数据安全的考虑，阿里巴巴与蚂蚁集团为符合监管整改要求于 2022 年终止《数据共享协议》。这些监管政策的实施一定程度上限制了跨界平台间数据范围合并及数据范围经济有效发挥。总而言之，该结果在一定程度上也反映出平台并购的数据范围经济机制效应弱于数据规模经济机制效应，同业并购相较于跨界并购更可能提升平台企业市场绩效。

---

① 如阿里巴巴 2021 年年报中，将被合并方的"用户群和客户关系"确认为无形资产。网址：https：//ali-home. alibaba. com/ir-financial-reports-financial-results。

表 8　机制检验：数据规模与数据范围

变量	数据规模		数据范围	
	Ias （1）	Adv （2）	Divhhi （3）	Adv （4）
MA	3.504 ** （1.559）	0.335 * （0.193）	−0.017 （0.023）	0.355 *** （0.102）
Ias		0.015 * （0.008）		
Divhhi				0.426 ** （0.202）
控制变量	是	是	是	是
企业固定	是	是	是	是
年份固定	是	是	是	是
样本量	294	294	568	568
调整后的 R^2 值	0.799	0.947	0.635	0.936

（五）拓展研究：数据网络效应分析

机制检验第一步表明平台并购对数据规模的影响效应明显强于数据范围，第二步表明数据规模、数据范围与平台企业市场绩效显著正相关。那么，数据规模与数据范围对平台企业市场绩效的影响是否存在网络效应？即数据规模与数据范围是否存在临界容量（维持均衡的最小网络规模）而助其形成正反馈效应，积累强大的用户及数据基数，而不至于被迫退出市场。本文借鉴林永佳等（2023）对网络效应的分析思路，采用门槛回归模型，分别以中介变量数据规模（Ias）和数据范围（Divhhi）作为门槛变量，检验数据合并平台间的数据规模和数据范围是否会形成网络效应。首先利用 Bootstrap 法反复抽样 300 次进行门槛存在性检验，表 9 结果显示，数据规模的单一门槛 P 值在 10% 水平下显著，双重门槛和三重门槛 P 值不显著，而数据范围均不显著。说明数据规模存在单一门槛，数据范围的门槛效应表现不明显，该结论一定程度上回应了不同类型平台间的数据范围网络效应弱于同类平台间数据规模网络效应的理论分析，同时也强化印证了基准回归中同业并购市场绩效强于跨界并购的回归结果。究其原因，平台跨界并购增加业务类型，数据范围扩宽的同时也意味着数据规模的扩大，数据范围网络效应会强化数据规模网络效应（Schäfer and Sapi，2020），但数据稀疏性的存在使得数据范围较难达到网络效应的基础临界点，这导致数据范围网络效应作用有限（Schepp and Wambach，2016），而数据规模网络效应更易实现。继而，结合表 9 Panel A 中各模型所对应的似然比检验统计量，绘制 95% 置信区间下数据规模的似然比函数图（见图 6）。

表 9　门槛效应检验结果

Panel A：数据规模

门槛个数	F 值	P 值	10%临界水平	5%临界水平	1%临界水平
单一门槛	12.630	0.093	12.482	14.746	22.115
双重门槛	7.390	0.350	12.042	14.325	18.132
三重门槛	4.560	0.730	11.791	14.507	19.345

Panel B：数据范围

门槛个数	F 值	P 值	10%临界水平	5%临界水平	1%临界水平
单一门槛	10.800	0.207	13.264	15.276	19.739
双重门槛	13.650	0.130	14.532	19.301	28.786
三重门槛	5.680	0.833	19.32	21.683	31.869

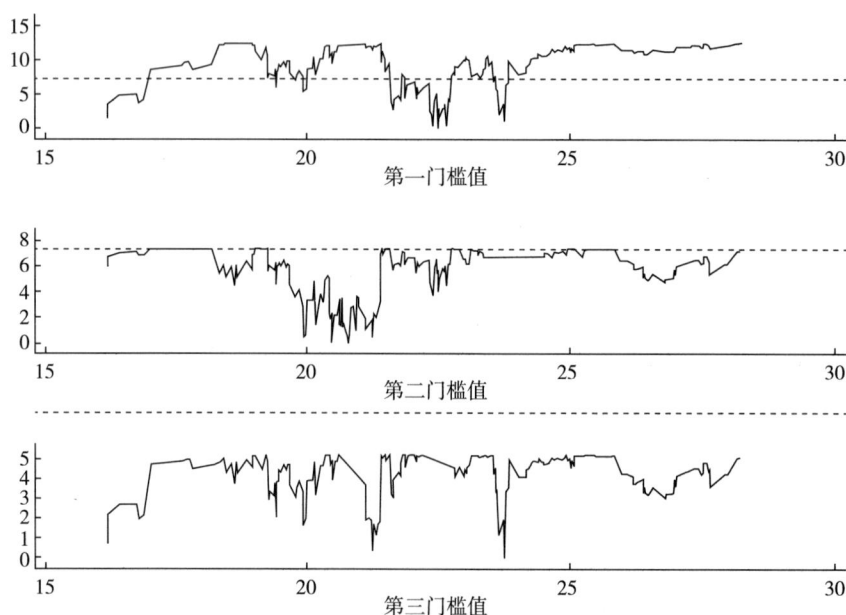

图 6　数据规模门槛估计值和置信区间

　　根据第一步确定的门槛数量进行门槛回归，结果如表 10 所示。可以看到，数据规模对平台企业市场绩效的影响表现出显著为正且边际效应递增特征。当数据规模低于 23.75 时，平台企业市场绩效的回归系数为 0.068，在 10%的水平下显著为正；当数据规模高于 23.75 时，平台企业市场绩效的回归系数为 0.077，在 5%的水平下显著为正，显著性与回归系数明显增强。说明数据规模提升至一定临界值时，数据规模的价值进一步得到释放，促进效应更加显著。究其原因，当数据规模较低时，数据驱动型学习和决策处于数据规模报酬递增阶段；而随着平台企业并购获得的数据规模达到临界值，数据规模网络效应加速报酬递增并推高其递增区间，数据规模对市场绩效的促进效应瞬间被放大，呈现出更显著的正向影响。据此可以判定，当达到临界值，平台企业数据规模的扩增对平台企业市场绩效的促进作用显著增强，即存在"数据规模网络效应"。数据规模网络效应的存在使得平台同业并购比跨界并购获得更高水平的市场绩效。

表 10　数据规模门槛值及参数估计结果

Panel A：门槛值估计	Ias 对应门槛值	95%置信区间
一重门槛	23.751	(23.659　23.780)

Panel B：门槛模型参数估计

变量	Adv	T 值
	（1）	（2）
控制变量	是	是
$0 \leqslant Ias \leqslant 23.751$	0.068 *	1.830
$Ias \geqslant 23.751$	0.077 **	2.160

五、案例分析

（一）搜索引擎平台市场结构

考虑到相关案例数据的可获得性，本文以搜索引擎这一典型的广告主导平台为例，对数据驱动型平台并购进行案例分析。基于产业组织理论的"结构—行为—绩效"（S-C-P）经典研究范式，市场结构是影响企业行为和市场绩效的重要因素，此部分首先分析中国搜索引擎平台的市场结构，下文在此基础上进一步分析百度公司的并购行为对其绩效的影响。如表 11 所示，2009~2022 年，中国搜索引擎市场集中度一直居于较高水平，[①] 市场结构处于"寡头竞争"局面。2009~2012 年，市场上主要存在 4 家搜索引擎平台，百度和谷歌两家企业的市场份额之和超过 90%，后者于 2010 年退出中国市场促使百度市场份额稳步提升，其余 2 家企业（必应和雅虎）的市场份额非常之小，市场结构呈现"双寡头竞争"格局。2013~2014 年，谷歌市场份额快速下降，但好搜（原名"360 搜索"）市场份额持续上升，除了百度仍然占有相对较高市场份额之外，其余搜索引擎平台的市场份额依然很低，此时市场结构仍为"双寡头竞争"格局。2015 年之后，市场上始终存在 7 家搜索引擎平台，但是百度市场份额保持在 70%左右，占据着市场领导者地位，其他 6 家搜索引擎平台市场份额基本处于不超过 20%的较低水平，形成"单寡头竞争"[②] 的市场结构局面。总体来看，中国搜索引擎市场长期处于双寡头竞争格局，百度搜索引擎的主导地位似乎并不稳固，好搜、搜狗和神马等新平台企业的进入和发展对百度都产生了一定冲击影响，谷歌跃跃欲试，希望重返中国市场，未来的搜索引擎市场很可能演变为双寡头或多寡头的市场结构。

表 11　中国搜索引擎平台市场份额演变

年份	百度	好搜	谷歌	搜狗	神马	必应	雅虎	平台数量	市场集中度
2009	55.84	—	41.21	—	—	0.08	2.43	4	4822
2010	60.63	—	37.44	—	—	0.11	1.44	4	5080
2011	64.89	—	31.38	—	—	1.56	1.70	4	5201
2012	65.40	3.50	26.80	—	—	1.8	2.09	5 (+1)	5015
2013	65.90	20.84	9.61	1.40	—	1.15	0.93	6 (+1)	4874

① 本文使用 HHI 衡量市场集中度。

② "单寡头竞争"是指只有一个平台所占市场份额大于 50%，且远高于排名第二平台的市场份额（傅瑜等，2014）。

年份	百度	好搜	谷歌	搜狗	神马	必应	雅虎	平台数量	市场集中度
2014	61.95	20.42	6.32	7.97	—	1.99	1.06	6	4363
2015	78.75	9.41	1.97	6.17	0.58	1.9	1.01	7（+1）	6337
2016	77.07	8.81	2.39	3.93	5.63	1.41	0.63	7	6073
2017	77.31	8.06	1.71	3.56	7.72	1.12	0.42	7	6118
2018	69.04	5.24	1.83	4.86	17.42	1.26	0.22	7	5126
2019	69.51	2.83	2.77	13.78	8.58	2.34	0.02	7	5116
2020	69.95	3.47	2.83	18.15	3.09	2.38	0.02	7	5258
2021	78.32	1.81	2.19	12.99	1.35	3.08	0.02	7	6322
2022	73.71	3.17	2.99	7.15	1.91	9.63	0.04	7	5600

资料来源：Statcaouter 统计网站（https：//gs.statcounter.com）。本文仅选取中国前 7 位市场份额的搜索引擎数字平台，其余 YANDEX、YANDEX RU、Naver、AOL、Ask Jeeves、MSN 等数字平台市场份额始终小于 0.1，因此忽略不计。

（二）百度数据驱动型并购行为与绩效分析

以 2009~2021 年为期，本文搜集并分析了百度实施的数据驱动型并购行为（见表 12）。根据统计，百度共进行 1 次同业并购，28 次跨界并购，可见跨界并购在平台竞争中更为普遍。那么，这是否意味着"跨界并购"较"同业并购"更能提升平台企业市场绩效呢？实则不然，百度在此期间实施跨界并购的次数较多的主要原因在于，随着中国数字平台市场竞争的加剧和需求的饱和，平台企业竞争的焦点逐渐由增量用户竞争转向存量用户竞争，各个大型平台企业多会选择基于核心业务积累的用户和数据基础跨界进入其他业务领域。例如，百度主要是围绕搜索引擎平台业务，通过跨界并购拓展平台业务和构建生态系统，以获取更多类别用户和互补性数据资源，进而完善用户画像和提高定向广告精准度。

表 12　百度数据驱动型并购案例统计

年份	目标平台	并购模式	年份	目标平台	并购模式
2009	在线视频：PP 视频	跨界并购	2015	搜索引擎：Taboola	同业并购
2010	电子商务：六度贸易/齐家网	跨界并购	2016	短视频：快手 在线金融：Zestfinance/JoinQuant 在线旅游：携程旅行 汽车交易：易车	跨界并购
2011	在线旅游：去哪儿网 求职招聘：百伯网 在线视频：爱奇艺	跨界并购	2018	短视频：梨视频 在线金融：度小满 在线视频：百度视频 在线翻译：译马网	跨界并购
2012	汽车交易：五八汽车	跨界并购	2019	社交社区：知乎	跨界并购
2013	本地生活：Peixe Urbano/糯米网 移动互联网：91 无线 在线阅读：纵横文学 在线彩票：百度彩票 在线视频：PPS 影音	跨界并购	2020	在线教育：智慧树网	跨界并购
2014	在线教育：传课网/云学时代/创新伙伴	跨界并购	2021	网络直播：YY 直播	跨界并购

资料来源：笔者根据 BVD（Zephyr）与投中（CVSource）数据库整理而成。

图 7 展示的是百度在 2009~2021 年的数据规模①、数据范围②、广告收入③和市场份额年度变化。可以看出，百度持续进行的数据驱动型并购使其平台用户规模及数据规模逐渐扩大、数据范围不断扩宽，广告收益增长了近 20 倍。除了不同类型的并购事件外，百度公司的广告收益还受到市场环境或政策条件等其他众多因素的影响。因此，并购的长期效应在个案研究中可能并不能准确显现，本文主要聚焦分析并购事件当年的经济效应，尽量排除并购事件之外的因素来观察不同类型并购对平台收益的影响。从整体上看，百度公司在 2015 年之前的广告收益上升趋势明显而之后相对平稳，其中的主要原因是 2015 年之前平台经济领域的市场和政策环境相对较好，各个平台企业基本处在高速发展阶段。并且，谷歌公司在 2010 年之后逐步退出中国市场，使得百度公司在搜索引擎领域的市场优势地位不断得到巩固。而在此后，一系列危机事件和监管政策变化对百度公司收益产生了显著的负面影响。

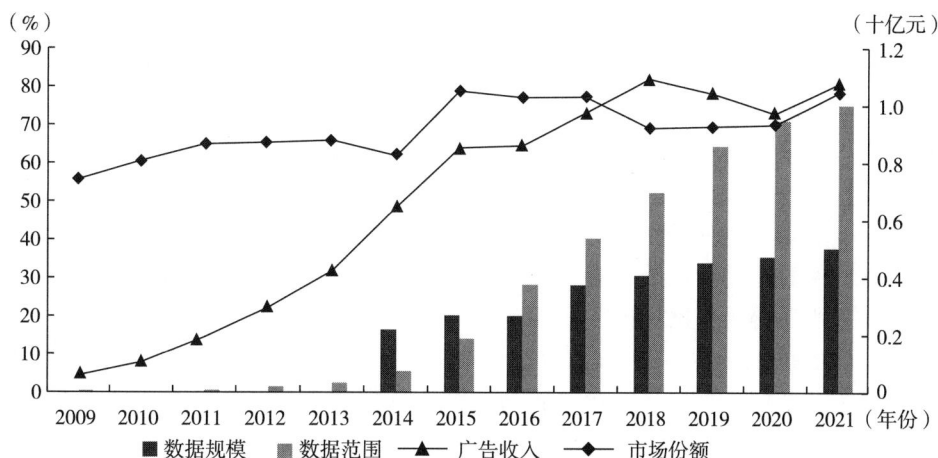

图 7 百度数据规模、数据范围、市场绩效与市场份额演变

注：“数据规模”来自易观千帆，囿于数据可获得性，该数据区间为 2014~2021 年；数据范围与广告收入数据均根据百度公司财报整理而来；市场份额数据源自 Statcaouter 统计网站。

在排除市场和政策的相关影响因素之后，进一步聚焦到百度公司在 2015 年实施同业并购（收购以色列逆向搜索引擎平台 Taboola）之后广告收入的变化。由图 7 可见，2015 年市场份额出现“跳跃式增长”，广告收入也呈现“大幅度提升”。但是比较而言，2013~2014 年广告收益增长速度最快，而 2014~2015 年次之，这似乎也有悖于理论和实证研究的结果。细究其中原因，根据表 12 可以发现，2013 年实施并购的频率最高（共计 6 次跨界并购），其中包括当时平台经济领域最大并购金额事件——以 19.1 亿美元收购移动互联网平台企业“91 无线”；而 2015 年百度公司仅实施 1 次同业并购——仅以数百万美元收购 Taboola。由于受并购频率和并购金额差异的影响，2013~2014 年的广告收益增长要高于 2014~2015 年，如果排除前者则可以看出 2015 年同业并购比其他年份跨界并购的广告收益增长更为明显。总体而言，数据驱动型同业并购较跨界并购更可能提升百度的竞争优势和市场绩效，案例分析的结果在一定程度上支持了本文的理

---

① 平台企业的数据大多来自平台用户，因而用户规模在一定程度上能够代表平台可获得的数据量，即平台所拥有的数据规模。基于此，数据规模由百度月活跃用户数表示。

② 数据范围由平台产品多样性（收入熵指数 Diventro）表示，参考杨兴全等（2018），$Diventro = \sum X_i \times \ln(1/X_i)$，$X_i$ = 平台企业第 i 类主营业务收入/主营业务收入总额，其数值与产品多样性正相关。

③ 基于博弈模型与实证分析，市场绩效由平台广告收益表示。

论和实证分析结论。

六、结论与政策启示

数据是数字平台企业的关键生产要素，数据驱动型并购作为获取数据的重要途径渐成趋势。首先，本文通过构建 Hotelling 两阶段博弈模型分别研究了同业和跨界两类数据驱动型并购对广告主导平台企业市场绩效的影响，结果表明两种并购模式可以通过拓宽数据规模和数据范围，并在平台之内或平台之间形成数据网络效应来提高其利润水平。其次，本文利用 2009～2021 年上市的广告主导平台企业相关数据，应用双重差分、多重差分与倾向得分匹配相结合的方法实证检验了理论模型的分析结果。结果发现，由于同业并购相较于跨界并购可以更好地融合数据和形成数据规模网络效应，同业并购更有助于平台企业提升市场绩效，数据规模中介效应强于数据范围中介效应。最后，本文以百度的搜索引擎业务及其数据驱动型并购案例，比较分析了不同并购模式对市场绩效的影响，结果同样印证了上述研究结论。基于以上研究结论，本文提出以下三方面建议：

第一，平台企业经营方面应该慎重选择数据驱动型并购策略，避免盲目跟风和低端复制。不同并购模式获得的数据类型不同，对平台市场绩效等产生的经济效应也有所不同。平台企业应充分考量通过并购获得的数据规模或数据范围及其可能形成的数据网络效应程度，切合自身实际地制定和实施数据驱动型并购策略，以免"消化不良"。当然，目前数据资产面临隐私保护、网络安全、反垄断审查等日趋严苛的法律监管与高额的运营成本，平台企业需要着力增强自身数字技术创新能力，兼顾平台间数据共享效率提升与安全合规。

第二，关于平台间数据共享的监管政策应该注意对平台企业绩效可能产生的负面影响。全球竞争政策存在对平台跨界数据合并的限制倾向，以及有关"隐私保护""数据泄露"等数据安全监管都会阻碍互补平台间数据范围经济与数据范围网络效应的有效发挥。当然，旨在促进平台间互联互通和数据融合的有关产业政策也需要建立在完备的数据产权基础之上，遵循数据要素对平台企业绩效影响的内在逻辑和市场经济规律。其中的关键问题在于做好利弊的权衡取舍，平衡好企业个体利益和社会整体利益，切实助推数据驱动型并购以及数据共享在提升企业绩效以及数字平台经济高效发展的正面作用。

第三，认知数据驱动型平台并购能够改善平台企业绩效的同时，也要谨防其中潜在的垄断问题。数据驱动型并购有利于平台企业实现数据规模经济和数据规模网络效应，也有助于提升平台企业的市场份额和市场势力。监管机构需要注意数据驱动型平台并购可能带来"数据垄断"和"生态垄断"等竞争损害的负面问题（程华等，2023），反垄断执法中应当结合数据规模经济、数据范围经济、数据网络效应等特征完善数字平台并购的竞争分析与竞争损害评估，遏制业已形成的巩固和扩张自身跨行业垄断地位、攫取垄断利益的并购行为，禁止大型平台利用数据优势实施"扼杀式并购"，维护公平竞争市场环境。

参考文献

［1］白俊红，张艺璇，卞元超.创新驱动政策是否提升城市创业活跃度——来自国家创新型城市试点政策的经验证据［J］.中国工业经济，2022（6）：61-78.

［2］陈爱贞，张鹏飞.并购模式与企业创新［J］.中国工业经济，2019（12）：115-133.

［3］陈剑，张晨钰.互联网时代的隐私信息、企业策略与政府监管：一个文献综述［J］.产

业经济评论，2019（6）：41-61.

　　［4］程华，武玙璠，李三希. 数据交易与数据垄断：基于个性化定价视角［J］. 世界经济，2023，46（3）：154-178.

　　［5］杜传忠，郭树龙. 企业并购对企业成长的影响及其机理分析［J］. 财经问题研究，2012（12）：102-110.

　　［6］杜传忠，张远. 数字经济发展对企业生产率增长的影响机制研究［J］. 证券市场导报，2021（2）：41-51.

　　［7］方颖，赵扬. 寻找制度的工具变量：估计产权保护对中国经济增长的贡献［J］. 经济研究，2011，46（5）：138-148.

　　［8］丰澜. 数字经济下经营者集中数据驱动型网络效应审查［J］. 商业经济研究，2021（19）：189-192.

　　［9］傅瑜，隋广军，赵子乐. 单寡头竞争性垄断：新型市场结构理论构建——基于互联网平台企业的考察［J］. 中国工业经济，2014（1）：140-152.

　　［10］韩春霖. 反垄断审查中数据聚集的竞争影响评估——以微软并购领英案为例［J］. 财经问题研究，2018（6）：27-34.

　　［11］侯泽敏，綦勇. 网络平台共享消费者数据的策略选择及福利分析——基于数据双重价值的视角［J］. 财经研究，2022，48（1）：78-92.

　　［12］华忆昕，许恒，马清. 网约车平台公司并购的福利效应研究［J］. 财贸研究，2020，31（9）：88-98.

　　［13］江小涓. 高度联通社会中的资源重组与服务业增长［J］. 经济研究，2017，52（3）：4-17.

　　［14］蒋冠宏. 并购如何提升企业市场势力——来自中国企业的证据［J］. 中国工业经济，2021（5）：170-188.

　　［15］蒋冠宏. 企业并购如何影响绩效：基于中国工业企业并购视角［J］. 管理世界，2022，38（7）：196-212.

　　［16］李三希，张明圣，陈煜. 中国平台经济反垄断：进展与展望［J］. 改革，2022（6）：62-75.

　　［17］李世杰，何元. 电商平台跨界社区团购提升竞争力了吗？［J/OL］. 南开管理评论，（2023-08-21）. http：//kns. cnki. net/kcms/detail/12. 1288. f. 20221115. 1424. 006. html.

　　［18］梁博文. 超级平台跨市场竞争损害的反垄断规制研究［J］. 成都理工大学学报（社会科学版），2021，29（3）：23-30.

　　［19］林发勤，吕雨桐. 跨国并购能否驱动企业创新？：基于技术和资源互补性的理论和实证研究［J］. 世界经济研究，2022（10）：102-117+137.

　　［20］林永佳，杨畅，蔡幸. 企业数字化转型与绿色创新能力升级——基于网络效应的分析［J］. 现代财经（天津财经大学学报），2023，43（2）：3-19.

　　［21］刘修岩，杜聪，李松林. 自然地理约束、土地利用规制与中国住房供给弹性［J］. 经济研究，2019，54（4）：99-115.

　　［22］卢均晓. 数据驱动型国际并购反垄断审查：挑战与应对［J］. 国际贸易，2021（11）：70-79.

　　［23］鲁彦，曲创. 互联网平台跨界竞争与监管对策研究［J］. 山东社会科学，2019（6）：112-117.

　　［24］马述忠，吴鹏，房超. 东道国数据保护是否会抑制中国电商跨境并购［J］. 中国工业经

济，2023（2）：93-111.

[25] 乔岳，张兴文.并购反垄断执法中相关市场界定——基于商务部反垄断局审查案例的研究 [J].财经问题研究，2016（5）：30-36.

[26] 曲创，刘重阳.平台竞争一定能提高信息匹配效率吗？——基于中国搜索引擎市场的分析 [J].经济研究，2019，54（8）：120-135.

[27] 任曙明，许梦洁，王倩，董维刚.并购与企业研发：对中国制造业上市公司的研究 [J].中国工业经济，2017（7）：137-155.

[28] 荣帅，李庆满，赵宏霞.平台型企业跨界经营中的跨市场网络效应与颠覆性创新 [J].科技进步与对策，2018，35（14）：81-87.

[29] 唐浩丹，蒋殿春.数字并购与企业数字化转型：内涵、事实与经验 [J].经济学家，2021（4）：22-29.

[30] 唐要家，唐春晖.重构数字经济并购控制政策研究 [J].竞争政策研究，2021（6）：34-46.

[31] 唐要家，王钰，唐春晖.数字经济、市场结构与创新绩效 [J].中国工业经济，2022（10）：62-80.

[32] 万筱雯，杨波.企业跨国并购与绿色创新能力：来自中国上市公司的证据 [J].国际贸易问题，2022（9）：106-123.

[33] 王超贤，张伟东，颜蒙.数据越多越好吗——对数据要素报酬性质的跨学科分析 [J].中国工业经济，2022（7）：44-64.

[34] 王法涛.演化视角下电子商务多边平台网络效应及竞争策略选择 [J].中国流通经济，2019，33（11）：54-64.

[35] 王磊.数据驱动型并购创新效应的反垄断审查 [J].北京大学学报（哲学社会科学版），2022，59（3）：131-140.

[36] 王喆，蒋殿春.跨国并购是否提高了企业风险：来自中国上市公司的证据 [J].世界经济研究，2021（3）：107-120+136.

[37] 温忠麟，叶宝娟.中介效应分析：方法和模型发展 [J].心理科学进展，2014，22（5）：731-745.

[38] 吴绪亮，刘雅甜.平台间网络外部性与平台竞争策略 [J].经济与管理研究，2017，38（1）：72-83.

[39] 谢运博，陈宏民.多归属、互联网平台型企业合并与社会总福利 [J].管理评论，2018，30（8）：115-125.

[40] 杨丽.平台分化、交叉平台效应与平台竞争——以淘宝网的分化与竞争为例 [J].研究与发展管理，2018，30（1）：151-160.

[41] 杨兴全，尹兴强，孟庆玺.谁更趋多元化经营：产业政策扶持企业抑或非扶持企业？ [J].经济研究，2018，53（9）：133-150.

[42] 于立.平台分类分级两种思路的经济学逻辑——从行业≠市场说起 [J].中国市场监管研究，2022（2）：14-21.

[43] 于立，王建林.生产要素理论新论——兼论数据要素的共性和特性 [J].经济与管理研究，2020，41（4）：62-73.

[44] 翟进步，王玉涛，李丹.上市公司并购融资方式选择与并购绩效："功能锁定"视角 [J].中国工业经济，2011（12）：100-110.

[45] Argentesi E，Buccirossi P，Calvano E，et al. Merger Policy in Digital Markets：An Ex Post

Assessment［J］. Journal of Competition Law and Economics, 2021, 17 (1)：95-140.

［46］Armstrong M. Competition in Two-Sided Markets［J］. The RAND Journal of Economics, 2006, 37 (3)：668-691.

［47］Bagwell K. The Economic Analysis of Advertising［J］. Handbook of Industrial Organization, 2007, 3：1701-1844.

［48］Baker A C, Larcker D F, Wang C C. How Much Should We Trust Staggered Difference-in-Differences Estimates［J］. Journal of Financial Economics, 2022, 144 (2)：370-395.

［49］Belleflamme P, Peitz M. Inside the Engine Room of Digital Platforms：Reviews, Ratings, and Recommendations［R］. AMSE Working Paper, 2018.

［50］Bergemann D, Bonatti A. Data, Competition, and Digital Platforms［R］. Cowles Foundation Discussion Paper, 2022.

［51］Bourreau M, De Streel A, Graef I. Big Data and Competition Policy：Market Power, Personalised Pricing and Advertising［J］. Personalised Pricing and Advertising, 2017 (2)：7-49.

［52］Chen Z, Choe C, Cong J, et al. Data-Driven Mergers and Personalization［J］. The RAND Journal of Economics, 2022, 53 (1)：3-31.

［53］Clough D R, Wu A. Artificial Intelligence, Data-Driven Learning, and the Decentralized Structure of Platform Ecosystems［J］. Academy of Management Review, 2022, 47 (1)：184-192.

［54］Combes P P, Duranton G, Gobillon L. The Costs of Agglomeration：House and Land Prices in French Cities［J］. The Review of Economic Studies, 2019, 86 (4)：1556-1589.

［55］Condorelli D, Padilla J. Data-Driven Envelopment with Privacy-Policy Tying［R］. SSRN Working Paper, 2020.

［56］Crémer J, De Montjoye Y A, Schweitzer H. Competition Policy for the Digital Era［R］. Report for the European Commission, 2019.

［57］Cunningham C, Ederer F, Ma S. Killer Acquisitions［J］. Journal of Political Economy, 2021, 129 (3)：649-702.

［58］De Chaisemartin C, D'Haultfoeuille X. Two-Way Fixed Effects Estimators with Heterogeneous Treatment Effects［J］. American Economic Review, 2020, 110 (9)：2964-2996.

［59］De Corniere A, Taylor G. Data and Competition：A Simple Framework, with Applications to Mergers and Market Structure［R］. CEPR Discussion Paper, 2021.

［60］Elkahky A M, Song Y, He X. A Multi-View Deep Learning Approach for Cross Domain User Modeling in Recommendation Systems［C］. Proceedings of the 24th International Conference on World Wide Web, 2015.

［61］Evans D S. The Economics of the Online Advertising Industry［J］. Social Science Electronic Publishing, 2008, 7 (3)：359-391.

［62］Evans D. The Antitrust Economics of Multi-Sided Platform Markets［J］. Yale Journal on Regulation, 2003, 20 (2)：325-381.

［63］Farronato C, Fong J, Fradkin A. Dog Eat Dog：Measuring Network Effects Using a Digital Platform Merger［R］. NBER Working Paper, 2020.

［64］Fast V, Schnurr D, Wohlfarth M. Regulation of Data-Driven Market Power in the Digital Economy：Business Value Creation and Competitive Advantages from Big Data［R］. SSRN Working Paper, 2021.

［65］Filistrucchi L, Geradin D, Damme E V, et al. Mergers in Two-Sided Markets-A Report to the NMa〔R〕. Tilburg University, School of Economics and Management, 2010.

〔66〕Filistrucchi L, Geradin D, Van Damme E, et al. Market Definition in Two-Sided Markets: Theory and Practice〔J〕. Journal of Competition Law and Economics, 2014, 10（2）: 293-339.

〔67〕Gautier A, Lamesch J. Mergers in the Digital Economy〔J〕. Information Economics and Policy, 2021, 54: 100890.

〔68〕Goldfarb A, Tucker C E. Privacy Regulation and Online Advertising〔J〕. Management Science, 2011, 57（1）: 57-71.

〔69〕Graef I. Market Definition and Market Power in Data: The Case of Online Platforms〔J〕. World Competition, 2015, 38（4）: 473-506.

〔70〕Gregory R W, Henfridsson O, Kaganer E, et al. Data Network Effects: Key Conditions, Shared Data, and the Data Value Duality〔J〕. Academy of Management Review, 2022, 47（1）: 189-192.

〔71〕Gregory R W, Henfridsson O, Kaganer E, et al. The Role of Artificial Intelligence and Data Network Effects for Creating User Value〔J〕. Academy of Management Review, 2021, 46（3）: 2-40.

〔72〕Grover V, Chiang R H L, Liang T P, et al. Creating Strategic Business Value from Big Data Analytics: A Research Framework〔J〕. Journal of Management Information Systems, 2018, 35（2）: 388-423.

〔73〕Gupta S, Lehmann D R. Customers as Assets〔J〕. Journal of Interactive Marketing, 2003, 17（1）: 9-24.

〔74〕Hagiu A, Wright J. When Data Creates Competitive Advantage and When It Doesn't〔J〕. Harvard Business Review, 2020, 98（1）: 94-101.

〔75〕Johnson J P. Targeted Advertising and Advertising Avoidance〔J〕. The RAND Journal of Economics, 2013, 44（1）: 128-144.

〔76〕Jones C I, Tonetti C. Nonrivalry and the Economics of Data〔J〕. American Economic Review, 2020, 110（9）: 2819-2858.

〔77〕Katz M L. Big Tech Mergers: Innovation, Competition for the Market, and the Acquisition of Emerging Competitors〔J〕. Information Economics and Policy, 2021, 54: 100883.

〔78〕Kim D. Equilibrium Analysis of a Two-Sided Market with Multiple Platforms of Monopoly Provider〔J〕. International Telecommunication Policy Review, 2012, 19（3）: 1-22.

〔79〕Kox H, Straathof B, Zwart G. Targeted Advertising, Platform Competition, and Privacy〔J〕. Journal of Economics and Management Strategy, 2017, 26（3）: 557-570.

〔80〕Krämer J, Schnurr D, Micova S B. The Role of Data for Digital Markets Contestability: Case Studies and Data Access Remedies〔R〕. Centre on Regulation in Europe, 2020.

〔81〕Lambrecht A, Tucker C E. Can Big Data Protect a Firm from Competition〔J〕. Competition Policy International Antitrust Chronicle, 2017（1）: 1-8.

〔82〕Lerner A V. The Role of Big Data in Online Platform Competition〔R〕. SSRN Working Paper, 2014.

〔83〕Martens B. An Economic Policy Perspective on Online Platforms〔R〕. JRC Working Paper, 2016.

〔84〕McAfee A, Brynjolfsson E. Big Data: The Management Revolution〔J〕. Harvard Business Review, 2012, 90（10）: 1-9.

〔85〕Motta M, Peitz M. Big Tech Mergers〔J〕. Information Economics and Policy, 2021, 54:

100868.

[86] Newman N. Search, Antitrust, and the Economics of the Control of User Data [J]. Yale Journal on Regulation, 2014, 31 (2): 401-454.

[87] Parker G, Petropoulos G, Van Alstyne M. Platform Mergers and Antitrust [J]. Industrial and Corporate Change, 2021, 30 (5): 1307-1336.

[88] Prado T S, Bauer J M. Big Tech Platform Acquisitions of Start-Ups and Venture Capital Funding for Innovation [J]. Information Economics and Policy, 2022, 59: 100973.

[89] Prüfer J, Schottmüller C. Competing with Big Data [J]. The Journal of Industrial Economics, 2021, 69 (4): 967-1008.

[90] Rizzo A M. Digital Mergers: Evidence from the Venture Capital Industry Suggests that Antitrust Intervention Might be Needed [J]. Journal of European Competition Law and Practice, 2021, 12 (1): 4-13.

[91] Rochet J C, Tirole J. Platform Competition in Two-Sided Markets [J]. Journal of the European Economic Association, 2003, 1 (4): 990-1029.

[92] Rutt J. Targeted Advertising and Media Market Competition [R]. SSRN Working Paper, 2012.

[93] Saattvic S. An Antitrust Practitioner's Guide to Platform Markets: A Review of the Relevant Economic Literature [R]. SSRN Working Paper, 2018.

[94] Schepp N P, Wambach A. On Big Data and Its Relevance for Market Power Assessment [J]. Journal of European Competition Law and Practice, 2016, 7 (2): 120-124.

[95] Schäfer M, Sapi G. Learning from Data and Network Effects: The Example of Internet Search [R]. Discussion Papers of DIW Berlin, 2020.

[96] Stiebale J, Vencappa D. Import Competition and Vertical Integration: Evidence from India [J]. Journal of International Economics, 2018 (112): 70-87.

[97] Stiebale J. Cross-Border M&As and Innovative Activity of Acquiring and Target Firms [J]. Journal of International Economics, 2016 (99): 1-15.

[98] Stucke M E, Grunes A P. Big Data and Competition Policy [M]. London: Oxford University Press, 2016.

附　录

平台网络外部性双边非对称情形的理论分析

1. 数据规模经济主导的平台同业并购

同数据规模网络外部性双边对称情形一样，假设市场 I 中平台 A 与平台 B 合并后依然提供差异化服务且独立运营，但在同一平台集团内部可以共享数据。假设 n^i 为平台 i 所获得额外数量的消费者数据。不同的是，假定新增数据规模对平台消费者效用影响的数据规模网络外部性系数为 $\phi_1 \in (0, 1)$，对广告商效用影响的数据规模网络外部性系数为 $\phi_2 \in (0, 1)$，则 $\phi_1 n^i$、$\phi_2 n^i$ 代表数据驱动型平台同业并购给消费者和广告商带来的效用增量。那么，此时平台 i 上消费者与广告商的效用函数分别为：

$$U_1^i = V - \alpha_1 n_2^i - t_1 n_1^i + \phi_1 n^i, \quad U_2^i = V + \alpha_2 n_1^i - t_2 n_2^i - p_2^i + \phi_2 n^i \tag{A1}$$

平台实施同业并购后，平台集团通过选择价格组合（p_2^A，p_2^B）以最大化联合利润，其目标函数为：

$$\max \left(\pi^{A+B} = \pi^A + \pi^B \right) = \max \left(p_2^A n_2^A + p_2^B n_2^B \right) \tag{A2}$$

联合经营可以制定完全攫取消费者剩余的价格。在对称均衡下，必然会有 $N_1^A = N_1^B = 1/2$，$N_2^A = N_2^B = 1/2$。将其代入式（A1），可以得到 $V + \alpha_2/2 - t_2/2 - p_2^i + \phi_2 N^i \geqslant 0$。非常直观地，可以得到平台实施同业并购后的均衡价格为：

$$P_2^A = P_2^B = V + \phi_2 N^i + \frac{\alpha_2 - t_2}{2} \tag{A3}$$

将均衡价格和数量代入式（A2），即可得到均衡时平台集团的利润为：

$$\prod{}^{A+B} = V + (\alpha_2 - t_2)/2 + \phi_2 N^i$$

比较未实施数据驱动型并购与实施数据驱动型同业并购两种情形下平台 A 与平台 B 的利润可得：

$$\Delta \prod{}^A = \frac{V}{2} + \frac{\alpha_2 - t_2}{4} + \frac{\phi_2 N^i}{2} - \frac{t_1 t_2 + \alpha_1 \alpha_2}{2t_1} \tag{A4}$$

根据基准情形 $U_2^A = U_2^B \geqslant 0$，即 $V/2 + (\alpha_2 - t_2)/4 \geqslant (t_1 t_2 + \alpha_1 \alpha_2)/2t_1$，可以得到 $\Delta \prod^A \geqslant \phi_2 N^i/2 > 0$。同时，有 $\partial \Delta \prod^A / \partial \phi_2 > 0$，$\partial \Delta \prod^A / \partial N^i > 0$。

2. 数据范围经济主导的平台跨界并购

同样地，假设在另一市场 Ⅱ（与市场 Ⅰ 分属不同行业）中存在两个具有竞争关系的平台 j（j = C，D）进行 Hotelling 价格竞争。它们的两边用户数量分别为 n_1^j 与 n_2^j，每组用户总数标准化为 1。平台 j 为消费者免费提供服务，向广告商收取的广告费为 p_2^j。市场 Ⅰ 中的平台 A 和市场 Ⅱ 中的平台 C 实行跨界并购后可以共享数据。此时，参与跨界并购的平台 C 可以获得更大的数据范围 n^j，假设新数据与原数据之间存在的数据范围网络外部性对消费者效用影响的系数为 $\gamma_1 \in (0, 1)$，对广告商效用影响的系数为 $\gamma_2 \in (0, 1)$；而未参与跨界并购的平台 D 没有获得新的数据类型。由此，平台 C 与平台 D 之间无差异消费者和广告商满足：

$$V - \alpha_1 n_2^C - t_1 n_1^C + \gamma_1 n^j = V - \alpha_1 n_2^D - t_1 n_1^D \tag{A5}$$

$$V + \alpha_2 n_1^C - t_2 n_2^C - p_2^C + \gamma_2 n^j = V + \alpha_2 n_1^D - t_2 n_2^D - p_2^D \tag{A6}$$

将 $n_1^C + n_1^D = 1$ 和 $n_2^C + n_2^D = 1$ 代入式（A5）和式（A6），可以得到平台 C 两边用户数量的隐性表达式为：

$$n_1^C = \frac{1}{2} + \frac{\alpha_1 (p_2^C - p_2^D) + n^j (\gamma_1 t_2 - \alpha_1 \gamma_2)}{2 (\alpha_1 \alpha_2 + t_1 t_2)}, \quad n_2^C = \frac{1}{2} + \frac{\alpha_2 \gamma_1 n^j - t_1 (p_2^C - p_2^D - \gamma_2 n^j)}{2 (\alpha_1 \alpha_2 + t_1 t_2)} \tag{A7}$$

将平台 C 的利润函数 $\pi^C = p_2^C n_2^C$ 对 p_2^C 求导，平台 D 的利润函数 $\pi^D = p_2^D n_2^D$ 对 p_2^D 求导，可得平台 C 和平台 D 的价格反应函数分别为：

$$p_2^C = \frac{p_2^D t_1 + \alpha_1 \alpha_2 + n^j (\alpha_2 \gamma_1 + t_1 \gamma_2) + t_1 t_2}{2t_1}, \quad p_2^D = \frac{p_2^C t_1 + \alpha_1 \alpha_2 - n^j (\alpha_2 \gamma_1 + t_1 \gamma_2) + t_1 t_2}{2t_1} \tag{A8}$$

由此可以得到，均衡时平台 C 与平台 D 对广告商收取的广告费分别为：

$$P_2^C = \frac{3\alpha_1 \alpha_2 + \alpha_2 \gamma_1 N^j + t_1 (N^j \gamma_2 + 3t_2)}{3t_1}, \quad P_2^D = \frac{3t_1 t_2 - t_1 \gamma_2 N^j + \alpha_2 (3\alpha_1 - \gamma_1 N^j)}{3t_1} \tag{A9}$$

将 P_2^C、P_2^D 代入式（A7），并根据 $n_1^C + n_1^D = 1$ 和 $n_2^C + n_2^D = 1$ 可以得到，均衡时平台两边消费者与广告商的用户数量分别为：

$$N_2^C = \frac{1}{2} + \frac{N^j(\alpha_2\gamma_1 + t_1\gamma_2)}{6(\alpha_1\alpha_2 + t_1t_2)}, \quad N_2^D = \frac{1}{2} - \frac{N^j(\alpha_2\gamma_1 + t_1\gamma_2)}{6(\alpha_1\alpha_2 + t_1t_2)} \tag{A10}$$

继而可得，平台 C 的均衡利润为：

$$\prod^C = \frac{N^j(\alpha_2\gamma_1 + t_1\gamma_2)}{3t_1} + \frac{(N^j)^2(\alpha_2\gamma_1 + t_1\gamma_2)^2}{18t_1(\alpha_1\alpha_2 + t_1t_2)} + \frac{\alpha_1\alpha_2 + t_1t_2}{2t_1} \tag{A11}$$

在实施跨界并购前，平台 C 的利润相当于基准情形的平台 A。那么，比较可得平台 C 跨界并购前后的利润之差为：

$$\Delta\prod^C = \frac{N^j(\alpha_2\gamma_1 + t_1\gamma_2)}{3t_1} + \frac{(N^j)^2(\alpha_2\gamma_1 + t_1\gamma_2)^2}{18t_1(\alpha_1\alpha_2 + t_1t_2)} \tag{A12}$$

由于 $t_1t_2 + \alpha_1\alpha_2 > 0$，$t_1 > 0$，$t_1 + \alpha_2 > 0$，$\gamma_1 > 0$，$\gamma_2 > 0$，$N^j > 0$，对于平台 C 而言，明显可以看出 $\Delta\prod^C > 0$。同时，有 $\partial\Delta\prod^C/\partial\gamma_1 > 0$，$\partial\Delta\prod^C/\partial\gamma_2 > 0$，$\partial\Delta\prod^C/\partial N^j > 0$。

3. 平台同业并购与跨界并购比较分析

进一步地，比较数据驱动型同业并购与跨界并购的均衡平台利润可得：

$$\Delta\prod = \frac{V}{2} + \frac{\alpha_2 - t_2}{4} + \frac{\phi_2 N^i}{2} - \left(\frac{N^j(\alpha_2\gamma_1 + t_1\gamma_2)}{3t_1} + \frac{(N^j)^2(\alpha_2\gamma_1 + t_1\gamma_2)^2}{18t_1(\alpha_1\alpha_2 + t_1t_2)} + \frac{\alpha_1\alpha_2 + t_1t_2}{2t_1} \right) \geqslant$$

$$\frac{\phi_2 N^i}{2} - \left[\frac{N^j(\alpha_2\gamma_1 + t_1\gamma_2)}{3t_1} + \frac{(N^j)^2(\alpha_2\gamma_1 + t_1\gamma_2)^2}{18t_1(\alpha_1\alpha_2 + t_1t_2)} \right] \tag{A13}$$

式（A13）表明，当 $\phi_2 N^i > 2(\alpha_2\gamma_1 + t_1\gamma_2)N^j/3t_1 + [(\alpha_2\gamma_1 + t_1\gamma_2)N^j]^2/9t_1(\alpha_1\alpha_2 + t_1t_2)$，有 $\Delta\prod > 0$；而当 $\phi_2 N^i < 2(\alpha_2\gamma_1 + t_1\gamma_2)N^j/3t_1 + [(\alpha_2\gamma_1 + t_1\gamma_2)N^j]^2/9t_1(\alpha_1\alpha_2 + t_1t_2)$ 时，$\Delta\prod < 0$。

人工智能影响我国全要素生产率的
机制与效应研究[*]

杜传忠　曹效喜　任俊慧

[摘要] 人工智能作为引领新一轮科技革命和产业变革的战略性技术，具有溢出带动性很强的"头雁"效应，有利于提升全要素生产率。本文分别基于宏观省级层面和微观企业层面的数据，实证分析了人工智能对全要素生产率的作用效应。研究结果表明：人工智能发展应用在宏观和微观两个维度均较为显著地促进了我国全要素生产率的提升。在宏观层面，人工智能对东部沿海地区全要素生产率的作用效应比对中西部地区的更明显；对高市场竞争环境下的全要素生产率作用效应更明显。在微观层面，人工智能对低技术企业全要素生产率的影响比对高技术企业的影响更为显著，对规模较大企业的影响比对规模较小企业的影响更为显著。人工智能提升全要素生产率的机制包括提高要素配置效率、降低企业成本和增强企业研发能力。本文研究结论对进一步深化人工智能与实体经济融合、提升全要素生产率、实现经济高质量发展具有明显的政策启示意义。

[关键词] 人工智能；全要素生产率；智能制造；作用机制

一、引言

党的二十大报告指出，实现高质量发展是建设社会主义现代化国家的首要任务。提升一个国家或地区的全要素生产率，从根本上取决于该国家或地区科技创新能力的提升。从历史上看，每一次工业革命爆发和拓展期，都是科技创新密集发生、主导性和战略性技术快速发展的应用期，均有力地促进了当时社会全要素生产率的提升（杜传忠和郭美晨，2016）。人工智能作为新一轮科技革命和产业变革的重要驱动力量和战略性技术，具有溢出带动性很强的"头雁"效应，无疑将成为提升我国全要素生产率、促进高质量发展的重要力量。近年来，在市场竞争和政府政策推动下，人工智能在企业研发设计、生产制造、组织管理和营销等各个环节都得到一定程度的应用，且技术成熟度逐渐提升，应用领域越来越广泛。科技部新一代人工智能发展研究中心提供的数据显示，2021年我国人工智能核心产业规模超过4000亿元，企业超过3000家；人

* 本文原刊于《南开经济研究》2024年第2期，有修改。

[作者简介] 杜传忠，南开大学经济与社会发展研究院教授、博士生导师；曹效喜，南开大学经济学院博士生；任俊慧，天津智慧城市研究院。

[基金项目] 国家社会科学基金重大项目（20&ZD067）；国家社会科学基金重点项目（19AZD015）。

工智能领域风险投资额占全球比重从 2013 年的不到 5% 增长到 2021 年的 20% 左右，跃居世界第二。[①] 国际上，各国高度重视人工智能发展应用，将其作为抢占未来竞争制高点的重要举措。面对日趋激烈的国际竞争环境和国内高质量发展的现实要求，我国迫切需要发挥以人工智能为代表的新一代信息技术的作用，加快实现质量变革、效率变革、动力变革，着力提升全要素生产率。本文拟对人工智能提升全要素生产率的理论机制进行分析，进而对人工智能作用于我国全要素生产率的效应进行实证分析，最后提出加快人工智能发展、提升我国全要素生产率的对策建议。

二、文献综述

人工智能作为第四次工业革命的通用性技术（Brynjolfsson and McAfee，2014），对全要素生产率的影响已引起学术界的关注。目前，学术界对这种影响的认识主要是与信息技术和生产率之间关系的研究联系在一起的。关于信息技术与生产率的关系，自 20 世纪 80 年代后期"索洛悖论"提出后一直是经济学研究的一个热点问题（杜传忠和郭美晨，2016）。Brynjolfsson 等（2019）通过对已有研究进行总结，概括出引发"索洛悖论"的四个维度的原因：一是错误预期，即技术其实并不具备预期的变革性，对生产率的总体影响较小；二是产出和生产率的测量误差，如智能手机、在线社交网络等新技术的相对价格较低却能带来较大效用，这些并没有在 GDP 中得到准确衡量（Jorgenson et al.，2008）；三是集中分配和租金浪费，即新技术已经实现的收益被集中分配和为了继续保持这种收益的努力所消耗（Andrews et al.，2016），因此对生产率的影响并不明显；四是新技术实施和重组过程导致的时滞效应（Triplett，1998），企业在引入新技术后需要创建新的业务流程、培训工人、修补软件和构建其他无形资产。也有学者对以上结论提出疑问，如 Syverson（2017）通过实证研究认为，测量误差不是经济增长放缓的实质原因。

替代效应假说是关于信息技术对生产率作用研究的重要关注点，即不同类型资本之间以及资本和劳动力之间的相对价格变化将产生替代效应。具体来说，当信息技术资本价格较高时，对其他资本和劳动力要素的替代效应较小；但随着信息技术资本价格的下降，替代效应将变大，信息技术资本贡献将逐渐增加。20 世纪 90 年代美国"新经济"时期，这种替代效应变得尤为明显，由此使信息技术成为当时促进生产率提升和经济增长的主要驱动力（Oliner and Sichel，2000），甚至当时的主流观点曾一度认为"索洛悖论"已经不复存在（Jorgenson and Stiroh，2000）。然而，21 世纪初期，以美国为代表的全球互联网泡沫破灭，引发人们对"索洛悖论"的重新审视，相关研究主要聚焦于信息技术价值及增长效应的国别差异和信息鸿沟问题，而对互联网等信息技术的生产率效应研究并不深入（杜传忠和郭美晨，2016）。

2008 年国际金融危机发生之后，以大数据、云计算、人工智能等新一代信息技术迅速发展和应用为主要内容的第四次工业革命迅速兴起，引发了关于新一代信息技术生产率悖论存在可能性的讨论，其中关于人工智能对生产率的影响效应成为讨论的焦点（Brynjolfsson et al.，2019）。现有文献主要从人工智能对经济增长、劳动力市场、收入分配、出口质量、技术进步和产业升级等的影响角度进行研究（Aghion et al.，2019；Agrawal et al.，2019；Acemoglu and Restrepo，2020a；Jung and Lim，2020；韦东明等，2021；Alonso et al.，2022）。在人工智能对生产

---

① 赵永新. 科技部等六部门发文统筹推进场景创新　让人工智能充分赋能经济社会发展［N］. 人民日报，2022-08-28.

率的影响研究方面，目前的研究与当年的"索洛悖论"研究基本类似，主要研究结论也大致分为正面影响、负面影响和不确定影响。持正面影响观点的学者认为，人工智能可以通过改善技术性能和创新过程（诸竹君等，2022），提高研发组织的能力以及依靠与应用领域互补创新产生的大规模溢出效应促进经济发展（Cockburn et al.，2019；Kromann et al.，2020）；Ballestar 等（2021）认为，人工智能通过机器人化、创新、数字化和人力资本的互补实现长期的生产率提升和劳动成本的下降。Acemoglu 和 Restrepo（2018a）认为，人工智能通过提高全要素生产率，有效应对老龄化的不利影响进而促进经济增长。从劳动力市场上看，人工智能凭借其在特定任务中灵活、多功能和自主的比较优势，能够扩大工人执行任务的范围，由此带来生产率提升和产品延伸效应，进而会产生更多的创新和就业机会（Autor et al.，2015；Agrawal et al.，2019；Bughin，2020），导致对人工智能工程师、技术人员和系统操作员等新工作岗位的需求量大大增加（Frank et al.，2019），进而推动生产率上升。除生产力效应外，人工智能能够降低资本要素价格实现对标准化和程序化的劳动替代，即"机器换人"，通过资本深化提高生产率（Acemoglu and Restrepo，2020b；李磊等，2021）。

还有学者研究了人工智能对我国全要素生产率的影响。何小钢等（2019）、陈晓等（2020）、韩民春等（2020）分别从我国省、市和企业维度验证人工智能的积极影响。Bloom 等（2012）、Luo 和 Bu（2016）、Rodríguez 和 Rochina（2019）以跨国数据为例也得出大致相同的结论。总体来看，主张人工智能促进全要素生产率提升的学者认为，人工智能主要通过增加研发投入、创造就业机会以及降低生产成本等，提高生产效率，促进经济发展。

也有学者对以上研究结论持否定观点，认为当前阶段人工智能对生产率的提升作用并不明显，根本原因在于突破性技术的应用到生产率提升间存在较长的时滞效应（蔡跃洲和陈楠，2019）。如 Van Ark（2016）认为，尽管互联网和云计算等数字技术处于快速发展之中，但总体上仍处于初始发展阶段，其生产率效应的发挥需要到部署阶段才能体现出来。Brynjolfsson 等（2019）认为，人工智能技术的生产率效应会随着调整成本、互补创新和组织变革而产生潜在的时间滞后。同时，人工智能的引入可能与现有的劳动力技能和制造技术不吻合，由此导致学习和调整成本、ICT 管理以及利润再分配等抵消了其对生产力的促进作用。Acemoglu 和 Restrepo（2018b）指出，短期内自动化对资本的需求提高了资本的价格，从而抑制了通过在自动化任务中用更便宜的资本替代更昂贵的劳动力而获得的潜在生产力收益。从长远来看，资本价格保持不变，因此生产率将有更大提高。王晓娟等（2022）从就业市场中也发现人工智能对就业的影响在短期内存在替代效应而长期更多的是创造效应。同时，人工智能促进生产率提升还必须有与之匹配的配套技术、基础设施、人力资本、制度环境和区域产业布局（Brynjolfsson et al.，2019；陈楠和蔡跃洲，2022），企业过快引入人工智能技术不仅导致与实际业务不匹配，也会挤压其他提高生产率的先进技术，导致生产率的下降和资源的浪费（Acemoglu and Restrepo，2018a）。此外，人工智能对绿色生产率的影响将改变生产成本和消费需求，由此产生的生产规模扩大可能部分或全部抵消人工智能对生产率的积极影响（Zhao et al.，2022）。总体来看，持否定观点的学者一般认为，人工智能通过时滞效应和回弹效应等抑制要素效率提升和经济增长。

以上研究主要是从单一方向的影响展开的，也有文献从人工智能对生产率影响的作用路径或轨迹出发进行研究。Aghion 等（2019）认为，人工智能对经济增长的影响在自动化与"鲍莫尔病"的双重作用下是不确定的。Brynjolfsson 等（2019）利用美国平均实际收入数据进行研究进一步佐证了这一观点。Zhao 等（2022）以我国省级面板数据探讨了人工智能对绿色全要素生产率的影响，发现该影响存在明显的"U"形特征，且这种影响存在显著的区域和行业异质性。Du 和 Lin（2022）、Pan 等（2022）、Ma 等（2022）的研究也得出类似结论，他们还进一步研究证明，人工智能对全要素生产率的影响存在一定的空间溢出效应，即人工智能对全要素生产率的影响在本地呈"U"形关系，而在邻近地区呈倒"U"形关系。Brynjolfsson 等（2021）提出人工智能等通用技术会产生生产力"J"曲线的观点，认为随着未计入资本货物投资的增长率下降，未计入货物的资本服务流量对全要素生产率的影响可能会超过未计量资本商品的低估误差。总体来看，持非线性观点的文献认为，人工智能对全要素生产率和经济发展的影响存在一定的空间溢出效应和阶段性差异。

从目前国内外学者关于人工智能对全要素生产率影响的研究来看，尚处于起步阶段，分析结论也存在一定的差异。导致这些研究结论差异的一个主要原因是，不同学者选取的研究对象（行业、地区和国别等）、研究内容（就业、全要素生产率和劳动收入份额等）和研究视角（时间和空间、短期和长期等）等存在不同。而从人工智能对全要素生产率影响的总体方向看，现有研究结论都认为，在当下人工智能发展应用的初期，其对全要素生产率的作用效应尚不明显，但随着人工智能技术的不断发展以及在各行业中得到越来越广泛的应用，其对全要素生产率的作用效应将会更加明显地表现出来。这与 20 世纪关于"索洛悖论"提出后的研究相类似，但关于人工智能促进全要素生产率提升的具体作用机制研究，目前还相对薄弱，尤其是关于人工智能提升全要素生产率的动力源泉揭示有待深入。另外，对人工智能促进我国全要素生产率提升效应的实证分析有待加强。基于此，本文的边际贡献主要表现在：一是理论上从要素配置效率、企业成本和企业研发能力三个层面，对人工智能作用于全要素生产率的机制进行了更为具体、深入的揭示；在实证分析上利用省际数据和微观企业数据，从两个层面结合的视角对人工智能促进我国全要素生产率提升的机制与效应进行实证检验，从而为"人工智能生产率悖论"的内容提供了新的经验证据和实证分析结论支持。二是在研究内容上从多个维度构建了人工智能的代理变量，丰富了现有文献仅以机器人作为衡量人工智能发展的测度方式；在研究方法上构建交叠 DID 模型和双重机器学习模型并考虑了处理效应异质性问题，更精准地识别了政策效果的净效应，提升了结论的稳健性。

三、人工智能对全要素生产率的作用机制分析

优化要素配置、提高要素配置效率是提升全要素生产率的重要途径。人工智能的应用有利于优化要素配置，从而促进全要素生产率的提升。首先，人工智能技术有利于实现要素跨行业、跨领域配置，提高要素配置效率。人工智能技术有利于打破跨系统、跨部门的信息交流与技术共享壁垒，实现要素在跨系统、跨平台、跨行业的配置（韩峰和庄宗武，2022）。从比较优势理论看，人工智能加速要素流动，有利于促进各种要素更好地发挥其比较优势，总体上实现有效配置，从而提升配置效率和全要素生产率（吴杨伟和王胜，2017）。从微观企业运行看，人工智能通过改变传统生产方式，使处于供应链上的各企业通过智能技术和平台进行有效分工协作和要素整合，同时，将产品从上游的开发、生产到下游的分销、运输等全流程中各环节涉及的各类机器设备和人员实现互联互通，降低了供应链上下游企业间的协调成本（洪银兴和任保平，2023），从而提高了要素在全产业链上的优化配置，提高全要素生产率。

其次，人工智能技术通过产业智能化与智能产业化过程提升资源配置效率。一方面，人工智能技术凭借其突出的渗透性、扩散性和外溢性优势，在农业、制造业、能源等传统产业部门得到越来越广泛的应用，实现与这些行业生产运营各环节越来越深入的融合（高翔等，2022），通过对这些行业的赋能提升行业运营效率，这一过程是通过产业智能化实现的。另一方面，人工智能技术的发展应用衍生出大量新业态新模式，表现出较高的运营效率，这种较高的效率主

要来自智能技术的梅特卡夫定律效应[①]和报酬递增特性，由此使新业态新模式的效率增加呈现出明显的正反馈效应。同时，人工智能本身包含了机器学习、机器人技术、自然语言处理、生物识别技术、计算机视觉等多项先进智能技术，基于人工智能技术及其相关技术成果转化和应用发展起来的新兴智能产业本身具有较高的生产率（柏培文和张云，2021）。例如，无人驾驶技术可以将车辆数据与其他数据流（如智能手机和公共交通系统）相结合，通过减少拥堵和交通事故概率，从而提高生产效率（祝合良和王春娟，2021）。再如，人工智能平台 Amelia 既可以优化自动化网络基础设施，提出网络运行状况的潜在问题和解决方案，又可以承担可重复的人力资源和管理任务，解决跨行业职位不匹配问题。另外，语音识别、图像识别、即时翻译等新业态也明显提升了人们的工作效率和生产率。

最后，人工智能技术通过实现要素替代提升全社会资源配置效率。从要素替代性看，人工智能的应用使机器换人、无人经济等大量出现，[②] 智能机器或设备主要替代的是从事体力劳动与简单脑力劳动的劳动力，他们经过学习、培训和提升，转而从事那些更富有创造性和创意性的职业（Kromann et al.，2020），总体上倒逼劳动力素质的提升，从而促进了全社会劳动力资源的优化配置和效率提升。进入智能经济时代，人工智能技术的发展和应用使传统自动化转向智能自动化阶段，实现了机器与机器、人与机器等之间的互联互通，由此大幅提升了搜集、处理和利用海量数据的效率（陈楠和蔡跃洲，2022），有力地提升了机器人技术自动适应、敏捷处理多种高强度、高精度的复杂任务的能力，从而更加显著地促进了全要素生产率的提升。

基于以上分析，本文提出：

假设1：人工智能的应用通过优化要素配置提高全要素生产率。

人工智能技术通过加快信息流动，促使信息更加透明，有效缓解信息不对称，从而降低企业生产成本、交易成本和协调成本等，提升全要素生产率（施炳展，2016）。第一，有利于降低企业生产成本。企业利用人工智能技术推进智能制造，能够提高产品加工的一致性。在智能制造过程中通过采用软件智能化自动操控技术，有利于保持工业生产的连续一致性，从而提高产品整体质量水平，同时有效解决工业生产中浪费问题，不仅提高了生产效率，还节约了材料成本等。利用人工智能技术建立的虚拟企业、无人车间等，大大地降低了企业固定资本、人力资本投入，提升了企业生产效率。

第二，有利于降低管理成本。企业通过运用人工智能技术，可有效促进内部的信息沟通，降低协调成本，从而提高管理、协调和决策效率。特别是在大型企业，随着人工智能技术的广泛应用，企业组织越来越趋于扁平化、网络化和弹性化（钱晶晶和何筠，2021），由此改变了传统科层制组织模式下冗杂的结构划分，以及管理体系落后造成的上下级之间信息传输不畅的问题，企业内部不同层级和各部门之间实现信息畅通传输和有效共享，为企业降低管理成本、制定科学高效的管理决策提供了有力支撑。

第三，有利于节约企业用工成本。越来越多的企业运用人工智能技术实现多项自动化和智能化，有效缓解了企业用工压力，降低了用工成本（Ballestar et al.，2021）。随着企业机器换人的推行，机器人成本的下降，对人工成本的节省越来越明显，特别是对家电行业等劳动密集型产业，随着人工成本的不断提高，智能技术对企业用人成本的节约更加明显。

第四，有利于降低企业交易成本。根据新制度经济学创始人科斯的理论，交易成本是获得

---

① 梅特卡夫定律是关于网络价值和网络技术效应的一个定律，其主要内容是：一个网络的价值等于该网络内的节点数的平方，并且该网络的价值与联网的用户数的平方成正比。

② 根据企查查提供的数据，截至2022年底，我国无人经济相关企业为16814家，无人零售相关企业为97682家，无人机相关企业为85505家，无人驾驶相关企业为11025家。

准确市场信息所需要的费用，以及谈判和经常性契约的费用，也就是说，交易成本由信息搜寻成本、谈判成本、缔约成本、监督履约情况的成本、可能发生的处理违约行为的成本所构成（Coase，1937）。现代企业以网络平台作为基本组织模式，借助于人工智能技术有效降低了企业交易成本，其基本机制是：网络平台作为一种双边市场，一边连接着服务商或供应商，另一边连接着客户，是双方的交易媒介。通过网络平台，供应商或服务商能够突破时间与空间的制约，精准、快速地搜寻到服务对象（洪银兴和任保平，2023）；同时通过智能合约和区块链技术等提供交易验证和监督，增加交易的可信度和可追溯性，从而大大降低了信息不对称，大大降低了企业在搜索、履约、监督、信任等方面的成本，节省了交易费用。另外，在人工智能技术加持下，企业通过采集消费者海量数据，准确刻画消费者行为并预测分析市场需求，从而显著提高了厂商供给和市场需求的匹配度，大量节省了广告费用和推广成本，提高了市场营销效率（焦豪等，2021）。

基于以上分析，本文提出：

假设2：人工智能通过降低企业成本提高全要素生产率。

首先，人工智能技术有利于提升研发效率。人工智能技术能够通过改善研发创新过程，提高研发效率，强化企业的研发能力，从而对全要素生产率产生积极影响（盛明泉，2020）。"发明方法的发明"往往比任何单一新产品具有更大的价值，在基因组学、药物发现、量子物理、材料科学等领域，知识范围广泛且复杂，识别出有用信息极为不易。而人工智能技术的应用，能够通过大量的实验验证和超强的计算能力进行理论探索和缩短试错过程，精准、快速识别有价值的信息，同时通过反馈循环和迭代改进不断优化创新过程，提升研发效率（蔡跃洲和陈楠，2019）。在智能经济时代，依靠单个企业进行研发创新面临研发周期长、研发资金不足等问题，而人工智能有助于将分布于各个行业和地区的企业连接起来，通过开放代码、模型和算法共享等改进现有技术，并通过用户参与形成及时的反馈循环，从而构成一个连接紧密高效的创新生态系统（张涛和李均超，2023）。相较于传统"单打独斗"式的研发方式，这种系统性、共享性、开放性技术创新模式显著提升了研发效率。

其次，人工智能技术有利于加快知识创造过程，从而促进技术创新。从本源上说，技术包括与生产有关的知识（拉佐尼科，2006），技术创新实际上也是实现知识创造和能力构造的过程，是知识积累、学习与运用的过程，而知识的积累、学习与应用则是通过知识的流动或外溢实现的（杜爽和刘刚，2021）。人工智能技术的广泛应用，能够快速、精准获得外界海量的数据并进行过滤、分类和处理，并通过机器学习和推理算法，分析不同知识之间的关系和联系，最终将这些信息集成为新的创意和见解（苏玺鉴和胡安俊，2023），由此形成较为突出的"知识创造效应"，为创新提供源源不断的驱动力。对企业来说，智能技术和网络平台的应用使企业交流信息和分享技术变得更加便捷和高效，由此在很大程度上压缩了知识重组的时限，降低了企业间信息传递和共享的成本，提升了新知识的生产效率。例如，在生物医药领域，尤其是小分子化合物的数据较多，新药研发困难重重，人工智能可以依靠已有的分子和靶点数据进行筛选和设计，获得更多有价值的信息，由此推动生物医药技术的不断创新。随机森林和神经网络可以用于提高社会服务中数据搜集、管理能力和预测不同情况的有效性，新形式的人机交互可以形成更为高效的知识检索和数据处理能力，从而加速从搜集海量数据信息到知识再创造的过程，这有助于人们打破组织之间的知识界限，加快知识传播和扩散，更快地创造新知识、设计新方案，加速知识重组过程，从而促进技术创新，最终提升全要素生产率。

再次，人工智能技术有利于提高知识学习和吸收能力。知识学习和吸收能力是进行技术创新的基础和主要途径，企业等各类创新主体的知识学习和吸收能力越强，其创新能力越强。人工智能应用有助于提升企业的学习和吸收知识的能力。一方面，人工智能具有越来越强的推理、学习、推演以及基于已知知识解决问题的能力，已经成为创新主体学习吸收知识的有效工具（霍春辉等，2023）；另一方面，工业机器人等智能设备可以在深度学习、智能图像识别等技术支持下进行独立判断并采取相应行动，由此不断将信息转化为进行创新的知识。创新主体借助于人工智能的作用，可以进行越来越多的显性知识和隐性知识的交流和学习，有助于人们通过知识交流与整合创造出新知识，为创新提供源源不断的知识积累和支撑（张昕蔚，2019）。

最后，人工智能技术有利于增加研发和人才投入（Frank et al.，2019）。随着人工智能与企业生产过程的深度融合，智能制造、网络化协同、大规模定制、远程运维等新型生产模式大量涌现，显著提升了企业的生产率，从而创造和获取更多的利润，使企业可以拿出更多资金用于研发和创新，为提升创新能力和效率提供强有力的资金支持（王金杰等，2018）。由此，企业可形成"人工智能技术→部门间知识交流与增长→部门间技术创新出现→利润增长→研发投入增加→更高水平的技术创新"的累积式良性循环，驱动企业技术创新能力不断提升。

基于以上分析，本文提出：

假设3：人工智能通过提高企业研发创新能力提高全要素生产率。

四、模型设定、变量说明和数据来源

（一）基准模型构建

为了分析人工智能发展水平对全要素生产率产生的影响，本文借鉴李自若等（2022）的研究，首先基于宏观视角以省级数据进行实证分析，以证明本文研究结论的代表性和普遍性；其次从微观视角选取企业层面的数据对人工智能影响全要素生产率的异质性特征和影响机制进行实证研究，在此基础上将以上两个层面的分析结论进行综合比较，从而更全面地揭示和把握我国人工智能发展水平对全要素生产率的影响效应。

本文构建以下计量模型：

$$\mathrm{TFP}_{it} = \alpha_0 + \alpha_1 \mathrm{AI}_{it} + \alpha \mathrm{X}_{it} + \mu_i + \lambda_t + \varepsilon_{it} \tag{1}$$

其中，i 表示个体[①]，t 表示年份，TFP_{it} 表示 i 在 t 年的全要素生产率水平；AI_{it} 表示 i 在 t 时期的人工智能发展水平；μ_i 表示不可观测的个体效应，λ_t 表示时间效应，ε_{it} 表示随机扰动项；α_0 表示截距项，α_1 表示人工智能发展水平的系数，系数大小及方向反映了人工智能对全要素生产率的影响程度。向量 X 表示一组控制变量，代表影响全要素生产率的其他特征变量。

（二）省级层面实证分析的指标选取

1. 被解释变量

省级层面的全要素生产率以 MaxDEA 软件测算全局参比的 Malmquist 指数表示，其中，产出变量以各省份的实际 GDP 衡量，投入变量以资本存量和劳动投入衡量，最终得到 2006~2018 年各省份的 Malmquist 生产率指数，将其作为被解释变量。

2. 核心解释变量

人工智能发展水平是本文的核心解释变量。在省级层面，本文借鉴 Acemoglu 和 Restrepo

---

① 本文同时进行了省份层面和企业层面的分析，为了方便说明，表2的个体固定效应为省份层面，其他表格的固定效应为企业层面；聚类方式也是一致的处理方式。

（2020a）的研究，以工业机器人安装密度作为人工智能发展水平的替代变量进行研究。具体做法借鉴韩民春和韩青江（2020）、康茜和林光华（2021）等的研究，采用 Bartik 工具变量法测度工业机器人安装密度。首先假设在一个国家的所有地区内某一行业的工业机器人的安装密度是一致的，所以某一地区的工业机器人安装密度由该区域各行业的就业人员比重决定。因此，在计算各省份工业机器人安装密度时，用该省份各行业的就业人员占该省份就业人员总数的比重作为权重，加总各行业的工业机器人密度，具体计算公式如下：

$$B_{it} = \sum_j R_{jt} \times I_{ijt} \tag{2}$$

其中，B_{it} 代表 i 省份 t 时期的工业机器人安装密度，R_{jt} 代表 j 行业 t 年的工业机器人安装密度，I_{ijt} 代表 i 省份 j 行业 t 年的从业人员占比，即 i 省 j 行业 t 时期的从业人员占 i 省就业人员的比重。关于各行业机器人密度计算，这里借鉴闫雪凌（2020）的计算方法。根据国际机器人联合会（IFR）公布的中国 14 个行业工业机器人安装量数据，与国民经济行业分类与代码（GB/4754-2011）中的 13~43 细分行业代码匹配，得到我国各行业工业机器人安装量，再除以 j 行业全国从业人员数，由此得到我国 2006~2018 年各行业工业机器人密度。

3. 控制变量

为了尽量减少因遗漏变量产生的估计偏误，进而更加精确地分析人工智能发展水平对全要素生产率的影响，本文参考已有相关研究（罗军，2016；施震凯等，2018；孙早等，2021），选择的控制变量包括：贸易开放度（Tra），以各省份进出口总额占地区生产总值的比重度量；城镇化水平（Urb），以各省份年末城镇人口占总人口的比重度量；交通基础设施水平（Infra），以各省份人均道路拥有面积衡量；金融发展水平（Df），以各省份年末贷款余额与 GDP 的比值来衡量；政府支持力度（Gov），以各省份财政支出占地区生产总值的比重度量（韩先锋等，2019）；国有企业改革（Nsoe），以非国有企业就业人数占总就业人口的比重来衡量（郭家堂和骆品亮，2016）。

（三）企业层面实证分析指标选取

1. 被解释变量

企业层面的被解释变量借鉴鲁晓东和连玉君（2012）、张沁琳和沈洪涛（2020）等的研究，用 OLS 方法测算出的上市企业全要素生产率来表示。

2. 解释变量

企业层面，本文通过 Python 对上市公司年报的机器人数量进行搜寻，即先对"机器人""机器臂"等关键词对应的数量进行匹配，然后对"机器人生产""机器人加工""机器人切割""机器人用来"等关键词对应的数量进行匹配，再进行逐一校对并将其与上市公司数据进行匹配，从而得出上市公司拥有的机器人数量。图 1 绘制了二者的散点图，初步验证了二者之间存在一定的正相关关系。

3. 控制变量

借鉴 Pan 等（2022）、Chen 等（2022）、郭檬楠等（2022）、韩亚峰等（2022）的研究，本文选取企业层面的控制变量包括：总资产净利润率（ROA），以净利润与总资产平均余额之比表示；企业价值（Tobin Q），以（流通股市值+非流通股股份数×每股净资产+负债账面值）与总资产之比表示；财务杠杆（Lev），以年末总负债与年末总资产之比表示；现金持有量（Cashflow），以经营活动产生的现金流量净额与总资产之比表示；董事会规模（Board），以董事会人数取自然对数表示；两职合一（Dual），以董事长与总经理是同一个人为 1，否则为 0 表示；是否国有企业（SOE），以国有控股企业取值为 1，其他为 0 表示；企业年龄（Age），以 ln（当年年份—公司成立年份+1）表示；第一大股东持股比例（Top1），以第一大股东持股数量与总股数之比表示；机构持股比例（INST），以机构投资者持股总数与流通股本之比表示；是否四大（Big4），以公司经由四大会计师事务所（普华永道、德勤、毕马威、安永）审计取值为1，否则为0。

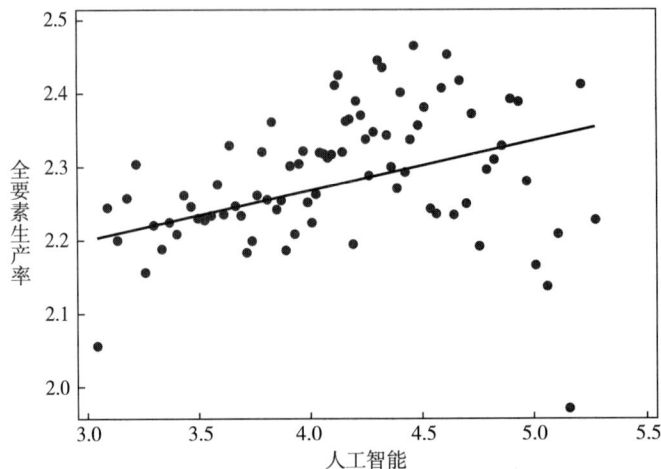

图1 人工智能与全要素生产率的散点分布

（四）数据来源和描述性统计

本文省级样本时间跨度为2006~2018年。受限于数据的可得性，样本剔除了西藏和港澳台地区，共包含30个省份。其中，工业机器人安装数量数据来自国际机器人联合会（IFR），其余数据来自《中国劳动统计年鉴》、中国国家统计局数据库、《中国统计年鉴》以及相关省份统计年鉴等。企业样本时间跨度为2007~2020年，主要变量来自CSMAR、Wind和EPS数据库等；城市层面的数据来自《中国城市统计年鉴》。在进行实证分析之前，本文对各变量进行如下处理：剔除ST、*ST和PT的企业，缺失值以线性插值法补齐，同时为了消除异常值的影响，对连续变量进行了上下1%的缩尾处理。

本文对涉及的所有变量进行统计特征描述，包括观测值数量、均值、标准差、最小值和最大值，以便更好地了解各指标的具体特征（见表1）。

表1 变量描述性统计

变量	观测值	均值	标准差	最小值	最大值
省级维度					
TFP	390	1.1316	0.2836	0.5469	2.0212
AI	390	7.3260	9.7711	0.1926	60.2592
Tra	390	0.3143	0.3624	0.0175	1.7113
Urb	390	0.5441	0.1390	0.2746	0.9377
Infra	390	13.9702	4.5182	4.0400	25.8200
Gov	390	0.2399	0.1093	0.0948	0.7583

续表

变量	观测值	均值	标准差	最小值	最大值
省级维度					
Df	390	1.2842	0.4400	0.5886	2.5772
Nsoe	390	0.5138	0.1597	0.2364	0.8569
企业维度					
TFP	13160	2.2536	0.7654	0.0000	2.7875
AI	13160	4.1094	0.7486	1.3863	7.4518
ROA	13160	0.0524	0.0556	−0.2603	0.4770
Tobin Q	13160	1.7994	1.0029	0.7720	15.1134
Lev	13160	0.5100	0.1868	0.0178	1.0564
Cashflow	13160	0.0429	0.0837	−0.5655	0.5526
Board	13160	2.2199	0.2127	1.0986	3.0000
Dual	13160	0.1334	0.3400	0.0000	1.0000
SOE	13160	0.6394	0.4802	0.0000	1.0000
Age	13160	2.7042	0.2931	0.6931	3.5264
Top1	13160	0.3640	0.1566	0.0362	0.8642
INST	13160	0.4409	0.2310	0.0000	1.7216
Big4	13160	0.0963	0.2950	0.0000	1.0000

五、实证结果及分析

（一）省级层面基准回归

本文首先构建双向固定效应模型（FE），通过逐步加入控制变量的方式考察省级层面人工智能对全要素生产率的影响，实证结果如表 2 所示。

表 2　省级层面基准回归结果

变量	(1)	(2)	(3)	(4)	(5)	(6)	(7)
AI	0.0078***	0.0062***	0.0062***	0.0056***	0.0054***	0.0056***	0.0056***
	(0.001)	(0.001)	(0.001)	(0.001)	(0.001)	(0.001)	(0.001)
Tra		−0.3006***	−0.2771***	−0.2633***	−0.2606***	−0.2563***	−0.2562***
		(0.044)	(0.050)	(0.050)	(0.050)	(0.050)	(0.051)
Urb			−0.2482	−0.0749	−0.0802	−0.0972	−0.0963
			(0.254)	(0.259)	(0.260)	(0.261)	(0.265)
Infra				−0.0091***	−0.0094***	−0.0094***	−0.0094***
				(0.003)	(0.003)	(0.003)	(0.004)
Gov					−0.1012	−0.1645	−0.1651
					(0.152)	(0.179)	(0.181)

变量	（1）	（2）	（3）	（4）	（5）	（6）	（7）
Df						0.0261	0.0262
						（0.039）	（0.039）
Nsoe							-0.0028
							（0.137）
_cons	1.2141***	1.3387***	1.4459***	1.4571***	1.4789***	1.4688***	1.4695***
	（0.0159）	（0.0235）	（0.1121）	（0.1112）	（0.116）	（0.117）	（0.123）
个体固定	是	是	是	是	是	是	是
时间固定	是	是	是	是	是	是	是
N	390	390	390	390	390	390	390
R-sq	0.4282	0.4972	0.4986	0.5089	0.5095	0.5102	0.5102

注：括号内数值是聚类到个体层面的标准误，*、**、***表示在10%、5%、1%显著水平下通过检验，下同。

从第（1）~第（7）列可以看出，人工智能发展水平的回归系数为正，且均在1%的水平上显著，表明人工智能发展能够促进全要素生产率提升。在增加贸易开放度、城镇化、交通基础设施水平、金融发展水平、财政支持力度、国有企业改革6个控制变量后，人工智能发展水平的回归系数仍显著为正。可见，在研究的样本期间内，人工智能技术借助于工业机器人等的应用，使传统自动化发展为智能自动化，推动大量跨行业、多领域、更复杂的任务被及时、快速地解决（陈维宣和吴绪亮，2020），由此提升了生产效率。同时，人工智能技术凭借其显著的渗透性、外溢性等，应用于社会各行各业中，推动各行业数字化、智能化转型升级，由此推动了全要素生产率的提升。

（二）企业层面基准回归

在通过省级层面实证分析初步验证人工智能能够促进全要素生产率提升结论的基础上，这里进一步从微观企业层面考察人工智能对全要素生产率的异质性影响和作用路径。为此，这里构建双向固定效应模型进行实证分析，回归结果如表3所示。其中，第（1）列展示了未添加控制变量的简洁估计结果；第（2）列展示了仅控制个体固定效应的估计结果；第（3）列展示了同时考虑个体和年份固定的估计结果；第（4）列展示了将解释变量滞后一期后的估计结果，这能够在一定程度上解决由滞后效应带来的同期变量的内生性问题（孙早和侯玉琳，2021）。

表3　企业层面基准回归结果

变量	（1）	（2）	（3）	（4）
AI	0.175***	0.154***	0.152***	0.121***
	（0.012）	（0.012）	（0.012）	（0.012）
ROA		-0.635***	-0.664***	-0.086
		（0.119）	（0.120）	（0.104）
Tobin Q		0.0407***	0.0397***	0.0137**
		（0.007）	（0.007）	（0.006）
Lev		0.186***	0.176***	0.052
		（0.056）	（0.056）	（0.049）
Cashflow		0.0868	0.0934	-0.0566
		（0.059）	（0.059）	（0.052）

续表

变量	(1)	(2)	(3)	(4)
Board		−0.0803*	−0.0883**	−0.0822**
		(0.045)	(0.045)	(0.039)
Dual		−0.0551***	−0.0501**	−0.0267
		(0.019)	(0.020)	(0.017)
SOE		0.0225	0.0316	0.004
		(0.035)	(0.036)	(0.031)
Age		2.050***	2.057***	0.298***
		(0.087)	(0.087)	(0.076)
Top1		−0.107	−0.0795	−0.101
		(0.097)	(0.099)	(0.084)
INST		0.0633**	0.0673**	−0.0348
		(0.029)	(0.029)	(0.025)
Big4		0.0645*	0.0676*	0.0377
		(0.036)	(0.037)	(0.032)
_cons	1.380***	−3.513***	−3.372***	1.067***
	(0.047)	(0.243)	(0.267)	(0.233)
年份固定	是	否	是	是
个体固定	是	是	是	是
N	13160	13160	13160	12220
R-sq	0.057	0.111	0.115	0.024

实证结果表明，表3第（1）~第（4）列所展示的人工智能发展水平的回归系数均为正且均在1%的水平上显著，表明人工智能发展水平能够促进全要素生产率提升。这进一步验证了以上基于省级层面数据得出的实证分析结论。可能的解释是，人工智能技术的引进有助于优化和升级生产制造过程中的各种资源组合，从而提高生产要素的动态配置效率，在降低运营成本的同时显著提高企业全要素生产率。同时，人工智能也为产品创新和制造技术创新提供了相应技术支持，使企业向数字化和智能化发展，提高了产品设计、生产和管理的整体水平和效率，控制变量的回归系数与理论预期基本保持一致。由此，本文从宏观和微观两个维度验证了基准回归结果。

（三）稳健性检验

以上分别通过省级数据和企业数据的基准实证检验，都表明人工智能发展水平能够显著促进全要素生产率的提升。出于检验多样性和样本可靠性的考量，这里从微观视角通过一系列稳健性检验，进一步验证基准回归结果的稳健性。

1. 更换核心变量

本文通过更换核心变量的方式验证基准回归结果的稳健性，结果汇报于表4第（1）~第（3）列。其中，第（1）列为替换被解释变量估计结果。这里借鉴陈中飞和江康奇（2021）的做法，采用LP方法重新测度全要素生产率并代入模型进行重新估计。第（2）列为替换解释变量的估计结果，这里以企业当年新增的机器人数量作为人工智能的替代变量重新纳入回归方程（唐宜红和顾丽华，2022）。第（3）列为以数字化转型词频下的人工智能技术作为代理变量的估计结果（吴非等，2021）。实证分析结果表明，在替换了核心变量后，回归结果依旧是稳健的。

表4 稳健性检验结果：更换核心变量、估计方式与样本区间

变量	（1）FE	（2）FE	（3）FE	（4）Tobit	（5）FE
	TFP-LP	TFP			
AI	0.153***			0.178***	0.199***
	（0.012）			（0.011）	（0.025）
AI-增量		0.000729***			
		（0.000）			
AI-词频			0.00132**		
			（0.001）		
ROA	−0.652***	−0.467***	−0.446***	−0.0798	1.211
	（0.122）	（0.119）	（0.119）	（0.145）	（0.848）
Tobin Q	0.0414***	0.0379***	0.0368***	−0.00209	−0.0305
	（0.007）	（0.007）	（0.007）	（0.008）	（0.043）
Lev	0.190***	0.280***	0.285***	−0.169***	0.806*
	（0.057）	（0.056）	（0.056）	（0.043）	（0.419）
Cashflow	0.0869	0.0809	0.085	0.410***	−0.15
	（0.061）	（0.060）	（0.060）	（0.082）	（0.419）
Board	−0.0818*	−0.0771*	−0.0845*	−0.394***	0.0001
	（0.045）	（0.045）	（0.045）	（0.032）	（0.324）
Dual	−0.0555***	−0.0598***	−0.0607***	−0.0135	−0.313*
	（0.020）	（0.019）	（0.019）	（0.019）	（0.177）
SOE	0.0236	0.044	0.0469	−0.0477***	0.269
	（0.036）	（0.036）	（0.036）	（0.014）	（0.171）
Age	2.087***	2.153***	2.149***	−0.304***	4.429***
	（0.088）	（0.087）	（0.087）	（0.023）	（1.563）
Top1	−0.109	−0.0463	−0.0525	0.142***	−1.241
	（0.098）	（0.097）	（0.097）	（0.046）	（0.881）
INST	0.0642**	0.0638**	0.0692**	−0.0854***	−0.0856
	（0.029）	（0.029）	（0.029）	（0.032）	（0.163）
Big4	0.0666*	0.0821**	0.0866**	−0.776***	−0.163
	（0.037）	（0.037）	（0.037）	（0.024）	（0.132）
_cons	−3.566***	−3.284***	−3.268***		−2.683
	（0.247）	（0.244）	（0.244）		（4.528）
年份固定	是	是	是	是	是
个体固定	是	是	是	是	是
N	13160	13160	13160	13160	10340
R-sq	0.111	0.101	0.100	0.0533	0.0478

2. 更换估计方式与样本区间

这里进一步通过更换估计方式验证回归结果的稳健性。借鉴刘晨和崔鹏（2022）的做法，以 Tobit 模型进行重新估计，结果如表4第（4）列所示，人工智能发展水平的回归系数依旧显著为正。本文运用2009~2019年的研究样本进行回归，结果见表4第（5）列，可以看出回归系数依旧显著为正。

3. 高阶联合固定效应

为控制不同城市和省份逐年变化的一些不可观测或不可度量的影响因素对上市企业全要素

生产率的影响（李磊和徐大策，2020），这里进一步在模型中控制了城市—年份固定效应和省份—年份固定效应，结果见表5第（1）、第（2）列。可以看出，在实现高阶联合固定效应后，人工智能发展水平的回归系数依旧在1%的统计水平上显著为正，从而证明本文研究结论的稳健性。

表5　稳健性检验结果：高阶联合固定，增加控制变量与保留制造业样本

变量	（1）城市固定	（2）省份固定	（3）增加控制变量	（4）保留制造业样本
	TFP			
AI	0.160***	0.159***	0.155***	0.125***
	(0.012)	(0.012)	(0.012)	(0.013)
ROA	−0.601***	−0.595***	−0.608***	−0.672***
	(0.120)	(0.120)	(0.120)	(0.108)
Tobin Q	0.0425***	0.0423***	0.0406***	0.0285***
	(0.007)	(0.007)	(0.007)	(0.006)
Lev	0.199***	0.210***	0.190***	0.256***
	(0.056)	(0.056)	(0.056)	(0.057)
Cashflow	0.0733	0.078	0.0894	0.142**
	(0.059)	(0.059)	(0.059)	(0.070)
Board	−0.0749*	−0.0747*	−0.0846*	−0.0347
	(0.045)	(0.045)	(0.045)	(0.045)
Dual	−0.0493**	−0.0491**	−0.0543***	−0.0293
	(0.019)	(0.020)	(0.019)	(0.019)
SOE	0.0339	0.0333	0.0203	−0.0114
	(0.036)	(0.036)	(0.035)	(0.037)
Age	2.070***	2.069***	2.055***	2.092***
	(0.087)	(0.087)	(0.087)	(0.094)
Top1	−0.113	−0.115	−0.131	−0.268***
	(0.099)	(0.098)	(0.097)	(0.101)
INST	0.0586**	0.0615**	0.0593**	0.159***
	(0.029)	(0.029)	(0.029)	(0.030)
Big4	0.0698*	0.0704*	0.0611*	0.127***
	(0.037)	(0.037)	(0.036)	(0.038)
GDP			−0.0694***	
			(0.016)	
Edu			−0.0104***	
			(0.004)	
Internet			0.0774*	
			(0.045)	
IS			−0.0389**	
			(0.017)	
_cons	−3.568***	−3.603***	−3.240***	−3.476***
	(0.249)	(0.268)	(0.248)	(0.254)
年份固定	是	是	是	是
个体固定	是	是	是	是
城市固定	是	否	否	否
省份固定	否	是	否	否

续表

变量	（1）城市固定	（2）省份固定	（3）增加控制变量	（4）保留制造业样本
	TFP			
N	13160	13160	13160	7439
R-sq	0.117	0.115	0.113	0.194

4. 增加控制变量与保留制造业样本

为了减少城市维度的宏观经济因素通过非人工智能渠道对全要素生产率造成的影响，这里借鉴 Fan 等（2021）、唐青青等（2021）的做法，加入了城市维度的控制变量以缓解遗漏变量带来的内生性偏误，包括经济发展水平（GDP）、人力资本（Edu）、互联网发展水平（Internet）和产业结构（IS）等，相关变量数据来自《中国城市统计年鉴》，实证结果如表5第（3）列所示。同时，鉴于本文以机器人数据作为人工智能的代理变量，而制造业企业往往是引进机器人的主要经济主体，因此这里对研究样本进行筛选，仅保留制造业企业样本进行实证分析，结果如表5第（4）列所示。

由以上实证分析可以看出，无论是增加控制变量还是保留制造业企业样本，人工智能发展水平的系数依然显著为正，由此验证了本文基准回归结果的稳健性。

5. 内生性检验

在上文中通过将解释变量滞后一期、高阶联合固定效应和增加控制变量等方式能够在一定程度上解决内生性问题。但由于样本自选择、样本选择偏误和反向因果关系等因素，内生性问题可能仍然存在，从而降低了估计结果的准确性，为此，这里拟从以下三个角度解决可能存在的内生性问题。

首先，构建 PSM 模型解决可能存在的样本自选择问题。选取总资产净利润率（ROA）、企业价值（Tobin Q）、财务杠杆（Lev）、现金持有（Cashflow）、董事会规模（Board）、两职合一（Dual）、是否为国有企业（SOE）、企业年龄（Age）、第一大股东持股比例（Top1）、机构持股比例（INST）和是否为"四大"（Big4）等作为特征变量，利用 Logit 回归模型计算倾向得分值并进行 1∶1 最邻近匹配。在匹配样本的基础上再次检验人工智能对全要素生产率的影响，实证分析结果展示在表6第（1）列。

表6　稳健性检验结果：内生性问题

变量	（1）PSM	（2）Heckman	（3）IV	（4）IV2
	TFP			
AI	0.149*** (0.000)	0.259*** (0.027)	0.186*** (0.046)	0.373*** (0.043)
ROA	0.0293*** (0.003)	-0.296 (0.365)	-0.105 (0.203)	-0.734*** (0.201)
Tobin Q	-0.000567*** (0.000)	-0.00206 (0.020)	-0.0008 (0.010)	0.0306*** (0.010)
Lev	0.00088 (0.002)	-0.161 (0.106)	-0.180** (0.078)	-0.449*** (0.079)

续表

变量	（1） PSM	（2） Heckman	（3） IV	（4） IV2
	TFP			
Cashflow	0.00249	1.079***	0.409***	0.396***
	(0.002)	(0.196)	(0.092)	(0.093)
Board	−0.00202*	−0.811***	−0.396***	−0.461***
	(0.001)	(0.077)	(0.040)	(0.042)
Dual	−0.00127**	−0.00918	−0.0136	−0.0174
	(0.001)	(0.049)	(0.017)	(0.018)
SOE	−0.000884	−0.101***	−0.0481***	−0.0580***
	(0.001)	(0.036)	(0.013)	(0.013)
Age	0.0121***	−0.717***	−0.305***	−0.316***
	(0.003)	(0.056)	(0.028)	(0.028)
Top1	0.00189	0.1	0.139***	0.0765
	(0.003)	(0.113)	(0.052)	(0.052)
INST	0.00455***	−0.130*	−0.0906*	−0.217***
	(0.001)	(0.079)	(0.047)	(0.046)
Big4	−0.00230**	−1.203***	−0.781***	−0.892***
	(0.001)	(0.048)	(0.044)	(0.043)
_cons	1.874***	4.285***	3.373***	2.984***
	(0.008)	(0.259)	(0.151)	(0.142)
年份固定	是	是	是	是
个体固定	是	是	是	是
IMR		−0.00924***		
		(0.001)		
Kleibergen–Paap rk LM statistic			208.428	229.86
Kleibergen–Paap rk Wald F statistic			107.353	29.737
Cragg–Donald Wald F statistic			1037.53	380.256
N	11819	13160	13160	13160
R-sq	0.971		0.116	0.095

其次，利用 Heckman 两阶段模型解决可能存在的样本选择偏差问题。在 Heckman 两阶段模型中，第一阶段的因变量是人工智能发展水平的虚拟变量。当企业人工智能发展水平高于平均水平时，虚拟变量取 1，否则取 0。第一阶段利用 Probit 模型计算逆米尔斯比率（IMR）并将其纳入回归模型，再次进行实证检验，实证分析结果展示在表 6 第（2）列。

最后，为解决可能存在的反向因果问题，从以下两个维度构建工具变量。一是参考王永进等（2017）、何小钢等（2019）的做法，利用相同城市同一行业其他企业的平均人工智能应用程度作为本企业人工智能发展水平的工具变量；二是参考 Zhao 等（2022）以各省份的光缆密度作为人工智能的工具变量的做法，以省级维度的光缆密度与相同城市同一行业其他企业的平均人工智能应用程度的交互项作为本企业人工智能发展水平的工具变量。光缆作为人工智能领域的首选材料，与各省份人工智能发展水平有很强的正相关性，但与其他经济变量的相关性较低，因此可作为有用的工具变量，实证分析结果展示在表 6 第（3）、第（4）列。

根据以上实证分析结果，第（1）列在考虑样本自选择问题后的人工智能发展水平依旧显著为正，表明本文的实证结果是稳健的；第（2）列显示 IMR 在 1% 的水平上显著，说明原模型中确实存在样本选择偏误，而引入 IMR 后回归结果中人工智能发展水平系数依然显著；第（3）、第（4）列中工具变量检验的 Kleibergen-Paap rk LM statistic 统计量分别为 208.428 和 229.86（P值为 0.00），拒绝不可识别的原假设；Kleibergen-Paap Wald rk F statistic 统计量分别为 107.353 和 29.737，均大于 16.38 的临界标准，表明弱工具变量的可能性较小。实证结果表明，在考虑可能存在的反向因果关系后，估计系数仍显著为正，与基准回归模型的计量结果一致。

（四）异质性分析

在初步验证了人工智能发展水平促进全要素生产率提升的基础上，这里进一步从企业自身内部因素和面临的外部环境两个层面讨论该影响的异质性特征。其中，内部因素包括企业自身技术水平和企业规模；外部环境包括区位因素和市场竞争程度。

1. 技术水平异质性

高新技术企业是技术需求和创新产出效率相对较高的企业。相比于高新技术企业，在日益激烈的竞争压力下，低技术企业更渴望寻求引入人工智能以提高盈利能力和发展活力。因此，这里将研究样本中的技术企业进一步划分为高新技术企业和低技术企业，实证结果如表7第（1）、第（2）列所示。可以看出，人工智能发展水平对低技术企业全要素生产率的促进效应更为明显，可能的解释是：人工智能（机器人）的引入对于低技术产业部门存在较为显著的劳动力节约效应，究其原因在于：一方面，人工智能（机器人）在生产过程中工作更加稳定且效率高于简单劳动者，能够减少从事重复性常规工作劳动力的投入和次品率，并能提高极端环境下的生产安全性，减少因员工伤亡造成的经济和效率损失，还能够拓宽业务范围，由此带来低技术企业就业结构的高端化和资本进一步深化（Du and Lin，2022；宁光杰和张雪凯，2021）。另一方面，低技术企业的技术水平和技术门槛相对较低，人工智能应用带来的知识创造比高新技术行业相对容易。例如，人工智能与深度学习、计算机视觉等新技术的应用为低技术企业提供了大量的信息源、新知识和新计算方法，加速了知识重组和创造的过程，并相应地丰富了知识学习和吸收能力（Liu et al.，2020），从而对全要素生产率的促进效果更加明显，这也与李磊等（2021）和孔高文等（2020）的研究结论相一致。

表 7　异质性分析结果：技术水平与企业规模异质性

变量	（1）	（2）	（3）	（4）
	高技术需求	低技术需求	大型企业	中小型企业
	TFP			
AI	0.0976***	0.179***	0.269***	0.151***
	(0.015)	(0.019)	(0.032)	(0.015)
ROA	-0.603***	-0.552**	-0.637**	-0.536***
	(0.121)	(0.222)	(0.323)	(0.132)
Tobin Q	0.0419***	0.0341***	0.0604***	0.0353***
	(0.007)	(0.011)	(0.022)	(0.007)
Lev	0.264***	0.165*	0.163	0.237***
	(0.066)	(0.087)	(0.146)	(0.062)
Cashflow	0.122	0.0482	-0.111	0.0568
	(0.079)	(0.085)	(0.159)	(0.065)
Board	-0.0237	-0.125*	0.262***	-0.125**
	(0.052)	(0.071)	(0.096)	(0.051)

变量	（1） 高技术需求	（2） 低技术需求	（3） 大型企业	（4） 中小型企业
	TFP			
Dual	−0.0491 **	−0.0648 **	−0.0308	−0.0419 *
	（0.022）	（0.031）	（0.050）	（0.022）
SOE	−0.0129	0.0462	−0.0195	0.0206
	（0.047）	（0.052）	（0.084）	（0.040）
Age	2.313 ***	1.851 ***	1.276 ***	2.182 ***
	（0.103）	（0.135）	（0.183）	（0.099）
Top1	−0.225 *	−0.0202	−0.182	−0.136
	（0.126）	（0.157）	（0.194）	（0.113）
INST	0.120 ***	0.041	0.00484	0.0891 ***
	（0.035）	（0.042）	（0.052）	（0.033）
Big4	0.0857 **	0.0305	−0.00498	0.0523
	（0.043）	（0.059）	（0.055）	（0.046）
_cons	−3.936 ***	−3.123 ***	−3.051 ***	−3.688 ***
	（0.284）	（0.385）	（0.540）	（0.277）
年份固定	是	是	是	是
个体固定	是	是	是	是
N	5804	7356	2457	10703
R-sq	0.216	0.079	0.101	0.119

2. 企业规模异质性

这里将企业划分为大型企业和中小型企业进行异质性检验，结果如表7第（3）、第（4）列所示。可以看出，人工智能发展水平对大型企业的全要素生产率的促进效果更加明显，可能的原因是：一方面，大型企业研发资金和研究人员等创新资源较为充足，先进技术吸收能力相对于中小型企业也更强，因此这些企业通过引入人工智能（机器人）整合内外部资源，实现与企业业务战略和高技能工人的匹配，由此提高了全要素生产率（王林辉等，2022）。另一方面，人工智能的发展是一个较为长期、有风险且成本高昂的过程，大型企业相对中小企业在战略意识、数字技能、资本储备、抗风险能力等方面都比中小企业具有明显优势，由此使大型企业能够更快地响应和使用新的人工智能技术，并在企业效率方面较快体现出来。

3. 区域异质性

我国地域幅员辽阔，不同地区城市在初始要素禀赋、经济发展水平和政府政策支持力度等方面都存在一定差异。企业规模异质性检验已经证明，人工智能发展水平对大型企业全要素生产率的促进效果更加明显，而我国大型企业多聚集于东部沿海地区，因此，人工智能发展水平对全要素生产率的影响也会在区域层面表现出一定的异质性。鉴于本文分析的样本中沿海地区企业数占企业总数的63.6%，因此将研究样本划分为沿海地区和内陆地区①，结果如表8第（1）、第（2）列所示。可以发现，人工智能发展水平对沿海地区企业的全要素生产率的促进效应更为明显，可能的原因是：东部地区经济发展水平较高、技术和产业发展基础较好，区域内部物质资本和人力资本较为充裕，尤其是高端人力资本较充裕，且包括新基建在内的基础设施

---

① 国家统计局将我国省份划分为四个区域：沿海（东部）、中部、西部和东北部。沿海（东部）地区包括北京、天津、河北、上海、江苏、浙江、福建、山东、广东、海南十个省份。本文将其他区域合并为内陆地区。

相对完善，企业技术创新能力强，政府政策支持力度和有效性也较为突出，由此这些地区的人工智能发展水平越高，越有利于提升其全要素生产率水平。另外，东部沿海地区智能企业的综合实力相对更强。根据《2021 人工智能发展白皮书》，截至 2020 年底，我国人工智能相关企业数量达到 6425 家，其中京津冀、江浙沪和粤港澳占据人工智能相关企业总数的 80%。明显的区位优势使这些区域的高技术产业产品进口量增加，在率先采用国际先进标准和前沿技术以及自身积累的外部知识资源的基础上（Alguacil et al.，2022），这些地区企业人工智能对全要素生产率的促进作用表现得更加显著。

表 8　异质性分析结果：区域与市场环境异质性

变量	（1）	（2）	（3）	（4）
	沿海地区	内陆地区	高市场竞争	低市场竞争
	TFP			
AI	0.172***	0.141***	0.201***	0.125***
	(0.016)	(0.019)	(0.026)	(0.014)
ROA	-0.540***	-0.492***	-1.021***	-0.481***
	(0.161)	(0.181)	(0.214)	(0.138)
Tobin Q	0.0523***	0.016	0.0601***	0.0304***
	(0.008)	(0.011)	(0.011)	(0.008)
Lev	0.338***	0.0322	0.225**	0.125**
	(0.075)	(0.084)	(0.110)	(0.063)
Cashflow	0.128*	-0.0603	0.0741	0.140**
	(0.075)	(0.099)	(0.112)	(0.067)
Board	-0.0848	-0.0241	0.0275	-0.0479
	(0.060)	(0.066)	(0.084)	(0.051)
Dual	-0.0699***	-0.0138	-0.0557	-0.0796***
	(0.025)	(0.031)	(0.035)	(0.023)
SOE	0.00338	0.0588	0.0391	0.0281
	(0.058)	(0.045)	(0.107)	(0.038)
Age	2.102***	1.997***	1.972***	2.025***
	(0.107)	(0.151)	(0.179)	(0.096)
Top1	-0.145	-0.184	-0.303	-0.041
	(0.130)	(0.148)	(0.191)	(0.111)
INST	0.0481	0.0978**	0.0980*	0.0461
	(0.036)	(0.048)	(0.054)	(0.032)
Big4	0.0553	0.129	0.151**	0.0208
	(0.041)	(0.087)	(0.071)	(0.040)
_cons	-3.883***	-3.145***	-3.712***	-3.408***
	(0.307)	(0.409)	(0.487)	(0.271)
年份固定	是	是	是	是
个体固定	是	是	是	是
N	8373	4787	3938	9222
R-sq	0.132	0.085	0.136	0.115

4. 市场竞争环境异质性

除区位因素，企业所处的市场竞争环境也会影响企业是否引入人工智能的策略选择。这里选择赫芬达尔-赫希曼指数（HHI）作为市场竞争程度的代理变量，并按中值将研究样本分为高市场竞争环境和低市场竞争环境，实证结果见表8第（3）、第（4）列。可以发现，处于高市场竞争程度的企业，其采用人工智能对全要素生产率的促进作用更加明显。可能的解释是：人工智能引发的产业技术变革加剧了产业市场竞争，处于竞争环境更激烈的企业往往倾向于通过降低产品成本和采取差异化竞争策略以获得更多的市场份额。一方面，人工智能作为外生技术进步，能够实现对大部分标准化和程序化劳动的替代（Makridakis，2017），由此减少了低技能劳动工人的需求，人工智能驱动的技能结构优化有助于企业实现全要素生产率的提升。另一方面，人工智能提高了企业处理产品和服务组合的速度和能力，从而获得服务更大市场和提供个性化、智能化产品和服务的新机会，使企业采取质量或差异化竞争策略成为可能，由此提升了企业全要素生产率。

六、人工智能影响全要素生产率的机制检验

通过以上实证分析可知，人工智能作为新一代信息通信技术中的通用性目的技术和主导性技术，其快速发展和应用明显推动了我国全要素生产率的提升，而这种促进作用的内在机制是什么？以上理论分析所揭示的人工智能促进全要素生产率提升的作用机制是否具有合理性？对这些问题，这里通过识别人工智能发展水平与企业成本和研发能力的关系，并结合理论机制分析内容实证检验人工智能通过提升资源配置、降低企业成本和增加研发能力影响全要素生产率的三个具体机制。其中，以企业资本存量占总产值的比重衡量要素配置效率（Factor Allocation），以企业的主营业务成本与主营业务收入的比重衡量企业成本（Cost），以企业 R&D 投入衡量研发能力（R&D），其余变量与前文基准模型的解释相同，实证分析结果如表9所示。

表 9　机制检验回归结果

变量	(1)	(2)	(3)	(4)	(5)	(6)
	要素配置		企业成本		研发能力	
	factor allocation		cost		R&D	
AI	0.0118 ***	0.00991 ***	−0.0035	−0.0128 ***	1.162 ***	1.167 ***
	(0.002)	(0.002)	(0.004)	(0.004)	(0.083)	(0.088)
ROA		3.488 ***		0.0947		2.501
		(1.233)		(0.092)		(2.018)
Tobin Q		0.0583		0.00341		−0.329 ***
		(0.069)		(0.005)		(0.100)
Lev		1.716 ***		0.0104		−5.699 ***
		(0.575)		(0.026)		(0.568)
Cashflow		−0.0388		0.0939 *		−6.588 ***
		(0.612)		(0.052)		(1.152)
Board		0.284		0.0116		−0.877 **
		(0.459)		(0.020)		(0.438)
Dual		0.146		−0.0555 ***		0.642 **
		(0.199)		(0.012)		(0.259)
SOE		1.024 ***		0.0582 ***		−0.925 ***
		(0.366)		(0.009)		(0.195)
Age		3.806 ***		0.251 ***		2.359 ***
		(0.891)		(0.014)		(0.310)

续表

变量	(1)	(2)	(3)	(4)	(5)	(6)
	要素配置		企业成本		研发能力	
	factor allocation		cost		R&D	
Top1		-0.782		-0.0644**		-2.609***
		(0.995)		(0.029)		(0.634)
INST		-0.495*		0.0458**		5.158***
		(0.294)		(0.020)		(0.433)
Big4		1.095***		-0.0631***		-2.060***
		(0.374)		(0.014)		(0.307)
_cons	10.80***	-0.589	0.836***	0.108*	5.494***	4.147***
	(0.157)	(2.496)	(0.007)	(0.063)	(0.153)	(1.383)
年份固定	是	是	是	是	是	是
个体固定	是	是	是	是	是	是
N	13134	13134	9980	9980	9980	9980
R-sq	0.0279	0.0318	0.000	0.049	0.019	0.063

表9第（1）、第（2）列为企业要素配置路径的实证检验结果，其中，第（1）列为未加入控制变量时人工智能作为核心解释变量与企业要素配置的回归结果，第（2）列为加入控制变量时的估计结果。可以看出，人工智能对企业要素配置的影响为正且在1%的水平上显著，说明人工智能发展应用有利于提高企业配置效率，由此验证了人工智能发展通过促进企业配置效率提升全要素生产率的作用路径，研究假设1成立。表9第（3）、第（4）列为企业成本路径的实证检验结果，其中第（3）列为未加入控制变量时人工智能作为核心解释变量与企业成本的回归结果，第（4）列为加入控制变量时的估计结果。可以看出，人工智能对企业成本的影响为负且在1%的水平上显著，说明人工智能发展应用有利于降低企业成本，由此验证了人工智能发展通过降低企业成本提升全要素生产率的作用路径，研究假设2成立。表9第（5）、第（6）列为企业研发能力增强路径的实证检验结果。其中，第（5）列为未加入控制变量时人工智能作为核心解释变量与企业研发能力的回归结果，第（6）列为加入控制变量时的估计结果。可以看出，人工智能对企业研发能力的影响为正且在1%的水平上显著，说明人工智能发展水平有利于增强企业的研发能力，由此验证了人工智能发展应用通过提高企业研发能力提升全要素生产率的作用路径，研究假设3成立。

可见，在人工智能促进全要素生产率提升过程中，要素配置效率提升、企业成本节约和研发能力增强的中介效应都是显著的。这说明，人工智能应用通过提高要素配置效率、降低企业成本和增强企业研发能力三条路径，促进全要素生产率的提升。

七、进一步分析

现有研究多以工业机器人作为人工智能的代理变量（孙早和侯玉琳，2021；唐青青等，2021），但工业机器人的范围远远小于人工智能的范畴，仅以企业使用的机器人数量难以反映人工智能的真实发展情况。因此，本文借鉴权小锋和李闯（2022）的研究，以智能制造试点示范项目为准自然实验分析人工智能对全要素生产率的影响。其主要考量在于智能制造的新一代人工智能和先进制造业的深度融合形成的，人工智能的创新与应用是智能制造的重要标志，因此通过评估智能制造试点对全要素生产率的影响能够更为精准地识别人工智能对全要素生产率影响的净效应。本文将研究样本与工信部发布的智能制造试点示范项目名单进行匹配构建交叠 DID 模型进行实证分析，其中，第（1）列展示了未添加控制变量的简洁估计结果；第（2）列展示了仅控制个体固定效应的估计结果；第（3）列展示了同时考虑个体和年份固定的估计结果。结果如表 10 所示。

表 10 进一步分析结果

变量	（1） FE	（2） FE	（3） FE
	TFP		
DID	0.485***	0.415***	0.415***
	（0.136）	（0.103）	（0.114）
ROA		−1.561*	−0.489
		（0.872）	（0.833）
Tobin Q		0.0862***	0.121***
		（0.031）	（0.040）
Lev		1.674***	1.889***
		（0.422）	（0.419）
Cashflow		0.997***	0.481
		（0.362）	（0.361）
Board		−0.153	−0.223
		（0.294）	（0.285）
Dual		−0.333*	−0.312*
		（0.175）	（0.172）
SOE		0.452**	0.372*
		（0.205）	（0.203）
Age		4.813***	10.07***
		（0.298）	（0.822）
Top1		0.00326	0.271
		（0.733）	（0.752）
INST		−0.0402	0.286
		（0.196）	（0.200）
Big4		0.246	0.358*
		（0.231）	（0.206）
_cons	10.21***	−3.688***	−18.15***
	（0.002）	（1.113）	（2.321）
时间固定	是	否	是
个体固定	是	是	是
N	13160	13160	13160
R−sq	0.000813	0.113	0.0629

实证结果表明，表 10 第（1）~第（3）列所展示的人工智能发展水平的回归系数均为正且均在 1% 的水平上显著，表明人工智能发展水平能够促进全要素生产率提升，这进一步验证了基准回归的结果。

本文进一步绘制平行趋势图以验证双重差分模型是否适用，结果如图 2 所示。可以看出，政策前系数接近于 0 且均非常平缓，而从政策实施当年起，各交互项系数均显著，可知平行趋势假设成立。政策实施后系数呈现上升的趋势意味着政策效果存在一定的滞后性。由于交叠 DID

存在处理效应异质性的潜在问题，可能导致采用传统双向固定效应模型估计存在潜在偏误。因此，本文利用 De Chaisemartin 和 D'Haultfoeuille（2020）提出的通过加权计算两种处理效应的值得到平均处理效应无偏估计的方法，结果如图 3 所示，可以发现在考虑处理效应异质性的情况下，事前一期和两期显著，说明智能制造试点政策实施存在预期效应，即各企业为了入选试点名单和响应国家号召，往往会提前布局，加强智能设施引入从而提高生产率，事后各期系数显著上升，表明智能制造试点能够显著提升企业全要素生产率，进一步验证前文的研究结论。考虑到全要素生产率为合成指标，受其他社会经济因素的影响较大（张涛和李均超，2023），本文进一步利用双重机器学习方法进行重新估计以提高识别结果的准确性，结果如表 11 所示。其中，第（1）~第（4）列为分别使用随机森林算法、套索回归、梯度提升和神经网络等机器学习算法进行估计的结果，可以看出回归系数依旧显著为正，能够证明本文的基本结论依旧显著。

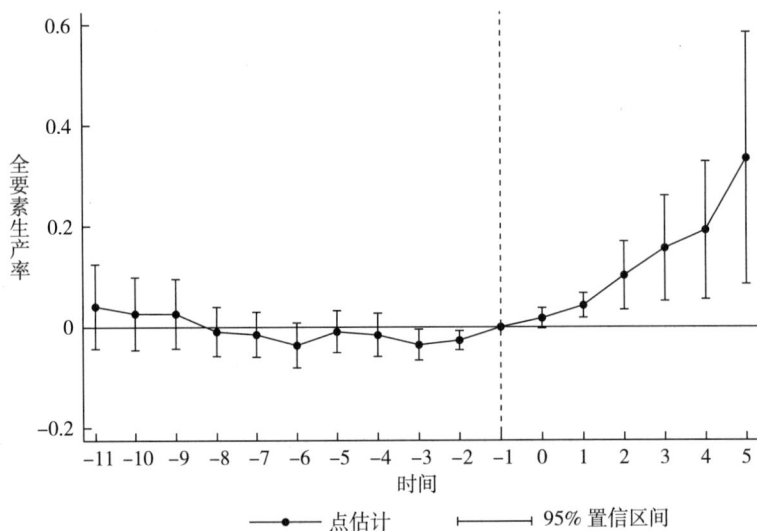

图 2　平行趋势

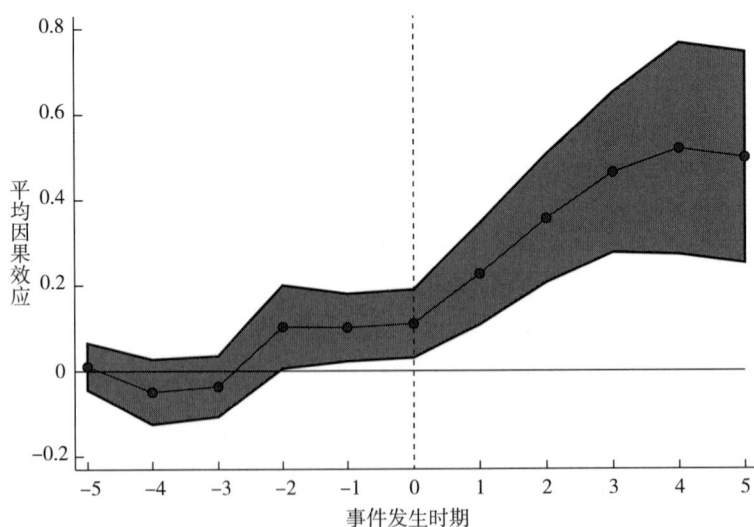

图 3　基于交叠 DID 模型的异质性稳健估计量

表 11　双重机器学习估计结果

变量	(1) 随机森林	(2) 套索回归	(3) 梯度提升	(4) 神经网络
	TFP			
DID	0.348 **	0.539 ***	0.534 ***	0.572 ***
	(0.147)	(0.141)	(0.141)	(0.204)
_cons	−0.103 ***	0.00714	0.00714	0.0788 ***
	(0.015)	(0.014)	(0.014)	(0.011)
控制变量一次项	是	是	是	是
控制变量二次项	是	是	是	是
时间固定	是	是	是	是
个体固定	是	是	是	是
N	13145	13145	13145	13145

八、主要结论及对策建议

本文基于 2006~2018 年省级面板数据和 2007~2020 年上市公司面板数据，从宏观和微观两个维度实证分析了人工智能对我国全要素生产率的影响效应及机制，得到的主要结论如下：

第一，人工智能发展应用在省级层面和企业层面均有利于提升我国全要素生产率。作为第四次工业革命的通用性技术和战略性技术，人工智能在我国的发展应用尚处于初期阶段，与实体经济的融合尚不够深入，作用范围也有待于进一步拓展。尽管如此，人工智能已经表现出对全要素生产率提升的促进作用。由此表明，人工智能在促进我国实现效率变革、动力变革、质量变革，提升全要素生产率、实现经济高质量发展方面具有巨大潜能。

第二，人工智能对我国全要素生产率的提升作用主要是通过提高要素配置效率、降低企业成本和增强企业研发能力等途径实现的。其中，提高要素配置效率包括打破要素流动壁垒、促进产业智能化与智能产业化和提升要素替代；降低企业成本包括降低成本、管理成本、用工成本和交易成本；增强研发能力包括提升研发效率、加速知识创造和知识吸收以及增加研发投入。

第三，人工智能对我国全要素生产率的影响及作用表现出一定的异质性。从技术水平上看，人工智能发展应用对低技术企业全要素生产率的促进效应更加明显。人工智能的引入通过"机器换人"过程，对于低技术企业具有较显著的劳动力节约效应。从企业规模上看，人工智能发展水平对大型企业全要素生产率的促进效应更加明显。一方面，大型企业在战略意识、数字技能、资本储备、抗风险能力等方面具有更为明显的优势，能够较快适应人工智能应用带来的技术冲击。另一方面，人工智能应用有助于整合企业内外部资源，实现与企业业务战略和高技能工人的深度匹配。从区位因素看，人工智能对全要素生产率的影响在东部地区更加明显，原因是东部地区在产业基础、技术条件、人力资本储备等方面优势更为明显，人工智能技术的推广应用更为迅速，与实体经济的融合更为深入，由此使人工智能对这些地区全要素生产率的影响效应最大。可见，促进人工智能与区域实体经济深度融合，对改善我国现实存在的区域经济发展不均衡、不协调的状况具有一定作用。从市场环境看，人工智能对处于高市场竞争环境的企业的全要素生产率的促进作用更加明显，因为这类企业寄希望于通过人工智能能够实现对大部分标准化和程序化的劳动的替代进而扩大市场规模，提高市场份额，实现全要素生产率的提升。

基于以上分析结论，为进一步发挥人工智能促进我国全要素生产率提升的作用，应重点采取以下对策：

第一，加快突破新一代人工智能关键核心技术，促进人工智能快速发展和应用。一是加强人工智能国家实验室、国家重点实验室、新型研发机构等创新平台建设，提升对人工智能关键核心技术的研发和突破能力。二是通过政府直接财政补贴与税收减免等政策组合，持续稳定地加大对人工智能技术的研发及应用推广力度；同时鼓励、支持民营资本更多流向人工智能研发、应用领域，进一步优化人工智能研发、应用的资本结构。三是为人工智能技术研发创造良好的外部环境，形成更加高效的人工智能技术产学研合作研发机制，提升人工智能技术研发效率。

第二，大力培养、引进更多人工智能研发、应用领域的高端人才。一是由政府相关部门牵头成立人工智能职业技能培训学校，通过技能培训向传统行业企业输送人工智能技术工人，利用税收优惠等手段提高企业对这类技术工人的就业吸纳程度。二是引导企业建立现代化人工智能人才梯队，将人工智能技术研发与技术应用作为人才培养的重点领域。三是各级各类高校基于自身优势强化对人工智能技术的研发和应用推广。

第三，加大新一代信息通信基础设施的建设，为人工智能技术的应用夯实基础和平台。一是进一步加大对新一代信息通信基础设施建设的投资力度，通过政府引导，撬动更多社会资本投向信息通信基础设施领域。二是加快布局发展5G网络、物联网、云计算等新型基础设施，提高海量数据传输能力，保障人工智能技术在智慧金融、智慧交通、智能制造等多个领域的顺畅应用。三是加强智能化通信网络的建设，尤其是重点发展工业互联网平台，推动更多企业上云上平台，借助工业互联网等平台载体，实现人工智能与现有产业的深度融合，提高企业运行效率和行业利润率水平。

第四，大力促进数据、算力、算法及标准等高端生产要素的发展及应用。通过充分发挥我国行业应用场景丰富、海量数据优势，支撑我国人工智能技术的创新发展和推广应用。进一步提升算力水平，加强对关键算法的研发，通过提升数据、算力、算法三大要素，提升我国人工智能整体发展水平和应用能力。要强化标准引领。重点推动兼容性技术标准发展，加快推进"智能+"落地，促进产业智能化升级。

第五，基于人工智能发展实际和自身优势相机推进人工智能与实体经济融合发展。积极探索因地制宜发展、应用人工智能的模式，充分发挥各自的优势和条件，更高效推动人工智能的发展和应用。同时，应进一步加强东部、中部、西部三大区域在人工智能发展、应用方面的协同，实现优势互补，更多地促进全要素生产率的提升，同时促进区域经济协同发展。

参考文献

[1] 柏培文，张云. 数字经济、人口红利下降与中低技能劳动者权益 [J]. 经济研究，2021，56 (5)：91-108.

[2] 蔡春花，刘伟，江积海. 商业模式场景化对价值创造的影响——天虹股份2007-2018年数字化转型纵向案例研究 [J]. 南开管理评论，2020，23 (3)：98-108.

[3] 蔡跃洲，陈楠. 新技术革命下人工智能与高质量增长、高质量就业 [J]. 数量经济技术经济研究，2019，36 (5)：3-22.

[4] 陈楠，蔡跃洲. 人工智能、承接能力与中国经济增长——新"索洛悖论"和基于AI专利的实证分析 [J]. 经济学动态，2022 (11)：39-57.

[5] 陈晓，郑玉璐，姚笛. 工业智能化、劳动力就业结构与经济增长质量——基于中介效应

模型的实证检验 [J]. 华东经济管理, 2020, 34 (10): 56-64.

[6] 陈维宣, 吴绪亮. 跨越中等收入陷阱: 基于产业互联网发展战略视角的评述 [J]. 产业经济评论 (山东大学), 2020, 19 (4): 30-54.

[7] 陈中飞, 江康奇. 数字金融发展与企业全要素生产率 [J]. 经济学动态, 2021 (10): 82-99.

[8] 杜爽, 刘刚. 智能产业创新系统运行机制及其对中国的启示——基于贝尔谢巴先进科技园区网络安全产业创新系统运行机制的价值网络分析 [J]. 经济与管理研究, 2021, 42 (12): 35-46.

[9] 杜传忠, 郭美晨. 第四次工业革命与要素生产率提升 [J]. 广东社会科学, 2017 (5): 5-13+254.

[10] 杜传忠, 郭美晨. 信息技术生产率悖论评析 [J]. 经济学动态, 2016 (4): 140-148.

[11] 高翔, 张敏, 刘啟仁. 工业机器人应用促进了"两业融合"发展吗?——来自中国制造企业投入服务化的证据 [J]. 金融研究, 2022, 509 (11): 58-76.

[12] 郭家堂, 骆品亮. 互联网对中国全要素生产率有促进作用吗? [J]. 管理世界, 2016 (10): 34-49.

[13] 郭檬楠, 郭金花, 杨瑞平. 审计管理体制改革、市场化程度与国有企业全要素生产率 [J]. 南开经济研究, 2022 (1): 22-38+55.

[14] 韩峰, 庄宗武. 国内大市场、人工智能应用与制造业出口国内附加值 [J]. 世界经济研究, 2022, 339 (5): 33-47+135.

[15] 韩民春, 韩青江, 夏蕾. 工业机器人应用对制造业就业的影响——基于中国地级市数据的实证研究 [J]. 改革, 2020 (3): 22-39.

[16] 韩先锋, 宋文飞, 李勃昕. 互联网能成为中国区域创新效率提升的新动能吗 [J]. 中国工业经济, 2019 (7): 119-136.

[17] 韩亚峰, 李新安, 杨蔚薇. 政府补贴与企业全要素生产率——甄选效应和激励效应 [J]. 南开经济研究, 2022 (2): 120-137.

[18] 何小钢, 梁权熙, 王善骝. 信息技术、劳动力结构与企业生产率——破解"信息技术生产率悖论"之谜 [J]. 管理世界, 2019, 35 (9): 65-80.

[19] 洪银兴, 任保平. 数字经济与实体经济深度融合的内涵和途径 [J]. 中国工业经济, 2023, 419 (2): 5-16.

[20] 焦豪, 杨季枫, 王培暖等. 数据驱动的企业动态能力作用机制研究——基于数据全生命周期管理的数字化转型过程分析 [J]. 中国工业经济, 2021, 404 (11): 174-192.

[21] 康茜, 林光华. 工业机器人对就业的影响机制——产业结构高级化还是合理化? [J]. 软科学, 2021, 35 (4): 20-27.

[22] 孔高文, 刘莎莎, 孔东民. 机器人与就业——基于行业与地区异质性的探索性分析 [J]. 中国工业经济, 2020 (8): 80-98.

[23] 李磊, 王小霞, 包群. 机器人的就业效应: 机制与中国经验 [J]. 管理世界, 2021, 37 (9): 104-119.

[24] 李磊, 徐大策. 机器人能否提升企业劳动生产率?——机制与事实 [J]. 产业经济研究, 2020 (3): 127-142.

[25] 李自若, 杨汝岱, 黄桂田. 内贸成本、外贸成本与畅通国内大循环 [J]. 中国工业经济, 2022 (2): 61-79.

[26] 刘晨, 崔鹏. 研发投入、企业规模与人工智能企业的生产效率——基于三阶段 DEA 模

型与Tobit模型的二阶段分析［J］.财贸研究，2022，33（5）：45-55.

［27］鲁晓东，连玉君.中国工业企业全要素生产率估计：1999—2007［J］.经济学（季刊），2012，11（2）：541-558.

［28］罗军.金融发展门槛、FDI与区域经济增长方式［J］.世界经济研究，2016（4）：107-118.

［29］宁光杰，张雪凯.劳动力流转与资本深化——当前中国企业机器替代劳动的新解释［J］.中国工业经济，2021（6）：42-60.

［30］钱晶晶，何筠.传统企业动态能力构建与数字化转型的机理研究［J］.中国软科学，2021，366（6）：135-143.

［31］权小锋，李闯.智能制造与成本粘性——来自中国智能制造示范项目的准自然实验［J］.经济研究，2022，57（4）：68-84.

［32］盛明泉，吴少敏，张娅楠.探索式创新与企业全要素生产率［J］.产业经济研究，2020（1）：28-41.

［33］施炳展.互联网与国际贸易——基于双边双向网址链接数据的经验分析［J］.经济研究，2016，51（5）：172-187.

［34］施震凯，邵军，浦正宁.交通基础设施改善与生产率增长：来自铁路大提速的证据［J］.世界经济，2018，41（6）：127-151.

［35］苏玺鉴，胡安俊.人工智能的产业与区域渗透：态势、动力、模式与挑战［J］.经济学家，2023，290（2）：79-89.

［36］孙早，侯玉琳.人工智能发展对产业全要素生产率的影响——一个基于中国制造业的经验研究［J］.经济学家，2021（1）：32-42.

［37］唐青青，白东北，王珏.人工智能对出口产品质量促进的异质效应与影响路径［J］.现代财经（天津财经大学学报），2021，41（12）：94-110.

［38］唐宜红，顾丽华.智能制造对出口的影响——基于工业机器人的经验证据［J］.国际经贸探索，2022，38（4）：4-21.

［39］王金杰，郭树龙，张龙鹏.互联网对企业创新绩效的影响及其机制研究——基于开放式创新的解释［J］.南开经济研究，2018（6）：170-190.

［40］王林辉，胡晟明，董直庆.人工智能技术、任务属性与职业可替代风险：来自微观层面的经验证据［J］.管理世界，2022（7）：60-78.

［41］王晓娟，朱喜安，王颖.工业机器人应用对制造业就业的影响效应研究［J］.数量经济技术经济研究，2022，39（4）：88-106.

［42］王永进，匡霞，邵文波.信息化，企业柔性与产能利用率［J］.世界经济，2017（1）：67-90.

［43］韦东明，顾乃华，韩永辉.人工智能推动了产业结构转型升级吗——基于中国工业机器人数据的实证检验［J］.财经科学，2021（10）：70-83.

［44］吴非，胡慧芷，林慧妍，任晓怡.企业数字化转型与资本市场表现——来自股票流动性的经验证据［J］.管理世界，2021，37（7）：10+130-144.

［45］威廉·拉佐尼克.经济学手册［M］.谢关平，高增安，杨萍，译.北京：人民邮电出版社，2006.

［46］吴杨伟，王胜.中国贸易优势培育与重释［J］.经济学家，2017，221（5）：36-43.

［47］闫雪凌，朱博楷，马超.工业机器人使用与制造业就业：来自中国的证据［J］.统计研究，2020，37（1）：74-87.

［48］张涛，李均超.网络基础设施、包容性绿色增长与地区差距——基于双重机器学习的因果推断［J］.数量经济技术经济研究，2023（4）：113-135.

［49］张沁琳，沈洪涛.政府大客户能提高企业全要素生产率吗？［J］.财经研究，2020，46（11）：34-48.

［50］张昕蔚.数字经济条件下的创新模式演化研究［J］.经济学家，2019，247（7）：32-39.

［51］诸竹君，袁逸铭，焦嘉嘉.工业自动化与制造业创新行为［J］.中国工业经济，2022（7）：84-102.

［52］Acemoglu D, Restrepo P. Artificial Intelligence, Automation and Work ［R］. NBER Working Paper, No. w24196, 2018a.

［53］Acemoglu D, Restrepo P. Low-Skill and High-Skill Automation ［J］. Journal of Human Capital, 2018b, 12（2）：204-32.

［54］Acemoglu D, Restrepo P. Automation and New Tasks：How Technology Displaces and Reinstates Labor ［J］. Journal of Economic Perspectives, 2019, 33（2）：3-30.

［55］Acemoglu D, Restrepo P. Robots and Jobs：Evidence from US Labor Markets ［J］. Journal of Political Economy, 2020a, 128（6）：2188-2244.

［56］Acemoglu D, Restrepo P. Unpacking Skill Bias：Automation and New Tasks ［J］. AEA Papers and Proceedings, 2020b, 110：356-361.

［57］Aghion P, Jones B F, Jones C I. Artificial intelligence and economic growth ［M］//The Economics of Artificial Intelligence：An Agenda. Chicago：University of Chicago Press, 2019.

［58］Agrawal A, Gans J S, Goldfarb A. Artificial Intelligence：The Ambiguous Labor Market Impact of Automating Prediction ［J］. Journal of Economic Perspectives, 2019, 33（2）：31-50.

［59］Alguacil M, Lo Turco A, Martínez-Zarzoso I. Robot Adoption and Export Performance：Firm-Level Evidence from Spain ［J］. Economic Modelling, 2022, 114：105912.

［60］Alonso C, Berg A, Kothari S, Papageorgiou C, Rehman S. Will the AI Revolution Cause a Great Divergence？ ［J］. Journal of Monetary Economics, 2022, 127：18-37.

［61］Andrews D, Criscuolo C, Gal P. The Best versus the Rest：The Global Productivity Slowdown, Divergence across Firms and the Role of Public Policy ［R］. OECD Productivity Working Papers, No. 5, OECD Publishing, Paris, 2016.

［62］Autor D H, Dorn D, Hanson G H. Untangling Trade and Technology：Evidence from Local Labour Markets ［J］. The Economic Journal, 2015, 125（584）：621-646.

［63］Ballestar M T, Camiña E, Díaz-Chao Á, Torrent-Sellens J. Productivity and Employment Effects of Digital Complementarities ［J］. Journal of Innovation and Knowledge, 2021, 6（3）：177-190.

［64］Bloom N, Sadun R, Van Reenen J. Americans do IT Better：US Multinationals and the Productivity Miracle ［J］. American Economic Review, 2012, 102（1）：167-201.

［65］Brynjolfsson E, McAfee A. The Second Machine Age：Work, Progress, and Prosperity in a Time of Brilliant Technologies ［M］. London：W. W. Norton, 2014.

［66］Brynjolfsson E, Rock D, Syverson C. Artificial Intelligence and the Modern Productivity Paradox：A clash of expectations and statistics ［M］//The Economics of Artificial Intelligence：An agenda. Chicago：University of Chicago Press, 2019.

［67］Brynjolfsson E, Rock D, Syverson C. The Productivity J-Curve：How Intangibles Complement General Purpose Technologies [J]. American Economic Journal: Macroeconomics, 2021, 13 (1): 333-372.

[68] Bughin J. Artificial Intelligence, Its Corporate Use and How It Will Affect the Future of Work [J]. Capitalism, Global Change and Sustainable Development: Springer, 2020: 239-260.

[69] Chen Y, Yang S, Li Q. How Does the Development of Digital Financial Inclusion Affect the Total Factor Productivity of Listed Companies? Evidence from China [J]. Finance Research Letters, 2022, 47: 102956.

[70] Coase R H. The Nature of the Firm [J]. Economica, 1937, 4 (16): 386-405.

[71] Cockburn I M, Henderson R, Stern S. The Impact of Artificial Intelligence on Innovation: An Exploratory Analysis [M]// The Economics of Artificial Intelligence: An agenda. Chicago: University of Chicago Press, 2019.

[72] Dewan S, Kraemer K L. Information Technology and Productivity: Evidence from Country-Level Data [J]. Management Science, 2000, 46 (4): 548-562.

[73] Du L, Lin W. Does the Application of Industrial Robots Overcome the Solow Paradox? Evidence from China [J]. Technology in Society, 2022, 68: 101932.

[74] Fan H, Hu Y, Tang L. Labor Costs and the Adoption of Robots in China [J]. Journal of Economic Behavior and Organization, 2021, 186: 608-631.

[75] Frank M R, Autor D, Bessen J E, Brynjolfsson E, Cebrian M, Deming D J, et al. Toward understanding the impact of artificial intelligence on labor [J]. Proceedings of the National Academy of Sciences, 2019, 116 (14): 6531-6539.

[76] Jorgenson D W, Ho M S, Stiroh K J. A Retrospective Look at the US Productivity Growth Resurgence [J]. Journal of Economic Perspectives, 2008, 22 (1): 3-24.

[77] Jorgenson D W, Stiroh K J. Raising the Speed Limit: U. S. Economic Growth in the Information Age [J]. Brookings Papers on Economic Activity, 2000 (1): 125-210.

[78] Jung J H, Lim D. Industrial Robots, Employment Growth, and Labor Cost: A Simultaneous Equation Analysis [J]. Technological Forecasting and Social Change, 2020, 159: 120202.

[79] Kromann L, Malchow-Møller N, Skaksen J R, Sørensen A. Automation and Productivity—A Cross-Country, Cross-Industry Comparison [J]. Industrial and Corporate Change, 2020, 29 (2): 265-287.

[80] Liu J, Chang H, Forrest J Y-L, Yang B. Influence of Artificial Intelligence on Technological Innovation: Evidence from the Panel Data of China's Manufacturing Sectors [J]. Technological Forecasting and Social Change, 2020, 158: 120142.

[81] Luo Y, Bu J. How Valuable is Information and Communication Technology? A Study of Emerging Economy Enterprises [J]. Journal of World Business, 2016, 51 (2): 200-211.

[82] Ma H, Gao Q, Li X, Zhang Y. AI Development and Employment Skill Structure: A Case Study of China [J]. Economic Analysis and Policy, 2022, 73: 242-254.

[83] Makridakis S. The forthcoming Artificial Intelligence (AI) Revolution: Its Impact on Society and Firms [J]. Futures, 2017, 90: 46-60.

[84] Oliner S D, Sichel D E. The Resurgence of Growth in the Late 1990s: Is Information Technology the Story? [J]. Journal of Economic Perspectives, 2000, 14 (4): 3-22.

[85] Pan W, Xie T, Wang Z, Ma L. Digital Economy: An Innovation Driver for Total Factor Productivity [J]. Journal of Business Research, 2022, 139: 303-311.

［86］Pan X, Pu C, Yuan S, Xu H. Effect of Chinese Pilots Carbon Emission Trading Scheme on Enterprises' Total Factor Productivity: The Moderating Role of Government Participation and Carbon Trading Market Efficiency ［J］. Journal of Environmental Management, 2022, 316: 115228.

［87］Rodríguez-Moreno J A, Rochina-Barrachina M E. ICT Use, Investments in R&D and Workers' Training, Firms' Productivity and Markups: The Case of Ecuadorian Manufacturing ［J］. The European Journal of Development Research, 2019, 31 (4): 1063-1106.

［88］Syverson C. Challenges to Mismeasurement Explanations for the US Productivity Slowdown ［J］. Journal of Economic Perspectives, 2017, 31 (2): 165-186.

［89］Triplett J E. The Solow Productivity Paradox: What do Computers do to Productivity? ［J］. The Canadian Journal of Economics, 1998, 32 (2): 309-334.

［90］Van Ark B. The Productivity Paradox of the New Digital Economy ［J］. International Productivity Monitor, 2016, 31: 3-18.

［91］Zhao P, Gao Y, Sun X. How Does Artificial Intelligence Affect Green Economic Growth? — Evidence from China ［J］. Science of the Total Environment, 2022, 834: 155306.

下游企业数字化可以牵引上游企业绿色创新吗？[*]

——基于数字技术与绿色技术融合的视角

王欣然　　陶　锋

[摘要] 本文基于中国上市公司客户和供应商逐一匹配的供应链条和企业绿色技术与数字技术专利大数据，首次从数字技术与绿色技术融合的视角考察下游企业数字化转型影响上游企业绿色创新的微观机理。研究发现，下游企业数字化转型有利于牵引上游企业绿色创新，特别是当上游企业规模较大、具有国有性质、知识存量较为丰富，或其所在行业市场竞争度较高、需求量较大、污染密集度较高时，下游企业数字化转型对其绿色创新的牵引作用更为显著。机制分析表明，下游企业数字化转型有利于促进上游企业将数字技术与绿色技术相融合来推动其绿色创新。进一步分析表明，在下游企业数字化转型后向溢出效应的影响下，上游企业绿色创新活动不仅数量增加而且质量提升；不仅对企业策略性创新产生"挤出效应"，而且对企业实质性创新产生"杠杆效应"。但在现有阶段，上游企业绿色创新主要还是集中在生产的过程管控和末端治理环节，还未深入到从根本上解决污染问题的源头预防阶段。本文研究结论为数字经济时代建立市场导向的绿色技术创新体系和推动数字化绿色化协同发展提供了经验证据和政策启示。

[关键词] 数字化转型；绿色创新；溢出效应；技术融合

一、引言

习近平总书记在党的十九大报告中明确提出"构建市场导向的绿色技术创新体系"，在党的二十大报告中进一步指出要"推动制造业高端化、智能化、绿色化发展"。大数据、物联网、云计算等数字技术具有通用目的性、技术积累性和创新互补性特征，其与能源、交通等其他技术的融合集成日益成为企业新的核心技术能力（曲永义，2022）。特别是数字技术与绿色技术协同已成为着力推动高质量发展的内在要求和实现"碳达峰碳中和"的重要支撑。然而，当前数字化转型无论是在企业内部还是在行业间都存在"孤岛化""碎片化"的现象，企业或是注重数字化内部建设而忽略其外部影响，或是热衷于"炫耀性数字化投资"而忽视了数字技术在信息、

---

* 本文原刊于《南方经济》2024年第5期，有修改。

[作者简介] 王欣然，暨南大学产业经济研究院博士研究生；陶锋，暨南大学产业经济研究院、产业大数据应用与经济决策研究实验室研究员、博士生导师。

[基金项目] 国家社会科学基金重点项目（19AZD008）。

计算、沟通和连接等方面的技术属性与功能（Triplett，1999；刘洋等，2020；陶锋等，2023）。同时，绿色创新兼具环境与知识的"双重外部性"，企业对现有技术路径的依赖性致使其绿色创新内在动力不足，取而代之的是以更新生产设备进行技术改造来实现绿色转型（Rennings，2000；万攀兵等，2021；刘剑民等，2024），这使得数字技术与绿色技术彼此独立存在，而难以实现真正融合。

与一般的技术创新相比，绿色技术创新投入更多、难度更大、成本更高、不确定性更强，且对企业绿色化转型和绩效提升的影响需较长时间才能显现，使得企业主动开展绿色创新的积极性相对较低，因此企业绿色创新行为的选择需要政府引导。既有研究侧重于考察以环境规制、财税补贴和信贷支持等为主要手段的政府引导所诱发的企业绿色创新（陶锋等，2021；陆菁等，2021；刘金科和肖翊阳，2022；王永贵和李霞，2023）。然而，政府干预的作用毕竟有限，政策实施可能带来"挤出效应"，且存在企业和政府之间合谋与寻租的可能性（Greenstone，2002）。虽然与命令型环境规制相比，市场型环境规制的手段更为灵活，创新激励效应更加明显，但却面临巨大的信息搜寻、契约签订、执法监督等规制成本。而且市场型环境规制并未摆脱规制政策具有一定导向性和"歧视性"的弊端，在引导市场主体行为的同时也可能带来激励扭曲问题，使得政策效果"事倍功半"甚至"事与愿违"（邓忠奇等，2022）。

虽然政策压力能够在一定程度上倒逼企业绿色创新，但外部推动难以充分调动市场主体积极性，仍需从内部激发企业从事绿色创新活动的动力。数字经济时代，市场瞬息万变，消费者多样化、个性化、绿色化需求越来越强烈，而大数据、云计算、人工智能等数字技术的应用可以快速捕捉和精准预测市场绿色需求，有利于企业提高绿色研发活动的及时性与应变性、加强清洁生产技术、促进节能减排管理智能化等（El-Kassar and Singh，2019；Mubarak et al.，2021；申明浩等，2022）。因此，数字技术与绿色技术并不是相互独立的，二者存在着诸多相互融合的结合点。然而现有关于数字化与绿色化的研究是割裂的（曹裕等，2023），部分文献分析了企业数字化转型与绿色创新的关系，如 El-Kassar 和 Singh（2019）、Mubarak 等（2021）、宋德勇等（2022）、林永佳等（2023）的研究均表明数字技术对增强企业绿色创新能力具有重要作用。进一步地，申明浩和谭伟杰（2022）、郭丰等（2023）、肖静和曾萍（2023）指出企业数字化转型不仅有利于提升其绿色创新活动数量，而且显著提高了绿色创新活动质量。一方面，这些研究忽视了数字技术与绿色技术的特点和联系，缺少两种技术相融合的视角；另一方面，这些研究侧重于讨论企业自身数字化转型与绿色创新，而没有关注到关联主体数字化转型的溢出效应。企业的数字化转型不仅在企业内部不同部门之间产生初始收益，在行业内部产生水平溢出，更重要的是通过跨行业的关联效应产生垂直方向的数字化溢出，而由此带来的间接收益往往大于数字化转型企业自身数字投资的直接回报。如李云鹤等（2022）研究表明，客户公司数字化转型存在供应链上的扩散效应并显著推动上游公司的数字化转型进程。杨金玉等（2022）指出客户公司数字化转型对供应商创新具有显著促进作用。Kong 等（2020）、Zhao 等（2020）均强调了供应链上下游关联主体对企业绿色创新的重要作用。但遗憾的是，目前还没有研究将供应链关联主体数字化转型与企业绿色创新活动联系起来。数字经济时代，如何从需求端激发企业绿色创新积极性？如何加强数字技术与绿色技术的深度融合，以增强企业绿色创新活力？数字技术牵引企业绿色创新在创新数量和质量上是否存在差异化影响，对其他创新活动是产生"杠杆效应"还是"挤出效应"，作用力主要发生在生产链的源头、过程还是末端呢？这些问题既需要理论的回答，也需要实证的检验。

基于此，本文利用中国上市公司供应商和客户逐一匹配的供应链条和 2007~2020 年近 10 万条绿色发明专利申请和 31 万余条数字发明专利申请的数据样本，实证检验了下游企业数字化转型对上游企业绿色创新活动的影响。研究发现，下游企业数字化转型有利于牵引上游企业绿色创新活动，且当上游企业规模较大、具有国有性质、知识存量较为丰富，或其所在行业市场竞争度较高、需求量较大、污染密集度较高时，下游企业数字化转型对其绿色创新的促进作用更为显著。这其中的影响机制在于下游企业数字化转型有利于进一步提高上游企业数字创新能力，从而促进上游企业将数字技术与既有绿色技术创新体系相融合。另外，在下游企业数字化转型的牵引作用下，上游企业绿色创新活动表现出"量质齐升"态势；从技术创新竞合关系看，上游企业数字技术与绿色技术的融合对企业策略性创新产生"挤出效应"，而对企业实质性创新产生"杠杆效应"；从绿色创新方向看，数字技术与绿色技术融合能够在生产的过程管控和末端治理环节发挥重要作用。

与既往文献相比，本文可能的贡献主要体现在以下三个方面：①本文创新性地从数字技术与绿色技术融合的角度考察下游企业数字化转型对上游企业绿色创新的积极作用，为更好地理解企业绿色创新行为提供了新视角。与既有研究侧重规制政策诱发企业绿色创新行为不同，本文基于供应商与客户上下游企业关系的独特场景，强调需求端数字化转型的溢出效应有利于供给端将数字技术与绿色技术相融合从而牵引企业绿色创新，且数字化的绿色溢出效应因上游企业规模、所有权性质、知识存量以及其所在行业市场竞争程度、市场需求规模、污染密集度而存在异质性。这些研究结论拓展了"波特假说"和企业数字化转型的研究视角。②本文从绿色创新质量、技术创新竞合关系和绿色创新方向等维度深入分析在下游企业数字化牵引作用下，上游企业绿色创新行为的特点，有利于加深既有研究对企业绿色创新的理解。本文研究发现，在下游企业数字化溢出效应的影响下，上游企业绿色创新活动不仅数量增加而且质量提升；不仅对企业策略性创新产生"挤出效应"，而且对企业实质性创新产生"杠杆效应"；但在现有阶段，上游企业绿色创新主要还是集中在生产的过程管控和末端治理环节，还未深入到从根本上解决污染问题的源头预防阶段。这些研究结论既是对现有文献的补充，也蕴含了丰富的现实意义。③本文为政府优化环境规制政策和推动数字化绿色化协同发展提供了新思路、新见解。本文研究表明，推动企业绿色创新的政策设计除了制定各种类型的环境规制政策以外，还要注重发挥数字经济时代市场需求和技术融合的作用，政府的角色在于畅通供应链溢出渠道和为数字化绿色化融合营造良好的环境。

二、研究假说

（一）下游企业数字化转型与上游企业绿色创新

下游企业数字化转型的后向溢出效应可以很好地弥补上游企业因投入大、风险高、不确定性强导致的绿色创新积极性不足问题，有效增强上游企业绿色创新的内生动力。具体表现在以下三个方面：

第一，下游企业数字化转型有利于向上游企业精准传递绿色需求信号，从而减少上游企业对创新活动不确定性的担忧，增强对绿色创新风险的事前容忍度。通常，环保市场需求不稳定，市场细化难以把握，且与原有的旧技术相比，绿色技术市场需求少、成果转化率低、技术扩散力不足（刘剑民等，2024）。因此，供给和需求之间的信息不对称是造成企业绿色创新动力不足的重要原因之一。需求包括终端需求和中间需求，下游企业数字化转型可以向上游企业提供更充分、更准确的需求信息。一方面，下游企业依托大数据、云计算、机器学习等数字技术可以及时捕捉并精准预判市场趋势和消费者偏好，并向上游企业准确传送终端需求信息，一定程度上缓解了上游企业绿色创新成果与市场需求不匹配情形。另一方面，下游企业通过和上游企业实时共享资源消耗和环境数据精准传递企业生产过程中的绿色需求，提高了上游企业绿色研发活动的及时性和应变性。另外，数字技术天然拥有绿色创新属性，如区块链、3D打印、数字仿真、数字孪生等技术本身具备减少资源使用和污染排放的特点，下游企业数字化转型直接向上游企业释放了绿色需求信号。下游企业无论是终端需求还是中间需求信息的精准传递，都有利于降低上游企业绿色研发活动的风险，增强绿色供给和绿色需求的动态平衡能力，提高上游企业绿色创新水平。

第二，下游企业数字化转型有利于推进供应链绿色合作研发并形成收益共享机制，激发上游企业绿色技术创新。绿色创新具有知识溢出和环境保护的双重正外部性，其他企业享受绿色创新企业带来的知识外溢和环境改善收益而不付出成本，导致企业从事绿色创新活动的激励不足（Rennings，2000；刘剑民等，2024）。数字经济时代，消费需求呈现多样化、多层次、集成式等特点，单个企业往往难以完全满足。下游企业距离终端消费市场最近，其数字化转型在商业模式上的表现之一就是形成上下游企业关联互动的开放式创新网络，提高了供应链合作的开放程度。而对于从事绿色创新的上游企业而言，绿色技术复杂性较高，独立研发需承担高昂的研发成本和较大的风险却得到较少的边际收益。因此，上下游企业存在协同合作研发的契合点，数字技术与绿色技术相结合共同弥补了产业链上的技术缺口。一方面，上游企业为分享更多研发收益而积极调整研发资源配置以提高绿色创新在研发中的贡献；另一方面，大数据、人工智能、数字孪生等数字技术大幅降低了上游企业绿色创新活动的成本和不确定性，激发了上游企业开展绿色创新的积极性。

第三，下游企业数字化转型加强了对供应商企业的环境监测，来自客户的环保压力倒逼上游企业提高绿色创新水平。客户是企业重要的利益相关者，企业在环境管理实践中面临着来自客户的严格审查（Chavez et al.，2016；Zhao et al.，2020），因此来自客户的环保压力是上游企业绿色创新的重要驱动因素。随着绿色环保意识增强和来自政府的环境规制要求等，越来越多的企业更倾向于选择环境友好和资源节约的产品。进行数字化转型的下游企业可以利用大数据、区块链、人工智能等手段以更低的成本和更高的效率在更大范围内选择符合其要求的供应商，特别是具有绿色环保特征的供应商。这增加了供应商企业的竞争压力，倒逼上游供应商企业以客户需求为中心开展绿色创新活动，以此可以打破竞争者领先状态，并抓住客户绿色需求的契机提升竞争地位。基于以上分析，本文提出：

H1：下游企业数字化转型有利于牵引上游企业绿色创新。

（二）下游企业数字化转型对上游企业绿色创新的影响机制

下游企业数字化转型有利于上游企业将数字技术与绿色技术相融合，进而推动企业开展绿色创新活动，具体表现在以下两个方面：

第一，下游企业数字化转型有利于进一步提高上游企业数字技术创新能力，促使上游企业将数字技术嵌入到绿色创新活动之中。数字创新是指通过组合数字技术与物理组件而实现新产品开发、生产过程改进、组织模式变革以及商业模式创建和改变的创新过程（Yoo et al.，2010；刘洋等，2020；陶锋等，2023）。下游企业数字化转型为上游企业进行数字创新活动提供了一系列所需的必要条件，如数字创新机会识别、数字技术知识来源以及实现现有资源与新资源的组合能力（Kohli and Melville，2019；刘洋等，2020）。首先，识别组织内外与数字环境相关的创新机会是数字创新活动启动的开端，下游企业数字化转型指明了市场对数字技术的需求，既包括终端消费市场多样化、个性化的消费需求，也包括数字化转型企业对相关数字技术的需求（曲永义，2022）。这有利于降低上游企业数字创新的信息搜寻和机会识别成本，减少研发过程中的不确定性。其次，与传统的非数字创新不同，数字创新的本质是大数据、云计算、人工智能等数字技术向不同产业的融合渗透，因而更强调不同产业之间、不同企业之间的知识交流互动（Di et al.，2021）。下游企业依托数字技术进一步拓展产业链供应链上下游创新网络，有利于上游企业获取不同技术来源和领域的数字技术知识和行业内知识，增强多样化知识融合能力，为上游企业绿色创新活动奠定丰富的知识基础。最后，下游企业数字化转型所形成的开放式创新模式和价值共创的商业模式促使其将转型中呈现的先进数字技术和经验知识持续向上游关联企业输出，从而增强上游企业数字技术知识吸收及资源重组整合能力，并促进上游企业在数字技术的基础上进行绿色专有技术的研发。

第二，依托下游企业数字化转型的知识溢出，上游企业能够将下游企业数字技术知识直接融入自身绿色创新活动之中。Chu 等（2019）的研究表明，客户的参与和对市场信息的反馈是供应商企业创新成功的关键。一方面，数字技术改变了传统的以企业为主的创新模式，客户深度参与到企业的创新过程中，成为企业创新的重要来源（赵宸宇等，2021）。随着数字技术日益突破行业限制，与传统技术相互融合，企业的"知识池"更趋多样化。当供应商企业获得的外部的、技术上相对遥远的知识与自身的"知识池"相结合，就有可能实现突破性的重大创新（Rosenkopf and Nerkar，2001）。另一方面，下游企业数字化转型能够在供应链网络上建立多源化的信息节点，有利于上游企业借由客户联结直接获取下游企业数字技术知识、共享性数据资源等（杨金玉等，2022），降低了上游企业自身开展数字创新活动的不确定性和风险。另外，最为明显的是，数字技术本身具有一定的绿色属性，因此，下游企业数字化转型能够为上游企业绿色创新形成大规模的"技术蓄水池"（韩晶等，2022）。

无论是下游企业数字化转型推动了上游企业数字创新能力提升，还是上游企业直接利用下游企业数字化转型的相关知识，都有利于上游企业将数字技术与绿色技术相融合来开展绿色创新。一是因为数字技术有利于降低绿色创新活动的不确定性。如前文所述的供需信息不对称和绿色创新"双重外部性"引发的创新风险。二是因为数字技术有利于提高绿色创新效率。如大数据、互联网、人工智能等技术可以提高碳足迹追踪和碳排放管理的及时性和精准性，提升再生资源的分拣效率和分类准确性等。三是因为数字技术与绿色技术相结合增强了产业技术复杂度，形成一定技术壁垒，从而激励上游企业绿色创新（刘剑民等，2024）。此时上游企业绿色创新活动所涉及的知识广度和深度增加了其他企业的学习成本、模仿偏差，以及私人知识外溢为公共知识的扩散难度。基于以上分析，本文提出：

H2：下游企业数字化转型有利于上游企业将数字技术与绿色技术相融合，进而牵引上游企业绿色创新。

三、研究设计

（一）样本和数据来源

本文选取 2007~2020 年中国 A 股上市公司供应商与客户关系数据为研究样本，并做如下处理：剔除供应商和客户为非上市公司的样本；剔除金融行业样本；剔除 ST、*ST 公司样本；剔除主要变量存在缺失的样本，最终获得 2089 个企业—年度观测值。本文供应链数据和财务数据主要来源于 CSMAR 数据库和 Wind 数据库，专利数据来源于 incoPat 数据库。为避免极端值的影响，本文对所有连续变量在 1% 和 99% 分位数上进行了缩尾处理。

（二）模型设定与变量定义

为检验下游企业数字化转型对上游企业绿色创新的影响，本文借鉴 Chu（2019）、杨金玉等（2022）构建基准模型如下：

$$Green_{it+1} = \alpha + \beta Digital_{it} + \gamma Controls_{it} + \delta_i + \mu_t + \varepsilon_{it} \tag{1}$$

其中，被解释变量 $Green_{it+1}$ 表示上游企业 i 在 t+1 期的绿色创新水平，考虑到下游企业数字化转型对上游企业的影响可能存在滞后性以及为缓解内生性问题，本文对被解释变量进行了提前一期处理。核心解释变量 $Digital_{it}$ 为企业 i 的下游客户企业在 t 年的数字化转型程度。$Controls_{it}$ 为一系列控制变量，δ_i 和 μ_t 分别表示企业和年度固定效应，ε_{it} 为随机扰动项。

1. 绿色创新

借鉴陶锋等（2021），本文采用企业绿色发明专利申请数量衡量上游企业绿色创新。主要原因在于：第一，虽然研发数据常常被用来衡量企业创新，但其侧重于创新活动的投入，且由于数据披露限制，尚无法从企业研发投入中剥离出用于绿色创新的部分。而通过专利的 IPC 信息和世界知识产权组织（WIPO）发布的环境友好型国际专利分类索引列表，我们可以明确划分企业的绿色创新活动和非绿色创新活动，指标衡量更具准确性。第二，依托专利数据丰富的指标信息，本文不仅可以衡量企业绿色创新活动的数量，还能测度绿色创新活动的质量，以及从污染治理的角度区分绿色创新活动的类型（源头管控型绿色创新和末端治理型绿色创新）。为本文的深入分析提供了有力的数据支撑。第三，WIPO 公布的国际通行标准只涉及发明和实用新型专利，且与实用新型和外观设计专利相比，发明专利面临更为严格的审查制度，更能代表企业真实的技术水平。另外，专利授权具有一定时滞，存在更多的不确定性和不稳定性，与之相比，专利申请数据更为稳定、可靠和及时（黎文靖和郑曼妮，2016）。因此，本文主要基于企业申请的发明专利识别绿色创新活动。

2. 数字化转型

本文以企业数字化无形资产占无形资产总额的比例衡量下游企业数字化转型程度。对于企业数字化转型的测量方法，现有文献最普遍的是利用企业年报进行文本分析（袁淳等，2021；赵宸宇等，2021）。一方面，虽然上市公司年报中关键词出现的频率可以在一定程度上反映企业未来的战略选择和发展方向，但也难免带有管理层的主观意愿。尤其是在国家和地方政府大力倡导发展数字经济的背景下，上市公司年报中与数字化转型相关的文本信息更容易成为管理者进行概念炒作的操作工具和获取政府补贴的策略性手段。另一方面，年报中数字化转型关键词的选择具有较强的主观意识，很可能存在遗漏和错判，造成回归结果偏误。然而企业在生产经营和管理中，无论是外购数字资产还是生产数字资产，都是其对数字技术的投资，反映了企业数字化的真实需求和供给。因此，以数字化无形资产衡量企业数字化转型具有一定的合理性。具体地，当上市公司财务报告附注披露的年末无形资产明细项中包含"软件""客户端""网络平台""智能系统""数据系统"等与数字化转型相关的关键词以及与此相关的专利时，将其定义为与数字化转型相关的无形资产。然后，按企业、年度加总数字化无形资产金额，并计算其占企业无形资产总金额的比例。

3. 控制变量

参考既有文献（刘金科和肖翊阳，2022；郭丰等，2023），本文加入了一系列控制变量，包括企业年龄（Age），以样本企业当年年份减企业上市年份加一取对数衡量；企业规模（Size），以总资产取对数衡量；资产负债率（Leverage），以总负债除以总资产衡量；营业收入（Income），以营业收入取对数衡量；研发投入强度（RD_ratio），以研发投入除以营业收入取对数衡量；托宾 Q 值（Tobin Q），以市值除以总资产衡量；净资产收益率（ROE），以净利润除以股东权益衡量；董事会规模（Board），以董事会规模取自然对数衡量；股权集中度（TOP1），以第一大股东持股比例衡量。同时，本文用企业总资产计算赫芬达尔指数来进一步控制行业竞争程度（HHI），以减轻行业层面市场结构对估计结果的潜在干扰。主要变量的描述性统计结果如表1所示。

表1 主要变量描述性统计

变量	观测值	均值	标准差	最小值	最大值
Green	2089	0.1587	0.3748	0.0000	1.6094
Digital	2089	0.0600	0.1309	0.0000	0.8261
Age	2089	1.7556	0.9834	0.0000	3.2581
Size	2089	8.0088	1.2585	5.7285	11.3722
Leverage	2089	0.3893	0.2079	0.0420	0.8875
Income	2089	21.1285	1.4570	18.4259	25.0747
RD_ratio	2089	0.0471	0.0552	0.0004	0.4341
Tobin Q	2089	1.9584	1.2606	0.8651	8.4763
ROE	2089	0.0527	0.1210	−0.7244	0.3040
Board	2089	2.1523	0.1865	1.6094	2.7081
TOP1	2089	0.3439	0.1488	0.0948	0.7298
HHI	2089	0.1283	0.1312	0.0194	0.7813

四、实证结果分析

（一）基准结果

表2报告了基准回归结果。第（1）、第（2）列为以绿色发明专利申请量衡量企业绿色创新的回归结果，作为稳健性分析，第（3）、第（4）列为以绿色发明专利授权量衡量企业绿色创新的回归结果。其中，第（1）、第（3）列只加入核心解释变量，第（2）、第（4）列进一步加入上游企业特征和行业特征等相关控制变量。结果发现，下游企业数字化转型 Digital 的系数均在5%的水平上显著为正。这表明，下游企业数字化转型对上游企业绿色创新具有显著的促进作用，H1 得以验证。

表2 基准回归结果

变量	(1) Green_app	(2) Green_app	(3) Green_gra	(4) Green_gra
Digital	0.1359** (0.0595)	0.1288** (0.0594)	0.1066** (0.0427)	0.0828** (0.0412)
Age		−0.0730 (0.0507)		−0.0702 (0.0587)

变量	(1) Green_app	(2) Green_app	(3) Green_gra	(4) Green_gra
Size		−0.0237 (0.0597)		−0.0714 (0.0470)
Leverage		0.0195* (0.0112)		0.0965 (0.1041)
Income		0.0580 (0.0460)		0.0859** (0.0394)
RD_ratio		0.8404* (0.4946)		0.8981* (0.4686)
Tobin Q		0.0195* (0.0112)		0.0114 (0.0073)
ROE		0.1529 (0.0985)		0.0059 (0.0608)
Board		0.0757 (0.0688)		0.0522 (0.0637)
TOP1		−0.1232 (0.2201)		−0.1359 (0.1750)
HHI		−0.0130 (0.1089)		0.1850 (0.1650)
企业固定效应	是	是	是	是
年份固定效应	是	是	是	是
Observations	1842	1842	1842	1842
R-squared	0.6917	0.6970	0.6519	0.6590

注：***、**、*分别表示在1%、5%、10%的水平上显著，括号内为聚类至企业层面的标准误；下表同。

（二）内生性和稳健性检验

1. 遗漏变量

虽然本文在基准回归中纳入了一系列影响上游企业绿色创新的控制变量，但仍有可能遗漏了相关重要变量。第一，大量文献表明国家和地区的环境规制政策是诱发企业绿色创新活动的关键因素（陶锋等，2021；刘金科和肖翊阳，2022）。为此，本文进一步纳入城市—年份和城市—行业交互固定效应，以控制城市层面随时间变化的不可观测因素和城市之间产业结构差异的影响。第二，与下游企业数字化转型的溢出效应相比，企业自身数字化转型对绿色创新的影响更为直接，为此，本文进一步控制企业自身数字化转型程度（Digital_sup），以更为"干净"地识别数字化转型在供应链上的溢出效应。第三，除下游企业数字化转型外，客户的其他特征信息亦会对上游企业创新水平产生影响（杨金玉等，2022），为此，本文在基准模型的基础上进一步控制下游企业相关特征变量（Controls_cus），如企业年龄、企业规模、资产负债率、研发投入强度、托宾Q值、净资产收益率、董事会规模、股权集中度、所在行业市场竞争程度等变量，以缓解遗漏变量带来的估计偏差。表3第（1）~第（3）列显示，在分别控制了城市—年份和城市—行业交互固定效应、上游企业自身数字化转型和下游企业特征变量后，下游企业数字化转型Digital的系数依然显著为正，与基准回归结果保持一致。

表 3 内生性和稳健性检验一

变量	(1)		(2)	(3)	(4)
	控制更严格的固定效应		控制下游企业数字化转型	控制上游企业特征变量	更换自变量测量方法
	Green		Green	Green	Green
Digital	0.1135* (0.0619)	0.1148* (0.0689)	0.1235** (0.0586)	0.1431** (0.0692)	0.1471** (0.0739)
Digital_sup	否	否	是	否	否
Controls	是	是	是	是	是
Controls_cus	否	否	否	是	否
企业/年份固定	是	是	是	是	是
城市—年份固定	是	否	否	否	否
城市—行业固定	否	是	否	否	否
Observations	1497	1820	1842	1669	2488
R-squared	0.8619	0.7099	0.6979	0.6975	0.6837

2. 测量误差

尽管以数字化无形资产衡量企业数字化转型相较于文本分析法具有特定的优势，但为保证基准结果的稳健性，借鉴袁淳等（2021），本文也采用上市公司年报 MD&A 中数字化关键词的词频数量占 MD&A 总词频的比重，重新度量企业数字化转型，并对模型（1）进行回归。表 3 第（4）列结果显示，下游企业数字化转型 Digital 的回归系数依然显著为正，本文基本结论保持不变。

3. 反向因果

如前文所述，下游企业数字化转型的溢出效应加速了数字技术在供应链上的传播，推动上游企业破除绿色化和数字化之间的技术壁垒，提高绿色创新水平。然而，如果上游企业进行了数字化转型并将蕴含数字技术与绿色技术的产品销售给下游企业，也会直接推动下游企业的数字化转型。为此，本文做了以下三方面的尝试：

第一，在基准模型中，我们将被解释变量提前一期，评估上一年下游企业数字化转型如何影响当期上游企业绿色创新，这在一定程度上减弱了反向因果问题。

第二，基于 Lewbel（1997）的研究思路，借鉴杨金玉等（2022），本文尝试构建下游企业数字化转型指标与按行业二位数编码和省份分类的数字化转型指标均值差额的三次方作为工具变量（Instrument）。Lewbel（1997）研究指出，该方法构建工具变量的显著优势在于，无须借助外部因素就可以构建有效的工具变量，从而在一定程度上缓解内生性偏差。表 4 第（1）列为工具变量的第一阶段回归结果，工具变量 Instrument 在 1% 的水平上显著为正，且 Kleibergen-Paap rk Wald F statistic 统计量大于 Stock-Yogo 弱工具变量识别 F 检验在 10% 显著性水平上的临界值，Kleibergen-Paap rk LM statistic 统计量在 1% 的水平上显著，证明了工具变量 Instrument 的合理性。第（2）列为工具变量的第二阶段回归结果，下游企业数字化转型 Digital 的系数依然显著为正。

第三，借鉴 Goldsmith-Pinkham 等（2020）的研究思路，参考现有研究（方明月等，2022），本文尝试构建 Bartik 工具变量。该方法的基本思想是，以分析单元的初始份额（外生变量）和总体的增长率（共同冲击）的乘积来模拟出历年的估计值作为工具变量，该工具变量与实际真实值高度相关，但与残差项不相关。针对本文而言，我们构建 Bartik 工具变量如下：

表 4　内生性和稳健性检验二

变量	(1)	(2)	(3)	(4)	(5) Heckman 两步法	(6) 更严格的绿色专利识别标准	(7) 聚类到更高层级
	工具变量 1		工具变量 2				
	Digital	Green	Digital	Green	Green	Green	Green
Digital		0.2090*		0.7357*	0.1235**	0.1235***	0.1431*
		(0.1229)		(0.4093)	(0.0609)	(0.0586)	(0.0692)
Instrument	2.9534***						
	(0.3715)						
Bartik_iv			0.3265***				
			(0.0621)				
IMR					-0.2202*		
					(0.0877)		
Controls	是	是	是	是	是	是	是
企业/年份固定	是	是	是	是	是	是	是
Observations	1842	1842	1757	1757	1808	1842	1842
R-squared		0.0200		-0.0192	0.6977	0.6799	0.6970
Kleibergen-Paap rk Wald F statistic	63.185 [16.38]		27.653 [16.38]				
Kleibergen-Paap rk LM statistic	17.016***		22.102***				

$$\mathrm{Bartik\_iv}_{it} = \overline{\mathrm{Digital}}_{i,t=2006} \times (1 + \mathrm{Growth}_{country,t}) \tag{2}$$

其中，$\overline{\mathrm{Digital}}_{i,t=2006}$ 为样本前一年（即 2006 年）下游企业所在二位数编码行业其他企业的数字化转型程度均值，$\mathrm{Growth}_{country,t}$ 为全国（除企业所在省份以外）互联网上网人数增长率。

在相关性上，企业数字化转型程度与同行业其他企业数字化转型程度具有一定相关性。其原因在于，企业数字化转型存在同群效应，市场竞争、环境不确定性以及行业特征因素引发同行业企业数字化转型的趋同（陈庆江等，2021）。在外生性上，使用样本前一年而非样本期间的行业数据增强了工具变量的外生性，并用剔除了本省数据的全国互联网上网人数增长率与之相乘，使工具变量随年份变化。在适当控制企业和年份层面的固定效应后，该变量与其他影响上游企业绿色创新的残差不相关。表 4 第（3）、第（4）列分别为 Bartik 工具变量的第一阶段和第二阶段回归结果。下游企业数字化转型 Digital 的系数依然显著为正，说明本文构建的 Bartik 工具变量可以较好地解决内生性问题，估计结果具有稳健性。此外，Kleibergen-Paap rk Wald F statistic 统计量大于 10% 水平上的临界值，表明弱识别检验通过；Kleibergen-Paap rk LM statistic 统计量在 1% 的水平上显著拒绝原假设，表明工具变量选择通过识别不足检验。

4. 样本选择偏差

由于中国证券监督管理委员会只是强制要求公司分别披露前五大供应商、客户汇总的交易额占比，而并未强制要求公司披露前五大供应商、客户的名称和交易金额等具体信息。因此，研究须考虑因上市公司信息披露导致的样本选择偏差。参考李云鹤等（2022），本文使用 Heckman 两步法来尽可能缓解这一问题对结论的潜在影响。具体地，在第一阶段选择方程中，"企业是否披露主要客户名称的具体信息"作为因变量（若披露，则虚拟量取 1，否则取 0），采用 Probit 模型回归。在第二阶段中，将第一阶段估计的逆米尔斯比（IMR）放入基准回归模型进行回归。表 4 第（5）列显示，在经过样本选择偏差调整后，Digital 的系数依然在 5% 的水平上显著为正，再次表明本文的研究结论具有稳健性。

5. 更严格的绿色专利识别标准

基准回归是基于专利 IPC 测量企业绿色专利，但是在一项专利的多个 IPC 中包含绿色专利涉及的 IPC 并不代表该专利的主导技术是绿色技术。因此，本文进一步在专利主 IPC 层面测算企业绿色专利，回归结果如表 4 第（6）列所示，下游企业数字化转型 Digital 的系数依然在 1% 的水平上显著为正，与基准回归结果保持一致。

6. 聚类到更高层级

通常聚类层级越高，对于相关性矩阵所施加的参数假设越少，结果越稳健。为此，本文进一步将标准误聚类至行业层面，表 4 第（7）列回归结果显示，Digital 的系数依然显著为正，本文基准结果依然稳健。

（三）异质性分析

1. 企业规模

不同规模的企业所拥有的资金、技术、人才等资源优势不同，进而对外部知识资源的获取、整合和利用能力也有所差异。相比于规模较小的企业，大规模企业通常具有丰富的内外部资源和稳定的上下游渠道，更有能力获取下游企业数字化转型的知识溢出，促进企业数字技术与绿色技术相融合。本文按同行业、同年份上游企业规模的中位数将样本划分为大企业和中小企业两组，进一步考察下游企业数字化转型对不同规模上游企业的异质性影响，回归结果如表 5 第（1）、第（2）列所示。研究发现，下游企业数字化转型 Digital 的系数在大企业的组别中显著为正，而在中小企业的组别中不显著。这表明下游企业数字化转型有效激励了大型上游企业绿色创新水平的提高。

表 5　企业特征的异质性检验

变量	企业规模		企业产权性质		企业知识存量	
	大企业	中小企业	国有企业	非国有企业	较为丰富	较为匮乏
	（1）	（2）	（3）	（4）	（5）	（6）
Digital	0.2552*	0.0579	0.3786**	0.0567	0.2656**	−0.0115
	(0.1301)	(0.0624)	(0.1578)	(0.0487)	(0.1257)	(0.0387)
Controls	是	是	是	是	是	是
企业/年份固定	是	是	是	是	是	是
Observations	649	1103	583	1216	764	967
R-squared	0.7948	0.6585	0.7461	0.6491	0.7509	0.6528

2. 企业产权性质

中国国有企业具有特殊的资源优势，也在国家前瞻性领域和战略性领域的基础研究中承担了更多的使命（叶静怡等，2019）。具有国有性质的上游企业更有能力和责任整合内外部资源优势，探索数字化绿色化融合发展路径。因此，下游企业数字化转型更有利于推动上游国有企业的绿色创新活动。本文根据企业产权性质将样本划分为国有企业和非国有企业，并进行分组回归，回归结果见表 5 第（3）、第（4）列。研究发现，在国有企业组别中，下游企业数字化转型 Digital 的系数显著为正，而在非国有企业组别中 Digital 的系数为正但不显著。这意味着下游企业数字化转型显著促进了国有企业的绿色创新活动。

3. 企业知识存量

企业内部知识存量在一定程度上体现了企业的知识资源丰裕程度和创新能力（陶锋等，2021）。通常，企业知识存量越丰富，其知识学习、吸收和重组能力越强，越有利于企业消化吸收外部知识，提高创新能力（Podolny et al. , 1996）。因此，相对于知识存量较为匮乏的企业，具有丰富知识存量的上游企业可能会更好地吸收下游企业数字化转型的知识溢出，并与自身绿色技术相融合来增加绿色专利申请量。本文根据各行业上游企业专利申请数量的中位数将样本划分为知识存量较为丰富和较为匮乏的两组，以检验下游企业数字化是否会对拥有不同知识存量的上游企业的绿色创新行为产生异质性影响。回归结果如表5第（5）、第（6）列所示，下游企业数字化转型 Digital 的系数仅在企业知识存量较为丰富的组别中显著为正。这表明，相比于知识存量较为匮乏的上游企业，下游企业数字化转型对知识存量较为丰富的上游企业绿色创新的促进作用更为明显。

4. 行业市场竞争程度

在不同行业竞争程度下，企业对市场压力的敏感性存在一定差异（底璐璐等，2020）。通常，上游企业所在的行业市场竞争越激烈，其市场压力敏感性越强，也越有动机吸收下游企业数字技术，并与自身绿色技术相结合来维持竞争优势和建立市场地位。本文以上游企业总资产计算赫芬达尔指数，并按同年的行业集中度中值将样本划分为市场竞争程度高低两组，进一步探究下游企业数字化转型是否会对处于不同市场竞争程度的上游企业绿色创新产生异质性影响。从表6第（1）、第（2）列的回归结果可以看出，当上游企业所处行业市场竞争更加激烈时，下游企业数字化转型 Digital 的系数显著为正。这说明相比于低竞争行业企业，下游企业数字化转型对高竞争行业的上游企业绿色创新具有更显著的促进作用。

表6　行业特征的异质性检验

变量	市场竞争程度		市场需求规模		污染密集度	
	高	低	大	小	重度污染	中轻度污染
	（1）	（2）	（3）	（4）	（5）	（6）
Digital	0.3037***	0.0042	0.2832**	0.0452	0.4077**	0.0762
	（0.1007）	（0.0673）	（0.1283）	（0.0766）	（0.1759）	（0.0612）
Controls	是	是	是	是	是	是
企业/年份固定	是	是	是	是	是	是
Observations	853	923	744	939	424	1413
R-squared	0.7413	0.6923	0.7547	0.6697	0.7141	0.7097

5. 市场需求规模

市场需求是促进企业技术创新的重要推动力。巨大的市场需求规模有利于降低研发活动的不确定性和保障创新活动的潜在收益（Piva and Vivarelli, 2007），使得上游企业在市场需求刺激下，积极将下游企业数字技术与自身绿色技术相融合，从事更多绿色创新活动。本文按照同行业、同年度上游企业客户销售额的中位数将样本划分为市场需求规模大小两组，进而检验面对不同市场需求，下游企业数字化转型对上游企业绿色创新活动的差异性影响。根据表6第（3）、第（4）列回归结果，当市场需求规模较大时，下游企业数字化转型 Digital 的系数显著为正，而对中小规模的市场需求，Digital 的系数为正但不显著。这表明下游企业数字化转型显著促进了具有较高市场需求的上游企业进行绿色创新活动。

6. 行业污染密集度

不同行业的污染密度和能耗强度存在很大差异（戴翔和杨双至，2022），使得下游企业数字化转型对上游企业绿色创新的促进作用可能存在一定差异。对于重度污染行业而言，其环保压力、成本压力更大，绿色创新的意愿和动力更强，有利于其将上游企业数字化转型的绿色溢出效应转化为推动节能减排技术、污染防治的绿色技术。为此，参考陶锋等（2021），本文根据行业污染密集度将上游企业所在行业划分为重度污染行业和中轻度污染行业两组，借此考察下游企业数字化转型对上游企业绿色创新的影响在不同污染密度行业中的差异性。根据表 6 第（5）、第（6）列的回归结果，下游企业数字化转型 Digital 的系数仅在重度污染行业中显著为正，这表明下游企业数字化转型对上游重度污染行业企业绿色创新的促进作用会更明显。

五、影响机制检验

结合既往文献，本文运用多个指标刻画数字技术与绿色技术相融合以检验下游企业数字化转型对上游企业绿色创新的影响机制。首先，借鉴陶锋等（2023）的做法，本文结合国家统计局发布的《数字经济及其核心产业统计分类（2021）》和《国际专利分类与国民经济行业分类参照关系表（2018）》，在 IPC 小组层面识别和计算上游企业数字技术专利，并采用数字技术发明专利申请量加 1 取对数（Diginnova）和数字技术发明专利授权量加 1 取对数（Diginnovg）衡量上游企业数字创新能力。其次，由于一项专利往往涉及多个 IPC 分类号，且 IPC 分类号又与技术领域相对应，因此本文将绿色专利 IPC 分类号中包含数字技术专利 IPC 号的专利定义为数字技术与绿色技术融合专利，并以哑变量 Digreen（如果绿色专利 IPC 中含有数字专利 IPC 则取值为 1，否则取值为 0）衡量上游企业数字化绿色化融合创新。将以上三个变量及其与下游企业数字化转型 Digital 的交乘项分别纳入模型（1）进行回归，结果如表 7 所示。研究发现，交乘项 Digital×Diginnova 的系数在 5%的水平上显著为正，交乘项 Digital×Diginnovg 的系数以及 Digital×Digreen 的系数均在 10%的水平上显著为正。以上结果表明下游企业数字化转型显著促进上游企业将数字技术与绿色技术体系相融合，从而推动绿色创新活动，H2 得以验证。

进一步地，借鉴陶锋等（2023），本文在以上回归的基础上将上游企业数字技术创新活动划分为数字产品服务创新（Diginnova1）和数字应用驱动创新（Diginnova2）两类。前者包括数字产品制造业和数字产品服务业的数字技术专利，指数字技术物化于数字产品和服务中，如计算机制造、数字媒体设备制造、数字产品批发零售等；后者主要包括数字技术应用业和数字要素驱动业的数字技术专利，具体指数字技术和数据要素广泛应用到企业生产经营活动的各环节之中，并带来产出增加和效率提升。表 7 第（5）、第（6）列的估计结果显示，Digital×Diginnova1 系数虽为正但并不显著，Digital×Diginnova2 系数在 5%的水平上显著为正。这说明下游企业数字化转型主要促进了上游企业数字应用驱动创新与绿色创新活动的融合，进而推动上游企业绿色创新水平提升。可能的原因是，与直接生产数字产品、提高数字服务不同，数字技术应用业和数字要素驱动业能够通过推动创新成果和技术扩散，扩大技术创新作用边界，更有利于数字技术与绿色技术的融合发展。

表7　机制检验

变量	（1）数字技术发明专利申请量	（2）数字技术发明专利授权量	（3）数字技术与绿色技术融合	（4）数字产品服务创新	（5）数字应用驱动创新
Digital	0.0759 (0.0567)	0.0989* (0.0571)	-0.4505 (0.3355)	0.1030* (0.0561)	0.0294 (0.0464)
Digital×Diginnova	0.1290** (0.0590)				
Diginnova	0.0249 (0.0294)				
Digital×Diginnovg		0.1376* (0.0774)			
Diginnovg		0.0545 (0.0346)			
Digital×Digreen			0.7118* (0.4314)		
Digreen			-0.7424* (0.3855)		
Digital×Diginnova1				0.1591 (0.1475)	
Diginnova1				0.1006 (0.0652)	
Digital×Diginnova2					0.5236** (0.2231)
Diginnova2					0.0153 (0.0484)
Controls/企业/年份固定	是	是	是	是	是
Observations	1825	1823	1842	1842	1842
R-squared	0.6805	0.6767	0.7005	0.7011	0.6988

六、进一步分析

（一）绿色创新是"以量取胜"还是"量质齐升"

结合既往文献（陶锋等，2021；邱洋冬和陶锋，2021），本文从专利技术领域和经济价值的角度刻画多个指标以衡量绿色技术创新质量，并替代模型（1）中的被解释变量进行回归。首先，专利知识宽度反映了专利涉及知识领域的广泛性和知识结构的复杂性，是衡量专利质量的重要指标（张杰和郑文平，2018）。具体地，本文首先利用产业集中度的思路在IPC大组层面计算专利分类号之间的差异，以反映专利涉及的技术领域；接着采用中位数加总的方式汇总绿色专利知识宽度，得到"企业—年份"层面的专利质量数据。其次，本文直接采用专利所涉及的IPC小类的数量衡量专利所涉及的技术领域宽度，并作为绿色创新质量的代理变量。最后，专利被引用的次数可以体现其对后续技术发展的重要性，反映了专利的经济价值（邱洋冬和陶锋，2021）。因此，本文进一步使用专利前向索引作为专利质量的衡量指标。具体结果如表8的Panel A所示，无论采用以上何种指标衡量上游企业绿色创新活动质量，下游企业数字化转型Digital的系数至少在10%的水平上显著为正，表明下游企业数字化转型不仅促进上游企业绿色创新数量增加，而且显著提高了绿色创新的质量。

表8　进一步分析检验结果

Panel A：绿色创新质量		
（1）	（2）	（3）
知识宽度	IPC小类数量占比	前向索引

	知识宽度	IPC小类数量占比	前向索引
Digital	0.1121 *	0.1214 **	0.3089 ***
	（0.0585）	（0.0570）	（0.1074）
Controls/企业/年份固定	是	是	是
Observations	1842	1842	1842
R-squared	0.6002	0.6423	0.5464

Panel B：绿色创新地位和结构		
（1）	（2）	（3）
专利申请量	发明专利申请量	非发明专利申请量

	专利申请量	发明专利申请量	非发明专利申请量
Digital	-0.2937	0.3768 *	-0.4011 **
	（0.2180）	（0.2069）	（0.1914）
Controls/企业/年份固定	是	是	是
Observations	1842	1842	1842
R-squared	0.8022	0.4838	0.7995

Panel C：绿色创新方向		
源头预防	过程管控	末端治理

	源头预防	过程管控	末端治理
Digital	0.0124	0.1205 **	0.0239 *
	（0.0260）	（0.0571）	（0.0131）
Controls/企业/年份固定	是	是	是
Observations	1842	1842	1842
R-squared	0.4830	0.4850	0.4706

（二）数字技术牵引绿色创新是"杠杆效应"还是"挤出效应"

本文基准回归结果表明，下游企业数字化转型显著促进了上游企业绿色创新活动。然而，在下游企业数字技术的牵引下，上游企业绿色创新在其整体创新活动中的地位和结构发生了怎样的变化？即上游企业究竟是在既有创新活动下依托数字溢出效应不断开展和丰富绿色创新，还是以取代或挤出其他创新活动为代价而从事绿色创新？根据本文机制检验结果，下游企业数字化转型牵引上游企业绿色创新的关键在于，数字化的后向溢出效应促使上游企业将数字技术与绿色技术相融合以开展绿色创新活动。一方面，依托数字技术的可同质性、可再编辑性和可供性等属性，上游企业推动绿色技术体系与数字技术的交融和渗透，进而通过对既有创新资源的优化重组和不同技术领域知识的重组整合，不断产生新的创新活动（Yoo et al.，2010；李川川和刘刚，2022），即下游企业数字化转型诱发上游企业绿色创新的"杠杆效应"。另一方面，下游企业数字化转型的后向溢出效应有利于上游企业增强数字创新能力，而数字技术和绿色技术创新投资都对研发资金和相关人才具有大量需求，从而很可能挤出企业其他创新活动，尤其是"短平快"的策略性创新投资（刘金科和肖翊阳，2022；陶锋等，2023），即下游企业数字化转型诱发上游企业绿色创新并对其他创新活动产生"挤出效应"。

基于此，本文进一步考察下游企业数字化转型牵引上游企业绿色创新"杠杆效应"或"挤出效应"。与黎文靖和郑曼妮（2016）的研究一致，本文以"企业专利申请数量+1"取对数衡量企业整体创新，以"发明专利申请数量+1"取对数衡量企业实质性创新活动，以"实用新型和外观设计专利申请数量+1"取对数衡量企业策略性创新活动，并以这些变量作为被解释变量进行回归。表8 Panel B的回归结果显示，以专利申请量衡量企业整体创新时，下游企业数字化转型 Digital 的系数并不显著；以发明专利申请量为被解释变量时，Digital 的系数在10%的水平上显著为正；以实用新型和外观设计专利申请量为被解释变量时，Digital 的系数在5%的水平上显著为负。这表明下游企业数字化转型对上游企业以发明专利为主的创新活动具有促进作用，而对以实用新型和外观设计专利为主的创新活动具有抑制作用。这意味着下游企业数字化转型对上游企业实质性创新产生"杠杆效应"，对上游企业策略性创新产生"挤出效应"。

（三）绿色创新是"源头预防""过程管控"还是"末端治理"

企业数字化转型涉及产品、流程、管理、商业模式等环节，数字技术与绿色技术融合可在生产全过程促进绿色创新活动。结合 WIPO 于2010年推出的"国际专利分类绿色清单"和污染治理方式，本文根据生产过程将企业绿色创新划分为以下三类：一是源头预防型，即在生产源头减少污染物产生量的创新活动，具体包括可替代能源类（Alternative Energy Production）、农林类（Agriculture or Forestry）和核电类（Nuclear Power Generation）的绿色技术创新活动。二是过程管控型，即在生产过程中降低污染要素投入的创新活动，具体包括能源节约类（Energy Conservation）、行政监管与设计类（Administrative Regulatory or Design Aspects）的绿色技术创新活动。三是末端治理型，即在生产过程终端减少污染物排放量或降低排放浓度的创新活动，具体包括交通运输类（Transportation）和废弃物管理类（Waste Management）的绿色技术创新活动。本文分别用源头预防绿色发明专利申请量、过程管控绿色发明专利申请量和末端治理绿色发明专利申请量衡量上述三类绿色创新，并替代模型（1）中的被解释变量进行回归。表8 Panel C的回归结果显示，下游企业数字化转型显著促进了过程管控型和末端治理型的绿色创新活动，对于源头预防型绿色创新并不显著。其原因可能在于，我国企业数字化转型尚处于初级阶段，数字技术与绿色技术的融合主要体现在企业运用大数据、互联网、人工智能等数字技术推动生产线智能化升级以降低能源消耗，加强生产过程数据实时采集监控来提高能源管理效率，以及提高再生资源的分拣效率和分类准确性等方面。这些环节主要集中在生产的过程和末端，而对于依托数字技术开采新能源和提高化石能源使用效率等涉及源头预防的绿色创新活动仍需数字技术的深入发展及其与绿色技术的深度融合。

七、研究结论和政策启示

本文基于专利 IPC 提供的技术特征信息，构建了中国上市公司 2007~2020 年绿色创新和数字创新活动指标，实证检验了下游企业数字化转型对上游企业绿色创新的溢出效应。研究结果表明：①下游企业数字化转型显著促进了上游企业的绿色创新活动，特别是当上游企业规模较大、具有国有性质、知识存量较为丰富，或其所在行业市场竞争度较高、需求量较大、污染密集度较高时，下游企业数字化转型对其绿色创新的牵引作用更为显著。②下游企业数字化转型能够显著驱动上游企业进行绿色创新的影响机制在于有效促进了数字技术与绿色技术相融合。③在下游企业数字化溢出效应的影响下，上游企业绿色创新活动不仅数量增加而且质量提升；不仅对企业策略性创新产生"挤出效应"，而且对企业实质性创新产生"杠杆效应"；但在现有阶段，上游企业绿色创新主要还是集中在生产的过程管控和末端治理环节，还未深入到从根本上解决污染问题的源头预防阶段。基于以上研究结论，本文的政策启示如下：

（1）坚持需求导向，围绕市场需求和数字化转型溢出效应增强企业绿色创新内生动力。长期以来，我国绿色创新效率低，绿色技术供给与需求处于低水平不平衡状态，企业开展绿色创新的积极性不高，政府往往采取各种形式的环境规制政策以推动企业绿色创新。然而，本文研究结论表明，企业的绿色创新活动会受到下游客户数字化转型的影响。因此，除了环境规制政策以外，促进企业绿色创新的政策支持还可以从需求导向、数字化转型、供应链溢出等视角重新审视。数字经济时代推进企业绿色创新的政策趋向在于把握数字技术与绿色技术融合创新趋势，为此建议支持产业链供应链下游企业率先开展数字化转型，畅通供应链溢出渠道，营造有利于数字溢出和技术创新融合的良好氛围。

（2）提升数字技术与绿色技术融合应用能力，推动数字化绿色化协同发展。当前，我国部分企业仅仅依靠数字化工具建立浮于表面的数字化转型，没有实现技术之间的深度融合，对于数字化绿色化协同也只是持观望态度。本文研究结论表明，下游企业数字化转型能够牵引上游企业绿色创新的关键在于能够有效促进数字技术与绿色技术的融合，且当前数字技术对绿色创新的牵引作用主要发生在生产的过程管控和末端治理环节。为此，要加强数字技术创新与应用，积极寻找数字技术与绿色技术的连接点、契合点，打破技术之间彼此泾渭分明的孤立状态；要从生产链的源头、过程和末端全面强化大数据、互联网、人工智能等数字技术与绿色生产技术、绿色用能技术、绿色管理技术的深度融合，实现企业生产方式绿色精益化，能源使用绿色循环化，资源管理绿色智慧化。

（3）结合企业特征和行业特点分类施策，增强政策实施的动态化和精准性。数字技术与绿色技术融合情况在企业层面和行业层面存在明显的差异化。因此，推动技术融合与绿色创新的政策要避免"一刀切"。要充分发挥大企业、国有企业的资源优势，以及知识存量丰富企业的知识整合和创新优势，鼓励其在全链条、全过程深化数字技术绿色技术融合，形成示范引领；对于中小企业、民营企业和知识存量较为匮乏的企业，要加强政策引导和支持，着力缓解其技术、资金、人才短缺问题，为企业数字技术绿色技术融合提供保障。要进一步推动各行业市场化改革，推动竞争水平的提升；要充分挖掘市场需求，促进绿色创新供给和需求的有效衔接和迭代升级；要重点针对污染密集型企业开展数字技术赋能绿色创新活动。

参考文献

[1] 曹裕，李想，胡韩莉，等.数字化如何推动制造企业绿色转型？——资源编排理论视角下的探索性案例研究 [J].管理世界，2023，39（3）：96-112+126+113.

[2] 陈庆江，王彦萌，万茂丰.企业数字化转型的同群效应及其影响因素研究 [J].管理学报，2021，18（5）：653-663.

[3] 戴翔，杨双至.数字赋能、数字投入来源与制造业绿色化转型 [J].中国工业经济，2022（9）：83-101.

[4] 邓忠奇，高廷帆，庞瑞芝，等.企业"被动合谋"现象研究："双碳"目标下环境规制的福利效应分析 [J].中国工业经济，2022（7）：122-140.

[5] 底璐璐，罗勇根，江伟，陈灿.客户年报语调具有供应链传染效应吗？——企业现金持有的视角 [J].管理世界，2020，36（8）：148-163.

[6] 方明月，林佳妮，聂辉华.数字化转型是否促进了企业内共同富裕？——来自中国 A 股上市公司的证据 [J].数量经济技术经济研究，2022，39（11）：50-70.

[7] 郭丰，杨上广，柴泽阳.企业数字化转型促进了绿色技术创新的"增量提质"吗？——基于中国上市公司年报的文本分析 [J].南方经济，2023（2）：146-162.

[8] 韩晶，陈曦，冯晓虎.数字经济赋能绿色发展的现实挑战与路径选择 [J].改革，2022（9）：11-23.

[9] 黎文靖，郑曼妮.实质性创新还是策略性创新？——宏观产业政策对微观企业创新的影响 [J].经济研究，2016，51（4）：60-73.

[10] 李川川，刘刚.数字经济创新范式研究 [J].经济学家，2022（7）：34-42.

[11] 李云鹤，蓝齐芳，吴文锋.客户公司数字化转型的供应链扩散机制研究 [J].中国工业经济，2022（12）：146-165.

[12] 林永佳，杨畅，蔡幸.企业数字化转型与绿色创新能力升级——基于网络效应的分析 [J].现代财经（天津财经大学学报），2023，43（2）：3-19.

[13] 刘剑民，夏琴，徐玉德，等.产业技术复杂性、政府补助与企业绿色技术创新激励 [J].南开管理评论，2024（2）：94-105+149.

[14] 刘金科，肖翊阳.中国环境保护税与绿色创新：杠杆效应还是挤出效应？ [J].经济研究，2022，57（1）：72-88.

[15] 刘洋，董久钰，魏江.数字创新管理：理论框架与未来研究 [J].管理世界，2020，36（7）：198-217+219.

[16] 陆菁，鄢云，王韬璇.绿色信贷政策的微观效应研究——基于技术创新与资源再配置的视角 [J].中国工业经济，2021（1）：174-192.

[17] 邱洋冬，陶锋.高新技术企业资质认定政策的有效性评估 [J].经济学动态，2021（2）：16-31.

[18] 曲永义.数字创新的组织基础与中国异质性 [J].管理世界，2022，38（10）：158-174.

[19] 申明浩，谭伟杰.数字化与企业绿色创新表现——基于增量与提质的双重效应识别 [J].南方经济，2022（9）：118-138.

[20] 宋德勇，朱文博，丁海.企业数字化能否促进绿色技术创新？——基于重污染行业上市公司的考察 [J].财经研究，2022，48（4）：34-48.

[21] 陶锋，赵锦瑜，周浩.环境规制实现了绿色技术创新的"增量提质"吗——来自环保

目标责任制的证据 [J]. 中国工业经济, 2021, 395 (2): 136-154.

[22] 陶锋, 朱盼, 邱楚芝, 王欣然. 数字技术创新对企业市场价值的影响研究 [J]. 数量经济技术经济研究, 2023 (5): 68-91.

[23] 万攀兵, 杨冕, 陈林. 环境技术标准何以影响中国制造业绿色转型——基于技术改造的视角 [J]. 中国工业经济, 2021 (9): 118-136.

[24] 王永贵, 李霞. 促进还是抑制: 政府研发补助对企业绿色创新绩效的影响 [J]. 中国工业经济, 2023 (2): 131-149.

[25] 肖静, 曾萍. 数字化能否实现企业绿色创新的"提质增量"? ——基于资源视角 [J]. 科学学研究, 2023, 41 (5): 925-935+960.

[26] 杨金玉, 彭秋萍, 葛震霆. 数字化转型的客户传染效应——供应商创新视角 [J]. 中国工业经济, 2022 (8): 156-174.

[27] 叶静怡, 林佳, 张鹏飞, 曹思未. 中国国有企业的独特作用: 基于知识溢出的视角 [J]. 经济研究, 2019, 54 (6): 40-54.

[28] 袁淳, 肖土盛, 耿春晓, 盛誉. 数字化转型与企业分工: 专业化还是纵向一体化 [J]. 中国工业经济, 2021 (9): 137-155.

[29] 张杰, 郑文平. 创新追赶战略抑制了中国专利质量么? [J]. 经济研究, 2018, 53 (5): 28-41.

[30] 赵宸宇, 王文春, 李雪松. 数字化转型如何影响企业全要素生产率 [J]. 财贸经济, 2021, 42 (7): 114-129.

[31] Chavez R, Yu W, Feng M, et al. The Effect of Customer-Centric Green Supply Chain Management on Operational Performance and Customer Satisfaction [J]. Business Strategy and the Environment, 2016, 25 (3): 205-220.

[32] Chu Y, Tian X, Wang W. Corporate Innovation along the Supply Chain [J]. Management Science, 2019, 65 (6): 2445-2466.

[33] Di Vaio A, Palladino R, Pezzi A, et al. The Role of Digital Innovation in Knowledge Management Systems: A Systematic Literature Review [J]. Journal of Business Research, 2021, 123: 220-231.

[34] El-Kassar A N, Singh S K. Green Innovation and Organizational Performance: The Influence of Big Data and the Moderating Role of Management Commitment and HR Practices [J]. Technological Forecasting and Social Change, 2019, 144: 483-498.

[35] Goldsmith-Pinkham P, Sorkin I, Swift H. Bartik Instruments: What, When, Why, and How [J]. American Economic Review, 2020, 110 (8): 2586-2624.

[36] Greenstone M. The Impacts of Environmental Regulations on Industrial Activity: Evidence from the 1970 and 1977 Clean Air Act Amendments and the Census of Manufactures [J]. Journal of Political Economy, 2002, 110 (6): 1175-1219.

[37] Kohli R, Melville N P. Digital Innovation: A Review and Synthesis [J]. Information Systems Journal, 2019, 29 (1): 200-223.

[38] Kong T, Feng T, Huang Y, et al. How to Convert Green Supply Chain Integration Efforts into Green Innovation: A Perspective of Knowledge-Based View [J]. Sustainable Development, 2020, 28 (5): 1106-1121.

[39] Lewbel A. Constructing Instruments for Regressions with Measurement Error When No Additional Data are Available, with an Application to Patents and R&D [J]. Econometrica: Journal of the

Econometric Society, 1997, 65 (5): 1201-1213.

［40］ Mubarak M F, Tiwari S, Petraite M, et al. How Industry 4.0 Technologies and Open Innovation Can Improve Green Innovation Performance? ［J］. Management of Environmental Quality: An International Journal, 2021, 32 (5): 1007-1022.

［41］ Piva M, Vivarelli M. Is Demand-Pulled Innovation Equally Important in Different Groups of Firms? ［J］. Cambridge Journal of Economics, 2007, 31 (5): 691-710.

［42］ Podolny J M, Stuart T E, Hannan M T. Networks, Knowledge, and Niches: Competition in the Worldwide Semiconductor Industry, 1984-1991 ［J］. American Journal of Sociology, 1996, 102 (3): 659-689.

［43］ Rennings K. Redefining Innovation-Eco-Innovation Research and the Contribution from Ecological Economics ［J］. Ecological Economics, 2000, 32 (2): 319-332.

［44］ Rosenkopf L, Nerkar A. Beyond Local Search: Boundary-Spanning, Exploration, and Impact in the Optical Disk Industry ［J］. Strategic Management Journal, 2001, 22 (4): 287-306.

［45］ Triplett J E. The Solow Productivity Paradox: What Do Computers Do to Productivity? ［J］. Canadian Journal of Economics-Revue Canadienne D'Economique, 1999, 32 (2): 309-334.

［46］ Yoo Y, Henfridsson O, Lyytinen K. Research Commentary—The New Organizing Logic of Digital Innovation: An Agenda for Information Systems Research ［J］. Information Systems Research, 2010, 21 (4): 724-735.

［47］ Zhao Y, Zhang N, Feng T, et al. The Green Spillover Effect of Green Customer Integration: Does Internal Integration Matter? ［J］. Corporate Social Responsibility and Environmental Management, 2020, 27 (1): 325-338.

绿色发展

碳达峰的挑战性与跨区域能源合作[*]

王俊杰　裘以峰　史　丹

[摘要]　中国区域间能源供需不平衡，各省份碳达峰难度不同，有能源合作潜力，如江西省和四川省。本文首先采用江西省和四川省两省历史数据，估计 CO_2 排放量与人均 GDP、城镇人口、煤炭消费比重和能源强度的函数关系。其次设定六种情景，预测两省碳排放量的变化趋势。结果表明，在"中增长、高减排"情景下，江西省和四川省分别在 2030 年和 2025 年达峰。结合能源规划可知，江西省当前规划不能确保 2030 年达峰。为此，江西省需要提高生产端电气化水平，并在"十四五"时期每年投入12.75 亿元和 0.9 亿元用于增加太阳能和风能装机容量。四川省需要在储能技术、生产端电气化水平和清洁电力外送能力方面加大投资。两省可利用特高压线路实现清洁能源的空间调配，在能源开发与储存技术上进行交流合作，促进早日达峰。对于清洁能源储备水平低的省份，从其他省份调入能源可能比自己发展清洁能源更经济。

[关键词]　碳达峰；区域合作；能源结构；可行性分析；政策选择

一、引言

中国是最大的温室气体排放国，为实现碳达峰、碳中和，中国政府制定了一系列政策与计划。各地区在减排政策上存在趋同现象，多数地区将减排重点放在发展清洁能源和转型高耗能产业上。这种缺乏区域协调、略显粗放的减排思路，短期内或许有效，长期来看，将阻碍碳达峰目标的实现。如江西省等能源输入型地区，碳达峰难度高，能源结构调整对碳减排作用不明显。这类地区应当寻求与清洁能源输出地区合作。本文以江西省和四川省为例，分析不同省份达峰难度、跨省合作可能性和政策选择。江西省与四川省分别为典型的能源输入型与输出型省份，分别处于东部和西部，并在电力输送方面有合作基础，两者通过能源合作共同达峰有一定可行性。碳达峰的实现需要国家层面的政策制定，也需要各地区根据自身情况制定和执行适合的减排方案。

现有研究中，一些研究对各省独立实现碳达峰方案的分析忽略了地区新能源潜力不足的问

＊　本文原刊于《海南大学学报（人文社会科学版）》2024 年网络首发版，有修改。

[作者简介] 王俊杰，江西财经大学经济学院副研究员；裘以峰，江西财经大学经济与社会发展研究院博士研究生；史丹，中国社会科学院工业经济研究所研究员、博士生导师。

[基金项目] 国家自然科学基金项目（72063010）；教育部"春晖计划"项目（HZKY20220387）；国家社会科学基金重点项目（22AZD095）；国家自然科学基金专项项目（72140001）。

题，提出了一些难以实现的减排方案。也有学者认为各地区需要因地制宜地解决减排问题和制定减排政策，制定类似但有区别的"双碳"政策，既完成国家目标，又根据自身的能源结构、产业结构、能源利用情况制定适合本区域的碳减排政策（涂正革和谌仁俊，2012；张友国和白羽洁，2021）。

不同省份之间如何更为合理公平地进行协同减排是一个重要研究方向。不同省份在合作时需要先考虑能源资源和绿色技术在区域分布上的供需背离矛盾问题（王韶华等，2022）。制定具体的合作策略时可以考虑在产业结构与资源要素上进行协同配置（张友国，2021）。另外，在区域合作中各个省份的获益程度可能会有所差别，采取资金补助等方式有助于推动区域合作减排（钟章奇等，2018）。

在预测二氧化碳（CO_2）排放量方面，学术界常用的方法包括环境库兹涅茨曲线（EKC）模型、KAYA（以日本学者 Kaya 的名字命名）模型和可拓展随机环境影响评估（STIRPAT）模型，国内学者常运用 KAYA 模型分析 CO_2 排放的驱动因素（冯相昭和邹骥，2008）。一些学者也使用 STIRPAT 模型预测碳排放，STIRPAT 模型的优势在于它能够考虑更多因素对碳排放量的影响，并且指标的选取更加灵活。一些学者吸收了 STIRPAT 模型与马尔可夫链方法二者的优点，将二者结合起来用于预测 CO_2 排放量及其峰值（刘晴川等，2017；王勇等，2019）。也有一些文献利用 EKC 曲线来预测 CO_2 排放量峰值，但是 EKC 曲线仅考虑 CO_2 排放量与收入水平之间的关系，误差较大，预测结果可能与事实不符（林伯强，2022；王俊杰和裘以峰，2023）。

综上所述，现有研究对不同省份的碳达峰做了预测，并提出了不少减排建议。但是现有研究对省份之间的协同碳达峰研究不多。对江西省和四川省 2030 年碳达峰的可行性分析以及通过能源合作实现早日碳达峰的可行性分析有助于为区域间合作推进"双碳"目标提供参考。

本文以江西省和四川省为例，分析碳达峰目标面临的挑战性，并探讨两省通过合作实现各自碳达峰目标的可行性。首先，本文基于 STIRPAT 模型构建回归方程，并利用该回归方程估计各影响因素与碳排放量之间的函数关系；其次，本文根据江西省和四川省的"十四五"规划设定"十四五"时期各要素指标数据，并通过自回归移动平均（ARIMA）方法和时间趋势法组合预测后续年份里各要素变化情况；再次，本文基于情景分析法构建不同情景下两省达峰时间预测方案；最后，本文根据碳达峰时间的预测结果分析江西省和四川省作为能源的输入方与输出方，进行减排政策互补的可能性。本文的创新性体现在：第一，本文将历史数据与政府规划数据相结合，能够更加准确地分析相关省份 2030 年碳达峰的可行性；第二，本文具体地考虑了省份间的合作，能够更加准确地分析相关省份 2030 年碳达峰的可行性以及合作潜力；第三，本文结论能够为如何通过地区合作促进早日碳达峰提供参考。

二、碳达峰时间预测模型设定与数据说明

（一）模型设定与数据说明

本文需要分析江西省和四川省完成碳达峰目标面临的挑战性，因此先对它们的碳排放变化趋势进行预测。根据 KAYA 模型可知，影响 CO_2 排放的因素包括人口、收入水平、能源强度以及能源排放系数。不过，如果要预测碳排放量，还需要进一步精确测度这些变量间的函数关系。

在研究碳排放影响因素时，常用的方法有结构分解法和指数分解法。其中，结构分解法基

于投入产出表数据，适用于离散时间序列的分析，但不便于连续时间序列的分析；指数分解法则可以有效地解决连续时间序列的分析问题。IPAT 模型是经典的指数分解模型，它反映了人口（Population，P）、富裕程度（Affluence，A）、技术（Technology，T）对环境的影响（Impact，I）。在 IPAT 模型的基础上，美国经济学家 York 等（2003）提出了可拓展随机环境影响评估（STIRPAT）模型，STIRPAT 比 IPAT 更加灵活，适用范围更广。

本文也将使用 STIRPAT 模型，估计人口、收入水平等因素对 CO_2 排放量的影响程度。基本的 STIRPAT 模型如式（1）所示：

$$I = aP^b A^c T^{d_e} \tag{1}$$

取对数后的结果如式（2）所示：

$$\ln I = m + b\ln P + c\ln A + d\ln T + \varepsilon \tag{2}$$

其中，I、P、A 和 T 分别表示环境压力（在本文中指碳排放量）、人口、经济发展水平和技术因素；b、c、d 为弹性系数，分别表示变量 P、A、T 变化 1% 时引起 I 的变化程度。

碳排放来源于化石能源消耗、水泥生产、动物粪便等，其中最主要的来源是化石能源消耗。能源碳排放占碳排放总量的 80%~90%，因此许多文献都通过能源消耗来估算碳排放量，本文也采用这种方法。

本文选取人均地区生产总值（GDP）和城镇人口数量分别表示变量经济发展水平（A）和人口（P）。库兹涅茨曲线揭示了人均 GDP 与碳排放之间存在倒"U"形的关系，这说明人均 GDP 对碳排放具有较大影响。而人口则在多个方面对碳排放产生影响，例如，人口年龄结构和城乡以及城际迁移都会带来地区碳排放量的变化（刘丰和王维国，2021；Zhang et al.，2021）。因此用城镇人口而不是总人口来预测碳排放量更为合适。本文选取能源强度和煤炭占一次能源比重表示变量中技术（T）。能源强度即单位产值的能源消耗量，通常用每万元增加值消耗的标准能源量来表示。

根据两省碳排放的现状以及 STIRPAT 模型的特点，结合本文选取的指标，对模型（2）进行修改，得到以下模型：

$$\ln CO_{2t} = a + b_1 \ln mt_t + b_2 \ln czrk_t + b_3 \ln rjgdp_t + b_4 \ln nyqd_t + e_t \tag{3}$$

其中，CO_2、mt、czrk、rjgdp 和 nyqd 分别表示碳排放总量、煤炭占一次能源消费比重、城镇人口、人均 GDP 和能源强度；b_u（u=1、2、3、4）为待估计的参数值，预期它们均大于零。本文将使用式（3）估计江西省和四川省碳排放量与 4 个因素间的函数关系。

江西省和四川省的人均地区生产总值、城镇人口数和煤炭消费比重这三种数据来源于两省的统计年鉴，能源消费结构（即各类能源消费比重）、清洁能源发电量以及清洁能源装机量数据来源于《中国能源统计年鉴》。江西省和四川省二氧化碳排放量根据《中国能源统计年鉴》中两省各类能源消费量测算得到。具体的碳排放测算方法参考了王锋等（2013）的研究，通过煤炭、汽油、煤油、柴油、燃料油和天然气这 6 种化石能源计算获得，具体的计算方法见附录 1。

（二）模型估计

在宏观经济学研究中，变量之间常常是高度相关的，即存在共线性问题。因此本文对选取的人均 GDP、城镇人口、煤炭消费比重和能源强度这 4 个变量进行了方差膨胀系数（VIF）检验。结果显示，前两个变量的 VIF 均大于 10，说明这两个变量存在明显的共线性问题。李晓峰和刘瑞芳（2016）从计量经济学的角度指出，岭回归能够有效地解决多重共线性问题，提高模型的预测准确性。本文采用岭回归分析法做模型拟合。岭回归是一种改进的最小二乘法估计方法，在自变量标准化矩阵的主对角线上加入一个非负因子 k，以提高估计稳定性。①

使用岭回归方法估计上文模型（3）可以得到以下结果，如式（4）和式（5）所示：

$$\ln CO_{2t} = -17.872 + 1.574 \ln mt_t + 0.772 \ln czrk_t + 0.577 \ln rjgdp_t + 0.436 \ln nyqd_t \quad (4)$$
$$\qquad\qquad (3.28) \qquad\quad (1.77) \qquad\quad (2.46) \qquad\quad (3.28)$$

$$\ln CO_{2t} = -0.907 + 0.757 \ln mt_t + 0.21 \ln czrk_t + 0.583 \ln rjgdp_t + 0.232 \ln nyqd_t \quad (5)$$
$$\qquad\qquad (8.78) \qquad\quad (10.15) \qquad\quad (11.94) \qquad\quad (3.90)$$

其中，括号内为各系数的 T 值。式（4）和式（5）为江西省和四川省的回归方程，两个方程中四个解释变量的估计系数符号都显著为正，符合本文的理论预期，且式（4）和式（5）调整后的 R^2 分别为 0.99 和 0.98。这表明模型拟合效果很好且合理可信。

三、碳达峰时间预测

本文根据江西省和四川省"十四五"规划中关于人均 GDP 增速、煤炭占一次能源比重结构以及城镇人口增速等指标的规划目标，并采用时间趋势法预测 2021~2050 年各指标变化。能源强度参考两省"十四五"规划中能源强度降幅目标和清洁能源发展目标进行假设。

在做科学预测时，为了考虑更多的不确定性，学术界一般采用情景分析法做预测（王俊杰和裴以峰，2023）。在做未来数十年的预测时，为了减少一些随机波动对预测的影响，也为了简化预测模型，学术界一般将预测周期分为若干阶段，每个阶段包含固定的时长（如 3 年或 5 年）（王俊杰和裴以峰，2023）。本文将 2021~2050 年划分为六个阶段，每阶段五年。本文需要设定的变量包括经济变量（人均 GDP、城镇人口）和减排变量（煤炭消费比重、能源强度）。经济变量设定为低增长、中增长、高增长三种情景；减排变量设定为中减排、高减排两种情景。中国政府已经承诺在 2030 年实现碳达峰、2060 年实现碳中和，并制定了许多政策以推进"双碳"目标的实现，因此低减排政策是不大可能采取的。上述 4 个变量不同情景的排列组合后有 36 种。为了简化，本文只考虑以下 6 种典型情景，分别是"低增长、中减排""中增长、中减排""高增长、中减排""低增长、高减排""中增长、高减排""高增长、高减排"。江西省和四川省未来的变量具体设定方法与推导过程见附录 2。

（一）两省情景设定与模拟结果

江西省和四川省 6 个五年阶段经济变量变化率设定如表 1 所示。

表 1　两省经济变量年均增长率预测值　　　　　　　　　　　单位：%

时间	人均 GDP 增长率			城镇人口增长率		
	低增长	中增长	高增长	低增长	中增长	高增长
2021~2025 年	6.1, 4.5	6.6, 5.0	7.1, 5.5	1.6, 1.7	1.8, 1.9	2.0, 2.1
2026~2030 年	5.6, 4.0	6.1, 4.5	6.6, 5.0	1.3, 1.5	1.5, 1.7	1.7, 1.9
2031~2035 年	5.1, 3.5	5.6, 4.0	6.1, 4.5	1.0, 1.2	1.2, 1.4	1.4, 1.6

---

① 这个非负因子 k 是回归软件根据样本选取的，目的是提高回归的稳定性和准确性。通过岭回归系数检验可知，在本文中四川省 k 值取 0.05 最佳，江西省 k 值取 0.0009 最佳。

续表

时间	人均 GDP 增长率			城镇人口增长率		
	低增长	中增长	高增长	低增长	中增长	高增长
2036~2040 年	4.6, 3.0	5.1, 3.5	5.6, 4.0	0.7, 0.9	0.9, 1.1	1.1, 1.3
2041~2045 年	3.8, 2.5	4.3, 3.0	4.8, 3.5	0.4, 0.5	0.6, 0.7	0.8, 0.9
2046~2050 年	3.0, 2.0	3.5, 2.5	4.0, 3.0	0.1, 0.1	0.3, 0.3	0.5, 0.5

注：在每一列的两个数字中，左边为江西省经济变量预测值，右边为四川省经济变量预测值。

江西省和四川省6个五年阶段煤炭消费比重和能源强度变化率的设定如表2所示。

表2　两省减排变量年均增长率预测值　　　　　　　　　　　单位：%

时间	煤炭消费比重变化率		能源强度变化率	
	中减排	高减排	中减排	高减排
2022~2025 年	-2.0, -1.8	-2.2, -2.0	-3.0, -3.5	-3.3, -4.0
2026~2030 年	-1.8, -1.7	-2.0, -1.8	-2.8, -3.3	-3.0, -3.7
2031~2035 年	-1.7, -1.6	-1.9, -1.6	-2.6, -3.1	-2.7, -3.4
2036~2040 年	-1.5, -1.5	-1.7, -1.4	-2.4, -2.9	-2.5, -3.2
2041~2045 年	-1.3, -1.3	-1.5, -1.2	-2.2, -2.7	-2.3, -3.0
2046~2050 年	-1.1, -1.1	-1.3, -1.0	-2.0, -2.5	-2.1, -2.8

注：在每一列的两个数字中，左边为江西省减排变量预测值，右边为四川省减排变量预测值。

（二）峰值预测

按照以上各表的参数设置规则，可以得到2021~2050年江西省和四川省的减排变量与经济变量在各年份的具体数值，将各数值代入上文估计出的预测模型中，可以得到两省各年份碳排放的预测值。具体预测结果分析见附录3。江西省和四川省在各种情景下的碳排放变化趋势和达峰时间分别如表3和表4所示。

表3　江西省各情景下碳排放量预测结果　　　　　　　　　　单位：亿吨

时间	低增长、中减排	中增长、中减排	高增长、中减排	低增长、高减排	中增长、高减排	高增长、高减排
2021 年	1.9994	1.9994	1.9994	1.9994	1.9994	1.9994
2025 年	2.0101	2.0444	2.0792	1.9737	2.0074	2.0415
2030 年	2.0145	2.0762	2.1740	1.9378	2.0132	2.0913
2035 年	1.9936	2.0821	2.2450	1.8830	1.9984	2.1204
2040 年	1.9634	2.0618	2.3076	1.8210	1.9745	2.1402
2045 年	1.9243	2.0319	2.3608	1.7525	1.9415	2.1501
2050 年	1.8764	1.9926	2.4035	1.6782	1.8997	2.1495
达峰时间	2030 年	2035 年	未达峰	2021 年	2030 年	2045 年

表4　四川省各情景下碳排放量预测结果　　　　　　　　　单位：亿吨

时间	低增长、中减排	中增长、中减排	高增长、中减排	低增长、高减排	中增长、高减排	高增长、高减排
2021 年	1.5837	1.5837	1.5837	1.5837	1.5837	1.5837
2025 年	1.5856	1.5994	1.6132	1.5713	1.5850	1.5987
2030 年	1.5869	1.6103	1.6390	1.5590	1.5820	1.6102
2035 年	1.5819	1.6138	1.6530	1.5466	1.5778	1.6162
2040 年	1.5706	1.6097	1.6547	1.5342	1.5723	1.6163
2045 年	1.5623	1.6041	1.6519	1.5247	1.5654	1.6120
2050 年	1.5586	1.5986	1.6444	1.5196	1.5585	1.6033
达峰时间	2030 年	2035 年	2040 年	2021 年	2025 年	2040 年

根据预测结果可得，"中增长、高减排"情景为江西省和四川省实现碳达峰的最优情景。该情景下，江西省达峰时间为 2030 年，达峰碳排放量为 2.0132 亿吨；四川省达峰时间为 2025 年，达峰碳排放量为 1.5850 亿吨。这种情景兼顾了经济增长，并需要采取较为严格的减排措施。此外，该情景下，两省的煤炭消费比重和能源强度的下降速度比现有规划下降得更快。因此，在当前规划的经济增长目标下江西难以实现 2030 年碳达峰目标，江西省的碳达峰目标具有挑战性。

四、跨区域能源合作的政策选择

本部分将探讨江西省、四川省两省通过跨区域能源合作促进早日实现碳达峰的可行性及政策选择。通过梳理两省在调整能源结构时的困境和减排政策，并分析未来政策选择的侧重点。综合而言，江西省新能源发展前景有限，难以通过调整能源生产结构实现碳达峰。原因有二：一是能源对外依存度高且持续上升。2021 年，江西省能源对外依存度达 86%，创历史新高，且 96% 以上的煤炭、100% 的原油、100% 的天然气依靠外省调入；二是依靠本地集中式新能源达峰不现实。江西省集中式清洁能源装机数量和转化率均属于落后水平。四川省地形多样、面积广阔，拥有丰富的清洁能源资源。四川省是可再生能源大省和清洁能源基地。2021 年，四川省清洁能源发电量达到 3654 亿千瓦时，其中外送电量为 1364 亿千瓦时。在清洁能源中，四川省在水电方面最具优势，水电发电量常年居全国第一位。四川省的水能储量极为丰富，仅次于云南居于全国第二位。因此，四川省具备依靠自身清洁能源实现碳达峰并为其他省份提供清洁电力支持的条件和潜力。

（一）江西省减排政策选择

在"中增长、高减排"的情景下，江西省需要在"十四五"时期将煤炭占一次能源比重由规划的每年降低 2% 提高到每年降低 2.2%。根据《江西省"十四五"能源发展规划》，2021 年江西省火力发电占比为 87.63%。水力发电占比为 5.09%，其他能源发电比重较小。根据前文中"中增长、高减排"情景中设定的煤炭占一次能源比重的减排设定可以计算得到，到 2025 年需要将火力发电占比由规划的 80.8% 降低到 80.1%。这意味着江西省新能源与水能发电量需要由规划的 430 亿千瓦时提高到 445 亿千瓦时，即多发电 15 亿千瓦时。这些电力需求可以通过外送电力以及增加自身新能源开发来解决。下面将根据前文拟合结果分析江西省为实现碳达峰目标而需要执行的减排政策及其具体措施。

（1）重视开发利用本地的可再生能源潜力，保障本地基本能源安全。发展本地的清洁能源有利于提高能源供应的安全性和效率。如果完全依赖西部省份的过剩能源输送，江西省会面临电网运行风险、电力跨区域协调等问题。根据《江西省"十四五"能源发展规划》，到2025年，清洁能源的总装机容量将达到0.18亿千瓦。其中，风电的装机容量为0.02千瓦，光伏发电的装机容量为0.16亿千瓦，二者的比例为1∶8。按照这个比例，为了增加15亿千瓦时的清洁电力，光伏发电量需要增加13.33亿千瓦时，风能发电量需要增加1.67亿千瓦时。根据目前的装机电力转化率以及行业平均新能源装机成本可以得到，为了实现2025年的光伏和风电装机目标，江西省需要比"十四五"规划额外支出63.75亿元用于光伏发电装机，并额外支出4.5亿元用于风电装机。具体的计算与推导过程见附录4。

在模拟的"中增长、高减排"情景下，装机费用将高于规划费用。因此，江西省要实现2030年碳达峰目标，必须加大减排力度，并增加清洁能源装机容量。鉴于江西省的资源禀赋和收入水平，这是一个巨大的挑战。高减排情景需要非常严格的环境规制措施，这可能会影响经济增长；此外，严格的环境规制措施需要大量的资金支持。鉴于江西省的财政收入状况，财政能够提供的资金有限，这些资金可以通过金融市场来补充。

（2）提高外部输入清洁能源量。提高外部输入清洁能源量需要考虑建设费用和购电费用。2021年，江西省接受省外电力输入240亿千瓦时，输电成本为0.0685元/千瓦时，购电价格为0.39元/千瓦时。根据国际能源署的测算，煤炭发电成本在0.6～1元/千瓦时，中国为0.63元/千瓦时。2021年中国风电发电成本为0.32元/千瓦时，光伏发电为0.36元/千瓦时。从外省购电成本低于煤电，与光伏成本接近，略高于风电成本。在长距离输电设施完善时，短期内用外送电力替代煤电是经济的。雅中—江西特高压工程实际输送量仅为最高输送量的一半，短期内不需要建设新的电力传输设施。通过外购电力解决高减排情景下江西省15亿千瓦时的电力缺口，可节约3.6亿元［（0.63-0.39）×15＝3.6］。

（3）通过生产端电气化推进能源消费低碳化。电能是品质最高的能源，且使用过程清洁无碳。江西省电气化水平在全国处于中等水平，电气化发展空间较大。通过调整产业结构、引进先进地区电气化技术，实现企业生产电气化，可以有效推动能源生产端的碳减排。2020年底，江西省消费煤炭约6500万吨，主要集中在电力、冶金和建材行业，本地产量约2000万吨，外购4500万吨左右。江西省产业电气化转型应当集中在上述高碳排放行业。

（二）四川省减排政策选择

在"中增长、高减排"情景下，四川省需要在"十四五"时期每年将煤炭占一次能源比重由规划的每年降低1.8%提高到每年降低2%，以实现2030年达峰目标。这意味着四川省到2025年将煤炭占一次能源比重由规划的24.08%降低到23.88%。相比于其他省份，四川省并不需要花费太多的成本就可以完成减排任务。作为能源输出型省份，四川省在"十四五"时期应该围绕如何在保证自身能源安全的条件下向外输出更多、更优质的清洁能源。根据前文的拟合结果，本文将提出以下建议：

（1）加快特高压线路建设，稳定输送电力。近年来，随着各省"双控"指标压力逐渐加大，用电量将会随之剧烈增加。为了将大量清洁能源直接输送至其他省份，应加快推进特高压直流外送线路建设，完善主网架构。

（2）布局抽水蓄能电站等储能项目，增强电网调峰能力。截至2022年底，中国抽水蓄能装机规模为0.32亿千瓦，仅占发电装机总量的约1.4%。作为中国水电第一大省，四川省投运抽水蓄能电站数量不多，并且以中小型抽水蓄能电站为主。2022年发生的四川省旱季供电不足的情况凸显了加快抽水蓄能电站建设的必要性和紧迫性，尤其应在水力发电密集区域建设抽水蓄能电站，以解决水力发电密集区域备用电源不足的问题。

（3）持续推进终端用能电气化。近年来，四川省终端用能电气化率逐渐上升，由2015年的31.4%增长到2020年的35.6%，高于全国平均水平（27%），但距离发达国家70%的水平仍有较大差距。四川省政府应鼓励以电力为主要能源消费方式的高科技企业及产业园区发展，减少新上高耗能、高污染项目。

五、结论与启示

能源分布不平衡和经济发展不平衡决定了中国各地区碳达峰难度不同，有必要开展区域合作。本文以江西省和四川省为例，分析了碳达峰目标的可行性和合作的必要性。本文利用STIRPAT模型和历史数据预测了两省的碳排放量和达峰时间，结合两省能源供需和规划探讨了碳达峰的挑战性和能源合作的优势。本文得出以下结论：

（1）"中增长、高减排"是两省实现碳达峰的最优情景，它兼顾了经济增长，但需要严格的减排政策。在此情景下，江西省2030年达峰，碳排放量2.013亿吨，能实现既定的2030年碳达峰目标；四川省2025年达峰，碳排放量1.585亿吨，能实现既定的2028年碳达峰目标。

（2）江西省碳达峰目标具有较大的挑战性。为了2030年前达峰，政府需要制定更严格的减排政策。江西省应在"十四五"时期实施"中增长、高减排"方案，相比现有规划，需要增加166.5万千瓦光伏和12万千瓦风电装机，到2025年需要投入63.75亿元用于太阳能装机，并投入4.5亿元用于风电装机。四川省则要加强电力外送和储能设施建设。

（3）地区能源合作是一种高效的减排模式。本文认为四川省作为清洁能源强省向江西省这样的清洁能源弱省输送清洁能源是必要的。这种能源合作需要通过特高压线路的搭建、储能技术和新能源开发技术的交流来实现。全国也存在地区能源合作的需要，能源合作是一种符合国情的减排模式。

为了实现碳达峰目标，各地区应因地制宜、协同合作，中央政府应给予适当的支持和激励。具体而言：

（1）各地区碳达峰难度不同，中央政府对各地区的要求也应因地制宜。例如，在能源领域，西部地区和北部地区要大力开发清洁能源并输送到东部和中部地区；东部地区和中部地区要加快推进电能替代和节能降耗；京津冀、长三角、粤港澳大湾区等区域要率先推动绿色低碳发展。

（2）一些地区的达峰目标过于理想，可能难以实现。一些地区经济水平较低，能源结构以煤炭为主，碳排放强度高。要实现碳达峰，需要大幅调整产业结构和能源结构，提高能源效率和清洁能源比重，这是一个巨大的挑战。一些地区人口规模较大，城镇化进程较快，交通运输、建筑、工业等领域的碳排放增长势头较强。要实现2030年碳达峰，需要加快电能替代和节能降耗，推广绿色建筑和节能改造，这是一个复杂的任务和过程。

（3）地区合作十分重要，中央政府可以通过转移支付促进跨地区合作。转移支付可以增加地方财力，支持地方投入清洁能源、节能减排、电力市场化改革等领域，促进能源结构调整和绿色低碳发展。转移支付也可以缓解地方地区间的财力差距，促进区域协调发展，推动跨区域电网互联互通、能源资源优化配置和共享。转移支付还可以激励地方创新能源政策和管理机制，加强能源规划、监管、服务等方面的协作，提高能源供给保障和效率。

（4）通过财政支持、金融支持、税收支持促进各省能源合作的可能性。财政部门应加大对地方的财力支持，鼓励各地区制定碳达峰方案和路线图，并开展跨区域能源合作项目。金融部门应加大对可再生能源企业的信贷支持力度，按照商业化原则与可再生能源企业协商展期或续贷。税务部门应落实好各项减税降费和退税缓税缓费政策。同时，应探索建立绿色税收制度，在符合国情和国际惯例的基础上，在适当时机推进碳排放权交易市场化改革，并逐步引入碳税等环境税种（余升国等，2022）。

参考文献

［1］冯相昭，邹骥.中国 CO_2 排放趋势的经济分析［J］.中国人口·资源与环境，2008，18（3）：43-47.

［2］李晓峰，刘瑞芳.岭回归在高维数据分析中的应用［J］.统计与信息论坛，2016（1）：25-30.

［3］林伯强.碳中和进程中的中国经济高质量增长［J］.经济研究，2022（1）：16-20.

［4］刘丰，王维国.人口年龄结构变动对碳排放的影响——基于生育率和预期寿命的跨国面板数据［J］.资源科学，2021（10）：14-23.

［5］刘晴川，李强，郑旭煦.基于化石能源消耗的重庆市二氧化碳排放峰值预测［J］.环境科学学报，2017，37（4）：12-20.

［6］涂正革，谌仁俊.中国碳排放区域划分与减排路径——基于多指标面板数据的聚类分析［J］.中国地质大学学报（社会科学版），2012，12（6）：7-13.

［7］王锋，冯根福，吴丽华.中国经济增长中碳强度下降的省区贡献分解［J］.经济研究，2013（8）：143-155.

［8］王俊杰，裘以峰.2030年碳达峰的可行性和挑战性——以山东省为例［J］.齐鲁学刊，2023（3）：130-143.

［9］王韶华，赵暘春，张伟，等.京津冀碳排放的影响因素分析及达峰情景预测——基于供给侧改革视角［J］.北京理工大学学报（社会科学版），2022，24（6）：54-66.

［10］王勇，许子易，张亚新.中国超大城市碳排放达峰的影响因素及组合情景预测——基于门限-STIRPAT模型的研究［J］.环境科学学报，2019（12）：9-15.

［11］余升国，赵秋银，许可.博弈视角下中国地方政府环境规制竞争——来自省际层面的空间分析证据［J］.海南大学学报（人文社会科学版），2022，40（2）：148-160.

［12］张友国.碳达峰、碳中和工作面临的形势与开局思路［J］.行政管理改革，2021（3）：9-15.

［13］张友国，白羽洁.区域差异化"双碳"目标的实现路径［J］.改革，2021（11）：1-18.

［14］钟章奇，张旭，何凌云，等.区域间碳排放转移、贸易隐含碳结构与合作减排——来自中国30个省区的实证分析［J］.国际贸易问题，2018（6）：94-104.

［15］York R，Rose E，Dietz T. STIRPAT，IPAT and ImPACT：Analytic Tools for Unpacking the Driving Forces of Environmental Impacts［J］. Ecological Economics，2003，46（3）：351-365.

［16］Zhang T，Song Y，Yang J. Relationships between Urbanization and CO_2 Emissions in China：An Empirical Analysis of Population Migration［J］. PLOS ONE，2021，16（8）：256-275.

附　录

附录1　碳排放量计算方法

江西省和四川省二氧化碳排放量根据《中国能源统计年鉴》中两省各类能源消费量测算得到。具体的碳排放测算方法参考了王锋等（2013）的研究，他们根据联合国政府间气候变化专门委员会（IPCC）指南中能源排放系数（即每千克某种类型的能源消耗产生的二氧化碳质量）计算碳排放量。六种能源的排放系数如附表1所示。

附表1　能源排放系数

能源类型	排放因子	能源类型	排放因子
煤炭	1.9003	柴油	3.0959
汽油	2.9251	燃料油	3.1705
煤油	3.0179	天然气	2.1622

具体的碳排放计算如式（A1）所示：

$$CO_2 = \sum_{i=1}^{n} E_i c_i \tag{A1}$$

其中，CO_2表示碳排放量；E_i表示第i种能源的消耗量；c_i表示碳排放系数；i表示煤炭、汽油、煤油、柴油、燃料油和天然气这6种化石能源。

附录2　江西省和四川省未来的变量具体设定方法与推导过程

一、江西省情景设定与模拟结果

根据《江西省"十四五"规划》，江西省的目标是2021~2025年地区生产总值年均增长7%左右，城镇化率由2020年58.6%提升至2025年64%左右。2022年江西省制定《江西省"十四五"能源发展规划》，规划能源强度到2025年相较于2020年下降14%，煤炭占一次能源消费比重下降至56.8%左右。

在经济变量设置上，受2022年新冠病毒感染疫情的影响，江西省经济增速未达政府预期，但与政府目标相差不大，GDP增速在全国各省位居第三。本文根据此情况及2020~2022年江西省实际经济数据，相对于规划增速，适当下调"十四五"时期中增长情景下江西省人均GDP年均增速至6.6%，城镇人口在中增长情景下2021~2025年的年增速设定为1.8%。参考王俊杰和裘以峰（2023）的研究，鉴于中国和西方主要发达国家的经济发展差距以及江西省的省情，本文设定2046~2050年江西省人均GDP在中情景下年增速为3.5%，高、低两种情景的设定在此基础上分别多0.5%和少0.5%，2046~2050年的年增速分别为4%、3%；并设定在上述6个五年阶段，人均GDP增速逐渐递减。6个五年阶段经济变量变化率设定如附表2所示。

附表2　江西省经济变量年均增长率预测值　　　　　　　　　　单位：%

时间	人均GDP增长率			城镇人口增长率		
	低增长	中增长	高增长	低增长	中增长	高增长
2021~2025年	6.1	6.6	7.1	1.6	1.8	2.0

续表

时间	人均 GDP 增长率			城镇人口增长率		
	低增长	中增长	高增长	低增长	中增长	高增长
2026~2030 年	5.6	6.1	6.6	1.3	1.5	1.7
2031~2035 年	5.1	5.6	6.1	1.0	1.2	1.4
2036~2040 年	4.6	5.1	5.6	0.7	0.9	1.1
2041~2045 年	3.8	4.3	4.8	0.4	0.6	0.8
2046~2050 年	3.0	3.5	4.0	0.1	0.3	0.5

在减排变量的设置上，根据江西省能源规划，江西省需要在 2025 年能源强度下降 14%，因此，设定"十四五"时期中减排情景下能源强度变化率为-3%（因为 $0.97^5 = 0.86 = 1-0.14$）；江西省需要在 2025 年将煤炭占一次能源比重下降到 56% 左右，因此设定"十四五"时期中减排情景下煤炭占一次能源比重变化率为-2%。鉴于中国的能源禀赋和路径依赖性，随着煤炭消费比重的降低，继续降低煤炭比重将会越来越难，因此煤炭消费比重的降低速度是逐渐变慢的。随着 GDP 的增速放缓以及减排政策下能源消耗量得到有效控制，能源强度的降低速度必然逐渐放缓。本文设定 2046~2050 年江西省煤炭占一次能源比重和能源强度在中减排情景时增速分别为-1.1% 和-2%，它们在高减排情景时的增速比在此基础上分别快 0.2% 和 0.1%，2046~2050 年增速分别为-1.3%、-2.1%；并设定在上述六个阶段，减排变量下降速度逐渐递减。6 个五年阶段煤炭消费比重和能源强度变化率的设定如附表 3 所示。

附表 3　江西省减排变量年均增长率预测值　　　　单位：%

时间	煤炭消费比重变化率		能源强度变化率	
	中减排	高减排	中减排	高减排
2022~2025 年	-2.0	-2.2	-3.0	-3.3
2026~2030 年	-1.8	-2.0	-2.8	-3.0
2031~2035 年	-1.7	-1.9	-2.6	-2.7
2036~2040 年	-1.5	-1.7	-2.4	-2.5
2041~2045 年	-1.3	-1.5	-2.2	-2.3
2046~2050 年	-1.1	-1.3	-2.0	-2.1

二、四川省情景设定与模拟结果

在经济变量的设置上，《四川省"十四五"规划》中设定"十四五"时期 GDP 年增长目标为年均 6%，城镇化率由 55% 增长到 60%。另外，四川省在 2000~2022 年人口呈现小幅波动的情况，近年来人口数量逐年增长，但是增长幅度均不大。受 2022 年新冠病毒感染疫情的影响，四川省 2022 年上半年经济增长情况不及预期，本文根据这一情况以及 2020~2022 年四川省的实际经济发展情况，相对于规划增速，适当下调"十四五"时期中增长情景下人均 GDP 年均增长率为 5%，城镇人口增长率则设定为 1.9%，2025~2050 年的设定依据则与江西省相同。6 个五年阶段四川省经济变量变化率设定如附表 4 所示。

附表 4　四川省经济变量年均增长率预测值　　　　　　　　单位：%

时间	人均 GDP 增长率			城镇人口增长率		
	低增长	中增长	高增长	低增长	中增长	高增长
2022~2025 年	4.5	5.0	5.5	1.7	1.9	2.1
2026~2030 年	4.0	4.5	5.0	1.5	1.7	1.9
2031~2035 年	3.5	4.0	4.5	1.2	1.4	1.6
2036~2040 年	3.0	3.5	4.0	0.9	1.1	1.3
2041~2045 年	2.5	3.0	3.5	0.5	0.7	0.9
2046~2050 年	2.0	2.5	3.0	0.1	0.3	0.5

在减排变量的设置上，国家在 2022 年划分给四川省的减排任务为到 2025 年能源强度下降 13.5%，因此，设定"十四五"时期能源强度年均增长率为 -3.5%。"十四五"时期四川省能源消费总量以及煤炭消费比重由 27% 下降到 25% 以下，并且年均降低速率控制在 -2% 以下，事实上到 2021 年，四川省煤炭占一次能源比重已经下降到了 25.9%。因此，本文根据四川省的实际情况上调煤炭占一次能源比重的降低速度，设定四川省煤炭占一次能源比重的增长率设定为 -1.8%。6 个五年阶段煤炭比重和能源强度变化率设定如附表 5 所示。

附表 5　四川省减排变量年均变化率预测值　　　　　　　　单位：%

时间	煤炭占一次能源比重变化率		能源强度变化率	
	中减排	高减排	中减排	高减排
2022~2025 年	-1.8	-2.0	-3.5	-4.0
2026~2030 年	-1.7	-1.8	-3.3	-3.7
2031~2035 年	-1.6	-1.6	-3.1	-3.4
2036~2040 年	-1.5	-1.4	-2.9	-3.2
2041~2045 年	-1.3	-1.2	-2.7	-3.0
2046~2050 年	-1.1	-1.0	-2.5	-2.8

附录 3　峰值预测结果具体分析

江西省在各种情景下的达峰情景如附表 6 所示。

附表 6　江西省各情景下碳排放量预测结果　　　　　　　　单位：亿吨

时间	低增长、中减排	中增长、中减排	高增长、中减排	低增长、高减排	中增长、高减排	高增长、高减排
2021 年	1.9994	1.9994	1.9994	1.9994	1.9994	1.9994
2025 年	2.0101	2.0444	2.0792	1.9737	2.0074	2.0415
2030 年	2.0145	2.0762	2.1740	1.9378	2.0132	2.0913
2035 年	1.9936	2.0821	2.2450	1.8830	1.9984	2.1204
2040 年	1.9634	2.0618	2.3076	1.8210	1.9745	2.1402
2045 年	1.9243	2.0319	2.3608	1.7525	1.9415	2.1501
2050 年	1.8764	1.9926	2.4035	1.6782	1.8997	2.1495
达峰时间	2030 年	2035 年	未达峰	2021 年	2030 年	2045 年

（1）在"低增长、中减排"这种最温和的情景下，江西省的碳达峰时间预计为2030年，碳排放的峰值预计为2.0145亿吨。这意味着江西省只有在牺牲经济增长的前提下，才能按照当前计划的减排措施实现2030年碳达峰目标。

（2）在"中增长、中减排"这种比较温和的情景下，江西省的碳达峰时间预计为2035年，碳排放的峰值为2.0821亿吨。很明显，在这种情景下，江西省无法实现在2030年前碳达峰，因而是不太可取的。这表明，在保持中等经济增速的条件下，江西省现有减排措施难以实现较早碳达峰。

（3）在"高增长、中减排"这种经济增长优先的情景下，江西省到2050年仍未达峰。这说明，在优先考虑经济增长的情况下，江西省的碳达峰时间将远迟于2030年。

（4）在"低增长、高减排"情景下，江西省2021年即可实现碳达峰，碳排放峰值为1.9994亿吨。虽然这种情景能够最快地达到碳达峰目标，但它需要付出巨大的代价：一方面是牺牲经济发展潜力；另一方面是采取极端的减排措施。这种舍本逐末、得不偿失的做法是非常不可取的。

（5）在"中增长、高减排"情景下，江西省可以在2030年实现碳达峰，并将其控制在2.0132亿吨左右。这表明，在兼顾经济增长的情况下，江西省通过采取严格的减排措施可以实现2030年前碳达峰的目标。因此，当前制定的经济发展目标较为合理，但可能还需要进一步加强减排行动。

（6）在"高增长、高减排"情景下，江西省要到2045年才能实现碳达峰，并且其峰值达2.1501亿吨。这一情景也不能满足2030年前碳达峰目标。"双碳"目标对江西省来说是一个挑战性很强的约束条件，在此背景下继续追求过快经济增速并不可行。

综上所述，实现江西省碳达峰最优路径的情景为"中增长、高减排"，这种情景兼顾了经济增长，并需要采取较为严格的减排措施。其他情景要么牺牲了经济增长，要么难以实现2030年碳达峰模板。可见，2030年碳达峰对江西省而言是一个具有挑战性的目标。本文将进一步分析"中增长、高减排"这种最优情景的可行性与政策选择。

四川省在各种情景下的达峰情景如附表7所示。

附表7 四川省各情景下碳排放量预测结果　　　　　　　　　　　单位：亿吨

时间	低增长、中减排	中增长、中减排	高增长、中减排	低增长、高减排	中增长、高减排	高增长、高减排
2021年	1.5837	1.5837	1.5837	1.5837	1.5837	1.5837
2025年	1.5856	1.5994	1.6132	1.5713	1.5850	1.5987
2030年	1.5869	1.6103	1.6390	1.5590	1.5820	1.6102
2035年	1.5819	1.6138	1.6530	1.5466	1.5778	1.6162
2040年	1.5706	1.6097	1.6547	1.5342	1.5723	1.6163
2045年	1.5623	1.6041	1.6519	1.5247	1.5654	1.6120
2050年	1.5586	1.5986	1.6444	1.5196	1.5585	1.6033
达峰时间	2030年	2035年	2040年	2021年	2025年	2040年

（1）在"低增长、中减排"情景下，四川省碳达峰时间为2030年，碳排放峰值为1.5869亿吨。这意味着四川省只有在牺牲经济增长的前提下，才能按照当前计划的减排措施实现2030年碳达峰目标。

（2）在"中增长、中减排"这种比较温和的情景下，四川省的碳达峰时间预计为2035年，碳排放峰值为 1.6138 亿吨。很明显，在这种情景下，四川省无法实现在 2030 年前碳达峰，因而是不太可取的。这表明，在保持中等经济增速的条件下，四川省现有减排措施难以实现较早碳达峰。

（3）在"高增长、中减排"这种经济增长优先的情景下，四川省的碳达峰时间预计为 2040 年，碳排放峰值为 1.6547 亿吨。这说明，在优先考虑经济增长的情况下，四川省的碳达峰时间将远迟于 2030 年。

（4）在"低增长、高减排"情景下，四川省 2021 年即可实现碳达峰，并将其控制在 1.5837 亿吨左右。虽然这种情景能够最快地实现碳达峰目标，但它需要付出巨大的代价：一方面是牺牲经济发展潜力；另一方面是采取极端的减排措施。这种得不偿失的做法非常不可取。

（5）在"中增长、高减排"情景下，四川省可以在 2025 年实现碳达峰，并将其控制在 1.5850 亿吨左右。这表明，在兼顾经济增长的情况下，四川省通过严格的减排措施可以实现 2030 年前碳达峰的目标。因此当前制定的经济发展目标较为合理，但可能还需要进一步加大减排力度。

附录 4　江西省新能源装机投资增加量具体推导过程

根据《江西省"十四五"能源发展规划》，到 2025 年，清洁能源的总装机容量将达到 0.18 亿千瓦。其中，风电的装机容量为 0.02 亿千瓦，光伏发电的装机容量为 0.16 亿千瓦，二者的比例为 1∶8。按照这个比例，为了增加 15 亿千瓦时的清洁电力，光伏发电量需要增加 13.33 亿千瓦时，而风能发电量则需要增加 1.67 亿千瓦时。由于能源发电量＝能源装机量×装机电力转化率，并且根据附表 8 可以计算得到江西省太阳能和风力发电的装机电力转化率分别是 0.08 和 0.139，因此江西省太阳能装机量与风电装机量需要分别增加 166.5 万千瓦和 12 万千瓦。

本文根据 2022 年华润、国家能源集团、华能、中核、华电、中广核六大央企的光伏与风电中标价格，计算得到中标平均装机成本，据此可以计算得到，光伏发电装机成本为 0.388 万元/千瓦，陆上风电装机成本为 0.401 万元/千瓦。进一步计算可以得到，江西省为了实现 2025 年的光伏和风电装机目标（见附表 8），需要比"十四五"规划额外支出 63.75 亿元用于光伏发电装机，并额外支出 4.5 亿元用于风电装机。

附表 8　2020 年各清洁能源装机量及发电量与 2025 年预测值

		光伏	风电	生物质	发电量
2020 年	装机（单位：万千瓦）	776.00	510.00	80.00	
	发电（单位：亿千瓦时）	62.00	71.00	32.00	165.00
2025 年（规划）	装机（单位：亿千瓦时）	1100.00	700.00	100.00	
	发电（单位：亿千瓦时）	87.89	97.45	40.00	225.34

新能源汽车补贴是有效的减排政策吗？*

——基于需求替代的分析

郭晓丹　王　帆

[摘要] 本文基于中国乘用车市场微观数据，应用结构估计方法，结合汽车需求替代和发电结构评价新能源汽车补贴政策的减排净效应，并模拟"双碳"目标下的减排效果。研究发现，新能源汽车购车补贴较好实现了市场推广的政策目标，贡献了新能源汽车销量的48.72%，但其中仅31.72%的增量来自对燃油车的替代，其余68.28%则来自补贴刺激的额外新增；补贴在减排方面存在双向作用，替代效应通过替代燃油车减少了尾气排放，直接效应刺激了对新能源汽车的额外需求，增加了用电排放，由于替代效应弱于直接效应，在当前发电结构下最终导致21个样本省份碳排放净增加941.39万吨，可见补贴并不是一项有效的减排政策。同时，补贴政策的减排效果与发电结构密切相关，发电结构达到"碳中和"时补贴政策会净减排1000.05万吨。基于此，本文提出，汽车行业减排的政策设计应关注需求替代与能源背景，适应能源结构调整的同时促进新能源汽车有效替代燃油车，以推进"双碳"目标的实现。

[关键词] 碳排放；补贴政策；需求替代；发电结构

一、引言

汽车行业碳排放是全球温室气体排放的主要来源之一，随着中国汽车保有量的不断提升，如何减少汽车行业碳排放是实现"碳中和""碳达峰"目标的重要一环。早在2009年，中国就跃居世界第一大汽车产销国，并且仍保持巨大的增速，中国汽车保有量从2016年的1.94亿辆迅速增长至2022年的4.17亿辆。汽车行业的快速发展使巨大的能源消耗与严重的环境污染问题日益显著，汽车碳排放约占全国碳排放的7.5%，其中超过90%来自汽车使用阶段所消耗的汽油、柴油等化石燃料。① 贯彻政府政策推动新能源汽车替代燃油车，是降低汽车行业碳排放的主要途

---

*　本文原刊于《数量经济技术经济研究》2024年第2期，有修改。

[作者简介] 郭晓丹，东北财经大学产业组织与企业组织研究中心研究员；王帆，东北财经大学产业组织与企业组织研究中心博士研究生。

[基金项目] 国家社会科学基金重大项目（18ZDA042）；国家社会科学基金重点项目（22AJY020）；教育部人文社会科学重点研究基地重大项目（22JJD790006）。

① 资料来源：中国汽车工业协会，http：//www.caam.org.cn。

径，是实现"双碳"目标的重要环节。为推动新能源汽车产业快速发展，政府使用了各种财政与非财政工具，包括补贴、税收减免、基础设施建设等，新能源汽车的产销量和市场份额持续快速增长主要得益于"购车补贴"政策（何文韬和肖兴志，2017；Clinton and Steinberg，2019；李国栋等，2019；Barwick et al.，2021；郭晓丹等，2022；Li et al.，2022）。那么，新能源汽车购车补贴政策能够减少碳排放吗？

使用更低排放的新能源汽车替代高排放的燃油车是补贴政策的重要减排路径，其减排效果取决于新能源汽车和燃油车的相对排放量（Xing et al.，2021）。虽然补贴通过替代燃油车而减少了碳排放，但是补贴下额外新增的新能源汽车也会导致排放增加。新能源汽车并非零排放，联系到中国的发电结构，污染较为严重的火电仍然是主要电力来源，2010~2022 年火电占比最高达到 81.54%，年均下降幅度仅为 1.11%，2022 年火电占比仍高达 69.77%。补贴政策刺激下新能源汽车的快速扩张不断增加了电能需求，将排放转移到火电为主的发电领域。在"双碳"目标下发电结构的清洁化是必然趋势，2030 年火电比例预期降低至 52%，2060 年火电基本全部退出（张希良等，2022），发电结构的改变无疑对新能源汽车全产业链排放的降低起到重要作用。评估补贴政策对环境的影响对推动"双碳"目标的实现具有重要意义，然而，现有研究仅通过单一视角关注购车补贴的减排作用：一方面关注补贴下新能源汽车通过替代燃油车实现减排（Xing et al.，2021），另一方面关注补贴下新能源汽车增加导致排放转移至发电环节（Holland et al.，2016），但鲜有文献将二者结合起来。

在此背景下，本文提出新能源汽车购车补贴政策的双向作用（见图 1），替代效应指补贴下新能源汽车替代燃油车所减少的排放；直接效应指补贴刺激新能源汽车销量额外新增而增加的发电排放。因此，补贴的减排效果取决于新能源汽车的巨大增量是来自对燃油车的替代，还是来自政策刺激下的额外需求。如果是前者，即替代效应，新能源汽车补贴政策将带来较为显著的减排效果；如果是后者，即直接效应，补贴政策可能带来负的环境外部性，额外增加的电动车刺激了电力需求增长，转移到发电环节的污染不容忽视。

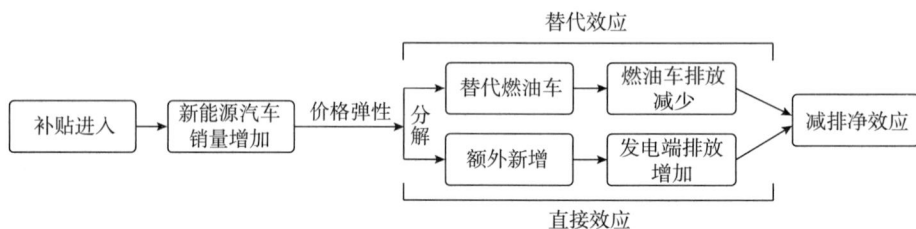

图 1　新能源汽车补贴的减排机制

结合以上背景，本文选取中国 21 个省份[①]的乘用车销量数据，应用结构估计分析补贴政策下新能源汽车与燃油车的需求变动，分离出补贴政策的双向作用，通过反事实分析测算了因新能源汽车替代燃油车而减少的碳排放，以及因新能源汽车需求额外增加而转移到发电环节的碳排放，最终得到补贴政策的净排放效应。进一步地，通过模拟"双碳"目标下的发电结构，分析能源结构调整对补贴减排效果的影响。研究发现：①补贴政策贡献了新能源汽车销量的 48.72%，购车补贴极大地促进了新能源汽车的推广，但这部分增量仅 31.72% 来自对燃油车的替代，其余68.28% 则来自补贴刺激下的额外新增。②现行补贴政策具有负的环境外部性，导致 21 个样本省

---

①　21 个省份为上海、北京、重庆、四川、安徽、山西、广东、广西、江苏、江西、河北、河南、浙江、海南、湖南、甘肃、福建、贵州、辽宁、陕西。

份碳排放净增加 941.39 万吨。新能源汽车对燃油车的替代性不足是主要原因，其替代燃油车所减少的碳排放不足以抵消补贴下额外新增的碳排放。③补贴政策的减排效果与发电结构密切相关，模拟发电结构达到"碳中和"时补贴净减排 1000.05 万吨，提高清洁能源在电力生产中的比重对汽车领域减排有重要意义。

本文可能的贡献包括：①提出新能源汽车购车补贴政策减排的双向作用，剥离出补贴的直接效应与替代效应，基于此探讨补贴政策减排的影响机制和效果。②基于替代性和新能源汽车碳排放转移估算补贴政策的减排效果。新能源汽车的用电会使碳排放转移至发电环节，这一观点尚未引起重视，也未见发表的研究给出中国碳排放转移的具体规模。本研究定量估算了不同发电结构下新能源汽车的碳排放转移规模，在此基础上进行政策评价。③基于"双碳"目标，探讨发电结构和新能源汽车政策设计的匹配问题，分析在"双碳"目标下，碳减排的方向是应进一步提高替代性，还是应大力改善发电结构，并指出未来政策的着力点和设计思路。

二、文献综述

在新能源汽车快速发展之前，汽车产业的减排路径多是通过政策手段降低燃油车排放。主要有以下三条路径：一是通过碳税（Klier and Linn，2015）、购置税（陈立中和李郁芳，2011）、消费税（Shen et al.，2021）、车船税（Yang and Tang，2019）和燃油税（肖俊极和孙洁，2012；Xiao and Ju，2014）等税收政策减少燃油车的消费；二是通过燃油价格规制（Beresteanu and Li，2011；席鹏辉和梁若冰，2015）提高燃油车的使用成本，发挥类似于"庇古税"的作用；三是通过制定汽车标准，如汽车碳排放标准（Reynaert，2021）、企业平均燃油经济性标准（Whitefoot et al.，2017）、汽车能源标签（D'Haultfœuille et al.，2016）等影响厂商产品决策或增强消费者节能意识来降低碳排放。这些政策都侧重于规制燃油汽车进行减排，也发挥了不同的减排作用。

新能源汽车为汽车产业提供了新的减排渠道。为发展新能源汽车，政府实施了财税政策与非财税政策等手段，如新能源汽车购车补贴（陈洲等，2021；郭晓丹等，2022；Li et al.，2022）、免费专用牌照（李国栋等，2019）、充电基础设施补贴（Li et al.，2017；Springel，2021）等。新能源汽车购车补贴政策发挥了主要作用，如 Li 等（2022）评估了中国新能源汽车购车补贴政策，发现该政策促进了新能源汽车销量增长的一半以上。新能源汽车的引入为消费者提供了更多选择，政策作用下汽车产品市场的竞争更加激烈。得益于新能源汽车的使用成本优势，间接促进燃油车油耗降低，燃油车经济性提高成为新能源汽车减排的一种方式（Yang and Tang，2019；Sheldon and Dua，2019）。而更直接的方式是改变消费者购车决策以替代燃油车消费，Xing 等（2021）研究了新能源汽车对燃油车的替代效率问题，发现新能源汽车替代燃油车是非随机的，其替代的燃油车类别具有较高的燃油经济性，从而新能源汽车补贴政策可能是减排低效率的。

然而，现有文献研究了新能源汽车替代燃油车的效率，但忽略了额外新增的新能源汽车所产生的排放。新能源汽车并非零排放，在其使用过程中存在用电污染转移（Holland et al.，2016）。政府补贴促进了新能源汽车的普及，但也间接刺激了电力需求的增长，以电能为动力的新能源汽车虽然在使用过程中零排放，但在其他能源转化为电力的生产过程中碳排放也随之产生。现有研究表明电动汽车的碳排放量因电力结构而异（Orsi et al.，2016），并且，由于当地新能源汽车的用电可能来自其他地区，地方发电厂的分布差异也会导致补贴政策环境效益存在空间差异（Holland et al.，2020）。Guo 和 Xiao（2023）发现在假设电力生产全是火电的情境下，新能源汽车单位排放会大于燃油车，此时新能源汽车补贴具有负的外部性。此外，中国许多重要行业对煤炭和火电的依赖程度依然很高，现阶段通过改变能源结构促进汽车产业减排的空间有限（林伯强等，2010）。因此在"碳达峰""碳中和"目标下，评估新能源汽车产业政策对节能减排的有效性尤为重要。

综上所述，在补贴与新能源汽车销量的研究中，Li 等（2022）、郭晓丹等（2022）等研究了中国新能源汽车补贴对销量增长的影响，本文则进一步解构了增长的来源，基于产品空间构建及价格弹性估算，将补贴下新能源汽车的销量增长区分为补贴下的额外需求和补贴下替代燃油车产生的增量，这也是本文的创新之一。在研究补贴政策减排的文献中，一方面文献关注补贴下新能源汽车替代燃油车产生的减排效益（Xing et al.，2021），却忽略了补贴下额外新增的新能源汽车产生的排放；另一方面文献关注新增新能源汽车产生的排放转移（Holland et al.，2016），却忽略了新能源汽车通过替代燃油车所减少的排放。基于此，本文综合现有文献关注的两个补贴减排视角，通过解构补贴引起的新能源汽车增量来源，分离出补贴政策的直接效应与替代效应，进而评估补贴政策的环境净效益，并进一步分析能源结构调整产生的影响。

三、政策与行业背景

（一）新能源汽车购车补贴政策

2009 年中国首次开展新能源汽车示范推广试点（"十城千辆"工程），政府选中十个城市，通过财政补贴在公共服务领域率先推广新能源汽车，但当时的补贴政策并未涉及私人购车领域。首次针对私人购置新能源汽车的补贴政策于 2010 年 3 月出台，对长春、杭州、合肥、上海、深圳五个试点城市私人购买新能源汽车给予一次性补贴。依据电池能量确定补贴标准，补贴资金并未直接给予消费者，而是拨付给汽车生产企业，让其制定扣除补贴后的价格。2012 年底首轮示范推广工作结束，但未达到预期的推广目标。故此，2013 年 9 月政府扩大了私人购置新能源汽车补贴的试点地区。与此同时，补贴标准也开始逐步细化，首次设定了基于续航里程的补贴方式，同时公布了补贴退坡的时间表。2016 年 12 月政府对补贴政策进行修订，进一步提高补贴门槛、细化补贴标准、改进补贴资金拨付方式，并分别设置中央和地方补贴上限。2018 年和2019 年补贴标准更加细化，通过两个过渡期引入能耗与电池能量密度调整系数变动补贴金额。并且，2018 年起新能源汽车的私人购置补贴资金开始逐渐转向支持充电基础设施建设和运营、新能源汽车使用和运营等环节。2019 年的政策提到，过渡期后地方政府财政资金将转为支持充电基础设施建设和配套运营服务等方面，不再对新能源乘用车给予购置补贴。

中央制定的新能源汽车购车补贴政策有如下特点：补贴的乘用车包括纯电动汽车与插电式混合动力汽车两种类型，前者完全依赖电能驱动，后者则可以交替使用电能和燃油驱动。如表 1 所示，两种类型新能源汽车获得补贴的标准都基于续航里程，区别是插电式混合动力汽车只需要电力续航里程到达 50 千米即可获得补贴，而纯电动汽车则依据不同的续航里程区间未获得相应补贴。总体来看，2016~2019 年纯电动汽车和插电式混合动力汽车的补贴力度逐渐下降，呈现退坡趋势。并且，经过两个过渡期的调整，获得补贴的标准逐渐提高，2018 年续航里程在100~150 千米的纯电动汽车已无法达到补贴标准，而到 2019 年下半年获得补贴的最低标准已经提高到续航里程在 250~300 千米。需要注意的是，中央补贴金额并不等于中央补贴标准，还要通过如下调整：中央补贴金额=补贴标准×电池系统能量密度调整系数×能耗水平调整系数，详见附表 1 和附表 2。

表 1　新能源汽车中央补贴标准　　　　　　　　单位：万元

续航里程	2016 年	2017 年	2018 年过渡期	2018 年	2019 年过渡期		2019 年
					2018 年标准	2019 年标准	
纯电动乘用车补贴标准							
100km≤R<150km	2.5	2	1.4	0	0	0	0
150km≤R<200km	4.5	3.6	2.52	1.5	0.15	0.9	0
200km≤R<250km	4.5	3.6	2.52	2.4	0.24	1.44	0
250km≤R<300km	5.5	4.4	3.08	3.4	0.34	2.04	1.8
300km≤R<400km	5.5	4.4	3.08	4.5	0.45	2.7	1.8
400km≤R	5.5	4.4	3.08	5	0.5	3	2.5
插电式混合动力乘用车补贴标准							
50km≤R	3	2.4	1.68	2.2	0.22	1.32	1

注：首个过渡期为 2018 年 2~6 月，对应 2017 年标准的 0.7 倍进行补贴。2019 年 3~6 月是第二个过渡期，仅符合 2018 年技术指标要求的车辆按照 2018 年补贴标准的 0.1 倍补贴，仅符合 2019 年技术指标要求的车辆则按照 2018 年补贴标准的 0.6 倍补贴。

资料来源：笔者整理而成。

地方补贴政策的制定更为复杂多样，地方补贴金额在地方和年份层面存在差异，总体来说有两种形式：一种是依据中央补贴给予一定比例的地方补贴，该比例通常在同时期的纯电动汽车和插电式混合动力汽车之间相同；另一种地方补贴方式则类似中央补贴，根据续航里程（少数为轴距）实行阶梯式补贴。地方补贴也存在退坡，表现为补贴比例或里程补贴金额随时间不断降低，多数地区在 2019 年 7 月后归零。此外，新能源汽车购车总补贴不是中央与地方补贴的简单加总，通常各地方政府会设置地方补贴或总补贴的上限，如 2017 年江苏省设定地方补贴总额不超过中央财政补贴额的 50%，同年贵州省则设定中央和省级补贴总额不超过新能源汽车售价的 60%。

（二）补贴政策下的行业变动

从新能源汽车产业的发展轨迹来看，可以发现两个明显的行业事实：一是政府补贴政策的变化直接影响新能源汽车的推广。由图 2 可以看出，2010 年私人购置补贴有限的试点城市并未导致新能源汽车销量大幅增加，2013 年之后得益于补贴范围逐步扩大，新能源汽车销量增长显著，2018 年新能源汽车的年销量突破 120 万辆。二是燃油车销量比重在不断降低。根据图 3 可以发现，燃油车销量占比总体呈现下降趋势。这一方面是由于补贴刺激新能源汽车销量的不断新增，另一方面是新能源汽车对燃油车产生的部分替代。

（三）中国的发电结构与"双碳"目标

全球 90% 的碳排放来自能源系统，其中又有 83% 来自化石能源。[1] 中国能源结构清洁程度低，温室气体排放量大。截至 2020 年，中国发电结构中化石能源仍居主导地位，火电无论从装

---

[1]　资料来源：《BP 世界能源统计年鉴 2021》。

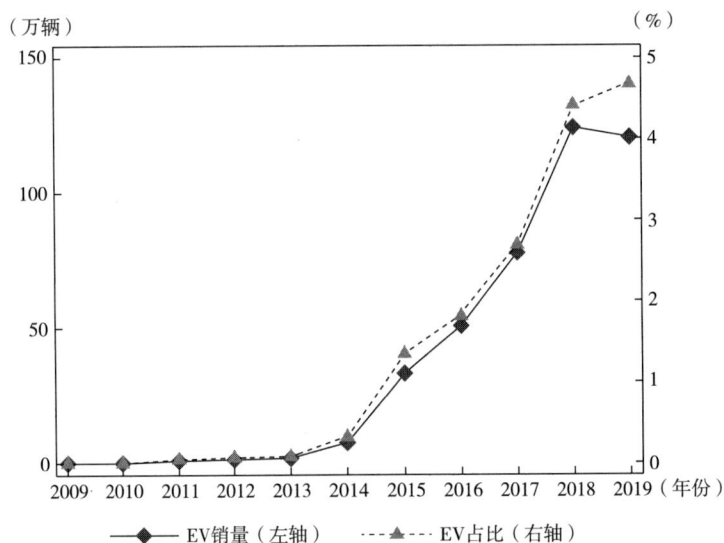

图2 中国新能源汽车销量及增速

资料来源：相关年份《中国汽车工业年鉴》。

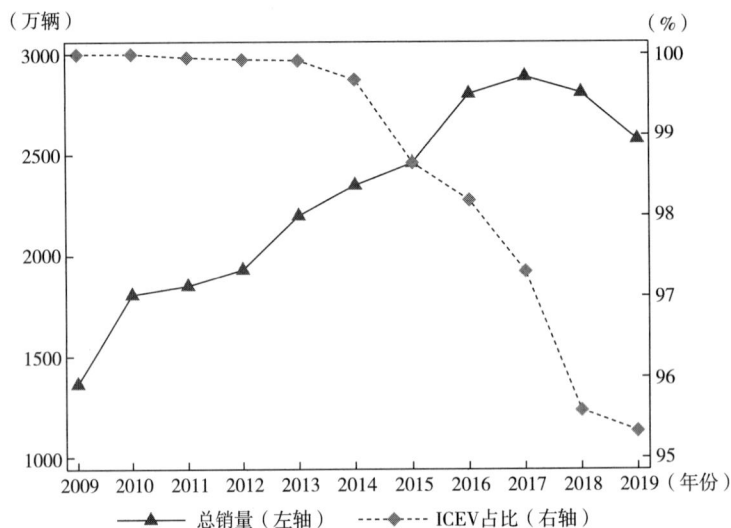

图3 中国燃油汽车总销量及占比

资料来源：相关年份《中国汽车工业年鉴》。

机总量还是发电总量占比都最大，而风能、光能总发电量只占到11.2%，且年利用小时数远不及火电。如图4所示，2001~2020年中国的火电占比均值在77.49%，最高达到82.98%，并且年平均下降幅度仅为0.58%。虽然火电技术成熟且成本较低，但也带来了巨大的环境压力。根据中国电力企业联合会统计，电力领域碳排放占全国碳排放总量的30%以上，其中火电占据其中的绝大部分。

中国政府在2020年9月提出"双碳"目标，即在2030年实现"碳达峰"，争取在2060年实现"碳中和"。在电力领域明确提出提高风电、太阳能等非化石能源比重，"碳中和"时非化石能源消费比重达到80%以上。为实现"双碳"目标，电力行业将发挥主力军作用，[①] 电力结构

——————————

① 国际能源署在出具的《2050年能源零排放路线图报告》中指出，电力行业是二氧化碳排放的重点能源行业之一，并强调电力领域应是全球最先实现零碳化的重点排放领域。

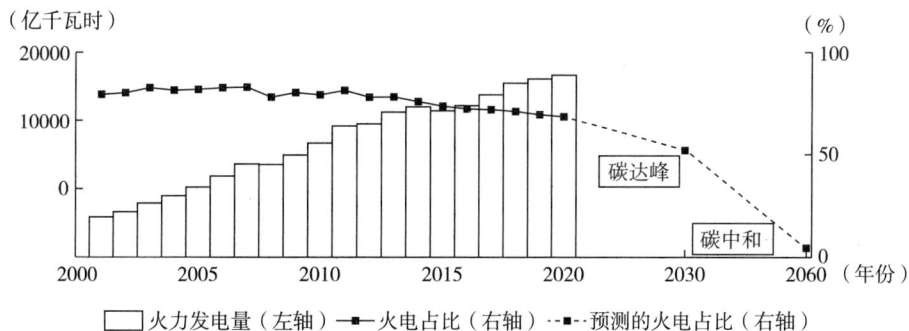

图4 火力发电量及占比

资料来源：相关年份《中国能源统计年鉴》。

是一个重要的关注点。经预测，电力系统碳排放总量预计在2025年左右达峰，峰值约45亿吨。到2030年和2050年火电占比将分别达到52%和20%，2060年火电将基本退出（张希良等，2022）。[①] 火电的退出、让路和转型是构建以风电、光电等清洁能源为主的新型电力系统的必然趋势（林伯强，2022）。通过发电结构的清洁化，达峰后电力系统排放将快速下降，到2060年基本实现净零排放。届时，新能源汽车对燃油车的替代将极具减排意义。

四、数据及统计分析

（一）数据及处理过程

本文使用了多个子数据集，包括乘用车销售数据、补贴量化数据和国民统计数据。

1. 乘用车销售数据

该数据提供了2016~2019年中国21个省份各车型的注册信息。包括乘用车的公告号、注册地点、注册时间、销量、厂商建议零售价、制造商、车型、车辆类别、车辆结构、变速器规格、品牌国别等信息。通过比较SUV等车型占比与公开数据，发现本文数据有较好的覆盖度（详见附表3）。车辆类别可以区分纯电动汽车（BEV）、插电式混合动力汽车（PHEV）和燃油车（ICEV）。车型的定义在具有更精细的划分程度和更综合的易处理性之间存在权衡，为避免同一车型具有不同类别等情况，参考冯笑和王楚男（2022）的设定，使用制造商、品牌、车辆名称、车辆类别、车辆结构、变速器类型和进口/国产重新定义乘用车型号，匹配后的车型分布详见附表4。理论上，虽然交易价格是一个更好的选择，可以包含一些促销折扣等信息，但是该数据难以获得。因此本文参照Barwick等（2021）、冯笑和王楚男（2022）等的做法，同样使用了厂商建议零售价（MSRP）来构建汽车价格，MSRP由汽车制造商设定，通常在不同市场内保持不变。[②] 为了补全数据集，本文进一步依托海车集、汽车之家、搜狐汽车等网站收集车辆属性，包

[①] 预测火电占比的趋势是通过固定节点保形分段三次插值得出，本文预测"碳中和"时火电比例为4.57%，张希良等（2022）预测为6%。

[②] 需要明确的是，消费实际支付的价格可能相比MSRP有所偏差，这是源于价格折扣等，但是对价格的影响并不大。Barwick等（2021）通过对比MSRP和各地区4S店零售价格发现，40.4%的样本不存在价格折扣，95%的样本价格折扣低于10%。

括乘用车的马力、整备质量、长度、宽度、能源消耗等。同时，从国家发展和改革委员会网站收集汽油和电力价格以构造能耗支出变量，此成本因城市和年份而异，燃油车的能耗支出是汽油价格和百公里油耗的乘积；纯电动汽车的能耗支出是电价和百公里耗电量的乘积；而由于插电式混合动力汽车可以使用燃油和电力两种能源，因此其能耗支出是以上两种计算的加权，燃油消耗和电力消耗的权重为 1 : 3。[①] 长度和宽度则用来构造乘用车尺寸指标。

2. 补贴量化数据

为了分析新能源汽车政府补贴的作用，从财政部网站以及各地方政府网站收集了针对各类型新能源汽车补贴政策，合计 700 余条政策文件，涉及补贴对象、范围、标准、期限等内容，政策覆盖了 26 个省份。对于中央补贴（见表 1），根据补贴标准中的续航里程、调整系数计算补贴金额。对于地方补贴，依据地方政府的相关文件规定，省级补贴和市级补贴不能兼得，有市级补贴政策的，按市级标准补贴；否则按省级标准补贴。限于本文使用的数据在省级层面，本文对地方补贴的量化进行以下处理：对于有省级补贴的省级采用省级补贴标准，对于无省级补贴的省级则采用省会城市的市级补贴标准代替。同时，还考虑补贴上限的问题。各地方规定有所差异，一般不超过价格的 50% 或 60%。因而，在加总中央和地方补贴的同时，还处理了上限问题。总补贴超过上限的，从地方补贴中扣除，以保证补贴金额和实际相符。最终，确定各地总补贴金额，形成新能源汽车补贴政策的量化数据集。

3. 国民统计数据

该数据是从各省份统计年鉴、调查年鉴中收集，包括各地人均可支配收入均值、收入 5 等分分组数据和家庭总户数。家庭总户数用来定义市场规模，每年度各地的收入数据用作矩条件估计收入分布的方差，但由于部分地区某些年份的收入分组数据缺失，对缺失年度的地区数据进行了以下处理：将各地区城镇居民可支配收入作为主体数据，若分组数据缺失，使用全体居民人均可支配收入分组数据代替；若仍存在缺失，收入分组数据使用相邻年份作为近似值，同时仍使用该地区年度均值数据，这样做隐含了收入分布在临近年份不会发生较大改变的假设。经过以上处理，最终保留了 21 个省份。根据 Berry 等（1995），假设收入分布服从对数正态（Log-normal）分布，即形式上为 $\ln(D) = a + b\rho$，其中 $\rho \sim N(0, 1)$，然后借鉴 Xiao 等（2017）的方法去估计标准差。

（二）描述性统计

表 2 提供了本文所使用数据的描述性统计结果。MSRP 均值是 17.1 万元，车型销量的均值为 630.03 辆，但方差巨大，反映了不同车型销量存在很大差异。除了车型特征外，数据中还包含了自动挡、SUV 等虚拟变量，通常这些变量都会影响消费者的购车选择。

表 2 主要变量描述性统计

变量名称	含义	观测值	均值	标准差	最小值	最大值
Sales	销量（辆）	76830	630.03	1805.24	1	71407
MSRP	厂商建议零售价格（十万元）	76830	1.71	1.53	0.21	14.88
Power	功率（千瓦）	76830	111.32	38.63	9	515.54

---

① 核算比例参照《轻型混合动力电动汽车能量消耗量试验方法》（GB/T 19753—2013），如果插电式混合动力汽车的电池续航里程为 50 千米，则先使用电力跑完 50 千米，之后使用燃油行驶 25 千米并进行充电，最后使用电力行驶。因此平均行驶 100 千米使用燃油的比例为 1/4，使用电能的比例为 3/4。

变量名称	含义	观测值	均值	标准差	最小值	最大值
Weight	整备质量（千克）	76830	1484.07	303.22	645	3400
Size	车辆尺寸（平方米）	76830	8.24	0.85	3.75	11.65
Cost unit	能耗支出（元）	76830	41.96	12.61	3.82	99.86
L/100km	百公里耗油量（升）	70172	7.11	1.3	2.8	17.5
kWh/100km	百公里耗电量（千瓦时）	6658	16.03	4.36	8	62
CS	中央补贴（万元）	6658	2.9	1.65	0	6.6
LS	地方补贴（万元）	6658	1.03	1.19	0	6.6
AT	自动挡（是/否）	76830	0.55	0.5	0	1
Import	进口（是/否）	76830	0.07	0.25	0	1
SUV	运动型多用途车（是/否）	76830	0.45	0.5	0	1
EV	新能源汽车（是/否）	76830	0.09	0.28	0	1
BEV	纯电动汽车（是/否）	76830	0.06	0.24	0	1
PHEV	插电式混合动力汽车（是/否）	76830	0.03	0.16	0	1
ICEV	内燃机燃油汽车（是/否）	76830	0.91	0.28	0	1

表3提供了各类别车型的销量、购置价格和能耗支出情况。尽管有新能源汽车政府补贴支持，纯电动汽车和插电式混合动力汽车车型的平均销量仍然远低于燃油车，说明多数消费者更偏好购买燃油车。从购置价格来看，燃油车的平均价格低于无补贴的新能源车型，这一定程度上反映了补贴政策的合理性。从能耗支出来看，得益于相对廉价的电力价格，新能源汽车的能耗支出成本相对于燃油车具有巨大优势，纯电动汽车行驶100千米花费约7.56元，而燃油车则需44.78元。此外，与前述政策一致，纯电动车中央补贴高于插电式混合动力汽车，而地方补贴差距较小。

表3　各类别车型的描述性统计

车型类别	变量名称	观测值	均值	标准差	最小值	最大值
BEV	Sales	4694	294	1099.49	1	32784
	MSRP	4694	1.93	1.13	0.46	8.26
	Cost unit	4694	7.56	1.59	3.82	16.66
	CS	4694	3.53	1.44	0	6.6
	LS	4694	1.23	1.29	0	6.6
PHEV	Sales	1964	239.89	1025.87	1	13899
	MSRP	1964	3.08	1.82	1.15	10.98
	Cost unit	1964	23.5	7.19	12.8	70.11
	CS	1964	1.4	1.04	0	3
	LS	1964	0.54	0.69	0	3
ICEV	Sales	70172	663.4	1856	1	71407
	MSRP	70172	1.65	1.52	0.21	14.88
	Cost unit	70172	44.78	8.71	14.73	99.86

五、模型与估计方法

（一）需求模型

本文建模基于 Berry 等（1995）的框架，并在模型中引入补贴。假设市场 m 中存在异质消费者 i 在时期 t = $\{1, 2, \cdots, T\}$ 选择车型 $j \in J$ 使其效用最大化，获得间接效用 u_{ijmt}，如下所示：

$$u_{ijmt} = \delta_{jmt} + \mu_{ijmt} + \varepsilon_{ijmt} \tag{1}$$

式（1）中，消费者 i 购置车型 j 获得的平均效用为 $\delta_{jmt} = \chi_{jmt}\bar{\beta} + \zeta_{jmt}$，非线性效用部分则是 $\mu_{ijmt} = \sum_k \chi_{jmt}^{(k)} \nu_i^{(k)} \sigma^{(k)} - \alpha p_{jmt}/D_{imt}$。其中，$p_{jmt}$ 是消费者 i 在第 t 时期市场 m 中扣除补贴后对车型 j 的支付价格，时期 t 定义在年度层面，市场 m 定义在省级层面；χ_{jmt} 是车型 j 具有的外生产品特征向量，包括连续特征如汽车的功率重量比、能耗支出、车辆尺寸，以及虚拟变量，包括是否为进口车型、自动挡、SUV 及汽车类别等；结构误差项 ζ_{jmt} 表示为可以被消费者观测到，但研究者无法观测到的影响车型 j 效用的部分，用来捕捉模型中未量化的产品特征，如质量、内饰等；效用的随机扰动项 ε_{ijmt} 是独立同分布的，假设服从 Gumbel 分布。

模型中需要估计的参数为 $\theta = \{\alpha, \bar{\beta}, \sigma\}$。价格系数 α 反映消费者对价格的平均厌恶程度，其异质性通过收入 D_i 引入，大量研究表明，收入越高的家庭对汽车价格的变动越不敏感（Barwick et al., 2021；冯笑和王楚男，2022；Guo and Xiao, 2023）。产品特征的系数 $\beta_i^{(k)} = \bar{\beta}^{(k)} + \nu_i^{(k)} \sigma^{(k)}$，反映了消费者对产品特征的异质性偏好，$\bar{\beta}^{(k)}$ 是对产品特征 k 的平均偏好系数，$\nu_i^{(k)} \sim N(0, \sigma^{2(k)})$ 是消费者 i 对产品特征 k 的特殊偏好，因此 $\beta_i^{(k)}$ 同样服从正态分布，有 $\beta_i^{(k)} \sim N(\bar{\beta}^{(k)}, \sigma^{2(k)})$。

此外，为了刻画补贴导致新能源汽车的额外新增，模型允许消费者在做购车决策时选择外部产品，假设选择外部产品 j=0 获得的效用为 $u_{i0mt} = \varepsilon_{i0mt}$，从而可以分离出补贴的双向作用：补贴的替代效应定义为有无补贴都会购车的消费者，其购买选择在补贴后由 ICEV 变为 EV，即 $u_{ICEV} > u_{EV} > u_0 \Rightarrow u_{EV}^* > u_{ICEV} > u_0$；补贴的直接效应定义为原本选择外部产品（不购买）的消费者，在补贴后改为选择 EV 最大化效用：$u_0 > u_{EV|ICEV} \Rightarrow u_{EV}^* > u_{ICEV|0}$。进而，补贴驱动产品市场份额变化为：

$$s_{jmt} = \int \frac{\exp[\delta_{jmt} + \mu_{ijmt}^*(p_{jmt}^*)]}{1 + \sum_{l \in J} \exp[\delta_{jmt} + \mu_{ijmt}^*(p_{lmt}^*)]} dP(D)dP(\nu) \tag{2}$$

式（2）中，$P(D)$ 和 $P(\nu)$ 分别表示 D 和 ν 的分布。之后，可以得到各车型市场份额的价格弹性，如果 l=j 表示自价格弹性，反之表示交叉价格弹性，弹性公式如下：

$$\eta_{jlmt} = \begin{cases} -\dfrac{p_{jmt}}{s_{jmt}} \displaystyle\int \dfrac{-\alpha}{D_{imt}} s_{jmt}(1 - s_{jmt}) dP(D)dP(\nu), & \text{如果 } l = j \\[4mm] \dfrac{p_{jmt}}{s_{jmt}} \displaystyle\int \dfrac{-\alpha}{D_{imt}} s_{jmt} s_{lmt} dP(D)dP(\nu), & \text{如果 } l \neq j \end{cases} \tag{3}$$

（二）供给侧模型

在供给侧，本文设定多产品差异化的价格竞争模型，厂商能同时生产多个车型，选择自己产品的一揽子价格以最大化自身利润。汽车生产厂商 $f \in F$ 设定的价格并不直接等于消费者支付的价格，其中要受到补贴的影响，因此，汽车生产厂商的决策价格是 $p_{jmt}+\tau_{jmt}$[①]，τ_{jmt} 是新能源汽车补贴。厂商车型 j 的销量由该产品的市场份额 s_{jmt} 与市场规模 M_{mt} 共同决定。用 c_{jmt} 表示车型 j 的边际生产成本，厂商的利润函数如下所示：

$$\max_{p} \prod_f = \sum_{j \in J_f} (p_{jmt} + \tau_{jmt} - c_{jmt}) M_{mt} s_{jmt} \tag{4}$$

汽车生产厂商利润最大化的一阶条件为：

$$s_{jmt} + (p_{jmt} + \tau_{jmt} - c_{jmt}) \frac{\partial s_{jmt}}{\partial p_{jmt}} + \sum_{1, \, 1 \neq j, \, 1 \in J_f} (p_{lmt} + \tau_{lmt} - c_{lmt}) \frac{\partial s_{lmt}}{\partial p_{jmt}} = 0 \tag{5}$$

式（5）的左侧第一项是车型 j 价格上涨从市场份额中获得的边际收益；第二项是价格上涨产生的损失，来源于市场份额的下降；第三项则是车型 j 价格上涨对企业生产其他车型 l 的边际影响，收益或损失取决于车型之间的替代性。通过式（5）与所有权矩阵可以获得厂商对每个车型的加价向量如下：

$$\mathbf{p}+\boldsymbol{\tau}-\mathbf{c} = \left[-\Omega \odot \frac{\partial \mathbf{s}}{\partial \mathbf{p}} \right]^{-1} \mathbf{s} = \Delta \, (\mathbf{p})^{-1} \mathbf{s} \tag{6}$$

式（6）中，$\Delta = [H_{jl}] \odot [\partial s / \partial p]$。$H_{jl}$ 为产品所有权矩阵，即如果产品 j 和 l 同属于同一厂商时，$H_{jl} = 1$；反之，$H_{jl} = 0$。

（三）参数估计

本文使用 GMM 方法估计参数 $\theta = \{\alpha, \bar{\beta}, \sigma\}$，如下所示：

$$\theta = \underset{\theta}{\operatorname{argmin}} \zeta' Z W Z' \zeta \tag{7}$$

为了估计以上程序，要获得 $\zeta_{jmt} = \delta_{jmt} - \chi_{jmt} \bar{\beta}$。首先，$\delta$ 由压缩映射（Berry et al.，1995）获得：$\delta_{jmt}^{h+1} \leftarrow \delta_{jmt}^{h} + \log s_{jmt} - \log \hat{s}_{jmt} [p_{jmt}, \chi_{jmt}, \delta_{jmt}^{h} (\Delta \zeta_{jmt}); \alpha, \sigma]$。其次，$\hat{s}_{jmt}$ 通过蒙特卡洛（MC）积分近似得到，即 $\hat{s}_{jmt} = \sum_{n=1}^{N} [e^{\delta_{jmt}+\mu_{ijmt}} / (1 + \sum_{l \in J} e^{\delta_{lmt}+\mu_{ilmt}})] / N$，其中 $N = 1000$。最后，由于价格内生性问题，本文使用外生产品特征构建工具变量 Z[②]。替代品的外生可观测特征将会影响制造商的定价决策，在这个方向上，参照 Berry 等（1995）为所有产品 j 创建了两组工具变量：同市场同一厂商其他产品的外生产品特征之和；同一市场其他竞争厂商外生产品特征之和。这些变量也能反映产品生产成本，同时不直接与当前产品的生产成本相关。以此构造与产品 j 相关的工具变量来反映所有其他产品的特征和成本转移的函数，这里的直觉源于寡头垄断定价的一个自然特征，即面临丰富替代品的产品往往会有较低的加价，反之加价则较高。在纳什均衡下，由于加价对自身产品和竞争对手产品的反应不同，工具变量的引入将区分同一多产品企业生产的产品特征和竞争对手企业生产的产品特征。该方法构建的工具变量在文献中如李国栋（2019）、Xing 等（2021）、冯笑和王楚男（2022）等均有应用。

---

① 厂商价格与消费者支付价格之间并非仅有新能源汽车补贴引起的差距，购置税免征也是针对新能源汽车的优惠措施，而燃油汽车则不享受购置税免征。因此，在本文的价格设置中，引入了汽车购置税对消费者实际支付价格的调整。

② 文献中还有一些研究使用了消费者级的微观矩条件作为工具变量的补充（Petrin，2002；Barwick et al.，2021），从而直接观测到什么样的消费者会买什么样的产品，以使模型估计更为精确。这类工具可以通过购置具体车型的消费者的家庭收入及人口特征、消费者的第二偏好等数据构建，但限于数据获取难度较大，本文并未找到这方面理想的工具变量，在后续的研究中会继续加以关注。

六、估计结果

（一）需求估计结果

本文首先使用简约式的估计作为基准结果，此时消费者是同质的，没有随机系数项。尽管同质偏好的 Logit 模型因其不合理的替代模式备受争议，但可以用来测试工具变量的作用。表 4 前两列是 OLS 回归，后一列是加入工具变量的两阶段最小二乘估计（2SLS），两种模型都控制了品牌国别、地区及时间特征。可以发现：加入虚拟变量后，除了能耗支出外，其他系数符号仍然一致。价格和能耗支出的系数都为负，但与 2SLS 相比，OLS 估计的价格系数绝对值更小，表明价格可能与不可观测的特征正相关。产品特征也同样受到内生性的影响，在控制了内生性问题后，系数的绝对值或者符号发生改变。如进口车型的偏好系数变为正，这表明处理内生性问题至关重要。

表 4　基于 Logit 模型的估计结果

变量	(1) OLS	(2) OLS	(3) 2SLS
Price	-0.0357^{***} (0.0061)	-0.1043^{***} (0.0090)	-1.35934^{***} (0.0587)
ln Size	0.6297^{***} (0.0927)	4.2601^{***} (0.1010)	7.2888^{***} (0.1796)
ln Power/Weigh	1.6934^{***} (0.0475)	0.1192^{***} (0.0493)	2.4625^{***} (0.1212)
ln Cost unit	0.0279 (0.0204)	-3.3149^{***} (0.0613)	-1.0322^{***} (0.1256)
BEV		-6.3839^{***} (0.1167)	-0.6763^{***} (0.2936)
PHEV		-3.6612^{***} (0.0710)	-0.3157^{*} (0.1734)
SUV		0.7555^{***} (0.0170)	0.7266^{***} (0.0191)
Import		-0.0940^{***} (0.0394)	2.6365^{***} (0.1333)
AT		0.3685^{***} (0.0167)	0.8197^{***} (0.0279)
Constant	-9.0232^{***} (0.2525)	-8.9178^{***} (0.26223)	-15.0214^{***} (0.4459)
品牌国别固定	是	是	是
地区特征固定	是	是	是
时间特征固定	是	是	是
样本量	76830	76830	76830

注：***、**、*分别表示在1%、5%、10%的水平上显著，括号内为标准误；下表同。

表 5 汇报了随机系数 Logit 模型的估计结果。分别提供了平均效用参数 $\theta_1 = \bar{\beta}$ 与个体随机效用参数 $\theta_2 = \{\sigma, \alpha\}$ 的估计值。对汽车尺寸的系数估计为 N（6.7410，0.9491^2），表明消费者更偏好大尺寸的汽车，这可能是因为大尺寸的车型更舒适、更安全。功率重量比的估计系数为 N（0.8955，1.0173^2），表明性能更强的车型更受多数消费者偏好，但仍有少部分消费者追求节能性。对于汽车的支出，无论是购置价格还是使用时的能耗支出，估计结果都为负，意味着消费者并不喜欢昂贵或低能量效率的汽车。与购买 ICEV 相比，购买 BEV 会使效用显著降低，而购买 PHEV 则对降低效用不显著，这可能是由 ICEV 与 PHEV 相似的应用场景导致的。此外，具有 SUV、自动挡、进口属性的车型更受欢迎。这些发现大多与先前的研究相一致（李国栋等，2019；Guo and Xiao，2023）。

表 5　随机系数 Logit 模型的估计结果

变量	估计系数	标准误
平均系数 $\bar{\beta}$		
ln Size	6.7410***	0.2508
lnPower/Weight	0.8955***	0.2030
lnCost unit	−2.9994***	0.1635
BEV	−1.2644***	0.4397
PHEV	−0.3009	0.3815
SUV	0.8380***	0.0199
Import	2.1096***	0.1570
AT	0.9175***	0.0377
Constant	−14.7816***	0.6763
随机系数 σ		
lnSize	0.9491***	0.3515
lnPower/Weight	1.0173***	0.1510
ln Cost unit	0.8449***	0.0581
Constant	2.1925	0.9956
价格/收入系数-α		
Price/D	−7.5351***	0.0003
固定效应		
品牌国别固定	是	
地区特征固定	是	
时间特征固定	是	
样本量	76830	

（二）替代弹性

根据弹性公式可计算出不同车型的价格弹性。本文估计的自价格弹性总体均值为−2.4383，且 BEV、PHEV 和 ICEV 的均值分别为−2.2587、−1.9684 和−2.4446（见表 6），与文献中估计的弹性基本一致（Train and Winston，2007；Xing et al.，2021）（详见附表 7）。从价格弹性角度来看，新能源汽车补贴政策的减排效果取决于两方面的作用：一是自价格弹性引起的需求增加，增加幅度取决于新能源汽车的价格及补贴力度；二是交叉价格弹性引起的需求替代，即补贴下新能源汽车对燃油车的替代是否有效。

表 6　不同乘用车类别的价格弹性

车辆类别		BEV	PHEV	ICEV
自价格弹性		−2.2587	−1.9684	−2.4446
交叉价格弹性	BEV	0.0002	0.0002	0.0002
	PHEV	0.0002	0.0002	0.0002
	ICEV	0.0005	0.0008	0.0001

七、反事实分析

（一）反事实设置

本文设定了两个层面的反事实情景。一个层面分析不同政策下的碳排放：情景（0）是基于 2016~2019 年实际补贴的估计；情景（1）模拟了不存在补贴的情况；情景（2）设定补贴没有退坡，保持在 2016 年的高补贴水平。另一个层面分析不同能源结构对补贴政策下碳排放的影响：情景（3）和情景（4）分别模拟了在火电比例达到"碳达峰""碳中和"时的情况，火电比例按照前文预测计算。

在反事实分析中使用前文中估计的参数值，如消费者对不同产品特征的偏好系数 θ、边际成本 c 等，然后引入不同补贴情景求解新的均衡。可分为三个步骤：第一步，通过式（2）和式（6）迭代求解不同反事实情景下的均衡价格 P。不同反事实情景消费者面临的最终价格及效用发生变化，进而导致市场份额 $s(p, \chi; \theta)$ 改变，结合市场规模 M 得出每种车型的销量 Q。第二步，计算补贴引起的销量变动。通过与取消补贴的情景相比，可以得到不同情境下的销量变动 $\Delta Q = \{\Delta Q_{EV}, \Delta Q_{ICEV}\}$。第三步，计算不同类别乘用车的碳排放 E 及补贴的净减排效果 E_{NET}。乘用车使用阶段产生的二氧化碳排放计算如下：

$$E = \sum_{\iota=1}^{L} \Delta Q(I_{BEV=1 \mid PHEV=1} C^e U_\iota^e + (1 - I_{BEV=1}) C^f U^f) V \tag{8}$$

其中，C^e 表示耗电量（kWh/100km），C^f 表示耗油量（L/100km），U_ι^e 和 U^f 分别为电力和燃油的碳排放因子。参考 Li（2018），本文假定所有乘用车的年平均行驶里程 V 为 16350 千米，平均使用寿命 L 为 15 年；燃油车使用过程中的单位燃油碳排放因子 U^f 按照 2637g/L 计算；电力生产的碳排放因子 U_ι^e 根据每年的电力结构进行调整。[1] ι 表示消费者购置车型的第几年，由于 U_ι^e 在不同年份有所调整，因此在不同年份购置相同新能源汽车产生的碳排放也会不同。纯电动

---

[1]　燃油生产环节的碳排放因子为 300g/L，数据来自《中国汽车低碳行动计划研究报告（2020）》；燃油使用环节排放因子为 2.37kg/L，数据来自《乘用车燃料消耗量评价方法及指标》（GB 27999—2019）。电力生产碳排放因子来自生态环境部公布的《企业温室气体排放核算方法与报告指南　发电设施（2022 年修订版）》，文件中在核算 2021 年碳排放量时设置电力碳排放因子为 581gCO_2/kWh，本文其他年度电力碳排放因子依发电结构进行相应调整。

汽车使用阶段的碳排放全部来自发电环节，燃油车排放来自燃料的生产与燃烧，而插电式混合动力汽车则是交替使用电能与燃料。因此，引入指示函数 I，根据其下标判断其是否为 1，以此计算不同类型乘用车产生的碳排放。

需要注意的是，除了电力生产的碳排放因子 U_t^e，其他核算因素都被假设为不变的，但这些因素对碳排放的影响值得进一步重视。对燃油排放因子 U^f 不变的假设较为宽松。对于燃料使用环节，燃油的成分在短时间内通常不会发生较大改变；对于燃油生产环节，排放因子可能通过技术提升来降低，这可能会导致燃油车排放的高估。然而，由于燃油对外依存度较高，燃油生产环节的排放较少，且由于技术成熟，在短时间内通过技术创新降低的排放因子可以忽略不计。对于能耗水平 C^e 和 C^f 由厂商生产时设定，在使用过程中可能随着设备老化而提高，从而可能导致碳排放的增加，但增幅会随着汽车用料和用途而异。新能源汽车和燃油车的年平均行驶里程 V 和使用寿命 L 也存在异质性，如消费者的工作、驾驶习惯以及所在区域等因素都会对其产生影响，有研究认为新能源汽车的使用强度会低于燃油车，进而影响新能源汽车的减排效果（Davis，2019）。① 此外，车辆的制造、报废和回收再制造阶段产生的环境影响也值得重视，由于锂电池生产需要消耗大量能源，生产纯电动汽车所产生的温室气体排放量比生产燃油车高出约 50%（Qiao et al.，2017）；对于电池回收，不可避免的是无论采用何种方法都会产生大量废料和温室气体排放。从这个角度来看，本文对车辆使用环节的估计可能是新能源汽车碳排放转移的下限。

根据式（8）的设定，新能源汽车补贴的净排放可以表示为：

$$E_{NET} = E_{EV} - E_{ICEV} \tag{9}$$

式（9）中，E_{NET} 为补贴的净排放效应，E_{EV} 为补贴下新能源汽车的碳排放转移，E_{ICEV} 为补贴下替代燃油车的碳排放。若 $E_{NET}<0$ 说明补贴政策促进了碳排放的减少，即补贴政策下新能源汽车增量产生的碳排放小于所替代掉燃油车产生的碳排放；反之，则说明补贴政策使碳排放增加，是无效的减排政策。

（二）反事实结果

表 7 汇报了三种政策情境下的市场均衡。与取消补贴（情景 1）相比，市场内平均汽车支付价格由 18.48 万元降低至 18.1 万元，但各类别车型的价格变动存在异质性。新能源汽车实际补贴导致 BEV 车型价格由 23.45 万元降低至 18.08 万元，平均降低约 5.37 万元，不退坡情境下更高额的补贴也引起了价格进一步降低至 16.35 万元。PHEV 的均衡价格也呈现相同的现象，但由于补贴金额较小，价格变动也较小。然而，新能源汽车补贴政策对燃油车价格几乎没有影响，这表明补贴政策对消费者购买燃油车获得效用的影响微弱，更多是通过影响新能源汽车效用来改变消费者的产品选择位次，从而产生对燃油车的替代。

由表 7 可知，实际补贴政策刺激新能源汽车销量增长了 48.72%。其中，BEV 销量由 59.87 万辆提高到 138 万辆，增幅 78.13 万辆；PHEV 均衡销量由 35.05 万辆提高至 47.11 万辆，增幅 12.06 万辆。然而，燃油车的销量仅减少 28.61 万辆，这些原本要购买燃油车的消费者在引入补贴后更改为购买新能源汽车。因此，可以分离出补贴的双向作用：对于实际补贴刺激额外新增的 48.72% 销量，其中替代效应约占 31.72%，直接效应占 68.28%。此外，补贴的双向作用在省级层面存在异质性，北京、上海、广东、浙江的替代效应比其他地区更强，补贴下这些地区的新能源汽车增量占所有增量的 55.85%（详见附表 10）。在补贴不退坡的情景下，新能源汽车总销量增长至 220.36 万辆，包括 BEV 销量 162.99 万辆和 PHEV 销量 57.37 万辆，与无补贴的情景相比，高额补贴使新能源汽车销量增加 67.76%。通过总补贴/补贴后额外新增的

---

① 不同参数设置下的结果详见附表 9。

销量来衡量单位补贴的成本收益，实际补贴情境下额外新增一辆新能源汽车的单位成本是0.5834万元，补贴不退坡的情景则为0.6172万元，说明政府补贴在促进新能源汽车推广方面边际收益递减。

表7　不同政策情景下的市场均衡

情景	（0） 实际补贴	（1） 取消补贴	（2） 不退坡
均衡价格（单位：十万元）			
P_{BEV}	1.8075	2.3447	1.6348
P_{PHEV}	3.0227	3.2403	2.8630
P_{ICEV}	1.7759	1.7760	1.7760
P_{TOTAL}	1.8097	1.8481	1.7951
均衡销量（单位：百万辆）			
Q_{BEV}	1.3800	0.5987	1.6299
Q_{PHEV}	0.4711	0.3505	0.5737
Q_{ICEV}	46.5539	46.8400	46.4552
Q_{TOTAL}	48.4051	47.7892	48.6587
政策引起的销量变动（单位：百万辆）			
ΔQ_{BEV}	0.7813	0	1.0312
ΔQ_{PHEV}	0.1206	0	0.2232
ΔQ_{ICEV}	−0.2861	0	−0.3849
ΔQ_{TOTAL}	0.6159	0	0.8695

表8汇报了不同反事实情景下的碳减排效果。根据式（8）可以测算在实际发电结构下BEV、PHEV和ICEV行驶100千米的平均排放量，分别为9.66千克、11.79千克和16.62千克，新能源汽车的单位排放相对于燃油车具有减排优势。然而，考虑到补贴的双向作用，新能源汽车销量的增加并没有大量替代燃油车，补贴政策依靠新能源汽车单位排放优势实现减排的渠道被打破。情景（0）~情景（2）是在不同政策下，可以发现，实际补贴政策使新能源汽车碳排放增加1977.31万吨，其中BEV和PHEV分别产生1706.89万吨和270.42万吨；同时，通过新能源汽车对燃油车的替代降低碳排放1035.92吨。从而，实际补贴政策使碳排放净增加941.39万吨。此外，补贴的净排放效应在各省级层面存在异质性，北京、上海、广东、浙江产生的净排放占总效应的53.02%（详见附表10）。通过总补贴金额/替代燃油车减少的排放衡量补贴政策的单位减排效果，实际补贴每减少一万吨碳排放需要的补贴支出为507.93万元，而不退坡的情景下则需要484.35万元，这说明补贴产生的替代模式是非随机的，补贴额度增加引起更深层次的替代，即新能源汽车替代了更高能耗的燃油车。然而，这种替代减排的代价是高昂的，在不退坡的情景下新增的新能源汽车产生碳排放2848.2万吨，替代燃油车所减少的碳排放1598.39万吨，碳排放净增长1249.81万吨。

情景（3）、情景（4）模拟了发电结构在"双碳"时实际补贴的碳排放。按照前文预测的火电占比下降趋势，若火电比例降低至预期的"碳达峰"时，实际补贴使BEV产生的碳排放下降至1063.91万吨，PHEV下降至180.58万吨，从而使补贴净排放降低至208.57万吨。若火电比例降低至预期"碳中和"时，补贴新增的BEV碳排放将降低至5.63万吨，PHEV降低至

30.23 万吨，此时，实际补贴政策将会使碳排放净减少 1000.05 万吨。

表 8　不同反事实情景下的碳排放　　　　　　　　单位：百万吨

情景	(0)	(1)	(2)	(3)	(4)
	实际补贴	取消补贴	不退坡	碳达峰	碳中和
E_{BEV}	17.0689	0	23.6382	10.6391	0.0563
E_{PHEV}	2.7042	0	4.8438	1.8058	0.3023
E_{ICEV}	−10.3592	0	−15.9839	−10.3592	−10.3592
E_{NET}	9.4139	0	12.4981	2.0857	−10.0005

从以上分析可知，现行补贴政策未能实现有效减排的原因除了替代性不足外，现实中高火电比例的发电结构也是另一个原因。电力结构的清洁化将有利于汽车产业向"碳中和"推进。由于新能源汽车的用电污染转移机制，实现技术改进、增加清洁能源在电力生产中的比重，将有效降低新能源汽车使用过程中转移的碳排放，可使补贴产生的环境负外部性消失，甚至逆转成为正的外部性。

（三）进一步分析

从补贴刺激作用幅度上讲，本文的研究与 Li 等（2022）的研究结果接近，Li 等（2022）分析了中国新能源汽车的各类政策，其中补贴政策促进销量增长 50% 以上（本文为 48.72%）。Xing 等（2021）评估美国联邦所得税抵免导致电动汽车销量增加了 29%，在其研究的反事实结果中，取消补贴导致新能源汽车销量减少 31501 辆，而这些销量全部转移到了其他非新能源汽车上，即新能源汽车销量的增长完全是由替代燃油车导致的。本文在模型产品空间中引入了外部产品，包含消费者不购买汽车的选择，这允许消费者在补贴后由不购买转到购买新能源汽车。因此，与 Xing 等（2021）相比，本文的延伸结论是补贴促进新能源汽车销量增长而不完全是因替代燃油车，通过补贴降低价格至消费者保留价格之下产生的额外新增也是另一个重要途径，且后者对销量的贡献远大于前者。

从新能源汽车对燃油车替代效率上讲，本文对车辆的分类仅分为 BEV、PHEV 和 ICEV，这与中国大力发展电动汽车的政策相关。美国对车辆的分类相对更多，在 Xing 等（2021）使用的数据中，车辆包含 BEV、PHEV、Gasoline、Hybrid、Diesel、FFV 六类，由于后四类的平均燃油效率有所不同，在其研究中通过分析前两类车型变动多少比例转移到后四类上，以此评估新能源汽车对燃油车的替代效率。本文数据中的非新能源汽车仅有 ICEV 一个类别。在本文的结论中，若取消补贴，增长的新能源汽车 90.19 万辆销量中仅有 28.61 万辆转移至燃油车，转移比例为 31.72%，其余则选择不购买。Holland 等（2016）等研究已经表明新能源汽车的排放会转移至发电侧，因此新能源汽车并非零排放，本文尽管无法从车辆分类中观测到新能源汽车补贴产生的燃油替代效率差异，但可以通过观测补贴后发生销量变动车型的排放分布进一步探究。如图 5 所示，实际补贴下，新增新能源汽车的单位排放较低且集中，替代减少燃油车的排放较高且离散。若新能源汽车每单位销量的增加都是通过替代燃油车实现的，即使考虑到碳排放转移，新能源汽车仍然具有巨大的减排优势，因此加快电网清洁化和促进新能源汽车对燃油车的有效替代对实现汽车产业碳减排具有重要意义。

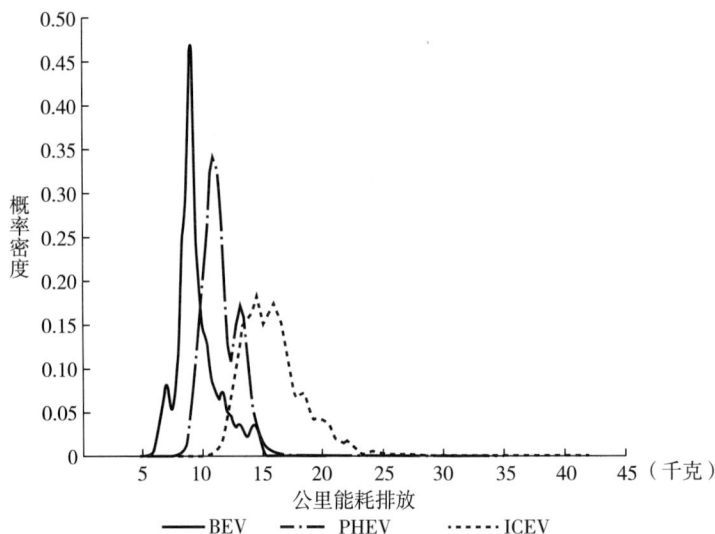

图5 补贴下销量变动车型的排放分布

八、结论及政策启示

本文围绕中国新能源汽车补贴政策的减排效应展开研究，使用省级的汽车销售数据，应用结构估计方法，分析补贴政策下新能源汽车与燃油车的需求替代，结合发电结构评价补贴政策的减排净效应，并模拟"双碳"目标下的政策减排效果。本文的研究表明：①中国新能源汽车购车补贴较好实现了市场推广的政策目标，贡献了新能源汽车销量的48.72%。②补贴在减排方面存在双向作用，直接效应比替代效应的效果更强，导致补贴下新能源汽车对燃油车的替代性不足。通过替代燃油车减少的碳排放不足以抵消补贴下增加的新能源汽车碳排放，最终在当前发电结构下导致样本省份碳排放净增加941.39万吨，因此补贴并非一项有效的减排政策。③新能源汽车补贴政策的减排效果还取决于发电结构，"双碳"目标下的电力结构优化有助于汽车领域减排。基于本文的研究发现，为促进"双碳"目标的实现，汽车领域减排的政策设计应兼顾政策的双向作用与能源背景。结合本文研究，有如下三点政策启示：

第一，新能源汽车对燃油车的替代性不容忽视。促进新能源汽车替代燃油车是汽车产业减排的重要途径，因此，新能源汽车政策应逐渐从单一地促进新能源汽车市场规模扩张，转变为全方位提升新能源汽车对燃油车的替代性。在供给侧，逐步降低新能源汽车制造成本，提升产品性价比和市场接受度；在需求侧，加快充电桩、换电站等基础设施建设，强化新能源汽车质量监控和质量事故披露，破解消费者里程焦虑和安全焦虑难题。

第二，为实现汽车产业"双碳"目标，需要考虑政策设计与不同时期发电结构的匹配问题。通过政策驱动新能源汽车替代燃油车，本质上是能源之间的替代，随着"双碳"目标的推进，电力结构的逐渐清洁化、低碳化是必然趋势，汽车产业的政策设计应与电力结构的调整相匹配。一方面，发挥电动车与电池作为可再生能源储能设备的作用，减少风电、光电等对电网的冲击，实现清洁能源与新能源汽车的良性互动；另一方面，随着电力清洁化，逐渐扩大的新能源汽车市场份额是实现汽车产业减排的保障，购车补贴作为产业初期的政策工具，极大地促进了新能源汽车市场份额的扩张，其退坡对市场化具有积极意义，但仍需关注替代政策的设计问题，避免新能源汽车产业内剧烈的波动与震荡。

第三，本文的估计结果是基于汽车使用环节，而汽车生命周期内的其他环节新能源汽车排放仍然高于燃油车，因此通过新能源汽车减排不应只局限于关注其使用时的零排放，同时更应重视其生命周期内产生的其他排放。通过完善财税政策、技术标准等措施，引导企业提升在车辆的制造、使用、报废和回收等环节的节能减排技术水平，尤其是新能源汽车电池生产与回收环节的排放控制技术，以进一步降低新能源汽车全产业链的碳排放，促进汽车产业向"双碳"目标迈进。

参考文献

[1] 陈立中，李郁芳.汽油价格、税收政策与乘用车市场的微观选择行为——基于需求侧、供给侧和节能减排效应估计 [J].中国工业经济，2011 (8)：15-24.

[2] 陈洲，陈钊，陈诗一.阶梯式补贴与企业的策略反应——基于新能源汽车企业的分析 [J].经济学动态，2021 (2)：32-49.

[3] 冯笑，王楚男.寡头市场结构下中国进口汽车税费改革的福利效应分析 [J].世界经济，2022，45 (4)：80-106.

[4] 郭晓丹，邴昕煜，蒲光宇.需求侧财政补贴、市场增长与技术变迁——来自新能源乘用车市场的证据 [J].财贸经济，2022，43 (8)：119-134.

[5] 李国栋，罗瑞琦，谷永芬.政府推广政策与新能源汽车需求：来自上海的证据 [J].中国工业经济，2019 (4)：42-61.

[6] 林伯强.碳中和进程中的中国经济高质量增长 [J].经济研究，2022，57 (1)：56-71.

[7] 林伯强，姚昕，刘希颖.节能和碳排放约束下的中国能源结构战略调整 [J].中国社会科学，2010 (1)：58-71.

[8] 刘新天，何耀，曾国建，等.考虑温度影响的锂电池功率状态估计 [J].电工技术学报，2016，31 (13)：155-163.

[9] 吴志新，周华，王芳.电动汽车及关键部件测评与开发技术 [M].北京：科学出版社，2017.

[10] 席鹏辉，梁若冰.油价变动对空气污染的影响：以机动车使用为传导途径 [J].中国工业经济，2015 (10)：100-114.

[11] 肖俊极，孙洁.消费税和燃油税的有效性比较分析 [J].经济学（季刊），2012，11 (4)：1345-1364.

[12] 张希良，黄晓丹，张达，等.碳中和目标下的能源经济转型路径与政策研究 [J].管理世界，2022，38 (1)：35-66.

[13] Barwick P J, Cao S, Li S. Local Protectionism, Market Structure, and Social Welfare：China's Automobile Market [J]. American Economic Journal：Economic Policy, 2021, 13 (4)：112-151.

[14] Beresteanu A, Li S. Gasoline Prices, Government Support, and the Demand for Hybrid Vehicles in the United States [J]. International Economic Review, 2011, 52 (1)：161-182.

[15] Berry S, Levinsohn J, Pakes A. Automobile Prices in Market Equilibrium [J]. Econometrica：Journal of the Econometric Society, 1995, 63 (4)：841-890.

[16] Burlig F, Bushnell J, Rapson D, Wolfram C. Low Energy：Estimating Electric Vehicle Electricity Use [J]. AEA Papers and Proceedings, 2021, 111：430-435.

[17] Clinton B C, Steinberg D C. Providing the Spark：Impact of Financial Incentives on Battery

Electric Vehicle Adoption [J]. Journal of Environmental Economics and Management, 2019, 98: 102255.

[18] Davis L W. How Much are Electric Vehicles Driven? [J]. Applied Economics Letters, 2019, 26 (18): 1497-1502.

[19] D'Haultfœuille X, Durrmeyer I, Février P. Disentangling Sources of Vehicle Emissions Reduction in France: 2003-2008 [J]. International Journal of Industrial Organization, 2016, 47: 186-229.

[20] Guo X, Xiao J. Welfare Analysis of the Subsidies in the Chinese Electric Vehicle Industry [J]. Journal of Industrial Economics, 2023 (8) 71 (3): 675-727.

[21] Holland S P, Mansur E T, Muller N Z, Yates A J. Are there Environmental Benefits from Driving Electric Vehicles? The Importance of Local Factors [J]. American Economic Review, 2016, 106 (12): 3700-3729.

[22] Holland S P, Mansur E T, Muller N Z, Yates A J. Decompositions and Policy Consequences of an Extraordinary Decline in Air Pollution from Electricity Generation [J]. American Economic Journal: Economic Policy, 2020, 12 (4): 244-274.

[23] Huo H, Zhang Q, He K, Yao Z, Wang M. Vehicle-Use Intensity in China: Current Status and Future Trend [J]. Energy Policy, 2012, 43: 6-16.

[24] Klier T, Linn J. Using Taxes to Reduce Carbon Dioxide Emissions Rates of New Passenger Vehicles: Evidence from France, Germany, and Sweden [J]. American Economic Journal: Economic Policy, 2015, 7 (1): 212-242.

[25] Klier T, Linn J. New-Vehicle Characteristics and the Cost of the Corporate Average Fuel Economy Standard [J]. The RAND Journal of Economics, 2012, 43 (1): 186-213.

[26] Li S. Better Lucky than Rich? Welfare Analysis of Automobile Licence Allocations in Beijing and Shanghai [J]. The Review of Economic Studies, 2018, 85 (4): 2389-2428.

[27] Li S, Tong L, Xing J, Zhou Y. The Market for Electric Vehicles: Indirect Network Effects and Policy Design [J]. Journal of the Association of Environmental and Resource Economists, 2017, 4 (1): 89-133.

[28] Li S, Zhu X, Ma Y, Zhang F, Zhou H. The Role of Government in the Market for Electric Vehicles: Evidence from China [J]. Journal of Policy Analysis and Management, 2022, 41 (2): 450-485.

[29] Orsi F, Muratori M, Rocco M, Colombo E, Rizzoni G. A Multi-dimensional Well-to-Wheels Analysis of Passenger Vehicles in Different Regions: Primary Energy Consumption, CO_2 Emissions, and Economic Cost [J]. Applied Energy, 2016, 169: 197-209.

[30] Ou S, Yu R, Lin Z, Ren H, He X, Przesmitzki S, Bouchard J. Intensity and Daily Pattern of Passenger Vehicle Use by Region and Class in China: Estimation and Implications for Energy Use and Electrification [J]. Mitigation and Adaptation Strategies for Global Change, 2020, 25: 307-327.

[31] Petrin A. Quantifying the Benefits of New Products: The Case of the Minivan [J]. Journal of Political Economy, 2002, 110 (4): 705-729.

[32] Qiao Q, Zhao F, Liu Z, Jiang S, Hao H. Cradle-to-Gate Greenhouse Gas Emissions of Battery Electric and Internal Combustion Engine Vehicles in China [J]. Applied Energy, 2017, 204: 1399-1411.

[33] Reynaert M. Abatement Strategies and the Cost of Environmental Regulation: Emission Standards on the European Car Market [J]. The Review of Economic Studies, 2021, 88 (1): 454-488.

［34］Reynaert M, Sallee J M. Who Benefits When Firms Game Corrective Policies？［J］. American Economic Journal：Economic Policy, 2021, 13（1）：372-412.

［35］Sheldon T L, Dua R. Measuring the Cost-Effectiveness of Electric Vehicle Subsidies ［J］. Energy Economics, 2019, 84：104545.

［36］Shen C, Wang Y, Xiao J, Zhou X. Comparison Between Uniform Tariff and Progressive Consumption Tax in the Chinese Automobile Industry ［J］. The Journal of Industrial Economics, 2021, 69（1）：169-213.

［37］Springel K. Network Externality and Subsidy Structure in Two-Sided Markets：Evidence from Electric Vehicle Incentives ［J］. American Economic Journal：Economic Policy, 2021, 13（4）：393-432.

［38］Train K E, Winston C. Vehicle Choice Behavior and the Declining Market Share of US Automakers ［J］. International Economic Review, 2007, 48（4）：1469-1496.

［39］Thurk J. Sincerest Form of Flattery？Product Innovation and Imitation in the European Automobile Industry ［J］. The Journal of Industrial Economics, 2018, 66（4）：816-865.

［40］Whitefoot K S, Fowlie M L, Skerlos S J. Compliance by Design：Influence of Acceleration Trade-offs on CO_2 Emissions and Costs of Fuel Economy and Greenhouse Gas Regulations ［J］. Environmental Science and Technology, 2017, 51（18）：10307-10315.

［41］Xiao J, Ju H. Market Equilibrium and the Environmental Effects of Tax Adjustments in China's Automobile Industry ［J］. Review of Economics and Statistics, 2014, 96（2）：306-317.

［42］Xiao J, Zhou X, Hu W M. Welfare Analysis of the Vehicle Quota System in China ［J］. International Economic Review, 2017, 58（2）：617-650.

［43］Xing J, Leard B, Li S. What Does an Electric Vehicle Replace？［J］. Journal of Environmental Economics and Management, 2021, 107：102432.

［44］Yang Z, Tang M. Welfare Analysis of Government Subsidy Programs for Fuel-Efficient Vehicles and New Energy Vehicles in China ［J］. Environmental and Resource Economics, 2019, 74（2）：911-937.

附　录

如正文所述，中央补贴金额=里程补贴标准×电池系统能量密度调整系数×能耗水平调整系数。电池系统能量密度调整系数与能耗水平调整系数由附表1和附表2给出：

附表1　中央补贴纯电动乘用车电池系统能量密度调整系数

2018 年		2019 年	
电池能量密度 ρ（Wh/kg）	调整系数	电池能量密度 ρ（Wh/kg）	调整系数
ρ<105	0	ρ<125	0
105≤ρ<120	0.6	ρ<105	0
120≤ρ<140	1	125≤ρ<140	0.8
140≤ρ<160	1.1	140≤ρ<160	0.9
160≤ρ	1.2	160≤ρ	1

资料来源：中华人民共和国财政部。

附表 2　中央补贴纯电动乘用车百公里耗电量调整系数

门槛条件		2018 年		2019 年	
整备质量 m（kg）	能耗 Y（kWh/100km）	比例 κ（%）	调整系数	比例 κ（%）	调整系数
0≤m<1000	Y = 0.0126×m+0.45	0≤κ<5	0.5	10≤κ<20	0.8
		5≤κ<25	1	20≤κ<35	1
		25≤κ	1.1	35≤κ	1.1
1000≤m<1600	Y = 0.0108×m+2.25	0≤κ<5	0.5	10≤κ<20	0.8
		5≤κ<25	1	20≤κ<35	1
		25≤κ	1.1	35≤κ	1.1
1600<m	Y = 0.0045×m+12.33	0≤κ<5	0.5	10≤κ<20	0.8
		5≤κ<25	1	20≤κ<35	1
		25≤κ	1.1	35≤κ	1.1

资料来源：中华人民共和国财政部。

需要注意的是，本文使用的数据并非总体的数据，因此需要考虑本文使用样本数据得出的结论能否拓展到总体，这取决于样本数据是否具有代表性。公开数据呈现的维度相对有限，与公开数据各维度统计的乘用车销量相比，样本数据的总覆盖率为52.81%、新能源汽车销量覆盖率为49.53%，SUV 车型覆盖率为52.39%，具有良好的代表性（详见附表3）。

附表 3　样本数据销量及覆盖率

年份	总体		新能源汽车		SUV	
	销量（万）	覆盖率（%）	销量（万）	覆盖率（%）	销量（万）	覆盖率（%）
2016	1256.75	52.72	50.66	41.46	874.1	53.63
2017	1245.48	51.5	77.67	40.14	1006.9	51.29
2018	1243.40	54.65	125.62	51.1	953.4	53.29
2019	1102.56	52.43	120.6	57.35	916.6	51.49
2016~2019	4848.19	52.81	374.55	49.53	3751	52.39

资料来源：《中国统计年鉴》《中国汽车市场年鉴》。

附表 4　匹配后车型数量的统计　　　　　　　　　　　　　单位：个

年份	2016	2017	2018	2019
BEV	55	97	141	200
PHEV	12	30	46	67
ICEV	1085	1148	1189	1173
Import	124	122	117	142
Domestic	1028	1153	1259	1298
CAR	760	788	789	764
SUV	392	487	587	673
MPV	0	0	0	3
总体	1152	1275	1376	1440

附表 5 报告了收入分布标准差的估计。结果表明，在同一年相关省份之间的分布方差存在较大差异，而同一地区在不同年份的标准差变化则较小，这也支持了本文做出的收入分布在临近年份不会发生较大改变的假设。

附表 5　相关省份收入分布标准差的估计

省份 ＼ 年份	2016	2017	2018	2019
北京市	0.4018	0.3426	0.3457	0.3499
上海市	0.3139	0.3160	0.2277	0.1705
四川省	0.2976	0.3659	0.4156	0.3946
安徽省	0.3833	0.3791	0.4191	0.4073
山西省	0.3312	0.3193	0.3122	0.3035
广东省	0.2040	0.2052	0.1993	0.1989
广西壮族自治区	0.3881	0.3976	0.4394	0.4370
江苏省	0.3666	0.3632	0.4317	0.4526
江西省	0.3281	0.3439	0.3981	0.4370
河北省	0.3186	0.3141	0.3779	0.3001
河南省	0.3510	0.3632	0.4040	0.4209
浙江省	0.4379	0.3556	0.2685	0.1808
海南省	0.4241	0.4203	0.4784	0.3134
湖北省	0.3707	0.3694	0.4082	0.4665
湖南省	0.3634	0.3634	0.3914	0.3890
甘肃省	0.2615	0.3301	0.3824	0.3683
福建省	0.7560	0.6890	0.7064	0.6654
贵州省	0.3540	0.3880	0.4800	0.4578
辽宁省	0.6270	0.5921	0.4606	0.3974
重庆市	0.2987	0.2968	0.3590	0.3546
陕西省	0.7882	0.7766	0.6940	0.5412

本文所使用的工具变量设置如下：

$$z_{firm}^{k} = \sum_{l \neq j,\, l \in J_{fmt}} x_{lmt}^{k}$$

$$z_{market}^{k} = \sum_{j \in J_{fmt},\, l \notin J_{fmt}} x_{lmt}^{k}$$

附表 6 报告了 2SLS 第一阶段估计的结果。结果表明，工具变量与内生变量存在明显的相关性，回归拟合优度较高。估计的 F 值为 292，不存在弱工具变量问题，且意味着在不考虑这些工具变量时，估计出来的回归系数可能存在内生性问题，导致估计结果不准确或偏误。

附表6 2SLS 第一阶段估计结果

变量	Price	
	估计系数	标准误
$z_{firm}^{Cost\ unit}$	−0.0142***	(0.0011)
$z_{market}^{Cost\ unit}$	−0.0002	(0.0003)
z_{firm}^{Power}	0.0878***	(0.0022)
z_{market}^{Power}	−0.0029***	(0.0009)
z_{firm}^{Size}	−0.0700***	(0.0088)
z_{market}^{Size}	0.0095*	(0.0041)
z_{firm}^{Weight}	−0.0290***	(0.0021)
z_{market}^{Weight}	−0.0008	(0.0009)
ln Size	2.3614***	(0.0395)
ln Power/Weight	1.7134***	(0.0187)
ln Cost unit	1.8375***	(0.0238)
BEV	4.5375***	(0.0438)
PHEV	2.5934***	(0.0265)
SUV	−0.0331***	(0.0067)
Import	2.1052***	(0.0140)
AT	0.3323***	(0.0065)
Constant	−6.2039***	(0.1995)
品牌国别固定	是	
地区特征固定	是	
时间特征固定	是	
样本量	76830	
R^2 值	0.7428	
SW F 值	292	

注：***、**、*分别表示在1%、5%、10%的水平上显著。

附图1是本文估计的汽车价格弹性，均值为−2.4383，区间为［−1，−3］。现有文献中对汽车价格弹性的估计因数据和模型设置而异（见附表7），总体而言，多数研究估计的汽车价格弹性均值集中在［−2，−4］，与本文的估计结果基本一致。

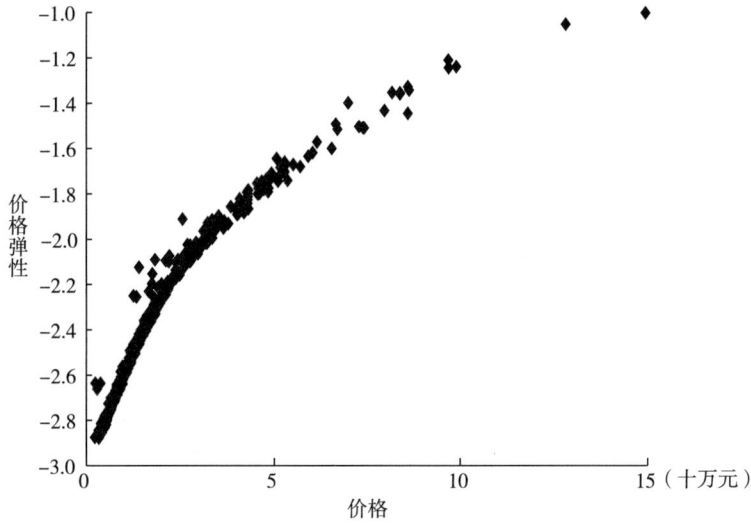

附图 1　车型价格弹性

附表 7　文献中估计的汽车价格弹性

文献	价格弹性
Berry 等（1995）	−3.928
Train 和 Winston（2007）	−2.32
Beresteanu 和 Li（2011）	−10.91
Klier 和 Linn（2012）	−2.6
Thurk（2018）	−3.6
Muehlegger 和 Rapson（2020）	[−3.2，−3.4]
Reynaert 和 Sallee（2021）	−5.45
Xing 等（2021）	−2.76
本文	−2.44

本文所使用的反事实参数及来源如附表 8 所示：

附表 8　反事实参数及来源

参数名称	参数符号	参数值	来源
电力排放因子	U^e	581gCO$_2$/kWh	《企业温室气体排放核算方法与报告指南　发电设施（2022 年修订版）》
燃油排放因子	U^f	2.37kg/L（使用）	《乘用车燃油消耗量评价方法及指标》（GB 27999—2019）
		300g/L（生产）	《中国汽车低碳行动计划研究报告（2020）》
年平均续航里程	V	16350km	Li（2018）
平均使用寿命	L	15	《机动车强制报废标准规定》

关于乘用车的年平均行驶里程，本文参考了 Li（2018），该文献估算了 2012 年北京的车辆行驶里程约为 16350 千米。其他中国乘用车年平均行驶里程的研究包括 Huo 等（2012）、Xiao 等（2017）、Ou 等（2019）等，Xiao 等（2017）利用中国汽车调查数据，估算出 2010 年上海的车辆行驶里程为 17988 千米；Ou 等（2019）估计了中国 27 个省的年平均行驶里程，估计为 12377 千米，95% 的置信区间为 [5490km，28579km]。此外，一些研究进一步表明新能源汽车的行驶里程可能低于燃油车（Davis，2019；Burlig et al.，2021）。总体而言，限于国家（地区）及数据的差异，现有文献中估计的年均行驶里程不尽相同。此外，根据现有研究（刘新天等，2016；吴志新等，2017），低温天气会导致纯电动汽车的行驶里程下降，在 0°C 的峰值功率比常温（20°C）时约下降 30%。附表 9 第三列中呈现了使用其他文献中的参数估计的结果，年均行驶里程的大小及其在不同车辆类别中的异质性会影响补贴政策的减排效果。尽管如此，在使用各种文献的参数后，本文估计的政策净效应趋势不变。

附表 9 改变年均行驶里程的反事实结果

文献及报告	年均行驶里程（km）		补贴政策净效应（百万吨）
Huo 等（2012）	16900		9.7306
Li（2018）、Yang 和 Tang（2019）	16350		9.4139
Xiao 等（2017）、Shen 等（2021）	17988		10.3570
Ou 等（2019）	12377		7.1264
Davis（2019）	BEV	10139	2.2606
	PHEV	12553	
	ICEV	16415	
Burlig 等（2021）	BEV	10782	—
	PHEV	2736[a]	
中汽中心[b]	19000		10.9397
美国联邦公路管理局（FHWA）[c]	16935		9.7507
美国能源部[d]	18454		10.6253
刘新天等（2016）、吴志新等（2017）[e]	15328		8.3548

注：a. 指 PHEV 使用电能时的行驶里程估算，而不考虑使用燃油的行驶里程。
　　b. 来自《中国节能与新能源汽车发展研究报告（2017）》，http：//www.icet.org.cn/。
　　c. 数据为 2020 年，来自 https：//www.fhwa.dot.gov/policyinformation/statistics/2020/。
　　d. 数据为 2020 年，来自 https：//afdc.energy.gov/data。
　　e. 假定冬季纯电动汽车行驶里程下降 30%。

附表 10 呈现了反事实的差异化分析。可以发现，补贴的双向作用在省级层面存在异质性，补贴下北京、上海、广东、浙江地区的替代效应相对更强，这四个地区新能源汽车的增量占所有增量的 55.85%，产生的净排放占总效应的 53.02%。

附表10 补贴双向作用的地区差异

地区	EV 增量 （百万辆）	替代效应 （%）	直接效应 （%）	E_BEV （百万吨）	E_PHEV （百万吨）	E_ICEV （百万吨）	E_NET （百万吨）
上海市	0.0790	46.47	53.53	1.7570	0.8909	-1.4137	1.2341
北京市	0.1400	36.44	63.56	2.7392	0.0101	-2.0429	0.7064
四川省	0.0216	26.17	73.83	0.4057	0.0441	-0.1777	0.2720
安徽省	0.0387	17.63	82.37	0.6450	0.0215	-0.2197	0.4467
山西省	0.0313	22.28	77.72	0.6241	0.0178	-0.2228	0.4191
广东省	0.1866	37.88	62.12	3.8020	1.0261	-2.6573	2.1707
广西壮族自治区	0.0282	12.30	87.70	0.3938	0.0089	-0.1039	0.2987
江苏省	0.0340	27.33	72.67	0.6081	0.0573	-0.3096	0.3558
江西省	0.0220	14.28	85.72	0.3316	0.0092	-0.0864	0.2542
河北省	0.0331	21.94	78.06	0.5278	0.0385	-0.2342	0.3320
河南省	0.0464	23.30	76.70	0.7737	0.0578	-0.3668	0.4647
浙江省	0.0981	34.69	65.31	1.8548	0.2719	-1.2466	0.8800
海南省	0.0075	30.01	69.99	0.1348	0.0142	-0.0626	0.0864
湖北省	0.0186	27.75	72.25	0.3255	0.0146	-0.1662	0.1739
湖南省	0.0190	18.41	81.59	0.3307	0.0173	-0.1012	0.2467
甘肃省	0.0022	18.12	81.88	0.0454	0.0047	-0.0041	0.0460
福建省	0.0330	33.81	66.19	0.5863	0.0201	-0.3779	0.2285
贵州省	0.0075	18.56	81.44	0.1320	0.0147	-0.0308	0.1159
辽宁省	0.0039	32.98	67.02	0.0835	0.0258	-0.0281	0.0811
重庆市	0.0215	28.71	71.29	0.3867	0.0244	-0.1986	0.2125
陕西省	0.0296	29.06	70.94	0.5778	0.1128	-0.2959	0.3947

本文研究的不足在于仅考虑了发电环节总体的发电结构，对新能源汽车碳排放转移做了总体评估，未能进一步分析新能源汽车环境效益的空间异质性。这是由于各省的发电结构、电力需求响应及电力传输存在很大差异，因此不能简单地根据各省发电结构分配新能源汽车转移的排放，这个问题将在后续的研究中展开。附图2是21个省份的发电结构情况，可以发现各省的发电结构存在较大差异，四川、广西、湖北的电力生产大部分来源于水电，其他省仍以煤电为主。

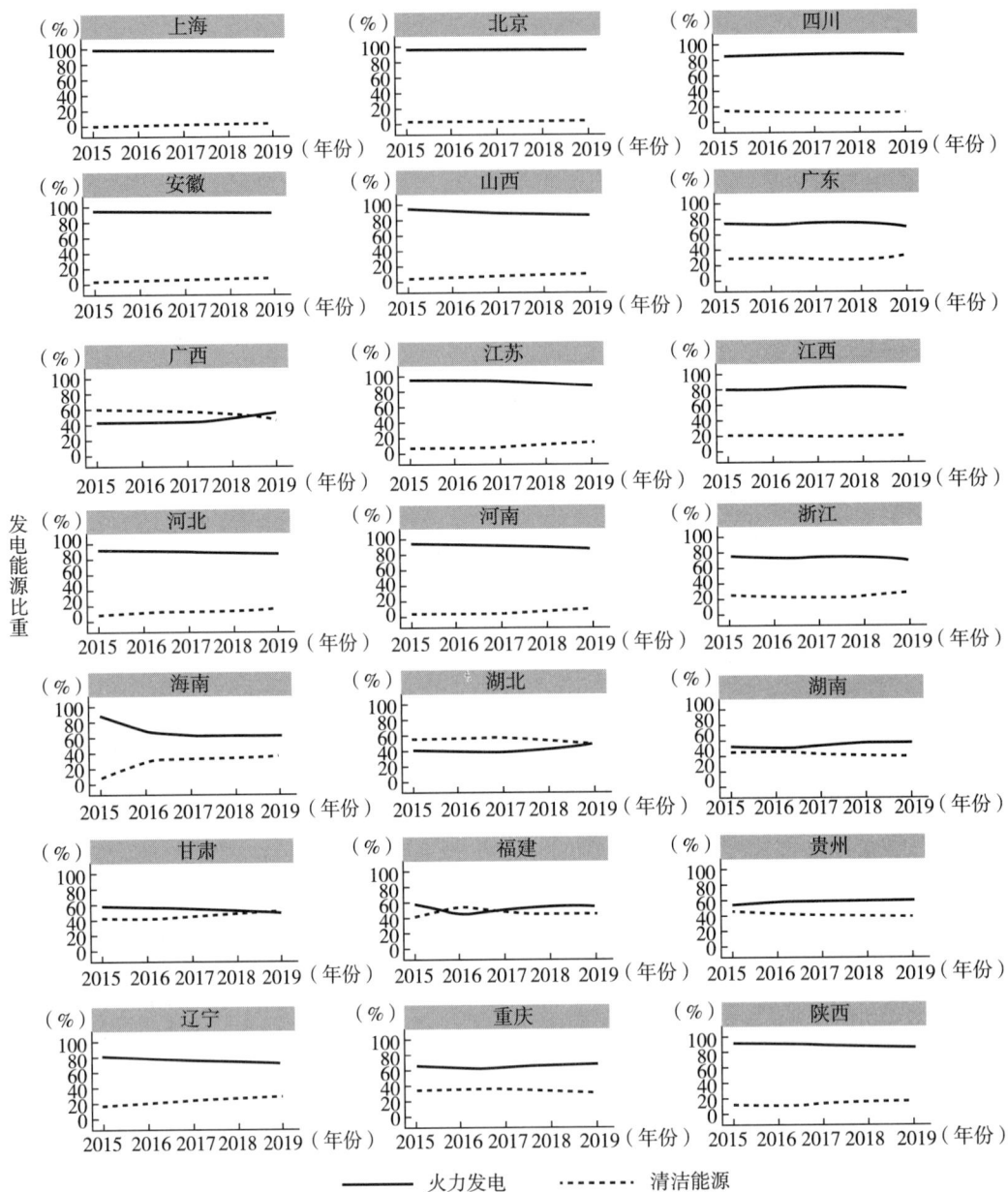

附图2　各省份发电能源比例

绿色信贷真的有效吗？

——来自惩罚污染与支持绿色发展的经验证据

赵绍阳　李梦雪　佘楷文

[摘要] 绿色信贷是银行支持实体经济绿色高质量发展的重要政策工具。在缺乏环境信息披露的背景下，绿色信贷能否惩罚污染、支持绿色企业发展仍有待进一步研究。本文基于包含大量中小企业的微观银行信贷数据，采用双重差分方法检验了绿色信贷政策对污染企业和绿色企业融资可得性的影响，并从绿色监管的视角分析了银行的信贷行为选择。研究发现，绿色信贷政策的实施显著缩小了银行给大型污染企业发放贷款的规模并降低了边际贷款意愿，但扩大了银行给中小型污染企业发放贷款的规模并提高了边际贷款意愿。具体而言，银行通过增加轻污染中小企业的贷款以及二氧化碳排放量低的中小污染企业的贷款，以满足自身信贷偏好并规避政策监管。在不同的监管效应下，不要求报送绿色信贷执行情况的银行，以及当地环境规制水平较低的银行显著增加了对中小型污染企业的贷款。结合支持绿色发展的视角来看，绿色信贷政策并没有提高绿色产业的融资可得性。本文的研究证实，银行在执行绿色信贷政策时存在"抓大放小"及"泛绿色化"的监管规避行为，该研究结论为绿色信贷政策的实际效果提供了经验证据，为绿色金融体系的完善提供了重要参考。

[关键词] 绿色信贷；惩罚污染；支持绿色发展；政策监管；环境规制

一、引言

为了推动资源节约型和环境友好型社会建设，党的十九大报告聚焦生态文明体制改革，明确提出"发展绿色金融，壮大节能环保产业、清洁生产产业、清洁能源产业"。作为环境规制的重要政策工具，绿色金融通过引导金融机构的资源配置实现环境治理的效果。一方面，绿色金融引导金融机构将更多的金融资源向清洁环保节能的产业倾斜，以支持绿色产业发展壮大；另一方面，绿色金融引导金融机构限制污染产业的金融资源配置，从而迫使污染企业绿色转型以重新占据金融市场的有利地位，最终实现绿色发展（Dong et al.，2019）。在我国以间接金融为主导的背景下，绿色信贷成为发展绿色金融的重要主体，因此，准确评估绿色信贷的政策实施效果对推进经济社会发展绿色化具有重要意义。

[作者简介] 赵绍阳，四川大学经济学院教授、博士生导师；李梦雪，四川大学经济学院硕士研究生；佘楷文，西南财经大学博士研究生。

[基金项目] 国家自然科学基金面上项目（71773080）；四川特色哲学社会科学规划乡村振兴重大项目（SC22ZDTX06）。

　　近年来，已有大量文献基于上市公司数据对绿色信贷政策展开评估，研究发现绿色信贷政策显著降低污染企业的融资规模（苏东蔚和连莉莉，2018；占华，2021；陆菁等，2021）。然而，上市公司普遍属于大型企业，其社会环境后果受到不同监管机构的多个法律法规监督和约束。因此，上市公司的社会环境风险相对公开透明，污染型上市企业也更容易受到绿色信贷政策的融资惩罚效应。对比之下，我国中小企业数量众多，且信息不公开不透明问题较为突出，不易受到社会监督与相关部门监管，导致中小企业环境信息缺乏且容易受到地方保护（郭俊杰和方颖，2022）。因此，绿色信贷政策是否会对污染型中小企业产生相应的融资惩罚效应有待进一步考察。另外，绿色信贷的直接实施对象是以银行为代表的金融机构，直接利用公司层面的数据进行研究往往只能关注最终的政策效果而忽视银行的政策反应在银企之间的传导机制。具体而言，在绿色信贷政策实施前，银行由于对重资产抵押物的偏好以及对钢铁、化工等基础产业的支持导致大量信贷资源向高能耗高污染企业集中，最终加剧环境污染（刘锡良和文书洋，2019）。绿色信贷政策实施后，银行向污染企业贷款受到限制，此时，银行如何平衡自身信贷偏好与政策执行力度成为银行行为选择的关注重点（李程等，2016；丁宁等，2020）。但受限于数据可得性，鲜有研究基于银行层面的微观信贷数据分别评估绿色信贷对大型企业与中小企业的政策实施效果并对银行的行为选择展开分析。

　　除对污染企业进行融资惩罚外，绿色信贷同时强调对绿色经济、低碳经济和循环经济的支持。但现有文献主要集中于讨论社会和环境风险较高企业、重污染企业或两高一剩企业等绿色信贷限制企业的绿色创新与绿色转型，而鲜有文献直接评估绿色信贷对绿色产业的信贷支持效应（曹廷求等，2021；于波，2021；丁杰等，2022）。同时，由于绿色产业界定标准模糊，导致现有文献在进行绿色信贷政策评估时将标准模糊的绿色产业直接认定为控制组从而使得估计结果存在偏差（Liu et al.，2019；杨柳勇和张泽野，2022）。为避免绿色产业界定模糊带来"泛绿色"化问题，国家发展和改革委员会等部门在2019年联合印发了《绿色产业指导目录（2019年版）》，对节能环保产业、清洁生产产业、清洁能源产业、生态环境产业及基础设施绿色升级、绿色服务方面加以分类。随后，国家统计局在2021年将《绿色产业指导目录（2019年版）》与《国民经济行业分类》（GB/T 4754—2017）建立对应关系，印发《节能环保清洁产业统计分类（2021）》，这为本文直接评估绿色信贷对绿色产业的信贷支持效应和准确识别控制组提供了相应依据。

　　因此，本文首先基于2008~2016年共1009768笔银行贷款数据，采用双重差分模型分别评估了绿色信贷在大型企业与中小企业的政策实施效果，并进一步分析了银行的信贷行为选择。本文发现绿色信贷政策的实施显著缩小了银行给大型污染企业发放贷款的规模并降低了边际贷款意愿，但扩大了银行给中小型污染企业发放贷款的规模并提高了边际贷款意愿，从总体来看，绿色信贷政策对污染企业的融资惩罚效应并不明显。这说明绿色信贷政策实施后信贷资源从大型污染企业向中小型污染企业进行转移。通过分析银行的信贷行为选择发现，银行通过增加轻污染中小企业的贷款以及二氧化碳排放量低的中小污染企业的贷款来满足自身信贷偏好并规避政策监管。其次，本文从监管角度进一步印证了银行的策略型行为，结果发现其绿色信贷不受中国银保监会监管的银行以及当地环境规制水平较低的银行显著增加了对污染型中小企业的借款，而受到中国银保监会监管的银行以及当地环境规制水平较高的银行没有显著变化。最后，由于绿色信贷同时强调对绿色产业的支持，本文直接评估了绿色信贷对绿色产业的信贷支持效应，结果发现绿色信贷政策对绿色产业的支持作用有限，这说明绿色信贷实施初期更加强调对污染企业的惩罚，而缺乏对绿色信贷产品的研发。综上所述，银行业还需不断创新绿色金融产品及业务模式以支持绿色产业发展。

　　本文的边际贡献主要体现在以下两个方面：首先，与现有文献基于上市公司数据研究发现的绿色信贷强约束效应不同，本文利用银行层面的微观贷款数据研究发现绿色信贷并未产生显著的融资惩罚效应，并通过分别评估绿色信贷在大型企业与中小企业的实施效果发现了绿色信贷实施后信贷资源从大型污染企业向中小型污染企业进行转移的事实。在此基础上，本文还进一步深入探讨了信贷资源向中小型污染企业转移背后的银行行为选择。其次，本文克服了现有文献绿色产业界定模糊的缺陷，根据国家统计局对绿色产业明确清晰的界定标准，直接评估了绿色信贷对绿色产业的信贷支持效应，补充了绿色信贷支持绿色产业发展的相关研究。

二、文献综述

作为传统型环境规制政策的有益补充，绿色金融通过引导金融资源配置达到环境规制效果（Kathuria，2006；刘亦文等，2022）。在我国以银行为主导的金融体系下，绿色信贷成为发展绿色金融的重要主体，并在很大程度上反映了绿色金融的实施效果（王馨和王营，2021）。同时，绿色信贷具有起步早、速度快和政策体系最为完善的特点，为国内外学者有效评估绿色金融的实施效果提供了良好契机（He et al.，2019；刘亦文等，2022；斯丽娟和曹昊煜，2022）。

一方面，绿色信贷强调对污染企业的融资惩罚（郭俊杰和方颖，2022）。目前，已有大量文献基于上市公司数据研究发现绿色信贷政策的实施显著降低污染企业的融资规模，并通过融资惩罚效应倒逼污染企业改善社会环境责任、进行绿色创新与绿色转型等以重新占据信贷市场的有利地位，最终实现绿色发展（苏冬蔚和连莉莉，2018；占华，2021；陆菁等，2021）。然而，上市公司一般属于大型企业，其社会环境后果受到不同监管机构的多个法律法规监督和约束，明显区别于环境信息不公开不透明的中小企业，因此，绿色信贷是否在中小污染企业中同样发挥融资惩罚效应还需进一步探讨。但受限于数据的可得性，鲜有文献对绿色信贷在中小企业中的政策实施效果展开评估。

另外，基于公司层面的数据进行研究往往只能关注到最终的政策效果而忽略政策效果背后的银行行为。绿色信贷政策实施前，银行由于对重资产抵押物的偏好以及对钢铁、化工等基础产业的支持，导致大量信贷资源向高耗能高污染行业集中，最终加剧环境污染（刘锡良和文书洋，2019）。绿色信贷实施后，银行需要平衡自身信贷偏好与政策执行力度，但受限于利润和风险以及各方压力，银行仍有可能加大对污染行业的投入力度（蒋先玲和徐鹤龙，2016；张晨和董晓君，2018）。尤其当绿色信贷的实施过程中面临环境违规信息缺乏、配套政策法规不健全、行业实施标准不明确、地方保护主义等挑战时，银行可能会采取相应的策略性行为逃避监管（李程等，2016；郭俊杰和方颖，2022）。基于此，本文利用银行层面的贷款数据分别评估了绿色信贷在大型企业与中小企业的政策实施效果，并进一步分析了政策效果背后的银行行为选择。

另一方面，绿色信贷强调对绿色产业的融资支持（吴虹仪和殷德生，2021），但现有文献极少关注绿色信贷政策对绿色产业的直接影响。同时，由于绿色产业界定标准模糊，导致现有文献的评估结果存在一定偏差。丁杰等（2022）参照东方财富网、同花顺、Wind 三个平台对节能环保板块的定义来确定企业是否属于节能环保企业，研究发现绿色信贷有效提升节能环保企业的绿色创新。连莉莉（2015）依据股票市场中的概念板块对中国上市公司进行的概念分类，选取 43 家绿色企业作为研究样本，结果发现绿色信贷政策有效推动了绿色企业发展。王康仕等（2019）将主营业务涉及绿色农业开发、绿色林业开发、工业节能节水环保、自然保护、生态修复及灾害防控、资源循环利用、垃圾处理及污染防治、可再生能源及清洁能源、建筑节能及绿色建筑等的企业界定为绿色企业，研究发现绿色金融能够促进绿色企业投资。可以看出，不同学者在界定绿色产业时采用了不同标准，且样本都局限于上市公司，这说明现有文献在评估绿色信贷政策对绿色产业的支持上存在标准认定主观与样本数据局限的问题。基于此，本文利用国家统计局在 2021 年印发的《节能环保清洁产业统计分类（2021）》，根据四位行业代码精确识别了绿色产业，并利用覆盖了所有企业规模与企业类型的信贷数据有效评估了绿色信贷对绿色产业的影响。

三、政策背景与理论分析

（一）政策背景

2007 年，原国家环境保护总局、中国人民银行、中国银行业监督管理委员会联合发布《关于落实环保政策法规防范信贷风险的意见》（以下简称《意见》），标志着绿色信贷政策在中国正式开始。《意见》对政策性银行、国有商业银行及股份制商业银行开展绿色信贷工作提出了要求，但并未明确绿色信贷的具体执行方式。这一时期，依法查处环境污染企业以及督促违法违规企业整改仍然是环保部门的主要职责，银行业绿色信贷工作并未得到实质性开展。

2012 年，为进一步推进绿色信贷政策，原中国银行业监督管理委员会印发《绿色信贷指引》（以下简称《指引》）。《指引》将绿色信贷的实施主体扩大到所有类型的银行，并对银行业金融机构从战略高度推进绿色信贷工作提出了五大方面的具体规定[①]，以确保绿色信贷政策持续有效地开展，这为识别绿色信贷政策的实施效果提供了良好契机。

2013 年，为反映各机构绿色信贷实施成效，原中国银监会印发《中国银监会办公厅关于报送绿色信贷统计表的通知》（以下简称《通知》），要求政策性银行、国有商业银行[②]与股份制商业银行每半年报送一次绿色信贷统计表。绿色信贷统计表包括环境、安全等重大风险企业信贷情况统计表与节能环保项目及服务贷款情况统计表。其中，环境、安全等重大风险企业[③]由银监会商请相关部门[④]提供具体的企业名单，并不需要银行自身展开调查；节能环保项目及服务[⑤]从项目层面进行界定，由银行结合具体项目的内容解释进行认定。

2014 年，为落实《绿色信贷指引》的监管规定，银监会进一步印发了《绿色信贷实施情况关键评价指标》（以下简称《指标》）。《指标》在《通知》的基础上完善了银行业惩罚污染企

---

① 涉及银行业开展绿色信贷工作的组织管理、政策制度及能力建设、流程管理、内控管理与信息披露、监督检查五个方面。

② 本文将邮政储蓄银行归类为国有商业银行，下文同。

③ 环境、安全等重大风险企业包括涉及环境保护违法违规且尚未完成整改的企业、涉及安全生产违法违规且尚未完成整改的企业、涉及落后产能且尚未完成淘汰的企业和涉及职业病预防防控措施不达标且尚未完成整改的企业四大类。

④ 其中，环境保护、安全生产违法违规、职业病预防控制措施不达标且尚未完成整改的企业由环境保护和安全生产主管部门提供企业名单，涉及落后产能且尚未完成淘汰的企业根据工业和信息化部、国家能源局，以及省级政府主管部门所公布的淘汰落后产能企业名单整理。

⑤ 主要包括绿色农业开发项目，绿色林业开发项目，工业节能节水环保项目，自然保护、生态修复及灾害防控项目，资源循环利用项目，垃圾处理及污染防治项目，可再生能源及清洁能源项目，农村与城市水项目，建筑节能及绿色建筑，绿色交通运输项目，节能环保项目，采用国际惯例与国际标准的境外项目十二大类。

业与支持绿色企业的考核评价体系，[①] 并要求政策性银行、国有商业银行与股份制商业银行结合评价指标，每年向银监会报送一次自评报告。另外，《指标》从行业层面界定了经营活动有可能严重改变环境原状且产生的不良环境和社会后果不易消除的企业范围，为银行业实际开展绿色信贷业务提供了客户遴选和风险管理的依据，由于政策的实施范围由政府外生给定，很大程度上缓解了绿色信贷政策评价的自选择问题。

可以看出，政府部门自 2007 年以来下发了一系列政策文件推动绿色信贷有序开展，但在绿色信贷的具体实施过程中，仍存在环境违规信息缺乏、激励约束机制不健全、监管部门制度不健全、地方保护主义等诸多困境与挑战（郭俊杰和方颖，2022；林伯强和潘婷，2022）。政府部门逐渐意识到绿色金融体系的构建还需纵深推进我国绿色金融改革，为此，2017 年 6 月，中央政府在全国 5 省 8 地[②]推出绿色金融改革创新试验区政策，鼓励地方政府在制定试用绿色金融标准、完善金融机构环境信息披露、强化政策激励约束、创新绿色金融产品和服务、广泛开展国际交流等方面开展制度创新，为完善绿色金融服务体系、推动当地和全国绿色金融发展、助力经济绿色低碳转型发挥积极作用。

（二）理论分析与假设提出

绿色信贷政策实施前，由于银行业对重资产抵押物的偏好以及对钢铁、化工等基础产业的支持导致大量信贷资源流向高耗能高污染企业，最终加剧了环境污染（Chang et al.，2015；冯科，2016）。绿色信贷政策实施后，银行业对高耗能高污染企业发放贷款受到限制，此时，银行需要平衡自身信贷偏好与政策执行力度以同时满足监管和盈利的双重目标（丁杰等，2022）。

根据《通知》及《指标》中的定量考核体系，银行业金融机构需专门统计涉及落后产能且尚未完成淘汰的企业信贷情况、涉及环境保护违法违规且尚未完成整改的企业信贷情况、涉及安全生产违法违规且尚未完成整改的企业信贷情况，并将其报送给相关部门。因此，银行业需要限制这三大类企业的贷款以践行绿色信贷政策，但这三大类企业名单由环境保护部、国家安全生产监督管理总局、工业和信息化部、国家能源局，以及省级政府主管部门提供，并不需要银行业自身展开调查。对于提供企业名单的国家部门及省级部门而言，由于中小企业信息不公开不透明问题较为突出，其深入调查各地中小企业环境信息面临较强的成本约束，而大型企业的社会环境后果同时受到多个部门多条法律法规的监督和约束，社会和环境风险相对公开透明，相关部门获取大型企业环境信息的成本较低，这就决定了三大类企业名单中基本是大型企业。此时，银行会严格限制名单上大型污染企业的贷款规模以完成政策监管。

当银行业执行绿色信贷政策严格限制大型污染企业的贷款规模时，贷款结构的改变会在短期内降低银行的成本效率（丁宁等，2020）。为了兼顾盈利的目标，银行仍有动机继续向污染企业发放贷款（蒋先玲和徐鹤龙，2016）。考虑到中小污染企业环境违规信息缺乏并受到地方政府保护，银行业可能将信贷资源从大型污染企业转移到中小污染企业以满足自身信贷偏好并规避政策监管（张秀生和李子明，2009）。基于此，本文提出：

H1：绿色信贷政策显著降低银行给大型污染企业发放贷款的规模，但同时会增加银行给中小型污染企业发放贷款的规模。

绿色信贷对污染企业贷款规模的影响一方面可能由于银行单笔贷款的具体金额发生改变，

---

① 除和《通知》一致需报送涉及落后产能且尚未完成淘汰的企业信贷情况、涉及环境保护违法违规且尚未完成整改的企业信贷情况、涉及安全生产违法违规且尚未完成整改的企业信贷情况、节能环保项目及服务贷款外，《指标》还要求报送新能源、新能源汽车贷款、涉及"两高一剩"行业贷款情况（扣除转型升级部分）、每亿元贷款的二氧化碳减排当量和主要电子银行业务发展情况。另外，《指标》还涉及可选定量指标与定性指标的考察。

② 浙江、江西、广东、贵州、新疆五省份的八个城市（新区）。

另一方面可能由于银行的边际贷款意愿发生转变，即银行由不愿意发放贷款转变为愿意发放贷款，或银行由愿意发放贷款转变为不愿意发放贷款的过程。绿色信贷政策实施后，由于大型企业面临较强的社会环境信息披露要求与社会监督，此时银行业给大型污染企业的贷款成本大幅提升，当银行面临的贷款成本高于贷款收益时，会直接降低对大型污染企业的边际贷款意愿，即银行利用"环保一票否决权"直接驳回大型污染企业的贷款申请（斯丽娟和曹昊煜，2022）。而对于中小企业而言，由于其环境信息匮乏且受到地方保护，银行对中小污染企业发放贷款的成本并未发生明显改变，结合银行自身的信贷偏好，此时银行对中小企业的边际贷款意愿将明显增加。基于此，本文提出：

H2：绿色信贷政策显著降低银行对大型污染企业的边际贷款意愿，但同时会增加银行对中小污染企业的边际贷款意愿。

虽然中小企业环境信息相对匮乏，但银行增加中小污染企业的贷款仍要承担一定的监管被发现的风险。这是由于绿色信贷政策不仅要求银行业按照考核指标每年向银监会提交自评报告，还要求银行业接受银监会的现场检查及非现场监管，并将绿色信贷评估结果作为银行业金融机构监管评级、机构准入、业务准入、高管人员履职评价的重要依据。在相应的监管机制和激励约束下，银行业为降低监管被发现的概率，会做出相应的行为选择。一方面，由于轻污染企业受到环境监管和行政处罚的概率更低，此时银行会在中小型污染企业中进一步选择轻污染中小企业发放贷款以规避风险；另一方面，考虑到绿色信贷政策会对银行业每亿元贷款的二氧化碳减排当量进行考核，因此，银行业会在中小型污染企业中进一步选择二氧化碳排放量低的中小污染企业发放贷款以规避监管。基于此，本文提出：

H3：相对于其他中小污染企业，绿色信贷政策会显著增加轻污染中小企业的贷款以及二氧化碳排放量低的中小污染企业贷款，从而降低监管被发现的概率。

为进一步说明银行的信贷行为选择问题，本文从金融监管的视角加以印证。在政策背景部分本文提到，《通知》与《指标》仅明确了政策性银行、国有商业银行及股份制商业银行需向银监会报送绿色信贷统计表与自评报告，这说明政策性银行、国有商业银行与股份制银行的绿色信贷实施情况受到银监会的监管，而城市商业银行与农村银行的绿色信贷实施情况暂未受到相应监管。相对于不受银监会监管的银行，受到监管的银行给中小污染企业发放贷款的成本与风险显著提升。因此，受到监管的银行在《指引》的监管机制与激励约束下对中小污染企业发放贷款更加谨慎，而不受到监管的银行由于不需要承担相应的成本与风险则会显著增加中小污染企业的贷款。同时，当地环境规制水平在一定程度上衡量了政府对环境监测的重视力度（Zhang et al.，2011；斯丽娟和曹昊煜，2022）。如果当地环境规制水平越高，说明当地中小型污染企业越可能被有关部门监测到环境信息，此时，银行业给中小污染企业发放贷款的风险明显增加。相反，如果当地环境规制水平越低，说明当地政府越不重视环境监管，中小型污染企业也越不可能被有关部门监测到环境信息，从而银行业给中小型污染企业发放贷款的风险也更低。基于此，本文提出：

H4：绿色信贷实施后，不受银监会监管的银行以及当地环境规制水平较低的银行显著增加对中小型污染企业的借款，而受到银监会监管的银行以及当地环境规制水平较高的银行没有显著影响。

除强调对污染企业的惩罚外，绿色信贷政策同时强调对绿色产业的支持（吴虹仪和殷德生，2021）。但由于许多商业银行缺乏专门的绿色信贷产品研究，导致开发出的绿色信贷产品不够丰富灵活，难以满足绿色产业的发展需求（Biswas，2011；翁智雄等，2015；蒋先玲和徐鹤龙，2016）。另外，上级部门在考核银行业金融机构对绿色产业的支持时，主要考察节能环保项目及服务贷款情况，而节能环保项目及服务共涉及十二大类，每一类都需要银行结合具体项目的内容解释自行认定，这在一定程度上会引发"泛绿色化"问题，即银行考虑到节能环保项目存在较高风险且不符合信贷偏好，将一些不是节能环保项目但与节能环保项目有一定关联的项目认定为节能环保项目，从而在满足监管的同时不需要大幅调整信贷结构，因此，绿色信贷政策实际上对绿色产业发展的支持效应有限。基于此，本文提出：

H5：绿色信贷政策并未显著提升绿色产业的融资规模。

四、实证分析

（一）数据来源

本文使用的数据来源于 2008~2016 年银行层面的企业贷款数据库。该数据库覆盖我国东部某沿海省份经济发达、中等、较差的六个地级市所有银行的企业贷款数据，包含非常详细的银行信息（银行分支机构、银行名称、银行类型等）、贷款信息（贷款金额、贷款期限、担保方式、五级分类等）和企业信息（企业成立时间、企业员工人数、企业规模、企业类型、企业行业等）。数据囊括了所有类型银行（政策性银行、国有商业银行、股份制商业银行、城市商业银行、农村商业银行、农村信用社、村镇银行）及所有规模企业（大型企业、中型企业与小微企业），为本文的政策评估提供了具有代表性的研究样本。

（二）识别策略与变量定义

1. 识别策略

本文以 2012 年出台的《指引》作为一项准自然实验，使用双重差分模型评估绿色信贷政策的实施效果。为了分别评估绿色信贷政策的污染惩罚效应与绿色支持效应，本文首先将研究样本分为污染企业组（即绿色信贷限制行业）、绿色企业组（即绿色信贷支持行业）及其他企业组（不受绿色信贷政策影响的行业）。其中，污染企业组作为评估绿色信贷政策污染惩罚效应的 Treat 组（即 Treat_D），绿色企业组作为评估绿色信贷政策绿色支持效应的 Treat 组（即 Treat_G），其他企业组作为评估绿色信贷污染惩罚效应与绿色支持效应的 Control 组。

在污染企业组的识别上，本文参考王馨和王营（2021）的相关研究，根据原中国银监会为进一步落实《指引》印发的《指标》中对环境和社会风险的划分，将经营活动有可能严重改变环境原状且产生的不良环境和社会后果不易消除的行业范围[①]作为污染企业，由于政策的实施范围由政府外生给定，很大程度上缓解了绿色信贷政策评价的自选择问题。

在绿色企业组的识别上，根据《通知》和《指标》对绿色产业的考核体系，银行业需统计节能环保、新能源及新能源汽车的贷款情况并将其报送。因此，本文将节能环保产业、清洁能源产业与清洁生产产业作为绿色信贷支持行业。但《通知》及《指标》并未对节能环保产业、清洁能源产业与清洁生产产业进行具体的行业界定，而由银行结合具体的项目解释自行认定。为了尽可能保证绿色产业的识别准确客观，本文结合 2021 年国家统计局印发的《节能环保清洁

---

① 具体包括核力发电、水力发电、水利和内河港口工程建筑、煤炭开采和洗选业、石油和天然气开采业、黑色金属矿采选业、有色金属矿采选业、非金属矿采选业、其他采矿业 9 个行业。

产业统计分类（2021）》，根据四位数行业代码精确识别了绿色企业[①]。

为了验证绿色信贷的污染惩罚效应，本文构建了如下的双重差分模型：

$$Y_{ibft} = \beta_0 + \beta_1 Policy\_D_{ft} + \gamma_f + \delta_{ibft} + \sum Controls_{ibft} + f(\varphi_p, t) + \theta_c + \mu_{ibft} \tag{1}$$

其中，i 表示银行发放的每笔贷款，t 表示年份，f 表示企业，p 表示行业门类，b 表示银行，c 表示城市。被解释变量 Y_{ibft} 表示银行的贷款行为，$Policy\_D_{ft}$ 是核心解释变量，代表 Treat_D 与 Post[②] 的交互项，如果污染企业在 2012 年及之后获得银行贷款则该笔贷款记录取值为 1，否则为 0。根据标准 DID 模型的设定，模型中需单独加入 Treat_D 与 Post，但由于模型控制了企业固定效应（γ_f）与银行×时间固定效应（δ_{bt}），以捕捉企业层面不随时间变化的因素以及不同银行在不同年份的不可观测因素对结果估计的影响。此时 Treat_D 与 Post 分别被 γ_f 和 δ_{bt} 吸收，因此，本文不再将 Treat_D 与 Post 纳入回归模型。$Controls_{ibft}$ 代表一系列影响银行贷款发放规模的控制变量，$f(\varphi_p, t)$ 代表本文控制的行业门类的时间趋势，以进一步控制行业间原有的差异，增加对照组与实验组之间的可比性。θ_c 代表城市固定效应，μ_{ibft} 为不可观测的误差项。

与以上模型类似，当验证绿色信贷政策的绿色支持效应时，仅需将模型（1）中的 Policy_D 替换为 Policy_G，该变量代表 Treat_G 与 Post 的交互项，如果绿色企业在 2012 年及之后获得银行贷款则该笔贷款记录取值为 1，否则为 0。

2. 变量定义

（1）被解释变量。由于绿色信贷政策对污染企业的惩罚及对绿色产业的支持直接表现为银行业放贷金额的变化（于波，2021；郭俊杰和方颖，2022）。因此，本文选取贷款金额作为衡量绿色信贷惩罚污染与支持绿色发展的代理变量，考虑到贷款金额的数量级较大，本文对此进行了对数化处理。

（2）核心解释变量。本文采用双重差分模型评估绿色信贷政策的实施效果，因此，本文的核心解释变量为 DID 模型中的交互项，即 Policy_D 和 Policy_G。其中，Policy_D 的回归系数衡量了绿色信贷政策实施前后污染企业相对于其他企业的贷款规模变化，Policy_G 的回归系数衡量了绿色信贷实施前后绿色企业相对于其他企业的贷款规模变化。

（3）其他控制变量。参考 Fan 等（2021）的研究，本文选取了贷款层面、企业层面与银行层面的控制变量，其中贷款层面的控制变量包括贷款期限与担保方式，企业层面的控制变量包括企业规模、企业类型、企业年龄、企业员工人数，并进一步控制了企业固定效应，银行层面及时间维度的影响因素通过银行×时间固定效应加以控制，并在此基础上加入城市固定效应，以尽量捕捉不同层面不可直接观测的因素对估计结果的影响。另外，参照斯丽娟和曹昊煜（2022）的研究，本文还对行业的时间趋势进行了控制，以进一步控制行业间原有的差异，增加对照组与实验组之间的可比性。表 1 展示了主要变量的描述性统计结果。

表 1　主要变量的描述性统计

变量	观测值	均值	标准差	最小值	最大值
ln（贷款金额）	1009768	14.6920	1.4053	10.0008	19.9893
Policy_D	1003169	0.0026	0.0510	0.0000	1.0000
Policy_G	1006227	0.0045	0.0666	0.0000	1.0000

---

① 国家统计局发布的《节能环保清洁产业统计分类（2021）》中标有 * 的行业代码表示该行业中仅部分活动属于节能环保清洁产业，因此带有 * 标记的行业不纳入绿色产业组。

② 该变量的含义为政策实施前后，如果时间在 2012 年之前取值为 0，如果在 2012 年及之后取值为 1。

续表

变量	观测值	均值	标准差	最小值	最大值
贷款期限	1009768	0.9490	0.9755	0.2493	25.0137
担保方式	1009768	1.8296	0.9853	1.0000	5.0000
ln（企业年龄）	1009768	2.1681	0.6151	0.0000	3.6636
ln（企业员工人数）	1009768	4.0066	1.4807	0.0000	10.8198
企业规模	1009768	2.8082	0.4663	1.0000	3.0000
企业类型	1009768	3.9544	0.8950	1.0000	7.0000
行业门类	1009768	4.1320	2.3547	1.0000	17.0000

（三）基准回归结果

表2展示了本文的基准回归结果。其中，第（1）～第（3）列分别为总样本贷款金额回归结果、大型企业样本贷款金额回归结果与中小企业样本贷款金额回归结果。可以看出，绿色信贷政策的实施整体上对污染企业的融资惩罚效应有限，但分别从大型企业与中小企业的视角来看，绿色信贷政策的实施显著降低了银行给大型污染企业的放贷金额，但同时增加了银行给中小污染企业的放贷金额，这说明绿色信贷实施后，银行将信贷资源从大型污染企业转移到中小型污染企业。第（4）～第（6）列是在第（1）～第（3）列的基础上进一步加入企业层面控制变量的回归结果，可以看出，第（4）～第（6）列的回归结果与第（1）～第（3）列具有明显的一致性，说明本文的基准回归结果较为稳健，同时验证了本文的假说一。

表 2　基准回归结果

变量	（1）（总体）ln（贷款金额）	（2）（大型）ln（贷款金额）	（3）（中小）ln（贷款金额）	（4）（总体）ln（贷款金额）	（5）（大型）ln（贷款金额）	（6）（中小）ln（贷款金额）
Policy_D	0.1407 (0.0953)	−0.6819*** (0.1705)	0.1638* (0.0961)	0.1417 (0.0957)	−0.6384*** (0.1837)	0.1641* (0.0962)
贷款期限	0.1203*** (0.0058)	0.0715*** (0.0218)	0.1252*** (0.0058)	0.1201*** (0.0058)	0.0698*** (0.0214)	0.1250*** (0.0058)
ln（企业年龄）				−0.0283* (0.0155)	−0.2529** (0.1267)	−0.0195 (0.0155)
企业规模	未控制	未控制	未控制	控制	控制	控制
企业类型	未控制	未控制	未控制	控制	控制	控制
担保方式	控制	控制	控制	控制	控制	控制
行业×时间趋势	控制	控制	控制	控制	控制	控制
企业固定效应	是	是	是	是	是	是
银行×时间固定效应	是	是	是	是	是	是
城市固定效应	是	是	是	是	是	是
Observations	996154	30965	965162	996154	30965	965162
R-squared	0.9978	0.9970	0.9978	0.9978	0.9970	0.9978

注：①*** 表示 $p<0.01$，** 表示 $p<0.05$，* 表示 $p<0.1$，括号内是聚类到企业层面的稳健标准误。如无特殊说明，下表同。②由于银行发放的单笔贷款金额基本可以由企业特征与行业特征进行确定，所以企业固定效应及行业的时间趋势在很大程度上解释了贷款额度的变化。另外，本文在回归模型中还加入了其他影响贷款额度的固定效应，因此回归结果中的 R-squared 较大，以下各表同。

（四）稳健性检验

1. 平行趋势检验

双重差分模型成立的前提是控制组与实验组之间的平行趋势假设前提成立，因此，本文首先进行了平行趋势检验，模型设定如下：

$$Y_{ibft} = \beta_0 + \sum_{k=-4,\ k\neq-1}^{4} Policy\_D_{ft}^{k} + \gamma_f + \delta_{bt} + \sum Controls_{it} + f(\varphi_p,\ t) + \theta_c + \mu_{ibft} \qquad (2)$$

其中，k 为各年份与2012年的差值，$Policy\_D_{ft}^{k}$ 表示特定年份的绿色信贷实施情况，定义与前文相同，该模型以《指引》出台的前一年（2011年）为基期，在检验时间趋势的同时考察了政策效果的动态变化，由于本文主要考察绿色信贷政策对中小型污染企业的影响及其背后的银行信贷行为选择，因此，本文主要展示了中小企业样本的平行趋势检验，如图1所示。

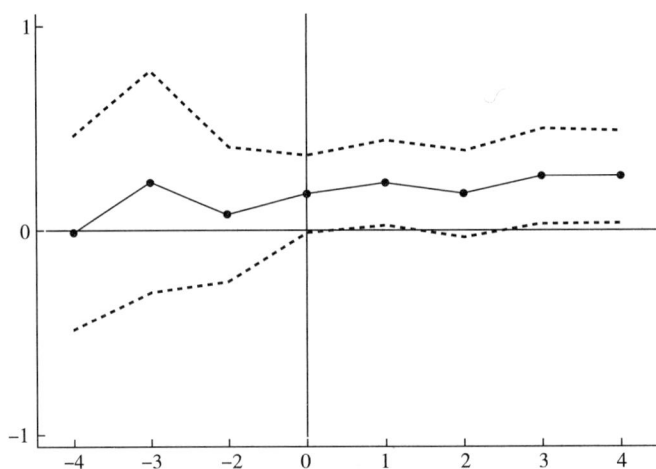

图1 中小企业样本平行趋势检验

从图1可以看出，政策开始之前的年份绿色信贷政策在中小企业样本中的回归结果在统计上均不显著，说明满足平行趋势假定。而政策实施之后，银行业显著增加了对中小污染企业的贷款规模。

2. 更换回归样本

考虑到政策性银行服务群体的特殊性，本文将政策性银行剔除后重新进行回归，结果显示更换样本并未使回归结果发生变化。另外，金融危机爆发后，中央银行在2008年实施了四万亿元刺激经济计划，这在一定程度上会对银行的贷款行为产生影响，因此，本文在剔除政策性银行的基础上进一步删除了2008年的样本，并重新进行回归，结果发现回归结果与基准回归结果保持明显的一致性（见表3）。

表3 更换回归样本的回归结果

变量	（1）（总体）ln（贷款金额）	（2）（大型）ln（贷款金额）	（3）（中小）ln（贷款金额）	（4）（总体）ln（贷款金额）	（5）（大型）ln（贷款金额）	（6）（中小）ln（贷款金额）
Policy_D	0.1394 (0.0958)	−0.6326 *** (0.1862)	0.1617 * (0.0963)	0.1396 (0.0899)	−0.6533 *** (0.2062)	0.1629 * (0.0907)

续表

变量	（1）（总体）ln（贷款金额）	（2）（大型）ln（贷款金额）	（3）（中小）ln（贷款金额）	（4）（总体）ln（贷款金额）	（5）（大型）ln（贷款金额）	（6）（中小）ln（贷款金额）
Controls	控制	控制	控制	控制	控制	控制
行业×时间趋势	控制	控制	控制	控制	控制	控制
企业固定效应	是	是	是	是	是	是
银行×时间固定效应	是	是	是	是	是	是
城市固定效应	是	是	是	是	是	是
Observations	984674	30490	954159	958258	29734	928501
R-squared	0.9978	0.9970	0.9978	0.9978	0.9970	0.9978

注：控制变量与基准回归一致，如无特殊说明，下表同。

3. PSM-DID 检验

由于倾向得分匹配方法（PSM）能够消除可观测变量的偏差问题，保证实验组样本与控制组样本在各方面特征上尽可能地相似。因此，本文参考李青原和肖泽华（2020）的相关研究，使用 PSM-DID 方法进一步分析绿色信贷政策对污染企业融资规模的影响，保证本文基本结论的稳健性。具体而言，首先使用 1∶2 无放回近邻匹配方法，将基准回归中的控制变量对 Treat_D 进行 Logit 回归，计算倾向得分值，保留满足共同支撑假设的样本，然后使用模型（1）重新检验，结果没有改变本文的主要结论（见表4）。

表 4　PSM-DID 回归结果

变量	（1）（总体）ln（贷款金额）	（2）（大型）ln（贷款金额）	（3）（中小）ln（贷款金额）
Policy_D	0.1425	-0.7726***	0.1657*
	(0.0955)	(0.1907)	(0.0961)
Controls	控制	控制	控制
行业×时间趋势	控制	控制	控制
企业固定效应	是	是	是
银行分支机构×时间固定效应	是	是	是
区县固定效应	是	是	是
Observations	981157	26128	955002
R-squared	0.9978	0.9975	0.9978

4. 替换更加精细的控制变量

首先，本文将城市固定效应替换为区县固定效应，以进一步控制区县层面不随时间变化的因素对估计结果的影响，结果显示，替换区县固定效应并未使回归结果发生变化。其次，在控制区县固定效应的基础上，参考 Fan 等（2021）的研究，将银行×时间固定效应替换成银行分支机构×时间固定效应，除总样本回归结果有些许差异外，其他回归结果均与基准回归结果保持一致，但这种方式的不足在于无法穷尽所有影响因素（见表5）。

表5　替换控制变量回归结果

变量	(1)（总体）ln（贷款金额）	(2)（大型）ln（贷款金额）	(3)（中小）ln（贷款金额）	(4)（总体）ln（贷款金额）	(5)（大型）ln（贷款金额）	(6)（中小）ln(贷款金额)
Policy_D	0.1417 (0.0957)	−0.6384*** (0.1838)	0.1647* (0.0958)	0.1616* (0.0919)	−0.7779*** (0.2095)	0.1839** (0.0918)
Controls	控制	控制	控制	控制	控制	控制
行业×时间趋势	控制	控制	控制	控制	控制	控制
企业固定效应	是	是	是	是	是	是
银行×时间固定效应	是	是	是	否	否	否
银行分支机构×时间固定效应	否	否	否	是	是	是
区县固定效应	是	是	是	是	是	是
Observations	996154	30965	965162	996143	30911	965147
R-squared	0.9978	0.9970	0.9978	0.9978	0.9973	0.9979

5. 更换识别

原银监会为进一步落实《指引》印发的《指标》除明确经营活动有可能严重改变环境原状且不易消除的行业范围外，还进一步明确了"两高一剩"的行业范围，并对"两高一剩"的贷款情况进行考核，因此，本文在更加精细的控制变量的基础上，利用"两高一剩"行业重新进行识别，回归结果与基准回归结果具有显著一致性（见表6）。

表6　更换识别的回归结果

变量	(1)（总体）ln（贷款金额）	(2)（大型）ln（贷款金额）	(3)（中小）ln（贷款金额）
Policy	0.0523 (0.0369)	−0.4261* (0.2179)	0.0644* (0.0356)
Controls	控制	控制	控制
行业×时间趋势	控制	控制	控制
企业固定效应	是	是	是
银行分支机构×时间固定效应	是	是	是
区县固定效应	是	是	是
Observations	996143	30911	965147
R-squared	0.9978	0.9973	0.9979

6. 安慰剂检验

为排除不可观测的特征对回归结果的影响，本文通过随机化设定实验组进行安慰剂检验（由计算机生成）。为提高安慰剂检验的识别能力，本文将以上过程重复100次，结果显示，随机分配的估计值集中分布于0值附近，而基准估计结果位于整个分布之外，因此随机设立的实验组和对照组没有政策效应，基本结果受到未观测到的遗漏变量影响较小，绿色信贷政策实施后信贷资源从大型污染企业转移到中小污染企业是真实存在的。

（五）银行边际贷款意愿

基准回归的结果说明，绿色信贷政策的实施显著降低了大型污染企业的平均贷款金额，但同时增加了中小型污染企业的平均贷款金额。平均贷款额度的变化可能由两方面原因引起：一方面，绿色信贷政策影响了银行发放给污染企业的单笔贷款额度；另一方面，绿色信贷政策影响了银行的边际贷款意愿，从而引起平均贷款额度的变化。因此，本文参考 Fan 等（2021）的研究，计算了企业层面的贷款银行数量以及贷款银行分支机构数量，即一家企业在某一年一共获得多少家银行或多少家银行分支机构的贷款，如果绿色信贷实施后，一家企业能够获得贷款的银行数量或银行分支机构数量显著降低，则说明银行的边际贷款意愿显著降低。相反，则说明银行的边际贷款意愿显著增加。由于将贷款层面的数据加总到企业层面，因此，不再对贷款层面的变量进行控制，表 7 展示了相应的回归结果。

从表 7 的回归结果可以看出，绿色信贷的实施整体上对银行给污染企业贷款的边际意愿没有显著影响。但分别从大型企业与中小企业的视角来看，绿色信贷政策的实施显著降低了银行业对大型污染企业的边际贷款意愿，但同时增加了中小污染企业的边际贷款意愿，这与基准回归的结果具有一致性，说明绿色信贷能够通过与行政处罚相结合的方式"一票否决"大型污染企业的融资需求，但在银行业考虑到盈利目标与自身信贷偏好的情况下，又会增加对中小污染企业的边际贷款意愿。

表 7　银行边际贷款意愿的回归结果

变量	（1）（总体） 贷款银行数	（2）（大型） 贷款银行数	（3）（中小） 贷款银行数	（4）（总体） 贷款银行分支机构数	（5）（大型） 贷款银行分支机构数	（6）（中小） 贷款银行分支机构数
Policy_D	0.2029 (0.1523)	−0.5116* (0.3005)	0.2803* (0.1537)	0.2018 (0.1523)	−0.5122* (0.3005)	0.2792* (0.1537)
Controls	控制	控制	控制	控制	控制	控制
行业×时间趋势	控制	控制	控制	控制	控制	控制
企业固定效应	是	是	是	是	是	是
银行×时间固定效应	是	是	是	是	是	是
城市固定效应	是	是	是	是	是	是
Observations	232516	2852	229664	232516	2852	229664
R-squared	0.8977	0.8785	0.9003	0.8973	0.8785	0.8998

五、银行行为选择分析

上文指出，由于中小企业环境信息缺乏并受到地方保护，银行在兼顾盈利与监管的双重目标下将信贷资源从大型污染企业向中小型污染企业进行转移。但《指引》不仅要求银行业定期向银监会提交绿色信贷自评报告，还要求银行业接受银监会的现场检查以及非现场监管，并将最后的考核结果作为银行业金融机构监管评级、机构准入、业务准入、高管人员履职评价的重要依据。在相应的监管机制与激励约束下，银行给污染型中小企业贷款仍要面临一定风险，此时，银行将会采取一定的策略性行为降低监管被发现的概率。因此，本文将研究样本集中于中小污染企业的贷款记录，从污染程度与二氧化碳排放量的角度进一步探究信贷资源转移背后的银行行为选择问题。

首先，本文污染企业组的识别是根据《指标》中明确划分的经营过程中产生重大社会环境风险且不易治理的行业，具体包括核力发电、水力发电、水利和内河港口工程建筑、煤炭开采和洗选业、石油和天然气开采业、黑色金属矿采选业、有色金属矿采选业、非金属矿采选业、其他采矿业九个行业。其中，煤炭开采和洗选业、石油和天然气开采业、黑色金属矿采选业、有色金属矿采选业、非金属矿采选业、其他采矿业均属于采矿业这一行业门类，而采矿业一直以来被认为是重污染行业（李青原和肖泽华，2020）。因此，本文将煤炭开采和洗选业、石油和天然气开采业、黑色金属矿采选业、有色金属矿采选业、非金属矿采选业、其他采矿业认定为重污染行业，而将核力发电、水力发电、水利和内河港口工程建筑认定为轻污染行业，并基于此将污染型中小企业的研究样本分成轻污染（即 Treat_D_L）与重污染（即 Treat_D_H）两组，并将轻污染企业作为实验组。

其次，银监会考核银行绿色信贷实施情况的定量核心指标中包括每亿元二氧化碳减排当量，此时，银行在发放贷款的过程中要考虑贷款企业的二氧化碳排放量以完成监管。基于此，本文根据 IPCC（2006）中的方法，利用《中国能源统计年鉴》中的八大能源数据计算出了每个行业的二氧化碳排放当量，但由于《中国能源统计年鉴》只能识别到行业大类（即两位数行业代码），因此，核力发电、水力发电、水利和内河港口工程建筑等轻污染行业由于精确到了行业中类及行业小类，所以无法估算其二氧化碳排放当量。此时，本文将研究样本进一步集中于重污染行业，通过分别估算每个行业大类的二氧化碳排放当量发现，黑色金属矿采选业、有色金属矿采选业、非金属矿采选业、其他采矿业显著低于煤炭开采和洗选业及石油和天然气开采业，另外，本文还进一步计算了每个行业每单位产值的二氧化碳排放量，结果发现黑色金属矿采选业、有色金属矿采选业、非金属矿采选业及其他采矿业仍显著低于煤炭开采和洗选业与石油和天然气开采业。因此，本文将黑色金属矿采选业、有色金属矿采选业、非金属矿采选业及其他采矿业认定为二氧化碳排放量低的行业，将煤炭开采和洗选业与石油和天然气开采业认定为二氧化碳排放量高的行业，并基于此将污染型中小企业的研究样本分成二氧化碳排放量低（即 Treat_D_H_L）与二氧化碳排放量高（即 Treat_D_H_H）两组，并将二氧化碳排放量低的企业作为实验组。表 8 列示了具体的回归结果。

表 8 银行行为选择的回归结果

变量	（1）（中小污染企业）ln（贷款金额）	（2）（中小污染企业）ln（贷款金额）	（3）（中小重污染企业）ln（贷款金额）	（4）（中小重污染企业）ln（贷款金额）
Policy_D_L	0.4376* (0.2452)	0.4363* (0.2427)		
Policy_D_H_L			0.3178*** (0.0912)	0.3212*** (0.1169)
贷款期限	0.0711** (0.0323)	0.0714** (0.0332)	0.1988* (0.1135)	0.1984* (0.1147)
ln（企业年龄）		0.2661 (0.2858)		-0.0552 (0.6840)
企业规模	未控制	控制	未控制	控制

续表

变量	（1）（中小污染企业）ln（贷款金额）	（2）（中小污染企业）ln（贷款金额）	（3）（中小重污染企业）ln（贷款金额）	（4）（中小重污染企业）ln（贷款金额）
企业类型	未控制	控制	未控制	控制
担保方式	控制	控制	控制	控制
企业固定效应	是	是	是	是
银行×时间固定效应	是	是	是	是
城市固定效应	是	是	是	是
Observations	3409	3409	728	728
R-squared	0.7607	0.7609	0.8429	0.8429

注：由于污染企业样本集中于采矿业这一行业门类，因此不再对行业的时间趋势进行控制。

从表8中第（1）、第（2）列逐步加入控制变量的回归结果可以看出，相对于重污染中小企业，绿色信贷的实施显著增加了银行给轻污染中小企业发放贷款的规模。从表8中第（3）、第（4）列逐步加入控制变量的回归结果可以看出，相对于二氧化碳排放量高的中小污染企业，绿色信贷政策的实施显著增加了银行给二氧化碳排放量低的中小污染企业发放贷款的规模。因此，本文认为银行通过增加轻污染中小企业的贷款以及二氧化碳排放量低的中小污染企业的贷款来同时满足自身信贷偏好并规避政策监管。

为进一步印证银行的策略性行为，本文还从金融监管的视角对银行行为选择问题进行了分析。政策背景部分本文提到，《通知》及《指标》均明确了政策性银行、国有商业银行和股份制商业银行需要向相关部门提交绿色信贷自评报告，但对于城市商业银行及农村银行暂未要求报送。对于要求报送绿色信贷自评报告的银行而言，其贷款给中小污染企业面临的风险要显著高于不要求报送绿色信贷自评报告的银行，因此，受到相关部门监管的银行将信贷资源转移给中小污染企业将更加谨慎。基于此，本文将研究样本分为受监管与不受监管两组，分组回归结果如表9中第（1）、第（2）列所示。

同时，若银行所在地级市环境规制水平较高，说明当地政府高度重视企业环境信息监测，并能及时对环境违法违规企业作出处罚。这意味着当地中小污染企业被监测到的概率有所提升，从而银行给中小污染企业贷款的风险也会相应增加，因此，环境规制水平较高地区的银行将信贷资源转移给中小污染企业将更加谨慎。基于此，本文将研究样本分为环境规制水平高与环境规制水平低两组[①]，分组回归结果如表9中第（3）、第（4）列所示。

表9　监管行为的回归结果

变量	（1）（受监管）ln（贷款金额）	（2）（不受监管）ln（贷款金额）	（3）（环境规制水平高）ln（贷款金额）	（4）（环境规制水平低）ln（贷款金额）
Policy_D	0.1725 (0.2300)	0.2055** (0.0843)	0.0870 (0.0866)	0.3623** (0.1663)
Controls	控制	控制	控制	控制
行业×时间趋势	控制	控制	控制	控制
企业固定效应	是	是	是	是

---

① 环境规制水平用当地企业行政处罚案件数除以当地工业企业数量进行衡量。其中行政处罚案件数来源于北大法宝，当地工业企业数量来源于《中国工业统计年鉴》。

续表

变量	(1)（受监管） ln（贷款金额）	(2)（不受监管） ln（贷款金额）	(3)（环境规制水平高） ln（贷款金额）	(4)（环境规制水平低） ln（贷款金额）
银行×时间固定效应	是	是	是	是
城市固定效应	是	是	是	是
Observations	318008	632437	394745	570413
R-squared	0.9979	0.9981	0.9978	0.9978

表9的回归结果说明，绿色信贷实施后，受监管的银行以及位于环境规制水平较高地区的银行没有显著增加中小污染企业的贷款规模，但不受监管的银行以及位于环境规制水平较低地区的银行显著增加了中小污染企业的贷款规模，验证了本文的假说四。

六、绿色支持效应分析

绿色信贷兼具惩罚污染与支持绿色发展的双重效应，因此，本文还对绿色信贷的绿色支持效应展开分析。根据《通知》及《指标》关于绿色产业的考核体系，本文将节能环保产业、清洁能源产业与清洁生产产业认定为绿色产业，并结合国家统计局印发的《节能环保清洁产业统计分类（2021）》，通过四位数行业代码对绿色产业进行了精确识别，并根据绿色产业的特征进一步区分了前端创新和末端治理。

相较于污染产业，绿色产业由于缺少抵押物且存在较高风险并不被银行偏好，而绿色信贷政策的实施对银行业将信贷资源向绿色产业倾斜提出了要求，但《通知》及《指标》中并未对绿色产业进行明确清晰的行业界定，而是从项目上进行定义，由银行结合具体的项目解释自行认定，这可能会导致"泛绿色化"问题，即银行在自行认定的过程中可能将一些不是绿色产业但与之相关的产业认定为绿色产业，从而信贷资源并未真正流入绿色产业，也未促进绿色产业的发展。基于此，本文直接评估了绿色信贷对绿色产业的信贷支持效应，并进一步对绿色产业进行了前端创新（即 Treat_G_F）和末端治理（即 Treat_G_B）的区分，回归结果如表10所示。

表10　绿色支持效应的回归结果

变量	(1)（总体） ln（贷款金额）	(2)（大型） ln（贷款金额）	(3)（中小） ln（贷款金额）	(4)（前端） ln（贷款金额）	(5)（末端） ln（贷款金额）
Policy_G	0.0437 (0.0565)	-0.0432 (0.2311)	0.0659 (0.0549)		
Policy_G_F				-0.0032 (0.0681)	
Policy_G_B					0.1223 (0.0933)
Controls	控制	控制	控制	控制	控制
行业×时间趋势	控制	控制	控制	控制	控制

续表

变量	（1）（总体）ln（贷款金额）	（2）（大型）ln（贷款金额）	（3）（中小）ln（贷款金额）	（4）（前端）ln（贷款金额）	（5）（末端）ln（贷款金额）
企业固定效应	是	是	是	是	是
银行×时间固定效应	是	是	是	是	是
城市固定效应	是	是	是	是	是
Observations	999164	31374	967763	995973	995818
R-squared	0.9978	0.9971	0.9978	0.9978	0.9978

表 10 的回归结果表明，绿色信贷政策的实施并未促进银行业扩大绿色产业的贷款规模，从大型企业与中小企业的视角来看，绿色信贷政策的实施均未增加银行发放给大型绿色产业与中小绿色产业的贷款；从前端创新与末端治理的视角来看，绿色信贷政策的实施也均未增加银行业对前端创新绿色企业与末端治理绿色企业的信贷支持。这说明绿色信贷实施初期银行业在推动绿色创新上存在显著不足，验证了本文的假说五。

七、结论与政策建议

本文基于 2008～2016 年共 1009768 笔银行贷款数据采用双重差分模型分别评估了绿色信贷政策在大型企业与中小型企业的实施效果，并分析了银行的信贷行为选择。本文发现：①绿色信贷政策的实施显著缩小了银行给大型污染企业的放贷规模并降低了边际贷款意愿，但扩大了银行给中小型污染企业的放贷规模并提高了边际贷款意愿，整体而言，绿色信贷政策对污染企业的融资惩罚效应不明显。这说明绿色信贷政策实施后信贷资源从大型污染企业向中小型污染企业进行转移。②通过分析银行的信贷行为选择发现，银行通过增加轻污染中小企业的贷款以及二氧化碳排放量低的中小污染企业的贷款来同时满足自身信贷偏好并规避政策监管。③本文从监管角度进一步印证了银行的策略性行为，结果发现绿色信贷不受监管的银行以及当地环境规制水平较低的银行显著增加了对污染型中小企业的贷款，而受到监管的银行以及当地环境规制水平较高的银行没有显著影响。④由于绿色信贷同时强调对绿色产业的支持，本文直接评估了绿色信贷对绿色产业的信贷支持效应，结果发现绿色信贷政策对绿色产业的促进作用有限，这说明绿色信贷实施初期更加强调对污染企业的惩罚，而缺乏绿色企业的支持。整体来看，绿色信贷政策实施早期由于面临诸多困境与挑战导致实施效果有限，为打破绿色信贷实施困境，政府部门于 2017 年在全国 5 省 8 地开启了为期五年的绿色金融改革创新试验，在后续数据可得的条件下，本文将进一步对绿色金融改革创新示范区的实施效果展开评估，为完善我国绿色金融体系建设提供更加丰富的经验证据。

基于此，本文提出如下政策建议：首先，进一步加强相关部门对中小污染企业的环境监管，并将中小企业环境污染信息公开，接受社会和大众监督，增加中小企业环境污染成本。其次，建立环境信息共享机制，及时准确地将中小企业环境信息共享给银行及相关部门，增加银行规避监管的成本和风险，并加强相关部门对银行绿色信贷执行情况的考核。再次，扩大绿色信贷实施效果的考核范围，将城市商业银行及农村银行业纳入绿色信贷考核体系，要求其向监管部门报送绿色信贷自评报告并接受监管部门的现场检查及非现场监管。另外，地方政府也要加强对当地的环境监管，以提升当地环境规制水平。最后，鼓励银行业建立专门的绿色信贷研究体系，开发出丰富灵活的绿色信贷产品，最终促进绿色产业优质发展。

参考文献

［1］曹廷求，张翠燕，杨雪.绿色信贷政策的绿色效果及影响机制——基于中国上市公司绿色专利数据的证据［J］.金融论坛，2021，26（5）：7-17.

［2］丁杰，李仲飞，黄金波.绿色信贷政策能够促进企业绿色创新吗？——基于政策效应分化的视角［J］.金融研究，2022（12）：55-73.

［3］丁宁，任亦依，左颖.绿色信贷政策得不偿失还是得偿所愿？——基于资源配置视角的PSM-DID[1]成本效率分析［J］.金融研究，2020（4）：112-130.

［4］冯科.信贷配给、固定资产投资水平与企业创新［J］.中央财经大学学报，2016（4）：42-51.

［5］郭俊杰，方颖.绿色信贷、融资结构与企业环境投资［J］.世界经济，2022，45（8）：57-80.

［6］何凌云，梁宵，杨晓蕾，钟章奇.绿色信贷能促进环保企业技术创新吗［J］.金融经济学研究，2019，34（5）：109-121.

［7］蒋先玲，徐鹤龙.中国商业银行绿色信贷运行机制研究［J］.中国人口·资源与环境，2016，26（S1）：490-492.

［8］李程，白唯，王野，李玉善.绿色信贷政策如何被商业银行有效执行？——基于演化博弈论和DID模型的研究［J］.南方金融，2016（1）：47-54.

［9］连莉莉.绿色信贷影响企业债务融资成本吗？——基于绿色企业与"两高"企业的对比研究［J］.金融经济学研究，2015，30（5）：83-93.

［10］林伯强，潘婷.环境管制如何影响绿色信贷发展？［J］.中国人口·资源与环境，2022，32（8）：50-61.

［11］刘锡良，文书洋.中国的金融机构应当承担环境责任吗？——基本事实、理论模型与实证检验［J］.经济研究，2019，54（3）：38-54.

［12］刘亦文，阳超，周韶成，张漾滨.绿色信贷政策对企业环境信息披露的影响研究［J］.统计研究，2022，39（11）：73-87.

［13］陆菁，鄢云，王韬璇.绿色信贷政策的微观效应研究——基于技术创新与资源再配置的视角［J］.中国工业经济，2021（1）：174-192.

［14］斯丽娟，曹昊煜.绿色信贷政策能够改善企业环境社会责任吗——基于外部约束和内部关注的视角［J］.中国工业经济，2022（4）：137-155.

［15］苏冬蔚，连莉莉.绿色信贷是否影响重污染企业的投融资行为？［J］.金融研究，2018（12）：123-137.

［16］王锋，吴丽华，杨超.中国经济发展中碳排放增长的驱动因素研究［J］.经济研究，2010，45（2）：123-136.

［17］王康仕，孙旭然，王凤荣.绿色金融发展、债务期限结构与绿色企业投资［J］.金融论坛，2019，24（7）：9-19.

［18］王馨，王营.绿色信贷政策增进绿色创新研究［J］.管理世界，2021，37（6）：11+173-188.

［19］翁智雄，葛察忠，段显明，龙凤.国内外绿色金融产品对比研究［J］.中国人口·资源与环境，2015，25（6）：17-22.

［20］吴虹仪，殷德生.绿色信贷政策对企业债务融资的"赏"与"罚"——基于准自然实验的效应评估［J］.当代财经，2021（2）：49-62.

［21］杨柳勇，张泽野.绿色信贷政策对企业绿色创新的影响［J］.科学学研究，2022，40（2）：345-356.

［22］于波.绿色信贷政策如何影响重污染企业技术创新？［J］.经济管理，2021，43（11）：35-51.

［23］占华.绿色信贷如何影响企业环境信息披露——基于重污染行业上市企业的实证检验［J］.南开经济研究，2021（3）：193-207.

［24］张晨，董晓君.绿色信贷对银行绩效的动态影响——兼论互联网金融的调节效应［J］.金融经济学研究，2018，33（6）：56-66.

［25］张秀生，李子明."绿色信贷"执行效率与地方政府行为［J］.经济问题，2009（3）：87-90.

［26］Biswas N. Sustainable Green Banking Approach：The Need of the Hour［J］. Business Spectrum，2011，1（1）：32-38.

［27］Chang C，Chen K，Waggoner D F. Trends and Cycles in China's Macroeconomy［J］. NBER Macroeconomics Annual，2016，1（30）：1-84.

［28］Dong Q，Wen S，Liu X L. Credit Allocation，Pollution，and Sustainable Growth：Theory and Evidence from China［J］. Emerging Markets Finance and Trade，2019，56（12）：1-19.

［29］Fan H，Peng Y，Wang H，et al. Greening through Finance？［J］. Journal of Development Economics，2021，152：102683.

［30］He L，Zhang L，Zhong Z，et al. Green Credit，Renewable Energy Investment and Green Economy Development：Empirical Analysis Based on 150 Listed Companies of China［J］. Journal of Cleaner Production，2019，208：363-372.

［31］Kathuria V. Controlling Water Pollution in Developing and Transition Countries—Lessons from Three Successful Cases［J］. Journal of Environmental Management，2006，78（4）：405-426.

［32］Liu X H，Enxian W，Danting C. Green Credit Policy，Property Rights and Debt Financing：Quasi-Natural Experimental Evidence from China［J］. Finance Research Letters，2019（29）：129-135.

开放与区域经济

海外供应链中心度对出口恢复的影响研究*

高晓彤　白雪洁　黄玖立

[摘要] 本文以 2008 年国际金融危机时期出口急剧收缩为背景，基于 2006 ～ 2014 年中国海关数据和全球双边贸易数据，考察企业海外供应链特征对危机后出口恢复的影响。研究结果表明，海外供应链中心度较高的企业，金融危机后在出口恢复的概率和速度上表现更好，这一结论在替换主要变量、样本和计量模型后依然成立。机制分析证实，中心度较高的海外供应链能够提供相对稳定的进口投入要素，从而保障危机后企业生产和出口活动的顺利进行。进一步研究发现，在产品质量差异化程度较低、竞争程度较高的行业以及核心度较低的产品中，海外供应链中心度对出口恢复的促进作用更为明显；企业的海外供应链中心度越高，出口恢复的金额和数量也越多。本文为企业如何充分发挥和利用海外供应链优势，推进外贸供应链畅通和提升出口抗风险能力提供了重要启示。

[关键词] 海外供应链；出口恢复；经济冲击

一、引言

中国企业嵌入全球价值链日益深化，会通过连锁作用、乘数效应和预期共振等传导机制愈加深刻地影响海外供应体系的稳定性。供应体系的稳定畅通不仅可以保障企业生产的顺利进行（Boehm and Oberfield，2020），还会对企业出口决策和表现产生显著影响（Bas，2012；Kasahara and Lapham，2013；Andersson，2016）。因此，企业作为对外贸易活动的主要参与者，应不断优化海外供应链布局，维护供给体系安全畅通，进而增强生产和出口活动的稳定性。基于此，本文尝试探究经济风险较高时期，企业海外供应链特征对出口恢复的影响效应及其作用机制。

2008 年国际金融危机时期，全球产业价值链破坏同样制约了企业生产与出口能力（Auboin，2009；Buch et al.，2010；Chor and Manova，2012）。全球供应链通过进口中间产品这一渠道加速了贸易危机在世界各经济体之间的扩散（Yi，2009；Anderton and Tewolde，2011；Bems et al.，2011），由于稳定的中间品供给是保障生产和出口活动正常进行的关键（Levchenko

* 本文原刊于《国际贸易问题》2023 年第 11 期，有修改。

[作者简介] 高晓彤，南开大学经济与社会发展研究院助理研究员、博士后；白雪洁，南开大学经济与社会发展研究院教授；黄玖立，南开大学跨国公司研究中心、经济学院教授。

[基金项目] 国家自然科学基金青年项目（72303117）；中国博士后科学基金面上项目（2023M731812）；中央高校基本科研业务费专项资金资助（63232163）。

et al.，2010；包群和张志强，2021），海外投入品获取的不安全和不稳定对企业生产和出口的有序进行带来了严重负向冲击，进而对出口恢复造成不利影响。

目前，关于出口稳定性的研究通常将出口持续时间作为研究对象（Nitsch，2009；Besedeš and Prusa，2011；Hess and Persson，2011），探究国家特征（邵军，2011；林常青和张相文，2014；佟家栋等，2016）、产品性质（Fugazza and Molina，2009；冯伟和邵军，2013）和企业因素（Görg et al.，2012；刘慧和綦建红，2017；吴小康和于津平，2018）等对出口持续时间的影响，仅有少数学者关注企业的出口恢复问题（胡昭玲和高晓彤，2022）。当贸易环境中不确定性较高时，贸易持续性固然是出口稳定的一个重要方面，但冲击后实现快速良好的出口恢复也是出口稳定性的重要体现。因此，本文从供给端特征的角度出发，探究其对冲击后企业出口恢复的影响，深化了现有文献对企业出口稳定性影响因素的认识。

海外供应链特征是供给端影响企业中间品稳定和生产顺畅的重要一环，在国际经济政治格局复杂多变的环境下，海外供应国的供给稳定对企业获取中间品的安全通畅尤为重要。考虑到贸易联系是经济波动在各经济体之间传导的重要渠道（Haile and Pozo，2008；Claessens et al.，2012；Sen and Atlay，2012），供应国的中间品供给稳定程度不仅与其供应能力或生产优势相关，还会受到自身贸易结构的影响。本文通过引入网络中心度的测算方法，刻画在特定中间品的全球供应网络中各经济体的贸易结构和地位特征，并参考 Kee（2015）分析企业与供应商之间联系的思路，构建了企业海外供应链中心度指标。

考虑到危机期间供应链冲击的特殊性，本文试图从危机后企业获取投入品的稳定性上探究原因。一般来讲，给定其他条件不变，危机后投入品的供应稳定性越高，企业就越容易获得稳定的产品供给，有利于危机后生产和出口的有序进行（Bems et al.，2011；王雅琦等，2020；包群和张志强，2021），从而促进出口恢复。而危机后投入品获取的稳定性又与海外供应链特征密切相关。具体而言，海外供应国在全球供应网络中的中心度特征反映了其与下游需求国之间贸易流的分布或结构信息，由于需求波动往往沿贸易联系向上传导，调整生产并影响经济表现（Acemoglu et al.，2015），因此中心度较高的海外供应国在危机后会面临更大的需求刺激，从而推动生产保障中间品供给稳定。换言之，海外供应链的中心度差异会通过作用于中间品的稳定性，对企业出口恢复产生影响。

以这一思想为基础，首先，本文对相关文献进行梳理和总结，分析海外供应链中心度对危机后出口决策的影响路径，并提出机制假说。其次，本文利用 2006～2014 年中国海关数据和全球双边贸易数据，刻画危机后出口中断样本的出口恢复表现，并构建海外供应链中心度指标，描述企业海外供应链的网络地位特征。再次，本文借助多维固定效应面板模型和生存分析法对海外供应链中心度与危机后出口恢复决策之间的关系做出实证检验，并探讨中间品供给稳定性的作用机制。最后，本文从产品质量差异化、产品核心度和行业竞争度等角度做出异质性分析，并考虑出口金额和数量的恢复程度表现。

与既有文献相比，本文的边际贡献主要体现在：第一，本文着重刻画危机后微观企业出口恢复的动态过程，拓宽了现有文献对企业出口稳定性的研究视角，目前大多数文献主要从出口持续时间的视角探究企业出口稳定性的表现，而本文则着重描述危机后出口恢复的概率和速度等特征；第二，本文从海外供应链特征的角度探究其对出口恢复的影响，既有文献对出口稳定性影响因素的研究主要聚焦于目的地、企业和产品特征等方面，较少从供应端考察企业海外供应链的网络地位特征，但海外供应链是影响企业投入品获取的关键环节，其对企业出口恢复的影响不能忽略；第三，本文借助社会网络分析方法构建海外供应链中心度指标，丰富了企业海外供应链特征的量化思路，既有文献较少利用网络分析方法对企业供应端，特别是海外供应链特征做出刻画，本文将海外供应链网络地位与企业进口信息相结合，创新性地对企业海外供应链网络地位做出分析；第四，本文重点关注中间品稳定性的机制作用，强调了供给体系稳定畅通对出口恢复的重要作用，有利于加强对供应链韧性的理解。

二、文献综述及理论假说

既有研究大多围绕出口稳定性和出口韧性等问题展开。在出口稳定性的相关研究中，学者通常将出口持续时间作为研究对象，指出贸易关系持续期受国家经济水平（Nitsch，2009）、地理距离（林常青和张相文，2014）、文化政策联系（Hess and Persson，2012）、交易规模（Obashi，2010）、产品差异化（Fugazza and Molina，2009）、企业出口经验（刘慧和綦建红，2017）等因素影响。出口韧性的相关文献通常将贸易恢复作为韧性的重要表现之一（贺灿飞和陈韬，2019；王文宇等，2021；魏昀妍等，2022），探究出口多样化、贸易方式等对其的重要作用（刘慧和綦建红，2021；Esposito，2022；揭础铭，2022）。从外生冲击下企业决策的动态视角考虑，贸易持续和贸易恢复存在时间上的连续性，前者主要关注贸易关系从初始至中断的过程，后者则更多刻画贸易关系由中断至再次开始的过程。而贸易韧性的涵盖内容相对更广，主要包括风险抵御能力、出口恢复能力和转型升级能力三个方面（贺灿飞等，2019），其中风险抵御能力和出口恢复能力分别对应贸易关系的持续和恢复问题。因此既有文献对出口持续时间和出口韧性影响因素的分析，可作为本文的重要参考。

从供给端考虑，中间品进口是影响企业出口恢复决策的重要环节。诸多文献探究了进口中间品对企业出口决策的正向影响，强调进口中间品可以有效促进企业出口参与（Bas and Strauss-Kahn，2014；张杰等，2014）、提升出口产品质量（李秀芳和施炳展，2016；马述忠和吴国杰，2016），也有部分学者探究了经济冲击下中间品进口受阻或停滞对企业出口参与或产品质量的负向效应（王雅琦等，2020；包群和张志强，2021）。由于经济冲击后出口关系的恢复本质上是企业出口决策问题，而冲击后中间品进口的持续受阻或停滞会对企业出口决策产生不利影响，因此经济风险较高时期进口中间品的稳定性和通畅性是影响出口恢复的重要因素。

海外供应链特征差异是决定进口中间品稳定性的关键因素。部分学者借助社会网络分析或复杂网络分析方法，对企业的供应商或价值链上下游的网络特征进行了刻画（Bernard and Moxnes，2018；包群和但佳丽，2021）。具体而言，如果将全球参与贸易的经济体抽象作节点，贸易流视为节点之间的连线，这些节点与连线的集合在图像中会呈现网络形态，中心度就反映了全球贸易网络中不同节点（经济体）的位置或影响力差异（马述忠等，2016；李敬等，2017；许和连等，2018；刘林青等，2021）。从网络结构的视角，中心度较高意味着该经济体拥有较多贸易伙伴，或与拥有较多贸易伙伴的其他经济体存在紧密的贸易联系；从经济含义的角度，中心度越高的经济体在特定产品的全球贸易网络中通常具有更高的地位和影响力（吕越和尉亚宁，2020），在信息可得性和资源利用性等方面具备优势（蒋为等，2019）。本文也尝试从贸易网络的视角，对海外供应链特征做出刻画，并进一步探究对企业出口恢复的影响。

基于前述分析，海外供应链中心度与企业出口恢复之间可能存在相关关系。一方面，在全球贸易网络中，需求波动通常沿贸易联系向上传导（Acemoglu et al.，2015），具备不同贸易结构的经济体会受到不同程度的需求刺激，表现出差异化的生产和经济复苏表现。中心度较高的供应国由于拥有更多需求联系和复杂多样的贸易结构，在冲击后可能受到更大的需求刺激，推动生产复苏，进而保障下游企业的中间品供给稳定和畅通，促进下游企业的生产顺利进行，推动其实现出口恢复。另一方面，由于中心度较高的供应国在信息可得和资源利用等方面具备优势（蒋为等，2019），冲击后更容易实现生产复苏或恢复需求联系。这时从中心度较高的供应国进口投入品的企业，也会更容易得到供给保障，促进出口恢复。基于此，本文提出理论假说：

海外供应链中心度越高，进口中间品的稳定性越好，越能促进冲击后企业实现出口恢复。

三、指标测度与事实分析

（一）企业海外供应链中心度的衡量

1. 海外供应链中心度的指标设计

本文参考 Kee（2015）刻画企业与供应商联系的思路，借鉴社会网络分析的研究方法，构建了企业在特定产品生产中的海外供应链中心度指标。具体地，本文利用法国国际展望与信息研究中心（CEPII）的国际贸易分析基础（BACI）数据库，基于 HS1996 版本 6 位产品的双边贸易信息，通过构建产品的有权有向贸易网络矩阵，计算得到各供应国在特定产品全球贸易网络中的 Pagerank 中心度，并按照企业进口份额和进出口产品间的投入产出信息进行加总，得到囊括所有进口来源国在产品供应网络中的核心程度、企业与进口来源国的联系强度，以及进出口产品间投入产出关系等信息的综合指标。具体构建过程如下：

$$\text{INet}_{ik} = \sum_{\omega} \left[\text{IO}_{\omega k} \times \sum_{d} (\text{Pagerank}_{d\omega} \times \text{Importshare}_{id\omega}) \right] \qquad (1)$$

其中，$\text{Importshare}_{id\omega}$ 为企业 i 从 d 国进口 ω 产品的比例；$\text{Pagerank}_{d\omega}$ 为企业进口来源国 d 在 ω 产品全球供应网络中的 Pagerank 中心度指数，指数越大代表特定来源国 d 的供应重要性或地位越高；$\text{IO}_{\omega k}$ 为中间品 ω 与企业出口品 k 之间的投入产出关联程度，数值越大代表 k 产品生产中使用 ω 产品的比重越大。由式（1）可知，INet_{ik} 随着投入品供应国 Pagerank 中心度的提高而增加，并依赖于 k 产品生产中对进口投入品的使用程度和与供应国的联系强度。本文在实际回归分析中对该指标做出标准化处理。

2. 测算结果与描述性分析

基于上述方法，本文对不同行业的海外供应链中心度指标做出描述性分析。表 1 列举了 2007 年海外供应链中心度排名前十位的中国制造业行业，根据邱爱莲等（2016）对中国制造业行业要素密集度的分类，可以看到前七位行业中有四个资本密集型行业和三个技术密集型行业，反映出中国在这些行业生产中较多地依赖于具有供应优势的海外供应商。这可能是由于相对于劳动密集型行业而言，中国技术和资本密集型行业的上游产业尚存在产能不足或国际竞争力较弱等问题，因此企业主要通过进口海外投入品进行生产。尽管在全球分工日益深化的背景下，依赖国外投入品能够充分发挥本国比较优势，但也应当注意到，在资本和技术密集型产品的生产中如果形成长期对国外上游产品的进口依赖，可能会加深中国在全球价值链"低端锁定"的风险（Gereffi，2001；吕越等，2018），不利于这些行业在全球价值链中地位的攀升。

表 1　不同行业海外供应链中心度指标

行业	海外供应链中心度指标
化学纤维制造业	0.7388
塑料制品业	0.5714
化学原料和化学制品制造业	0.4893

续表

行业	海外供应链中心度指标
通信设备、计算机及其他电子设备制造业	0.4376
交通运输设备制造业	0.3559
医药制造业	0.1278
仪器仪表及文化、办公用机械制造业	0.1172
通用设备制造业	0.0900
橡胶制品业	0.0894
印刷业和记录媒介的复制	0.0741

注：表中列举的海外供应链中心度指标为标准化处理后的结果。

（二）出口恢复的识别与描述分析

1. 出口恢复的定义与识别

从经济冲击后期的视角来看，企业对于冲击造成的出口中断可能会采取两种方案：一是持续中断不再恢复；二是恢复中断的出口关系或产品，尽快实现既有出口联系的重续。本文将第二种行为称作出口恢复，相对于前者，出口恢复反映了企业出口联系的良好韧性和应对外生经济冲击的充分弹性。企业在危机后出口恢复的程度越大，占比越高，在宏观层面上表现为出口总额的迅速恢复，有利于经济的复苏向好。

基于此，本文将出口恢复简单描述为：若 t 时刻发生了外生经济冲击，造成某支出口关系中断，但在冲击后的 t+m 年又实现了再出口，本文就称为出口关系的恢复，[①] 恢复时间为 m 年。

2. 企业出口恢复时间的描述分析

由于国际金融危机爆发于 2008 年 9 月，并且对于大多数中国企业而言，经济冲击的影响更多体现在 2009 年，因此本文将选取 2009 年作为判断出口中断的时间点。此外，为了尽可能减轻常规性出口中断的影响，参考胡昭玲和高晓彤（2022）对贸易恢复样本的识别思路，本文选取 2006~2008 年连续出口但 2009 年中断的出口数据，作为描述出口恢复行为的主要样本。

根据前述定义和数据处理，本文共观测到 2009 年有 71371 家企业发生了出口中断行为，中断的贸易关系（企业—产品—目的地）共 417602 支，截至 2014 年底实现出口恢复的企业有 33160 家，共恢复 119705 支贸易关系，约占所有中断关系的 28.66%。图 1 展示了贸易关系的出

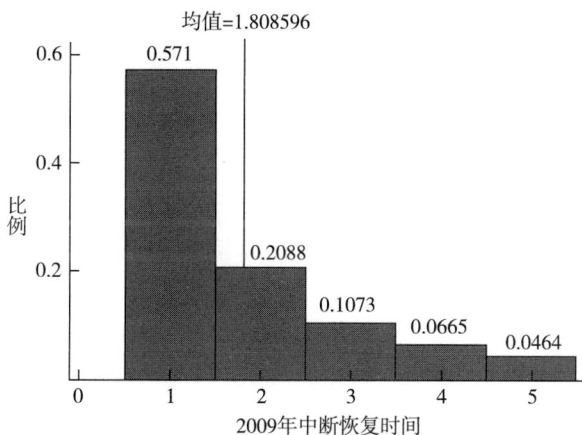

图 1　出口关系恢复的时间分布

资料来源：笔者根据《中国海关进出口贸易数据库》整理绘制。

---

① 本文重点关注出口关系在危机后的首次再出口，实证检验中也会选择计量工具处理这一问题。

口恢复时间分布情况，可以看到对全部出口目的地的样本而言，平均贸易关系恢复时间为1.8年左右，半数以上的贸易关系会在危机后一年内（即2010年）恢复。随着危机后时间的增长，恢复出口的贸易关系越来越少，表现出明显的负时间依存性。

（三）海外供应链中心度与出口恢复

本文将借助生存分析法对海外供应链中心度与出口恢复之间的关系进行简单的描述性分析。本文将企业—产品层面的海外供应链中心度指标按中位数分为地位较高的贸易关系组和较低的贸易关系组，利用 Kaplan-Meier 非参数方法估计不同组的生存率（在本文中即未恢复的概率），并以此为基础，绘制了 Nelson-Aalen 累积风险函数图（在本文中即累积恢复函数图）。如图2所示，随着时间的推移，两组贸易关系都发生了部分恢复，但中心度较高样本的恢复概率更高（反映在图2中为虚线位置高于实线），初步验证了海外供应链中心度指标与出口恢复之间的正相关性。

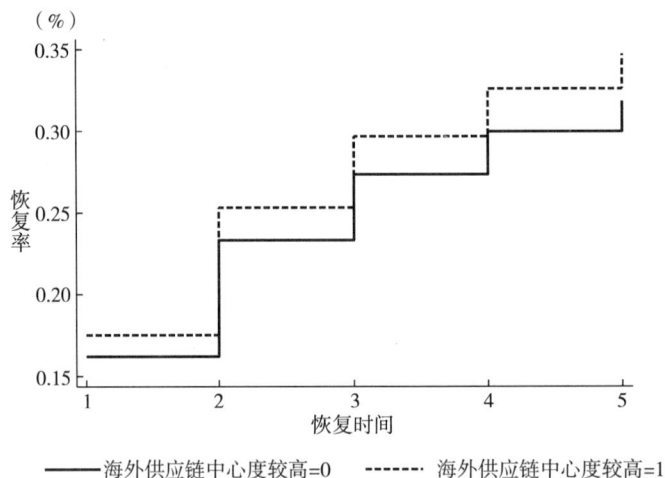

图2　海外供应链中心度与出口恢复

本文进一步通过 Log-rank 检验对两组贸易关系样本是否存在恢复时间上的显著性差异作出检验，表2显示在统计学意义上两组样本具有显著差别。因此，本文初步认为，企业海外供应链中心度与出口恢复的概率之间存在显著正相关关系。

表2　Log-rank 检验结果

海外供应链中心度指标 （高于均值=1）	观测事件数	预计事件数
0	62320	63928.04
1	27665	26056.96
Total	89985	89985.00

$\chi^2 = 158.14$，$P = 0.0000$

四、数据说明、实证设计与结果

（一）实证设计

1. 数据来源

本文主要使用 2006~2014 年中国海关数据库识别企业出口恢复样本，并结合 BACI 数据库和国家统计局披露的国家投入产出表来构建企业海外供应链中心度指标。

2. 计量模型

本文将首先借助多维固定效应的面板回归对海外供应链中心度和出口恢复的关系进行考察，随后利用生存分析法作进一步检验和分析。具体的实证设计如下：

$$y_{ijk} = \alpha_1 INet_{ik}^{2007} + \alpha_2 X + \varphi + \varepsilon \tag{2}$$

其中，y_{ijk} 包含 $Resume_{ijk}$ 和 $Resumetime_{ijk}$，$Resume_{ijk}$ 表示贸易关系是否恢复，恢复为 1，反之为 0。$Resumetime_{ijk}$ 反映了贸易关系的恢复速度，始终未恢复为 0，2010 年恢复为 1，2011 年为 1/2，以此类推，数值越大表示恢复速度越快。核心解释变量 $INet_{ik}^{2007}$ 是标准化后的 2007 年企业—产品层面海外供应链中心度指标。X 表示其他控制变量，包括 2007 年企业 i 向目的地出口产品 k 的出口额 $lnvalue_{ijk}^{2007}$，以及 2007 年企业 i 出口产品 k 的目的地数量 $countrynum_{ik}^{2007}$。φ 表示固定效应，包括企业、产品、目的地以及产品—目的地四个维度。ε 为随机误差项。

（二）基准回归结果

表 3 报告了海外供应链中心度对出口是否恢复以及恢复速度影响的回归结果。第（1）~第（3）列的被解释变量为出口是否恢复 $Resume_{ijk}$，第（4）~第（6）列被解释变量为出口恢复速度 $Resumetime_{ijk}$。其中，第（1）和第（4）列只加入了核心解释变量 $INet_{ik}^{2007}$，并控制了企业、产品和目的地固定效应，回归结果均显示在 1% 水平上显著为正，初步说明海外供应链中心度与危机后出口关系恢复、恢复速度之间存在显著正相关关系。第（2）、第（5）列进一步控制了产品—目的地固定效应，并添加了控制变量，包括危机前出口关系的出口额 $lnvalue_{ijk}^{2007}$、企业—产品维度的目的地数量 $countrynum_{ik}^{2007}$，以控制危机前出口规模和目的地范围。结果显示海外供应链中心度依然对出口关系恢复和恢复速度存在显著正向效应，且回归系数的波动较小，表明估计结果具有良好的稳健性。

表 3　基准回归结果：海外供应链中心度与出口恢复

变量	（1）Resume	（2）Resume	（3）Resume	（4）Resumetime	（5）Resumetime	（6）Resumetime
$INet_{ik}^{2007}$	0.015***（8.44）	0.011***（6.32）		0.011***（6.91）	0.008***（4.97）	
$INetlevel_{ik}^{2007}$			0.017***（7.52）			0.011***（5.94）
控制变量		控制	控制		控制	控制
企业固定效应	控制	控制	控制	控制	控制	控制

续表

变量	（1） Resume	（2） Resume	（3） Resume	（4） Resumetime	（5） Resumetime	（6） Resumetime
产品—目的地固定效应		控制	控制		控制	控制
样本量	293311	250148	250148	293311	250148	250148
R^2	0.354	0.483	0.483	0.310	0.445	0.445

注：括号中的值为系数的 t 值；＊＊＊、＊＊、＊分别表示在 1%、5%、10% 水平上显著。

进一步地，本文根据每年行业的四分位水平，将海外供应链中心度指标细分为四个海外供应链中心度水平 $INetlevel_{ik}^{2007}$，并按照大小分别赋值为 1~4①，数值越大表示海外供应链中心度水平越高。回归结果如表 3 的第（3）、第（6）列所示，企业的海外供应链中心度水平越高，危机后出口关系越容易得到恢复，或恢复速度更快。

（三）稳健性检验

为保证基准回归结果的可靠性和稳健性，本文进行了一系列稳健性检验，包括替换主要变量和变换回归样本等处理。

表 4 报告了对主要解释变量替换后的回归结果。首先，第（1）、第（2）列将核心解释变量替换为 2006 年海外供应链中心度指标（$INet_{ik}^{2006}$），从而消除选取 2007 年指标可能带来的特殊年份偏误。其次，本文考虑到海外供应链中心度指标的 Pagerank 算法中包含了 BACI 数据库中所有国家和地区的双边贸易流信息，意味着向中国出口的其他国家和地区产品中心度会包含中国产品信息，而后者则是由中国企业出口行为决定的，会造成回归结果的内生性。为此，本文将全球贸易网络中与中国相关的贸易流删掉，重新计算了各国 Pagerank 中心度，并按照式（1）测算出不包含中国贸易信息的海外供应链中心度指标（$INet_{ik}^{2007}$ 不包含中国），对基准回归中的核心解释变量进行了替换［见表 4 的第（3）、第（4）列］。此外，本文还进一步参照联合国制定的 BEC 分类②，与 HS6 分位码匹配后，测算出仅考虑进口中间品的海外供应链中心度指标（$INet_{ik}^{2007}$ 仅中间品），回归结果见表 4 的第（5）、第（6）列。结果显示，海外供应链中心度与出口关系是否恢复（$Resume_{ijk}$）以及恢复速度（$Resumetime_{ijk}$）之间正相关的基准结论依旧成立。

表 4 稳健性检验：替换主要变量

变量	（1） Resume	（2） Resumetime	（3） Resume	（4） Resumetime	（5） Resume	（6） Resumetime
$INet_{ik}^{2006}$	0.013＊＊＊ （6.19）	0.008＊＊＊ （4.39）				
$INet_{ik}^{2007}$ 不包含中国			0.011＊＊＊ （5.93）	0.007＊＊＊ （4.58）		
$INet_{ik}^{2007}$ 仅中间品					0.007＊＊＊ （3.70）	0.004＊＊ （2.74）

---

① 根据行业内海外供应链中心度指标排序划分为四个区间：当企业落入低于 25% 区间时，$INetlevel_{ik}^{2007}$ 取值为 1，25%~50% 区间取值为 2，50%~75% 区间取值为 3，高于 75% 区间取值为 4。

② 根据 BEC 分类，中间产品代码为 "111、121、21、22、31、322、42、53"。

变量	(1) Resume	(2) Resumetime	(3) Resume	(4) Resumetime	(5) Resume	(6) Resumetime
控制变量	控制	控制	控制	控制	控制	控制
企业固定效应	控制	控制	控制	控制	控制	控制
产品—目的地固定效应	控制	控制	控制	控制	控制	控制
样本量	250148	250148	250148	250148	250148	250148
R^2	0.482	0.443	0.483	0.445	0.483	0.445

注：括号中的值为系数的 t 值；***、**、*分别表示在1%、5%、10%水平上显著。

在前文对企业海外供应链中心度的测算中，$IO_{\omega k}$ 的数据主要来自国家统计局披露的投入产出表，对海外中间投入和国内中间投入的区分有待细化。为此，本文将利用 WIOD 的全球投入产出数据，对 $IO_{\omega k}$ 指标做出替换。具体而言，本文在全球投入产出表中筛选出中国 k 产品生产中所需的海外投入品信息，计算海外投入品 ω 在 k 产品产出中所占的比例 $IO_{\omega k}^{output}$，以及海外投入品 ω 在 k 产品生产中所需中间品总额中所占的比例 $IO_{\omega k}^{input}$。并以此构造企业海外供应链中心度指标，做出稳健性检验，结果如表5所示。其中，第（1）、第（2）列中的 $INet_{ik,2007}^{output}$ 是将 $IO_{\omega k}^{output}$ 按照式（1）计算所得，第（3）、第（4）列中的 $INet_{ik,2007}^{input}$ 是将 $IO_{\omega k}^{input}$ 按照式（1）计算所得，结果均显著为正，与基准回归结果保持一致。

表5 稳健性检验：替换投入产出指标

变量	(1) Resume	(2) Resumetime	(3) Resume	(4) Resumetime
$INet_{ik,2007}^{output}$	0.021*** (7.49)	0.013*** (5.84)		
$INet_{ik,2007}^{input}$			0.021*** (7.51)	0.013*** (5.81)
控制变量	控制	控制	控制	控制
企业固定效应	控制	控制	控制	控制
产品—目的地固定效应	控制	控制	控制	控制
样本量	250148	250148	250148	250148
R^2	0.483	0.445	0.483	0.447

注：括号中的值为系数的 t 值；***、**、*分别表示在1%、5%、10%水平上显著。

本文进一步思考基准结论是否会受 Pagerank 中心度测算方法的影响，基于此，表6借助社会网络分析中的其他中心度指标，重新测算了进口来源国在全球供应网络中的地位信息，对基准回归结论作出检验。具体而言，表6的第（1）、第（2）列将 Pagerank 算法替换为 HITS 算法，得到基于 Hub 值的海外供应链中心度指标 $Hubs_{ik}^{2007}$。第（3）、第（4）列在此基础上进一步删除全球供应网络中与中国相关的贸易流信息，得到"$Hubs_{ik}^{2007}$ 不包含中国指标"。第（5）、第（6）列进一步讨论基于度中心性算法的海外供应链中心度（$Outdegree_{ik}^{2007}$）对本文结论的影响。表6的结果显示回归系数均显著为正，表明海外供应链中心度对出口恢复的促进作用具有良好的稳健性。

表6　稳健性检验：替换网络中心度算法

变量	（1） Resume	（2） Resumetime	（3） Resume	（4） Resumetime	（5） Resume	（6） Resumetime
$Hubs_{ik}^{2007}$	0.012*** （6.07）	0.008*** （5.08）				
$Hubs_{ik}^{2007}$ 不包含中国			0.012*** （5.95）	0.008*** （4.87）		
$Outdegree_{ik}^{2007}$					0.010*** （5.01）	0.007*** （4.39）
控制变量	控制	控制	控制	控制	控制	控制
企业固定效应	控制	控制	控制	控制	控制	控制
产品—目的地固定效应	控制	控制	控制	控制	控制	控制
样本量	250148	250148	241605	241605	250148	250148
R^2	0.483	0.445	0.482	0.444	0.483	0.445

注：括号中的值为系数的 t 值；***、**、*分别表示在1%、5%、10%水平上显著。

此外，本文还对回归样本作了进一步变换以验证回归结果的稳健性。表7的第（1）、第（2）列删除了中间贸易商企业的数据记录，具体识别方法为将出口产品全部来自进口的企业视作中间贸易企业。第（3）、第（4）列保留了2006～2014年始终出口的企业样本，即仅保留每年至少有一条出口记录的企业贸易记录。结果如表7所示，变换样本后的结论也与基准回归保持一致，即企业海外供应链中心度有助于提升经济危机后出口关系恢复和恢复速度。

表7　稳健性检验：变换回归样本

变量	（1） Resume	（2） Resumetime	（3） Resume	（4） Resumetime
$INet_{ik}^{2007}$	0.011*** （4.10）	0.007*** （3.15）	0.016*** （5.48）	0.011*** （4.20）
控制变量	控制	控制	控制	控制
企业固定效应	控制	控制	控制	控制
产品—目的地固定效应	控制	控制	控制	控制
样本量	117571	117571	141212	141212
R^2	0.579	0.543	0.426	0.404

注：括号中的值为系数的 t 值；***、**、*分别表示在1%、5%、10%水平上显著。

（四）生存分析法和产品维度的再检验

前述分析主要借助多维固定效应面板模型，对海外供应链中心度与出口恢复之间的正相关性做出识别，接下来本文将进一步利用生存分析法中的 Cox PH 模型和加速失效模型，对这一结论做出再检验，并将研究维度由贸易关系（企业—产品—目的地层面）扩展至企业—产品层面，以保证本文结论的稳健性和一致性。

1. 生存分析法的再检验

生存分析法主要关注感兴趣事件于观测期内不同时点发生的概率以及速度。Cox PH 模型与其他生存分析模型相比的主要优势在于：可以分析多种风险因素在不同时刻上对观测个体的影响；不对基准风险（Baseline Hazard）的分布形态做任何限制性假定，属于半参数估计模型，因此可以更好地拟合数据。基于此，本文中 Cox PH 模型的风险函数设定如下：

$$\ln h\ (t,\ X) = \ln h_0\ (t) + \beta_1 INet_{ik} + \beta_2 X_{ijk} + \alpha_k \tag{3}$$

其中，$h(t,\ X)$ 表示考虑协变量后，在 t 时刻（企业—产品—目的地）贸易关系的恢复函数，$h_0\ (t)$ 表示在 t 时刻的基准风险，依赖于时间 t 但不依赖于其他解释变量 X_{ijk}。β 为风险因素的系数，即对兴趣事件（本文为出口关系恢复）的影响大小，因此我们主要关注的是 β_1 的符号及大小，即企业海外供应链中心度指标（$INet_{ik}$）对经济危机后出口关系恢复的影响。

在接下来的实证分析中，本节主要选取的控制变量（X_{ijk}）有：①企业—产品—目的地维度的贸易关系中断额①（$\ln value_{ijk}^{2007}$）；②企业层面的各年度出口额（$\ln firmvalue_{it}$）；③出口目的地—产品维度的需求规模（$\ln demand_{jkt}$）。此外，后文将进一步控制行业（α_k）的固定效应，以吸收不同行业间的固有特征。

表 8 汇报了利用 Cox PH 模型识别海外供应链中心度与出口恢复关系的实证结果，其中第（1）列仅加入了主要解释变量（$INet_{ik}$）和贸易关系维度的出口额，第（2）列加入了全部控制变量，第（3）列进一步控制了行业固定效应②。结果显示回归系数均为正向显著，表明海外供应链中心度越高，经济危机后出口关系的出口恢复概率越大，与基准结论保持一致。

表 8 海外供应链中心度与出口关系恢复：Cox PH 模型

变量	（1）	（2）	（3）
$INet_{ik}^{2007}$	0.026*** (4.66)	0.015*** (4.18)	0.014*** (3.60)
控制变量		控制	控制
行业固定效应			控制
样本量	1250658	478374	478374

注：括号中的值为系数的 t 值；***、**、* 分别表示在 1%、5%、10% 水平上显著。

2. 企业—产品维度的再检验

在前述分析中，本文主要关注海外供应链中心度对贸易关系恢复的影响，考虑到危机后企业可能通过调整出口产品目的地结构来应对危机，例如，缩减某一产品的目的地出口范围，这时基于贸易关系的研究维度可能会影响结论说服力。因此，本文在企业—产品维度上进行了再验证。

表 9 汇报了运用多维固定效应的面板模型将海外供应链中心度指标分别对企业—产品危机后是否恢复（$Resume_{ijk}$）、恢复速度（$Resumetime_{ijk}$）进行回归。结果显示核心解释变量 $INet_{ik}^{2007}$ 系数均显著为正，表明危机前企业海外供应链中心度水平可以显著提高危机后出口产品的恢复概率，并提升其恢复速度，与基于贸易关系维度的研究结论保持一致。

---

① 以 2007 年贸易额计算，数据来源于中国海关数据库。

② 这里本文加入的是 HS2 分位行业的固定效应，之所以未选择 HS6 分位是由于生存分析法程序中缺少吸收多维固定效应的设置与选项，因此大量虚拟变量的回归无法实现。

表 9　企业—产品层面的再检验

变量	（1） Resume	（2） Resumetime
$INet_{ik}^{2007}$	0.016*** （7.94）	0.013*** （7.87）
控制变量	控制	控制
企业固定效应	控制	控制
产品固定效应	控制	控制
样本量	118613	118613
R^2	0.491	0.432

注：括号中的值为系数的 t 值；***、**、* 分别表示在 1%、5%、10% 水平上显著。

五、机制分析

在证实海外供应链中心度对危机后出口恢复具有促进作用后，本文将对可能的影响渠道进行研究。

（一）考虑中间品供给的直接检验

首先，本文从进口来源国的视角出发，分析在产品供应网络中地位较高的国家能否在危机后具有更加稳定的产品供应。一般来讲，给定其他条件不变，进口来源国的产品供应稳定性越高，企业就越容易获得稳定的投入品供给，保证危机后生产和出口的有序进行（Levchenko et al.，2010；Bems et al.，2011），进而促进出口关系的恢复（Bas and Strauss‐Kahn，2015；Fan et al.，2015）。基于此，本文将进口来源国在产品供应网络中的 Pagerank 中心度指标分别与危机后是否继续供应产品（$continue_{d\omega}$）和产品供应规模（$lnsupply_{d\omega t}$ 和 $lnsupply_{d\omega t}^{China}$）做回归分析。若危机后进口来源国继续供应产品，则设定 continue=1，不再供应产品则设定为 continue=0；在中间品供应规模的讨论中，本文区分了进口来源国向全球（$lnsupply_{d\omega t}$）和中国（$lnsupply_{d\omega t}^{China}$）的供应规模。同时，本文在回归分析中进一步控制了危机前进口来源国的供应规模（$lnsupply_{d\omega}^{2007}$）和危机时期进口来源国的供应变化（$\Delta supply_{d\omega}$①）。结果如表 10 所示，核心解释变量 $pagerank_{d\omega}^{2007}$ 均显著为正，表明 Pagerank 中心度高的国家在危机后更容易维持产品供应，并保持较大供应规模。这意味着如果一个地区在某产品的全球供应网络中处于中心位置，其在危机后的供应恢复能力也会较好。

其次，本文基于企业角度，分析海外供应链中心度与危机后产品供给稳定性之间的关系是否会对出口恢复产生影响。表 10 证实，供应国中心度与危机后产品供应稳定性之间存在显著正相关性，结合理论假说，接下来只需证明海外供应链中心度与危机后产品供给稳定性之间的正

---

①　$\Delta supply_{d\omega} = \frac{supply_{d\omega}^{2009} - supply_{d\omega}^{2007}}{supply_{d\omega}^{2007}}$，数值越大表示来源国在危机期间供应减少越小，即受负向影响越小。

相关性可以对出口恢复产生影响即可。

表 10　进口来源国视角：海外供应链中心度与供应恢复

变量	（1） $\text{continue}_{d\omega}$	（2） $\text{lnsupply}_{d\omega t}$	（3） $\text{lnsupply}_{d\omega t}^{China}$
$\text{pagerank}_{d\omega}^{2007}$	0.326*** （2.68）	25.262*** （8.71）	8.102** （2.01）
控制变量	控制	控制	控制
进口来源国固定效应	控制	控制	控制
产品—时间固定效应		控制	控制
样本量	444384	1822677	547712
R^2	0.295	0.780	0.542

注：括号中的值为系数的 t 值；***、**、* 分别表示在 1%、5%、10% 水平上显著。

为此本文基于 BACI 全球贸易数据库构造进口中间品的供应稳定性变量（stability_{ik}），探究如果危机后企业面临的中间品供应波动性较大，是否会更依赖于海外供应链中心度对出口恢复的促进作用。具体而言，本文将危机后进口来源国的中间品供应规模在观测期内取均值，并与危机前供应规模相比较，得到 stability_{ik}[①] 变量，数值越大表示危机后企业面临的中间品供应稳定性越高。本文将这一指标引入基准方程，与核心解释变量 INet_{ik}^{2007} 构造交乘项，结果如表 11 所示，交乘项显著为负，表示在危机后获取中间品稳定性越差的情况下，企业越依赖于海外供应链中心度对出口恢复的提升作用，反映了海外供应链中心度可以通过提升危机后企业获取海外投入品的稳定性，提升出口恢复的概率和速度。

表 11　企业视角：海外供应链中心度、中间品稳定性与出口恢复

变量	（1） Resume	（2） Resumetime
$\text{INet}_{ik}^{2007} \times \text{stability}_{ik}$	-0.039*** （-3.79）	-0.024*** （-3.04）
控制变量	控制	控制
企业固定效应	控制	控制
产品—目的地固定效应	控制	控制
样本量	250148	250148
R^2	0.483	0.445

注：括号中的值为系数的 t 值；***、**、* 分别表示在 1%、5%、10% 水平上显著。本表的控制变量在表 3 的第（2）列、第（5）列基础上加入了 Supplyshock_{ik}，以控制企业在危机时期受到的供应冲击程度。

综上所述，本文通过机制分析表明，海外供应链中心度与危机后中间品供应稳定程度正相关，有利于企业获取稳定充足的海外投入品，保证生产和出口活动的顺利有序，进而推动出口恢复。

---

① $\text{stability}_{ik} = \sum_{\omega} \left[IO_{\omega k} \times \sum_{d} (\overline{\text{stability}_{d\omega}} \times \text{Importshare}_{id\omega}) \right]$，其中 $\overline{\text{stability}_{d\omega}} = \sum_{t=2010}^{2014} \text{supply}_{d\omega t} \Big/ (5 \times \text{supply}_{d\omega}^{2007})$。

（二）考虑海外投入品替代程度的再检验

本文从进口投入品替代的角度对机制分析做出再检验。当海外供应链供给中间投入品的替代程度较高时，经济风险较高时期企业可以通过多种渠道平稳中间品波动性，对海外供应链中心度促进出口恢复效应的依赖度将有所下降。具体而言，第一，从进口来源国之间的产品替代程度上看，如果有多个海外供应国可以向企业提供相同或相似特性的中间投入品，那么在经济风险较高时期，除既有供应链外，企业也可以考虑其他进口来源国以满足中间品供给的稳定性，这时企业可能会较少依赖海外供应链中心度的作用。第二，从国内外中间品供给的替代程度上来看，如果国内中间品的供给在产能或产品特性上与海外投入品比较相似，在经济风险较高时期，一旦海外供给的规模或数量发生变化，企业将通过国内采购获取充足的中间品供给，保障生产或出口活动的正常进行，这时企业也会较少依赖海外供应链中心度的作用。因此，结合已证实的机制路径，本文初步判断当投入品的替代程度较高时，企业可能会较少依赖海外供应链中心度稳定中间品供给进而促进出口恢复的作用。

为验证这一思路的合理性，本文将选取进口需求弹性和国内供应替代程度两个指标作出分析和探讨。具体来讲，参考 Broda 和 Weinstein（2006）对进口需求弹性的测算方法，本文借助经济冲击前五年（2003~2007 年）BACI 中国进口贸易数据，测算了 HS6 分位产品分类上的进口需求弹性 ρ_ω^B，并根据企业的进口海关数据将该指标汇总至企业—出口产品层面，得到 $\rho_{ik}^B = \sum_\omega \rho_\omega^B \times$ Importshare$_{id\omega} \times IO_{\omega k}$。同时，本文还借助 Soderbery（2015）测算的中国进口产品 HS4 分位码需求弹性指标进行了分析，[①] 并汇总至企业—出口产品维度以方便后续实证检验，$\rho_{ik}^S = \sum_\omega \rho_\omega^S \times$ Importshare$_{id\omega} \times IO_{\omega k}$。此外，借鉴王永进和施炳展（2014）的做法，本文构建国内上游产能指标 Upsupply$_k^{2007} = \sum_\omega IO_{\omega k} \times$ output$_\omega^{2007}$ 来作为衡量国内供应替代程度的变量，其中 output$_\omega^{2007}$ 为中国企业进口产品 ω 的国内产能，将其与进出口产品的直接消耗系数相乘，汇总得到出口产品 k 层面的国内上游产能指数。

本文在式（1）和式（2）的基础上引入进口需求弹性指标（$\ln\rho_{ik}^B$）的对数值，并与核心解释变量海外供应链中心度（INet$_{ik}^{2007}$）构建交乘项，分别对危机后企业—产品—目的地维度［第（1）、第（2）列］、企业—产品维度［第（3）、第（4）列］上的出口恢复和恢复速度做出回归。结果显示，表 12 各列中交乘项的回归系数均显著为负，表明企业的进口需求弹性越小，海外供应链中心度对出口关系和产品恢复的促进作用越明显。这一结果反映了当进口来源国替代性较低时，由于企业依赖于单一或少数的经济体供应中间品，往往会面临更大的供给不稳定性，这时企业会更加依赖海外供应链中心度对出口恢复的促进作用，与前文的分析一致。

表 12　海外供应链中心度、进口需求弹性［Broda and Weinstein（2006）］与出口恢复

变量	（1） Resume	（2） Resumetime	（3） Resume	（4） Resumetime
INet$_{ik}^{2007}$×$\ln\rho_{ik}^B$	−0.006** （−2.10）	−0.006*** （−2.70）	−0.007** （−2.22）	−0.004* （−1.85）
控制变量	控制	控制	控制	控制
企业固定效应	控制	控制	控制	控制

---

① Soderbery（2015）的进口需求弹性指标主要借助了 1991~2007 年的双边贸易数据 ρ_{ik}^S。

变量	（1）Resume	（2）Resumetime	（3）Resume	（4）Resumetime
产品—目的地固定效应	控制	控制		
产品固定效应			控制	控制
样本量	250148	250148	118613	118613
R^2	0.363	0.317	0.491	0.432

注：括号中的值为系数的 t 值；＊＊＊、＊＊、＊分别表示在 1%、5%、10% 水平上显著，下表同；第（1）、第（2）列中控制变量的选取与表 3 的第（2）、第（5）列相同，第（3）、第（4）列中控制变量的选取与表 9 相同。

与表 12 不同，表 13 引入了 Soderbery（2015）测算的进口需求弹性指标，取对数后构建了与核心解释变量海外供应链中心度（$INet_{ik}^{2007}$）的交乘项。结果显示无论是对出口关系还是产品维度上的恢复概率和恢复速度回归中，交乘项的系数均显著为负，表明进口需求弹性越小，企业往往在危机后更加依赖于海外供应链中心度对出口恢复的促进作用，佐证了本文的基准结论和机制分析。

表 13　海外供应链中心度、进口需求弹性［Soderbery（2015）］与出口恢复

变量	（1）Resume	（2）Resumetime	（3）Resume	（4）Resumetime
$INet_{ik}^{2007} \times \ln\rho_{ik}^{S}$	−0.038＊＊＊ （−5.17）	−0.025＊＊＊ （−4.12）	−0.057＊＊＊ （−7.77）	−0.037＊＊＊ （−5.84）
控制变量	控制	控制	控制	控制
企业固定效应	控制	控制	控制	控制
产品—目的地固定效应	控制	控制		
产品固定效应			控制	控制
样本量	250148	250148	118613	118613
R^2	0.483	0.445	0.491	0.432

表 14 汇报了国内供应替代程度差异，即国内市场对于供给冲击后上游产品需求的承接能力差异，在海外供应链中心度与冲击后出口恢复关系的表现上存在的不同。结果表示交乘项的回归系数显著为负，意味着国内上游产能水平越低的产品，危机后越依赖于海外供应链中心度对出口恢复概率和恢复速度的促进作用，证实了前述观点。

表 14　海外供应链中心度、国内供应替代与出口恢复

变量	（1）Resume	（2）Resumetime
$INet_{ik}^{2007} \times Upsupply_{k}^{2007}$	−0.008＊＊ （−2.33）	−0.007＊＊ （−2.01）
控制变量	控制	控制
企业固定效应	控制	控制
产品—目的地固定效应	控制	控制

续表

变量	（1） Resume	（2） Resumetime
样本量	228872	228872
R^2	0.367	0.447

上述结论均在一定程度上证明海外供应链中心度可以有效缓解危机后海外投入品的不稳定，促进企业出口恢复，实现了对本文基准结论的佐证和再检验。

六、拓展分析

至此，本文已经验证了海外供应链中心度对危机后企业出口关系或产品在恢复概率和速度上的影响效应，并对作用机制做了详细的梳理和检验。接下来，本文将进一步针对不同的出口产品质量差异化程度、产品核心度和行业竞争差异等可能产生的异质性作用展开分析。

1. 产品质量差异化水平

诸多文献认为产品质量差异化水平与贸易关系的持续稳定有关。一般来讲，差异化程度相对较高的产品通常被其他产品替代的可能性会相对较低，在交易这种产品时贸易关系往往能够更加稳固，从而表现出更长的关系持续时间和良好的贸易关系稳定性（Fugazza and Molina，2009；Fertő and Soós，2009；Hess and Persson，2011；陈勇兵等，2013）。上述思路中学者均是从出口关系持续期的角度来看待这一问题，那么对于出口中断后再次恢复的过程而言，贸易关系一旦受到危机冲击发生了中断，在产品质量差异化程度高的行业内对恢复生产所需的进口品往往要求更高或个性化程度更高，海外供应链中心度的促进作用也会受限。

为此，本文计算产品内质量极差作为衡量产品质量差异化水平的指标（$Diffrange_k$），表15第（1）、第（2）列展示了加入质量差异化水平与海外供应链中心度（$INet_{ik}^{2007}$）交乘项的结果。可以看到对出口恢复及恢复速度的回归中，交乘项系数显著为负。这表明在产品质量差异化程度较低行业中，海外供应链中心度对出口恢复及恢复速度促进作用表现相对较好。

表15 异质性分析

变量	（1） Resume	（2） Resumetime	（3） Resume	（4） Resumetime	（5） Resume	（6） Resumetime
$INet_{ik}^{2007} \times Diffrange_k$	-0.005^{***} (-3.06)	-0.004^{***} (-2.82)				
$INet_{ik}^{2007} \times hscore_{ik}^{2007}$			-0.011^{***} (-2.64)	-0.009^{**} (-2.48)		
$INet_{ik}^{2007} \times HHI_k^{2007}$					0.090^{***} (3.29)	0.050^{**} (2.10)
控制变量	控制	控制	控制	控制	控制	控制
企业固定效应	控制	控制	控制	控制	控制	控制
产品—目的地固定效应	控制	控制	控制	控制	控制	控制

变量	(1) Resume	(2) Resumetime	(3) Resume	(4) Resumetime	(5) Resume	(6) Resumetime
样本量	250148	250148	250148	250148	250148	250148
R^2	0.483	0.445	0.483	0.445	0.483	0.445

2. 产品核心度差异

产品核心度指企业内部多产品之间的不同地位关系，具体可以表现为出口份额或规模的差异，往往企业在主营产品的销售中更具有优势，也会给予更高的关注程度，诸多学者认为产品核心程度不同在出口恢复上也会存在差异，Görg 等（2012）指出核心程度较高的产品往往具有更好的出口稳定性，蒋灵多和陈勇兵（2015）也对这一观点进行了证实，并表示在面对外部冲击时，企业往往会通过放弃边缘产品来增强综合竞争力（Bernard et al.，2011）。基于此，本文思考一旦贸易关系发生中断，企业是否会优先恢复出口核心度较高的产品？如果这一观点成立，那么企业的边缘产品在危机后恢复过程中，对海外供应链中心度促进出口恢复的效应可能更为依赖。

为检验这一观点，本文借鉴蒋灵多和陈勇兵（2015）的做法构建产品核心度指标（$\mathrm{hscore}_{ik}^{2007}$），表 15 的第（3）、第（4）列展示了引入该指标与 $\mathrm{INet}_{ik}^{2007}$ 交乘项的回归结果，可以看到系数均显著为负，意味着企业边缘产品更加依赖于海外供应链中心度对出口恢复概率及速度的提升作用，与预测结论相符。

3. 行业竞争差异

Antoniades（2015）指出行业竞争程度不同，企业生产成本会存在差异。基于此，本文考虑行业竞争差异是否会造成海外供应链中心度对出口恢复作用的差异。一般来讲，如果市场中存在大量企业出口相同产品，那么企业之间对上游产品进口需求的竞争程度也会较高。在危机期间，由于全球生产链的破坏在一定程度上阻碍了企业上游产品的获取，这种需求竞争往往会更加激烈。由此本文认为，在竞争程度较高的行业中，危机后的出口恢复往往更加依赖于海外供应链中心度的促进作用。为验证这一观点，本文选取行业 HHI 指数作为竞争程度的衡量指标（HHI_{k}^{2007}）。结果如表 15 的第（5）、第（6）列所示，对出口恢复及速度的回归中交乘项系数均显著为正，意味着行业的竞争程度越高，海外供应链中心度对出口恢复及恢复速度促进作用越明显，与推测结论保持一致。

七、结论

国际经济波动和冲击愈加深刻地影响着海外供应体系的稳定畅通，给企业的生产和出口带来了严峻的挑战，新形势下关注海外供应链特征与危机后企业出口恢复之间的关系，对保障外贸供应链畅通和提高企业出口抗风险能力具有重要的现实意义。

本文基于危机冲击企业供给端的角度，探究了海外供应链中心度与出口恢复之间的关系及其作用机制。具体而言，首先，本文构造一个简单的理论模型，推演海外供应链中心度通过影响危机后中间品供应稳定性，进而对出口恢复产生作用的路径。其次，本文刻画了危机后企业贸易关系维度和产品维度下出口恢复时间的分布特征，并对海外供应链中心度与出口恢复之间的关系做出描述性分析。再次，本文借助多维面板固定效应模型和生存分析模型，证实了企业的海外供应链中心度越高，在经济危机后出口关系的恢复概率往往较高。在机制分析部分，从进口来源国和企业的角度对中间品供应稳定性的作用渠道进行了直接检验，并从海外投入品替代视角做出辅助分析。最后，分析了出口恢复程度的具体表现，以及产品质量差异化程度、产品核心度以及行业竞争差异可能对上述关系产生的异质性影响。

本文研究结果表明：①企业的海外供应链中心度与经济危机后出口关系的恢复概率和恢复速度之间存在显著正相关关系，即海外供应链中心度越高，出口关系的恢复概率越大、恢复速度也越快。②海外供应链中心度越高，危机后企业获取投入品的稳定性越高，有利于实现出口恢复。当海外投入品替代程度较低时，企业会更加依赖于海外供应链中心度对出口产品的恢复及恢复速度的促进作用。③海外供应链中心度与贸易金额恢复程度之间也存在较为显著的正相关性，即海外供应链中心度越高，企业的出口成交金额和数量往往更容易恢复至危机前的水平。④在产品质量差异化程度较低的行业中，海外供应链中心度对出口恢复及恢复速度促进作用表现相对更为明显；企业边缘产品更加依赖于海外供应链中心度对出口恢复概率及速度的提升作用；行业的竞争程度越高，海外供应链中心度对出口恢复速度促进作用越明显。

当前国际环境日趋复杂，不稳定性不确定性明显增强。本文通过系统评估外生冲击下中国企业的动态出口恢复表现，为经济主体稳定国际市场份额提供参考，为扩大高水平对外开放提供经验支撑。同时，本文有助于企业增强对海外供应商布局特征和防范应对供给体系风险等事实的客观了解，为保障外贸供应畅通稳定、提高供给风险防范和应对能力的路径设计提供依据。通过探究海外供应链中心度对出口恢复的作用规律，为经济主体和各级政府有效防范化解风险挑战、优化国际供给体系布局、构筑协同融合发展新格局提供有益参考。

参考文献

[1] 包群，但佳丽. 网络地位、共享商业关系与大客户占比 [J]. 经济研究，2021，56 (10)：189-205.

[2] 包群，张志强. 地震的余波：价值链断裂、进口停滞与贸易危机传染 [J]. 经济学（季刊），2021，21 (2)：577-596.

[3] 陈勇兵，钱意，张相文. 中国进口持续时间及其决定因素 [J]. 统计研究，2013，30 (2)：49-57.

[4] 冯伟，邵军. 我国机电产品出口贸易联系持续期的影响因素研究 [J]. 国际经贸探索，2013，29 (5)：4-16.

[5] 贺灿飞，陈韬. 外部需求冲击、相关多样化与出口韧性 [J]. 中国工业经济，2019 (7)：61-80.

[6] 贺灿飞，夏昕鸣，黎明. 中国出口贸易韧性空间差异性研究 [J]. 地理科学进展，2019，38 (10)：1558-1570.

[7] 胡昭玲，高晓彤. 企业贸易网络对出口恢复的影响研究 [J]. 世界经济，2022 (5)：113-136.

[8] 蒋灵多，陈勇兵. 出口企业的产品异质性与出口持续时间 [J]. 世界经济，2015，38 (7)：3-26.

[9] 蒋为，李行云，宋易珈. 中国企业对外直接投资快速扩张的新解释——基于路径、社群与邻伴的视角 [J]. 中国工业经济，2019 (3)：62-80.

[10] 揭础铭. 中国出口贸易韧性影响因素研究 [J]. 中国物价，2022 (1)：40-42.

[11] 李敬，陈旎，万广华，陈澍. "一带一路"沿线国家货物贸易的竞争互补关系及动态

变化——基于网络分析方法 [J].管理世界,2017(4):10-19.

[12] 李秀芳,施炳展.中间品进口多元化与中国企业出口产品质量 [J].国际贸易问题,2016(3):106-116.

[13] 林常青,张相文.中国—东盟自贸区对中国出口持续时间的影响效应研究 [J].当代财经,2014(7):99-109.

[14] 刘慧,綦建红.外需冲击下多元化策略如何影响企业出口韧性 [J].国际经贸探索,2021,37(12):4-19.

[15] 刘慧,綦建红.以往经验能否促进中国企业出口生存时间的延长——基于微观数据的证据 [J].国际贸易问题,2017(4):3-13.

[16] 刘林青,闫小斐,杨理斯,宋敏.国际贸易依赖网络的演化及内生机制研究 [J].中国工业经济,2021(2):98-116.

[17] 吕越,陈帅,盛斌.嵌入全球价值链会导致中国制造的“低端锁定”吗?[J].管理世界,2018,34(8):11-29.

[18] 吕越,尉亚宁.全球价值链下的企业贸易网络和出口国内附加值 [J].世界经济,2020(12):50-75.

[19] 马述忠,任婉婉,吴国杰.一国农产品贸易网络特征及其对全球价值链分工的影响——基于社会网络分析视角 [J].管理世界,2016(3):60-72.

[20] 马述忠,吴国杰.中间品进口、贸易类型与企业出口产品质量——基于中国企业微观数据的研究 [J].数量经济技术经济研究,2016,33(11):77-93.

[21] 邱爱莲,崔日明,逄红梅.生产性服务进口贸易前向溢出效应对中国制造业 TFP 的影响——基于制造业行业要素密集度差异的角度 [J].国际商务(对外经济贸易大学学报),2016(5):41-51.

[22] 邵军.中国出口贸易联系持续期及影响因素分析——出口贸易稳定发展的新视角 [J].管理世界,2011(6):24-33+187.

[23] 佟家栋,许家云,毛其淋.人民币汇率、企业出口边际与出口动态 [J].世界经济研究,2016(3):70-85+135.

[24] 王文宇,任卓然,李伟,贺灿飞.贸易壁垒、市场相关多样化与城市出口韧性 [J].地理研究,2021,40(12):3287-3301.

[25] 王雅琦,邱亦霖,张勋.上游产能能够缓解供给冲击的影响吗?——金融危机视角的实证分析 [J].南开经济研究,2020(5):150-170.

[26] 王永进,施炳展.上游垄断与中国企业产品质量升级 [J].经济研究,2014,49(4):116-129.

[27] 魏昀妍,龚星宇,柳春.数字化转型能否提升企业出口韧性 [J].国际贸易问题,2022(10):56-72.

[28] 吴小康,于津平.产品关联密度与企业新产品出口稳定性 [J].世界经济,2018,41(7):122-147.

[29] 许和连,成丽红,孙天阳.离岸服务外包网络与服务业全球价值链提升 [J].世界经济,2018(6):77-101.

[30] 张杰,郑文平,陈志远,王雨剑.进口是否引致了出口:中国出口奇迹的微观解读 [J].世界经济,2014,37(6):3-26.

[31] Acemoglu D, Akcigit U, Kerr W. Networks and the Macroeconomy: An Empirical Exploration [C] //Eichenbaum M, Parker J A. NBER Macroeconomics Annual 2015. University of Chicago,

2015.

　　［32］ Andersson A. Export Performance and Access to Intermediate Inputs：The Case of Rules of Origin Liberalisation ［J］. World Economy, 2016, 38 (8)：1048-1079.

　　［33］ Anderton R, Tewolde T. The Global Financial Crisis：Understanding the Global Trade Downturn and Recovery ［J］. World Economy, 2011, 34 (5)：741-763.

　　［34］ Antoniades A. Heterogeneous Firms, Quality, and Trade ［J］. Journal of International Economics, 2015, 95 (2)：263-273.

　　［35］ Auboin M. Boosting the Availability of Trade Finance in the Current Crisis：Background Analysis for a Substantial G20 Package ［R］. CEPR Policy Insight, No. 35, 2009.

　　［36］ Bas M, Strauss-Kahn V. Does Importing More Inputs Raise Exports? Firm-Level Evidence from France ［J］. Review of World Economics, 2014, 150 (2)：241-275.

　　［37］ Bas M, Strauss-Kahn V. Input-Trade Liberalization, Export Prices and Quality Upgrading ［J］. Journal of International Economics, 2015, 95 (2)：250-262.

　　［38］ Bas M. Technology Adoption, Export Status, and Skill Upgrading：Theory and Evidence ［J］. Review of International Economics, 2012, 20 (2)：315-331.

　　［39］ Bems R, Johnson R C, Yi K M. Vertical Linkages and the Collapse of Global Trade ［J］. American Economic Review, 2011, 101 (3)：308-312.

　　［40］ Bernard A B, Moxnes A. Networks and Trade ［J］. Annual Review of Economics, 2018 (10)：65-85.

　　［41］ Bernard A B, Redding S J, Schott P K. Multiproduct Firms and Trade Liberalization ［J］. Quarterly Journal of Economics, 2011, 126 (3)：1271-1318.

　　［42］ Besedeš T, Prusa T J. The Role of Extensive and Intensive Margins and Export Growth ［J］. Journal of Development Economics, 2011, 96 (2)：371-379.

　　［43］ Boehm J, Oberfield E. Misallocation in the Market for Inputs：Enforcement and the Organization of Production ［J］. Quarterly Journal of Economics, 2020, 135 (4)：2007-2058.

　　［44］ Broda C, Weinstein D E. Globalization and the Gains from Variety ［J］. Quarterly Journal of Economics, 2006, 121 (2)：541-585.

　　［45］ Buch C M, Kesternich I, Lipponer A, Schnitzer M. Exports Versus FDI Revisited：Does Finance Matter? ［R］. CEPR Discussion Papers, No. 7839, 2010.

　　［46］ Chor D, Manova K. Off the Cliff and Back? Credit Conditions and International Trade During the Global Financial Crisis ［J］. Journal of International Economics, 2012, 87 (1)：117-133.

　　［47］ Claessens S, Tong H, Wei S J. From the Financial Crisis to the Real Economy：Using Firm-level Data to Identify Transmission Channels ［J］. Journal of International Economics, 2012, 88 (2)：375-387.

　　［48］ Esposito F. Demand Risk and Diversification through International Trade ［J］. Journal of International Economics, 2022 (135)：103562.

　　［49］ Fan H, Li Y A, Yeaple S R. Trade Liberalization, Quality, and Export Prices ［J］. Review of Economics and Statistics, 2015, 97 (5)：1033-1051.

　　［50］ Fertö I, Soós K A. Duration of Trade of Former Communist Countries in the EU Market ［J］. Post-Communist Economies, 2009, 21 (1)：31-39.

　　［51］ Fugazza M, Molina A C. The Determinants of Trade Survival ［R］. HEID Working Paper, No. 5, 2009.

［52］ Gereffi G. Beyond the Producer-Driven/Buyer-Driven Dichotomy the Evolution of Global Value Chains in the Internet Era ［J］. IDS Bulletin, 2001, 32 (3): 30-40.

［53］ Görg H, Kneller R, Muraközy B. What Makes a Successful Export? Evidence from Firm-Product-Level Data ［J］. The Canadian Journal of Economics, 2012, 45 (4): 1332-1368.

［54］ Haile F, Pozo S. Currency Crisis Contagion and the Identification of Transmission Channels ［J］. International Review of Economics and Finance, 2008, 17 (4): 572-588.

［55］ Hess W, Persson M. Exploring the Duration of EU Imports ［J］. Review of World Economics, 2011, 147 (4): 665-692.

［56］ Hess W, Persson M. The Duration of Trade Revisited ［J］. Empirical Economics, 2012, 43 (3): 1083-1107.

［57］ Kasahjara H, Lapham B. Productivity and the Decision to Import and Export: Theory and Evidence ［J］. Journal of International Economics, 2013, 89 (2): 297-316.

［58］ Kee H L. Local Intermediate Inputs and the Shared Supplier Spillovers of Foreign Direct Investment ［J］. Journal of Development Economics, 2015 (112): 56-71.

［59］ Levchenko A A, Lewis L T, Tesar L L. The Collapse of International Trade during the 2008-2009 Crisis: In Search of the Smoking Gun ［J］. IMF Economic Review, 2010, 58 (2): 214-253.

［60］ Nitsch V. Die Another Day: Duration in German Import Trade ［J］. Review of World Economics, 2009, 145 (1): 133-154.

［61］ Obashi A. Stability of Production Networks in East Asia: Duration and Survival of Trade ［J］. Japan and the World Economy, 2010, 22 (1): 21-30.

［62］ Sen A, Atlay H. The Channels of Contagion in the Global Crisis: The Case of the Southeastern Europe (SEE-7) Countries ［J］. Journal of Economic Social Studies, 2012, 2 (2): 245-259.

［63］ Soderbery A. Estimating Import Supply and Demand Elasticities: Analysis and Implications ［J］. Journal of International Economics, 2015 (96): 1-17.

［64］ Yi K M. The Collapse of Global Trade: The Role of Vertical Specialization ［C］ //Baldwin R, Evenett S. The Collapse of Global Trade, Murky Protectionism, and the Crisis: Recommendations for the G20T, London, UK, 2009.

工业智能化、市场一体化与城乡差距

钟腾龙　邱歆悦

[摘要] 工业智能化的兴起有效提高了我国经济发展效率，其对收入分配公平、城乡差距的影响日益受到关注。本文基于市场一体化的视角，选择 2008~2019 年省级面板数据作为样本，研究了工业机器人的应用对城乡差距的影响，并根据市场一体化的概念提出商品市场一体化、劳动力市场一体化两种可能的影响机制。实证结果表明，工业机器人的应用有利于缩小城乡差距。特别地，智能化应用会降低商品市场分割程度、提高劳动力市场一体化程度，从而促进城乡协调发展。本文的研究为我国工业智能化发展如何影响城乡差距提供了经验证据，并提出应扩大工业机器人的应用范围，减少地方保护主义以促进城乡公平。

[关键词] 产业链韧性；经济韧性；测度方法

一、引言

随着科学技术的飞速发展，我国经济社会运行效率得到稳步提升，工业智能化对经济发展、国际贸易等方面的影响越来越显著。同时，随之而来的社会公平、城乡差距问题已经成为不可忽视的议题。

1993 年，党的十四届三中全会提出"效率优先，兼顾公平"的原则，是结合时代背景与发展需要的理念与方针，旨在大力发展社会主义市场经济，提高经济运行效率，"让一部分人先富起来"；而随着总量发展、效率提升，人均 GDP 迈入中等收入国家行列。此时，仅仅关注经济运行效率显然不能够继续适应中国经济社会发展，"公平优先"应当受到更多关注。党的十八大以来，我国开始提出建立以"权利公平、机会公平、规则公平"为主要内容的社会公平保障体系，体现了从"效率优先"向"公平优先"的过渡。其中，如何缩小城乡差距是我国实现社会公平的一大难题。基于此，本文以城乡收入分配公平为出发点，以工业机器人在制造业的应用为例，探究人工智能发展是否会影响城乡收入差距，提出并验证可能的影响路径，最后结合研究结果提出政策建议。

本文的可能贡献在以下几方面：第一，在选题上，目前针对工业智能化的研究大多集中于对经济效率的研究，本文则转向讨论分配公平，探究工业机器人的应用是否能缩小城乡收入差

[作者简介] 钟腾龙，中央财经大学国际经济与贸易学院副教授、硕士生导师；邱歆悦，中央财经大学国际经济与贸易学院本科生。

距。第二，使用美国分行业工业机器人累计保有量作为工具变量，有效解决了变量的内生性问题。第三，本文对我国市场一体化原因及影响的相关文献进行总结，提出并验证了商品市场一体化、劳动力市场一体化这两种可能的影响机制，具有一定创新性，并结合劳动力市场现状提出政策建议，对相关领域具有一定参考意义。

二、文献回顾和提出假说

（一）工业智能化与城乡收入差距

如何缩小城乡收入差距，是我国经济社会发展进程中的重要议题和重大挑战。随着工业 4.0 带来的飞速发展，关于工业智能化是否能促进经济增长、物价稳定、充分就业、对外贸易等内外均衡问题已经受到许多学者的关注。然而，现有研究主要仍集中在对经济社会运行效率的影响，而有关其如何影响社会公平，特别是城乡公平方面的研究并不多。城乡差距的影响因素十分复杂，目前有关工业智能化对城乡收入分配公平的影响存在一定分歧。

杨晓锋（2018）发现，工业机器人在制造业的全面应用有利于提高人力资本存量，优化资本结构，显著提高了制造业工人的平均工资。徐宇明（2022）分析了产业智能化的影响，发现无论从长期还是短期来看，产业智能化都能显著缩小城乡差距，且产业结构升级在其中起到了正向促进作用。但也有学者对此提出担忧。郭凯明（2019）提出，人工智能技术的发展对资本和劳动两类基本生产要素都具有替代性，其所催生的新模式、新业态会推动产业结构升级，并基于一般均衡模型推演出要素在产业间的流动及具体条件。魏建和徐恺岳（2021）认为，人工智能以自动化的形式补充和替代人类劳动，降低了中低技能劳动力的工资待遇，为高技能劳动力创造了更大价值，显著扩大了城乡收入差距。刘欢（2020）认为，工业智能化会加剧劳动力就业的不稳定性，特别是跨省的低技能劳动力，并通过这一途径扩大城乡收入差距。另外，也有学者认为智能化对收入差距的影响并不绝对，其还受到生产要素与供需弹性的影响（Bessen，2019）。因此，本文以城乡收入分配公平为落脚点，提出：

H1：工业机器人的应用有助于促进城乡间收入分配公平，缩小城乡收入差距。

（二）工业智能化、市场一体化与城乡协调发展

市场一体化是指，各区域间经济社会联系越来越紧密，资本、劳动等要素、商品价格趋于一致，进而形成较为统一的市场。总体来说，高度一体化的市场有利于消除地区间壁垒，促进资源有效配置，提高经济运行效率，从而实现区域协同发展与共同富裕。

市场一体化具体可从两个层面影响城乡协调发展。

1. 商品市场一体化

在许多文献中，市场一体化指数大多使用商品价格指数衡量出的商品市场分割指数。我国商品市场经历了从一体化到分割，再到逐渐整合的过程（桂琦寒等，2006）。渐进式的改革模式引致了一定程度的贸易壁垒和市场分割：长三角、珠三角等沿海地区经济发展较快，市场化程度不断加深；而中西部地区则较为滞后，从而加剧了地区间的不平等。关于商品市场一体化的影响因素，现有研究大多集中于地方保护主义、出口开放程度等（朱希伟等，2003；范爱军等，2007；柯善咨和郭素梅，2010）。近年来，有学者引入技术创新、数字金融等新变量，发现技术创新能加深市场一体化水平（梁堃，2023）。因此，本文首先将商品市场一体化作为机制变量，

研究工业智能化是否能通过市场一体化对城乡差距具有间接缩小作用，本文提出：

H2：工业智能化能够提高商品市场一体化程度，进而影响城乡收入差距。

2. 劳动力市场一体化

劳动力市场一体化有多重含义，例如，劳动力在城乡间的转移、三大产业就业结构、不同技能的劳动力比例等。劳动力市场的运行效率能够反映区域经济发展水平。与商品市场一体化不同，新中国成立以来，我国劳动力市场从二元分割逐渐走向一体化。新中国成立初期，我国实施计划管理，建立起城乡二元分割的体制，以促进工业化进程（张海鹏，2019）。随着改革开放，城乡二元户籍制度改革，市场经济逐渐发展，劳动力市场开始融合发展。尽管如此，我国当前的劳动力市场仍存在诸多问题，市场分割仍体现在多个方面：居民人均收入差距大、就业结构失调、产业结构不完善等（张文等，2011）。

劳动力市场一体化与城乡差距息息相关。城乡一体化的劳动力市场意味着劳动力自由流动，并拥有平等的择业、就业权利（张亚等，2006），形成一个统一、开放、完善且竞争有序的市场。许多学者从要素价格扭曲出发来分析劳动力市场分割的现象。随着要素流动成本降低，劳动力市场一体化是市场竞争的必然趋势（都阳和蔡昉，2004）。同样地，劳动力市场一体化程度越高，劳动要素流动的成本和壁垒也越小，更多农村劳动力向城镇流动，进而促进城乡协同发展，缩小城乡差距。李言和孔令池（2020）立足于劳动力要素价格市场化配置，引入 DSGE 模型进行模拟分析，发现工资扭曲对宏观经济具有负面影响。胡联等（2023）从"工资扭曲"效应视角，发现劳动力市场分割会通过工资价格扭曲引起资源错配，进而加剧各省份的相对贫困发生率。总结来说，劳动力流动能够通过加强市场一体化程度而促进区域经济发展（陈磊等，2019）。反之，分割的劳动力市场会加剧资源错配，加剧不平等的收入分配，进而扩大城乡差距。

同时，劳动力市场也会受到工业智能化发展的影响。20 世纪，配第-克拉克（1940）就揭示了工业化发展与劳动力在产业间转移趋势的关联，证明了工业化与经济发展会推动劳动力向收入更高的产业转移，即由第一产业转向第二产业；随着人均收入的进一步上升，劳动力又向第三产业转移。这种转移能够促进人力资本高效合理地配置，对城乡均衡发展具有正面影响。迈入 21 世纪，得益于人工智能技术的飞速发展，劳动力市场越发向着一体化演变，关于智能化与劳动力就业的研究也日益增长。张远和李焕杰（2022）从企业微观视角研究了智能化转型对不同技能水平的就业员工的影响。刘军等（2021）发现，制造业的智能化短期内会因改变不同技能劳动力的供需而改变收入差距，长期来看却会减缓收入差距扩大的趋势。周广肃等（2021）基于就业广度与强度研究发现，智能化抑制了就业人数的增长，同时也增加了劳动力的工作时长。不难看出，技术进步不断推动着产业结构优化升级，城乡劳动力结构也将会随之演化（李文，2001）。故本文考虑将劳动力市场一体化程度作为工业智能化对城乡差距影响的第二个影响机制，本文提出：

H3：工业机器人的应用能够促进产业结构升级，提高劳动力市场一体化程度，进而改善城乡收入差距。

三、研究设计

（一）模型设定

为检验假设 1，本文构建以下模型：

$$\ln\text{Theil}_{i,t} = \alpha_0 + \alpha_1 \ln\text{Robot}_{i,t} + \theta X_{i,t} + \lambda_i + \nu_t + \varepsilon_{i,t} \qquad (1)$$

其中，变量的下标 i 表示个体（省份），t 为时间。lnTheil 为以泰尔指数衡量的城乡收入差距。lnRobot 为省级层面工业机器人安装密度的自然对数。$X_{i,t}$ 包括一系列省级层面的控制变量：经济发展程度（lnRGDP）、贸易开放程度（Open）、财政支出占比（Fiscal）、产业结构（Stru）、道路通达程度（Road），具体变量定义见表1。

表1 变量定义表

变量类型	变量名	符号	变量定义
被解释变量	城乡收入差距	lnTheil	泰尔指数取对数，越小越公平
解释变量	工业机器人密度	lnRobot	各省份工业机器人安装密度，取对数
控制变量	经济发展程度	lnRGDP	各省份当年人均 GDP，取对数
	贸易开放度	Open	各省份当年进出口总额占 GDP 的比重
	财政支出占比	Fiscal	各省份当年财政支出占当年 GDP 的比重
	产业结构	Stru	各省份第三产业与第二产业增加值之比
	道路通达程度	Road	路网密度，公路里程数/区域总面积
工具变量	工业机器人 IV	lnRobot_US	利用美国数据计算的机器人密度，取对数
机制变量	商品市场分割指数	lnSegm	利用各省份 8 类商品价格指数计算出的指数
	第一产业劳动力占比	Primary	从事第一产业就业人数占劳动力总数之比
	城镇化程度	City	某地区城镇人口占总人口中所占比例

Hausman 检验的结果支持固定效应模型。考虑到省级维度的个体差异及时间层面的变化，本文采用双向固定效应模型，以减轻扰动项中不随个体和时间变化的因素影响，λ_i 为个体固定效应，ν_t 为时间固定效应，$\varepsilon_{i,t}$ 为随机误差项。

（二）样本选择与数据来源

部分地区本文选择 2008~2019 年全国 30 个省份（不包含中国港澳台地区和西藏）的平衡面板数据作为样本，共 360 个观测值。本文数据来源于 IFR 国际机器人联合会、《中国统计年鉴》、《中国劳动统计年鉴》、《中国经营管理统计年报》、CSMAR 等，均通过手工收集和匹配。

（三）变量构造与定义

1. 被解释变量

收入差距通常以基尼系数、泰尔指数、城乡居民人均可支配收入之比这三个指标衡量。基尼系数根据收入将人口进行划分并计算人口与收入的累计百分比，其测量的是地区总体收入差距，难以反映城乡之间的差异（王少平和欧阳志刚，2007）。泰尔指数提出的时间相对基尼系数较晚，其计算过程中纳入了城乡人口的变动，包含了城乡人均收入差距，且对收入在高收入与低收入群体之间的转移更为敏感（欧阳志刚，2014）。因此，泰尔指数被广泛应用于衡量资源分配的差异性，尤其是城乡差距。赵伟和马瑞永（2006）依据泰尔指数的测度方法，分析了 1978~2001 年我国金融增长的区域间差异；曹裕等（2010）依据泰尔指数测度城乡差距，研究我国城市化与经济增长的关系；韩立岩和杜春越（2012）利用泰尔指数替代基尼系数，研究了地区及城乡收入差距对居民消费的影响。综上所述，由于泰尔指数能够更深刻地刻画城乡差异，本文采用泰尔指数的自然对数作为被解释变量。

城乡居民可支配收入之比也是衡量城乡差距的有效方式。为了进一步反映城乡间的生活成本差异，本文采用城乡居民人均消费支出占人均可支配收入的比值来体现城乡收入差距，并将其用于稳健性检验。

2. 核心解释变量

本文研究的解释变量为机器人安装密度 lnRobot。参考 Acemoglu 和 Restrepo（2020）构造的美国不同行业工业机器人渗透度，本文构造中国省级机器人安装密度，利用 Bartik 工具变量的构造思想，把全国性的机器人安装密度与各省分行业就业人数占比份额做交互：

$$Robot_{i,t} = Robot_{t,j} \times I_{i,j,t=2008} = \frac{Stock_{j,t}}{Employee_{j,t=2008}} \times \frac{Employee_{i,j,t=2008}}{Employee_{i,t=2008}} \tag{2}$$

其中，$Robot_{i,t}$ 为我国 i 省份 t 年的工业机器人安装密度，将其取自然对数得到核心解释变量 $lnRobot_{i,t}$。首先将我国《国民经济行业分类与代码》中的制造业行业与 IFR 中的 14 个行业大类相匹配，以 IFR 数据中我国 t 年 j 行业工业机器人安装总量除以我国以 2008 年为基期的 j 行业就业总人数，得到我国 t 年 j 行业工业机器人安装密度 $Robot_{t,j}$。其次将其与各省份各行业基年就业人数百分比交乘，即可得到工业机器人安装密度省际数据。其中，$I_{i,t,j=2006}$ 表示我国 i 省份 2008 年 j 行业就业人数占比，等于 i 省份 2008 年 j 行业就业人数各行业就业总人数的比例。以 2008 年作为基年进行计算，可以得到不随时间变化的就业份额，进而避免就业份额随时间变化导致的内生性问题。

3. 控制变量

参考城乡收入差距的相关研究（宋晓玲，2017；程名望和张家平，2019；李晓钟等，2022），本文使用以下控制变量以避免遗漏变量偏差：①人均 GDP（lnRGDP）。城乡收入差距受到经济发展水平的影响，而人均 GDP 是衡量经济发展水平的重要指标。因此，将省际人均 GDP 作为控制变量，并对其取自然对数以消除可能存在的异方差影响。②贸易开放程度（Open）。对于开放程度对城乡差距的影响，目前存在两种不同观点：一种观点认为，与低收入国的贸易往来会显著扩大美国国内收入差距（Krugman，2008）；对外贸易和 FDI 会扩大城乡间的不平等（沈颖郁和张二震，2011）。另一种观点认为，随着我国对外贸易品结构的不断优化，城乡收入差距得到了一定程度的缓解（袁冬梅等，2011）。也有学者认为，对外开放一方面能够创造更多的就业岗位，为城镇劳动力提供更多的就业机会，这有利于缩小城乡差距；另一方面劳动技能差异却造成了就业质量偏向并扩大了收入差距（魏浩和赵春明，2012）。因此，本文引入贸易依存度作为控制变量。③财政支出占比（Fiscal）。财政支出包括社会保障支出、就业支出、医疗保障支出等，这些都是城乡差距的重要影响因素。故本文引入财政支出与该省份当年 GDP 之比作为控制变量。④产业结构（Stru）。理论上，产业结构的升级会提高生产率、促进农村剩余劳动力转移，改变城乡居民收入分配，进而缩小城乡差距。实证研究发现，2003 年以来，我国产业结构升级对城乡差距具有显著的缩减作用（徐敏和姜勇，2015）。本文使用第二产业与第三产业增加值之比衡量产业结构。⑤公路通达强度（Road）。完善的交通基础是城镇经济发展的基础，发达的道路交通网络有利于城乡融合，促进城乡协同发展并缩小收入差距（罗能生和彭郁，2016）。因此，本文使用各省份路网密度作为控制变量。

4. 工具变量

为了减轻模型内生性带来的影响，本文参考王永钦和董雯（2020）的做法，以美国分行业机器人安装量计算的省级机器人安装密度作为工具变量。计算原理与核心解释变量 lnRobot 相似，仅将 $Stock_{j,t}$ 换成美国 t 年 j 行业的机器人安装总量（$Stock_{j,t}^{US}$），得到工具变量 Robot_US，并同样对其取对数。

$$\text{Robot\_US}_{i,t} = \text{Robot}_{t,j}^{US} \times I_{i,j,t=2008} = \frac{\text{Stock}_{j,t}^{US}}{\text{Employee}_{j,t=2008}^{US}} \times \frac{\text{Employee}_{i,j,t=2008}}{\text{Employee}_{i,t=2008}} \tag{3}$$

第一，美国作为世界第一大经济体，其工业发展水平引领世界，其技术进步能反映工业机器人行业的发展，故对中国机器人安装密度会产生一定影响。第二，美国工业机器人的发展与其他影响中国收入分配公平的因素无关。因此，该工具变量（lnRobot_US）满足相关性、外生性，且拒绝了弱工具变量的假设，有助于解决内生性问题。

5. 机制变量

关于商品市场一体化程度。文献中通常以市场分割指数来衡量市场一体化水平，其中，较常使用的有引力模型法、地区专业化程度、价格指数法等。其中，使用最多的是价格指数法。根据一价定律，各市场上同一商品的价格应该趋于一致。同时，贸易的冰山成本会使不同地区的商品价格存在一定程度上的波动偏离。因此，价格指数法通常选择不同地区一篮子商品的价格指数进行测算。若一个区域内相同商品的价格趋于一致，说明其地区间壁垒小，市场一体化程度高。

本文参考陆铭和陈钊（2009）的做法，来计算商品市场分割指数。选取2003~2019年《中国统计年鉴》中各省份8类商品（包括食品烟酒类，衣着类，居住类，其他用品和服务类，家庭设备用品、医疗保健用品、交通和通信类，娱乐教育文化类）的零售价格指数，构造相对价格方差，再得到以差分形式表示的相对价格指标，从而得到各省份与其相邻省份间的市场分割指数。

第一步，计算各省份与其相邻省份的相对价格指数的差分，并取绝对值。i、i'表示省份，t表示年份，k表示某一类商品的零售价格指数。

$$|\Delta Q_{ii't}^k| = |\ln(P_{it}^k/P_{i't}^k) - \ln(P_{it-1}^k/P_{i't-1}^k)| \tag{4}$$

第二步，去均值，减少某一特定类别商品导致的偏误。

第三步，计算方差，得到2003~2019年465对相邻省份间的相对价格，即商品市场分割指数 Segm_{it}，取对数得到机制变量 $\text{lnSegm}_{i,t}$。

关于劳动力市场一体化程度。城乡劳动力市场一体化是本文提出的第二个机制。劳动力市场一体化包括城乡劳动力市场一体化、农业与工业部门劳动力一体化等（都阳和蔡昉，2004）。城乡劳动力市场一体化程度可以用以下多个指标综合考虑：

第一产业劳动力占比（Primary）：城市常常以第二、三产业为主要支柱，而农村则以第一产业为主导。2008~2019年以来，从事第一产业劳动力的比例均呈现下降趋势。第一产业的劳动力占比一定程度上能反映劳动力从农村农业部门向城市非农业部门的转移。第一产业劳动力占比下降，城乡劳动力一体化程度越高。

城镇化程度（lncity）：使用城镇人口占总人口中所占比例计算得出，且近年来各省份城镇化率呈现上升趋势。该指标通常用来衡量一个国家或地区城市化的程度，能反映城市对农村人口的吸纳程度。城镇化率越高，在一定程度上反映出城乡劳动力一体化程度越高。

四、实证结果及分析

（一）描述性统计和相关性分析

表2为本文主要变量的描述性统计结果。其中，取自然对数后的泰尔指数平均值为-2.382，标准差为0.562；机器人安装密度平均值为7.726，标准差为1.598。工具变量平均值为8.127，

标准差为 1.235，即以美国机器人保有量数据计算得出的机器人安装密度相较我国更大，且标准差小于我国样本数据。人均 GDP、贸易开放度、财政支出占比等其他省级控制变量的统计结果均在一定合理范围内。

表 2　主要变量的描述性统计

变量	观测值	均值	标准差	最小值	最大值
lnTheil	360	-2.382	0.562	-3.906	-1.385
lnRobot	360	7.726	1.598	3.955	11.304
lnRobot_US	360	8.127	1.235	5.12	10.627
lnRGDP	360	10.652	0.522	9.44	11.813
Open	360	0.27	0.293	0.014	1.397
Fiscal	360	0.238	0.099	0.105	0.593
Stru	360	-0.006	0.406	-0.658	1.427
Road	360	-0.328	0.777	-2.427	0.733
lnSegm	360	-8.752	0.533	-9.936	-7.067
Primary	360	0.393	0.108	0.043	0.684
City	360	-0.6	0.228	-1.234	-0.11

表 3 相关性分析结果显示，工业机器人安装密度与 Theil 指数表示的城乡差距呈负相关，各变量 VIF 均小于 5，不存在多重共线性问题。

表 3　相关性分析

变量	(1)	(2)	(3)	(4)	(5)	(6)	(7)
lnTheil	1						
lnRobot	-0.530	1					
lnRGDP	-0.828	0.694	1				
Open	-0.599	0.300	0.490	1			
Fiscal	0.361	-0.467	-0.289	-0.429	1		
Stru	-0.543	0.270	0.484	0.238	0.156	1	
Road	-0.448	0.602	0.363	0.401	-0.647	0.211	1

（二）基准回归结果

表 4 为机器人应用与城乡收入差距的基准回归结果。第（1）、第（2）列为 OLS 估计，未加入控制变量时，工业机器人密度对城乡差距的回归系数为 -0.0628，仅在 10% 水平上显著；加入一系列控制变量后，核心解释变量回归系数的绝对值稍有上升，但显著性水平仍仅为 10%。

考虑到可能存在的遗漏变量、双向因果及测量偏误可能带来的内生性问题，本文使用美国各行业机器人保有量数据代入计算的工具变量 lnRobot_US，进行工具变量回归。第（3）列为两阶段最小二乘法回归结果，工业机器人密度每提高 1%，以 Theil 指数衡量的城乡收入差距平均降低 0.0998%，且显著性水平有明显提升。结合泰尔指数大小的含义分析，由于 Theil 指数越小，城乡居民收入分布差异越小，可知工业智能化水平的提高有利于促进城乡间分配公平，假说 H1 成立。

表4 工业机器人应用对城乡收入差距的影响

变量	lnTheil		
	OLS		IV 2sls
	（1）	（2）	（3）
lnRobot	−0.0628 *	−0.0613 **	−0.0998 ***
	（0.0371）	（0.0297）	（0.0249）
lnRGDP		−0.2429 *	−0.2576 ***
		（0.1263）	（0.0821）
Open		−0.4213 **	−0.4306 ***
		（0.2066）	（0.0848）
Fiscal		−0.1352	−0.1473
		（0.1064）	（0.0916）
Stru		0.0241	0.0082
		（0.0950）	（0.0508）
Road		−0.2499	−0.2127 ***
		（0.1543）	（0.0794）
Cost		−0.9842 *	−1.0363 ***
		（0.5328）	（0.2434）
Unemployment		0.0113	0.0110
		（0.0295）	（0.0161）
Edu		1.1099	1.4456
		（1.7942）	（1.2655）
Constant	−3.1053 ***	0.9404	1.3273
	（0.2640）	（1.4552）	（0.8527）
Province & Time	Yes	Yes	Yes
N	360	360	360

注：括号内为 t 值，*** 、** 、* 分别表示在1%、5%、10%水平上显著；下表同。

五、稳健性检验

为了验证回归结果的稳健性，本文使用替换工具变量、考虑工业机器人应用的滞后效应、替换被解释变量三种方法进行检验。

（一）替换工具变量

除根据 Bartik 份额移动法思想构造工具变量外，相关文献也常用滞后一期的解释变量作为工具变量（韩民春等，2020；康茜和林光华，2021）。一方面，由于下一年度的工业机器人保有量会受到上一年度的影响，故滞后一期的工业机器人密度与当期机器人密度高度相关；另一方面，其又与随机扰动项无关。同时，该工具变量也通过了过度识别、弱工具变量等检验。故使用滞后一期的工业机器人安装密度作为工具变量进行稳健性检验。

使用滞后一期解释变量的两阶段最小二乘法（2SLS）回归结果如表5第（2）列所示。与第

（1）列对比，核心解释变量的系数与显著性均稳健。

表5　滞后一期的工具变量回归

变量	lnTheil	
	IV：lnRobot_US	IV：L. lnRobot
	（1）	（2）
lnRobot	-0. 0998***	-0. 1064***
	（0. 0249）	（0. 0242）
控制变量	Yes	Yes
Constant	1. 3273	1. 3221
	（0. 8527）	（1. 0453）
Province & Year	Yes	Yes
N	360	330
adj. R^2	0. 9772	0. 9778

（二）考虑工业机器人应用的滞后效应

在核心解释变量的选择上，机器人安装密度会对劳动力市场产生影响，而其对社会公平的影响可能存在一定时滞，故本文将被解释变量滞后1~2期再进行2SLS来检验结果的稳健性，回归结果如表6所示。在第（1）~第（3）列中，核心解释变量均呈显著性水平，与基准回归中系数大致相同。

表6　被解释变量滞后1~2期回归

变量	lnTheil	L. lnTheil	L2. lnTheil
	（1）	（2）	（3）
lnRobot	-0. 0998***	-0. 0825***	-0. 0739*
	（0. 0249）	（0. 0285）	（0. 0385）
控制变量	Yes	Yes	Yes
Constant	1. 3273	0. 5296	-1. 4935
	（0. 8527）	（1. 0464）	（1. 2788）
Province & Year	Yes	Yes	Yes
N	360	330	300

（三）替换被解释变量

除泰尔指数外，城乡差距还可用城乡居民人均可支配收入之比（lnGap）来衡量（许秀川和王钊，2008）。本文采用城镇与乡村人均可支配收入之比替换泰尔指数，并取自然对数构建双对数模型。回归结果如表7第（2）列所示，工业机器人密度每提高1%，城乡人均可支配收入比下降0.0224%，且在10%水平上显著，证实了工业智能化有助于缩小城乡收入差距。其中，回归系数的绝对值与基准回归中的存在一定差别，这是由于泰尔指数与城乡可支配收入比的计算方式以及数值结果不同所造成的。从影响方向和显著性水平来看，结果仍然显著。

表7 替换被解释变量的回归结果

变量	lnTheil	lnGap
	（1）	（2）
lnRobot	−0.0998***	−0.0244*
	（0.0249）	（0.0125）
控制变量	Yes	Yes
Constant	1.3273	3.0645***
	（0.8527）	（0.3847）
Province & Time	Yes	Yes
N	360	360
adj. R^2	0.9772	0.9497

六、进一步分析：市场一体化程度

本文基于市场一体化提出两种可能的影响机制，探究商品市场一体化、劳动力市场一体化变化是否为工业智能化影响城乡差距的途径，以检验假说2、假说3。在机制检验的方法上，本文参考李建明和罗能生（2020）机制检验的思路，首先建立模型（5）检验工业机器人密度对劳动力结构的影响，其次通过模型（6），运用调节效应检验劳动力结构变化是否对城乡差距存在作用。具体模型构建如下：

$$Z_{i,t,k} = \beta_0 + \beta_1 lnRobot_{i,t} + \beta_2 X_{i,t} + \lambda_i + \nu_t + \varepsilon_{i,t} \tag{5}$$

$$lnTheil_{i,t} = \eta_0 + \eta_1 lnRobot_{i,t} + \eta_2 Z_{i,t} + \eta_3 C\_Robot_{i,t} \times C\_Skill_{i,t} + \theta X_{i,t} + \lambda_i + \varepsilon_{i,t} \tag{6}$$

其中，$Z_{i,t,k}$ 代指本文的所有机制变量，包括商品市场分割程度（$lnSegm_{i,t}$）、第一产业劳动力占比（$Primary_{i,t}$）、城镇化程度（$City_{i,t}$）。参考相关研究（郝楠和江永红，2017），选取一系列可能影响劳动力结构的控制变量（$X_{i,t}$）：教育支出占GDP比重（Edu）、生活成本（Cost）、失业率（Unemp）、贸易开放度（Open）、产业结构（Stru）、道路通达程度（Road）。

（一）商品市场一体化

表8展示了工业机器人密度对商品市场分割指数的回归结果，机器人密度每增加1%，市场分割程度平均降低约0.1%，即市场一体化程度有所提升。可能的原因在于，人工智能、物联网等智能化技术的应用能够通过优化生产链、供应链，降低贸易壁垒，大幅提高生产效率，减少生产成本；也能生产出更高质量、标准化的商品，满足不同地区的需求，推动商品跨地区流通，从而减少了地区之间的价格差异，促进各区域商品市场一体化。

表8 商品市场一体化程度的回归结果

变量	lnSegm
	（1）
lnRobot	−0.1009***
	（−3.1198）

续表

变量	lnSegm
	（1）
Edu	1.3002
	（0.5825）
Cost	0.5227
	（1.1803）
Unemp	0.0664*
	（1.7179）
Open	0.1197***
	（3.8539）
Stru	0.0392
	（0.5137）
Road	0.0704
	（1.2189）
Constant	−8.5057***
	（−19.0980）
Province & Year	Yes
N	360

表9为商品市场一体化程度的调节效应分析。将商品市场分割指数 lnSegm 与核心解释变量 lnRobot 中心化后分别交乘并回归。第（1）列为仅加入调节变量的回归结果，机器人密度对泰尔指数的回归系数为0.0556，在5%水平上显著。第（2）列显示，交乘项系数显著为正，即商品市场分割显著削弱了工业智能化对城乡差距的缩小作用。H2 得以验证。

表9　调节效应：商品市场一体化

变量	lnTheil	lnTheil
	（1）	（2）
lnRobot	−0.0556**	−0.4918**
	（0.0251）	（0.2038）
lnSegm	0.0405***	0.4211***
	（0.0146）	（0.1616）
lnRobot×lnSegm		0.0469**
		（0.0198）
控制变量	Yes	Yes
Province & Year	Yes	Yes
N	360	360

（二）劳动力市场一体化

除商品市场外，本文还研究了"劳动力市场一体化"这一影响机制。如上文所述，使用第一产业劳动力占比 Primary 与城镇化程度 City 两个变量表示劳动力市场一体化的程度，以验证 H3。

表10列示了工业机器人密度对劳动力市场分割指数的回归结果。机器人密度每增加1%，

第一产业就业的劳动力占比平均减少0.54%，而城镇化率平均提高0.01%。二者都在5%水平上显著，表明智能化的应用对于劳动力市场一体化具有正面影响。

表10　机制检验二：劳动力市场一体化

变量	Primary	City
	（1）	（2）
lnRobot	−0.5419**	0.0107**
	（−1.9835）	（2.1576）
lngdp	−2.7974**	0.1315***
	（−2.0851）	（11.8996）
lntrade	−0.3734*	0.0098**
	（−1.7604）	（2.4773）
unemploy	0.2922	−0.0035
	（1.0158）	（−1.0679）
公路通达强度	1.2805	−0.0144
	（1.0478）	（−1.1163）
lnfin	−4.6892***	0.1065***
	（−3.6809）	（7.4414）
Constant	48.2750***	−0.8063***
	（3.0826）	（−5.5615）
Province & Year	Yes	Yes
N	360	360

　　接着，采取调节效应检验"劳动力市场一体化"这一可能的影响机制。将第一产业劳动力占比 Primary 与核心解释变量 lnRobot 中心化后分别交乘并回归。如表11第（2）列所示，从仅加入调节变量的回归结果可以看出，机器人密度对泰尔指数的回归系数为−0.0596，在5%水平上显著；从加入机器人安装密度与第一产业劳动力占比交乘项的回归结果可以看出，交乘项显著为负。也就是说，若第一产业劳动力比例升高，会显著削弱机器人应用对城乡差距的正向影响，即存在负向调节作用。而随着第一产业劳动力占比的下降，有利于城乡差距的缩小。从城镇化程度来看，如第（4）列所示，中心化后的交乘项也显著为负，即城镇化率的提高会对主效应起到显著的正向调节作用。综上所述，H3得以验证。

表11　机制检验二：劳动力市场一体化

变量	Primary	lnTheil	City	lnTheil
	（1）	（2）	（3）	（4）
lnRobot	−0.0125**	−0.0596**	−0.0839***	−0.0776***
	（−2.0920）	（−2.4815）	（−3.0337）	（−2.6585）
Primary	−0.7434	−0.1799		
	（−2.48）	（−0.7757）		
lnRobot×Primary		−0.0808**		
		（−2.2782）		
City			−0.8642***	−1.2383***
			（−4.1847）	（−5.6005）
lnRobot×City				−0.0677**
				（−2.1435）

续表

变量	Primary	lnTheil	City	lnTheil
	(1)	(2)	(3)	(4)
Constant	0.6182***	0.3383	-2.6273***	-2.5422***
	(4.2485)	(0.5301)	(-2.8257)	(-2.6899)
控制变量	Yes	Yes	Yes	Yes
Province & Year	Yes	Yes	Yes	Yes
N	360	360	360	360

七、结论与启示

随着技术革命带来人工智能行业的高速发展，工业机器人逐渐渗透到居民劳动生活的各个领域，关于机器人挤占就业岗位的讨论被广泛讨论。同时，由于我国经济社会运行从效率优先转向公平优先，如何缩小城乡差距已经受到越来越多的关注。

首先，目前学者的研究仍聚焦于工业机器人的应用对经济效率的影响，而较少关注到公平。本文以2008~2019年省级宏观数据为研究样本，从城乡收入差距的视角出发，探究工业机器人安装密度是否会影响城乡差距。实证结果显示，工业机器人安装密度越大，以泰尔指数表示的城乡差距越小。

其次，本文进一步分析了市场一体化程度在其中起到的影响机制。从商品市场来看，智能化发展减少了商品市场的分割，趋于一体化的商品市场对缩小城乡收入差距有着显著的正面影响。从劳动力市场来看，工业智能化推动了劳动力从第一产业流向第二、第三产业，提高了城镇化程度，使城乡劳动力更为均衡。

基于以上结论，本文从两个方面提出建议：第一，从工业智能化的视角来看，工业机器人的应用有助于缩小城乡差距。在工业智能化的浪潮下，政府可扩大工业机器人的应用范围，改善就业结构，缩小城乡差距。第二，从市场一体化的视角来看，各地方政府应减少地方保护主义，大力推动商品、劳动力等要素在区域间自由流动来促进城乡均衡发展。

参考文献

[1] 曹裕，陈晓红，马跃如.城市化、城乡收入差距与经济增长——基于我国省级面板数据的实证研究 [J].统计研究，2010，27（3）：29-36.

[2] 陈磊，胡立君，何芳.要素流动、市场一体化与经济发展——基于中国省级面板数据的实证研究 [J].经济问题探索，2019（12）：56-69.

[3] 程名望，张家平.互联网普及与城乡收入差距：理论与实证 [J].中国农村经济，2019（2）：19-41.

[4] 都阳，蔡昉.中国制造业工资的地区趋同性与劳动力市场一体化 [J].世界经济，2004（8）：42-49.

[5] 范爱军，李真，刘小勇.国内市场分割及其影响因素的实证分析——以我国商品市场为例 [J].南开经济研究，2007（5）：111-119.

[6] 桂琦寒，陈敏，陆铭，等.中国国内商品市场趋于分割还是整合：基于相对价格法的分析 [J].世界经济，2006（2）：20-30.

［7］郭凯明. 人工智能发展、产业结构转型升级与劳动收入份额变动［J］. 管理世界，2019，35（7）：60-77+202-203.

［8］韩立岩，杜春越. 收入差距、借贷水平与居民消费的地区及城乡差异［J］. 经济研究，2012，47（S1）：15-27.

［9］韩民春，韩青江，夏蕾. 工业机器人应用对制造业就业的影响——基于中国地级市数据的实证研究［J］. 改革，2020（3）：22-39.

［10］韩民春，乔刚. 工业机器人对中国区域经济的异质性影响研究——基于新结构经济学的视角［J］. 技术经济，2020，39（8）：85-94.

［11］郝楠，江永红. 谁影响了中国劳动力就业极化？［J］. 经济与管理研究，2017，38（5）：75-85.

［12］胡联，杨成喻，盛迪. 我国劳动力市场分割加剧了相对贫困吗？［J］. 湖南农业大学学报（社会科学版），2023，24（3）：92-99.

［13］黄赜琳，王敬云. 地方保护与市场分割：来自中国的经验数据［J］. 中国工业经济，2006（2）：60-67.

［14］康茜，林光华. 工业机器人与农民工就业：替代抑或促进［J］. 山西财经大学学报，2021，43（2）：43-56.

［15］柯善咨，郭素梅. 中国市场一体化与区域经济增长互动：1995～2007年［J］. 数量经济技术经济研究，2010，27（5）：62-72+87.

［16］李建明，罗能生. 高铁开通改善了城市空气污染水平吗？［J］. 经济学（季刊），2020，19（4）：1335-1354.

［17］李文. 城市化滞后的经济后果分析［J］. 中国社会科学，2001（4）：64-75+204.

［18］李晓钟，李俊雨. 数字经济发展对城乡收入差距的影响研究［J］. 农业技术经济，2022，322（2）：77-93.

［19］李言，孔令池. 劳动力价格异质性扭曲的宏观经济效应——基于DSGE模型的模拟分析［J］. 南开经济研究，2020（5）：87-108.

［20］梁堃. 中国市场一体化水平测度及影响因素分析［J］. 商业经济研究，2023（9）：184-188.

［21］刘欢. 工业智能化如何影响城乡收入差距——来自农业转移劳动力就业视角的解释［J］. 中国农村经济，2020（5）：55-75.

［22］刘军，曹雅茹，鲍怡发，等. 制造业智能化对收入差距的影响研究［J］. 中国软科学，2021（3）：43-52.

［23］陆铭，陈钊. 分割市场的经济增长——为什么经济开放可能加剧地方保护？［J］. 经济研究，2009，44（3）：42-52.

［24］罗能生，彭郁. 交通基础设施建设有助于改善城乡收入公平吗？——基于省级空间面板数据的实证检验［J］. 产业经济研究，2016，83（4）：100-110.

［25］欧阳志刚. 中国城乡经济一体化的推进是否阻滞了城乡收入差距的扩大［J］. 世界经济，2014，37（2）：116-135.

［26］沈颖郁，张二震. 对外贸易、FDI与中国城乡收入差距［J］. 世界经济与政治论坛，2011（6）：136-147.

［27］宋晓玲. 数字普惠金融缩小城乡收入差距的实证检验［J］. 财经科学，2017（6）：14-25.

［28］王少平，欧阳志刚. 我国城乡收入差距的度量及其对经济增长的效应［J］. 经济研究，

2007, 42 (10): 44-55.

[29] 王永钦, 董雯. 机器人的兴起如何影响中国劳动力市场? ——来自制造业上市公司的证据 [J]. 经济研究, 2020, 55 (10): 159-175.

[30] 魏浩, 赵春明. 对外贸易对我国城乡收入差距影响的实证分析 [J]. 财贸经济, 2012 (1): 78-86.

[31] 魏建, 徐恺岳. 人工智能技术发展对城乡收入差距的影响 [J]. 浙江工商大学学报, 2021 (4): 84-96.

[32] 徐敏, 姜勇. 中国产业结构升级能缩小城乡消费差距吗? [J]. 数量经济技术经济研究, 2015, 32 (3): 3-21.

[33] 徐宇明. 产业智能化对我国城乡收入差距的影响研究 [J]. 金融与经济, 2022, 534 (1): 64-74.

[34] 许秀川, 王钊. 城市化、工业化与城乡收入差距互动关系的实证研究 [J]. 农业经济问题, 2008 (12): 65-71+111-112.

[35] 杨晓锋. 智能制造是否有助于提升制造业平均工资? ——基于2001~2016年17省工业机器人数据研究 [J]. 经济体制改革, 2018 (6): 169-176.

[36] 袁冬梅, 魏后凯, 杨焕. 对外开放、贸易商品结构与中国城乡收入差距——基于省际面板数据的实证分析 [J]. 中国软科学, 2011 (6): 47-56.

[37] 张海鹏. 中国城乡关系演变70年: 从分割到融合 [J]. 中国农村经济, 2019 (3): 2-18.

[38] 张文, 郭苑, 徐小琴. 城乡劳动力市场一体化与就业结构优化研究综述 [J]. 华东经济管理, 2011, 25 (9): 139-143.

[39] 张亚, 郑予捷, 刘青. 城乡劳动力市场一体化研究 [J]. 农村经济, 2006 (9): 98-101.

[40] 张远, 李焕杰. 企业智能化转型对内部劳动力结构转换的影响研究 [J]. 中国人力资源开发, 2022, 39 (1): 98-118.

[41] 赵伟, 马瑞永. 中国区域金融增长的差异——基于泰尔指数的测度 [J]. 经济地理, 2006 (1): 11-15.

[42] 周广肃, 李力行, 孟岭生. 智能化对中国劳动力市场的影响——基于就业广度和强度的分析 [J]. 金融研究, 2021 (6): 39-58.

[43] 朱希伟, 金祥荣, 罗德明. 国内市场分割与中国的出口贸易扩张 [J]. 经济研究, 2005 (12): 68-76.

[44] Acemoglu D, Restrepo P. Robots and Jobs: Evidence from US Labor Markets [J]. Journal of Political Economy, 2020, 128 (6): 2188-2244.

[45] Bessen J. Automation and Jobs: When Technology Boosts Employment [J]. Economic Policy, 2019, 34 (100): 589-626.

[46] Krugman P R. Trade and Wages, Reconsidered [J]. Brookings Papers on Economic Activity, 2008, 39 (1): 103-154.

地区司法质量与企业专业化分工

——来自高院院长异地交流的经验证据

何小钢　曾为华

[摘要]　高质量司法体系对企业的专业化分工行为具有重要的作用，但鲜有文献对此展开研究。本文以2008年高院院长异地交流作为地区司法质量提升的准自然实验，基于2003~2012年沪深A股上市公司的研究样本，运用双重差分法实证检验高院院长异地交流对企业专业化分工行为的影响效应与作用机理。研究发现，地区司法质量提升能够显著提升企业的专业化分工水平，并且该结论在考虑内生性和一系列稳健性检验的基础上依然成立。机制分析表明，地区司法质量提升对企业专业化分工的促进作用主要通过降低企业面临的外部交易成本来实现。地区司法质量提升对企业专业化分工的提升效应具有显著的异质性，在内部管控成本较低的小企业、行业竞争程度较高的制造业行业和政府干预程度较高的经济发达地区更为显著。进一步研究发现，地区司法质量提升通过促进企业专业化分工提高了企业全要素生产率和企业成长性。本文研究不仅揭示了地区司法质量提升对企业专业化分工的影响机理与经济效应，对经济高质量发展和深化司法体制改革也具有重要的政策启示作用。

[关键词]　地区司法质量；专业化分工；高院院长异地交流

一、引言

构建新发展格局离不开地区间企业的分工协作。根据古典经济理论，企业专业化分工有利于提高企业生产率，促进技术创新从而推动经济增长（Smith，1776；Youno，1928），该结论得到众多学者的实证考察与验证（唐东波，2014；刘维刚等，2017；袁淳等，2021）。在过去的20年里，实现规模经济和发挥比较优势，专业化分工逐渐成为企业生产组织形式的一个重要特征（Hummels et al.，2001；Grossman and Rossi-Hansberg，2008；Tomiura，2009；Goldschmidt and Schmieder，2017；施炳展和李建桐，2020）。由此可见，深化企业分工是畅通国民经济双循环的应有之义，探讨推动分工深化的驱动因素也成为一个重大的现实命题（郝闻汉等，2021）。

党的二十大报告指出，要深化司法体制综合配套改革，全面准确落实司法责任制，加快建设公正高效权威的社会主义司法制度。法与金融理论也强调法律制度对公司治理和金融发展的重要作用（Porta et al.，1998），能够有效抑制市场主体的事后机会主义行为。相关经验证据表

[作者简介]　何小钢，江西财经大学应用经济学院教授、博士生导师；曾为华，江西财经大学应用经济学院硕士研究生。

明，正式的法律制度是影响企业治理的重要制度性因素之一，良好的法治不仅有助于促进企业投资（黄俊等，2021；赵仁杰和张家凯，2022），还能够促进企业创新和纠偏企业违规行为（潘越等，2015；曹春方等，2017）。而司法制度作为一项重要的正式制度安排，在一定程度上决定了法律的执行效果，直接影响企业的经营决策和绩效表现。尤其是中国作为一个转型经济体国家，高质量司法体系可能会比法律条文对企业行为产生更加显著的影响。然而就企业分工而言，关于地方司法质量提升能否以及如何推动分工深化等问题，鲜有学者对此展开研究，从微观企业视角出发考察地区司法质量提升的专业化分工效应的研究则更为匮乏。

基于此，本文从微观企业视角切入，以2003~2012年沪深A股上市公司为研究样本，以2008年中国高院院长异地交流作为地方司法质量提升的准自然实验，采取双重差分法考察地方司法质量提升对企业专业化分工的影响效果与作用机理。实证研究发现，地方司法质量提升显著提高了企业专业化分工水平。机制分析结果表明，地方司法质量提升对企业专业化分工的促进作用是通过降低企业面临的外部交易成本来实现的。异质性分析结果表明，地区司法质量提升对企业专业化分工的促进作用在内部管控成本较低的小企业，行业竞争程度较高的制造业行业和政府干预程度较高的经济发达地区促进效果更加显著。进一步分析结果表明，地方司法质量提升不仅能够促进企业专业化分工，还能提高企业的全要素生产率和企业成长性。本文结果整体表明，司法改善能够促进企业分工深化，并在推动分工的过程中实现经济效率的提高。这说明地区司法质量提升对于推动企业分工协作、构建新发展格局和经济的高质量发展具有重要的政策和现实意义。

相较于既有研究，本文的边际贡献可能在于以下两个方面：第一，从正式制度视角拓展了企业专业化分工影响因素的已有文献。目前，关于企业专业化分工的研究多基于劳动分工理论（Smith，1776）和交易成本理论（Coase，1937；Williamson，1979）检验市场范围、资产专用性、不确定性、搜寻成本等因素对企业专业化分工的影响（Acemoglu et al.，2010；李青原和唐建新，2010；施炳展和李建桐，2020；郝闻汉等，2021），而良好的法治环境作为企业高质量发展的重要保障，现有研究却很少关注其对微观企业专业化分工行为的影响。本文着重从正式制度视角切入，探讨地区司法质量提升是否以及如何影响企业专业化分工，为企业专业化分工影响因素领域的研究提供新的经验证据。第二，为研究中国司法体制改革的政策效果评估提供了新的场景与思路。迄今为止，现有研究集中讨论了司法质量提升对企业投资、企业创新、企业违规、污染防治等方面的积极影响（潘越等，2015；曹春方等，2017；范子英和赵仁杰，2019；黄俊等，2021），但还鲜有关于司法质量提升对企业专业化分工的探讨。本文从微观企业视角出发，考察地方司法质量提升对企业专业化分工的影响，为司法体制改革的专业化分工效应提供了微观证据。

二、文献综述

与本文密切相关的文献主要有两支：一支是企业专业化分工影响因素的相关研究；另一支是司法体制改革政策效果评估的相关研究。

（一）企业专业化分工影响因素的相关研究

目前，对企业分工问题解释能力较强的两种理论分别是劳动分工理论和交易成本理论。根据劳动分工理论，市场大小决定劳动分工（Smith，1776）。只有当产品市场达到一定规模时，才会出现专门提供这种产品的厂商。市场需求越旺盛，市场规模越大，企业分工水平越高。众多学者从不同情境出发验证了劳动分工理论。Youno（1928）研究发现随着市场规模扩大，企业可以更有效地利用资源，降低成本并提高效率。Stigler（1951）认为大市场可以提供更多的机会，所以市场越大，分工程度越高。李嘉楠等（2019）基于商品微观价格数据研究发现市场整合有效提高了企业垂直专业化分工程度。张婷婷等（2021）研究发现市场分割政策的实施会促使企业选择纵向一体化战略。郝闻汉等（2021）基于撤县设区这一区域一体化政策研究得出撤县设区可通过扩大企业可达市场范围从而推动企业垂直专业化分工的结论。

交易成本理论认为，企业和市场是资源配置的两种方式，企业通过内部组织架构中存在的权威关系和计划统筹来实现资源配置，而市场通过价格信号实现市场参与者自发的资源流动与重新配置（Coase，1937；Williamson，1979）。交易成本是影响企业采取纵向一体化或专业化分工决策的关键因素（Coase，1937）。具体而言，当企业面临较低的外部交易成本时，企业会倾向于选择专业化分工，而当企业面临较高的外部交易成本时，企业往往会选择用内部权威关系和计划统筹来代替市场进行资源配置，从而采用纵向一体化的方式来组织生产。沿着这一理论逻辑，后续学者考察了资产专用性、不确定性、搜寻成本等因素对企业分工的影响，大多形成一致共识。对资产专用性来说，企业资产专用性越高，被套牢和"敲竹杠"的风险就越大，面临的外部交易成本就越高，企业专业化分工水平越低（Acemoglu et al.，2010；袁淳等，2021）。在不确定性方面，以往研究普遍发现，企业面临的不确定性越高，外部交易成本越大，企业专业化分工水平越低（李青原和唐建新，2010）。搜寻成本越高，企业的外部交易成本越高，企业专业化分工水平越低（施炳展和李建桐，2020）。

除了对劳动分工理论和交易成本理论的直接检验，在上述研究领域，与本文最紧密相关的一支文献探讨了制度环境方面因素对企业分工的影响。Fan 等（2017）研究表明政府质量对企业专业化分工具有显著的正向影响。本文基于地区司法制度这一正式制度安排，考察地方司法质量提升对企业专业化分工的影响效果与作用机理，补充了中国特色社会主义背景下企业专业化分工影响因素的相关研究。

（二）司法体制改革政策效果评估的相关研究

以往学者考察了司法体制改革对司法效率、市场环境等方面的影响。在司法效率方面，法官异地交流一方面具有反司法腐败和反司法地方保护主义的作用（陈刚，2012），通过减少司法腐败和司法地方保护主义来提高司法效率；另一方面破坏了司法机构的地域稳定性和法官的职业稳定性，不利于司法效率的提高。经验上，陈刚（2012）的研究结果表明法官异地交流显著提升了以结案率度量的司法效率。但常延龙等（2019）研究发现法官异地审理改革显著降低了一审行政案件的审判效率。在市场环境方面，陈刚和李树（2013）研究发现异地交流不仅有助于打破地区之间的市场分割，而且显著促进了经济增长。Liu 等（2022）研究表明司法质量提升不仅显著减少了地方保护主义，还促进了中国区域间的经济一体化，而这与 Zhao（2022）的研究相一致。

在上述研究领域，与本文最紧密相关的一支文献探讨了司法政策对企业行为的影响，目前研究主要集中在企业投资和企业创新等方面。在企业投资方面，法与金融理论强调法律制度在公司治理中的重要作用，认为法律改善能够约束金融市场上的机会主义行为，从而促进企业投资（Porta，1998）。黄俊等（2021）基于巡回法庭设立的准自然实验发现司法改善能够显著提高企业投资规模，缓解企业投资不足的问题。赵仁杰和张家凯（2022）基于地方省级人财物统管政策研究发现地方司法体制改革能显著促进企业固定资产投资。在企业创新方面，潘越等（2015）研究发现司法地方保护主义会干扰公司诉讼的结果，从而对企业创新行为造成显著的抑制作用。Lai 等（2022）的研究表明司法改善能通过减少司法地方保护主义、缓解融资约束和改善企业内部治理从而促进企业创新。

综上分析，关于司法体制改革的相关政策效果评估，现有研究主要从司法效率、市场环境等角度展开考察，为数不多探讨司法改善对微观企业行为的影响文献也多从企业投资和企业创新等角度展开，尚未有学者基于微观企业视角从企业专业化分工的角度出发考察地方司法质量提升对企业专业化分工的影响效果与作用机理。本文通过考察法官异地交流背景下地方司法质量提升对企业专业化分工的影响效果，为司法体制改革的专业化分工效应提供了微观证据。

三、政策背景与理论分析

（一）政策背景

中国司法体制在过去 40 年里的一系列渐进性改革为定量评估中国情境下的司法质量提升的经济效果提供了宝贵的实验素材。本文延续前人做法，将 2008 年中国 31 个省份（不含港澳台地区）高级人民法院院长异地交流作为刻画地方司法质量提升的一次准自然实验（陈刚，2012；陈刚和李树，2013），实证检验地方司法质量提升能否促进企业专业化分工。

具体地说，中国在 2008 年 2 月实行了自中华人民共和国成立以来规模最大的省级司法机关领导干部交流轮岗活动。在此次省级司法机关领导干部交流轮岗活动中，全国共有 14 个省份的高级人民法院院长是属于其他省份（或最高人民法院）的高级人民法院院长异地交流过来任职的情况，占到了各省高级人民法院院长总数的 45.2%。其中地属东部地区的省份共有 6 个（天津、河北、上海、浙江、广东和海南），地属中部地区的省份共有 3 个（江西、河南和湖南），地属西部地区的省份共有 5 个（重庆、四川、贵州、云南和陕西），地域分布较为平衡。在剩下的 17 个省份中，有 8 个省份的高院院长是由本省其他部门交流过来任职的，其余 9 个省份的高院院长均属于留任或晋升，因此这 17 个省份的高院院长不属于异地交流的干部。

高院院长异地交流能提升地方司法质量不仅具有坚实的理论基础，也已得到现有实证研究的支持。理论上，高院院长异地交流有助于降低高院院长长期任职一地而被地方利益集团俘获的风险，还能强化高院院长的晋升激励和动机激励（陈刚，2012），因此有利于降低高院院长与地方政府和地方利益集团的合谋风险，防止各省份高院领导干部陷入地方关系网、人情网，更好地依法行使审判权，以此保障司法工作和提高司法效率。此外中国的法院审判制度附属于法院内的行政管理制度，法院院长可以直接依据有关法律或在某些情况下依据其行政管理职权直接干预本级或下级法院的案件审理（苏力，1999）。因而中国各省份高院院长不仅对本级法院的案件审判具有决定性的影响，而且对管辖的中基层法院的案件审判也有重大影响（贺卫方，1997）。因此法官异地交流不仅促使高院院长能更好地行使审判权，也整体上保障了整个地方司法机构依法开展工作。实证上，高院院长异地交流显著提升了以结案率来度量的司法效率，由法官异地交流来的地区结案率要比其他地区平均高出 2 个百分点（陈刚，2012）。因此最高人民法院 2008 年 2 月推行的高院院长异地交流轮岗活动是一次较好刻画地方司法质量提升的准自然实验。

（二）理论分析

根据交易成本理论，企业和市场是实现资源配置的两种不同方式，交易成本是影响企业选择专业化分工或纵向一体化的关键因素（Coase，1937）。由于人的有限理性和契约的不完全性，交易对象往往面临着"敲竹杠"的风险。若企业面临的外部交易成本较高，则往往会采取纵向一体化的方式来组织生产，反之则倾向于与交易对象在市场上进行交易，进行专业化分工。因此，外部交易成本的降低将有助于提升企业的专业化分工水平。而地区司法质量提升能够更好地约束市场主体的事后机会主义行为。若市场主体的行为不受约束，其在事后必然存在机会主义行为的动机，存在"敲竹杠"的风险，导致潜在市场交易的失败。司法机构依法公正地行使审判权能够公正无偏地裁定各类市场主体之间的交易纠纷，从而有效地约束各类市场主体在事后的机会主义行为，稳定市场主体对交易形成的预期，进而降低交易契约的协商和履行的外部交易成本，进而促进企业的专业化分工。

基于以上分析，本文提出：

研究假说1：地区司法质量提升能够显著提高企业的专业化分工水平。

研究假说2：地区司法质量提升会通过降低企业面临的外部交易成本来提高企业的专业化分工水平。

四、研究设计

前文理论分析表明，地区司法质量提升会通过降低企业面临的外部交易成本从而提高企业专业化分工水平。接下来本文将通过计量实证分析检验地区司法质量与企业专业化分工的关系。

（一）样本选择与数据来源

参考陈刚和李树（2013）的做法，选取2003～2012年作为样本的时间区间。参考袁淳等（2021）的数据处理，按以下原则对样本数据进行筛选：①剔除金融行业样本；②剔除ST、PT以及资不抵债的样本；③剔除相关变量缺失样本。最终获得8473个观测值。公司财务数据主要来自国泰安（CSMAR）数据库，省级层面数据主要来自相关年份相应省份的统计年鉴。本文对所有连续变量在上下1%水平上进行缩尾处理，并在回归分析中对标准误进行公司层面的聚类处理。

（二）关键变量度量

1. 企业专业化程度（vsi）的度量

在企业边界理论中，纵向一体化和专业化分工是两个截然相反的概念。纵向一体化程度越高，说明专业化分工程度越低，反之则说明专业化分工程度越高。价值增值法（VAS）是衡量企业纵向一体化程度的重要度量方法，等于增加值与销售额的比值，其原理为利用会计指标计算增加值占销售额的比重，若企业内部联合生产的阶段越多，增加值占销售额的比重就越大。其极端情况为企业业务完全自给自足，不会从外部中间商购买工业中间投入品，此时VAS为100%。该方法最早由Adelman（1855）提出，参照Buzzell（1983）、范子英和彭飞（2017）的做法，采取修正的价值增值法对企业的纵向一体化程度进行度量，指标数值越大，说明企业纵向一体化程度越高，企业专业化分工程度越低。

其度量方式为增加值减去税后净利润加上正常利润的总和除以主营业务收入减去税后净利润加正常利润总和的比值。其中，正常利润为企业净资产与行业过去五年净资产收益率均值的乘积。增加值为企业主营业务收入与主营业务成本的差值。为保证度量的有效性，参考范子英和彭飞（2017），本文将偏离合理值域［0，1］的观测值剔除。

2. 地区司法质量提升（did）的度量

本文使用双重差分法检验地方司法质量提升对企业专业化分工的影响，以高院院长异地交流作为准自然实验，首先划分实验组和对照组，将高院院长异地交流的省份作为处理组，其他省份作为对照组，然后将样本区间划分为高院院长异地交流前（2003~2007 年）和高院院长异地交流后（2008~2012 年）两个时期。核心解释变量 did 在 2008 年后有法官异地交流的省份赋值为 1，反之则赋值为 0。

参考黄俊等（2021），本文还将巡回法庭设立的准自然实验作为地区司法质量提升的另一个度量。中国在 2015 年 1 月和 2016 年 12 月设立了六个巡回法庭，覆盖全国 26 个省份。巡回法庭能够实现审判下移，方便民众诉讼，因此有利于提高司法质量，实现司法去地方化。因此本文采取巡回法庭设立作为地区司法质量提升的另一个准自然实验。

（三）实证模型构建

参考范子英和彭飞（2017）、施炳展和李建桐（2020）和袁淳等（2021）的做法，构建如下计量模型：

$$vsi_{i, p, t} = \alpha_0 + \alpha_1 did_{p, t} + \sum Control + \sum Firm + \sum Year + \varepsilon_{i, t}$$

模型中被解释变量 vsi 为 p 省份的 i 企业在第 t 年的专业化分工水平，did 为哑元变量，衡量高院院长异地交流政策的实施与否，具体地，如果 i 企业所在的 p 省份第 t 年实施了高院院长异地交流，则赋值为 1，反之则赋值为 0。企业层面控制变量包括公司规模（Size）、资产负债率（Lev）、现金持有水平（Cash）、总资产收益率（ROA）、市值账面比（MB）和资本密集度（Capital）等，省份层面控制变量包括地区经济发展水平（lnpgdp）、地区人口总数（lnpop）。Firm、Year 分别代表企业固定效应和年份固定效应。根据前文理论分析，若 did 的系数显著为正，表明地区司法质量提升能够显著提高企业的专业化分工水平，研究假说 1 得到验证。

五、实证结果

（一）变量描述性统计

主要变量的描述性统计结果如表 1 所示。企业专业化分工程度（vsi）的均值和标准差分别为 0.767 和 0.174，说明不同企业之间的专业化分工程度存在较大差异，地区司法质量提升的代理变量（did）的均值为 0.318，说明在整个样本区间内企业所在省份进行高院院长异地交流的样本占所有省份样本的 31.8%。其他各变量的分布均在合理范围内，此处不再赘述。

表 1 变量的描述性统计

变量	观测值	均值	标准差	最小值	最大值
vsi	8473	0.767	0.174	0.002	1
did	8473	0.318	0.466	0	1

变量	观测值	均值	标准差	最小值	最大值
Size	8473	21.8	1.18	19.445	25.401
Lev	8473	0.525	0.178	0.117	0.92
Cash	8473	0.15	0.101	0.008	0.502
ROA	8473	0.03	0.058	−0.225	0.177
MB	8473	0.718	0.224	0.188	1.079
Capital	8473	2.311	2.162	0.369	14.152
lnpop	8473	8.418	0.681	6.323	9.309
lnpgdp	8473	1.056	0.646	−0.392	2.214

（二）基准回归

表2报告了地区司法质量提升对企业专业化分工水平的回归结果。第（1）列仅控制企业固定效应和年份固定效应，本文所关心的高院院长异地交流前后哑变量（did）的回归系数为0.0141（t值为1.8276），在10%的水平上显著为正。在第（2）列中加入所有企业层面和省份层面的控制变量，did的回归系数为0.0185（t值为2.6590），在1%的水平上显著为正。从经济意义上看，以第（2）列为例，当企业所在省份高院院长进行了异地交流之后，企业专业化分工水平提升了0.0185，相对于样本期间内上市公司专业化分工水平的均值0.767而言，大约提升了2.41%（=0.0185/0.767×100%）。表2的回归结果表明，无论是统计意义上还是经济意义上，地区司法质量提升对企业专业化分工水平都具有显著的提升作用，支持了本文的研究假说1。

表2 基准回归

变量	（1） vsi	（2） vsi
did	0.0141 * (1.8276)	0.0185 *** (2.6590)
Size		−0.0015 (−0.2363)
Lev		0.0853 *** (3.5772)
Cash		0.0050 (0.1657)
ROA		0.4762 *** (9.9248)
MB		0.0790 *** (3.8036)
Capital		−0.0295 *** (−13.9057)

变量	（1） vsi	（2） vsi
Top		−0.0059 （−0.4033）
lnpop		−0.0286 （−0.3556）
lnpgdp		0.0720* （1.7372）
Constant	0.7720*** （328.6263）	0.8523 （1.1766）
Observations	8105	8105
R-squared	0.6924	0.7533
Firm	是	是
Year	是	是

注：①***、**、*分别表示在1%、5%、10%的水平上显著；②括号内为t统计值；③采用公司聚类的稳健标准误。

（三）平行趋势检验

运用双重差分法进行估计所要满足的最基本的前提假设之一是平行趋势假设，即实验组和对照组在政策处理前具有相同的发展趋势。理论上分析，若各省没有进行高院法官异地交流，则在高院院长异地交流之前（2008年之前）实验组与对照组之间应不存在显著差异。由此，本文参考Jacobson等（1993）与王锋和葛星（2022）的做法，使用事件研究法进行平行趋势检验，该方法可表示为：

$$\text{VSI}_{i,p,t}=\alpha_0+\alpha_1\sum_{-4}^{4}D_{p,t}+\sum \text{Control}+\sum \text{Firm}+\sum \text{Year}+\varepsilon_{i,t}$$

其中，$D_{p,t}$是一组虚拟变量，若企业i所在的省份p第t年实施了高院院长异地交流政策则赋值为1，反之则赋值为0。其余各变量的符号含义与基准回归模型相同。本文在该式中重点关注系数α_1，其反映了高院院长异地交流实施的第t年，实验组与控制组企业专业化分工水平的差异。此外，本文以政策实施前一年作为基期。如图1所示，高院院长异地交流前各期系数均不显著，这说明异地交流前控制组与实验组企业之间并无显著差异，研究样本通过平行趋势检验。在政策的动态效应方面，结果显示，在高院院长异地交流当年，对企业专业化分工的提升作用已有体现但尚未稳定，随着高院院长对当地司法文化和环境的熟悉，地区司法质量提升对企业专业化分工的促进作用不断提升并显著为正。这表明地区司法质量提升能显著提高企业专业化分工水平，但具有一定的滞后性。

（四）安慰剂检验

为了排除基准回归结果受到不可观测因素的影响，借鉴Cai等（2016）的做法，通过替换处理组省份进行安慰剂检验，本文在样本省份中随机抽取14个省份作为虚假的处理组省份，其他省份为虚假的对照组省份，可以得到实施高院院长异地交流政策对企业专业化分工影响的系

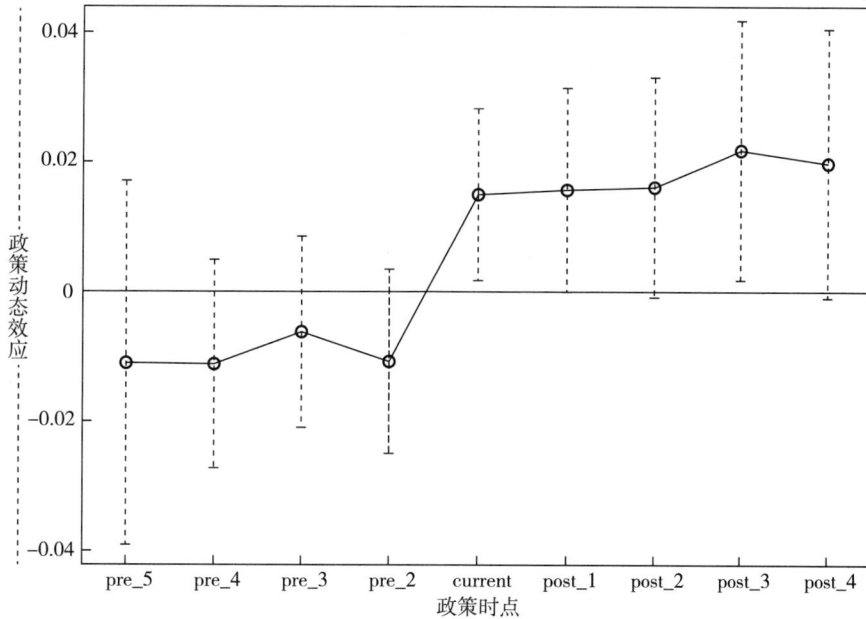

图 1　平行趋势检验

数估计值，将上述过程重复 500 次，得到 500 个回归系数及其对应的 P 值。为画图美观，将系数放大 100 倍，如图 2 所示。通过绘制这 500 个系数估计值的核密度分布和 P 值可以看出，回归系数均落在 0 值附近并近似服从正态分布，绝大多数回归结果均不显著，基准回归中系数估计值位于虚假回归系数分布的高尾位置，其在安慰剂检验中属于小概率事件，据此可以排除本文的基准回归结果是由不可观测因素造成的可能性。

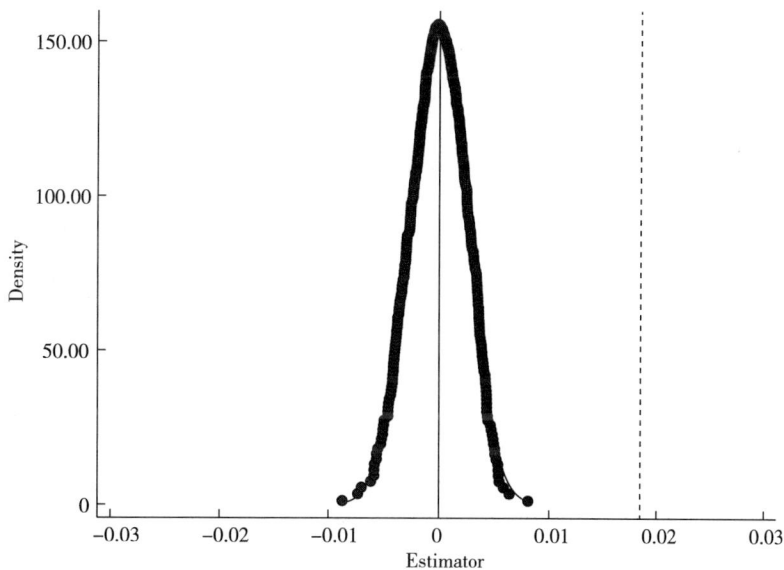

图 2　安慰剂检验

（五）稳健性检验

1. 替换被解释变量 vsi 度量方式

参考袁淳等（2021）的做法，在净资产的计算中考虑少数股权收益的影响。如表 3 第

（1）列所示，did 的系数显著为正，说明地方司法质量提升能够显著提高企业专业化分工水平。说明即使更换不同的被解释变量测度之后，地区司法质量提升仍能够显著提升企业专业化分工水平，回归结果与前文一致。

2. 替换核心解释变量 did 的度量方式

本文替换了地区司法质量提升的准自然实验进行稳健性检验。参考黄俊等（2021）的做法，采用巡回法庭设立作为地区司法质量提升的准自然实验，如表3第（2）列所示。结果显示，在替换了核心解释变量度量方式之后，回归结果与前文保持一致。

3. 倾向得分匹配—双重差分法

为了排除由于处理组和对照组由于个体特征造成的差异对基准回归结果的影响，本文采取 psm-did 的做法，先使用 psm 倾向得分匹配方法使得对照组与处理组之间的样本可观测特征基本相似，再进行 did 回归。本文分别采取截面近邻 1∶4 匹配和逐年近邻 1∶1 匹配方法，结果如表3第（3）列和第（4）列所示，核心解释变量 did 的系数依然显著为正，较好地说明了基准回归结果的稳健性。

4. Heckman 两步法

本文还使用 Heckman 两步法缓解样本选择偏误的影响，本文纳入了一系列控制变量作为第一阶段的解释变量进行 Probit 回归。在第二阶段检验模型中，将第一阶段估计的逆米尔斯比（IMR）放入第二阶段的模型进行回归。从表3第（5）列和第（6）列的回归结果中可以发现，核心解释变量 did 的系数显著为正，与基准回归结果保持一致。

表3 稳健性检验1

变量	(1) vsi	(2) vsi	(3) vsi	(4) vsi	(5) vsi	(6) vsi
IMR						−0.1019*** (−17.3804)
did	0.0125** (2.2894)	0.0146** (2.3176)	0.0207*** (2.9611)	0.0191*** (2.6278)		0.0178*** (4.8498)
Size	−0.0141** (−2.4212)	0.0013 (0.2250)	−0.0028 (−0.4591)	−0.0011 (−0.1803)	0.0591*** (3.5014)	
Lev	0.0477** (2.3251)	0.1132*** (4.9762)	0.0903*** (3.6627)	0.0804*** (3.3522)	1.0314*** (8.9171)	
Cash	−0.0271 (−1.1776)	−0.0213 (−0.8007)	0.0028 (0.0917)	0.0009 (0.0280)	−1.7014*** (−11.4043)	
ROA	−0.7596*** (−17.6249)	0.3970*** (7.4031)	0.4961*** (9.9037)	0.4625*** (9.6161)	−0.5602* (−1.6692)	
MB	0.0693*** (4.8869)	0.0228 (1.1538)	0.0833*** (3.8832)	0.0726*** (3.3643)	0.1064 (0.7392)	
Capital	−0.0186*** (−8.0675)	−0.0255*** (−11.7331)	−0.0289*** (−13.1182)	−0.0301*** (−13.8483)	−0.0428*** (−5.9156)	
lnpop	−0.0568 (−0.7640)		−0.0084 (−0.1055)	−0.0292 (−0.3620)	0.0514** (2.2032)	
lnpgdp	0.0255 (0.8178)		0.0834** (2.0132)	0.0710* (1.7084)	0.0977*** (3.8666)	
Constant	1.4794** (2.2328)	0.6894*** (5.6597)	0.6878 (0.9554)	0.8616 (1.1857)	−2.3167*** (−5.5818)	0.8071*** (308.8445)

变量	（1） vsi	（2） vsi	（3） vsi	（4） vsi	（5） vsi	（6） vsi
Observations	7888	11192	7476	15806	12259	8173
R-squared	0.8583	0.7053	0.7539	0.7636		0.0385
Firm	是	是	是	是	是	是
Year	是	是	是	是	是	是

注：①＊＊＊、＊＊、＊分别表示在1%、5%、10%的水平上显著；②括号内为t统计值；③采用公司聚类的稳健标准误。

5. 更换估计模型

为了缓解残差序列相关性对模型的影响，以及捕捉企业专业化分工水平的动态变化，本文使用动态面板模型进行检验，研究添加了一个滞后因变量（L.vsi）作为额外的控制变量，以进一步考察基准回归结果的稳健性，如表4第（1）列所示。回归结果表明，L.vsi的系数在1%的显著性水平上显著为正，说明企业专业化分工的动态效应的确存在，且did的系数依旧显著为正，保证了基准回归结果的稳健性。

6. 更换不同聚类的标准误

考虑到行业或者省份内企业可能存在尚未观测到但又相互关联的因素，本文在行业层面和省份层面进行聚类来测试基准结果的稳健性。表4第（2）列汇报了控制行业层面聚类的估计结果，第（3）列汇报了控制省份层面聚类的估计结果。回归结果表明，无论是在行业层面聚类还是省份层面聚类，did的系数依然显著为正，说明地区司法质量提升显著促进了企业专业化分工，结果保持稳健。

7. 添加固定效应

尽管基准回归纳入了一系列控制变量，但仍可能遗漏影响地区司法质量和企业专业化分工的重要变量。考虑到高院院长异地交流不仅会导致交流省份与未交流省份之间存在差异，也会导致交流省份在交流前后存在差异，因此本文考虑了省份固定效应，控制省份之间不随时间趋势变化的未观测因素影响。与此同时本文还考虑了行业固定效应和行业时间固定效应，以进一步验证研究结论的稳健性，表4第（4）列、第（5）列和第（6）列逐个加入行业固定效应、省份固定效应和行业时间固定效应进行回归，did系数依然显著为正，基准回归依然稳健。

表4　稳健性检验2

变量	（1） vsi	（2） vsi	（3） vsi	（4） vsi	（5） vsi	（6） vsi
did	0.0118＊＊ （2.0545）	0.0185＊＊＊ （3.0447）	0.0185＊＊＊ （2.8040）	0.0185＊＊＊ （2.6564）	0.0183＊＊＊ （2.6317）	0.0175＊＊＊ （2.7155）
L.vsi	0.3435＊＊＊ （12.0553）					
Size	−0.0096＊ （−1.7345）	−0.0015 （−0.1606）	−0.0015 （−0.2097）	−0.0015 （−0.2361）	−0.0010 （−0.1656）	0.0077 （1.3676）
Lev	0.0954＊＊＊ （4.4538）	0.0853＊ （2.0466）	0.0853＊＊＊ （2.8145）	0.0853＊＊＊ （3.5737）	0.0842＊＊＊ （3.5380）	0.0643＊＊＊ （2.9457）
Cash	−0.0412 （−1.3039）	0.0050 （0.2421）	0.0050 （0.1304）	0.0050 （0.1655）	0.0075 （0.2485）	0.0110 （0.3962）

续表

变量	（1）vsi	（2）vsi	（3）vsi	（4）vsi	（5）vsi	（6）vsi
ROA	0.5353***	0.4762***	0.4762***	0.4762***	0.4759***	0.5225***
	（11.0251）	（11.5166）	（7.4993）	（9.9149）	（9.8923）	（11.7237）
MB	0.0634***	0.0790**	0.0790***	0.0790***	0.0788***	0.0755***
	（3.1787）	（2.2094）	（3.1672）	（3.7998）	（3.7841）	（3.9352）
Capital	−0.0193***	−0.0295***	−0.0295***	−0.0295***	−0.0296***	−0.0276***
	（−7.5833）	（−14.2266）	（−18.6179）	（−13.8919）	（−13.9412）	（−14.2632）
lnpop	−0.0567	−0.0286	−0.0286	−0.0286	−0.0528	0.0527
	（−0.7250）	（−0.2517）	（−0.3690）	（−0.3553）	（−0.6086）	（0.6160）
lnpgdp	0.0131	0.0720***	0.0720*	0.0720*	0.0616	0.0660
	（0.3672）	（3.0110）	（1.9109）	（1.7355）	（1.4359）	（1.5719）
Constant	1.0396	0.8523	0.8523	0.8523	1.0554	0.0408
	（1.4800）	（0.8111）	（1.1609）	（1.1754）	（1.3587）	（0.0538）
Observations	5623	8105	8105	8105	8105	8105
R-squared	0.8175	0.7533	0.7533	0.7533	0.7537	0.7894
Firm	是	是	是	是	是	是
Year	是	是	是	是	是	是
行业固定效应	否	否	否	是	是	是
省份固定效应	否	否	否	否	是	是
行业×年份固定效应	否	否	否	否	否	是

注：①***、**、*分别表示在1%、5%、10%的水平上显著；②括号内为t统计值；③采用公司聚类的稳健标准误。

8. 剔除经济危机的影响

考虑到样本期间内经济危机可能对企业的专业化分工水平产生显著影响，本文剔除2008年样本进行回归，结果如表5第（1）列所示，核心解释变量did的系数仍显著为正，与基准回归结果并无显著差异，证实了本文基准回归结果的稳健性。

9. 变换缩尾

考虑到即使对连续型变量进行了双侧1%的缩尾处理，但可能还存在极端值的影响，本文对连续型变量重新进行双边3%的缩尾处理。表5第（2）列汇报了再缩尾的回归结果，did的系数依旧显著为正，与基准回归结果并无显著差异，证实了本文基准回归结果的稳健性。

表5　稳健性检验3

变量	（1）vsi	（2）vsi
did	0.0200**	0.0179**
	（2.5211）	（2.5733）
Size	−0.0007	0.0054
	（−0.1137）	（0.8580）
Lev	0.0794***	0.0531**
	（3.1578）	（2.1111）
Cash	−0.0011	0.0105
	（−0.0354）	（0.3363）

续表

变量	（1） vsi	（2） vsi
ROA	0.4696***	0.3900***
	(9.0958)	(6.5011)
MB	0.0589**	0.0928***
	(2.4748)	(3.9040)
Capital	−0.0299***	−0.0407***
	(−13.3319)	(−14.3825)
lnpop	−0.0246	−0.0512
	(−0.3063)	(−0.7115)
lnpgdp	0.0725*	0.0456
	(1.7249)	(1.2819)
Constant	0.8239	0.9445
	(1.1394)	(1.4593)
Observations	7292	8105
R-squared	0.7522	0.7433
Firm	是	是
Year	是	是

注：①***、**、*分别表示在1%、5%、10%的水平上显著；②括号内为t统计值；③采用公司聚类的稳健标准误。

（六）机制检验

前文理论分析结果表明，地区司法质量提升企业专业化分工水平的机制是降低外部交易成本，从而促使企业更好地融入市场参与分工。由此本文预期，如果司法质量提升对企业专业化分工水平的提升作用确实是通过降低外部交易成本来实现的，那么地区司法质量提升应当更有利于那些面临的外部交易成本更高的企业，即对企业专业化分工的促进作用应该在外部交易成本更大的企业中更显著。由于难以对企业的外部交易成本进行直接度量，本文分别从企业和地区两个层面来间接刻画企业面临的外部交易成本，并进一步考察外部交易成本所发挥的机制作用。

1. 企业层面

本文使用企业资产专用性来反映外部交易成本。资产专用性较高的企业面临较高的"套牢"风险，受到交易对手"敲竹杠"的概率较高，由此面临更高的外部交易成本。参考袁淳等（2021）的做法，本文采用无形资产占总资产比例度量企业资产专用性，若该比例高于样本中位数，则虚拟变量dumitang赋值为1，反之则赋值为0。本文将dumitang及交乘项dumitangdid代入方程中进行检验，如表6第（1）列和第（2）列所示。交乘项dumitangdid的系数在5%的置信水平上显著为正，说明企业面临的外部交易成本越高，地区司法质量提升对企业专业化分工的促进作用越显著，与预期一致，验证了研究假说2。

2. 地区层面

本文使用市场化水平来反映外部交易成本。市场化水平较低的地区，契约环境往往较差，市场主体之间发生"敲竹杠"或违约的概率较高，因此，当企业位于市场化水平较低的地区时，其所面临的外部交易成本往往也较高。本文利用企业所处省份的市场化指数度量地区市场化水平，若该指数低于样本中位数，则虚拟变量dummarket赋值为1，反之则赋值为0。进一步地，本文将dummarket和交乘项dummarketdid加入模型中进行检验，回归结果如表6第（3）列和第

（4）列所示，dummarketdid 的系数在 5% 的显著性水平上显著为正，表明企业所处地区市场化水平越低，地区司法质量提升对推动企业专业化分工的作用效果就越明显，验证了前文预期。

表 6　机制检验

变量	（1）vsi	（2）vsi	（3）vsi	（4）vsi
did	−0.0030 （−0.3056）	0.0067 （0.7643）	0.0029 （0.3533）	0.0046 （0.6000）
dumitang	−0.0174*** （−3.0242）	−0.0112** （−2.2787）		
dumitangdid	0.0298*** （3.2038）	0.0202** （2.3953）		
dummarket			0.0024 （0.3595）	0.0056 （1.0029）
dummarketdid			0.0298*** （3.1931）	0.0213** （2.5118）
控制变量	是	是	是	是
Constant	0.7808*** （201.5373）	0.9157 （1.2581）	0.7711*** （211.1975）	0.6661*** （5.2599）
Observations	8105	8105	8105	8105
R-squared	0.6937	0.7538	0.6935	0.7526
Firm	是	是	是	是
Year	是	是	是	是

注：①***、**、*分别表示在 1%、5%、10% 的水平上显著；②括号内为 t 统计值；③采用公司聚类的稳健标准误。

（七）异质性分析：企业特征的影响

1. 内部管控成本

正如前文理论分析指出，地区司法质量提升对企业专业化分工的影响取决于外部交易成本和内部管控成本两方面作用的综合结果。与理论分析的逻辑相呼应，本部分拟考察地区司法质量提升对企业专业化分工的促进作用在不同内部管控成本的企业是否存在异质性。具体地，当企业内部管控成本较低时，地区司法质量提升对外部交易成本的降低作用将更加明显，从而对企业专业化分工的作用更加显著。为了验证上述推测，本文用管理费用占营业收入的比重来衡量企业内部的管控成本（李万福等，2011），以管理费用占比的中位数进行分组回归，结果如表 7 第（1）列和第（2）列所示，企业内部管控成本越低，地区司法质量提升对企业专业化分工的促进作用更明显。

2. 企业规模

考虑到不同规模企业对地方经济发展的作用不同，其受到政府甚至司法机构的庇护也会有所差异。一般来说，大企业承担了更高的税收和更多工人的就业问题，对经济发展和社会稳定的作用更强，受到政府的庇护越多。当地方司法质量提升时，大企业的隐形优势被限制，小企业能更平等地被对待，享有更加公平的地位，从而对其企业专业化分工的促进作用更强。由此本文预计，地区司法质量提升对企业专业化分工的促进作用对小企业更加显著。为了验证上述预测，本文以总资产对数的平均数作为分类标准，高于平均数的为大企业，低于平均数的为小企业，重新进行回归，结果如表7第（3）列和第（4）列所示。did 的系数约为0.029，在1%的置信水平上显著。由此验证了上述预测，地区司法质量提升对企业专业化分工的促进作用在小企业中更加显著。

表7　异质性分析1

变量	（1）内部管控成本较低	（2）内部管控成本较高	（3）大企业	（4）小企业
did	0.0310***	0.0081	0.0004	0.0292***
	(2.8916)	(1.1142)	(0.0409)	(2.8918)
控制变量	是	是	是	是
Constant	0.5655	2.4537***	1.5434	0.0424
	(0.5575)	(3.0754)	(1.3539)	(0.0466)
Observations	3871	3940	4001	3905
R-squared	0.7487	0.7697	0.7882	0.7953
Firm	是	是	是	是
Year	是	是	是	是

注：①***、**、*分别表示在1%、5%、10%的水平上显著；②括号内为t统计值；③采用公司聚类的稳健标准误。

（八）异质性分析：行业特征的影响

1. 行业竞争程度

地区司法质量对企业专业化分工水平的影响也具有行业异质性。在竞争程度较高的行业里，企业面临更多的交易对象，即使当前的合作伙伴终止了与本企业的合作关系，在竞争性行业里也有较多可替代的交易对象可供选择，因此被"敲竹杠"和恶意违约的概率较大，在地区司法质量提升之后，能够有效约束各类市场主体的事后机会主义行为，确保契约和协定的顺利达成，从而促进企业专业化分工，因此本文做出预测，地区司法质量提升对企业专业化分工的促进作用在竞争程度较高的行业里面更显著。为了验证上述猜想，参考 Balakrishnan 和 Cohen（2011）的做法，我们采用行业内样本企业数目的倒数（记作1/N）作为行业竞争程度的一个替代变量，高于样本中位数的行业认为是竞争程度低的行业，低于样本中位数的行业认为是竞争程度高的行业，重新进行回归，结果如表8所示。第（1）列表示竞争程度高的行业的回归结果，did 的系数在10%的置信水平上显著为正，第（2）列表示竞争程度低的行业的回归结果，did 的系数为正但不显著，由此验证了上述预测，地区司法质量提升对企业专业化分工水平的促进作用在竞争程度较高的行业更显著。

2. 行业类别

地区司法质量提升对企业专业化分工的促进作用因不同的产业链特征而有所差异。当产品的生产、销售过程涉及多个技术上可分离的阶段时，企业可选择将各个阶段都置于企业内部完成，即纵向一体化；也可选择将上下游某些阶段交由市场中的其他企业完成，即专业化分工。由此可见，从企业边界的概念而言，一体化或专业化的边界调整更加契合于制造业企业的产业链特征，换言之，制造业企业边界的调整可能对内外部环境更加敏感。因此，地区司法质量提升对企业专业化分工的促进作用可能在制造业行业中更加显著。为了验证上述猜测，本文选取制造业和服务业样本重新进行回归检验，结果如表8所示，第（3）列显示了服务业子样本的回归结果，核心解释变量 did 为正但不显著，第（4）列显示了制造业子样本的回归结果，核心解释变量 did 在 1% 的显著性水平上显著为正。由此验证了上述猜测，地区司法质量提升对企业专业化分工的促进作用在制造业行业中更加显著。

表8　异质性分析2

变量	（1）竞争程度高	（2）竞争程度低	（3）服务业	（4）制造业
did	0.0120*	0.0470	0.0160	0.0228***
	(1.6836)	(1.6159)	(1.4034)	(2.8159)
控制变量	是	是	是	是
Constant	0.6380***	0.7942	1.7083	−0.9881
	(4.8957)	(1.3982)	(1.5735)	(−0.9687)
Observations	7678	427	3653	4452
R-squared	0.7457	0.7924	0.7519	0.7517
Firm	是	是	是	是
Year	是	是	是	是

注：①***、**、*分别表示在1%、5%、10%的水平上显著；②括号内为t统计值；③采用公司聚类的稳健标准误。

（九）异质性分析：地区特征的影响

1. 地方政府对市场的干预程度

企业所在省份政府对市场的干预会影响司法体制改革的政策效果，从而对企业专业化分工水平产生异质性影响。政府对市场的干预程度越低，政府权力运行越规范，相对来说对企业的过度管制与干预行为越少，地方司法质量提升对企业专业化分工行为的影响较小，因此对企业专业化分工的促进作用越不显著。由此本文预测，地方司法质量提升对受政府干预程度较高企业的专业化分工水平提升更显著。为了验证上述猜想，参考樊纲等（2011）的研究，将政府与市场关系得分作为市场受政府干预程度的代理变量，高于样本中位数的划定为受政府干预程度较低的地区，低于样本中位数的为受政府干预程度较高的地区，重新进行回归，回归结果如表9所示。第（1）列为受政府干预程度较低的回归结果，did 的系数为正但不显著，第（2）列是受政府干预程度较高的回归结果，did 的系数为正且在5%的置信水平上显著为正。由此验证了上述预测，地区司法质量提升对企业专业化分工的影响效果在受政府干预程度较高的地区更显著。

2. 地区经济发展水平

劳动分工理论认为，市场范围决定企业分工，市场规模扩大能够推动企业分工深化（Smith，1776）。在中央向地方分权的制度背景下，地方政府具有相当高的经济自主权。地方政府出于晋升锦标赛的激励，往往会采用行政甚至司法手段限制本地优质资源外流，造成了严重的市场分割，从而导致企业的生产经营往往局限于本地，在本地以外的市场较小，可达市场范围受到限制，制约企业专业化分工程度的提高。而司法质量提升有利于破除区域之间不合理的市场分割，扩大企业的可达市场范围。企业所在的地区经济发展水平越高，司法质量提升对企业专业化分工的促进作用越显著。为了验证上述猜测，以人均GDP的对数中位数进行分组，低于中位数的为经济发展水平较低地区，高于中位数的为经济发展水平较高地区，进行分组回归结果如表9所示，第（3）列为经济发展水平较低的子样本，did 系数为正但不显著，第（4）列为经济发展水平较高的子样本，did 系数在5%的显著性水平上显著为正。

表9 异质性分析3

变量	（1）受政府干预程度低	（2）受政府干预程度高	（3）经济发展水平较低	（4）经济发展水平较高
did	0.0134 (1.3910)	0.0313** (2.2204)	0.0214 (1.4254)	0.0248** (2.2903)
控制变量	是	是	是	是
Constant	−0.1982 (−0.2444)	−3.6839** (−2.3829)	−0.4025 (−0.4906)	−2.6076* (−1.9554)
Observations	4633	3113	3729	4033
R-squared	0.7959	0.7900	0.7947	0.8055
Firm	是	是	是	是
Year	是	是	是	是

注：①***、**、*分别表示在1%、5%、10%的水平上显著；②括号内为t统计值；③采用公司聚类的稳健标准误。

（十）进一步讨论

1. 全要素生产率

理论上，企业专业化分工能够促使各企业发挥自己在资源或技术等方面的比较优势，从而促进企业生产率的提高（Smith，1776）。因此本文在以上分析的基础上进一步考察地区司法质量提升能否通过提升企业专业化分工程度从而提升企业的全要素生产率。参考袁淳等（2021）和郝闻汉等（2021）的做法，采取逐步回归法对地区司法质量提升能否通过促进企业专业化分工来提升企业生产效率进行中介效应检验：

$$TFP_{i,t} = \beta_0 + \beta_1 DID + \sum Control + \sum Firm + \sum Year + \varepsilon_{i,t}$$

$$VSI_{i,t} = \alpha_0 + \alpha_1 DID + \sum Control + \sum Firm + \sum Year + \varepsilon_{i,t}$$

$$TFP_{i,t} = \gamma_0 + \gamma_1 DID + \gamma_2 VSI_{i,t} + \sum Control + \sum Firm + \sum Year + \varepsilon_{i,t}$$

其中，TFP为用OP和LP方法计算出来的全要素生产率，表10汇报了中介效应检验结果。第（1）列和第（2）列结果显示，无论用哪种方式计算出来的全要素生产率，地区司法质量提升都显著提升了企业全要素生产率，至少在10%的置信水平上显著为正。基准回归结果显示，司法质量提升显著促进了企业专业化分工，该结论在经历一系列稳健性检验的基础上依然成立。第（3）列和第（4）列结果显示，vsi系数大多在5%的置信水平上显著为正，而核心解释变量did的系数在数值和显著性上有不同程度的下降。以上结果表明，司法质量提升对企业专业化分工的推动作用能够进一步提高企业的生产效率。

2. 企业成长性

理论上，企业在经营过程中实施专业的发展战略和提供专业化的服务是降低经营风险和持续发展的有效手段。企业在进行专业化分工时为了合理利用稀缺资源，直接表现形式是对经营成本与管理成本进行合理的配置。此外，专业化分工经营策略因企业规模的扩大而实现规模化，有效促进企业在生产、销售与财务等部门间的协同效应，企业能以成本分摊的形式对成本结构予以合理控制，采用更为合理的资源配置与高效率提高企业的价值增长，增强内部核心竞争力和成长性。为了验证上述猜测，本文采用总资产周转率ATA度量企业成长性，表10第（5）列和第（6）列的回归结果显示，地方司法质量提升显著提高了总资产周转率，说明深化司法体制改革对于提高企业成长性从而促进企业的高质量发展具有显著的积极影响。

表 10　进一步分析

变量	（1）tfp_op	（2）tfp_lp	（3）tfp_op	（4）tfp_lp	（5）ATA	（6）ATA
vsi			0.2413***	0.1250**		0.1449***
			（3.5507）	（2.5083）		（3.0593）
did	0.0423*	0.0413**	0.0367	0.0384**	0.0382*	0.0355
	（1.6747）	（2.3605）	（1.4488）	（2.2030）	（1.7172）	（1.6155）
控制变量	是	是	是	是	是	是
Constant	−0.1854	−3.7506*	−0.4083	−3.8661**	2.1722	2.0448
	（−0.0504）	（−1.9466）	（−0.1137）	（−2.0465）	（1.1400）	（1.0746）
Observations	7183	7183	7183	7183	8062	8062
R−squared	0.9381	0.9728	0.9385	0.9729	0.8722	0.8726
Firm	是	是	是	是	是	是
Year	是	是	是	是	是	是

注：①***、**、*分别表示在1%、5%、10%的水平上显著；②括号内为t统计值；③采用公司聚类的稳健标准误。

六、结论与政策建议

（一）研究结论

如何推动地区间企业分工深化，发挥企业专业化分工优势是经济高质量发展和构建新发展格局的应有之义。本文基于微观企业视角，实证考察了地区司法质量提升对企业专业化分工的影响效果与作用机理。研究发现，地方司法质量提升能够显著促进企业专业化分工水平的提高，且该结论在经过一系列稳健性检验的基础上依然成立。机制分析结果表明，地区司法质量提升对企业专业化分工的促进作用是通过降低外部交易成本来实现的。地区司法质量提升对企业专业化分工的影响具有显著的异质性，在内部管控成本较低的小企业，行业竞争程度较高的制造业行业和政府干预程度较高的经济发达地区促进效果更加显著。同时，地区司法质量提升带来的企业专业化分工水平提升进一步提高了企业的全要素生产率和企业成长性。本文研究结果表明，地区司法质量提升不仅能推动企业分工深化，还能促进企业经济效率的提高，这说明深化司法体制改革对于推动地区间分工协作乃至经济的高质量发展都具有显著的积极影响。

（二）政策建议

本文的结论可能具有以下政策启示：①当前中国经济进入结构优化、动能转换的新发展阶段，应扎实推进全国统一大市场的建设，打破区域间的市场藩篱，深入推进地区间企业专业化分工，为国民经济循环顺畅、国内分工不断深化、国家技术水平不断进步的新发展格局筑牢现实基础。此外应持续优化营商环境，塑造良好的市场氛围，为企业分工协作提供坚实的制度基础和搭建有利平台，充分释放专业化分工的经济红利。②持续深化司法体制综合配套改革，更好地开展中国特色社会主义伟大实践，实现国家治理体系与治理能力的现代化的同时实现法治建设和经济建设的同步推进。本文研究表明地方司法质量提升能够显著推动企业分工深化，因此，今后应继续将法治建设往纵深方向推进，建立健全规范公正高效透明的司法执法体系，优化审判机制，为经济高质量发展和新发展格局构建提供良好法治环境，充分释放司法改革的制度红利。③持续提高政府治理能力和完善政府治理体系，规范行政权力的运行，把权力关进制度的笼子里，更好地发挥政府作用。以往中央与地方的行政分权制度在调动地方发展经济的积极性的同时，也造成了严重的市场分割和重复建设的问题，阻碍了经济高质量发展和统一大市场的建设，由此可见政府治理能力和治理体系对于能否发挥市场作用具有重要影响。减少政府对市场的过度管制与干预，发挥市场在资源配置中的决定性作用，对于促进资源的合理配置以及经济的转型升级具有重要的现实意义。

参考文献

［1］曹春方，陈露兰，张婷婷."法律的名义"：司法独立性提升与公司违规［J］.金融研究，2017（5）：191-206.

［2］常延龙，龙小宁，孟磊.异地审理、司法独立性与法官裁决——基于广东省江门市司法制度改革的实证研究［J］.经济学（季刊），2020，19（1）：101-120.

［3］陈刚，李树.司法独立与市场分割——以法官异地交流为实验的研究［J］.经济研究，2013，48（9）：30-42+70.

［4］陈刚.法官异地交流与司法效率——来自高院院长的经验证据［J］.经济学（季刊），2012，11（4）：1171-1192.

［5］樊纲，王小鲁，马光荣.中国市场化进程对经济增长的贡献［J］.经济研究，2011，46（9）：4-16.

［6］范子英，彭飞."营改增"的减税效应和分工效应：基于产业互联的视角［J］.经济研究，2017，52（2）：82-95.

［7］范子英，赵仁杰.法治强化能够促进污染治理吗？——来自环保法庭设立的证据［J］.经济研究，2019，54（3）：21-37.

［8］郝闻汉，袁淳，耿春晓.区域一体化政策能促进企业垂直分工吗？——来自撤县设区的证据［J］.经济管理，2021，43（6）：22-37.

［9］贺卫方.中国司法管理制度的两个问题［J］.中国社会科学，1997（6）：116-129.

［10］黄俊，陈信元，赵宇，等.司法改善与企业投资——基于我国巡回法庭设立的经验研究［J］.经济学（季刊），2021，21（5）：1521-1544.

［11］李嘉楠，孙浦阳，唐爱迪.贸易成本、市场整合与生产专业化——基于商品微观价格数据的验证［J］.管理世界，2019，35（8）：30-43+83+190.

［12］李青原，唐建新.企业纵向一体化的决定因素与生产效率——来自我国制造业企业的经验证据［J］.南开管理评论，2010，13（3）：60-69.

［13］李万福，林斌，宋璐.内部控制在公司投资中的角色：效率促进还是抑制？［J］.管理世界，2011（2）：81-99+188.

［14］刘维刚，倪红福，夏杰长.生产分割对企业生产率的影响［J］.世界经济，2017，40（8）：29-52.

［15］潘越，潘健平，戴亦一.公司诉讼风险、司法地方保护主义与企业创新［J］.经济研究，2015，50（3）：131-145.

［16］施炳展，李建桐.互联网是否促进了分工：来自中国制造业企业的证据［J］.管理世界，2020，36（4）：130-149.

［17］苏力.论法院的审判职能与行政管理［J］.中外法学，1999（5）：36-46.

［18］唐东波.垂直专业分工与劳动生产率：一个全球化视角的研究［J］.世界经济，2014，37（11）：25-52.

［19］王锋，葛星.低碳转型冲击就业吗——来自低碳城市试点的经验证据［J］.中国工业经济，2022（5）：81-99.

［20］袁淳，肖土盛，耿春晓，等.数字化转型与企业分工：专业化还是纵向一体化［J］.中国工业经济，2021（9）：137-155.

［21］张婷婷，宋冰洁，荣幸，等.市场分割与企业纵向一体化［J］.财贸经济，2021，42（6）：150-164.

［22］赵仁杰，张家凯.地方司法体制改革与企业投资——来自地方法院人财物省级统管的证据［J］.经济学（季刊），2022，22（2）：505-526.

［23］Acemoglu D，Griffith R，Aghion P，et al. Vertical Integration and Technology：Theory and Evidence［J］. Journal of European Economic Association，2010，8（5）：989-1033.

［24］Adelman M A. Concept and Statistical Measurement of Vertical Integration［M］//Business Concentration and Price Policy. Princeton：Princeton University Press，1955.

［25］Balakrishnan K，Cohen D A. Product Market Competition and Financial Accounting Misreporting［R］. University of Pennsylvania Working Paper，2011.

［26］Buzzell R D. Is Vertical Integration Profitable［J］. Harvard Business Review，1983，61（1）：296-308.

［27］Cai X，Lu Y，Wu M，et al. Does Environmental Regulation Drive away Inbound Foreign Direct Investment？ Evidence from a Quasi-Natural Experiment in China［J］. Journal of Development Economics，2016，123：73-85.

［28］Coase R H. The Nature of the Firm［J］. Economica，1937，4：386-405.

［29］Fan J P H，Huang J，Morck R，et al. Institutional Determinants of Vertical Integration in China［J］. Journal of Corporate Finance，2017，44：524-539.

［30］Goldschmidt D，Schmieder J F. The Rise of Domestic Outsourcing and the Evolution of the German Wage Structure［J］. Quarterly Journal of Economics，2017，132（3）：1165-1217.

［31］Grossman G M，Rossi-Hansberg E. Trading Tasks：A Simple Theory of Offshoring［J］. American Economic Review，2008，98（5）：1978-1997.

［32］Hummels D，Ishii J，Yi K M. The Nature and Growth of Vertical Specialization in World Trade［J］. Journal of International Economics，2001，54（1）：75-96.

［33］Jacobson L S，LaLonde R J，Sullivan D G. Earnings Losses of Displaced Workers［J］. American Economic Review，1993，83（4）：685-709.

［34］Lai S，Yang L，Wang Q，et al. Judicial Independence and Corporate Innovation：Evidence from the Establishment of Circuit Courts［J］. Journal of Corporate Finance，2023，80：102424.

［35］Liu E，Lu Y，Peng W，et al. Judicial Independence，Local Protectionism，and Economic Integration：Evidence from China［R］. National Bureau of Economic Research，2022.

［36］Porta R L，Lopez-de-Silanes F，Shleifer A，et al. Law and Finance［J］. Journal of Political Economy，1998，106（6）：1113-1155.

［37］Smith A. The Wealth of Nations［M/OL］. https：//www. ibiblio. org/ml/libri/smithA_WealthNations_ p. pdf，1976.

［38］Stigler G J. The Division of Labor is Limited by the Extent of the Market［J］. Journal of Political Economy，1951，59（3）：185-193.

［39］ Tomiura E. Foreign Versus Domestic Outsourcing：Firm-Level Evidence on the Role of Technology ［J］. International Review of Economics and Finance，2009，18（2）：219-226.

［40］ Williamson O E. Transaction-Cost Economics：The Governance of Contractual Relations ［J］. Journal of Law and Economics，1979，22（2）：233-261.

［41］ Youno A A. Increasing Returns and Economic Progress ［J］. Economic Journal，1928，38（152）：527-542.

［42］ Zhao D，Yu A，Guo J. Judicial Institutions，Local Protection and Market Segmentation：Evidence from the Establishment of Interprovincial Circuit Tribunals in China ［J］. China Economic Review，2022，75：101829.

企业管理

"代行其责"还是"相得益彰"?
"党建入章"对企业风险管理需求的影响

刘怡君　许　荣　李从刚

[摘要] 中国共产党党委领导是中国特色现代企业制度的核心特点，如何推动党委有机嵌入并与其他治理主体积极互动是中国公司治理机制长期探索的独特问题。本文从风险管理这一视角切入，检验将党建工作纳入公司章程（即"党建入章"）对董事高管责任保险（以下简称董责险）投保需求的影响，以期见微知著，探究党委在公司治理中究竟是通过讨论前置等环节"代行其责"过滤风险，直接履行风险管理职能；还是通过引入专业化的外部治理机制与其配合"相得益彰"。研究发现：①"党建入章"显著提高了企业的董责险需求，支持了党委领导与外部治理机制相配合，在治理职能上实现"相得益彰"的观点。②机制分析结果表明，一方面，党委介入公司治理后，公司的风险承担更为审慎，由此产生了额外的风险管理需求，并驱动了公司购买董责险的动机。此外，在国有企业样本中，高管出于政治晋升目的而"急于表现"的倾向将进一步强化公司的投保需求；另一方面，"党建入章"遏制了企业高管在职消费行为并缩小了高管和员工的薪酬差距，党委监督下董责险提供的风险保障可以作为高管货币薪资降低的补偿性激励机制，同时确保投保行为并非由在职消费腐败行为减少产生的补偿需求驱动。③异质性检验部分表明，"党建入章"对董责险需求的驱动作用在第二类代理成本较高的公司中更为显著。进一步研究发现，尽管"党建入章"、引入董责险在一定程度上增加了工作流程、降低了董事会效率，但最终提升了公司治理质量。本文的结论表明党委嵌入与外部治理机制相结合在风险管理方面发挥了有效的协同作用，进一步拓展了公司治理领域中"党委嵌入"这一关键问题的讨论，为中国公司治理实践的本土化优化提供了有益的借鉴。

[关键词] "党建入章"；公司治理；董事高管责任险；风险管理

一、引言

作为现代企业制度的基石，公司治理理论自 20 世纪 30 年代提出以来演化出了多元的形式（Aguilera and Jackson，2010），公司治理是指管理和监督企业活动的一系列机制和原则，旨在确

[作者简介] 刘怡君，中国人民大学财政金融学院博士研究生，伦敦国王学院国王商学院联合培养博士生；许荣，中国人民大学财政金融学院教授、博士生导师；李从刚，上海立信会计金融学院会计学院副教授。

保企业能够在法律、道德和社会责任的框架内有效运营，创造持续的经济价值，并最大化股东利益。在公司治理理论的发展过程中，各国差异化政治经济体系影响着公司治理的理念和实践（Xie et al.，2022），美国的公司治理体系强调股东价值最大化，注重董事会的独立性和透明度。欧洲一些国家则更加关注利益相关者的权益，因此采用双层董事会或员工代表制度，以平衡不同群体的利益。亚洲一些国家，尤其是日本，强调长期经营和企业家精神，注重与供应商、员工等利益相关者的合作。与此同时，全球化趋势下公司治理准则的国际化也推动着公司治理的统一和规范化。中国作为经济转型的典型成功案例，经历了从计划经济体制下的行政型治理向市场经济体制下的经济型治理的转变。在此过程中，中国一方面借鉴成熟资本市场公司治理模式制度设计的优势，如实行"股东大会+董事会+监事会+经理层"的"三会一层"治理结构以及引入证券诉讼和独立董事制度等，并在近年《证券法》和《公司法》的修订中持续提升对信息披露规范性以及股东权益保护的要求；另一方面立足混合经济体系下的中国国情，通过协调政府监管解决发达市场公司治理中存在的如委托代理和滥用诉讼等问题，具体体现为国有企业改革的历程中探索党委在公司治理中的最优角色，以及通过投资者服务中心等机构参加特殊代表人诉讼以规避集体诉讼滥用干扰营商环境的情况等，以上两方面的发展逐步演化出中国特色的公司治理模式。习近平总书记在党的二十大报告中指出，"完善中国特色现代企业制度，弘扬企业家精神，加快建设世界一流企业"，其中中国特色现代国有企业制度的"特"就特在党的领导。与此同时，加强新时代非公企业党建工作和党对非公企业的领导，也是推进非公经济健康发展的内源动力。如何实现党委在治理实践中的"有机嵌入"、通过科学和高效的方法参与企业的重大决策，是中国公司治理长期面临的独特议题。

公司层面的党委的微观治理机制在政策、实践和学术研究中仍旧存在一定的探索余地。当前党在公司治理中的领导角色理论上主要体现在四个方面：一是组织结构方面，"党建入章"等形式明确了党委在公司法人治理结构中的法定地位；二是具体职能方面，党委通过"前置讨论"履行谋大局、议大事、抓重点的职能；三是与其他治理主体的关系方面，党委要尊重和支持董事会、经理层行使职权；四是党委的自身建设，党委在人事任命和企业文化塑造方面发挥关键作用。[①] 从实践角度而言，高明华等（2023）通过调研以及案例研究发现，样本企业在形式上都确立了党委在公司治理中的领导，但在具体实践中仍存在诸多问题，如尽管在权责分配上制定了三会议事规则和权责清单，但党委会、董事会和经理层的交叉任职还是导致了权责界定的交叉，多项体系下频繁且不统一的检查、督查、审计等标准在很大程度上加大了治理主体的决策风险，因此如何通过发挥党委的治理作用以优化公司治理仍需进一步探索。现有文献结论主要集中在两方面：一类文献研究发现"双向进入、交叉任职"这一设计所体现的党委嵌入程度提升使得企业违规、高管自利以及国有资产流失等行为显著减少，验证了党委领导强化的"监督效应"有利于遏制委托代理行为；另一类则从广泛的利益相关者视角出发，发现党委嵌入有助于强化政府与公司间社会责任履行的协同，驱动企业承担社会责任。除柳学信等（2020）从董事会投票异议的角度提供了微观治理的证据外，鲜有研究探究党委在公司内部治理中的具体职能以及与其他治理主体的互动关系，因此党委在国有公司治理体系内部如何运作很大程度上仍然局限为相对模糊的"监督效应"或"政治压力"。

本文选择风险管理作为研究党委在公司治理中职能履行的切入口。公司党委的政治性质决定了其首要职责是确保公司的经营活动有助于维护社会稳定和维护国家利益，因此约束各类违法违规行为以及遏制其诉讼风险是基础。具体而言，党委主要能够从事前规章制定、事后监督

---

① 中共中央办公厅《关于中央企业在完善公司治理中加强党的领导的意见》，https：//www. gov. cn/zhengce/2021-05/30/content_5614000. htm。

问责和贯穿始终的廉政文化建设的角度影响企业的风险管理过程。首先,党委有权制定和强化公司内部的规章制度并通过"讨论前置"等环节参与公司的战略规划,有助于公司防范潜在法律风险。其次,在公司治理中,党委可以监督高管层的决策和行为,确保其同时符合党的纪律和法律法规。如果公司高层出现腐败或违法行为,党委有权使用党内纪律追责处理,发挥有效的震慑作用。最后,党委可以推动党风廉政建设,培养公司员工的道德和职业操守,从根源上增强员工的风险意识,最终防范内部腐败和道德风险。

党的十八大之后,党内纪律和监察体系得到了系统性强化,"打虎""拍蝇""猎狐"等一系列反腐行动在国有企业中取得了有效的成果,但近年来金融行业上市公司高管因贪腐或履职不当而受到惩处撤职的案例仍频繁出现,这表明企业在风险管控方面仍存在诸多漏洞,也体现出发挥党委在企业风险管理中关键职能的紧迫性。党委参与风险管理的优势在于危机时提升公司内外部的协同效率,如通过成立临时党委以确保风险处置过程中公司能够稳健过渡。

但公司党委在风险管理方面的具体职能仍值得进一步探究,例如,究竟是通过讨论前置等环节过滤风险直接履行风险管理职能;还是更多地从需求侧提升风险承担审慎程度,在实际治理过程中通过引入专业化的外部治理机制与其配合遏制风险?本文使用公司投保董事高管责任保险行为度量企业外部风险管理需求,理解党委在公司治理中的实际角色,既是具体职能的执行者也是治理职能的协调者。董责险是被保险董事及高级管理人员在参与公司经营管理过程中,因行为不当或工作疏忽受到指控并追究其个人赔偿责任时,由保险机构代为赔付该董事或高管在责任抗辩过程中支付的相关法律费用以及民事赔偿责任的保险。2002 年证监会发布《上市公司治理准则》明确规定上市公司高管的民事赔偿责任后,董责险被首次引入中国市场。2022 年,《公司法(修订草案)》二次审议稿发布,首次在立法中提及公司可通过投保董责险规避风险,确立了董责险的法律地位。后续独董履职准则等均包含了"上市公司可以建立必要的独立董事责任保险制度,以降低独立董事正常履行职责可能引致的风险"等表述。2023 年国务院办公厅印发的《关于上市公司独立董事制度改革的意见》明确提出,"鼓励上市公司为独立董事投保董事责任保险,支持保险公司开展符合上市公司需求的相关责任保险业务"。大量公司治理相关研究从遏制高管道德风险和机会主义行为(李从刚和许荣,2020)、降低风险规避高管后顾之忧、激励其积极履职等角度验证了董责险作为外部治理机制的有效性(方军雄和秦璇,2018;胡国柳等,2019;许荣和刘怡君,2021),但由于一段时间内中国资本市场法治建设相对滞后,董责险在 A 股市场需求相对有限,因而鲜有实证研究探究其在中国上市公司中的需求因素,现有研究更多认为这是公司治理实践国际化趋同的结果,例如,董事高管的海外经历与公司投保需求呈显著正向相关(Xia et al.,2023)。

本文研究发现,"党建入章"促进企业董责险需求显著上升,具体表现为:一是改变公司风险承担水平,党委领导下公司风险态度更为审慎,创造了额外的风险管理需求,驱动公司通过投保董责险进行风险管理;其中,国有企业中高管出于政治晋升目的的"急于表现"倾向将进一步强化公司的投保需求。二是"党建入章"后党委的监督效应遏制了企业高管在职消费行为,缩小了高管薪酬差距,董责险提供的风险保障补偿了高管货币薪资降低的福利损失,并且在党委的监督下,这一风险保障的福利能够被确保并非由在职消费腐败行为减少产生的补偿需求所驱动。异质性检验部分表明"党建入章"对董责险需求的驱动作用在"双向进入"程度较低的第二类代理成本较高的公司中更为显著。进一步研究发现,尽管"党建入章"通过引入董责险增加了公司风险管理的参与主体,在一定程度上降低了董事会效率,但最终显著提升了公司治理质量。

本文的潜在贡献体现在以下两个方面:一是从风险管理这一微观视角探索了党委嵌入公司治理的具体实现机制,即党委嵌入更多地通过与其他治理机制的积极互动发挥作用,而非自身

"代行其责"，并最终优化了公司治理水平。以往研究更多地从结果的角度验证党委相对抽象的"监督效应"，即党委介入对内部人控制以及高管舞弊、隐性腐败等委托代理行为具有显著的遏制作用（陈仕华和卢昌崇，2014；陈红等，2018；王元芳和马连福，2021；郝健等，2021；王梦凯等，2022）。除个别研究发现党委会在董事会决策之前通过行使否决权阻止了一部分存在问题的议案进入董事会决策流程，最终减少异议，从而提升企业绩效之外（柳学信等，2020），鲜有研究揭示党委影响公司治理效果的"黑箱"机制，本文从风险管理的视角提供了一种解释，即党委协同其他内外机制提升了公司治理。二是本文提供了一种基于中国特色公司治理模式背景的风险管理需求来源分析，使用发达市场数据的董责险研究更多认为保险需求主要来自外部法律环境变化导致的诉讼风险（Park，2018；Sullivan，2002），而基于中国背景的研究则发现上市公司对董责险的需求是一种缺乏政治关联等隐性风险庇护机制的替代机制（Jia et al.，2019），本文则从党委领导嵌入下风险态度变化和福利补偿的角度为责任保险需求理论提供了独特证据，在当前资本市场法治环境持续优化、企业潜在诉讼风险显著上升的背景下对企业风险管理实践提供了一定参考。

二、制度背景

公司治理模式是一国政治经济环境长期塑造的结果（Bruno and Claessens，2010；Jiang and Kim，2020）。中国经济体制改革下的企业尤其是国有企业的公司治理机制经历多次转变。具体而言，郝健等（2021）将市场经济体制改革过程中国有企业从行政型治理向经济型治理的转变归纳为以下五个阶段：一是行政型治理的厂长负责制；二是党委领导下的厂长负责制；三是党的十二届三中全会后取消党委"一元化"领导的厂长（经理）负责制；四是党的十四届三中全会上提出的引导党委由"领导本单位工作"向"发挥政治核心作用"转变的现代企业制度；五是党的十八大以来《中共中央 国务院关于深化国有企业改革的指导意见》重新引导党委发挥领导作用并建立完善公司法人治理结构，提出党委书记和董事长由一人担任的要求等。尽管在经济改革的历程中党始终坚持在公司治理中政治领导的核心地位，但"政企分离"市场化改革部分阶段，由于党委会和董事会分别处于政治核心和经营决策中心的地位，决策事项（企业重大事项）和决策原则（少数服从多数）上具有相似性，这种重合在一定程度上混淆了党委与公司董事会、监事会以及管理层的职能界限，因此党的十五届四中全会于1999年通过的《中共中央关于国有企业改革和发展若干重大问题的决定》提出"双向进入、交叉任职"的领导体制以明确国有企业党的领导权限的界定，即国有独资和控股公司的党委负责人可以通过法定程序进入董事会、监事会，董事会、监事会、经理层及工会中的党员负责人，可以依照《中国共产党章程》（以下简称《党章》）及有关规定进入党委；党委书记和董事长可以一人兼任。除了党委在人事安排方面的嵌入机制，部分规章制度中涉及领导党员小组工作的某些要素，但很多国有企业章程中关于党建工作只停留在简单沿用《公司法》的标准化表述，即"在公司中，根据《党章》的规定，设立党的组织、开展党的活动。公司为党委的活动提供必要条件"，缺少对其实际职能的具体规划。对此2010年《关于进一步推进国有企业贯彻落实"三重一大"决策制度的意见》指引国有企业按照公司章程建立了重大决策、重要人事任免、重大项目安排和大额度资金运作相关的"三重一大"决策制度，科学合理划分权力范围，厘清优化各个治理主体权责边界。

尽管党委嵌入公司治理在人事安排和决策机制等方面均存在相应依据，但在党委实际参与公司治理的过程中仍存在诸多问题。党的十八大以来，中央巡视组指出国有企业党委会存在"除讨论人事问题外，很少研究其他重大事项""党委领导核心作用发挥不够""执行组织纪律不严格，存在'带病提拔'"等问题，即党委的组织活动与公司经营决策核心问题结合不够紧密，且人事任命未能对管理者自利或过失行为起到足够的震慑作用，这与未能有效发挥国有企业党委的领导核心有着直接联系。对此，2016 年 10 月，习近平总书记在全国国有企业党的建设工作会议上要求明确和落实党委在公司法人治理结构中的法定地位。此后，2017 年，党的十九大明确国有企业党委发挥领导作用，并将"讨论和决定企业重大事项"的具体职能写入《党章》。从企业层面而言，公司章程是企业内部的根本法，把党建工作要求写入国有企业公司章程有助于明确党委领导在公司内部领导地位的合法性以及党委前置讨论环节的规范化。以中国中铁（SH. 601390）为例，该公司作为在 A 股和 H 股均上市的国有企业，于 2017 年 6 月通过了纳入党建内容的《公司章程（修正案）》，修改内容包括：第一条中增加《党章》为政策法规依据；第一百五十五条规定，董事会决定公司重大问题，应事先听取公司党委的意见；增设第十七章即党委专章明确党委的领导地位、组织结构、运作原则以及职权范围。也有相当数量的非国有上市公司将党建内容纳入公司章程，以南威软件（SH. 603636）为例，该公司修订后的章程加入了"设立中国共产党的组织""董事会重大决策事项听取党委意见""党委对高级管理人员提名、推荐和考察""董事会选举专业委员会委员听取党委意见"等相关内容。"党建入章"后，企业进行重大决策时，党委会讨论必须是前置程序。[①] 目前国有企业已全部实现党委（党组）书记、董事长"一肩挑"，即"交叉任职"，专职副书记应配尽配，并进入董事会，超过 94% 的重要子企业制定了党委（党组）前置研究讨论重大经营管理事项清单。[②] 此外，党委在公司治理中的角色在立法层面也得以进一步明确。2023 年 12 月 29 日，第十四届全国人民代表大会常务委员会第七次会议第二次修订通过的《中华人民共和国公司法》第十八条指出："在公司中，根据中国共产党章程的规定，设立中国共产党的组织，开展党的活动。公司应当为党组织的活动提供必要条件。"第一百七十条指出："国家出资公司中中国共产党的组织，按照中国共产党章程的规定发挥领导作用，研究讨论公司重大经营管理事项，支持公司的组织机构依法行使职权。"这反映出党委作为国有企业治理核心主体以及非国有企业重要治理主体的未来趋势。

三、文献综述和研究假说

（一）政治嵌入和公司治理

各国政治环境的差异导致政治嵌入公司治理的形式有所不同。Preuss 和 Königsgruber（2021）将实证研究中公司治理中的政治联系分为八类，包括企业政治献金、向特定政党的游说活动、政客持有股权、国有股权、特定地域关联、高管社会关系关联、公司高管政府相关任职经历以及其他间接度量（反映特定政策变动或事件的股价波动所体现的隐性关联）。其中，国有股权占比和高管个人政府相关工作经历经常被用来研究中国情境下的政治嵌入（Yu and Chi，2021）和政治关联（Wu et al.，2012；Xu and Liu，2020；Li and Guo，2022）。Preuss 和 Königsgruber（2021）认为，政治因素主要通过四个渠道影响公司治理，包括：①资源配置或政策偏好（如获

---

①② 国有企业党建工作要求进章程［EB/OL］.（2017 - 06 - 20）. 人民日报网，http：//www. sasac. gov. cn/n2588030/n2588919/c4615614/content. html.

得银行贷款、补贴或政府合同等）（Wu，2012；Goldman et al.，2013）；②将政治任务置于公司盈利目标之上的外部压力（Shleifer and Vishny，1994；Boycko et al.，1996）；③施加法规或监督压力（如防止腐败或降低委托代理成本）（Qian，1994）；④强化公众和媒体监督（Yu and Chi，2021）。

Chang 和 Wong（2004）将中国上市公司中的政治嵌入归纳为以下三个方面：一是国有控股股东的干预；二是政府部门重要资源配置；三是企业基层党委在重大决策环节的参与。其中，前两类在国有企业治理和政企关系相关文献中得到了相对完备的讨论，而党委嵌入作为中国特色公司治理的特殊实践，与一般性的政府干预对公司治理的影响存在共性但也有差异（马连福等，2013），这类文献中党委对公司治理的实际参与程度的度量尚存在争议，主要从以下几个方面进行度量：第一种是使用问卷数据，通过问卷调查企业管理者对党委嵌入程度的主观判断，Chang 和 Wong（2004）以问卷形式调查大股东、管理层和党委在 63 个重要决策问题的涉入程度，以此测量党委的权力指数，但这一方法可能的局限性在于被调查者因受到党建工作质量考核的约束，存在事后美化的主观动机。第二种是使用文本分析方法，通过度量年报等文本信息中党建活动的频次衡量其嵌入程度（郑登津等，2020），但这一度量可能更多体现了企业党建活动的质量而非决策嵌入程度。第三种参照"双向进入、交叉任职"原则，通过党委成员与董事会、监事会和管理层成员职位重合程度测量党委嵌入程度（马连福等，2012，2013；陈仕华和卢昌崇，2014；柳学信等，2020；郝健等，2021），这一方式的优势在于使用了党委参与公司治理的具体政策要求，局限性在于仅能观测党委在人事任免中的嵌入程度；且由于公司董事、监事以及管理人员的党员身份以及在党委会的任职情况并不是年报强制披露的内容，度量准确性和样本量均受到一定限制。第四种将党建内容纳入公司章程作为党委嵌入程度的外生冲击，这一变动与近年来党的十九大明确国有企业党委发挥领导作用，并将"讨论和决定企业重大事项"的相关要求写入《党章》的政策变化密切相关，Xie（2022）使用事件研究方法发现市场对"党建入章"具有显著的积极反应，具体机制是党委领导有助于遏制企业潜在腐败行为，最终提升公司价值，使用这一政策有助于明确党委在公司治理中的领导地位与企业风险管理需求变动间的因果效应，一定程度上解决了潜在的内生性问题。"党建入章"的行为不仅存在于国有企业中，截至 2020 年底，大致有 154 家非国有上市公司也将党建内容纳入公司章程，使本文能够在上市公司总体样本中研究这一问题。

（二）党委治理嵌入公司治理相关研究

在探索建立发展现代企业制度的过程中，制度背景、产权结构和市场环境，塑造了具有中国特色的公司治理制度。委托代理链条过长、代理成本较高使国有产权所有者缺位，由此产生的"内部人控制"问题是经济转轨过程中国有企业治理的关键，企业经理人员为牟取个人私利而损害企业权益的情况屡见不鲜（黄兴孪和沈维涛，2009）。对此，党委在公司治理中的参与作为一种平衡内部人控制的机制被引入。国有企业党委参与公司治理，既可作为委托代理理论下政府出资人的代表行使股东权利，也可作为利益相关者共同治理理论下多方利益的协调者（毕革新等，2019），从而缓解所有者缺位等问题（丁茂战和李维安，2006）。党委作为平衡"内部人控制"的股东代表，其监督嵌入在抑制国有资产流失、高管超额薪资和私有收益以及信息披露违规等方面发挥了有效的作用（马连福等，2012）。此外，党委作为多方利益相关者的协调者也在驱动企业发挥正外部性方面发挥了显著的作用。郑登津和谢德仁（2019）研究发现，民营企业家个人以人大代表或政协委员身份进行政治参与以及建立党委和"三会"等组织结构均对企业慈善捐赠具有正向影响。

党委对公司治理的监督嵌入主要体现在两个方面：一是党委在选用和罢免国有企业管理人员方面保留着控制权（Fan et al.，2007），人事任免权可以成为制衡国有企业内部人控制的重要力量(钟海燕等,2010),国有企业中惩戒性解职相比市场化的解聘附加了潜在晋升机会丧失的信息,会对经理人员机会主义行为构成有效的震慑(马连福等,2012,2013);二是党委被赋予参与"三重一大"事项决策的职能,能够先于董事会就重大事项事先讨论,并将意见及时反馈给董事会,董事会在此基础上进行讨论表决,由此实现在重大决策部署方面的政治支持和组织监督。党委在公司治理中的嵌入作为一种"平衡内部人控制的行政干预"在遏制国有企业委托代理问题的同时也可能引入额外的成本。党委除股东利益代表的角色外,还扮演着广泛的利益相关者的协调者角色(毕革新等,2019),由此将社会性目标或政治目标内部化在企业经营决策中,引导企业贯彻相应的方针政策、履行社会责任等。从狭义的股东理论的视角而言,企业党委会追求的目标和企业自身经济效益最大化的目标并不完全兼容,例如,限制高管薪酬,遴选高管时不完全遵循市场标准(Fan,2007),以及通过冗余雇用员工帮助解决就业问题在一定程度上导致公司的行为偏离经营绩效最大化的目标。但从更广泛的利益相关者理论视角而言,党委参与下公司通过慈善捐赠、基础建设投资以及超额雇员吸纳就业的相关治理发挥正外部性的决策彰显了企业社会责任担当,长期来看有助于企业声誉的提升和价值的增长。总体而言,马连福和曹春方(2011)认为在中国以"一股独大"股权结构为主、产权制度不完善的情况下,类似党委嵌入的"行政干预"能够有效降低公司治理中的委托代理成本,但这与由此产生的行政成本存在此消彼长的关系,即不适宜的政治干预会引发高额的行政成本,但是由于缺乏积极的私人投资者参与公司监控,政治干预有助于限制企业内部人员的滥用权力行为并降低代理成本,以上两种成本叠加将形成非线性关系。马连福等(2012)研究发现,党委会"双向进入"程度与公司治理水平呈倒"U"形关系,与董事会效率呈正相关,而"交叉任职"可以显著影响公司治理水平,但董事长兼任党委书记不利于公司治理水平的提高。

(三)风险管理需求与董责险需求理论

以往文献中关于投保董责险的风险需求大致可以被归纳为以下三个方面:一是自利董事高管自身的管理防御动机产生的投保需求,即董事高管通过寻求潜在责任风险的转移来维护自身职位,如存在大股东掏空以及内部投票权更加集中的企业更倾向于投保董责险以维护自身地位。二是企业的风险规避需求,外部诉讼环境的变化会显著提升保险需求,Park(2018)使用双重差分方法研究发现韩国集体诉讼法案的渐进推行显著提升了相关责任主体的董责险需求。三是将董责险作为完备风险管理体系的常态化组成部分,Boyer(2003)使用加拿大数据研究发现,公司投保金额以及责任限额与先前年份的购买情况密切相关,而与财务特征和治理特征不具有显著相关关系。风险管理动机主要来自保险机构作为利益相关者向投保公司提供的全过程的监督和必要情况下治理实践干预,这有助于公司构建的完备风险管理体系。

基于中国上市公司数据的董责险需求研究相对有限,重要原因在于,一段时期以内中国资本市场法治环境相对滞后,对公司证券违规违法行为的惩戒力度低,导致企业缺乏风险管理动力,因而早期投保董责险的公司主体为国有企业,此类投保需求不同于成熟资本市场的风险转移需求,更多的是一种保守风险态度下寻求最佳治理实践的"正向选择",伴随2019年新《证券法》以及康美药业案集体诉讼司法实践等重大事件,大量公司在潜在诉讼风险驱动下投保了董责险,使其在A股市场覆盖率从长期以来的10%以下增长至30%以上。

(四)"党建入章"对企业风险管理需求的影响分析

本文使用"党建入章"来研究党委嵌入对企业风险管理需求的影响,郑志刚等(2011)考察了公司章程条款的设立与企业代理成本的关系,验证了公司章程内容对公司经营治理的实质性影响,为本文使用"党建入章"度量党委嵌入公司治理程度的变动提供了依据。此外,《中国共产党国有企业基层组织工作条例（试行）》第十三条也指出，"国有企业应当将党建工作要求写入公司章程，写明党委的职责权限、机构设置、运行机制、基础保障等重要事项，明确党组织研究讨论是董事会、经理层决策重大问题的前置程序，落实党组织在公司治理结构中的法定地位"，因此"党建入章"有助于进一步明确党委在公司治理中的具体职责，一方面党委研究讨论是董事会、经理层决策重大问题的前置程序，出于强化政治引领和风险防范的考虑，在"三重一大"决策方面，党组织将强化企业产权变更和交易等重点环节的监督，这将从根本上强化企业对风险管理的审慎态度，并提升企业对风险防范的关注度；另一方面就国有企业而言，党委掌握人事任免权，通过惩戒性的解职震慑强化国有企业高管对自身行为的约束，防范潜在的决策过失行为。综上所述，"党建入章"使企业风险态度更为审慎，增加了额外风险管理的需求，但究竟是党委事前讨论环节实现了有效的风险过滤，并通过监督职能的行使直接履行了风险管理职能，还是通过协调外部风险管理机制应对超额风险管理需求？回答这一问题有助于明确党委在企业风险管理中的角色，是实际职能的承担者，还是其他治理机制的协调者？

本文使用董责险投保作为企业风险管理需求的度量，不同于以往关于政治关联作为隐性风险庇护对董责险需求替代性的研究，党委嵌入公司治理不太可能从末端解决诉讼风险，更多的是从改变风险态度创造额外的风险管理需求的角度驱动投保。如果党委在公司治理中的实际角色与《党章》中的职权边界一致，即支持董事会、监事会和管理层依法履行职责，通过与现有治理工具有机结合发挥具体职能，则可能增加董责险需求；相反地，如果党委的监督嵌入实质上已经承担具体的风险管理职能，如王元芳和马连福（2021）发现党委嵌入公司治理可以强化企业自律、减少公司违规、降低诉讼风险，由此则会减少董责险需求，由此本文提出以下竞争性假说：

假说1a："党建入章"将强化公司风险审慎态度，且党委作为职能协调者倾向于引入外部治理机制进行风险管理，因此增加了董责险的投保需求；

假说1b："党建入章"进一步明确党委"讨论前置"，过滤了决策风险，其监督嵌入职能直接发挥了风险管理职能，由此降低了董责险的投保需求。

四、研究设计

（一）研究样本与数据来源

本文以2010~2020年A股上市公司为初始样本，在此基础上剔除：①金融保险行业公司样本；②ST公司样本；③相关变量缺失的公司样本，最终得到26654个公司—年度观测值。为保证实验组和控制组具有可比性，此处首先对研究样本进行PSM处理，由于公司"党建入章"的政策要求优先在央企中得到贯彻，[①]且非国有企业中并不具备强制性，此处参考Liu和Zhang（2019）中关于影响企业响应"党建入章"相关因素，选择公司规模（Size）、盈利能力（ROE）、是否为央企（CSOE）、国有股权占比（State_own）、资产负债率（Leverage）、独董比例（Inde_ratio）、两职合一（Dual）、第一大股权占比（Top1）、市场化环境（Market）和法律环境（Legal）作为匹配变量构建PSM样本。PSM模型采用Logit回归，对二元被解释变量进行回

---

① 2017年，中共中央组织部、国务院国资委党委《关于加快推进中央企业党建工作总体要求纳入公司章程有关事项的通知》。

归,以每个匹配变量的回归系数作为权重,拟合出每一个样本的倾向得分值,该分值体现了某个样本作为实验组的概率大小。根据倾向得分值对实验组和非实验组进行有放回的、一对三的最近邻匹配,最终得到与实验组相匹配的控制组,表1报告了 PSM 平衡性检验的结果。

表1 PSM 平衡性检验结果

变量	匹配前/匹配后	实验组均值	非实验组均值	偏差百分比	减少绝对偏差百分比	t 值	p>t	V (T) /V (C)
Size	U	22.50500	21.79600	59.70	90.70	46.86	0.000	1.36*
	M	22.50500	22.57100	-5.60		-3.40	0.001	1.00
ROE	U	0.06361	0.07280	-7.30	88.60	-5.56	0.000	0.94*
	M	0.06361	0.06257	0.80		0.49	0.623	0.65*
CSOE	U	0.23507	0.02967	63.60	93.40	56.30	0.000	—
	M	0.23498	0.22149	4.20		2.11	0.035	—
State_own	U	8.22210	1.15320	53.50	88.00	47.81	0.000	7.32*
	M	8.21450	7.36770	6.40		3.18	0.001	1.00
Leverage	U	0.48455	0.37943	51.50	80.90	39.56	0.000	1.07*
	M	0.48452	0.50461	-9.80		-6.26	0.000	0.94*
Inde_ratio	U	0.36952	0.37665	-13.70	54.90	-10.43	0.000	0.97
	M	0.36953	0.36632	6.20		4.25	0.000	1.18*
Dual	U	0.13777	0.35400	-51.90	94.20	-37.58	0.000	—
	M	0.13779	0.12534	3.00		2.42	0.016	—
Top1	U	0.38372	0.32865	37.40	95.60	28.83	0.000	1.12*
	M	0.38371	0.38129	1.60		1.01	0.310	0.89*
Market	U	8.88660	9.57260	-40.90	92.10	-31.87	0.000	1.26*
	M	8.88700	8.83300	3.20		1.93	0.053	0.88*
Legal	U	9.11320	10.16300	-32.90	92.30	-25.47	0.000	1.17*
	M	9.11390	9.03260	2.50		1.57	0.116	0.92*

注:U 表示匹配前,M 表示匹配后。

本文被解释变量年度董责险投保行为数据来自 CNRDS 中董监高责任保险-CDOD 数据库,解释变量的构建参照 Xie(2022)对 A 股上市公司章程进行检索,并手工收集了样本期间上市国有企业和非国有企业何时将党委领导正式纳入修订后的公司章程的数据,具体分布情况如表2所示。

表2 2010~2020 年上市公司中"党建入章"的分布情况

年份	国有企业		非国有企业		全样本		
	未修改公司章程数	"党建入章"数	未修改公司章程数	"党建入章"数	未修改公司章程数	"党建入章"数	总计
2010	763	0	779	0	1542	0	1542
2011	786	0	1047	0	1833	0	1833
2012	799	0	1178	0	1977	0	1977

续表

年份	国有企业		非国有企业		全样本		
	未修改公司章程数	"党建入章"数	未修改公司章程数	"党建入章"数	未修改公司章程数	"党建入章"数	总计
2013	804	0	1196	0	2000	0	2000
2014	793	0	1294	0	2087	0	2087
2015	809	4	1506	0	2315	4	2319
2016	775	55	1695	0	2470	55	2525
2017	435	417	2082	10	2517	427	2944
2018	223	644	2088	77	2311	721	3032
2019	216	690	2044	127	2260	817	3077
2020	222	729	2213	154	2435	883	3318

（二）模型构建、变量定义和描述性统计

在 2017 年党的第十九次全国人民代表大会上，中共中央将"国有企业党委发挥领导作用……决定公司重大事项"纳入《党章》，使党委在公司治理中的领导合法化（Xie et al.，2022）。落实上述政策的一个重要步骤是在公司层面为党委参与公司治理确立合法地位，具体做法是将党建工作写入公司章程（Guo and Hu，2017），[①] 在相应政策要求下国有企业积极将党建工作写入公司章程，甚至一些非国有企业也自发完成了公司章程的相应修改。因此，本文使用企业将党建相关内容加入公司章程这一变动作为自变量，检验其对公司层面风险管理需求的影响（Xie et al.，2022）。由此提出以下 Probit 模型：

$$\mathrm{Doins}_{i,t} = \alpha + \beta_1 \mathrm{Politicalcharter}_{i,t} + \beta_2 \mathrm{Control}_{i,t} + \beta_3 \mathrm{Industry} + \beta_4 \mathrm{Year} + \varepsilon_{i,t} \qquad (1)$$

模型（1）中，$\mathrm{Doins}_{i,t}$ 是被解释变量，表示企业在年度 t 是否投保了公司高管责任保险，反映企业的风险管理需求；核心变量 $\mathrm{Politicalcharter}_{i,t}$ 是一个虚拟变量，若公司 i 第 t 年已经将党建相关内容纳入公司章程，取值为 1，否则为 0（Xie，2022）。考虑到企业不同年份和行业层面风险管理需求可能存在潜在不可观测因素，本文也控制了行业固定效应和年份固定效应。$\mathrm{Control}_{i,t}$ 为一系列可能影响企业风险管理需求的控制变量，包括公司规模（Size）、盈利能力（ROE）、国有股权占比（State_own）、资产负债率（Leverage）、第一大股权占比（Top1）、两职合一（Dual）；独立董事比例（Inde_ratio）、市场化环境指数（Market）和法律环境指数（Legal）。主要变量描述性统计如表 3 所示。由表 3 可知，Doins 的均值为 0.054，表明 PSM 样本中投保董责险的公司占比约为 5.40%；Political_charter 的均值为 0.145，表明党建入章的上市公司样本占比约为 14.5%。

表 3 主要变量的描述性统计

变量	观测值	均值	标准差	最小值	最大值
Doins	16022	0.054	0.225	0	1

---

① 中共中央组织部、国务院国资委党委于 2017 年 1 月 3 日印发《关于加快推进中央企业党建工作总体要求纳入公司章程有关事项的通知》，财政部于 2017 年 5 月 27 日发布《中央金融企业将党建工作要求写入公司章程修改指引的通知》，以指导国有企业的章程修改。

变量	观测值	均值	标准差	最小值	最大值
Political_charter	16022	0.145	0.352	0	1
SOE	16022	0.444	0.497	0	1
CSOE	16022	0.101	0.302	0	1
LSOE	16022	0.344	0.475	0	1
Size	16022	22.226	1.201	19.690	25.644
ROE	16022	0.066	0.132	−0.685	0.362
State_own	16022	3.527	11.510	0	73.649
Leverage	16022	0.447	0.208	0.049	0.906
Inde_ratio	16022	0.371	0.051	0.333	0.571
Dual	16022	0.194	0.396	0	1
Top1	16022	0.357	0.150	0.088	0.747
Market	16022	9.164	1.730	3.772	11.934
Legal	16022	9.515	3.237	1.957	14.886
Party_ratio	16022	0.198	0.220	0	1
Party_board	16022	0.208	0.227	0	1
Party_supervisors	16022	0.211	0.276	0	1
Cross_position	16022	0.023	0.149	0	1

五、实证结果

(一) 基准结果

本文首先检验"党建入章"后董责险投保需求的变化情况,表 4 的结果显示,"党建入章"(Political_charter) 对董责险需求 (Doins) 单变量回归结果系数为 0.199,增加控制变量后系数为 0.203,结果均在 1% 的水平上显著。这说明"党建入章"显著增加了风险管理需求,即党委嵌入更多体现了与现有治理工具的有机结合,并未发挥替代性的风险管理作用,由此显著增加了投保董责险的需求,支持了假说 1a。公司规模、国有股权占比、资本负债率以及公司所在地区的市场化环境与公司投保董责险的需求显著正相关。此外,由于"党建入章"这一政策按照先央企、后地方国有企业的顺序推进,对非国有企业并不具有强制要求,因此可能在国有企业和非国有企业以及国有企业内部存在差异化影响,因此本文进一步引入 SOE、CSOE、LSOE 与 Political_charter 的交叉项,表 4 中列 (3) 和列 (4) 中结果表明国有企业中"党建入章"并未显著改变企业的外部风险管理需求;Political_charter×CSOE 对 Doins 的系数为 0.388,且在 5% 的水平上显著。以上结果表明"党建入章"对企业风险管理需求的影响更多集中在央企中,可能的原因是央企是中央督促贯彻落实这一政策的重点。

表4 "党建入章"对董责险投保需求的影响

变量	(1) Doins	(2) Doins	(3) Doins	(4) Doins
Political_charter	0.199*** (4.00)	0.203*** (4.00)	-0.175 (-1.32)	-0.177 (-1.32)
Political_charter×SOE			0.167 (1.18)	
Political_charter×CSOE				0.388** (2.35)
Political_charter×LSOE				0.108 (0.74)
SOE			0.421*** (9.05)	
CSOE				0.462*** (6.61)
LSOE				0.400*** (8.20)
Size		0.115*** (6.16)	0.102*** (5.36)	0.101*** (5.30)
ROE		-0.269** (-2.02)	-0.207 (-1.49)	-0.206 (-1.49)
State_own		0.005*** (3.24)	0.002 (1.19)	0.002 (1.25)
Leverage		0.574*** (5.19)	0.492*** (4.38)	0.511*** (4.54)
Inde_ratio		0.300 (0.92)	0.326 (0.99)	0.331 (1.01)
Dual		-0.280*** (-5.38)	-0.221*** (-4.17)	-0.222*** (-4.18)
Top1		-0.648*** (-5.24)	-0.721*** (-5.71)	-0.736*** (-5.83)
Market		0.067*** (2.79)	0.085*** (3.46)	0.089*** (3.64)
Legal		0.013 (0.91)	0.008 (0.52)	0.005 (0.35)
Constant	-1.331*** (-7.98)	-4.422*** (-9.76)	-4.493*** (-9.86)	-4.503*** (-9.90)
Observations	15088	15088	15088	15088
Control	Y	Y	Y	Y
Year FE	Y	Y	Y	Y
Ind FE	Y	Y	Y	Y

公司章程作为公司经营的"内部法",其内容对公司经营治理具有实质性影响(郑志刚等,2011),但这一变动可能对公司治理的实践产生异质性影响原因在于,此前以"双向进入、交叉任职"为代表的相应政策要求已经在国有企业以及部分非国有企业中得到了不同程度的落实,由此在一定程度上已经导致公司的风险态度在党委"讨论前置"等环节的参与有所差异,李明辉和程海艳(2020)研究发现"双向进入"和"交叉任职"的人事任命均会显著抑制企业过度

风险承担,使公司的风险态度更加审慎。因此,此处也通过"双向进入、交叉任职"度量公司内部原本党委嵌入程度来研究"党建入章"的异质性影响,表5中的结果表明企业董监高中党员占比(Party_ratio)和监事会中的党员占比(Party_supervisors)与 Political_charter 的交叉项系数分别在5%和1%水平上显著为负,表明"党建入章"对董责险投保需求的驱动更多体现在"双向进入"落实程度较低的公司中。原因在于,此类公司中党委发挥的监督作用相对有限,风险承担态度可能相对激进,由此在"党建入章"压实党委在公司治理中领导地位的背景下,原本过度风险承担和审慎风险态度之间产生了更大的风险管理需求缺口,投保需求显著增加。

表5 "党建入章""双向进入、交叉任职"和董责险投保需求

变量	(1) Doins	(2) Doins	(3) Doins	(4) Doins
Political_charter×Party_ratio	-0.360** (-2.18)			
Political_charter×Party_board		-0.251 (-1.46)		
Political_charter×Party_supervisors			-0.406*** (-2.98)	
Political_charter×Cross_position				-0.106 (-0.54)
Political_charter	0.279*** (3.90)	0.255*** (3.43)	0.298*** (4.48)	0.196*** (3.79)
Party_ratio	0.269*** (3.06)			
Party_board		0.204** (2.39)		
Party_supervisors			0.263*** (3.79)	
Cross_position				0.269** (2.11)
Constant	-4.469*** (-9.88)	-4.449*** (-9.83)	-4.481*** (-9.89)	-4.424*** (-9.76)
Observations	15088	15088	15088	15088
Control	Y	Y	Y	Y
Year FE	Y	Y	Y	Y
Ind FE	Y	Y	Y	Y

(二)稳健性检验

1. 动态效应检验

考虑公司响应"党建入章"政策号召可能和董责险投保决策同时受到公司层面特征或风险态度的影响,故本文通过动态模型检验"党建入章"与董责险需求间的因果关系。此处参照 Callen 等(2020)加入事前事后5个时间虚拟变量作为解释变量:Before2 和 Before1 分别是购买董责险前2年和前1年的虚拟变量;After1、After2 和 After3 是分别标记公司购买董责险后1年、2年和3年及以上的虚拟变量,分别赋值为1。表6 Panel A 中列(1)的结果表明,"党建入章"

前时间虚拟变量系数均不显著，表明事前平行趋势得到满足，After₁~After₃的系数分别在1%和5%的水平上显著为正，表明"党建入章"后投保董责险的需求持续增加。此外，已有研究探究了政治关联对企业董责险需求的替代性关系（Jia，2019），样本期间内2013年中组发18号文件①要求党政干部不得在企业中兼职，这一政策被认为是切断上市公司政治关联的有效举措（Li and Guo，2022），其后续影响可能对本文识别存在一定干扰，同时为剔除2020年新冠病毒感染疫情产生的不确定性感知对企业风险管理需求的潜在影响，此处样本期间替换为2015~2019年重复模型（1）中的检验，结果显示单变量以及增加控制变量的结果均与基准结果一致，支持了基准结果的稳健性。同时，考虑"党建入章"在公司治理实践中发挥作用继而影响董责险需求的过程存在潜在的滞后性，此处将自变量进行滞后一期处理，表6 Panel B中"党建入章"滞后一期对Doins回归系数仍显著为正，印证了基准结果的稳健性。

表6　动态效应、更换样本期间结果以及滞后一期检验

Panel A	(1)	(2)	(3)
	动态效应检验	更换样本期间	
	Doins	Doins	Doins
Political_charter		0.211***	0.208***
		(4.19)	(4.06)
Before2	0.086		
	(0.96)		
Before1	-0.001		
	(-0.01)		
After1	0.208***		
	(2.58)		
After2	0.175**		
	(2.06)		
After3	0.242**		
	(2.37)		
Constant	-4.425***	-1.272***	-4.791***
	(-9.76)	(-6.52)	(-8.56)
Observations	15088	9419	9419
Control	Y	Y	Y
Year FE	Y	Y	Y
Ind FE	Y	Y	Y

Panel B：滞后一期	(1)	(2)
	Doins	Doins
L.Political_charter	0.172***	0.186***
	(3.00)	(3.18)
Constant	-1.334***	-4.299***
	(-7.72)	(-9.00)
Observations	13148	13148

① 中组发〔2013〕18号《关于进一步规范党政领导干部在企业兼职（任职）问题的意见》中要求现职和不担任现职但未办理退（离）休手续的党政领导干部不得在企业兼职（任职），限制辞去公职或者退（离）休的党政领导干部到企业兼职（任职）。

Panel B：滞后一期	(1) Doins	(2) Doins
Control	Y	Y
Year FE	Y	Y
Ind FE	Y	Y

2. 安慰剂检验

为规避潜在随机因素对公司风险管理需求的影响，本文借鉴周茂等（2018）、刘瑞明等（2020）检验"党建入章"对董责险需求正向驱动作用是否存在其他随机因素的混杂效应。此处针对公司层面将党建内容纳入公司章程的修订情况，本文随机生成处理组并进行 500 次重复回归，图 1 为 500 次回归中"党建入章"中随机冲击系数分布情况，由图可知随机处理组系数分布于 0 的附近，说明"党建入章"与董责险需求之间的因果关系较为可靠。

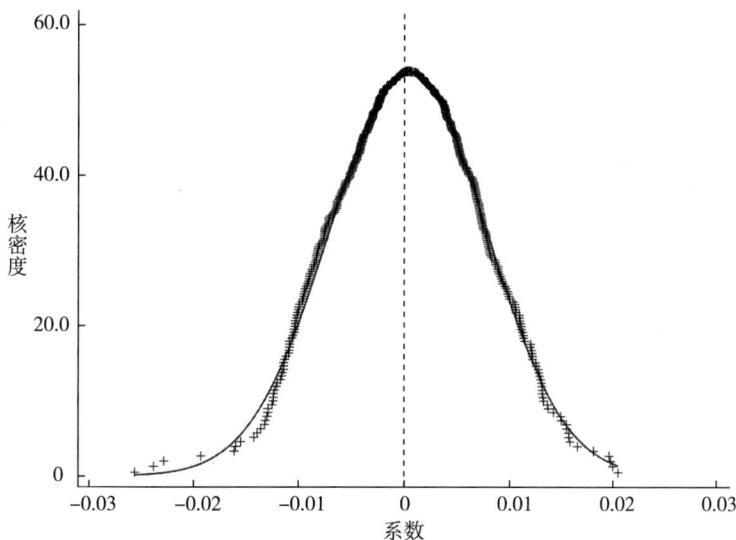

图 1　随机生成冲击的系数分布（安慰剂检验）

六、"党建入章"驱动风险需求的机制分析

（一）风险态度变化驱动风险管理需求

现有研究总体上认为政府干预会使企业的风险态度更为审慎：一是因为企业重大投资决策需要经过上级主管部门的批准，相关部门基于风险防范的考虑可能否决部分净现值为正但风险较高的投资项目（李文贵和余明桂，2012）；二是国有企业中高管政治晋升诉求可能强化高管个人风险规避倾向，继而降低企业的风险承担水平（Boubakri et al.，2013）；三是一些政府官员也可能出于资源侵占的寻租目的迫使企业放弃某些净现值为正的项目（Shleifer and Vishny，

1994）。党委治理嵌入对公司风险态度的影响更多体现为前两类，党委"前置讨论"等治理环节强化了企业保持"稳健经营"的动机，过滤了部分高风险项目，"双向进入、交叉任职"制度性的人事安排强化了高管升迁中非绩效性因素的重要性，导致管理者风险态度更为审慎（李明辉和程海艳，2020）。"党建入章"使企业的风险态度更趋保守，由此产生的超额风险承担创造了额外的风险管理需求，表 7 Panel A 的结果表明"党建入章"显著降低了企业的风险承担水平，Panel B 中列（1）的结果表明风险承担更高的公司在进行"党建入章"后存在更为显著的董责险投保需求增加，验证了本文关于党委嵌入改变风险态度从而借助董责险管理超额风险的论断。进一步地，此处通过引入企业研发支出比例的交叉项检验超额风险承担是否出于创新研发的目的，列（2）交叉项系数并不显著表明这一机制并不成立。此外，本文也补充检验了公司违规、负面新闻报道以及诉讼风险等变量对董责险需求的调节作用，以明确"党建入章"后公司内部党委的震慑作用是否强化了公司投保需求的逆向选择动机，但回归结果并不显著，表明党委嵌入也并非出于转移诉讼风险的目的投保董责险。[①]

表 7 "党建入章"对董责险需求：企业和高管个体风险承担态度

Panel A	(1) Risk_taking	(2) Risk_taking
Political_charter	-0.013*** (-7.81)	-0.011*** (-6.93)
Constant	0.066*** (16.02)	0.215*** (14.79)
Observations	16022	16022
R-squared	0.157	0.224
Control	N	Y
Year FE	Y	Y
Ind FE	Y	Y

Panel B	(1) Doins	(2) Doins	(3) Doins	(4) Doins	(5) Doins	(6) Doins
Political_charter×Risk_taking	0.819* (1.74)					
Political_charter×RD_ratio		2.240 (0.89)				
Political_charter×AVERage			-0.035*** (-3.59)			
Political_charter×Famine				-0.581** (-2.43)		
Political_charter×Defensive					-0.049 (-0.43)	
Political_charter×Aggressive						3.686*** (15.60)
Political_charter	0.168*** (2.91)	0.166*** (2.59)	2.031*** (3.99)	0.221*** (4.27)	-0.012 (-0.14)	-3.719*** (-15.88)

---

① 由于篇幅所限，未列于正文之中，留存备索。

续表

Panel B	(1) Doins	(2) Doins	(3) Doins	(4) Doins	(5) Doins	(6) Doins
Risk_taking	0.728*** (2.82)					
RD_ratio		-2.830* (-1.82)				
AVERage			-0.007* (-1.90)			
Famine				-0.082 (-1.62)		
Defensive					0.067 (0.97)	
Aggressive						-0.062 (-0.33)
Constant	-4.672*** (-10.25)	-4.380*** (-9.66)	-4.353*** (-9.05)	-4.483*** (-9.90)	-3.945*** (-6.60)	-3.764*** (-6.13)
Observations	15088	15088	15088	15088	6381	6504
Control	Y	Y	Y	Y	Y	Y
Year FE	Y	Y	Y	Y	Y	Y
Ind FE	Y	Y	Y	Y	Y	Y

本文进一步检验了高管个人风险态度的调节作用,首先使用高管平均年龄和是否存在"大饥荒"经历度量高管个人风险规避态度(许年行和李哲,2016;金宇超等,2016),表8 Panel B中列(3)、列(4)的结果表明,高管团队平均年龄越高以及有高管经历"大饥荒"的公司在经历"党建入章"后对董责险的需求显著减少,根据高阶梯队理论,此类公司在高管个人特征的影响下风险态度原本就相对保守,因而弱化了"党建入章"与董责险需求间的正向关系。此外,国有企业高管追求晋升的政治动机所诱发的"不作为"以及"急于表现"等行为倾向,在很大程度上影响了决策,此处参照金宇超等(2016)使用企业市场价值的变化对国有企业高管"不作为"和"急于表现"倾向度量,具体定义见附表。表7中 Panel B 列(5)、列(6)为检验国有企业高管晋升倾向对风险管理需求的调节作用,结果表明,国有企业高管不作为倾向并未影响企业风险管理需求,但拥有急于表现倾向高管的国有企业在经历"党建入章"后投保董责险的动机显著增加,即此类高管存在超额风险承担行为,"党建入章"后监督压力下风险管理需求强化董责险投保动机。综上所述,企业自身和国企高管政治动机驱动的风险过度承担都强化了"党建入章"后企业风险管理的需求。

表8 "党建入章"对董责险的需求:隐性腐败和薪酬差异的补偿效应

Panel A	(1) AbnPerk	(2) AbnPerkasset	(3) Paygap	(4) CEO_paygap
Political_charter	-0.024*** (-6.02)	-0.025*** (-6.08)	-0.327*** (-5.29)	-1.059*** (-4.38)
Constant	0.177** (2.39)	0.176** (2.43)	-11.545*** (-10.28)	-29.441*** (-6.89)

Panel A	(1) AbnPerk	(2) AbnPerkasset	(3) Paygap	(4) CEO_paygap
Observations	16022	15859	16022	11573
Number of stkcd	3048	3042	3048	2741
Control	Y	Y	Y	Y
Year FE	Y	Y	Y	Y
Ind FE	Y	Y	Y	Y

Panel B	(1) Doins	(2) Doins	(3) Doins	(4) Doins
Political_charter×AbnPerk	−1.007*** (−2.58)			
Political_charter×AbnPerkasset		−0.990** (−2.55)		
Political_charter×Paygap			0.062*** (3.57)	
Political_charter×CEO_paygap				0.016* (1.86)
Political_charter	0.171*** (3.24)	0.172*** (3.25)	0.006 (0.07)	0.027 (0.28)
AbnPerk	−0.091 (−0.68)			
AbPerkasset		−0.091 (−0.68)		
Paygap			0.016** (2.20)	
CEO_paygap				0.005* (1.65)
Constant	−4.512*** (−9.87)	−4.450*** (−9.74)	−3.942*** (−8.54)	−3.968*** (−6.94)
Observations	15088	15006	15088	10588
Control	Y	Y	Y	Y
Year FE	Y	Y	Y	Y
Ind FE	Y	Y	Y	Y

（二）抑制腐败以及超额薪资的福利补偿需求

董责险作为责任保险的核心功能是转移诉讼成本，其治理效应一方面体现为诱发潜在机会主义和道德风险行为，另一方面作为一种吸引风险规避管理人才的福利机制，通过降低高管履职"后顾之忧"，鼓励他们积极进取、锐意创新，因而可以被视为高管非货币薪酬体系的一部分。张人方（2021）研究发现，限薪令会增加国有企业购买董责险，作为对高管货币薪资降低的补偿，缓解部分效率损失。已有研究验证了企业"党建入章"的公告由于释放了对高管不当行为进行监督的信息，因而获得了正向的市场反馈（Xie，2022）。此外，"双向进入、交叉任职"党管干部的制度安排降低了高管绝对薪酬并缩小了高管和普通员工间的薪酬差距（马连福等，2013）。上市公司在"党建入章"后，高管腐败行为得到抑制，并且高管和普通员工间薪酬差距得到缩小，高管可能寻求董责险保障作为一种"福利"或受损的补偿。本文参考 Gul 等

（2011）构造异常福利支出（AbnPerk）和经企业规模调整的异常福利支出（AbnPerkasset）度量企业腐败程度；使用平均高管和员工薪酬差距（Paygap）以及CEO和员工薪酬差距（CEO_paygap）度量薪酬差距。表8 Panel A中结果表明，"党建入章"显著遏制了企业腐败支出以及薪酬差距，回归系数均在1%的水平上显著为负。Panel B的结果表明腐败支出与"党建入章"的交叉项系数均为负向显著，表明党委监督下董事高管通过寻求董责险弥补自身隐性腐败损失的动机得以遏制，列（3）、列（4）的结果表明，高管薪酬差异和CEO薪酬差异较大的公司在"党建入章"后投保需求显著增加，表明"党建入章"遏制了企业腐败支出和薪酬差距，董责险作为一种风险庇护的福利补偿机制在党委监督下并未被用于隐性腐败损失的补偿，但在一定程度上补偿了高管货币薪资降低的福利损失。

（三）异质性分析：委托代理成本

经典委托代理问题中所有权与经营权分离而引致的经营者对股东利益侵占称为第一类代理成本；探讨党委嵌入公司治理研究大多从遏制第一类代理成本的角度切入，原因在于国有企业全民所有的性质导致股东的监督实质缺位，由此产生了"内部人控制"问题。此外，中国公司普遍高度集中的股权结构导致大股东侵占中小股东利益的"掏空"问题频发（Shleifer and Vishny，1997），处于控制权地位的大股东通过"隧道效应"侵蚀中小股东利益而导致的代理成本称为第二类代理成本。Zou等（2008）的研究发现，控股股东和少数股东间利益冲突的程度以及一系列诉讼风险变量与公司寻求董责险的需求显著正相关，表明遏制第二类代理成本以及与其相关的潜在诉讼风险是中国上市公司投保董责险的关键动机。此处参考李从刚和许荣（2020）的做法，分别用总资产周转率（主营业务收入/总资产）和资金占用率［（应收账款＋长期应收账款＋其他应收账款）/总资产］来衡量第一类代理成本（Agency_cost1）和第二类代理成本（Agency_cost2）。回归结果如表9所示，在列（1）中，交叉项的系数不显著，列（2）中Political_charter×Agency_cost2的系数在5%的水平上显著为正，表明"党建入章"后风险管理需求的增加主要在第二类委托代理问题突出的公司中更为显著。

表9 "党建入章"对董责险需求分析：遏制代理成本

变量	（1）Doins	（2）Doins	（3）Doins	（4）Doins	（5）Doins
Political_charter×Agency_cost1	−0.013 （−0.14）				
Political_charter×Agency_cost2		1.056** （2.51）			
Political_charter×Index_S			0.108* （1.68）		
Political_charter×Top1				0.012 （0.04）	
Political_charter×Top5					0.570** （1.97）
Political_charter	0.211*** （2.72）	0.147*** （2.65）	0.116 （1.64）	0.210* （1.83）	−0.102 （−0.64）
Agency_cost1	0.018 （0.36）				
Agency_cost2		−0.623** （−2.34）			

续表

变量	(1) Doins	(2) Doins	(3) Doins	(4) Doins	(5) Doins
Index_S			-0.015 (-0.55)		
Top1				-0.494*** (-3.79)	
Top5					-0.711*** (-5.70)
Constant	-4.430*** (-9.75)	-4.387*** (-9.69)	-1.318*** (-7.81)	-1.163*** (-6.72)	-0.998*** (-5.66)
Observations	15088	15088	15088	15088	15088
Control	Y	Y	Y	Y	Y
Year FE	Y	Y	Y	Y	Y
Ind FE	Y	Y	Y	Y	Y

表9中列（3）~列（5）结果表明，"党建入章"对董责险需求的驱动效应对股权制衡程度更高的公司更为显著，其中，Index_S的交叉系数在10%的水平上显著为正；第一大股东持股比例（Top1）的结果并不显著，而前五大股东持股比例（Top5）交叉项系数显著为正。根据陈德萍和陈永圣（2011），控股股东的"隧道挖掘"伴随其持股比例的变化存在倒"U"形关系，当持股比例较低时，第一大股东侵占中小股东利益的动机随着持股比例的提高而增大，从而对中小股东的侵占程度也随之提高，产生"壕沟防御效应"（Entrenchment Effect）；但当持股比例达到一定程度后，对中小股东利益侵占所产生的收益相较于其自身在公司利益受损导致的损失有所下降，此时第一大股东的利益侵占动机减弱，形成"利益协同效应"（Alignment Effect）。此处的结果更多验证了存在一定程度的股权制衡时，更易产生"壕沟防御动机"的利益侵占行为，故此类公司在"党建入章"后存在更高的风险管理需求以遏制第二类代理成本。

（四）进一步分析

本部分进一步检验"党建入章"改变企业风险态度后，引入董责险这一外部风险管理机制对公司治理产生的总体影响。马连福等（2012）研究发现"双向进入"这一人事安排形式的党委嵌入与公司治理水平呈倒"U"形关系，与董事会效率正相关，而"交叉任职"可以显著影响公司治理水平，但董事长担任党委书记不利于公司治理水平的提高。尽管党委监督下董责险能够有效发挥积极的治理作用，但党委、董事会以及承保公司作为利益相关者多重治理参与可能增加决策成本也可能实现高效协同，故其对决策效率以及最终治理质量的净效应仍需进一步检验。此处参照马连福等（2012）构建度量董事会效率和公司治理的变量，变量定义见附表。表10中"党建入章"和董责险的交叉项系数分别在1%和5%的水平上显著，表明"党建入章"后董责险的引入，增加了公司治理的参与主体，多重主体决策流程和监督体系能够提高企业决策的审慎程度，但也因此导致决策成本有所上升，在一定程度上降低了董事会效率，但此类效率成本的增加并未完全抵消风险管理治理提升的正效应，最终显著提升了公司治理质量。

表 10　进一步分析：董事会效率和公司质量

变量	(1) Board efficiency	(2) Governance_index
Political_charter×Doins	−0.016*** (−4.82)	0.092** (2.38)
Political_charter	0.023*** (15.03)	−0.277*** (−19.34)
Doins	0.019*** (9.32)	−0.159*** (−7.90)
Constant	−0.213*** (−15.77)	2.215*** (18.78)
Observations	16022	16022
R−squared	0.302	0.597
Control	Y	Y
Year FE	Y	Y
Ind FE	Y	Y

七、结论和启示

本文以 2010~2020 年 A 股上市公司为样本，选取"党建入章"这一公司章程的修订来识别党委嵌入对企业风险管理需求的影响，以期见微知著理解党委与其他治理机制的互动关系，究竟是"代行其责"还是"相得益彰"。如何使党委"不缺位"又"不越位"，在公司治理中发挥组织化、制度化、具体化的作用是中国公司治理制度探索中面临的独特问题，本文从投保董事高管责任保险的独特视角，为党委和其他治理机制的协同互动机制提供了证据。本文研究发现，"党建入章"后公司对董责险的需求显著上升，进一步的机制分析表明，"党建入章"使公司的风险承担更为审慎，由此相较于原本风险承担水平所产生的超额风险管理需求驱动了董责险投保行为，表明党委在公司治理具体事务中并未"代行其责"，而是通过与专业化的外部治理工具积极互动，优化公司的风险管理实践；同时董责险作为降低高管决策后顾之忧的风险防护机制，被用作高管与员工薪资差异降低的补偿性激励，但并未成为在职消费等隐性腐败受损的补偿。异质性分析发现"党建入章"对董责险的驱动作用在第二类委托代理成本更高及"双向进入"程度较低的公司中更为显著。进一步分析发现，尽管"党建入章"后公司通过引入外部风险管理机制在一定程度上降低了董事会效率，但最终显著提升了公司治理的质量。

以往关于党委嵌入对公司治理的影响的研究更多集中在"监督效应"和"社会效应"两方面：前者主要研究党委在抑制国有资产流失、遏制违规行为、高管超额薪资等委托代理问题的有效性方面（马连福等，2013；陈仕华和卢昌崇，2014；戴亦一等，2017；严若森和吏林山，2019；修宗峰等，2022；王梦凯等，2022）；后者则体现为党委政治性领导有助于企业落实相关方针，从而驱动企业帮扶、开展慈善捐赠以及履行绿色创新等社会责任（郑登津和谢德仁，2019；黄帅，2021；肖红军等，2022；董静和吕孟丽，2023）。也有研究从总体视角探究了党委嵌入对公司绩效和公司治理质量的影响（王元芳和马连福，2014；郝健等，2021）。除柳学信等（2020）的研究提供了党委嵌入通过提升董事投票异议这一具体机制影响公司治理的实证证据之外，鲜有研究探讨党委在公司治理中的具体角色和影响机制，导致党委治理角色在很大程度上被视为"黑箱"。本文则从风险管理这一微观视角提供了党委与其他治理工具互动的证据，即"党建入章"后通过"讨论前置"等环节参与决策使企业风险态度更趋审慎，通过引入外部责任保险机制进行风险管理，为后续党委微观治理机制的研究开拓了新的思路。

习近平总书记在党的二十大报告中指出，"完善中国特色现代企业制度，弘扬企业家精神，加快建设世界一流企业"。中国特色现代国有企业制度，"特"就特在党的领导，必须把党的领导融入公司治理各环节，做到组织落实、干部到位、职责明确、监督严格。但如何在公司治理的微观层面厘清党委与董事会、经理层等治理主体之间的关系，在职能履行中明确权责分配，推动党委不仅从治理结构层面"嵌入"公司治理，更要有机"融入"公司治理的协同运转体系中，是中国公司治理研究和政策设计亟待解决的关键问题。

参考文献

［1］毕革新，王继承，许春燕.公司治理视角下的党组织与中国特色国有企业监督体制机制研究［M］:北京:中国发展出版社，2019.

［2］陈德萍，陈永圣.股权集中度、股权制衡度与公司绩效关系研究——2007~2009年中小企业板块的实证检验［J］.会计研究，2011（1）:38-43.

［3］陈仕华，卢昌崇.国有企业党组织的治理参与能够有效抑制并购中的"国有资产流失"吗?［J］.管理世界，2014（5）:106-120.

［4］戴亦一，余威，宁博，潘越.民营企业董事长的党员身份与公司财务违规［J］.会计研究，2017（6）:75-81.

［5］丁茂战，李维安.强化党对国有企业领导的产权分析［J］.理论探讨，2006（1）:15-17.

［6］董静，吕孟丽."输血"还是"造血":党组织嵌入公司治理与企业扶贫［J］.财经研究，2023，49（3）:34-48.

［7］方军雄，秦璇.高管履职风险缓释与企业创新决策的改善——基于董事高管责任保险制度的发现［J］.保险研究，2018（11）:54-70.

［8］高明华，郭传孜，薛佳安.党组织提高国有企业内部治理效能的理论逻辑、现实约束及突破路径［J］.山东大学学报（哲学社会科学版），2023（1）:112-126.

［9］郝健，张明玉，王继承.国有企业党委书记和董事长"二职合一"能否实现"双责并履——基于倾向得分匹配的双重差分模型［J］.管理世界，2021（12）:195-207.

［10］胡国柳，赵阳，胡珺.D&O保险、风险容忍与企业自主创新［J］.管理世界，2019（8）:121-135.

［11］黄帅.雾霾污染、党组织嵌入治理与企业绿色创新——基于党的十九大召开的微观经济影响分析［J］.财经科学，2021（7）:93-106.

［12］黄兴孪，沈维涛.政府干预、内部人控制与上市公司并购绩效［J］.经济管理，2009（6）:70-76.

［13］金宇超，靳庆鲁，宣扬."不作为"或"急于表现":企业投资中的政治动机［J］.经济研究，2016（10）:126-139.

［14］李从刚，许荣.保险治理与公司违规——董事高管责任保险的治理效应研究［J］.金融研究，2020（6）:188-206.

［15］李明辉，程海艳.党组织参与治理对上市公司风险承担的影响［J］.经济评论，2020（5）:17-31.

［16］李文贵，余明桂.所有权性质、市场化进程与企业风险承担［J］.中国工业经济，2012（12）：115-127.

［17］刘瑞明，毛宇，亢延锟.制度松绑、市场活力激发与旅游经济发展——来自中国文化体制改革的证据［J］.经济研究，2020（1）：115-131.

［18］柳学信，孔晓旭，王凯.国有企业党组织治理与董事会异议——基于上市公司董事会决议投票的证据［J］.管理世界，2020（5）：116-133.

［19］马连福，曹春方.制度环境、地方政府干预、公司治理与IPO募集资金投向变更［J］.管理世界，2011（5）：127-139.

［20］马连福，王元芳，沈小秀.国有企业党组织治理、冗余雇员与高管薪酬契约［J］.管理世界，2013（5）：100-115.

［21］马连福，王元芳，沈小秀.中国国有企业党组织治理效应研究——基于"内部人控制"的视角［J］.中国工业经济，2012（8）：82-95.

［22］王梦凯，刘一霖，李良伟，马德芳.党组织"双向进入、交叉任职"能抑制企业信息披露违规吗？［J］.外国经济与管理，2022（12）：19-34.

［23］王元芳，马连福.党组织嵌入对企业行为自律的影响——基于企业风险的视角［J］.外国经济与管理，2021（12）：19-34.

［24］王元芳，马连福.国有企业党组织能降低代理成本吗？——基于"内部人控制"的视角［J］.管理评论，2014（10）：138-151.

［25］肖红军，阳镇，张哲.私营企业党组织嵌入、企业家地位对企业社会责任的影响［J］.管理学报，2022（4）：495-505.

［26］修宗峰，顾宇鹏，殷敬伟."党建入章"、国有产权与企业财务舞弊［J］.上海财经大学学报，2022（4）：93-107.

［27］许年行，李哲.高管贫困经历与企业慈善捐赠［J］.经济研究，2016（12）：133-146.

［28］许荣，刘怡君.董事高管责任保险影响公司价值吗？——基于新《证券法》修订事件研究的证据［J］.金融评论，2021（3）：79-100.

［29］严若森，吏林山.党组织参与公司治理对国企高管隐性腐败的影响［J］.南开学报（哲学社会科学版），2019（1）：176-190.

［30］张人方.董事高管责任险、薪酬替代与企业绩效——基于国有企业"限薪令"的准自然实验［J］.上海财经大学学报，2021（3）：107-121.

［31］赵云辉，杜若林，吴心月.党组织嵌入与企业绿色创新——基于A股上市的民营企业数据［J］.技术经济，2022（4）：59-71.

［32］郑登津，谢德仁.非公有制企业党组织与企业捐赠［J］.金融研究，2019（9）：151-168.

［33］郑登津，袁薇，邓祎璐.党组织嵌入与民营企业财务违规［J］.管理评论，2020（8）：228-243+253.

［34］郑志刚，许荣，徐向江，赵锡军.公司章程条款的设立、法律对投资者权力保护和公司治理——基于我国A股上市公司的证据［J］.管理世界，2011（7）：141-153+187-188.

［35］钟海燕，冉茂盛，文守逊.政府干预、内部人控制与公司投资［J］.管理世界，2010（7）：98-108.

［36］周茂，陆毅，杜艳，姚星.开发区设立与地区制造业升级［J］.中国工业经济，2018（3）：62-79.

［37］Aguilera R，Jackson G. Comparative and International Corporate Governance［J］. The

Academy of Management Annals, 2010, 4（1）：485-556.

［38］Boubakri N, Cosset J, Saffar W. The Role of State and Foreign Owners in Corporate Risk-Taking：Evidence from Privatization［J］. Journal of Financial Economics, 2013, 108（3）：641-658.

［39］Boycko M, Shleifer A, Vishny R W. A Theory of Privatisation［J］. The Economic Journal, 1996, 106：309-319.

［40］Bruno V, Claessens S. Corporate Governance and Regulation：Can There be Too Much of a Good Thing?［J］. Journal of Financial Intermediation, 2010, 19（4）：461-482.

［41］Callen J L, Fang X, Zhang W. Protection of Proprietary Information and Financial Reporting Opacity：Evidence from a Natural Experiment［J］. Journal of Corporate Finance, 2020, 64：101641.

［42］Chang E C, Wong S M L. Political Control and Performance in China's Listed Firms［J］. Journal of Comparative Economics, 2004, 32（4）：617-636.

［43］Fan J P, Wong J T, Zhang T. Politically Connected CEOs, Corporate Governance, and Post-IPO Performance of China's Newly Partially Privatized Firms［J］. Journal of Financial Economics, 2007, 84（2）：330-357.

［44］Goldman E, Rocholl J, So J. Politically Connected Boards of Directors and the Allocation of Procurement Contracts［J］. Review of Finance, 2013, 17（5）：1617-1648.

［45］Gul F A, Cheng L T W, Leung T Y. Perks and the Informativeness of Stock Prices in the Chinese market［J］. Journal of Corporate Finance, 2011, 17（5）：1410-1429.

［46］Jia N, Mao X, Yuan R. Political Connections and Directors' and Officers' Liability Insurance-Evidence from China［J］. Journal of Corporate Finance, 2019, 58：353-372.

［47］Jiang F, Kim K A. Corporate Governance in China：A Survey［J］. Review of Finance, 2020, 24（4）：733-772.

［48］Li Q, Guo M. Do the Resignations of Politically Connected Independent Directors Affect Corporate Social Responsibility? Evidence from China［J］. Journal of Corporate Finance, 2022, 73：102174.

［49］Liu J Z, Zhang A H. Ownership and Political Control：Evidence from Charter Amendments［J］. International Review of Law and Economics, 2019, 60：105853.

［50］Sullivan N. The Demand for Directors' and Officers' Insurance by Large UK Companies［J］. European Management Journal, 2002, 20（5）：574-583.

［51］Park M. What Drives Corporate Insurance Demand? Evidence from Directors' and Officers' Liability Insurance in Korea［J］. Journal of Corporate Finance, 2018, 51：235-257.

［52］Preuss S, Königsgruber R. How Do Corporate Political Connections Influence Financial Reporting? A Synthesis of the Literature［J］. Journal of Accounting and Public Policy, 2021, 40（1）：106802.

［53］Qian Y. Reforming Corporate Governance and Finance in China［M］. Washington DC：World Bank, 1994.

［54］Shleifer A, Vishny R W. Politicians and Firms［J］. Quarterly Journal of Economics, 1994, 4（109）：995-1025.

［55］Wu W, Wu C, Zhou C, et al. Political Connections, Tax Benefits and Firm Performance：Evidence from China［J］. Journal of Accounting and Public Policy, 2012, 31（3）：277-300.

［56］Xie S, Lin B, Li J. Political Control, Corporate Governance and Firm Value：The Case of China［J］. Journal of Corporate Finance, 2022, 72：102161.

［57］Xu S, Liu D. Political Connections and Corporate Social Responsibility：Political Incentives in China〔J〕. Business Ethics：A European Review, 2020, 29（4）：664-693.

〔58〕Yu Y, Chi J. Political Embeddedness, Media Positioning and Corporate Social Responsibility：Evidence from China〔J〕. Emerging Markets Review, 2021, 47：100799.

〔59〕Zou H, Wong S, Shum C, et al. Controlling-Minority Shareholder Incentive Conflicts and Directors' and Officers' Liability Insurance：Evidence from China〔J〕. Journal of Banking and Finance, 2008, 32（12）：2636-2645.

附　录

附表　变量及定义

购买董责险	Doins	购买董责险之后的年度样本为1，否则为0
"党建入章"	Political_charter	上市公司修改公司章程，将党建相关内容加入公司章程后年度样本为1，否则为0
管理层中党员占比	Party_ratio	董事会、监事会以及高管层党员占比
董事会中党员比例	Party_board	董事会中党员比例
双向进入	Board_cross	党委会和董事会交叉任职人员在董事会中所占比例
交叉任职	Cross_position	党委书记是否为（副）董事长，是取1，否则取0
公司规模	Size	公司规模
盈利能力	ROE	盈利能力
资产负债率	Leverage	资产负债率
独立董事比例	Inde_ratio	独立董事比例
两职合一	Dual	是否两职合一，是取1，否则取0
第一大股权占比	Top1	第一大股权占比
市场环境得分	Market	公司所在省份市场环境得分
法律环境得分	Legal	公司所在省份法律环境得分
第一类代理成本	Agency_cost1	总资产周转率（主营业务收入/总资产）（凌士显和白锐锋，2017；李从刚和许荣，2020）
第二类代理成本	Agency_cost2	（其他应收账款）/总资产（Jiangetal，2012）
股权制衡度	Index_s	第2~10大股东持股比例/第一大股东持股比例
前五大股权占比	Top5	前五大股东股权占比
风险承担	Risk_taking	企业盈利ROA的波动性（余明桂等，2013）
研发支出占比	RD_ratio	研发支出/总资产
高管年龄	AVERage	总经理、CEO和董事长平均年龄
"大饥荒"经历	Famine	总经理、CEO和董事长出生于1940~1955年定义为有"大饥荒"经历
不作为动机	Defensive	相比上一年度市场价值变动为负的企业定义为"不作为"动机较强的企业
急于表现动机	Aggressive	根据上一年度公司市场价值增长率的大小，将未来前景较好的企业分为三组，将处于中间部分的企业定义为"急于表现"动机较强的企业
异常在职消费	AbnPerk	通过福利支出对薪资总额、公司总资产以及所在省份人均年收入自然对数回归计算预期福利支出与实际值的残差度量
基于公司规模调整的异常在职消费	AbnPerkAsset	通过福利支出在总资产中占比对薪资总额、公司总资产以及所在省份人均年收入自然对数回归计算预期福利支出与实际值的残差度量

高管和员工薪酬差距	Pay_gap	高管平均薪酬/员工平均薪酬
CEO 和员工薪酬差距	CEO_paygap	CEO 薪酬/员工平均薪酬
董事会效率得分	Board efficiency	由董事会规模（bs）、独立董事的比例（outratio）、董事会会议次数（boardmeeting）、董事持股比例（boardhold）四个变量作为董事会效率因素，与公司绩效之间的多元回归分析建立董事会效率的测量模型计算所得（刘玉敏，2009；马连福等，2012）
公司治理指数	Governance_index	由第一大股东持股比例、第 2～10 大股东股权集中度、Z 指数、herfendahl5 指数、hefendahl10 指数、两职设置情况、独立董事比例、高管持股比例、高管持股数量主成分分析拟合（白重恩等，2005；马连福等，2012）

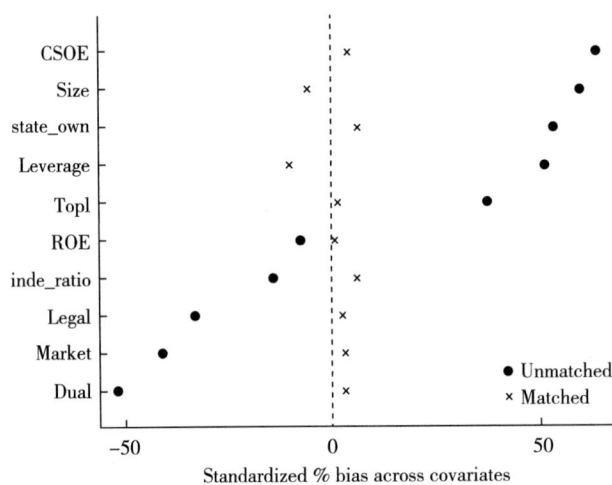

附图　PSM 协变量标准化结果

产业政策的带动效应与企业投资：信息有效性视角

古洪强　杨本建

[摘要] 增长极理论认为，经济增长通常是从一个或数个增长中心逐步扩散至其他部门，政府的主要作用在于通过制定产业政策有选择地培养数个产业，使其成为经济的增长极，从而带动其他产业的发展。党的二十届中央财经委员会第一次会议强调，要完善新发展阶段的产业政策，增强产业政策的协调性。因此，深入研究产业政策的带动效应及其作用机制对丰富产业政策理论和推动我国经济高质量发展有着重要意义。本文认为，有效的信息传递是影响产业政策带动效应的重要因素。政策会首先影响到受支持企业的投资行为，促进其投资的增加；而受政策支持企业投资增加的信息会在区域内传递，从而带动未受到政策支持的企业增加投资。基于此，本文利用 2001~2020 年我国沪深两市 A 股上市企业的非平衡面板数据，并结合手工整理的四个"五年规划"文件所得到的产业政策数据，实证检验产业政策带动效应是否存在。研究发现，城市内受到产业政策重点支持企业的平均投资率对城市内未受到产业政策支持的企业的投资率具有显著的正向影响，且在经过一系列稳健性检验后结论依然成立。在机制检验中，本文通过考察产业政策的产业关联效应、地区同群效应、政策连续效应为信息传递机制提供了实证证据。进一步的研究发现，在产业结构更加合理的城市和政府干预力度更强的城市中，产业政策的带动效应会更加显著。本文的研究拓展了产业政策带动效应及其作用机制的研究，也为解释地区经济发展差异提供了新的视角。

[关键词] 产业政策；带动效应；企业投资；信息有效性

一、引言

作为国家治国理政的纲领性文件，"五年规划"坚持立足国内实际、放眼未来，为宏观经济发展与不同产业的发展指明方向，如"十四五"规划明确指出：着眼于抢占未来产业发展先机，培育先导性和支柱性产业，推动战略性新兴产业融合化、集群化、生态化发展，战略性新兴产业增加值占 GDP 比重超过 17%。在此规划的指导下，各级政府结合地区实际制定了相应的产业政策，以此充分利用政策资源优势，发挥带动效应，促进地区经济发展。因此，深入了解产业政策的带动效应及其作用机制具有重要的现实意义和理论意义。但值得注意的是，当前学术界

[作者简介] 古洪强，暨南大学经济学院硕士研究生；杨本建，暨南大学经济学院副教授、博士生导师。

关于产业政策的研究多集中于对产业政策的效果分析上，而对产业政策有效发挥的作用机制研究较少，实证证据更是匮乏。

本文以非均衡发展理论为基础，试图从信息有效性视角，研究产业政策的带动效应及其作用机制，并检验政策带动效应是否存在显著的跨城市差异，以期从企业投资角度分析产业政策带动效应及其所导致的城市经济发展差异。具体地，本文将从以下三个方面验证信息有效性视角下产业政策的带动效应与企业投资、区域经济发展差异的关系。首先，本文借鉴 Dougal 等（2015）的研究方法，检验产业政策能否产生政策的带动效应；其次，本文考察产业带动效应的中间机制；最后，本文进一步研究了政策带动效应是否存在显著的跨城市差异，以期从政策带动效应的空间差异性来解释地区经济发展差异。

本文研究发现：首先，同城市产业政策重点支持企业的平均投资率会对同城市非重点支持企业投资产生带动效应，且同城市产业政策重点支持企业的平均投资率每增加 1 个单位，同城市非产业政策重点支持企业的当期投资率增加 0.124 个单位。其次，这种带动效应是通过有效的信息传递机制实现的，具体表现在以下三个方面：一是在产业关联度高的样本中，政策带动效应更为明显，而在关联度低的样本中则无显著影响；二是在地区同群效应更强的样本中，政策的带动效应更为明显，而在地区同群效应弱的样本中则无显著影响；三是政策连贯性越强，政策的带动效应越明显，而非连续性产业政策所产生的带动效应则有限。最后，这种政策的带动效应在产业结构更合理、政府干预力度更强的城市样本中会有更显著的影响。

本文的边际贡献主要体现在以下四个方面：

首先，本文为产业政策带动效应的研究提供了证据。现有文献主要关注产业政策的效果研究（Aghion et al.，2015；Maloney and Nayyar，2018），并且研究对象主要是受产业政策扶持类的行业或企业（陈冬华等，2010；李广子和刘力，2020；叶光亮等，2022），而对产业政策带动效应的研究较少，实证证据更是匮乏。本文基于非均衡增长理论，认为产业政策会产生带动效应，使非产业政策重点支持类企业投资增加，并提供了微观企业层面的实证证据。

其次，本文拓展了关于我国区域经济发展差异产生原因的研究。对于我国区域经济发展差异，目前研究多从体制机制改革、市场化水平、文化差异等相关因素上进行讨论分析（赵子乐和林建浩，2017；盛来运等，2018；丛胜美等，2022），这忽视了区域间政策带动效应差异对经济发展的影响。本文认为由于城市间产业结构的合理性、政府行为等方面存在明显不同，使政策的带动效应存在显著差异，政策效果的差异影响了城市间经济发展水平。

再次，本文的研究揭示了非产业政策重点支持行业也可能存在持续的投资潮涌现象，并提供了实证证据，丰富了投资潮涌理论学说。

最后，本文的研究对政府打造信息平台、合理布局产业、保持政策连贯性、优化营商环境、鼓励人员流动等方面具有一定的指导意义；而对于微观企业而言，要重视信息价值，注重对有效信息的挖掘与保护并进行理性投资。

二、典型事实梳理

长期以来，产业经济学家一直在探索产业政策与经济变量的关系，他们发现，受产业政策重点支持的行业与未受产业政策重点支持的行业，在工人工资和生产率方面存在显著差距，我们在上市企业的投资率变化中也得到了类似情况。在图 1 中，我们绘制了 2001~2020 年城市产业政策重点支持企业的平均投资率与非重点支持企业平均投资率变化情况，有三个观察结果值得

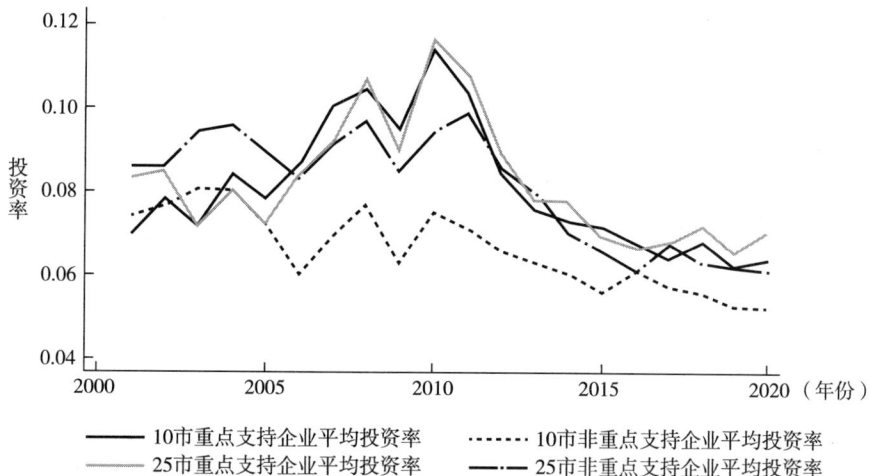

图1 2001~2020年城市重点支持与非重点支持企业平均投资率变化情况

注：10市是指区域内企业数量超过 100 的城市，具体包括北京市、上海市、深圳市、杭州市、苏州市、广州市、宁波市、南京市、成都市、无锡市；其余 25 个城市上市企业数量均未超过 100。

关注：首先，二者的平均投资率存在明显差距，产业政策重点支持企业的平均投资率明显高于非重点支持企业的平均投资率，且在企业数量较多的城市中，重点支持企业与非重点支持企业的平均投资率差距明显高于企业数量较少的城市；其次，非重点支持企业的平均投资率与重点支持企业的平均投资率存在变化的趋同性，这一特征在企业数量较多的城市更为明显；最后，重点支持企业的平均投资率不存在明显的跨城市差异，但非重点支持企业的平均投资率存在显著的跨城市差异。我们想知道，非重点支持企业的投资率为什么会呈现跨城市的差异？是不是受到了产业政策带动效应的影响？基于此，我们从产业关联视角出发绘制了图 2 和图 3，从政策连贯性视角绘制了图 4。在图 2 中我们发现，电子设备制造业①（产业政策重点支持的行业）与其关联企业的投资存在显著的趋同变化，且在企业数量多的城市中，这种趋势会更为明显；在图 3 中，电子设备制造业与其非关联企业投资不存在明显的趋同变化。在图 4②中我们发现在企业数量较多的 10 市中，政策连贯性企业的平均投资率与非重点企业的平均投资率变化趋势相似，而间断的重点支持企业平均投资率与非重点企业投资变化趋势仅在 2006~2011 年有明显的变化趋同，其余时间段变化不具趋同特征。

如果我们假设投资率与投资机会部分相关。那么，这一证据表明，非重点支持企业的投资机会会受到产业政策带动效应的影响，但这种效应的发挥似乎是存在一定前提条件的，可体现在企业数量、产业关联度以及政策连贯性上；同时，这种效应存在明显的跨城市差异。

---

① 电子设备制造业的全称是计算机、通信和其他电子设备制造业，按照证监会 2012 年公布的《上市公司行业分类指引》属于 C39，是产业政策持续重点支持行业。由于想了解非重点支持企业的平均投资率为什么会存在显著的跨城市差异，故对此处提及的关联企业做出以下界定：首先，利用 2017 年 149 部门投入产出表计算直接消耗系数、直接分配系数；其次，选取出系数排名前 3 的相关行业；最后，排除掉行业里面隶属于产业政策重点支持的行业，剩下的行业就是定义的关联行业，该行业里所有企业为关联企业。其余的非重点支持行业为非关联行业，其行业里的所有企业为非关联企业。

② 连续重点支持表示在四个"五年规划"期间都是属于产业政策重点支持的企业，而间断重点支持表示在四个"五年规划"期间有部分时间段是受产业政策重点支持的，而有部分时间是未受政策支持的。另外，由于在"十五"计划期间重点支持的企业在后续都受到了政策连续支持，在 2001~2005 年不存在间断的重点支持企业，因此在绘制图形时为方便参考，绘制的时间线是 2006~2020 年。

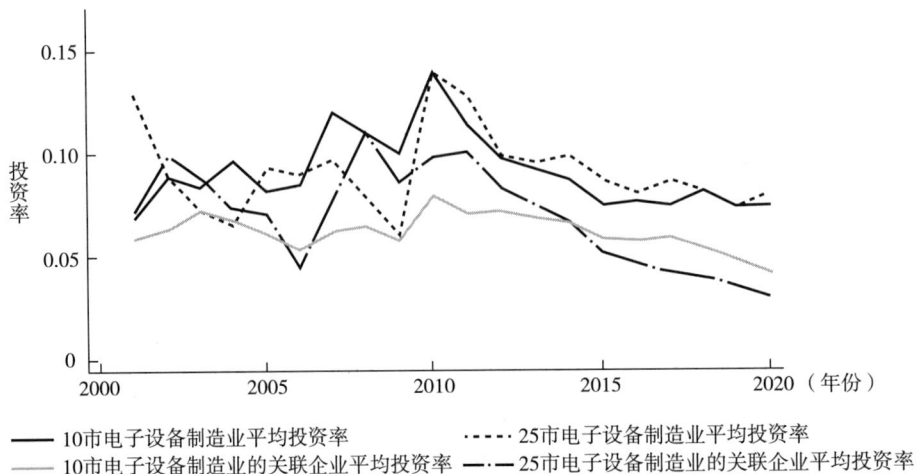

图2　2001~2020年城市电子设备制造业与其关联企业平均投资率变化情况

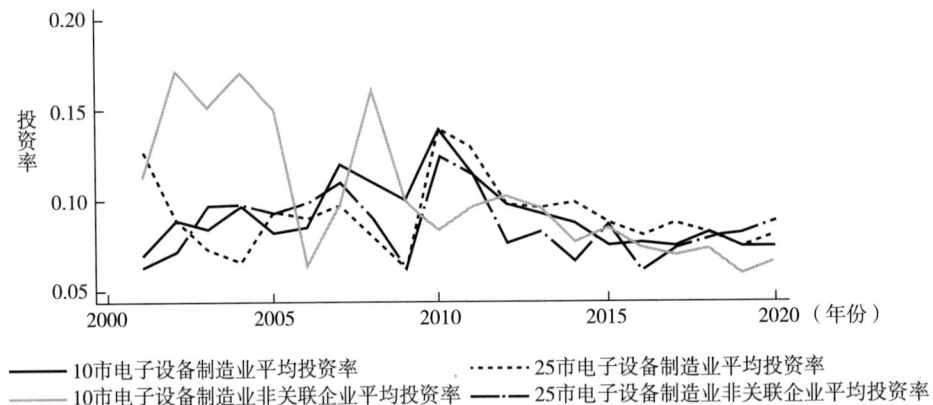

图3　2001~2020年城市电子设备制造业与其非关联企业平均投资率变化情况

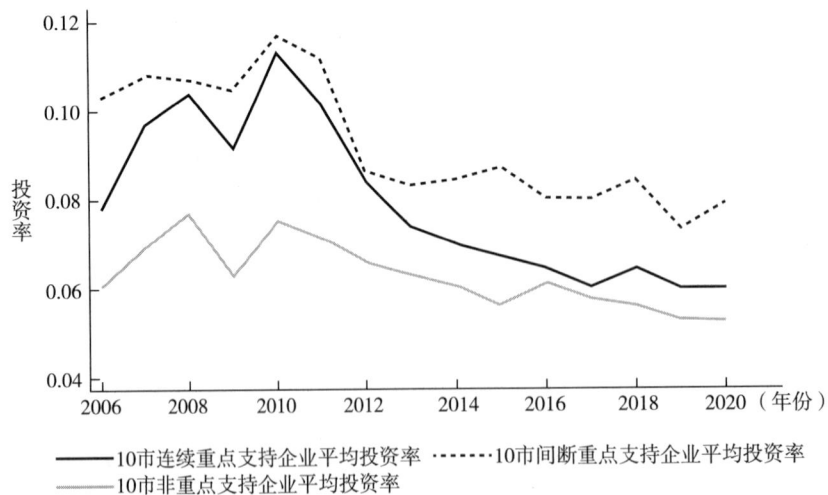

图4　2006~2020年政策连续、间断重点支持与非重点企业投资率变化情况

三、相关文献与研究假设

（一）相关研究评述

学术界关于产业政策的研究主要集中在对产业政策的效果分析中，且结论尚未达成共识。部分学者认为政策性干预能够增强溢出效应，矫正市场失灵，有利于经济发展（Murphy，1989；Roddrik，2004；林毅夫，2010；Kline and Moretti，2014）。Johnson（1982）认为日本制定的产业政策对日本重工业发展产生了重大影响，使其从一个经济落后、资源匮乏的岛国成为世界一流强国。增长极理论认为增长并不是同时出现在各产业，而是以不同的强度首先出现在一些部门，然后通过各种渠道影响其他产业发展，并最终对整个经济产生不同的终极影响。基于此，产业政策应优先扶持规模大、创新能力强、前后关联性高的产业，待此类产业得到充分发展后带动其他产业发展。Rosenstein-Rodan（1943）提出了"大推进"理论，认为同时对多个部门投入大量资金，能够带动需求的扩张，实现产业平衡发展，平衡发展理论强调产业间和地区间的关联互补性，主张在各产业、各地区之间均衡部署生产力，实现产业和区域经济的协调发展，以上研究为政府干预经济提供了依据。

另一部分学者持不同观点，他们认为政府能力有限，难以通过制定正确的产业政策来缓解市场失灵的负面影响（Krugman，1983；Latsch，2008），其原因在于：一是政府出台了不合适的产业政策，导致政策泛滥且缺乏科学性；二是政府自身组织力量薄弱，无法对资源、组织、工具等进行有效管理和控制，致使无法推行相关政策（Gennaioli and Rainer，2007）；三是寻租，导致效率低下。

国内针对产业政策的研究成果也并不一致。部分学者认为产业政策在特定条件下能够弥补国内市场机制的缺陷，提升市场效率，如叶光亮等（2022）认为地区产业升级发挥着促进作用；宋凌云和王贤彬（2013）、韩永辉等（2017）认为破解县域经济发展难题的主要手段是对产业结构、产业组织和产业布局等方面的创新。也有学者对产业政策的效力持怀疑态度，如孙早和席建成（2015）认为在欠发达地区，由于地方政府有更强激励追求短期经济增长，产业政策的实施效果有偏离预期目标的可能；程俊杰（2015）指出产业政策是导致我国转型时期生产过剩的主要原因；江飞涛和李晓萍（2010）认为中国的产业政策静态且政府部门过于简单地理解市场机制，导致在制定和实施产业政策中存在行为边界和行为方式上的错乱。

在微观企业层面，现有研究主要关注产业政策对公司自身决策的影响，如对企业融资、银行信贷（陈冬华等，2010；李广子和刘力，2020）、企业资本结构的调整速度（巫岑等，2019）、现金持有（陆正飞和韩非池，2013）、公司投资（王克敏等，2017；江新峰和张敦力；2019；花贵如等，2021）、公司并购（蔡庆丰和田霖，2019；逯东和宋昕倍，2022）、多元化经营（杨兴全等，2018）、公司创新（诸竹君等，2021）等方面。

产业政策的作用机制研究多集中于经济杠杆、政府补贴等措施上。如产业政策通过银行信贷影响企业投资（黎文靖和李耀淘，2014；何熙琼等，2016）；通过政府补贴影响企业生产率和技术创新（余明桂等，2016；章元等，2018）；通过投资者情绪影响企业的资源配置（花贵如等，2021）；通过政府补贴对企业创新和研发投入产生影响（黎文靖和郑曼妮，2016）。基于信号传递理论，一些文献认为：财政手段扶持作为利好信息传递给私人投资者，赋予企业政府认可标签，进而影响企业外部融资（Feldman et al.，2006；Kleer，2010）。王永钦（2023）从信贷约束、风险分担、市场力量、生产网络等市场失灵的角度分析了产业政策发挥作用的渠道，发现支持性产业政策对外部融资依赖度高的企业更加有利，研发风险更高的企业对产业政策更敏感，对于竞争更加激烈的行业，产业政策的效果更明显，在竞争性较强的情况下，产业政策的效果在上游行业中更明显。

以上研究表明，关于产业政策的研究硕果颇丰，但存在以下不足：一是现有文献对产业政策的研究倾向于产业政策的效果研究，而对产业政策有效发挥的作用机制研究较少，实证证据更是匮乏；二是研究多聚焦于产业政策对重点支持类的行业（企业）的影响，鲜有研究产业政策的带动效应；三是产业政策带动效应的研究更多停留在定性层面，对产业政策带动效应是如何有效发挥的，其潜在机制还未有文献进行深入讨论。

（二）理论分析与研究假设

市场存在信息不完美，企业决策无法完全依靠市场所提供的信息，这集中体现在市场传递信号失真和市场信息不对称两个方面（程俊杰，2015）。在此情况下，企业获取私有信息成本高，甚至难以通过恰当的形式获取有用信息，而企业的投资行为由其面临的投资机会所决定（Hayashi，1982）。获取投资机会的最佳途径是对相关信息的查找与分析，因此，相关信息的获取对企业投资行为极其重要。从信息分类来看，相关信息可以分为公共信息和私有信息。私有信息的获取需要企业投入大量的资源，并承担较大风险，依靠私有信息作出的企业决策一旦失败，管理者会遭受较大的名誉损毁、职业风险（张敦力和江新峰，2015）。而利用公共信息（产业政策）进行投资决策具有两方面优势：一是公共信息获取难度小，时间、金钱成本较低；二是利用公共信息所作出的决策，其决策行为具有行业和区域的一致性，即使投资受损，管理者也有较多理由为此辩解，进而降低职业风险。综上而言，企业管理者在信息不对称背景下，采取追随公共信息进行投资决策是理性选择的合理措施。

产业政策代表了国家在一定时期内的政策导向、战略布局，是政府基于宏观经济发展情况做出的判断，信息含量大、获取成本低，有利于弥补市场的外部性、信息不对称等缺陷。因此，企业管理者基于识别成本和识别难度最小化的原则，会跟随产业政策进行投资。当受到产业政策重点支持时，企业管理者会加大企业投资，这会给予区域内其他企业积极的信号显示，进而影响区域内其他企业的投资行为，即当一地区 A 企业投资受产业政策扶持且投资增加时，同一地区不同行业的 B 企业的投资也会增加。

产业政策是一系列对产业发展有重大影响的制度和安排的总和（周振华，1990），许多国家的政府倾向于通过产业政策推动产业发展，而中国是较多运用产业政策的国家。对于产业政策重点支持的行业，政府会给予相应的融资信贷、补贴、市场准入等相关资源支持，助力其快速发展，从而带动区域内其他产业发展，产生增长极的扩散效应，即产业政策重点支持的行业会对区域内其他行业产生带动效应。

基于以上讨论，本文提出以下假设：

H1：同城市产业政策重点支持企业的平均投资率会对同城市其他企业的投资产生正向带动的影响。

H1a：同城市产业政策重点支持企业的平均投资率会对同城市非重点支持企业的投资产生正向带动的影响。

H1b：同城市产业政策重点支持企业的平均投资率会对同城市其他重点支持企业的投资产生正向带动的影响。

产业政策对经济的作用机制，是一种政府主体搜集、加工信息，进而向企业和市场输出信息和指令的决策和执行机制（Farla，2015）。受到产业政策重点支持的企业，会根据自身发展需要，对产业政策所包含的有效性信息进行分析，以提取对企业发展经营的有效信息，并据此进行经营决策，其决策行为会通过股价信息、高管交流、知识技能分享等方式影响区域内没有受到产业政策重点支持企业的投资行为。因此，产业政策带动效应的作用机制是以信息有效为支撑的。据此，本文将信息的有效划分为三个维度：①信息在同个产业链中传播；②信息量丰富、交流频繁、传播时效快；③政策信息保持连续性。

信息在同个产业链中传播，此时企业获取的信息具有较强的参考性和有效性。原因在于产业链上的企业是紧密相连的利益共同体，节点企业的生产经营行为会对产业链上其他企业的经营行为产生影响（Acemoglu et al.，2012；Grieser et al.，2022）。相关研究发现，当企业陷入财务困境时，会对上下游企业资金的流动性产生影响（徐晓燕和孙燕红，2008）；从产业链稳定性的角度看，企业的经营活动是通过产业链的衔接而完成的，产业链上关键节点的中断和转移都会给企业经营带来巨大障碍（Dhaliwal et al.，2016）。由于产业政策重点支持行业被赋予了特殊的政策含义，是具有重大意义的战略性和基础性产业，其处于产业链中的关键节点，其信息的透出对关联企业具有极强的参考价值，信息有效性强。由此本文提出假设2a：

H2a：同产业政策重点支持企业的产业关联性越高，产业政策的带动效应越强。

企业的运行是以外部环境为基础的，因此其投资决策离不开外部环境的影响。当面临相同或相似的环境约束时，企业的战略决策表现出"同群效应"（Marquis and Tilcisk，2016），即由于市场环境的不确定性，企业投资选择面临诸多困难和挑战，此时一种理性做法是收集同一地区内其他企业的投资信息、模仿其他企业的投资行为，这样可以显著减少评估成本和其他不确定性成本。而搜集其他信息的方式多种多样，如与同一地区企业的高管或员工进行交流、分享信息与技能等。但信息的收集需要充分考量地理距离，因为当地理邻近时，同一地区内的企业之间技术交流、信息沟通和知识传递的渠道更多，并且信息的收集和传递时效快，信息既充分且获取成本低，又便于企业快速整理分析信息，以应对不确定的市场环境。刘静和王克敏（2018）研究发现，在公司与同群公司地理距离较近或同群公司分析师覆盖程度较高的情况下，同群公司研发支出与公司自身研发支出的正相关关系更强；Sevilir（2017）研究发现，地区内其中一家公司的创新会刺激处在同一地域内其他企业的创新行为；Matray（2021）也得出类似结论：地域上邻近的企业的创新行为会刺激其他企业进行相同的研发决策，且随着距离的扩大，这种创新溢出会随之减少。由上述分析可知，当一个空间内聚集大量的企业和劳动者时，各种经济体间的技术、知识、信息等都能在个体之间进行快速地交流与学习，能够提高经济活动的效率。因此，当同一区域内企业和劳动者的数量足够多时，地区同群效应会更为明显，此时信息交流频繁且时效快，企业模仿同一区域内其他企业投资行为的动机更强。由此本文提出假设2b：

H2b：地区同群效应越大，信息获取越充分，产业政策带动效应越强。

产业政策的连续性是政策带动效应有效发挥的重要前提。宏观政策的稳定性和连续性对引导形成合理的市场预期具有重要意义，而宏观政策的频繁变动会增加企业的政策识别成本和地方政府的执行成本，不利于企业投资的扩大。Julio 和 Yoolk（2012）研究发现，政策的调整降低了政策的稳定性和连续性，增加了企业的行业风险和市场风险，抑制了企业投资规模的扩大；谢理和何文韬（2022）研究发现，产业政策的连续性对企业创新有显著的正向影响，产业政策连续性越强，企业的创新积极性越高。政策的连续性越高，所产生的投资带动效应也会越明显，其理论机制在于：一方面政策信息连续，企业主体对政策信息的可知性和可判断性不断增强，对消息的解码分析能力也会不断提升，[①] 可以获取更多的有效信息，得到更多的投资机会。如我

---

① 关于对信息的解码分析能力，有两方面考虑：一是政策层面的可预测性与可知性，即政策信息的可知性，此时假设企业获取信息能力相同，考虑政策带来的影响，这是本文重点探讨的；二是企业分析信息的能力，一般而言，企业规模越大，拥有的资源也就越丰富，企业的信息获取能力越强，此时受政策带动效应的影响也会越明显。本文用企业资产作为分组变量，通过分组的回归方式发现，相较于小企业而言，资产规模较大的企业受到政策的带动效应更为明显，因此验证了此猜想。

国为推动国家经济发展、保障国家安全，产业政策的侧重点更倾向于持续支持基础性产业和战略性产业。基于以上认知，企业能在一定程度上了解产业政策支持的重点方向，并加大对相关行业及配套行业的投资，使非重点支持行业也有可能形成"投资潮涌现象"（林毅夫，2007）。另一方面政策保持连续会使企业对政府的信任度不断提升，且持续的产业扶持可在一定程度上解决企业所面临的诸如融资约束、信贷约束、门槛限制等现实问题，以提高受产业政策扶持企业的市场预期和投资信心，促使受扶持企业扩大投资规模，进而充分带动区域内其他企业的投资。由此本文提出假设2c：

H2c：当行业一直受产业政策重点支持时，产业政策的带动效应更强。

产业政策带动效应会受到城市产业结构的合理化程度的影响。产业结构是指国民经济结构中三产的比重情况，即一国的各种生产要素在产业部门之间的分配以及所产生产值的比重构成。其结构的变化对一国产业的发展有着双重影响：一方面可以说明一些产业有着巨大的发展前景，另一方面也暗示部分产业面临淘汰出局的困境。但就总体趋势而言，产业结构重心会沿着第一产业向第二、第三产业转移。与此同时，各部门间的生产效率、产业联系会不断增强，这就是配第—克拉克所阐述的产业演化规律。产业结构的合理化是产业演化发展过程中的重要表现。干春晖等（2011）认为产业结构合理化是产业之间协调能力不断加强和关联水平不断提高的动态过程，既是产业之间协调程度的反映，也是资源有效利用程度的反映，是对要素投入结构和产出结构耦合程度的一种衡量。城市产业结构越合理，各行业间的产业联系越紧密。由此分析可知，一方面，产业结构合理化推动了产业间的信息、知识、技术、基础设施的共享和劳动力的优化合理配置，可有效降低企业的投资成本；另一方面，产业结构合理化给企业模仿其他企业的投资决策行为奠定了有力的现实基础。由此本文提出假设3：

H3：产业结构越合理的城市，其产业政策的带动效应越明显。

产业政策的带动效应会受到地方政府干预的影响。张曙光（1993）、张维迎和栗树和（1998）、杨灿明（2000）、周业安（2003）、郭庆旺和贾俊雪（2006）等指出，行政分权和财税体制改革为地方政府干预经济提供了动力，导致地方政府尽可能地要求本地企业加大投资，以提高本地区GDP和财政收入；杨华军和胡奕明（2007）研究发现，地方政府干预显著提升了当地上市企业的投资。而地方政府干预经济的一个重要手段是利用产业政策来进行引导，因此，政府干预程度越大，使用产业政策的频度和强度也就越大，对重点支持企业的扶持力度越强，受产业扶持企业的投资规模也会相应扩大，此时信号显示越明显，进而产业政策所产生的带动效应也会越大。

由于不同地区政府干预程度不同，干预程度较低的更有可能倾向于利用市场来配置资源，而干预程度较高的会更加依靠产业政策进行资源配置。基于上述讨论，本文提出假设4：

H4：地方政府干预程度越高的城市，产业政策的带动效应越强。

四、实证研究设计

（一）样本选择

本文根据城市内上市企业数量作为选取城市的标准，以30家上市企业为分界点，共选取北京、上海等 35 个城市。① 其原因有两点：一是选取的样本容量足够大，更具代表性；二是城市内上市企业数量足够多，行业分布也更加多元化。本文的企业研究样本为 2001~2020 年沪深两市 A 股市场的上市企业，其主要财务数据来自 Wind 数据库和国泰安数据库。同时，根据以下标准对初始数据进行筛选：①剔除财务数据严重缺失的企业；②剔除当年资产负债率大于 1 的企业样本；③剔除 ST 类、PT 类上市企业。最终得到企业—年度数据 37107 个样本，共计 3295 家企业，其中产业政策重点支持企业—年度数据共计 18671 个样本，包含 2120 家企业。其余非财务指标主要来自 EPS 数据库、国泰安经济数据库和国家统计局。为了剔除异常值对本研究的影响，本文在上下 1% 的水平上对相关连续变量进行 Winsorize 缩尾处理。

本文的行业分类标准依据 2012 年证监会发布的《上市公司行业分类指引》，② 将上市企业行业分成 19 个一级行业，90 个二级行业，为了更加精确地匹配产业政策，采用 90 个二级行业的分类标准。同时，本文以"企业注册地址"所在市作为是否为同城市的判断标准。

产业政策来自《中华人民共和国国民经济和社会发展第十个五年计划纲要》《中华人民共和国国民经济和社会发展第十一个五年规划纲要》《中华人民共和国国民经济和社会发展第十二个五年规划纲要》《中华人民共和国国民经济和社会发展第十三个五年规划纲要》，参考陈冬华等（2010）、陆正飞和韩非池（2013）的处理方式，若上述《纲要》中出现大力发展、重点发展、重点支持等字段的行业，我们把它定义为重点支持行业，这个行业中的所有企业为产业政策重点支持企业，其余为非重点支持企业。

（二）变量定义

（1）投资率 Invest，借鉴文献中的基本做法，本文对投资率做出以下界定：投资率 =（购建固定资产、无形资产和其他长期资产支付的现金）/期初总资产。

（2）产业政策代理变量 Investn，是本文的核心解释变量，表示 c 城市除企业所在的本行业外受产业政策重点支持企业的平均投资率。需要注意的是，若企业属于产业政策重点支持行业，则需要排除本行业的所有企业后再计算平均投资率。例如，2002 年，c 市有 x、y、z、r、v 五家完全不同行业的上市企业，其中 x、y、z、r 是产业政策重点支持的企业，v 是非产业政策重点支持的企业，则 c 城市 2002 年 x 企业所对应的 Investn 是由 y、z、r 三家企业的平均投资率计算而来的；而 c 城市 2002 年 v 企业所对应的 Investn 是由 x、y、z、r 四家产业政策重点支持企业的平均投资率计算而来的。

（3）Invest31 表示非 c 城市的 i 行业（同行业不同城市）所有企业的平均投资率，为了规避区域影响，得到纯行业效应，本文采用位于 35 个城市以外但与样本企业隶属于同行业 i 的所有上市企业的平均投资率。

（4）Invest11 表示 c 城市 i 行业除企业 j 以外（同城市同行业）的所有企业的平均投资率。

（5）Investnn 表示 c 城市所有未受产业政策重点支持企业的平均投资率。需要注意的是，若企业不属于产业政策重点支持行业，则需要排除本行业的所有企业后再计算平均投资率。例如，2002 年，c 市有 m、l、p、w、e 五家完全不同行业的上市企业，其中 m、l、p、w 为非产业政策重点支持的企业，e 是产业政策重点支持的企业，则 c 城市 2002 年 m 企业所对应的 Investnn 是

---

① 选取的 35 个城市为：上海市、北京市、广州市、深圳市、天津市、重庆市、苏州市、武汉市、成都市、杭州市、南京市、青岛市、无锡市、长沙市、佛山市、宁波市、郑州市、烟台市、东莞市、南通市、济南市、西安市、合肥市、福州市、常州市、绍兴市、昆明市、台州市、嘉兴市、厦门市、金华市、乌鲁木齐市、湖州市、珠海市、汕头市。选择以城市视角进行研究，主要有以下原因：一是我们想知道政策的带动效应是否在区域间存在显著差异，城市这一级行政单位的差异化特征会更为明显，便于后续研究；二是便于构造纯行业效应的相关数据。

② 详细行业分类可点击此链接查看：http://www.csrc.gov.cn/csrc/c101864/c1024632/content.shtml。

由 l、p、w 三家企业的平均投资率计算而来的；而 c 城市 2002 年 e 企业所对应的 Investnn 是由 m、l、p、w 四家非产业政策重点支持企业的平均投资率计算而来的。

（6）其余变量包括投资机会托宾 Q、企业资产规模（Size）、资产负债率（Lev）、企业现金流（Cashflow）、人口增长率（Population）、职工平均工资增长率（Salary）、国民生产总值增长率（Gdpgrowth）、市场化指数（Market）、产业政策变量（Ad）。相关变量定义如表 1 所示。

表 1　其他相关变量定义

变量	定义
Q	（长期负债+流动负债+总市值）/总资产
Size	期末总资产的自然对数
Lev	资产负债率=总负债/总资产
Cashflow	现金流=期末经营性现金净流量/期初总资产
Population	各市人口自然增长率
Salary	各市职工平均工资增长率
Gdpgrowth	各市国民生产总值增长率
Market	借鉴王小鲁等（2019）市场化指数计算方式（省级层面数据）
Ad	表示产业政策变量，如果企业所处的行业年度在"五年计划"中属于明确重点支持的范围取 1，否则取 0。

（三）数据的描述性统计

基于 35 个城市的 2015 年人口密度、国民生产总值以及 2001~2020 年每个城市内上市企业观测数量的分布情况，我们可以发现：一方面，人口相对稠密、经济相对发达的城市会拥有较多的上市企业观测值，如北京、上海、深圳、广州四个城市上市企业观测值占据了总样本的 40%左右；另一方面，每个城市上市的企业中，五成左右是产业政策重点支持的企业，尤其是珠海市上市的企业中，受到产业政策重点支持的观测值高达 64.01%。[①]

表 2 展示了样本的相关描述性统计。在样本中，企业投资率的均值为 0.073，标准差为 0.0833，说明上市企业之间的投资率存在较大差距。产业政策重点支持企业的平均投资率 Investn 的均值明显高于没有受到产业政策重点支持企业平均投资率 Investnn 的均值，说明受到产业政策扶持的企业一般会有更高的投资率。产业政策变量 Ad 的均值为 0.5032，表明 50.32%的企业所处的行业被产业政策所激励，这说明在过去二十年中，产业政策成为中央政府调控经济的一种常用手段。

表 2　数据的描述性统计

Variable	Mean	SD	Min	p10	p50	p90	Max
Invest	0.073	0.0833	0	0.004	0.045	0.176	0.452
Invest11	0.0699	0.0504	0.001	0.014	0.0617	0.133	0.268
Investn	0.0768	0.0241	0.027	0.0485	0.0735	0.108	0.162
Invest31	0.0695	0.0371	0.002	0.0244	0.0672	0.118	0.187
Investnn	0.0674	0.0217	0.0307	0.0451	0.063	0.0943	0.145

---

① 受篇幅所限，本文中 35 个城市的人口密度、国民生产总值和上市企业观测值的统计详情参见：https://kdocs.cn/l/co6CNLTI7hlX。

Variable	Mean	SD	Min	p10	p50	p90	Max
Q	1.996	1.826	0.0946	0.355	1.52	4.197	10.2
Size	21.66	1.664	18.51	19.8	21.43	23.8	27.32
Lev	0.445	0.211	0.0572	0.165	0.44	0.729	0.938
Cashflow	0.0834	0.0999	−0.17	0.0061	0.0618	0.2	0.51
PopulatIon	0.0052	0.0056	−0.0035	−0.0006	0.0041	0.0133	0.0219
Salary	0.11	0.0466	−0.0076	0.065	0.104	0.161	0.3
Gdpgrowth	0.112	0.054	0.0061	0.0493	0.105	0.187	0.263
Market	9.563	1.457	4.537	7.648	9.732	11.14	11.93
Ad	0.5032	0.500	0	0	1	1	1

（四）模型设定

为考察产业政策的带动效应，本文借鉴 Dougal 等（2015）的做法，构建以下回归模型：

$$\text{Invest}_{j,t}^{i,c} = \alpha + \sum_{k=0}^{2} b_{1,k}\text{Invest31}_{t-k}^{i,-c} + \sum_{k=0}^{2} b_{2,k}\text{Investn}_{t-k}^{-i,c,p} + \sum_{k=0}^{2} \text{Invest11}_{-j,t-k}^{i,c} + \text{Controls}_{j,t} + \varepsilon_{j,t}^{i,c} \quad (1)$$

其中，i、c、j、t 和 p 分别表示行业、城市、上市企业、年份和产业政策重点支持。本文的核心解释变量是 Investn，表示 c 城市所有受产业政策重点支持企业在 t-k 年的平均投资率，其系数 $b_{2,k}$ 测度了产业政策带动效应的大小。假设在非产业政策重点支持企业中系数显著为正，说明产业政策重点支持企业的平均投资率对非重点支持企业的投资具有带动作用；在其他产业政策重点支持企业中，若系数不显著，说明产业政策重点支持企业的平均投资率对其他重点支持企业的投资无带动作用。Invest31 表示非 c 城市的 i 行业（异城市同行业）t-k 年的所有企业的平均投资率，其系数大小刻画了行业特征对企业投资支出的影响。Invest11 表示 c 城市 i 行业除企业 j 以外（同城市同行业）的所有企业在 t-k 年的平均投资率，其系数大小刻画了同城市同行业企业投资对企业 j 投资支出的影响。

Controls 包含时点固定效应、个体固定效应；ε 表示扰动项，同时为了控制残差在行业间的自相关效应，本文回归中对标准误在行业层面进行聚类调整。

五、基本估计与稳健性分析

（一）基本估计

表3 展示了基准估计的结果，一方面，从总体样本来看，Invest31 显著为正，说明整体而言，企业投资会受到行业平均投资率的影响，行业投资增加，企业的投资也会随之增加；另一方面，产业政策激励代理变量 Investn 的系数为正，但在统计上并不显著，说明产业政策重点支持企业的平均投资率对其他企业投资没有显著影响，假设1未得到支持。从分样本来看，在非产业政策重点支持企业样本中，Invest31 的系数在 1% 的水平上显著为正，说明非重点支持企业投资也会受到行业平均投资水平的影响；Investn 的系数在 1% 的水平上显著为正，且在控制相关变量的滞后一期和滞后二期后当期的系数为 0.124，说明非产业政策重点支持企业的投资行为确实受到了同城市产业政策的影响，即同城市产业政策重点支持企业的平均投资率每提高 1 个单

位，会使同城市非重点支持企业当期投资率平均增加 0.124 个单位，说明产业政策存在带动效应，且效应大小与行业效应接近，假设 1a 得到支持。而在产业政策重点支持企业样本中，行业效应 Invest31 系数显著为正，与前文分析保持一致，但 Investn 的系数在当期和滞后期均不显著，且系数偏小，说明产业政策重点支持企业的平均投资率对其他重点支持企业并没有显著的影响，即在重点支持企业内部的政策带动效应不明显，假设 1b 未得到支持。

表3　基准估计

变量	（1）Invest	（2）Invest	（3）Invest	（4）Invest	（5）Invest	（6）Invest
	总体样本		非重点支持企业样本		重点支持企业样本	
Invest31	0.169***	0.177***	0.159***	0.158***	0.0988	0.136**
	(0.0404)	(0.0382)	(0.0512)	(0.0449)	(0.0627)	(0.0640)
Investn	0.0504	0.0433	0.160***	0.124***	-0.0506	-0.0218
	(0.0378)	(0.0295)	(0.0361)	(0.0366)	(0.0397)	(0.0394)
Invest11	0.00107	0.0204	-0.000649	0.0320	-0.00407	0.00208
	(0.0189)	(0.0172)	(0.0288)	(0.0288)	(0.0306)	(0.0283)
L. Invest31	0.0336	0.0573**	-0.00432	0.0302	0.0971*	0.122***
	(0.0299)	(0.0227)	(0.0369)	(0.0257)	(0.0528)	(0.0356)
L2. Invest31		0.0322		0.0311		-0.00207
		(0.0270)		(0.0323)		(0.0592)
L. Investn	0.0491	0.0459	0.0752	0.110*	0.0209	-0.0221
	(0.0411)	(0.0389)	(0.0683)	(0.0650)	(0.0397)	(0.0343)
L2. Investn		0.0128		-0.0360		0.0538
		(0.0287)		(0.0427)		(0.0371)
L. Invest11	0.0163	0.00879	0.0124	-0.00661	0.0206	0.0217
	(0.0148)	(0.0141)	(0.0170)	(0.0179)	(0.0172)	(0.0207)
L2. Invest11		0.00603		0.00520		0.000798
		(0.0120)		(0.0164)		(0.0161)
_cons	0.0457***	0.0366***	0.0339***	0.0281***	0.0594***	0.0483***
	(0.00507)	(0.00637)	(0.00674)	(0.00862)	(0.00586)	(0.00957)
时点固定效应	Y	Y	Y	Y	Y	Y
个体固定效应	Y	Y	Y	Y	Y	Y
城市固定效应	Y	Y	Y	Y	Y	Y
行业聚类	Y	Y	Y	Y	Y	Y
N	25412	22301	11157	9860	14201	12397
R^2	0.467	0.478	0.526	0.542	0.452	0.458
adj. R^2	0.401	0.410	0.465	0.481	0.369	0.371

注：①括号内为标准误；②*表示 $p<0.1$，**表示 $p<0.05$，***表示 $p<0.01$；③下表同。

（二）稳健性检验

1. 增加控制变量

借鉴石桂峰（2015）和赵娜等（2017）的做法，我们选择企业层面的托宾 Q、现金流、资产负债率、企业资产规模，城市层面的职工工资增长率、人口增长率、GDP 增长率、市场化指数、非重点支持企业在 t-k 年的平均投资率作为控制变量，回归结果如表 4 所示。由表 4 可知，回归结果与主回归类似。

表4　增加控制变量的回归结果

变量	(1) Invest	(2) Invest	(3) Invest
	总体样本	非重点支持企业	重点支持企业
Invest31	0.130***	0.121***	0.118*
	(0.0397)	(0.0419)	(0.0664)
L. Invest31	0.0542**	0.0257	0.0935**
	(0.0207)	(0.0239)	(0.0397)
L2. Invest31	0.0248	0.0120	-0.000359
	(0.0259)	(0.0274)	(0.0673)
Investn	0.0487	0.158***	-0.0496
	(0.0332)	(0.0448)	(0.0374)
L. Investn	0.0438	0.0947	0.00590
	(0.0410)	(0.0682)	(0.0369)
L2. Investn	0.0261	0.00650	0.0452
	(0.0314)	(0.0464)	(0.0376)
Invest11	0.000149	-0.00558	-0.0114
	(0.0181)	(0.0290)	(0.0345)
L. Invest11	0.00958	-0.0123	0.0267
	(0.0135)	(0.0145)	(0.0223)
L2. Invest11	0.00230	-0.00208	-0.00353
	(0.0123)	(0.0167)	(0.0156)
_cons	-0.213***	-0.112*	-0.298***
	(0.0532)	(0.0601)	(0.0648)
时点固定效应	Y	Y	Y
个体固定效应	Y	Y	Y
城市固定效应	Y	Y	Y
行业聚类	Y	Y	Y
控制变量	Y	Y	Y
N	19655	8738	10873
R^2	0.513	0.569	0.499
adj. R^2	0.447	0.508	0.414

2. 重新定义投资率

为进一步缓解测量误差带来的内生性问题，本文参照徐明东和陈学彬（2019）等的研究，将投资率重新定义为（购建固定资产、无形资产和其他长期资产支付的现金-处置固定资产、无形资产和其他长期资产收回的现金净额）/期初总资产，利用重新构造的投资进行回归分析，发现回归结果与主回归类似（见表5）。

表5　重新定义投资率的回归结果

变量	(1) Invest	(2) Invest	(3) Invest
	总体样本	非重点支持企业	重点支持企业
Invest31	0.174***	0.162***	0.148***
	(0.0325)	(0.0437)	(0.0435)

变量	（1）Invest 总体样本	（2）Invest 非重点支持企业	（3）Invest 重点支持企业
L. Invest31	0.0385* (0.0229)	0.00429 (0.0209)	0.114** (0.0435)
L2. Invest31	0.0580** (0.0278)	0.0618 (0.0368)	0.0294 (0.0423)
Investn	0.0456 (0.0336)	0.132*** (0.0433)	−0.0295 (0.0367)
L. Investn	0.0574 (0.0363)	0.119** (0.0501)	−0.00924 (0.0426)
L2. Investn	−0.00394 (0.0258)	−0.0625 (0.0454)	0.0490 (0.0320)
Invest11	0.0261 (0.0189)	0.0219 (0.0289)	0.0122 (0.0323)
L. Invest11	0.0128 (0.0148)	0.00716 (0.0165)	0.0156 (0.0239)
L2. Invest11	0.00245 (0.0145)	−0.00381 (0.0174)	0.0000864 (0.0183)
_cons	0.0343*** (0.00605)	0.0269*** (0.00840)	0.0435*** (0.00807)
时点固定效应	Y	Y	Y
个体固定效应	Y	Y	Y
城市固定效应	Y	Y	Y
行业聚类	Y	Y	Y
N	21850	9592	12215
R^2	0.477	0.539	0.458
adj. R^2	0.409	0.477	0.372

3. 重新定义产业政策重点支持企业

由于判断是否为产业政策重点支持的行业只能通过计划中的用词属性来判断，存在一定的主观倾向性，这可能导致结果存在一定的偶然性。基于上述担忧，本文重新定义产业政策重点支持企业。具体来说，在原有定义基础上将优先发展、积极发展等词汇提及的行业列为产业政策重点支持行业，其行业内的企业为产业政策重点支持企业，回归结果如表6所示。回归结果与主回归结果相似。

表6　重新定义产业政策重点支持企业的回归结果

变量	（1）Invest 总体样本	（2）Invest 非重点支持企业	（3）Invest 重点支持企业
Invest31	0.178*** (0.0384)	0.157*** (0.0478)	0.157** (0.0616)
L. Invest31	0.0573** (0.0227)	0.0393 (0.0309)	0.116*** (0.0318)

变量	（1） Invest 总体样本	（2） Invest 非重点支持企业	（3） Invest 重点支持企业
L2. Invest31	0.0327 （0.0270）	0.0522* （0.0303）	−0.0107 （0.0619）
Investn	0.0369 （0.0316）	0.101** （0.0440）	0.00147 （0.0433）
L. Investn	0.0591 （0.0420）	0.0818 （0.0722）	0.0182 （0.0354）
L2. Investn	0.0154 （0.0235）	−0.0125 （0.0426）	0.0273 （0.0366）
Invest11	0.0188 （0.0172）	0.0200 （0.0310）	0.00498 （0.0288）
L. Invest11	0.00798 （0.0142）	−0.00414 （0.0204）	0.0183 （0.0186）
L2. Invest11	0.00638 （0.0120）	−0.000772 （0.0180）	0.0148 （0.0170）
_cons	0.0359*** （0.00641）	0.0277*** （0.00948）	0.0446*** （0.0107）
时点固定效应	Y	Y	Y
个体固定效应	Y	Y	Y
城市固定效应	Y	Y	Y
行业聚类	Y	Y	Y
N	22315	9038	13217
R^2	0.478	0.549	0.459
adj. R^2	0.410	0.488	0.373

4. 重新定义行业划分标准

由于本文所选取的行业分类标准是 2012 年证监会发布的《上市公司行业分类指引》，按 90 小类进行分类，这可能存在一个问题，即结果的呈现是由于行业分类不同造成的，基于此，本文借用以往研究经验，将行业分类缩小至 49 类（18 个一级大类、31 个制造业二级小类），回归结果如表 7 所示。回归结果与主回归结果类似。

表 7　重新定义行业划分标准的回归结果

变量	（1） Invest 总体样本	（2） Invest 非重点支持企业	（3） Invest 重点支持企业
Invest31	0.184*** （0.0454）	0.142** （0.0618）	0.165*** （0.0552）
L. Invest31	0.0588* （0.0331）	0.0287 （0.0383）	0.134* （0.0686）
Investn	0.0482 （0.0413）	0.126** （0.0477）	−0.0427 （0.0535）

续表

变量	（1） Invest 总体样本	（2） Invest 非重点支持企业	（3） Invest 重点支持企业
L. Investn	0.0564 （0.0375）	0.0957 （0.0647）	0.0356 （0.0391）
Invest11	0.00320 （0.0189）	0.00723 （0.0267）	−0.00834 （0.0297）
L. Invest11	0.0218 （0.0152）	0.0175 （0.0192）	0.0266* （0.0150）
_cons	0.0412*** （0.00525）	0.0311*** （0.00642）	0.0502*** （0.00549）
时点固定效应	Y	Y	Y
个体固定效应	Y	Y	Y
城市固定效应	Y	Y	Y
行业聚类	Y	Y	Y
N	27956	12470	15413
R^2	0.460	0.528	0.447
adj. R^2	0.395	0.467	0.363

5. 其他稳健性检验

为使结论更加可靠，本文进一步使用一系列稳健性检验方法，包括更换城市选取标准、使用不同聚类等方式进行回归，回归结果依旧与主回归类似，结果稳健可信。[①]

六、机制与排他机制分析

在前一节中，通过实证分析证明了产业政策确实存在投资的带动效应，且带动效应主要体现在对非重点支持企业的影响上。在此节中，本文将从信息有效性视角揭示产业政策的带动效应的作用机制及其有效情况。在此之前需要再次说明的是，本文认为信息的有效性主要体现在以下三个维度：信息在同个产业链中传播；同一城市内信息量丰富、交流频繁、传播时效快；政策信息保持连续性。

（一）产业关联效应

中国在运用产业政策促进经济发展的过程中，最常见的做法是选择前后关联性强的产业作为重点支持产业，使重点产业的要素份额增加或要素使用成本降低，从而产生显著的产业增长效应，以此带动其他产业发展。由于产业链上的企业是紧密相连的利益共同体，关键节点企业的投资信息对处在同一产业链上的企业具有重要的参考价值，相关企业也会有针对性地收集节点企业的相关信息。因此，产业关联程度越高，信息的有效性越强，政策的带动效应越明显。本文接下来试图从产业关联角度解释政策带动效应的形成机制。

需要注意的是，由于本文采取的计量方法是固定效应模型，在因果识别方面无法像双重差

---

① 受篇幅所限，具体的检验结果可点击以下链接查看：https://kdocs.cn/l/cr8YavHnLHzs。

分、工具变量等方法那般直观给出因果效应，因此本文考虑借鉴 Invest31 的构造手法构造外生变量。具体而言，选取北京、上海、深圳三个城市中具有代表性的产业政策重点支持行业[①]，利用所选取的 35 个城市外的相关行业平均投资率作为外生冲击，并以此外生冲击分别检验对城市内相关行业的关联企业和非关联企业的回归结果是否存在显著差别。这样做有两个明显的益处：一是一般情况下城市外行业的平均投资率对城市内不同行业的企业投资具有足够的外生性和未预期性；二是如果回归结果确实证明城市外的产业政策重点支持的相关行业的平均投资率对城市内的相关行业的关联企业有显著影响，而对非关联企业无显著影响，则可较好地说明产业政策带动效应的发挥只对产业关联度高的企业有效，而对产业关联度低的企业无效。

基于此，首先需要定义关联企业。本文利用 2017 年 149 部门投入产出表[②]计算直接消耗系数、直接分配系数、完全消耗系数、完全分配系数。具体计算过程如下。

直接消耗系数：$\hat{a}_{ij} = x_{ij}/x_j$，表示 j 部门在生产经营过程中单位总产出直接消耗的 i 部门的产品或服务的数量，其值越大，说明有关部门间的联系或者依赖性越强。

通过直接消耗系数构建直接消耗系数矩阵 A，则完全消耗系数矩阵 B 表示为 $(E-A)^{-1}-E$（其中，$E_{n \times n}$ 表示 n 阶单位阵），其系数衡量 j 部门每提供一单位的最终产品，需要直接和间接消耗的 i 部门的产品或服务数量。

直接分配系数：$\hat{h}_{ij} = x_{ij}/x_i$，表示 i 部门生产经营过程中单位总产出直接分配到 j 部门的产品或服务数量，其系数值越大，说明其他部门对该部门的直接需求越大，其直接供给的推动作用越明显。

通过直接分配系数构建直接分配系数矩阵 H，则完全分配系数矩阵 W 表示为 $(E-H)^{-1}-E$，其系数衡量 i 部门每提供一个单位的初始投入通过直接和间接分配到 j 部门的产品或服务数量。

基于上述计算过程，本文将产业政策重点支持行业中关联度排名前 10 的行业定义为关联行业[③]，具体来说，首先，需要根据 2017 年 149 部门投入产出表计算相关行业直接消耗和直接分配系数；其次，选取出相关行业直接消耗系数和直接分配系数前 10 的行业；最后，排除掉系数前 10 的行业中的重点支持行业，余下的就是本文重点关注的关联行业，里面所有的企业为关联企业。而非关联企业样本就是排除掉非重点支持企业中的关联企业，剩下的就是非关联企业[④]。接下来采用分组回归的方式，利用城市外的相关行业的平均投资率作为外生冲击，观察回归结果是否具有显著差距（见表 8）。

表 8　产业关联证据（一）：代表性城市证据

变量	（1） Invest关联企业	（2） Invest非关联企业	（3） Invest关联企业	（4） Invest非关联企业	（5） Invest关联企业	（6） Invest非关联企业
	信息技术业		装备制造业		电子设备制造业	
Invest31	0.119 （0.0903）	0.136 （0.0903）	0.270** （0.102）	0.121 （0.108）	0.287 （0.171）	0.388* （0.177）

---

① 具有代表性的产业政策重点支持行业是根据产业政策重点支持行业样本分布中数量最多的行业确定的，最终确定北京市为信息技术业，上海市为装备制造业，深圳市为计算机、通信和其他电子设备制造业。

② 这里使用 149 部门而不是 42 部门的投入产出表，是为了更加精确匹配产业政策。同时需要提醒的是，本文在实操中还需将 149 部门同证监会的 90 个二级行业分类进行匹配。

③ 信息技术业选取的是前 20 的行业作为关联行业，其原因在于前 10 的行业中关联企业样本太少，不具比较意义；同时装备制造业选取了前 5 的行业作为衡量关联企业的标准，结果依旧同下表类似，只是样本分布更加均衡。

④ 本文重点研究的是产业政策对非重点支持企业的带动效应，因此关联企业和非关联企业是从非重点支持企业的样本中选取和定义的。

续表

变量	(1) Invest关联企业	(2) Invest非关联企业	(3) Invest关联企业	(4) Invest非关联企业	(5) Invest关联企业	(6) Invest非关联企业
	信息技术业		装备制造业		电子设备制造业	
L. Invest31	−0.139 (0.0974)	0.186 (0.121)	0.0598 (0.0844)	0.0316 (0.0980)	−0.00882 (0.0406)	0.0340 (0.178)
Investo	0.140* (0.0760)	0.153 (0.123)	0.517** (0.173)	−0.0743 (0.333)	0.276* (0.140)	0.233 (0.165)
L. Investo	0.0277 (0.0691)	0.125 (0.108)	−0.124 (0.125)	0.474 (0.353)	−0.0347 (0.132)	−0.0502 (0.0874)
Invest11	0.0437 (0.0582)	0.0219 (0.0697)	0.0237 (0.0904)	−0.0697 (0.0680)	−0.0561 (0.119)	0.244** (0.100)
L. Invest11	0.212*** (0.0571)	0.0928 (0.0670)	−0.0401 (0.0885)	−0.0501 (0.0541)	−0.110 (0.0971)	0.0586 (0.0961)
_cons	0.0165*** (0.00323)	0.0256** (0.0103)	0.00538 (0.00692)	0.0468** (0.0170)	0.0390** (0.0167)	−0.00453 (0.0153)
时点固定效应	X	X	X	X	X	X
个体固定效应	Y	Y	Y	Y	Y	Y
城市固定效应	X	X	X	X	X	X
行业聚类	Y	Y	Y	Y	Y	Y
N	922	1036	1384	547	601	604
R²	0.403	0.409	0.457	0.532	0.531	0.597
adj. R²	0.342	0.335	0.407	0.454	0.469	0.554

注：Investo 表示所选取城市外的相关行业的平均投资率，具体而言，Investo 分别代表城市外信息技术业的平均投资率、装备制造业的平均投资率、电子设备制造业的平均投资率。

通过表8的回归结果我们可以发现，Investo 在第（1）、（3）、（5）列显著为正，而在第（2）、（4）、（6）列无显著影响，这说明城市外的产业政策重点支持的相关行业的平均投资率对城市内相关行业的关联企业投资具有显著的正向影响，而对非关联企业投资无显著影响。

接下来，本文进一步从 35 个城市的样本中寻找证据。基于上述计算过程，本文选取同产业政策重点支持行业的关联度第 1 的行业为关联行业。① 具体来说，从非重点支持行业中选取与重点支持行业直接消耗和直接分配系数前 1 位的行业，并将其定义为产业政策重点支持行业中的关联行业，行业内所有企业为关联企业，其余的非重点行业视为非关联行业。同时考虑到结果的稳健性，分别将完全分配系数和完全消耗系数前 1 位的行业、完全分配系数和完全消耗系数前 2 位的行业视为关联行业，其余的非重点行业视为非关联行业。利用城市内产业政策重点支持企业平均投资率对相关关联企业和非关联企业样本进行分组回归，② 观察结果是否存在显著差距，以进一步验证我们的猜想（见表9）。

---

① 之所以同之前的关联定义差距如此之大，主要原因在于产业政策重点支持的行业数目颇多，若定义关联性条件过于放松，则缺乏比较意义，这与之前单一行业的关联性研究存在不同。同时考虑到结果的稳健性，也采取了不同的测量方法和测量标准来定义关联性企业。

② 此时因涉及多个行业，城市外和城市内的产业结构、行业分布存在明显不同，利用区域外的产业政策重点支持企业的平均投资率不严谨，因此使用城市内的产业政策重点支持企业的平均投资率更具说服力。

表9 产业关联证据（二）：35个城市的证据

变量	（1） Invest 直接消耗、分配系数前1衡量的关联企业	（2） Invest 非关联企业	（3） Invest 完全消耗、分配系数前1衡量的关联企业	（4） Invest 非关联企业	（5） Invest 完全消耗、分配、系数前2衡量的关联企业	（6） Invest 非关联企业
Invest31	0.145**	0.149**	0.131**	0.179***	0.154***	0.172
	（0.0603）	（0.0705）	（0.0591）	（0.0600）	（0.0547）	（0.102）
L. Invest31	0.00470	0.0844	−0.00698	0.0323	−0.000329	0.0542
	（0.0271）	（0.0666）	（0.0320）	（0.0427）	（0.0275）	（0.0999）
L2. Invest31	0.0258	0.0351	0.0530	0.0318	0.0133	0.0820
	（0.0383）	（0.0574）	（0.0435）	（0.0466）	（0.0384）	（0.0725）
Investn	0.141***	0.101	0.172***	0.0985**	0.0962**	0.145
	（0.0380）	（0.0598）	（0.0572）	（0.0422）	（0.0368）	（0.105）
L. Investn	0.0397	0.121	0.0773	0.0561	0.0938	0.135
	（0.0607）	（0.0838）	（0.0779）	（0.0770）	（0.0680）	（0.130）
L2. Investn	−0.0301	0.0334	0.00813	−0.0145	−0.0434	0.0602
	（0.0593）	（0.0694）	（0.0782）	（0.0516）	（0.0514）	（0.0847）
Invest11	0.0165	0.0733	0.00734	0.0696	0.0153	0.0998
	（0.0292）	（0.0540）	（0.0341）	（0.0468）	（0.0269）	（0.0682）
L. Invest11	0.00573	−0.0211	0.0261	−0.0373	−0.00631	−0.000594
	（0.0204）	（0.0351）	（0.0165）	（0.0310）	（0.0230）	（0.0291）
L2. Invest11	−0.0179	0.0686***	−0.0224	0.0580***	−0.00730	0.0635***
	（0.0213）	（0.0168）	（0.0246）	（0.0147）	（0.0194）	（0.0211）
_cons	0.0295***	0.0202	0.0266***	0.0251*	0.0341***	0.00812
	（0.00738）	（0.0193）	（0.00924）	（0.0137）	（0.00674）	（0.0296）
时点固定效应	Y	Y	Y	Y	Y	Y
个体固定效应	Y	Y	Y	Y	Y	Y
城市固定效应	Y	Y	Y	Y	Y	Y
行业聚类	Y	Y	Y	Y	Y	Y
N	5997	3361	4476	4901	7834	1659
R^2	0.534	0.590	0.513	0.599	0.536	0.614
adj. R^2	0.469	0.511	0.437	0.536	0.472	0.531

由表9的回归结果可知，产业政策重点支持企业的平均投资率（Investn）对其关联企业的投资具有显著的正向影响，而对非关联性企业或关联性较弱的企业的影响不显著或系数值较小。

结合表8和表9的实证分析可知，产业政策带动效应的有效发挥受到信息有效性的影响，在此处表现为产业关联效应，即带动效应的发挥只针对同产业政策重点支持企业的关联企业，而对非关联企业则无显著的带动作用。研究假设2a得到支持。

至于产业政策重点支持企业的平均投资率对其他重点支持企业投资没有显著影响，其主要原因也是产业关联度（信息有效性）不高。具体来说，从行业大类分析来看，产业政策重点支持行业主要集中于农业、装备制造业、信息技术业、交通运输业等行业，行业间上下游关系薄弱，产业关联度较低；从细分行业来看，产业政策重点支持企业内部存在竞争替代关系，如交通运输业中的道路运输、铁路运输、航空运输等产业关联性较弱，且存在一定的竞争关系。因此，从产业关联视角可以解释重点支持企业样本结果不显著的动因所在，后续我们的研究重点也是放在产业政策对非重点企业的带动效应上。

（二）地区同群效应证据

由地区同群效应假说可知，区域内企业数量越多，员工信息交流越频繁，信息的交流频率和质量越高，趋同投资现象越明显，此时产业政策带动效应越大。基于此，本文利用城市企业数量、城市就业人数[①]作为分组变量。具体而言，本文从 35 个城市中分别选取城市企业数量、就业人数前 10 位的城市代表企业数量多和劳动者数量多的城市，其余 25 个城市代表企业数量少和劳动者数量少的城市，并利用分组回归的方式观察核心解释变量的回归结果是否存在显著差距，回归结果如表 10 所示。

表 10　地区同群效应证据

变量	（1） Invest 企业数量多	（2） Invest 企业数量少	（3） Invest 劳动者数量多	（4） Invest 劳动者数量少
Invest31	0.156** (0.0581)	0.170** (0.0750)	0.172*** (0.0595)	0.104 (0.0766)
L. Invest31	−0.0361 (0.0367)	0.0621 (0.109)	−0.0263 (0.0381)	0.0493 (0.0929)
Investn	0.230*** (0.0820)	0.103 (0.0671)	0.206*** (0.0545)	0.106 (0.0742)
L. Investn	0.00173 (0.0649)	0.0705 (0.0900)	0.0346 (0.0836)	0.103 (0.0791)
Invest11	−0.0202 (0.0318)	0.00819 (0.0379)	0.0137 (0.0370)	−0.0355 (0.0349)
L. Invest11	0.000928 (0.0205)	0.0169 (0.0259)	−0.0000593 (0.0206)	0.0289 (0.0295)
_cons	0.0339*** (0.00744)	0.0407*** (0.0124)	0.0291*** (0.00983)	0.0476*** (0.0101)
时点固定效应	Y	Y	Y	Y
个体固定效应	Y	Y	Y	Y
城市固定效应	Y	Y	Y	Y
行业聚类	Y	Y	Y	Y
N	7754	3242	7829	3167
R^2	0.533	0.515	0.525	0.523
adj. R^2	0.475	0.441	0.468	0.446

由表 10 我们可以发现，在企业数量多的城市样本中 Investn 系数显著为正，而在企业数量少的样本城市中，Investn 的系数并不显著，且就其经济系数而言，企业数量多的城市样本系数是企业数量少的城市样本系数的 2 倍多；另外，在劳动者数量分组回归中我们观察到了类似情况，劳动者数量多的城市样本 Investn 的系数显著为正，且经济系数偏大，而劳动者数量少的样本城市 Investn 显著性水平和经济系数都偏低。以上结果可以论证，地区同群效应的大小，信息交流的频率和效率是影响产业政策带动效应的重要因素，即产业政策带动效应的有效发挥以企业、劳动力等微观主体传递有效信息，频繁互动为支撑。

---

① 就业人数：用年末单位从业人员、城镇私营企业从业人员和个体从业人员的总数来衡量。

（三）政策连续性证据

研究假设 2c 认为，由于信息的持续性，使信息更具可知性和可判断性，能够获得更多的投资机会，此时信息有效性更强，因此产业政策持续重点支持的行业会对非重点支持行业产生更为显著的带动效应。为检验此假设，本文将核心解释变量分解为两部分：一部分是连续的重点支持企业的平均投资率，另一部分是非连续的重点支持企业的平均投资率，具体来说设定以下模型：

$$\text{Invest}_{j,t}^{i,c,-p}=\delta+\sum_{k=0}^{2}s_{1,k}\text{Invest31}_{t-k}^{i,-c,-p}+\sum_{k=0}^{2}s_{2,k}\text{Investl}_{t-k}^{-i,c,p,s}+\sum_{k=0}^{2}s_{3,k}\text{Investnl}_{t-k}^{-i,c,p,-s}+$$

$$\sum_{k=0}^{2}s_{4,k}\text{Invest11}_{-j,t-k}^{i,c,-p}+\text{Controls}_{j,t}+\varphi_{j,t}^{i,c} \tag{2}$$

其中，Invest 表示 c 城市未受到产业重点支持行业 i 企业 j 在 t 年的投资率，Investl 表示 c 城市连续四个五年规划都是重点支持企业的平均投资率，而 Investnl 表示 c 城市存在中断的重点支持企业的平均投资率（如食品制造业在"十一五"规划和"十二五"规划中是重点支持行业，但在"十五"规划和"十三五"规划中属于非重点支持行业），其余解释变量和控制变量构造过程参照模型（1），具体回归结果如表 11 所示。

表 11　产业政策连续性与非连续性结果检验

变量	（1）Invest	（2）Invest	（3）Invest
Invest31	0. 168 ***	0. 205 ***	0. 191 ***
	（0. 0605）	（0. 0748）	（0. 0605）
Investl	0. 124 **	0. 101 **	0. 0635
	（0. 0508）	（0. 0401）	（0. 0427）
Investnl	0. 0152	−0. 00941	0. 00534
	（0. 0336）	（0. 0283）	（0. 0274）
Invest11	0. 0422	0. 00431	0. 0499
	（0. 0288）	（0. 0310）	（0. 0322）
L. Invest31		−0. 0107	0. 0327
		（0. 0452）	（0. 0334）
L2. Invest31			0. 0510
			（0. 0339）
L. Investl		0. 144 **	0. 169 **
		（0. 0703）	（0. 0681）
L2. Investl			0. 0487
			（0. 0490）
L. Investnl		−0. 0321	−0. 0447
		（0. 0349）	（0. 0268）
L2. Investnl			−0. 0329
			（0. 0256）
L. Invest11		0. 0160	−0. 00137
		（0. 0218）	（0. 0237）
L2. Invest11			0. 0101
			（0. 0170）
_cons	0. 0407 ***	0. 0331 ***	0. 0219 *
	（0. 00676）	（0. 00899）	（0. 0109）

续表

变量	(1) Invest	(2) Invest	(3) Invest
时点固定效应	是	是	是
个体固定效应	是	是	是
城市固定效应	是	是	是
行业聚类	是	是	是
N	10967	9632	8292
R^2	0.538	0.561	0.582
adj. R^2	0.477	0.496	0.516

从表 11 第（1）、（2）列结果可以看出，Investl 的系数在 5% 的水平上显著为正，说明持续的产业政策重点支持企业的平均投资率会显著影响非重点支持企业的投资，产生带动效应；而第（3）列结果显示，间断的产业政策重点支持企业的平均投资率对非重点支持企业的投资没有显著影响且经济系数明显偏小，实证结果说明产业政策带动效应的发挥需要政策保持一定的连续性，以便增强信息的可知性和可判断性。

（四）排他机制分析

主导性产业会对区域内企业的经济绩效、劳动生产率等方面产生积极影响（盛丹和王永进，2013；陈钊和熊瑞祥，2015）。由于技术、知识、资金等的外溢，主导行业所拥有的先进技术、海量资金、真实信息会在区域内扩散，最终促进其他行业的融合创新和发展。基于此，当受到产业政策冲击时，为增加企业投资机会、减少投资风险，在区域内的其他企业会对主导行业的投资策略产生模仿行为，出现投资联动，形成产业政策影响主导行业的投资率，主导行业投资率影响其他非重点行业的投资率的传导逻辑。为检验此机制是否成立，本文选择北京市、上海市、广州市、深圳市、杭州市、南京市作为重点研究对象，将房地产行业作为北京市、上海市、广州市、深圳市的主导行业，将金融业作为杭州市、南京市的主导行业，[①] 并构建以下模型：

$$\text{Invest}_{j,t}^{i,c,\text{nlead}} = \phi + \sum_{k=0}^{2} w_{1,k} \text{Invest31}_{t-k}^{i,-c,\text{nlead}} + \sum_{k=0}^{2} w_{2,k} \text{Invest}_{t-k}^{-i,c,\text{lead}} + \sum_{k=0}^{2} w_{3,k} \text{Invest11}_{-j,t-k}^{i,c,\text{nlead}} + \text{Controls} + \eta_{j,t}^{i,c}$$

（3）

其中，被解释变量表示位于 c 城市非主导行业 i 的上市企业 j 在 t 年的投资率；解释变量表示 c 城市主导行业 i 的所有企业在 t-k 年的平均投资率，其系数衡量了企业投资对区域内主导行业平均投资率的敏感性；其余解释变量和控制变量均参照基准回归模型。

表 12 展示了回归结果，本文发现主导行业的平均投资率对企业投资具有正向影响，且这种影响存在滞后性，说明企业对主导行业的投资模仿策略需要一定时间进行分析和整理；但从分样本来看，主导行业的平均投资率对非重点支持企业的投资无论是当期还是滞后期都不存在显著的影响，说明引起非重点支持企业投资变动并不是由主导行业驱动的。分样本的回归结果排除了主导行业驱动机制。

---

① 参照 Dougal（2015），确定一个地区的主导行业可采用上市公司市值这一指标，南京、杭州的金融行业市值占比超过50%，故选取金融业作为南京和杭州的主导行业。北京、上海、广州、深圳的房地产市场具有代表性意义，并且诸多研究关注这四座城市的房地产行业变动，故选取房地产行业作为这四座城市的主导行业。

表 12　主导行业驱动检验

变量	（1）Invest^{nlead}	（2）Invest^{nlead}	（3）Invest^{nlead}
	6市总体样本	6市非重点支持企业	6市重点支持企业
Invest31	0.157***	0.154***	0.0792
	（0.0393）	（0.0564）	（0.0602）
L. Invest31	0.0402	0.00379	0.120**
	（0.0261）	（0.0247）	（0.0505）
L2. Invest31	0.0224	0.0233	0.0104
	（0.0254）	（0.0296）	（0.0622）
Investlead	−0.0117	−0.0855	0.0448
	（0.0798）	（0.0606）	（0.145）
L. Investlead	0.102*	0.0374	0.117
	（0.0525）	（0.0828）	（0.0754）
L2. Investlead	0.0477	−0.0302	0.0885
	（0.0755）	（0.101）	（0.114）
Invest11	−0.0180	−0.0405	−0.0158
	（0.0317）	（0.0369）	（0.0581）
L. Invest11	0.00345	−0.0154	0.0138
	（0.0203）	（0.0211）	（0.0352）
L2. Invest11	0.0150	0.00659	0.0166
	（0.0180）	（0.0240）	（0.0301）
_cons	0.0461***	0.0502***	0.0478***
	（0.00636）	（0.00624）	（0.0127）
时点固定效应	Y	Y	Y
个体固定效应	Y	Y	Y
城市固定效应	Y	Y	Y
行业聚类	Y	Y	Y
N	11681	5060	6601
R^2	0.468	0.524	0.451
adj. R^2	0.401	0.462	0.367

七、进一步的研究

在前面的研究中，本文证实了产业政策具有投资带动效应，并揭示了其作用机制和有效情况，接下来本文将论述由于城市异质性所造成的政策带动效应的空间差异。

（一）产业结构合理 VS. 产业结构不合理

为检验假设 3，本文借鉴袁航和朱承亮（2018）的做法，构造城市产业结构合理化指标，具体计算公式如下：

$$ra_{c,t} = \sum_{m=1}^{3} y_{c,m,t} \ln(y_{c,m,t}/l_{c,m,t}), \quad m = 1, 2, 3 \tag{4}$$

其中，$y_{c,m,t}$ 表示 c 城市 m 产业在 t 时期所占地区生产总值的比重，$l_{c,m,t}$ 表示 c 城市第 m 产业在 t 时期从业人数占总就业人数的比值。$ra_{c,t}$ 表示 c 城市 t 年的产业结构合理化程度，其值越接近于 0，则产业结构越趋于均衡；若值越偏离 0 越大，则产业结构非均衡程度越大。

基于上述分析，将非重点支持样本按照产业结构合理化平均值大小分为两组城市样本。具体来说，首先利用式（4）计算每年各市的产业结构合理化指数；其次计算各市 2001~2020 年产业合理化指数的平均值；最后根据平均值选取产业结构合理化指数最低的 10 个城市，并将其定义为产业结构合理的城市，其余 25 个城市定义为产业结构不合理的城市。通过分组回归，观察核心解释变量是否存在显著差异，回归结果如表 13 所示。

表 13　区分城市产业结构是否合理的回归结果

变量	(1) Invest	(2) Invest	(3) Invest	(4) Invest
	产业结构合理的城市		产业结构不合理的城市	
Invest31	0.171***	0.159***	0.158**	0.162**
	(0.0510)	(0.0452)	(0.0768)	(0.0724)
L. Invest31	−0.0316	0.0106	0.0522	0.0835
	(0.0404)	(0.0275)	(0.0672)	(0.0575)
L2. Invest31		0.0305		0.0371
		(0.0324)		(0.0600)
Investn	0.294***	0.199***	0.0684	0.0287
	(0.0727)	(0.0716)	(0.0645)	(0.0592)
L. Investn	0.0343	0.121	0.105	0.108
	(0.0964)	(0.0720)	(0.0678)	(0.0753)
L2. Investn		−0.107		0.0171
		(0.0854)		(0.0677)
Invest11	0.00711	0.0260	−0.0206	0.0431
	(0.0407)	(0.0389)	(0.0328)	(0.0435)
L. Invest11	0.00766	−0.00163	0.0105	−0.0138
	(0.0221)	(0.0248)	(0.0223)	(0.0215)
L2. Invest11		0.0197		−0.00493
		(0.0193)		(0.0254)
_cons	0.0223**	0.0221	0.0443***	0.0346***
	(0.0102)	(0.0140)	(0.00770)	(0.00941)
时点固定效应	Y	Y	Y	Y
个体固定效应	Y	Y	Y	Y
城市固定效应	Y	Y	Y	Y
行业聚类	Y	Y	Y	Y
N	6895	6072	4101	3482
R^2	0.518	0.538	0.535	0.556
adj. R^2	0.462	0.481	0.461	0.479

表 13 回归结果表明，在产业结构合理的城市样本中，Investn 显著为正，且回归系数明显高于基准回归；而在产业结构不合理的城市样本中，Investn 系数虽为正，但统计系数并不显著，且经济系数偏小。这说明，由于城市间不同的产业布局使政策带动效应的发挥具有显著差异，且城市产业结构越合理，政策的带动效应越强。

（二）政府干预程度高 VS. 政府干预程度低

为检验假设4，本文根据以往文献的做法，将政府干预定义为财政支出占 GDP 的比重，占比越大，政府干预程度越高。据此将城市划分为两个样本组：政府干预程度高的样本组、政府干预程度低的样本组。[①] 接下来，进行分组回归，观察不同政府干预力度的子样本中，核心解释变量 Investn 的系数大小是否会存在显著差异，具体的回归结果如表14所示。

表14 不同政府干预力度的分样本检验结果

变量	（1） Invest 政府干预程度高	（2） Invest 政府干预程度低
Invest31	0.165***	0.132*
	(0.0453)	(0.0685)
L. Invest31	0.0432	−0.0128
	(0.0285)	(0.0504)
L2. Invest31	0.0178	0.0917
	(0.0319)	(0.0808)
Investn	0.180***	−0.0199
	(0.0613)	(0.108)
L. Investn	0.0566	0.150
	(0.0524)	(0.0936)
L2. Investn	−0.0244	−0.0237
	(0.0618)	(0.0928)
Invest11	0.0459	0.0249
	(0.0339)	(0.0573)
L. Invest11	−0.000213	−0.0320
	(0.0251)	(0.0355)
L2. Invest11	0.000421	0.0278
	(0.0181)	(0.0271)
_cons	0.0212*	0.0459***
	(0.0116)	(0.0111)
时点固定效应	Y	Y
个体固定效应	Y	Y
城市固定效应	Y	Y
行业聚类	Y	Y
N	6965	2589
R^2	0.538	0.559
adj. R^2	0.479	0.479

由表14可知，行业效应（Invest31）无论在哪个子样本中，回归结果都显著为正，说明行业的平均投资率对企业投资具有显著的正向影响，这与之前的研究结论一致；在政府干预程度高的样本中，我们发现产业政策的带动效应（Investn 的系数）是政府干预低组的2倍，且随着

① 借鉴以往文献的做法，首先，将政府干预程度定义为财政支出占 GDP 的比重；其次，利用此公式计算每个城市每年的政府干预程度；再次，计算每个城市在 2001~2020 年的平均政府干预程度；最后，将排在前 50% 的城市定义为政府干预程度高的城市。

政府干预程度的减少，产业政策的带动效应呈现出较为明显的下降趋势，这也解释了地区经济发展差异的一个重要因素是由于政府行为的不同导致产业政策带动效应存在显著差异，研究假设4得到支持。

综上所述，由于城市异质性，产业政策的带动效应在不同城市会呈现出不同效果，使非重点企业投资呈现明显的跨城市差异，进而影响了区域经济发展水平，在一定程度上使经济发展呈现差异特征。

八、结论与启示

本文利用2001~2020年我国沪深两市A股上市企业的非平衡面板数据，结合四个"五年规划"研究了产业政策的带动效应及其作用机制。研究表明，同城市产业政策重点支持企业的平均投资率会对同城市非重点支持企业投资产生带动效应，且这种带动效应的发挥受到信息有效性的影响，具体表现为产业关联效应、地区同群效应和政策连贯效应；进一步的研究发现，这种带动效应在产业结构合理、政府干预程度高的城市中会有更显著的影响。

本文的研究对相关理论和政策实践均有重要意义。在理论层面，本文从信息有效性视角揭示了产业政策的带动效应何时有效，并提供了实证证据，丰富了产业政策研究的相关文献。同时，本文认为由于城市间在产业结构、政府行为等相关因素上存在差异，使政策带动效应存在空间差异，进而导致了区域间经济发展的差异，这拓展了关于我国区域经济发展差异的原因研究。在实践上，本文的研究对政府打造信息平台、合理布局产业、保持政策连贯性、优化营商环境、鼓励人员流动等方面具有一定的指导意义。

参考文献

[1] 蔡庆丰，田霖.产业政策与企业跨行业并购：市场导向还是政策套利 [J].中国工业经济，2019（1）：81-99.

[2] 陈冬华，李真，新夫.产业政策与公司融资——来自中国的经验证据 [C] //上海财经大学会计与财务研究院，上海财经大学会计学院，香港理工大学会计及金融学院.2010 中国会计与财务研究国际研讨会论文集，2010.

[3] 陈钊，熊瑞祥.比较优势与产业政策效果——来自出口加工区准实验的证据 [J].管理世界，2015（8）：67-80.

[4] 程俊杰.中国转型时期产业政策与产能过剩——基于制造业面板数据的实证研究 [J].财经研究，2015，41（8）：131-144.

[5] 丛胜美，耿鹏鹏，罗必良.市场化、南北差距及其根源——基于作物性质的政治经济学考察 [J].南方经济，2022（1）：1-18.

[6] 干春晖，郑若谷，余典范.中国产业结构变迁对经济增长和波动的影响 [J].经济研究，2011，46（5）：4-16+31.

[7] 郭庆旺，贾俊雪.地方政府行为、投资冲动与宏观经济稳定 [J].管理世界，2006（5）：19-25.

[8] 韩永辉，黄亮雄，王贤彬.产业政策推动地方产业结构升级了吗？——基于发展型地方政府的理论解释与实证检验 [J].经济研究，2017，52（8）：33-48.

[9] 何熙琼，尹长萍，毛洪涛.产业政策对企业投资效率的影响及其作用机制研究——基于

银行信贷的中介作用与市场竞争的调节作用［J］．南开管理评论，2016，19（5）：161-170.

［10］花贵如，周树理，刘志远，靳光辉．产业政策、投资者情绪与企业资源配置效率［J］．财经研究，2021，47（1）：77-93.

［11］江飞涛，李晓萍．直接干预市场与限制竞争：中国产业政策的取向与根本缺陷［J］．中国工业经济，2010（9）：26-36.

［12］江新峰，张敦力．产业政策：一视同仁还是厚此薄彼——来自企业投资同群效应的证据［J］．财贸研究，2019，30（3）：15-30.

［13］黎文靖，李耀淘．产业政策激励了公司投资吗［J］．中国工业经济，2014（5）：122-134.

［14］黎文靖，郑曼妮．实质性创新还是策略性创新？——宏观产业政策对微观企业创新的影响［J］．经济研究，2016，51（4）：60-73.

［15］李广子，刘力．产业政策与信贷资金配置效率［J］．金融研究，2020（5）：114-131.

［16］林毅夫．潮涌现象与发展中国家宏观经济理论的重新构建［J］．经济研究，2007（1）：126-131.

［17］林毅夫．新结构经济学——重构发展经济学的框架［J］．经济学（季刊），2010，10（1）：1-32.

［18］刘静，王克敏．同群效应与公司研发——来自中国的证据［J］．经济理论与经济管理，2018（1）：21-32.

［19］陆正飞，韩非池．宏观经济政策如何影响公司现金持有的经济效应？——基于产品市场和资本市场两重角度的研究［J］．管理世界，2013（6）：43-60.

［20］逯东，宋昕倍．产业政策能否促进资本"联姻"——基于上市公司设立并购基金的视角［J］．中国工业经济，2022（3）：114-132.

［21］盛丹，王永进．产业集聚、信贷资源配置效率与企业的融资成本——来自世界银行调查数据和中国工业企业数据的证据［J］．管理世界，2013（6）：85-98.

［22］盛来运，郑鑫，周平，李拓．我国经济发展南北差距扩大的原因分析［J］．管理世界，2018，34（9）：16-24.

［23］石桂峰．地方政府干预与企业投资的同伴效应［J］．财经研究，2015，41（12）：84-94+106.

［24］宋凌云，王贤彬．重点产业政策、资源重置与产业生产率［J］．管理世界，2013（12）：63-77.

［25］孙早，席建成．中国式产业政策的实施效果：产业升级还是短期经济增长［J］．中国工业经济，2015（7）：52-67.

［26］王克敏，刘静，李晓溪．产业政策、政府支持与公司投资效率研究［J］．管理世界，2017（3）：113-124+145+188.

［27］王小鲁，樊纲，胡李鹏．中国分省份市场化指数报告［M］．北京：社会科学文献出版社，2019.

［28］王永钦．产业政策如何发挥作用——来自中国自然实验的证据［J］．学术月刊，2023，55（2）：37-55.

［29］巫岑，黎文飞，唐清泉．产业政策与企业资本结构调整速度［J］．金融研究，2019（4）：92-110.

［30］谢理，何文韬．产业政策连续性、股权结构与企业创新——以新能源汽车为例［J］．财经问题研究，2022（11）：48-56.

［31］徐明东，陈学彬.中国上市企业投资的资本成本敏感性估计［J］.金融研究，2019（8）：113-132.

［32］徐晓燕，孙燕红.供应链企业财务困境的传递过程研究［J］.中国管理科学，2008（4）：132-139.

［33］杨灿明.地方政府行为与区域市场结构［J］.经济研究，2000（11）：58-64.

［34］杨华军，胡奕明.制度环境与自由现金流的过度投资［J］.管理世界，2007（9）：99-106+116+172.

［35］杨兴全，尹兴强，孟庆玺.谁更趋多元化经营：产业政策扶持企业抑或非扶持企业？［J］.经济研究，2018，53（9）：133-150.

［36］叶光亮，程龙，张晖.竞争政策强化及产业政策转型影响市场效率的机理研究——兼论有效市场与有为政府［J］.中国工业经济，2022（1）：74-92.

［37］余明桂，范蕊，钟慧洁.中国产业政策与企业技术创新［J］.中国工业经济，2016（12）：5-22.

［38］袁航，朱承亮.国家高新区推动了中国产业结构转型升级吗［J］.中国工业经济，2018（8）：60-77.

［39］张敦力，江新峰.管理者能力与企业投资羊群行为：基于薪酬公平的调节作用［J］.会计研究，2015（8）：41-48+96.

［40］张曙光.关于地区经济差异变动的另一种解释［J］.经济研究，1993（9）：19-26.

［41］张维迎，栗树和.地区间竞争与中国国有企业的民营化［J］.经济研究，1998（12）：13-22.

［42］章元，程郁，佘国满.政府补贴能否促进高新技术企业的自主创新？——来自中关村的证据［J］.金融研究，2018（10）：123-140.

［43］赵娜，王博，刘燕.城市群、集聚效应与"投资潮涌"——基于中国20个城市群的实证研究［J］.中国工业经济，2017（11）：81-99.

［44］赵子乐，林建浩.经济发展差距的文化假说：从基因到语言［J］.管理世界，2017（1）：65-77.

［45］周黎安.中国地方官员的晋升锦标赛模式研究［J］.经济研究，2007（7）：36-50.

［46］周业安.地方政府竞争与经济增长［J］.中国人民大学学报，2003（1）：97-103.

［47］周振华.产业政策分析的基本框架［J］.当代经济科学，1990（6）：26-32.

［48］诸竹君，宋学印，张胜利，陈丽芳.产业政策、创新行为与企业加成率——基于战略性新兴产业政策的研究［J］.金融研究，2021（6）：59-75.

［49］Acemoglu D, Carvalho V M, Ozdaglar A, Tahbaz-Salehi A. The Network Origins of Aggregate Fluctuations［J］. Econometrica, 2012, 80（5）: 1977-2016.

［50］Aghion P, Cai J, Dewatripont M, et al. Industrial Policy and Competition［J］. American Economic Journal: Macroeconomics, 2015, 7（4）: 1-32.

［51］Deng Y, Liao L, Yu J, et al. Capital Spillover, House Prices, and Consumer Spending: Quasi-Experimental Evidence from House Purchase Restrictions［J］. The Review of Financial Studies, 2022, 35（6）: 3060-3099.

［52］Dhaliwal D, Judd J S, Serfling M, et al. Customer Concentration Risk and the Cost of Equity Capital［J］. Journal of Accounting and Economics, 2016, 61（1）: 23-48.

［53］Dougal C, Parsons C A, Titman S. Urban Vibrancy and Corporate Growth［J］. The Journal of Finance, 2015, 70（1）: 163-210.

［54］Farla K. Industrial Policy for Growth ［J］. Journal of Industry, Competition and Trade, 2015, 15 (3)：257-282.

［55］Feldman M P, Kelley M R. The Ex ante Assessment of Knowledge Spillovers：Government R&D Policy, Economic Incentives and Private Firm Behavior ［J］. Research Policy, 2006, 35 (10)：1509-1521.

［56］Gennaioli N, Rainer I. The Modern Impact of Precolonial Centralization in Africa ［J］. Journal of Economic Growth, 2007, 12：185-234.

［57］Grieser W, LeSage J, Zekhnini M. Industry Networks and the Geography of Firm Behavior ［J］. Management Science, 2022, 68 (8)：6163-6183.

［58］Hayashi F. Tobin's Marginal Q and Average Q：A Neoclassical Interpretation ［J］. Econometrica：Journal of the Econometric Society, 1982：213-224.

［59］Helm D. Regulatory Reform, Capture, and the Regulatory Burden ［J］. Review of Economic Policy, 2006, 22 (2)：169-185.

［60］Johnson C. MITI and the Japanese Miracle：The Growth of Industrial Policy, 1925-1975 ［M］. California：Stanford University Press, 1982.

［61］Julio B, Yook Y. Political Uncertainty and Corporate Investment Cycles ［J］. The Journal of Finance, 2012, 67 (1)：45-83.

［62］Kleer R. Government R&D Subsidies as a Signal for Private Investors ［J］. Research Policy, 2010, 39 (10)：1361-1374.

［63］Kline P, Moretti E. Local Economic Development, Agglomeration Economies, and the Big Push：100 Years of Evidence from the Tennessee Valley Authority ［J］. Quarterly Journal of Economics, 2014, 129 (1)：275-331.

［64］Krugman P R. Targeted Industrial Policies：Theory and Evidence ［J］. Industrial Change and Public Policy, 1983：123-176.

［65］Latsch W. The Possibility of Industrial Policy ［J］. Oxford Development Studies, 2008, 36 (1)：23-37.

［66］Maloney W. Nayyar G. Industrial Policy, Information and Government Capacity ［J］. World Bank Research Observer, 2018, 33 (2)：189-217.

［67］Marquis C, Tilcsik A. Institutional Equivalence：How Industry and Community Peers Influence Corporate Philanthropy ［J］. Organization Science, 2016, 27 (5)：1325-1341.

［68］Matray A. The Local Innovation Spillovers of Listed Firms ［J］. Journal of Financial Economics, 2021, 141 (2)：395-412.

［69］Murphy K M, Shleifer A, Vishny R W. Industrialization and the Big Push ［J］. Journal of Political Economy, 1989, 97 (5)：1003-1026.

［70］Peng Z, Lian Y, Forson J A. Peer Effects in R&D Investment Policy：Evidence from China ［J］. International Journal of Finance and Economics, 2021, 26 (3)：4516-4533.

［71］Roddrik D. Industrial Policy for the Twenty-First Century ［R］. Working Paper, 2004.

［72］Rosenstein-Rodan P. Problems of Industrialization of Eastern and Southeastern Europe ［J］. Economic Journal, 1943, 53：202-211.

［73］Sevilir M. Learning across Peer Firms and Innovation Waves ［R］. Working Paper, Indiana University-Bloomington, 2017.